作者团队

岳远雷　湖北中医药大学医学人文学院教授

胡国梁　江西财经大学法学院副教授

陈煜鹏　华东政法大学特聘副研究员

陈伟伟　西南医科大学特聘副教授

况贞勇　广东外语外贸大学法学院博士研究生

许　慧　广东外语外贸大学法学院博士研究生

李慧腾　广东外语外贸大学法学院博士研究生

吴思慧　广东外语外贸大学法学院博士研究生

前　言

健康权呈现出一种复合性结构，二分为自由权和社会权两种性质。健康权主体存在自由意志并且具有能够自由表达的能力，采取消极权利规范模式，即自由健康权由私法规范。随着现代“公务国家”“福利国家”理论的兴起，对公民的生存照顾成为国家义务。公共卫生本是典型的公共产品，应当由国家提供；而医疗本是私人事务，现代国家按行政法生存照顾理论在法律上将其拟制成公共产品。因此，现代国家普遍把基本医疗卫生服务作为公共产品向全社会提供。英国更是向全体居民提供了几乎所有医疗卫生服务，连年老残幼护理也由国家承担。这种由公法规定国家向公民提供的医疗卫生服务，对于公民而言是一种社会权性质的健康权。

现阶段我国免费向公民提供 14 种基本公共卫生服务，通过基本医疗保险、基本药物制度等保障公民的基本医疗服务。但是，长期以来，我国的卫生领域，特别是医疗领域一直没有一部基础性的法律，卫生法治建设水平落后于国家法治建设整体水平。落实《宪法》规定的国家医疗卫生义务，建设健康中国、法治中国需要制定一部《基本医疗卫生法》。世界多数国家采取公共卫生与医疗服务分开立法的模式，我国最终采用将二者统合立法的模式，2014 年 12 月全国人大常委会宣布将《基本医疗卫生法》纳入“十三五”立法规划第一类立法项目，基本医疗卫生法治化建设进入快车道。

基本医疗卫生服务分为基本公共卫生服务和基本医疗服务。在基本公共卫生服务领域，我国已经颁布《传染病防治法》《职业病防治法》《精神卫生法》等 9 部法律，应该说法制比较健全。但在“非典”和新冠疫情防控中，适用《传染病防治法》均出现了信息传播不畅通、反应不及时、职责分工不明确等问题。这些问题引起了全社会高度关注，习近平总书记多次强调“要加强公共卫生法治保障”,全国人大常委会于2020年出台了公共卫生法治“一揽子”立法修法计划。新冠疫情在全球蔓延的重要原因在于人类总体上对未知新发传染病认识不足。《传染病防治法》应当加强对新发传染病的规制,在甲乙丙类传染病之外采取特别程序对其进行处置;传染病风险提示和预警权力应当大幅度下放到县级政府。通过提高公共卫生行政执法和法治监督水平,实现公共卫生法律体系向法治体系转变。

基本医疗卫生立法的重点是构建基本医疗服务法律制度。基本医疗保险制度、基本医疗服务体系、基本药物制度构成基本医疗服务主体框架。我国通过“全民医保”保障基本医疗服务公平可及,而控制医疗服务价格是当前卫生法治建设的首要难题,只能通过合理平衡医保机构、医疗机构、医药企业和患者的权利来解决;通过建立由基层医疗卫生机构、医院、专业公共卫生机构等构成的覆盖城乡、功能互补、连续协同的医疗卫生服务体系和分级诊疗制度,保障每一个患者都能到合适的医疗机构就诊;基本药物制度是WHO在全世界推广的旨在控制药品价格的“良法”,实践中存在基本药物供应不够、使用不足,需要激励和处罚双管齐下保障其使用。鉴于我国综合国力,我们短期难以实现全民免费医疗,可以通过扩大医疗救助范围、提供医疗救助水平来事半功倍地提高我国健康权及人权保护水平。鉴于医疗救助对我国人权事业、健康权保护的托底价值,应当在“基本医疗卫生法”中单独成章。内部监督的缺失、外部监督的软化是目前医疗卫生综合监管体制存在的突出问题,亟须将法治建设的基本原则和要求融入卫生法治建设。没有救济就没有权利,健康自由权可以通过现有民事司法制度救济,而前述基本公共卫生服务权、基本医疗服务权、基本医疗保险权、基本药物保障权、医疗救助权等健康社会权目前尚无司法救济途径,需要通过扩大行政给付诉讼范围来获得救济。

2019年12月,《基本医疗卫生与健康促进法》正式颁布,医疗卫生领域有了综合性、基础性的法律,具有里程碑意义。但是医疗卫生法治建设却还在半山腰上,还有很长的路要走!

目录

CONTENTS

导　论

特别说明：为推动我国医疗服务领域基本法的制定，笔者曾组织以《基本医疗服务保障法制化研究》为题进行立项申报。但2014年在获得教育部哲学社会科学研究重大课题攻关项目（项目编号：14JZD025）之际，全国人大常委会即出台制定"基本医疗卫生法"的立法规划，将基本医疗服务和基本公共卫生服务统一在一部法律中。因此本课题在主要研究基本医疗服务法治化的基础上，同时研究基本公共卫生法治化问题，与国家立法规划保持一致。

一、研究背景与目标

基本医疗卫生服务是现代社会公民享有的基本权利，国家如何提供基本医疗卫生服务，保障基本医疗服务的公平可及，事关我国经济、社会、政治长期稳定和可持续发展。特别是我国全面建成小康社会以后，人民群众对于健康保障的诉求愈加突出。

基本医疗卫生服务一直以来都是国家高度重视的重大民生问题。我国20世纪60～70年代的赤脚医生制度，满足了广大农村农民的基本医疗服务需求，被全世界称颂。而20世纪90年代将医院、医生推向市场的改革则导致医疗服务价格快速上涨，"看病难、看病贵"成为突出的社会问题。2009年国家启动了以公益性为导向的新一轮医改，中共中央、国务院颁布《关于深化医药卫生体制改革的意见》，奠定了迄今的医改方向、目标、原则、基本措施：提出"坚持医药卫生事业为人民健康服务的宗旨，以保障人民健康为中心，以人人享有基本医疗卫生服务为根本出发点和落脚点，从改革方案设计、卫生制度建立到服务体系建设都要遵循公益性的原则，把基本医疗卫生制度作为公共产品向全民提供，着力解决群众反映强烈的突出问题，努力实现全体人民病有所医"；确立了"政府在提供公共卫生和基本医疗服务中的主导地位。公共卫生服务主要通过政府筹资,向城乡居民均等化提供。基本医疗服务由政府、社会和个人三方合理分担费用";设定了"到2020年,覆盖城乡居民的基本医疗卫生制度基本建立"这一基本目标;同时还明确提出"加快推进基本医疗卫生立法,明确政府、社会和居民在促进健康方面的权利和义务……逐步建立健全与基本医疗卫生制度相适应、比较完整的卫生法律制度"。基本医疗卫生立法亦成为新医改的一项重要任务。国务院发布《"十二五"期间深化医药卫生体制改革规划暨实施方案》更是明确要"积极推动制定基本医疗卫生法,以及基本医保、基本药物制度、全科医生制度、公立医院管理等方面的法律法规,及时将医药卫生体制改革的成功做法、经验和政策上升为法律法规"。

自2009年以后,国务院办公厅每年均发布医药卫生体制改革重点工作任务。2012年党的十八大报告提出:"要坚持为人民健康服务的方向,坚持预防为主、以农村为重点、中西医并重,按照保基本、强基层、建机制要求,重点推进医疗保障、医疗服务、公共卫生、药品供应、监管体制综合改革,完善国民健康政策,为群众提供安全有效方便价廉的公共卫生和基本医疗服务。健全全民医保体系,建立重特大疾病保障和救助机制,完善突发公共卫生事件应急和重大疾病防控机制。"2013年国务院发布的《关于促进健康服务业发展的若干意见》再次强调了2009年新医改的基本方向:"为实现人人享有基本医疗卫生服务的目标,满足人民群众不断增长的健康服务需求,要继续贯彻落实《中共中央　国务院关于深化医药卫生体制改革的意见》(中发〔2009〕6号),坚定不移地深化医药卫生体制改革,坚持把基本医疗卫生制度作为公共产品向全民提供的核心理念,按照保基本、强基层、建机制的基本原则,加快健全全民医保体系,巩固完善基本药物制度和基层运行新机制,积极推进公立医院改革,统筹推进基本公共卫生服务均等化等相关领域改革。"2017年10月党的十九大报告提出:"深化医药卫生体制改革,全面建立中国特色基本医疗卫生制度、医疗保障制度和优质高效的医疗卫生服务体系,健全现代医院管理制度。"2009年以来,基本医疗保障制度、基本医疗卫生服务体系、基本药物制度、公立医院法人治理制度陆续建立。

新一轮医改措施大多停留在政策层面,而基本法律制度阙如,使得基本医疗卫生制度缺乏稳定性,宪法保护的健康权没有在法律层面完整落实,公民对健康权的合理期待缺乏法律保障。医改的成果需要上升为国家法律。在业界和学界的推动下，基本医疗卫生立法在2014年终于进入立法机关的日程。2014年3月4日，第十二届全国人大第二次会议在人民大会堂举行新闻发布会，会议副秘书长、发言人傅莹在会上介绍，全国人大常委会已经制定了新的五年立法规划，其中有68件立法项目，包括制定基本医疗卫生法、修改食品安全法等。基本医疗卫生法被列为第十二届全国人大常委会立法规划第一类项目。2014年12月，全国人大教科文卫委员会召开基本医疗卫生法起草工作机构第一次全体会议暨基本医疗卫生法起草工作启动仪式，标志着社会普遍关注的基本医疗卫生法的立法工作正式启动。基本医疗卫生服务法治化进程正式开启。

2017年12月22日，《基本医疗卫生与健康促进法(草案)》首次提交第十二届全国人大常委会第三十一次会议审议，法律名称与原来的立法规划发生了变化。2018年10月22日，《基本医疗卫生与健康促进法(草案二次审议稿)》提请第十三届全国人大常委会第六次会议审议，对一审稿结构做了较大调整。2019年8月22日，《基本医疗卫生与健康促进法(草案三次审议稿)》提请第十三届全国人大常委会第十二次会议审议。2019年12月28日，第十三届全国人大常委会第十五次会议正式通过了《基本医疗卫生与健康促进法》，医疗卫生领域第一部基础性、综合性法律正式诞生。

《基本医疗卫生与健康促进法》尚未生效之际，一场突如其来的新冠疫情让卫生法治建设成为全社会关注的热点。在新冠疫情防控中，《传染病防治法》《突发事件应对法》《突发公共卫生事件应急条例》存在的冲突与不足，在疫情初期让地方政府陷入法律适用困境，也成为法学界的讨论热点。党和国家开始高度重视公共卫生法治建设，2020年2月5日，习近平总书记在中央全面依法治国委员会第三次会议上指出："疫情防控越是到最吃劲的时候，越要坚持依法防控，在法治轨道上统筹推进各项防控工作，保障疫情防控工作顺利开展。"随后，在2020年2月14日召开的中央全面深化改革委员会第十二次会议上，习近平总书记强调要"强化公共卫生法治保障，全面加强和完善公共卫生领域相关法律法规建设"。2020年4月17日，第十三届全国人大常委会第五十次委员长会议通过了《强化公共卫生法治保障立法修法工作计划》，该项计划指出：拟在2020~2021年制定修改《传染病防治法》《执业医师法》等17部法律，拟综合统筹、适时制定修改《基本医疗卫生与健康促进法》《疫苗管理法》等13部法律，以及其他需要制定修改的相关法律，将健康理念融入各项政策。法学界掀起了公共卫生法研究的高潮，发表了一大批有价值的学术论文。

回顾卫生法治建设历程，总体来讲，我国基本医疗卫生法治建设主要存在以下几个方面的问题。

第一，卫生法治水平尚未达到国家法治建设整体水平。在公共卫生领域，我国已然形成了较为完备的法律体系，制定了《传染病防治法》《职业病防治法》《国境卫生检疫法》《母婴保健法》《精神卫生法》《食品安全法》《公共场所卫生管理条例》《突发公共卫生事件应急条例》《艾滋病防治条例》等一系列法律法规，形成了相对完整的公共卫生法律体系。但在医疗服务领域，2019 年之前没有全国性的基本立法。在 2009 年颁布的《关于深化医药卫生体制改革的意见》中，我国政府提出了保基本、强基层、建机制的基本原则。但是在“建机制”方面尚未形成一套完善的法律体系，法律制度的缺失导致政府在基本医疗卫生服务上的主导责任难以全面落实，公民享有的健康权得不到部门法的有效界定，权利救济无从谈起。2012 年 3 月，英国著名医学杂志《柳叶刀》刊文指出，“中国最大的问题就是制度缺陷，这使其庞大的并不断壮大的医疗卫生体系难以维持有效的运作”。在此背景下，加大基本医疗卫生服务法治化力度，为医改提供强有力的法律支撑就成为最为迫切的需求。2019 年年底，虽然《基本医疗卫生与健康促进法》已经出台，但是卫生法体系仍然不完备，已经生效的卫生法律法规没有得到有效全面的实施，卫生领域整体法治水平低于国家整体法治建设水平。疫情防控中暴露出的公共卫生法治问题就是典型例证。2020 年，全国人大常委会公布的卫生法“一揽子”立法修法计划亦证明了我国卫生法治水平亟待提高。才出台不久的《基本医疗卫生与健康促进法》即成为修订对象。

第二，基本医疗服务与基本公共卫生服务统合立法可能会影响法律实施效果。尽管基本医疗服务与公共卫生服务一样对于人类健康不可或缺，但前者属于拟制公共产品，而后者属于公认的公共产品。基于二者在性质上的差异，从世界范围来看，卫生法律体系完备的国家大多单独制定了医疗服务法，将公共卫生与基本医疗的立法分开，如大陆法系国家的日本、德国、法国和不成文法国家的英国、美国等。公共卫生法与医疗服务法的分立不仅体现在法律名称上，在规范的内容上也有所区分。尽管课题组和许多学者多年来一直呼吁二者分开立法，但最后《基本医疗卫生与健康促进法》还是将二者统合在一起。将两种性质截然不同的社会关系由一部法律来调整，在实施过程中可能产生职能部门职责不清、身份割裂的问题。还会产生重复立法、交叉立法的问题。该法出台后，马上有学者呼吁制定医事法，国家卫生健康委员会（以下简称国家卫健委）

拟启动该法的可行性论证。其实《基本医疗卫生与健康促进法》的主要内容还是对医事领域的规制，由于和公共卫生、健康促进统合立法，该法对医疗服务领域事项规定得不够充分、不够全面，学界才感到有进一步立法的需要。

第三，政府基本医疗服务主导责任不明确，基本医疗卫生服务的供给缺乏相应的制度保障。因为基本医疗服务保障具有公益性，故需要政府加强对基本医疗服务的投入，履行主导责任。但由于相关法律制度欠缺，对政府基本医疗服务供给责任刚性约束不够，医疗服务过度市场化，患者无力支付高昂的药价和医疗检查费，“看病难”和“看病贵”成为突出的社会问题。《基本医疗卫生与健康促进法》比较圆满地解决了这个问题，整部法律主要是规定政府的基本医疗卫生服务供给责任，凸显基本医疗卫生的公益性。然而，确保其有效实施还是一个长期艰巨的任务。

第四，医患紧张关系一直未能有效缓解，患者权利得不到法律的有效支持与保障。尽管国家一直致力改善医患紧张关系、维护患者权利，出台了多种措施，开展了多次专项整治，但是这一问题没有根本改观，伤医杀医现象仍有发生，“医闹”成为医院的心头之患。现有立法和措施注重解决问题的表层原因和外围因素，简单地规定患者享有哪些权利，而对医患关系紧张的深层原因如医院的逐利性、基层医疗卫生机构服务水平不高等没有形成有效的解决办法。《基本医疗卫生与健康促进法》一方面坚持医疗卫生事业的公益性，另一方面又鼓励社会资本举办营利性医疗机构，存在矛盾。

第五，卫生法治实施水平亟待提高。随着 2019 年 12 月《基本医疗卫生与健康促进法》出台、全国人大常委会通过《强化公共卫生法治保障立法修法工作计划》、2021 年 8 月《医师法》出台、《传染病防治法》修订程序启动、《医疗保障法》立法程序启动，我国医疗卫生法律不健全的情况根本改观。但是，尽管医疗卫生的各个领域形成了有法可依的局面，有法不依的情况却比较普遍，医疗卫生严格执法局面尚未形成。医保支付方面存在公开的大规模骗保情形，虚假医疗广告、医疗信息满天飞，药品招标采购贪污贿赂现象比较普遍，过度医疗等损害患者利益现象司空见惯，民营医院甚至以“术中加价”为牟利手段，医院违规使用医疗器械，医疗鉴定随意下结论，医师执业存在挂证、租证、违规收费等乱象。为此，2019 年 3 月，国家卫健委等八部委联合出台《关于开展医疗乱象专项整治行动的通知》，进行为期一年的“医疗乱象”整顿行动。这一整治行动侧面反映了我国卫生法治实施状况堪忧。

除了以上问题，还存在"健康入万策""健康优先发展"如何落实到法律之中、基本医疗服务与基本医疗保障如何衔接、医疗人员队伍建设的法律保障、医保药品的招标采购、社区（基层）医疗卫生服务体系如何定位、分级诊疗制度如何全面实施等问题，都需要在法律层面逐一进行规范。

总之，2009年新医改启动以来，基本医疗卫生服务体系、基本医疗保障制度、基本药物制度等医疗卫生制度主体框架已经形成，基本医疗卫生服务基本法律也已出台，医改建立健全"覆盖城乡居民的基本医疗卫生制度"的目标基本实现，但距离实现"为群众提供安全、有效、方便、价廉的医疗卫生服务"的目标还有较大的差距，人民群众对医疗卫生服务的满意度还不高。基本医疗卫生法治体系尚待完善，医疗卫生法治水平亟待提高。本课题将通过夯实医疗卫生法基础理论、推进基本医疗卫生立法、构建医疗卫生法律体系来实现基本医疗卫生服务法治化，提升我国医疗卫生法治水平，实现课题研究目标。

第一，深入剖析健康权内部构造，奠定基本医疗卫生服务法治化的理论基础。长期以来卫生法研究成果不多，尤其是基础理论研究稀缺，缺乏对一些重大的基础性理论问题的关注，这也是卫生法治不完备的一个重要原因。没有系统的理论指导的法治建设只会留下一堆零散的"瓦砾"，无法形成完备的体系。健康权是基本医疗卫生法治的核心范畴和价值目标。课题研究将对健康权深入解构，完整呈现其内部构造，区分私法上的健康权和公法上的健康权，由此形塑基本医疗卫生法的体系框架，筑牢卫生法理论基础。

第二，推进基本医疗卫生立法进程。教育领域有《教育法》，科技领域有《科学技术进步法》，农业领域有《农业法》……但是卫生领域长期以来一直没有一部基本法，导致卫生法治建设碎片化，整体落后于国家法治建设进程。尽管宪法对医疗卫生事业作出了重要规定，基本医疗卫生立法却踟蹰不前。课题组前期成果推动了基本医疗卫生法正式列入国家"十三五"立法规划。在此基础上，本课题的研究总体目标是进一步提出制定基本医疗卫生法的基本思路、总体架构、具体内容，推动其早日出台。根据2009年《关于深化医药卫生体制改革的意见》总体精神，总结新医改取得的成就，从基本公共卫生服务、基本医疗服务、基本药物、基本医疗保障、医疗卫生监管五大主要制度构造基本医疗卫生法内容体系，向立法机关提交基本医疗卫生法课题组建议稿。通过立法机关的长期努力，课题组多年来持续研究和全程参与，医疗卫生领域的基本法即《基本医疗卫生与健康促进法》于2019年12月颁布，卫生法治建设进入了"快车道"。课题研究的总体目标已经实现。

第三,构建完备的卫生法体系。制定卫生领域基本法,出台《基本医疗卫生与健康促进法》,只是奠定卫生法治建设的基础,而形成完备的卫生法治体系则是一个巨大的系统工程。在公共卫生法领域,虽然各分支都有了基本的立法,基本不存在无法可依的问题,但是其科学性、协调性还存在许多瑕疵,在2020年年初以来的新冠疫情防控中显露无遗,正是如此,全国人大常委会根据习近平总书记"强化公共卫生法治保障"的指示提出了"一揽子"立法修法计划;在医疗服务领域,需要将《医疗机构管理条例》上升为"医院法",制定"基本药物法""护士法""药师法"等,与现有的《药品管理法》和《医师法》形成系统的医疗法体系;在基本医疗保险领域,现行的《社会保险法》"第三章　基本医疗保险"部分仅有10条粗略的规定,远远不能有效调整纷繁复杂的基本医疗保障关系,需要单独制定"基本医疗保险法"。

综上所述,本课题研究旨在推动"基本医疗卫生法"出台,积极促进基本医疗卫生服务有效供给、公民健康权得以保障、基本医疗卫生服务法治进一步完善,从理论上构建完备的卫生法治体系。

二、研究价值

(一)学术价值

1.构建卫生法基础理论

现有卫生法理论研究基础薄弱、体系混乱,对公民健康权、基本医疗服务的性质、卫生法体系构架、基本医疗服务体系、基本医疗保障体系、基本药物制度、等最基本的问题均欠缺深入思考和系统探究。本课题以保护和促进公民健康权为起点和归宿,力图在基本医疗卫生立法中贯彻法治理念,促进医疗服务法律制度由政府的"管理法"向"社会法""权利法"转变,实现卫生法理论的创新和提升。本课题将以科学合理的卫生法理念统合基本医疗卫生服务法治化研究,建构科学自洽的卫生法基本理论,提升卫生法研究水平。

2.追溯基本医疗卫生服务概念源流,为中国特色基本医疗卫生法治建设提供理论支撑

植根于中国具体国情、脱胎于历次医改的基本医疗卫生服务是典型的中国特色概念,与国外相关概念在许多方面具有质的差别。本课题将深入研究各界关于基本医疗卫生服务主流表达,探寻我国基本医疗卫生服务概念背后蕴含的

理论基因、民族特质与现实关怀。把握基本医疗卫生服务内涵的实质,以期使形式化的基本医疗卫生法达至真正满足人民需要、有效规范基本医疗卫生服务秩序的立法效果。

3. 创新研究方法,强化基本医疗卫生法跨学科交叉协同研究

以往法学界对卫生法关注不够的重要原因在于对医疗卫生的专业问题不熟悉。诸多卫生法律规范多由卫生领域专家草拟,专业性有余而规范性不足。本课题将开展交叉研究,利用法学、医学、公共卫生学、社会保障学等跨学科交叉研究方法和手段,开创基本医疗卫生服务法治化协同创新研究的新路径,从而从根本上提升基本医疗卫生法相关理论的科学性和规范性。

(二)应用价值

1. 为医疗卫生基本法的制定提供立法草案建议稿

在2019年《基本医疗卫生与健康促进法》出台之前,我国尽管颁布了纷繁复杂的医疗卫生法律法规,但保障基本医疗卫生服务的基本法律制度一直尚付阙如,政府基本医疗卫生服务义务尚无统一、明确规定,公民健康权的行使缺乏有效的法律依据。基本医疗卫生服务法立法滞后,不仅"人人享有基本医疗卫生服务"的目标缺乏硬约束,也现实地制约着将基本医疗卫生制度作为公共产品向公众提供的医改目标的落实。本项目在卫生基本法颁布之前,已经将形成"基本医疗卫生法"的立法建议稿,并提交立法机关。

2. 为基本医疗卫生服务公平可及寻求法治道路

课题研究试图从基本医疗保险、基本医疗卫生服务体系、基本药物制度等方面,即基本医疗卫生服务供给的客观条件入手,厘清基本医疗卫生服务供应各环节难题,确保基本医疗卫生服务的均等性、普遍性和可及性,为"人人享有基本医疗卫生服务"的目标提供理论和法律支撑。试图建立全方位的基本医疗卫生服务监管机制及系统化、一体化、多层次的基本医疗卫生服务请求权救济保障体系,为基本医疗卫生服务的充分有效供给提供保障机制。

3. 用法治化手段巩固医改成果,推动医改向纵深发展

党的十八大以来,以习近平同志为核心的党中央把保障人民健康放在优先发展的战略位置,将深化医改纳入全面深化改革统筹推进,推动"以治病为中心"转变为"以人民健康为中心",深化医改取得显著阶段性成效。一方面,在法治国家建设中,医改政策应当逐渐制度化以推进医改持续、稳定、纵深发展。另一方面,应当适时将医疗改革试点中的成功经验制度化,推动全国基本医疗卫

生服务保障的健康发展。随着医改进入深水区,通过立法顶层设计,兼顾普遍性与差异性,优化改革策略选择。更好地把握改革方向,提升地方政府及卫生健康主管部门执法水平,推动解决医改的重点难点问题。

4. 构建基本医疗保险一体化建设,完善基本医疗法律救助体系

基本医疗保险是社会保障"安全网"和"减震器"中的核心内容。基本医疗保险一体化建设,是公共服务均等化的重要内容。本项目将致力探讨将城镇职工基本医疗保险(以下简称职工医保)、城镇居民基本医疗保险、新型农村合作医疗并轨统一为"全民健康保险",统筹城乡发展,实现城乡基本医疗服务均等化。(2016 年,国家正式整合城镇居民基本医疗保险、新型农村合作医疗为统一的城乡居民基本医疗保险。)

我国现行医疗救助机制对确保特殊人群享有基本医疗服务发挥着积极作用,但存在对象覆盖面小与医疗救助标准低、占主导地位的事后医疗救助使得救助的功能流于表面、医疗救助与医疗保险衔接不紧密等问题,制约着制度功能的释放。课题将创新救助对象标准,研究改善基本医疗救助服务内容。从疾病的各个阶段出发,分别探讨医疗救助与医疗保险的衔接。提升医疗救助保障能力、理顺医疗救助机制,既有利于发挥对健康保障的兜底性作用,也有利于医疗救助制度的运行和价值体现。

5. 健全基本药物法律制度,保证基本药物制度规范运行

在分析现有基本药物生产、流通、使用、补偿等领域制度缺陷的基础上,发现基本药物流通各环节存在的法律问题,提出将国家基本药物制度纳入统一的"基本医疗卫生法"中,规范政府、企业与有关方面的基本药物行为,明确政府、医药企业、医疗卫生机构、医疗保险经办机构、社会第三方、社区及个人在基本用药中的权力、权利、义务和责任。

6. 促进基本医疗卫生服务体系制度建设,保障基本医疗卫生服务供给能力

基本医疗卫生服务最终由医疗卫生机构提供,医疗卫生机构的布局合理、设施到位、人力保障充足、机制健全有效,是基本医疗卫生服务充分供给的基本保障。若基本医疗卫生服务的"最终出口"没有建设好,那么满足人民群众对基本医疗卫生服务的普遍性、可及性需求就难以实现。课题研究致力于围绕基本医疗卫生服务体系的软硬件全方位着力,力图攻破基本医疗卫生服务的供方短板,旨在通过卫生法治建设确保医院服务体系、医疗人力保障、医疗设施保障、服务机制保障规范、有效运转。

7. 强化基本医疗卫生服务监管，确保基本医疗卫生服务有效供给

基本医疗卫生服务监管是对有效提供基本医疗卫生服务最后的底线保障。现实中存在的大处方、过度医疗、医保诈骗、乱收费、违规诊疗等医疗违法乱象，表明医疗卫生监管不到位是其重要原因。加强基本医疗卫生服务监管则是优化医疗秩序的有效手段。本课题研究将在厘清基本医疗卫生服务监管思路、匡正基本医疗卫生服务监管范围、理顺基本医疗卫生监管机制的基础上，建立健全基本医疗卫生服务监管法律制度。

第一章　健康权——卫生法治的基石范畴

目　次

第一节　健康权的内涵

一、健康权需要科学界定

2018 年长春长生疫苗事件的爆发催生了《疫苗管理法》出台,同年《药品管理法(修正草案)》《基本医疗卫生与健康促进法(草案二次审议稿)》亦公开征求意见,引发全社会关注卫生法制基本问题,[1] 2020 年年初,新冠疫情暴发更是引发了全社会对公民健康权的重视。习近平总书记多次强调要强化公共卫生法治保障,全国人大常委会出台卫生法"一揽子"立法修法计划。法学界掀起了

1　2018 年 1 月,全国人大常委会对包括《基本医疗卫生与健康促进法(草案)》在内的一批法律草案面向全社会公开征求意见。社会大众对《基本医疗卫生与健康促进法(草案)》提交的建议意见最多,超过 5.7 万条。

卫生法、健康权研究的历史高潮。[1] 健康权是卫生法的价值基础，是构建卫生法治的基石范畴。实现基本医疗卫生的法治化，首先需要对健康权进行科学界定。但总体来讲，目前健康权的研究并不深入，主要停留在属性研究和策略研究层面，缺乏从内在法理逻辑出发的规范分析，卫生法治体系缺乏系统构建。

一方面，对健康权的理解过于片面，要么将其解释为积极权利，要么将其解释为消极权利。公法学者强调健康权的积极权利属性，如岳远雷认为“健康权是公民的一项基本人权，应得到国家的尊重和保障；通过从宪法学的视角对健康权的含义、特征进行剖析和法律规定的考察，得出国家应对公民健康权的实现承担基本的责任”[2]。甚至有的学者将健康权作为一种纯粹的积极权利，由行政权加以保障，健康权规范模式也便成为纯粹的行政法规范模式。如胡晓翔指出，健康权法律关系是“行政法律关系”[3]，所有的规范设计都应当以行政法为基本模式。这种思路体现了我国传统医疗事业公办的思维模式，“强调经济、社会与文化权利等‘积极权利’类型之保护，以及关注人民实际享有宪法权利之情形，历来是社会主义国家之重要的宪法理念”[4]。而私法学者则把健康权理解为一种民事权利，用民事法律关系理论来分析健康法律关系，尤其是自2009年《侵权责任法》(已失效)把医疗损害作为侵权责任规定后，人们逐渐习惯将健康权的规范模式建立在民事侵权法律关系的基础之上，研究内容往往集中在患者和医院过错责任、患者知情同意制度中证据证明力和证明方式、侵权损害免责等方面。[5] 这两种观点都有一定的合理性，但是都是仅揭示了健康权规范模式的一个方面，而没有进行系统性学理思考和理论构建。还有学者不承认健

1 参见陈云良、陈煜鹏等：《共享智识克时艰 卫生法学创纪元——2020年度卫生法学研究综述》，载《法治社会》2021年第4期。

2 岳远雷：《论公民健康权的国家基本责任》，载《中国医学伦理学》2007年第3期。

3 胡晓翔：《医改指归——医患关系之痛的原因与解决之道的思考》，载《南京医科大学学报(社会科学版)》2009年第2期；邹艳晖：《行政机关对公民健康权的给付义务》，载《兰州学刊》2016年第10期。

4 周刚志：《论“消极权利”与“积极权利”——中国宪法权利性质之实证分析》，载《法学评论》2015年第3期。

5 参见纪格非：《事实不证自明——突破医疗损害诉讼证明困境的另一视角》，载《证据科学》2016年第3期；周洪江、胡树新：《证据偏在下的医疗侵权证明责任分配——以司法与立法的冲突为视角》，载《山西高等学校社会科学学报》2015年第3期；方强、陈林：《医疗侵权过错及其因果关系再研究——以〈侵权责任法〉实施为背景展开》，载《医学与法学》2014年第1期；马宁：《医疗损害责任的免除》，载《社会科学战线》2016年第5期；李雪阳：《困境与策略——辨析医疗领域中的“知情同意”》，载《哲学动态》2012年第8期。

康权有公权和私权的区别，认为“健康权既然是一项独立的权利，它的概念应该是一贯和连续的，不管它被列入国际人权公约还是宪法、民法规范”[1]。

另一方面，健康权基础理论尚未成熟，缺乏对健康权规范模式、卫生法体系构建的整体把握。由于理论准备不足，许多健康权的基本问题没有得以澄清，不能对立法进行有效的指导，卫生立法当中诸多重大基本问题分歧甚大，没有达成共识，直接影响了卫生立法的进程。2019 年 4 月，第十三届全国人大常委会第十次会议对《疫苗管理法（草案）》《药品管理法（修正草案）》进行了二次审议，未进行表决；《基本医疗卫生与健康促进法（草案）》未提交进行第三次审议。理论准备不足的缺陷直接反映到法律名称上，《基本医疗卫生与健康促进法（草案）》在 2014 年年底列入“十三五”立法规划时法律名称为“基本医疗卫生法”，到 2017 年年底公布草案时改为现名，引起巨大的争议。“名称上的歧义，反映出起草过程中众多立法起草机构和人员在不同时期的不同设想，折射出不同部门和团体在立法理念和目的上的纠结。”[2] 2018 年 10 月，第十三届全国人大常委会第六次会议第二次审议该草案时，不少人大常委会委员对该草案名称提出了不同的修改意见，有的委员认为把“基本医疗卫生”和“健康促进”规定在同一部法律中，容易引起基本概念的混乱；有的委员不赞成把“基本”二字作为法律名称组成部分；有的委员认为健康权是公民的基本权利，不能用促进法的规范模式来规定，可以保留“基本”二字，“像基本文化服务保障法保障公民的基本文化权利一样，还是要把它叫成‘保障法’”；等等。[3] 仅从法律名称的争议来看，“医疗”“卫生”“健康”的基本内涵、“基本医疗卫生”与“非基本医疗卫生”的区别、“基本医疗卫生”与“健康促进”的关系、健康权的基本含义、健康权的范围、健康权的立法模式、卫生法律体系构成等基础问题就亟待深入讨论分析，而其中有些问题甚至还从未展开过讨论与研究，如“基本医疗”与“健康促进”的区别和联系。2019 年年底，《基本医疗卫生与健康促进法》正式出台，立法机关的立法说明中专门对法律名称的变化做了简单的解释，使用现名是基于“充分体现大卫生、大健康，以及将健康融入所有政策的新理念”的考虑。

1　林志强：《健康权研究》，中国法制出版社 2010 年版，第 31 页。

2　王晨光、杨健：《〈基本医疗卫生与健康促进法（草案）〉专家座谈会纪要》，载《中国卫生法制》2018 年第 3 期。

3　参见赵实：《全国人大常委会委员建议修改基本医疗卫生与健康促进法名称》，载澎湃新闻 2017 年 12 月 27 日，https://www.thepaper.cn/newsDetail_forward_1924444。

基本医疗卫生法治建设的目的是保护公民健康权，因此健康权是卫生法学和卫生法治的基石范畴和逻辑起点。研究基本医疗卫生法治首先要深入了解健康权的准确含义、基本属性和内在构成，了解它和相关概念的区别。

二、宪法层面的健康权

宪法层面的健康权涉及国家与公民间的法律关系，包含健康自由权和健康社会权两个维度。健康自由权，如2000年联合国经济、社会、文化权利委员会第22届会议编写通过的《第14号一般性意见：享有能达到的最高健康标准的权利（第十二条）》（以下简称《第14号一般性意见》）第8条规定的"健康权既包括自由，也包括权利。自由包括掌握自己健康和身体的权利，包括性和生育上的自由，以及不受干扰的权利，如不受酷刑、未经同意强行治疗和试验的权利"，旨在保障个人不受非自愿治疗或试验的侵犯。此处所谓的"自由"，从列举的内容来看，即《公民权利和政治权利国际公约》第7条、第9条第1款、第17条第1款等规定的权利，因此将其界定为"自由权"并无不妥。健康社会权，如《第14号一般性意见》第8条规定的"健康权既包括自由，也包括权利……应该享有的权利包括参加卫生保护制度的权利，该套制度能够为人民提供平等的机会，享有可达到的最高水平的健康"，要求国家提供平等的卫生保护机会。健康社会权的内容主要体现在《经济、社会及文化权利国际公约》第12条第2款列举的四项之中，并在其他经济权利、社会权利和文化权利中也有体现。无论是健康自由权还是健康社会权，都是人权，不同于一般的既能被授予又能被撤销的法定权利。人权在宪法上应当以基本权利条款被保障，尽管在保障程度上会受到一国经济社会发展水平影响，然而在性质上，其属于一种"人人"享有的权利，是不可被随意克减或取消的。正如《世界卫生组织组织法》序言中宣称的那样，"享受最高而能获致之健康标准，为人人基本权利之一。不因种族，宗教，政治信仰，经济或社会情境各异，而分轩轾"。为了平衡人权的普遍性与各国发展水平的差异性之间的矛盾，《第14号一般性意见》中既肯定了《经济、社会及文化权利国际公约》第2条第1款中所规定的逐步实现原则所要求的义务，也强调了立即生效的义务，例如第2条第2款中的不歧视原则所要求的义务。

我国《宪法》并没有对"健康权"采用权利型表达的立法方式，而是直接规定公民享有健康权等表述。[1] 然而健康权属于一种未明确列举的基本权利,已然成为大多数学者的共识。[2] 笔者认为,健康权属于宪法上的基本权利可以从以下三个角度得到证明。首先,《宪法》第 33 条第 3 款规定:“国家尊重和保障人权。”人权并不是一项具体权利,而是由一系列具体权利组成的权利束。一方面,人权的确是一个整体,其中各个部分之间存在关联,共同服务于人性尊严与人格自由的价值目标。另一方面,它又是一个集合,所包括的每一项具体权利都有其自身相对独立的客体与权能,各种具体权利之间存在相对清晰的界限。其次,从功能来看,我国《宪法》中已经包含了健康权的各项基本功能。健康权的防御权功能体现在第 33 条第 3 款、第 36 条第 3 款;受益权功能对应于第 21、26、45 条;程序性保障功能以及制度保障功能蕴含于第 2 条第 3 款、第 14 条第 4 款之中。从目的解释的角度来看,既然健康权的实质性内容在《宪法》具体条款中均能找到依据,那么将其解释为一项未列举的基本权利完全符合宪法保障公民基本权利的目的;反之,拒绝承认健康权属于基本权利,才是违背宪法立法宗旨的。最后,我国作为《经济、社会及文化权利国际公约》以及《公民权利和政治权利国际公约》的缔约国,尽管在国内法上不能直接适用前述公约,而是应当转化适用,然而在法律解释的过程中未尝不可将前述公约作为理由,无矛盾地理解国内法与国际法的要求。例如,《第 14 号一般性意见》第 33 条规定:“健康权与各项人权一样,要求缔约国承担三类或三个层次的义务:尊重、保护和实现的义务。”其中,尊重义务与《宪法》第 33 条第 3 款规定的尊重义务如出一辙。至于另外两方面的义务,按照《第 14 号一般性意见》的规定,保护义务是指“要求缔约国采取措施,防止第三方干预第十二条规定的各项保证”,这与《宪法》第 36 条第 3 款、第 51 条的内涵一致。实现义务,是指“要求缔约国为全面实现健康权采取适当的法律、行政、预算、司法、促进和其他措施”,这与《宪法》第 21、26、45 条的内涵一致。并且从语义上来看,“保护”和“实现”都可以纳入《宪法》第 33 条第 3 款所谓的“保障”中。

因此,我们有理由认为,在我国宪法中,健康权同样是一项基本权利,并且该权利具有健康自由权和健康社会权二重属性。其中,健康自由权采取消极权利的规范模式,健康社会权则采取积极权利的规范模式。

1 参见李广德:《健康权规范实证化的类型展开》,载《人权》2021 年第 4 期。

2 参见焦洪昌:《论作为基本权利的健康权》,载《中国政法大学学报》2010 年第 1 期。

三、行政法层面的健康权

在行政法领域，健康权主要调节行政主体与行政相对人之间的法律关系。公民在行政法框架下主要享有两大类健康权利：健康防御权和健康给付请求权。

一是健康防御权，即行政主体未经法律授权，或者按照法定程序和方式，不得对行政相对人的健康权作出限制；行政主体不法侵害行政相对人健康权的，应当作出国家赔偿。例如，我国《行政强制法》第 43 条第 2 款规定："行政机关不得对居民生活采取停止供水、供电、供热、供燃气等方式迫使当事人履行相关行政决定。"《健康权：概况介绍第 31 号》（以下简称《第 31 号概况介绍》）将"安全的饮用水""安全的食物""适当的营养和住房"等列为"健康的基本决定因素"，如果停止提供前述服务，那么这些基本决定因素就很难获得最低限度的保障。又如，在我国推行分级诊疗制度的过程中，法律目前还没有采取强制分诊模式。《基本医疗卫生与健康促进法》第 30 条第 1 款规定："国家推进基本医疗服务实行分级诊疗制度，引导非急诊患者首先到基层医疗卫生机构就诊，实行首诊负责制和转诊审核责任制，逐步建立基层首诊、双向转诊、急慢分治、上下联动的机制，并与基本医疗保险制度相衔接。"这里使用了"引导"的概念，意味着行政主体是不能命令或者迫使行政相对人接受基层首诊的。对于引导方式，国务院办公厅《关于推进分级诊疗制度建设的指导意见》（国办发〔2015〕70 号）规定，"完善不同级别医疗机构的医保差异化支付政策，适当提高基层医疗卫生机构医保支付比例"，通过经济杠杆吸引患者遵守分级诊疗制度的要求，并不构成严格意义上的行政强制。此外，《国家赔偿法》第 3 条第 3、4 项规定，对于行政机关及其工作人员在行使行政职权时"以殴打、虐待等行为或者唆使、放纵他人以殴打、虐待等行为造成公民身体伤害或者死亡的"以及"违法使用武器、警械造成公民身体伤害或者死亡的"情形，受害人有权取得国家赔偿。

二是健康给付请求权。即行政相对人符合法定条件的，有权按照法定程序和方式，请求行政主体为一定的给付义务。《第 31 号概况介绍》规定，健康权包括获得"保健服务、物品和设施"的权利，这些客体应当"不加歧视地向所有人提供"且必须是"有效、可及、可接受和高质量的"。最集中反映健康给付请求权的是《基本医疗卫生与健康促进法》的大部分规定。该法第 5 条规定："公民依法享有从国家和社会获得基本医疗卫生服务的权利。国家建立基本医疗卫生制度,建立健全医疗卫生服务体系,保护和实现公民获得基本医疗卫生服务的权利。”并且对于何为“基本医疗卫生服务”,按照该法第 15 条第 1 款的规定,“是指维护人体健康所必需、与经济社会发展水平相适应、公民可公平获得的,采用适宜药物、适宜技术、适宜设备提供的疾病预防、诊断、治疗、护理和康复等服务”。这些规定与《第 31 号概况介绍》中规定的国际标准是完全接轨的。健康给付请求权按照请求给付的对象划分,又可以进一步细分为基本医疗服务权、基本公共卫生服务权、医疗保障权、紧急救治权等。对于不同的权利,行政主体往往采用不同的方式予以保障,包括通过举办专业公共卫生机构、基层医疗卫生机构和医院以及从其他医疗卫生机构购买服务等方式,实现公民的健康权。

综上所述,健康防御权确保公民不受行政主体非法限制,而健康给付请求权则赋予公民在符合法定条件下要求行政主体提供特定健康保障的权利。这两大权利的确立和实施,体现了行政法对公民健康权的细致关照和保护。

四、民法层面的健康权

民法典对健康权的规定倾向于保护消极权利属性,其保护范围相对较为狭窄。在理解民法典中的健康权时,必须将其置于生命权和身体权的背景下,这三项权利共同构成了卫生法上广义的健康权。

关于健康权,《民法典》第 1004 条规定:“自然人享有健康权。自然人的身心健康受法律保护。任何组织或者个人不得侵害他人的健康权。”健康权保护的客体是身体健康与心理健康。但民法上的健康权并未追求世界卫生组织(WHO)定义的“完全健康状态”[1],而侧重于防止对他人造成疾病或伤残。民法对于心理健康的保护仅限于不造成心理疾病,单纯的“惊吓”除非达到一定的医学标准,否则通常不构成健康损害,更遑论造成负面心理状态,如激动、难过、不安等。[2]

关于身体权,《民法典》第 1003 条规定:“自然人享有身体权。自然人的身体完整和行动自由受法律保护。任何组织或者个人不得侵害他人的身体权。”身体权保护的客体包括两个方面:一是身体完整。这里的身体完整不仅包括天

---

1 《世界卫生组织组织法》序言中将“完全健康状态”定义为“健康不仅为疾病或羸弱之消除,而系体格,精神与社会之完全健康状态”。

2 参见谢鸿飞:《惊吓损害、健康损害与精神损害——以奥地利和瑞士的司法实践为素材》,载《华东政法大学学报》2012 年第 3 期。

然属于身体的部分,如自体细胞、组织、器官等,也包括由于添附而属于身体的部分,如已经完成移植的器官、正在使用的人造器官、人体辅助装置等。二是行动自由。限制行动自由的方式不仅包括外部的直接强制,也包括通过恐吓、威胁等方式导致的心理强制。《民法典》第1010条规定的禁止性骚扰、第1011条规定的禁止非法拘禁,都属于对行动自由的保护。侵害身体权的行为通常也会导致健康权受到损害的法律后果,但是二者的联系并非必然。例如,强制夺走他人的义肢未必会导致他人健康受损,但是侵害了他人身体的完整性。此外,患者对于其身体上病变的细胞、组织或器官仍然享有身体权,医务人员即便要将其去除,也应当征得患者同意,否则即使健康权未受损害甚至因此获利,也仍然构成侵害身体权。身体权在这三项权利中是最具有可支配性的权利。《民法典》第1006条规定的细胞、组织、器官等的捐献,第1008条规定的同意接受临床试验等,都是对身体权的积极行使。

关于生命权,《民法典》第1002条规定:"自然人享有生命权。自然人的生命安全和生命尊严受法律保护。任何组织或者个人不得侵害他人的生命权。"生命权保护客体的生命安全和生命尊严。侵害生命权的最严重后果是死亡。而在侵权法上,如果侵害行为未导致死亡,而是造成疾病或伤害,则通常认为是健康权的损害。另外,生命尊严主要体现在重大生命伦理问题上,例如《民法典》第1009条规定的从事与人体基因、人体胚胎等有关的医学和科研活动,这些活动的受害者通常并非患者或者受试者,而是其后代。当然这种情形下,受到侵害的是生命权或生命利益,还是因为未出生而不构成任何侵权责任,在学界尚存在诸多争议。

另外,生命权、身体权和健康权都包含紧急救治请求权。《民法典》第1005条规定:"自然人的生命权、身体权、健康权受到侵害或者处于其他危难情形的,负有法定救助义务的组织或者个人应当及时施救。"就目前而言,我国法律尚未规定一般主体的救助义务,但是存在特定主体在特定情形下的救助义务的规定。例如,《医师法》第27条第1款规定:"对需要紧急救治的患者,医师应当采取紧急措施进行诊治,不得拒绝急救处置。"但是该条隐含的前提条件是医师在注册的执业地点内,才负有此义务。故该法第27条第3款规定:"国家鼓励医师积极参与公共交通工具等公共场所急救服务;医师因自愿实施急救造成受助人损害的,不承担民事责任。"对于注册地点之外,仅仅是"鼓励"医师实施紧急救治。另外,《医疗机构管理条例》第30条规定:"医疗机构对危重病人应当立即抢救。对限于设备或者技术条件不能诊治的病人，应当及时转诊。”除了医疗机构及其医务人员，还有一些特殊群体也能成为义务主体。例如，《人民警察法》第21条第1款规定，“人民警察遇到公民人身、财产安全受到侵犯或者处于其他危难情形，应当立即救助”。《消防法》第44条第4款规定：“消防队接到火警，必须立即赶赴火灾现场，救助遇险人员，排除险情，扑灭火灾。”《道路交通安全法》第70条第1款规定，“在道路上发生交通事故，车辆驾驶人应当立即停车，保护现场；造成人身伤亡的，车辆驾驶人应当立即抢救受伤人员，并迅速报告执勤的交通警察或者公安机关交通管理部门”。该法第72条第1款规定：“公安机关交通管理部门接到交通事故报警后，应当立即派交通警察赶赴现场，先组织抢救受伤人员，并采取措施，尽快恢复交通。”这些规定都可以作为法定救助义务的来源。

五、健康权是一种复合权利

综上所述，健康权是一种复合权利。首先，“我的健康我做主”，个人拥有不受他人侵害的身体和心理健康的权利，即健康自由权，这是私法领域的健康权。在公法领域，这对应国家的消极义务，即国家不应干预或剥夺个人的健康自由，这种权利在公法上被称为消极健康权。另外，现代人权理论、公法理论普遍认为国家有义务促进公民健康，为公民尽生存照顾义务；福利国家理论更是认为国家应为公民提供“从摇篮到坟墓”保姆式的服务。保障公民健康成为国家权力的正当性基础。公民的健康权不仅包括自身健康不受侵害的权利，还包括要求国家提供健康保障的权利，这在公法上被称为积极健康权或健康社会权。因此，健康权包含健康自由权（消极健康权）和健康社会权（积极健康权）两个方面，由私法和公法共同规范。

健康权在国际社会已经成为普遍公认的法定权利，在多数国家的宪法法律中得以规定，形成了完整的法律体系。联合国《经济、社会及文化权利国际公约》承袭了1946年《世界卫生组织宪章》对健康权的基本态度，在第12条第1款规定，缔约国公民有权享有能达到的最高的体质和心理健康的标准。这是健康权的国际法主要渊源之一。2000年联合国经济、社会、文化权利委员会第22届会议据此编写通过的《第14号一般性意见》第9条对健康权做了明确的定义，即“一项享有实现能够达到的最高健康标准所必需的各种设施、商品、服务和条件的权利”。WHO与联合国人权事务高级专员办事处共同发布的《第31

号概况介绍》对健康权的定义与此大同小异,即"享有为实现健康所必需的各种条件,即各种物品、设施和服务"。这些文献主要关注积极健康权,即规定缔约国保护公民健康权的义务,而对消极健康权的描述较少。除了人人有权要求国家保障享有最佳身心健康,健康权还包括权利人在其能够有效选择的范围内自主决定获得(包括放弃)前述设施、商品、服务和条件的权利。

健康权的保护是公法和私法的共同责任,但当前研究往往将二者分离,公法强调国家责任,私法强调个人权利。因此,本书旨在探索健康权的复合规范路径,以期实现公法与私法的有效融合。

第二节　基本权利理论的变迁考察

消极权利与积极权利的二分法是现代宪法基本权利理论的基本分析范式,但随着实践需求的变化和法学理论的不断演进,原来将权利区分为消极权利与积极权利的类型化方法已经难以满足权利理论与实践的需求。消极权利与积极权利之间存在无法割裂的联系,积极权利与消极权利的二分法分析框架已经无法解释基本权利体系问题,二分法结构不但解释不了权利的复合性质,反而会引起公民权利与国家义务之间关系的混乱,"无论对基本权利作怎样精细的分类,都无法使国家义务类型化、条理化"[1]。宪法理论对这一问题的回应体现在对基本权利复合性的提出。那么健康权是否也存在从二分法到复合性的变迁?"任何一项宪法规范的结构均不是单一的,需要放在宪法文本的整体结构中去考量,既要关注其内部规范要素,也要考察规范形成的历史条件以及规范之间的关系。"[2]这一问题的分析不能停留于现有法律规定本身,而必须从社会发展角度和历史发展角度出发,结合社会学理论、国家理论等进行深入探究。

一、基本权利二分法理论的模糊化历程

首先,消极权利衍生积极权利。当前健康权已经成为基本权利进入各国宪法中,成为国家政权正当性前提。但事实上,最初的健康权完全是一种消极权利,"无论是发达的罗马法系,还是遵循先例的日耳曼法系,都是在私权的维度

1　张翔:《基本权利的规范建构》,高等教育出版社 2008 年版,第 38 页。
2　张震:《宪法环境条款的规范构造与实施路径》,载《当代法学》2017 年第 3 期。

上考虑健康权的体系框架和保护问题”[1]。消极健康权是指自然人的健康法益免受他人不法侵害，或者因他人侵权行为受到损害时，有请求公力救济的权利。《民法典》第 110 条规定的“健康权”即消极健康权在实在法上的具体规定。在前文已经做了专门界定。

近现代以来，一方面，统治者重视人口健康对于资本主义发展的重要性，使人口的治理成为国家治理的重要内容，公民的健康保障成为国家统治正当性的重要组成部分[2]；另一方面，生产的社会化使人们已经无法依靠个人自己力量来保障其权利，必须请求政府给付才能实现。“个体也再无法像从前一样，通过自由竞争自主地经营自己的生活，其自由的实现愈来愈多地依赖于国家所提供的各种社会物质条件。”[3]奉行国家不干预的自由竞争消极治理模式无以为继。以英国 1942 年《贝弗里奇报告》为转折点，国家开始为公民提供全面福利，其中医疗成为基本保障的重要部分。“向国民提供必要的生存照顾成为现代国家政府职能的合法性基础”[4]，向公民提供公共产品成为宪法上的国家义务。积极权利不断扩展，国家承担“从摇篮到坟墓”的保姆角色，全面承担社会公共服务责任，包括医疗卫生服务。除了这种日常健康权保障，健康权的非日常保障——健康侵权法律关系也衍生出了积极权利的因素。生产社会化导致“事故的严重性、不可避免性和非个人特征，使得把不幸事件之后果归结为个人行为的做法不再具有合理性”[5]。在这样的社会转型背景下，若限于私法内部的思考，仅仅以消极权利主体责任自负为由将健康侵权中不可知的风险都由当事人承担，那就会导致看似完善的健康权制度，看似公平的权利义务安排，在实践中变得空洞而虚假，使得健康权国家保障期待落空。因此，侵权责任这一原先纯粹的消极权利保障制度发生颠覆性革命，民事责任部分转换为国家责任。而这一变革在健康权领域的表现尤为明显，因为医疗风险往往是不确定的，无论是医疗机构还是患者，都在面对不可知的医疗风险，此时国家有义务提供底线保障。例如，紧急情况下，个人处于生命危机时，不需要经本人同意，也不需其请

1　蒋月、林志强：《健康权观源流考》，载《学术论坛》2007 年第 4 期。

2　See John Tobin, *The Right to Health in International Law*, Oxford University Press, 2012, p. 1 – 41.

3　赵宏：《作为客观价值的基本权利及其问题》，载《政法论坛》2011 年第 2 期。

4　陈云良：《基本医疗服务法制化研究》，载《法律科学》2014 年第 2 期。

5　张铁薇：《侵权责任法与社会法关系研究》，载《中国法学》2011 年第 2 期。

求，医疗机构和医生都负有紧急救治的义务，这种紧急救治的权利就是将患者消极健康权转化成积极健康权。同样，分级诊疗中的转诊行为本由民法调整，但在现代社会已经演变为社会法范畴。[1] “现在的健康权已经从古代的纯粹的私权形态向社会权形态转变，由纯粹向个人主张的权利转变为向个人和国家均可主张的权利。”[2]

其次，积极权利也衍生消极权利。积极健康权是指公民请求国家维护其健康状态的权利，包括健康资源获得权、基本医疗服务请求权、公共卫生服务请求权、健康社会保障权、医疗救助权和紧急医疗救治权等。[3] 在健康权的消极权利属性随着社会实践发展衍生出积极权利因素的同时，这些积极权利因素不断发展，也逐渐衍生出了消极权利的色彩，主要体现为树立起国家积极义务以公民消极权利为前提和根基的观念。“公务国家”“福利国家”模式的兴起带来的重要问题就是公权力的扩张，要求国家采取某种集体道德原则的立场从而基于共同体原则支持公民对健康的价值需求。[4] 人们在发展积极权利的同时赋予了国家更多的权力，也产生了国家权力危害公民权利的情形。因此，积极权利不再是纯粹的“公民主张—国家提供”模式，而是将公民的自主选择权作为积极权利的前提和根基，人们在要求积极权利的同时也强调对消极权利的保障。德国联邦宪法法院在 1958 年吕特案的判决中指出：基本权利的主要目的在于确保个人的自由免受公权力的干预，积极权利的核心目的是为消极权利的最终实现提供基本保障。由此，原来的积极权利规范模式逐渐抹上了消极权利的色彩。这一点在健康权领域体现为医疗父权主义的衰落与患者主体地位的提升。在医疗行为中，患者知情同意制度的设计正是尊重患者自主决定权——消极权利的表现，患者有权自己处理自己的健康事务，有权参与医疗过程。由此可见，健康权的积极权利属性体现为人们有权要求国家提供保障，但是必须明确医疗行为中健康权享有者的积极权利的行使必须以消极权利——知情同意为前提。因此，尽管福利国家思潮成为世界共识，但是并没有忽视消极权利，恰恰相反，大

1　参见陈云良：《论转诊行为的法律性质及救济途径》，载《法学》2019 年第 5 期。

2　林志强：《健康权研究》，中国法制出版社 2010 年版，第 56 页。

3　参见陈云良：《基本医疗卫生立法基本问题研究——兼评我国〈基本医疗卫生与健康促进法（草案）〉》，载《政治与法律》2018 年第 5 期。

4　参见［瑞典］博·罗思坦：《正义的制度：全民福利国家的道德和政治逻辑》，靳继东、丁浩译，中国人民大学出版社 2017 年版，第 34 页。

量的积极权利被渲染上了消极权利的色彩。

二、基本权利复合性的理论回应

现代社会的发展已经导致了消极权利与积极权利二分法思路的崩溃，二分法将二者截然分开的做法不能清晰描述权利的复合性质，"一些学者提出，没有一个权利是完全的消极权利或积极权利"[1]。"消极权利与积极权利的二分只是相对的，积极权利固然有天然的'消极权利侧面'，而传统的消极权利也逐渐生出'积极权利侧面'的性质来。"[2]德国宪法的裁判经验和德国宪法理论发展出来的基本权利功能体系理论，已经实现了从二分法到复合性的变迁，二者得以在同一逻辑框架内并行共存。国内的学者对基本权利的复合性亦展开了充分的讨论，有学者提出基本权利的双重属性理论。[3] 有学者则认为，将基本权利划分为积极权利和消极权利在理论和实践上都存在缺陷，任何基本权利都具有积极和消极双重属性，都是积极权利和消极权利的统一，都具有积极权能和消极权能。[4] 此外，消极权利与积极权利的二分最早根植于自由权和社会权的二分，而理论界已经为消解这种二分法提供了颇为成熟的论述。[5] 因此，一方面，公民健康消极权利并不影响健康权作为积极权利的功能发挥，反而消极权利需要积极权利的受益权保障；另一方面，国家法律机制完全可以容纳积极权利规范和消极权利规范的同时运作，偏颇于任何一方都是对问题整体结构的忽视，都是偏见。因此，健康权是一种复合权利，既是一种防御他人不法侵害的消极权利，也是一种请求国家提供帮助的积极权利，成为消极权利与积极权利共同作用的场域，需要私法规范和公法规范来共同规范构造。

第三节　有效选择——健康权复合规范界分原则

"法律规范的体系化所关涉的不仅是法律规范的合法性条件，也应遵循法

1　邓海娟：《健康权的国家义务研究》，法律出版社2014年版，第24页。

2　张翔：《基本权利的受益权功能与国家的给付义务——从基本权利分析框架的革新开始》，载《中国法学》2006年第1期。

3　参见张翔：《基本权利的规范建构》，高等教育出版社2008年版，第42～45页。

4　参见商继政：《论基本权利的双重属性》，载《四川师范大学学报（社会科学版）》2007年第6期。

5　参见秦前红、涂云新：《经济、社会、文化权利的可司法性研究——从比较宪法的视角介入》，载《法学评论》2012年第4期。

律有效应用的逻辑法则,如通过原则规定与规则规定以及规则规定之间无矛盾的相互佐证来揭示法律调整的正确意图,从而使法律规范之间呈现出'一致性'"[1],如果规范模式模糊,人们的行为标准便是一个任意性较强的范围,而不是有可操作性的、明确的、可预期的标准,就无法实现对人们行为的指引。事实上,也正是缺乏明确一致的规范标准,医疗卫生领域存在各种法律冲突,例如医疗鉴定存在两种标准,应对新冠肺炎的《传染病防治法》与《突发事件应对法》存在冲突等。片面采用消极或积极健康权规范模式来构建健康权法律关系、卫生法治体系都会产生混乱与无序,需要采用复合规范模式来构建医疗卫生法治体系。基本权利复合性规范模式主要体现在基本权利体系的双重属性上,即同一个基本权利同时具有消极权利和积极权利的属性,那么在具体实践中如何决定何时何地采取何种权利规范模式?这就需要一个具体的判断原则。因此,要从规范角度确立起健康权的规范模式,首先要明确基本权利复合性规范模式的界分原则。

一、确立健康权复合规范模式界分原则的理论依据

首先,要探寻健康权的伦理根基。人权保障是健康权的伦理基础。现代法治根源于启蒙运动中的人权革命,而自由意志是现代人权的基石,法治对人权的推崇,不仅在于对人的经济利益的保护,更重要的是对人的人格独立地位的保护。人格独立即人的自由意志受到尊重和保护,任何人不能强迫其他人,任何人也有权拒绝他人的强迫。如果人无法按照个人自由意愿行事,就根本不可能是自由的。尊重个人自由意志,以自己的独立人格为依据去行动而不是因外在强迫而行动,人才是自由的。因此,现代法治以自由意志为制度构建的根本出发点,健康权规范模式构建也应当以自由意志为基础。

其次,权利义务责任的规范定位是构建健康权规范体系的导向。健康权的复合性决定了两种规范模式之间并不是非此即彼的关系,而是共生的关系,即对一个健康权案件而言,根据具体情形的不同,既有可能按照消极权利规范模式来确定权利义务关系,也有可能按照积极权利规范模式来确定权利义务关系,确定相应的国家消极义务与国家积极义务并确定相应的责任承担主体。因此,应当以权利义务分析为核心确立健康权规范体系,以明确的权利义务分配

1 朱继萍:《法律的规范构造及其关联和体系化》,载《南京大学法律评论》2009年第1期。

标准来确定哪种情况下健康权复合规范模式的规范体系构建。

二、健康权复合规范模式选择的界分原则——有效选择原则

自由意志是健康权伦理的基础，基于公民自由意志的保护，应当首先保障其自由选择的权利。只要公民具有选择的能力和条件，就必须允许其行使消极权利，允许其对个人健康事务做出抉择，这就是有效选择原则。符合这一原则的，采取消极权利的规范模式；不符合这一原则的，就必须由国家提供保障，采取积极权利的规范模式。当健康权主体能够以自由意志进行选择并且进行了自由选择的时候，就必须承担责任。当超出自由意志范围时，健康权主体便享有受益权，即要求获得帮助的权利，而在宏观上的制度设计中，健康权主体还有要求制度保障的权利。

有效选择原则体现为选择能力与选择条件。选择能力是指健康权主体存在自由意志并且能够自由表达的能力。健康权主体能够充分获知和理解是表达自由意志的前提，“行为应当是行为人在自由和理性的状态下实施的，是他的自主的决定，倘非如此，则也不能称之为‘行为’，因为无意识的或者是意志不自由下人所实施的，与其称之为‘行为’不如叫作‘动作’更准确”[1]。而现代医学具有的复杂性、专业性导致健康权主体并不一定能够充分认知和理解其做出的选择，因此，必须将选择能力作为规范模式的基本标准，健康权主体具有选择能力时才是自由意志的表达，才能适用消极权利规范模式。不具有选择能力时就应当适用积极权利规范模式。

选择条件要满足两个方面的要求：其一，要存在多元的选项供健康权主体选择。缺乏选项的自由选择不是自由意志的表达。不能认为形式上的自主表达即为自由意志的表达，更重要的条件是实质上是否享有选择的自由。只有唯一选项的选择不是自由选择，在这种情形下要求行为人对自己的行为承担全部责任是不道德的，也缺乏正当性。其二，要存在表达途径，健康权主体能够充分合理地表达自己的意志。如果没有充分表达自己的意愿却要承担不利后果，这样的规范也是不正义的。所以，当健康权主体没有两个以上的选项，或者没有获得充分的表达途径，那么就不可以按照消极权利的规范模式来确立权利义务

1 丁南：《从“自由意志”到“社会利益”——民法制度变迁的法哲学解读》，载《法制与社会发展》2004 年第 2 期。

关系,国家就负有一定的保障义务并承担相应的责任。

总之,如果不具备选择的能力和条件,选择就是无效的,就不能适用消极权利的规范,相应地,就应当适用积极权利规范,由国家加以保障。例如,新冠肺炎作为一种新发传染病,具有极强的传染性,它不仅损害感染者本人的健康,还危及公共健康,任何个人都无法应对,在防控、治疗上,个人乃至医院都无法及时采取有效的措施,需要国家提供积极保障。如人们所见,所有国家在新冠肺炎防控上都采取积极权利规范模式。

第四节 健康权复合规范构造

一、健康权的消极权利规范构造

当健康权主体具有有效选择能力和条件时,享有按照自己的意愿行为而不受外界的干预,负有不影响他人利益和公共利益的义务,也必须对自己的行为承担责任。这就是健康权的消极规范结构。有两种较为典型的表现形式,一种表现为日常生活中与健康权有关的行为、习惯等,另一种表现为医疗过程中健康权主体自由选择医疗方式并自愿承受风险后果的行为。这两种权利的行使都由合同法规范。

在日常生活中,公民有权决定自己的生活方式,塑造自己的健康习惯,这是一种消极权利,他人不能干预。纽约前市长布隆伯格(M. Bloomberg)为了减少肥胖人群,曾试图制定规则限制人们饮用汽水的分量,引发愤怒的批评和法官的制止,认为这严重侵害了人们的自由选择,加重穷人的负担。[1] 同样,每个人都可以在合法范围内处置自己身体健康事项,有权自由选择医疗服务,也可以放弃医疗服务,其他人尤其是公权力不得干预。否则就可能造成自由主义者所担心的国家以实现公共目的为名侵犯个人自由,加重人民负担,把富人淹死在穷人的福利当中。[2]

消极权利具有消极性,体现在当侵害没有发生时,消极权利就处于静默状

---

1 Lawrence O. Gostin, *Limiting What We can Eat: A Bridge Too Far*, The Milbank Quarterly, Vol. 92:2, p. 173 – 176(2014);刘汗曦编译:《限制我们能吃什么:政府是否管得太多?》,载《月旦医事法报告》2018 年第 16 期。

2 参见邓海娟:《健康权的国家义务研究》,法律出版社 2014 年版,第 21 ~ 24 页。

态,因此,主要的权利行使方式是对外来干预的防御,通过自力或者公力要求排除干预。相应地,国家必须保证消极权利不受干预。一方面,公权力要承担克制的义务。例如,不得强制献血,有一些地方曾出现的强制献血现象,侵犯公民的健康权,公民可以根据消极权利的规范结构,行使防御权权能。再如,侵入性治疗中的知情同意为典型。在可以选择的情况下,患者有权利在医疗过程中对治理手段、治理内容、治理可能结果等做出自己的选择,医疗机构不得代替患者选择。另一方面,公权力要承担排除其他干预的义务。健康权享有者的自由意志实现还存在其他干预,例如孕妇跳楼案,这一悲剧正是由于患者本人的选择权被剥夺,代理人干预了患者自由意志的结果。对此,患者有权利要求排除干预,公权力应当排除这种不当干预,确保消极权利的实现。

享有决定权的同时必须自己承担责任。这决定了在有关健康权消极权利的法律规定中必须明确健康权主体的本人责任,由于公民自己的行为而发生损害的,公民必须自己承担责任。对于医疗过程中尤其是手术中的风险状况,应当以有效选择原则为依据,如果患者有条件也有能力做出选择,其选择高风险治理方式就是自冒风险行为,应当自己承担责任。在大部分伤医杀医事件中,患者就是忽视了自己的责任,忽视了医疗合同的平等性,错把医生的合同义务视为无限责任。当然,如果患者没有足够的选择条件和选择能力,那么就不属于自冒风险行为,相应地,就不能根据消极权利的规范模式来归责。

自己负责体现的不仅是公平的价值,更是对权利、义务、责任相一致的合法期待的尊重。自己负责确定了医患之间的责任分配,明确符合有效选择原则的患者应当自己承担医疗风险责任,健康权法律规范的可预期性才得以有效保障。

二、健康权的积极权利规范构造

积极权利是健康权主体要求公权力履行积极义务的权利。根据权利行使方式的不同,可以分为直接要求行政给付的主观受益权和间接要求权利保障的客观秩序保障权,二者相应的权利、义务、责任也不同。

(一)基于健康权主体请求的积极权利

当某种健康权事项具有公共性,就已经超出了一般公民有效选择的条件和能力范围,公民有权根据自身利益需求请求国家给予保障,国家有相应的给付义务。由于保障不足而引起损害的,国家有补偿责任。一种是公共卫生,这是典型的国家义务。例如，新冠肺炎这类大型流行性疾病，是单个个人所无法预测和避免的，其产生和扩散也往往是社会性原因，这就需要政府提供公共卫生服务来解决，在我国主要通过国家公共卫生机构来实现行政给付。国家制定了一系列公共卫生法律来规范政府的这种公共卫生给付行为。《基本医疗卫生与健康促进法》第15条规定，“基本公共卫生服务由国家免费提供”。新冠疫情防控典型体现了其公共卫生性质：各级防控机构根据《传染病防治法》《突发事件应对法》开展各种新冠疫情防控措施，方舱医院建设由政府负责，新冠肺炎治疗费用由医保承担，核酸检测、新冠疫苗接种由国家免费提供。另一种是基本医疗服务领域。医疗服务本来是典型的私人事务，由公民个人自己负责购买，由市场向社会提供。但是到19世纪末，德国行政法学界提出国家应该对公民承担生存照顾义务，现代福利国家从此诞生。一些欧洲国家开始由政府向公民提供全部或部分医疗服务，英国实现全民免费医疗服务，德国实现社会医疗保障制度。联合国《经济、社会及文化权利国际公约》第12条第1款规定：“本公约缔约各国承认人人有权享有能达到的最高的体质和心理健康的标准。”第12条第2款第4项规定，各缔约国要“创造保证人人在患病时能得到医疗照顾的条件”。当今世界各国，无论经济发达与否，大多数国家都不同程度承担向公民提供医疗服务的义务。提供医疗服务特别是其中的基本医疗服务成为现代国家的基本义务，公民可以行使积极权利要求国家提供基本医疗行政给付保障。国家制定医疗法（又称医事法）来规范基本医疗服务给付行为。

健康权主体主张可以实现的权利，要求国家提供基本保障，义务的主要承担者是行政机关，行使方式主要是请求行政给付。在基本公共卫生中，公共卫生行政机关负有保障公共卫生的义务。如果出现不作为，公民有权向上级行政机关申诉、向司法机关起诉等要求行政给付。例如，在长春长生疫苗事件中，如果公民在发现疫苗存在问题时能够及时向行政机关申诉或提起行政诉讼，就能够避免悲剧的发生。在基本医疗服务的提供中，政府、公立医院、用人单位负有提供基本医疗服务的义务，如果在基本医疗服务中损害了公民健康权益，公民有权要求医疗机构提供相应补偿、赔偿。例如，我国规定基层医疗卫生机构只能使用基本药物，药品销售实行零差价，以此来控制医疗服务的价格，保障基本医疗服务的可及性。

由政府承担责任的前提是超出了健康权享有者——一般主体的有效选择条件和能力。符合这一原则，应当由政府承担责任；但是如果不符合这一原则，则仍然应当根据健康权的消极权利规范模式来确定责任，即健康权享有者自己承担责任，政府承担尊重和克制的责任。

(二)基于国家制度构建的积极权利规范构造

公民有权获得健康权的制度保障。国家政策与国家立法是公民个人无法选择的，在这种情况下，公民不具有有效选择能力和条件，因此，这种情况下必然采取积极权利的规范模式，即公民有权利要求国家提供合理的、不断完善的制度保障。对于健康权制度保障这一积极义务，主要是要求国家提供健康权实现所需的各种制度和条件，义务承担者是立法机关。近年制定的《基本医疗卫生与健康促进法》《疫苗管理法》《药品管理法》履行着健康制度保障义务。在公共卫生领域，我们制定的《传染病防治法》《职业病防治法》《母婴保健法》《精神卫生法》《食品安全法》《国境卫生检疫法》《红十字会法》《献血法》《人口与计划生育法》9 部公共卫生法律，构成比较完整的公共卫生法律体系，国家为全体公民提供完整的公共卫生制度保障。我国也加入了 WHO，积极参与全球卫生治理。但是，在医疗领域，我们一直没有在宪法之下制定落实国家基本医疗保障义务的法律，由全国人大及其常委会通过的医疗卫生方面的全国性法律只有两部，即《执业医师法》和《药品管理法》。2019 年年底颁布的《基本医疗卫生与健康促进法》是对这种立法缺漏的完善，也正是健康权积极权利规范构造，将从根本上解决这一制度保障缺陷。

公民健康权要得到完整的保护，不仅要建立完整的医疗卫生法体系，还要在其他法律中作出相应规定。健康权保障要融入所有政策，这在医学界被称为 HiAP(Health in All Policies)，是 WHO 提出并倡导的制度。“将健康融入所有政策”的基本出发点在于：健康在很大程度上是由卫生保健领域之外的因素决定的，这些因素就是健康权的基础因素，如饮用水、环境、施工等。因此，健康问题保障的根本在于对这些健康影响因素的控制，由此要努力将健康照护纳入社会决策，以期改善人口健康。[1] 芬兰是世界上最早实施“将健康融入所有政策”的国家，得到了欧盟成员国的认可，从 2006 年开始，“将健康融入所有政策”成

1　See TimoStåhl et al. eds. ,*Health in All Policies*: *Prospects and Potentials*, *Ministry of Social Affairs and Health Health Department of Finland*, http://www.euro.who.int/__data/assets/pdf_file/0003/109146/E89260.pdf? ua = 1.

为欧盟制定政策的重要原则。[1] 2013 年 WHO 第八届全球健康促进大会修订通过了《赫尔辛基宣言》,要求成员国贯彻落实"将健康融入所有政策"。中国很快做出回应,2016 年公布的《"健康中国 2030"规划纲要》正式提出"把健康融入所有政策",《基本医疗卫生与健康促进法》第 6 条也作了"将健康理念融入各项政策"的规定。

公民有权通过合法途径提出要求,实现健康权的积极权能,督促立法机关积极保障公民健康权。但是我国目前并没有像德国那样设立立法不作为诉讼制度,公民不可以直接请求国家立法,而必须在法定资格、法定程序的限制之下对国家立法保障提出要求。缺乏立法并不是健康权受到损害的直接原因,因此不能要求国家承担责任。

三、健康权的限制

健康权存在被滥用的风险。美国当代医学伦理学家埃里克·卡斯尔(Eric J. Cassell)在对现代医患关系的分析中指出:"患有严重躯体疾病的人经常失去奋斗的信心,思维变得狭隘,推理和决策的能力可能会发生变化,过度依赖医生和照顾他们的人,对外界事物变得淡漠,只注重自己,表现为自闭和孩子气,过分关注自己,无视外部世界。"[2] 患者觉得自己是弱者,应该得到全社会的同情和照顾,认为医生必须把病治好。错把治疗的权利当作治愈的权利。医患纠纷正是健康权滥用的典型表现,中国传统文化中的"死者为大"和愚孝文化更是加剧了这种权利滥用。因此,需要以权利限制条款来避免健康权利滥用。《宪法》第 51 条规定:"中华人民共和国公民在行使自由和权利的时候,不得损害国家的、社会的、集体的利益和其他公民的合法的自由和权利。"

《宪法》第 51 条所规定的权利限制条款仍然是概括的限制,无法提供直接的行为指引,应当根据消极权利和积极权利的不同情况对健康权的行使加以限制。一方面,对消极健康权进行限制,即对健康权主体防御权的限制,强制医疗就是对患者自由决定治疗的权利的限制。例如,对传染病患者、吸毒者,国家相

---

1 See Commission of the European Communities, *White Paper: Together for Health: A Strategic Approach for the EU* 2008 – 2013, Brussels: Commission of the European Communities, 2007.

2 Eric J. Cassell, *Talking with Patients*, Vol. 2, Cambridge (Mass: MIT Press, 1985).

关机关有权力在法定条件下实施强制医疗，以此避免伤害他人权利和公共利益。另一方面，对积极健康权进行限制，国家给付必须在财政支付能力范围内，不能超越国家财政能力或者超出财政预算，否则就会导致国家正常运行的困难。我国到底应不应该实施全民免费医疗就是一个积极健康权限制的问题，经济发展水平的限制决定了我国目前的财政支付能力还不能全部包揽全体社会成员的医疗服务。当然，对健康权的限制应当在合理合法范围内，即“对限制要进行限制”[1]。首先，必须遵循法律保留原则。对于健康权的限制必须由法律来规定，除法律之外的行政法规、地方性法规、行政规章等不得作出超出法律规定范围限制健康权的规定。其次，必须遵循比例原则，即必须在合理范围内进行健康权限制，做最低限度的限制，限制的手段是必要的，以给被限制对象带来最小负担的方式进行。当对健康权的限制带来的损害大于实施限制后带来公共利益、他人利益增长时，则不得进行限制。最后，保护效果原则，即对健康权的限制必须出于对公共利益、他人合法利益保护的目的，如果其他的方案能够起到更好的保护效果，就不能采用健康权限制的方法。

总之，健康权规范构造的具体设计必须说明权利、义务、责任的划分，这样才能起到规范分析法学提供行为指引和问题解决方案的作用。

第五节　健康权规范构造的立法与司法叙事

一、构建科学的健康权规范体系

我国健康权规范体系尚未完整构造。尽管中国特色社会主义法律体系已基本形成，但健康（卫生）法律体系则是最近几年才开始系统构造，[2]医疗领域的基础性法律则在2019年年底才正式出台。

按照健康权二分理论，我们可以将健康权规范体系分为积极健康权规范体系和消极健康权规范体系。对于积极健康权规范体系而言，我们首先要在宪法之下制定一部健康领域的基本法（或者说健康中国建设的领头法），规定国家保

1　赵宏：《限制的限制：德国基本权利限制模式的内在机理》，载《法学家》2011年第2期。

2　“健康权法律体系”（或称“健康法体系”）通常被称为“卫生法体系”，也被称为“生命法体系”“医事法体系”“医疗法体系”。因为在中文语境中“卫生”一词与“健康”“医疗”等词语混用，造成了名称的混乱。“卫生”一词是我国约定俗成的用法，笔者认为，用“健康”一词来统一表述更为准确。

障公民健康权利的积极义务。《基本医疗卫生与健康促进法》承载着这一历史使命。[1] 国家的健康积极义务分为公共卫生服务和基本医疗服务。公共卫生是典型的公共产品，市场不能提供，公民没有选择机会，不具备选择条件。在艾滋病、非典这样的传染病发生时，公民不具备防御的认知能力，也不具备选择能力。因此，世界各国普遍规定由国家向公民提供公共卫生服务，颁布了一系列公共卫生法律，美国、英国颁布了统一的《公共卫生法案》；法国 1902 年颁布了《公共卫生保护法》，1958 年在此基础上编纂了《法国公共卫生法典》。如前所述，我国已经制定了《传染病防治法》等 9 部公共卫生法律。为贯彻落实习近平总书记“强化公共卫生法治保障”的指示，2020 年 4 月，第十三届全国人大常委会以依法防控新冠疫情的需要为基础提出了《强化公共卫生法治保障立法修法工作计划》，提出了 17 件近期（2020～2021 年）立法修法计划、13 件远期立法修法计划，公共卫生法治建设迎来里程碑时代。我国尚没有制定统摄公共卫生领域的公共卫生法，鉴于人类社会的不断进化与发展，科学技术的进步也同时引发了一些前所未有的公共卫生问题，是故有必要制定一部公共卫生基本法，以有效解决现有公共卫生分别立法产生的漏洞和冲突；也可以对现有公共卫生法律法规进行统一编纂，形成公共卫生法典。而基本医疗服务本是消极健康权利，由公民个人自由决定如何选择。但现代国家普遍将其拟制成公共产品，消极权利转化成积极权利，国家承担积极义务，如我国《基本医疗卫生与健康促进法》第 29 条明确规定，“基本医疗服务主要由政府举办的医疗卫生机构提供”，明确了政府提供基本医疗服务的主导责任。笔者一直主张单独制定一部基本医疗服务法作为医疗领域的基本法，而不是像现在的《基本医疗卫生与健康促进法》将基本医疗服务、公共卫生和健康促进规定在一部法律中。“公共卫生是国家免费提供的，基本医疗是政府、社会和个人共同承担。它们的运行方式、管

1　如前所述，该法名称引发了巨大的争议。这一争议正是前注所述，是对“卫生”“健康”“医疗”这些最基本的概念缺乏统一的认识，其实“医疗卫生”完全可以包含健康促进的内容，从该法第 6 章规定的“健康促进”来看，基本属于我们通常所说的公共卫生，法律名称为《基本医疗卫生法》更合适，不必画蛇添足。参见陈云良：《基本医疗卫生立法基本问题研究——兼评我国〈基本医疗卫生与健康促进法（草案）〉》，载《政治与法律》2018 年第 5 期。当然，“健康”一词也可包含“医疗卫生”的全部含义，法律名称也可称为《健康法》。参见王晨光、杨健：《〈基本医疗卫生与健康促进法（草案）〉专家座谈会纪要》，载《中国卫生法制》2018 年第 3 期。

理模式、责任承担都不一样。两套制度放在一起可能会造成混乱”[1]，二者的规范模式有着重大差别。首先，基本医疗服务仍然以患者的请求为启动要件，如果患者不主动就诊，基本医疗服务就无法开始；其次，医疗机构和公权力仍然负有尊重患者选择的义务，例如选择基本药物还是非基本药物；最后，政府的基本医疗服务责任是有限责任，即在法定范围内承担责任，例如基本诊疗项目需要国家制定相应的目录，同时以成本价为基础确定收费标准。公共卫生行政给付不同于基本医疗服务，内容和方式都有差异。公共卫生服务是不需要请求就必须实施的。公民作为权利主体有权要求政府提供免费的公共卫生服务，政府有义务保障基本公共卫生。政府如果没有履行公共卫生义务，公民可以直接提起行政给付诉讼。而基本医疗服务即使在《基本医疗卫生与健康促进法》中也未作出行政给付诉讼规定，当公民基本医疗服务请求权未得到满足时，目前还不能通过诉讼途径救济。在基本医疗服务法之下再制定医院法、医师法、护士法等，加上现在《药品管理法》，以此形成完整的医疗法体系。

除了公共卫生法及其下位法和基本医疗服务法及其下位法，积极健康权规范体系还包括规范国家积极支付义务的基本医疗保障法。2021 年 6 月，国家医保局公布《医疗保障法（征求意见稿）》。

消极健康权规范主要体现在现有民事法律规范中。《民法典》侵权责任编第 6 章专门规定了“医疗损害责任”。消极健康权的主要履行方式是医疗合同。而《民法典》合同编没有对医疗合同作专门规定，医疗合同属无名合同，患者和医疗机构之间的医疗服务行为适用合同编一般规定。在缺乏立法指引的情况下，医疗服务合同文本五花八门，不规范、不统一，缺乏明确的规范指引，导致医疗服务容易引发纠纷。在医疗服务合同纠纷中，缺乏明确的纠纷解决依据，患者的消极权利难以得到保障。可以说，医疗服务合同能够被有名化处理是实现消极健康权的基础。首先，《民法典》合同编比较粗略抽象，适用往往发生困难。例如，《民法典》第 511 条第 5 项规定：“履行方式不明确的，按照有利于实现合同目的的方式履行。”但是，在医疗服务合同中如何判断“有利于实现合同目的”是难以确定的，因为现代循证医学的一切判断都要在一定的技术条件支持下根据专业医学知识才能做出，在医患信息严重不对称的情况下，合同的解释权往

1　陈云良：《〈基本医疗卫生与健康促进法（草案）〉若干问题的思考》，载《中国卫生法制》2018 年第 2 期。

往完全在医方。而合同法一般规定不可能针对某一种具体合同作出明确规定，这就导致医方掌握了解释合同目的的主导权，其解释较有可能任意。也正是有这种任意，才导致了过度医疗等诸多问题。通过有名合同的方式将双方主要权利义务予以明确，可以有效避免医方解释的任意性。其次，“医疗合同具有直接关系人的生命与健康等重大人身利益的特征。凡涉及重大人身权益的领域，多已超越了由私法自治原则调整的纯粹私人利益的范畴，而进入了社会公共利益的领域”[1]。因此，需要强制性规范的介入来加大对医疗服务合同的规范力度，而不能像对待一般财产关系类合同那样任由当事人意思自治。合同立法中通过将医疗服务合同有名化，进一步具体说明相应履行方式，实现对意思自治原则的调整。再次，医疗合同有名化还有助于医患双方选择医疗合同纠纷作为诉由寻求司法救济，改变当前往侵权法救济一边倒的不平衡司法状态。[2] 最后，医疗合同既不同于承揽合同，也不同于典型的委托合同，有必要将医疗合同有名化处理。[3]

当今世界医疗服务纠纷多发，明晰医患双方权利义务成为现实需要，医疗合同有名化正在逐步成为共识，国际上很多国家都在采取合同法的形式来保障患者契约权利。例如，《荷兰民法典》第 7 编“具体合同”之中确立了“医疗服务合同”的有名合同地位。《德国民法典》在第 2 编（债务关系法）第 8 章（具体债务关系）第 8 节（雇佣合同）第 2 目中规定了医疗合同。《立陶宛民法典》第 35 章（服务契约）第 2 节规定了医疗契约。尤其值得注意的是，《欧洲示范民法典草案》在第 4 卷（有名合同及其产生的权利义务）第 3 编（服务合同）第 8 章规定了医疗合同。[4] 因此，医疗合同有名化不但是重大现实需求，也符合立法理论和一般立法规律，具有可行性。

但是在我国当前立法实践中，医疗合同的独特性和重要性并没有体现出来，《基本医疗卫生与健康促进法》中没有相应的规定，《民法典》合同编也没有专门针对医疗合同进行规范。因此，医疗服务合同的缔约方式、格式条款的特

---

1 李运华、赵少凡：《略论医患关系的专门立法调整》，载《求索》2002 年第 5 期。

2 参见刘炫麟：《民法典编纂与医疗合同典型化》，载《法治研究》2019 年第 3 期。

3 参见陈云良主编：《卫生法学》，高等教育出版社 2019 年版，第 33 页。

4 参见杜景林、卢谌：《德国民法典全条文注释》（上册），中国政法大学出版社 2015 年版，第 514 ~ 520 页；［德］巴尔、［英］克莱夫主编：《欧洲私法的原则、定义与示范规则：欧洲示范民法典草案（全译本）》（第 4 卷），于庆生等译，法律出版社 2014 年版，第 630 ~ 707 页。

殊规定、违约责任的确定模式等都应当在卫生相关立法中作出规定,为医疗服务合同确立指引,为医疗服务合同纠纷裁决提供明确依据。

以上是从健康权二元角度构造健康权规范体系。然而,现代社会中健康权具有复合性,这种构造不是绝对的,积极健康权规范体系中蕴含消极健康权规范,消极健康权规范体系中也会涉及积极健康权条款。

二、明确公立医院双重职能

当前的公立医院承担着两种职能,扮演着两种角色,一种是在医疗市场化背景下向社会提供营利性医疗服务,另一种是在基本医疗服务范围内提供非营利性基本医疗服务。这两种职能在公立医院中呈现出重合的状态,二者界限的模糊导致了权利、义务、责任的模糊。一方面,公立医院以医疗市场化为正当性基础,不断强化医患法律关系的私法属性,以消极权利规范模式为基础构建医患关系——充分尊重患者的自由权利,同时患者需要自己承担责任。另一方面,患者则认为公立医院享有国家出资,享有国家政策支持,占有国家资源,应当对患者承担更多的责任。事实上,“公立医院可以说是国家履行基本医疗服务保障义务的代理人,公立医院的医疗行为因而同国家公共行政给付行为紧密相连”[1]。如果过度强调医患关系的消极权利侧面,事实上就将公立医院本应承担的积极给付义务遁入私法法律规定中,依据私法规范去排除自己的公法责任。营利性医疗服务与基本医疗服务两种性质的功能都要在医院实现,这就需要将医院的基本医疗服务职能与一般医疗服务行为进行区分,形成二者的规范模式,促进这两种功能之间的协调配合。2015 年国务院办公厅《关于城市公立医院综合改革试点的指导意见》明确提出,公立医院改革的基本目标既要“充分发挥市场机制作用”“调动积极性”,又要“破除公立医院逐利机制”“维护公益性”,任何一方都不可偏废。只有厘清这两种职能的界限,才能使二者相辅相成。

公立医院的营利性医疗服务应当采取消极权利规范模式,因为作为市场主体的医院与患者之间是平等的,二者法律关系的平等性决定了公民作为民事主体必须自己承担责任,这是对公民权利的尊重。基本医疗服务应当采取积极权利规范模式,避免医疗服务市场化导致基本医疗服务目的落空,因此,政府应当

1　胡国梁:《公立医院的运行逻辑与法理定位》,载《天府新论》2017 年第 2 期。

确立基本医疗服务范围，将基本医疗服务视为公共产品来提供。而这两种职能及其规范模式的界限仍然要以“有效选择原则”为标准。以手术中的知情同意制度为例。知情同意制度是营利性医疗服务的基本制度，是消极权利规范模式的产物，知情同意确保了患者的知情权和选择权。但是知情同意还有可能以积极权利规范模式来确立权利、义务、责任。例如，对于医疗过程中的不明风险，连医生都可能无法判断，患者更不知情，患者在此情况下不具有有效选择能力，所以不能采取消极权利规范模式，不能以患者“同意”为由要求患者承担全部责任。又如，侵入性治疗中的不可知风险如并发症、病情突变等复杂情况。类似风险应当是整个社会来共同面对和承担，而不能简单地将其归于公民个人来承担，这体现出健康权所内含的共济性特征。[1] 公民有权利获得帮助，国家应当积极保障，出现不良后果时，应当由国家负担一部分责任。目前一个已经成为共识的解决方案就是由国家设立医疗责任保险，以此来履行其积极义务。明确这一标准，避免公立医院将积极给付义务遁入私法法律规定中，依据私法去排除自己的公法责任。这样通过有效选择原则就明确了公立医院的双重职能及其界限。

三、正确定位民营医院发展方向

医疗具有高度的专业性，现代医学科技的高度发达更加加剧这一点，没有受过专业教育的普通患者尽管有自由表达的能力，但是其对自身的疾病无法正确认知和理解，不能做出正确的判断，通常是没有选择能力的。没有选择能力，即使具有多种选择条件，也是无意义的。按照前述健康权规范构造理论，医疗服务应当尽可能采用积极健康权构造模式。正因如此，现代国家普遍主动承担保障公民健康的积极义务，由国家向公民提供医疗服务，而不是按消极健康权模式听任市场自由提供。即便是最典型的市场经济国家英国也是如此，即建立了英国人引以为傲的国家卫生服务系统（national health service）。[2] 同时由于医疗是公民的生存性基本需求，也不宜作为一种营利性产品来提供。特别是我国的社会主义性质，加上当前市场诚信匮乏的社会现实，更不宜把医疗卫生服

1　See Paolo Carozza, *From Conquest to Constitutions: Retrieving a Latin American Tradition of the Idea of HumanRights*, Human Rights Quarterly, Vol. 25, p. 281 – 288 (2003).

2　参见陈云良、陈佳苗：《英国 2012 年〈卫生和社会护理法案〉研究》，载《法学杂志》2018 年第 6 期。

务交由市场去提供。所以，健康、医疗本是一种公益性事业，不能作为一种产业来发展，我国宪法也是如此定性医疗卫生行业的，《宪法》第 21 条规定了“国家发展医疗卫生事业”。20 世纪 90 年代的市场化医改给我们留下了惨痛教训。但是，近年来医疗服务的市场化倾向正在重新抬头，国家不断出台政策鼓励民营医院发展，国务院办公厅发布了《关于进一步鼓励和引导社会资本举办医疗机构意见》（2010 年）和《关于促进社会办医加快发展若干政策措施的通知》（2015 年）。《基本医疗卫生与健康促进法》亦体现了鼓励民营医院发展的导向，第 41 条第 1 款规定，“国家采取多种措施，鼓励和引导社会力量依法举办医疗卫生机构”。根据国家卫健委统计信息中心 2019 年 1 月发布的数据，截至 2018 年 11 月底，我国民营医院已经达到 210, 404 家，远超同期的公立医院数 12, 072 家。与 2017 年同期相比，民营医院增加 2291 家，公立医院减少 109 家。可见，健康被普遍作为产业来发展。

然而，这种把公民健康交给民营医院来经营的消极健康权发展模式带来了巨大的社会问题。2016 年引起广泛关注的“魏则西事件”使全社会认识到医疗服务不能作为一种营利性产品由市场来经营。2019 年 4 月 28 日，国家卫健委等五部委发布《关于开展促进诊所发展试点的指导意见》鼓励医生个人开办诊所。而在扫黑除恶专项行动中，厦门市、深圳市公安局宣布查处了惠爱门诊部、华光大门诊部、真爱门诊部、宝济门诊部等系列医疗涉黑涉恶案件，这些民营医疗机构采取术中恶意加价、虚假诊断、夸大病情或疗效、利用医托欺诱和强迫患者诊疗等手段来获利。[1] 这些民营医院正是恶意利用了患者在专业治疗中缺乏选择能力这一制度缺陷，欺骗和敲诈患者。健康权规范构造理论和民营医院发展现实都表明我国目前不宜依靠大力发展民营医院来为公民提供基本医疗服务，对违规经营的民营医疗机构应当加大加快取缔力度。全世界只知美国看病贵，美国公民自己购买商业医疗保险，看病费用由自己负责，但是并不知美国实际上对医院的营利性控制非常严格，不少州确立了“禁止企业介入医疗”原则，[2] 确保医疗专业判断的独立性，确保医院和医生以患者健康为中心。为了禁

1　参见可凡：《一批莆式医院被定性为恶势力犯罪集团》，载搜狐网 2019 年 5 月 16 日，http://www.sohu.com/a/314477368_456062；《大批“莆式”医院被定为黑恶势力，医疗欺诈已被列为扫黑除恶整治重点》，载搜狐网 2019 年 9 月 30 日，https://www.sohu.com/a/344425681100028127。

2　See L. R. Hayward, *Revising Washington's Corporate Practice of Medicine Doctrine*, Washington Law Review, Vol. 71:2, p. 403 (1996).

止非专业人员干预医生的专业医学决定,防止医生因经济效益因素怠于履行对患者的忠诚义务,避免医疗机构过度商业化,美国约有30个州以各种形式禁止企业介入医疗事业。[1] 20世纪初,美国、英国、法国等国家在中国举办的华西医院、协和医院、湘雅医院、齐鲁医院、瑞金医院都是由教会、协会、基金会举办,而不是企业举办。从我国民营医院的发展现实来看,这种禁止商业机构以医疗来牟利的做法值得借鉴,符合医疗的公益性。

对于保留下的合规运营的民营医院应当采取健康权复合规范模式。从健康权的双重属性可以发现,民营医院也具有公益性。一方面,作为医疗服务提供主体,民营医院通过提供优质服务来实现其盈利。另一方面,民营医院在医疗服务过程中不得否定健康权具有公益性。虽然民营医院实行市场化运作,但是医疗服务的终极目的是保障健康权,并不能因为市场化手段而忽视这一根本宗旨。应当加强对民营医院营利性的规制,保障民营医院的公益性。探索民营医院的运营与医疗服务分离运行机制,推动实现民营医院运营中的逐利机制与民营医院医疗服务体系相分离,避免逐利机制破坏民营医院医疗服务提供的公益性。

四、完善健康权司法救济制度

健康权的复合性构造出健康权诉讼二元结构。当前健康权诉讼以《民法典》侵权责任编以及最高人民法院2020年《民事案件案由规定》为依据分别通过侵权诉讼和医疗服务合同诉讼的方式展开。这两种方式都是民事诉讼途径,但是健康权的积极权利属性决定了患者享有要求国家提供医疗卫生保障的权利。因此,健康权司法救济应当包含行政诉讼的模式。[2]

行政诉讼理论认为行政诉讼模式包含主观诉讼和客观诉讼两种模式,客观诉讼是指以监督行政公权力行为为主要意旨的诉讼类型,在具体制度中表现为法院仅就行政公权力行为的合法性进行审查。主观诉讼是指以回应原告诉讼

1 参见李宛芝:《论美国法上“禁止法人介入医疗原则”及“对台湾医疗法人规范”之启示》,载《月旦医事法报告》2017年第11期。

2 有学者系统地分析了全球范围内健康权公法救济的三种具体实施模式,即强司法救济、弱司法救济和准司法救济,强司法救济主要包括巴西、阿根廷、南非、印度等国家,弱司法救济以美国和加拿大为主,准司法救济则以欧盟的集体申诉制度为主要代表。参见李广德:《健康权如何救济?——基于司法介入程度的制度类型化》,载《清华法学》2019年第3期。

请求为主要意旨的诉讼类型,在具体制度中体现为法院主要就原告的诉讼请求进行审查,附带审查被诉行政行为的合法性。[1]

其一,由一般医疗服务引起的健康权诉讼应当采取主观诉讼的制度构建,即公民提起行政给付诉讼,要求国家承担健康权保障责任,这需要当事人针对受到某种医疗卫生行政行为损害的事实提起诉讼,诉讼才能发生。这种情况适用于基本医疗服务与公共卫生服务中的一般行政给付诉讼。

其二,在一些影响公众健康权的案件中,应当采取客观诉讼的制度模式,即行政公益诉讼的模式。在积极权利规范模式下,公民的权利对应着国家的责任,而客观诉讼正是对国家责任的监督。"任何利害关系人,哪怕只是同这种行为之间有一种道德的、间接的关系,都可以向行政法院提出起诉,这种诉讼的目的也不再是保护公民的主观权利。"[2]所以,健康权的积极权利规范模式为健康权行政公益诉讼提供了基础。而且《行政诉讼法》第1条规定,行政诉讼制度的立法目的不仅维护权益,也包括监督行政机关,这就意味着可以基于积极权利而形成以监督行政机关为目的的客观诉讼。通过这种模式,健康权行政诉讼原告资格得以扩展。狄骥曾指出,现代公务国家中,"在进行依法申诉的可能性上不可能看到有一种主观的权利,依法申诉经常是由一个公职人员或作为一个公职人员来行事的个人来使用的,因为依法申诉不是别的东西,只是动用集体的强制手段。公职人员所作的不是别的事情,只是使自己符合法律,而这种法律又命令他在某种情况下行动起来"[3]。所以,"只要个人或者组织受到行政行为的实际的不利影响,不管他是不是行政行为直接针对的对象,或者行政行为指名道姓的那个组织或个人,只要这种不利影响通过民事诉讼得不到救济,就应该考虑通过行政诉讼来解决"[4]。健康权的积极权利属性决定了客观秩序维护在行政诉讼中可以作为原告资格认定的请求权基础,相关主体可以基于维护客观秩序的目的而与健康权相关人员一样获得原告资格。

民事诉讼只能救济消极健康权,这种单一的健康权诉讼构造在健康权走向

---

1 参见邓刚宏:《行政诉判关系研究》,法律出版社2013年版,第6页。

2 [法]莱昂·狄骥:《公法的变迁·法律与国家》,郑戈等译,辽海出版社、春风文艺出版社1999年版,第151页。

3 [法]莱昂·狄骥:《宪法论:法律规则和国家问题》(第1卷),钱克新译,商务印书馆1959年版,第216页。

4 江必新:《中国行政诉讼制度之发展——行政诉讼司法解释解读》,金城出版社2001年版,第33页。

积极化的现代社会是落伍的，不能保证健康权的全面实施。积极健康权理论为健康权一般行政诉讼以及健康权行政公益诉讼奠定了法理基础，司法部门应当对《行政诉讼法》第 12 条第 1 款第 12 项进行扩大解释，把积极健康权救济纳入行政诉讼范围，形成健康权诉讼二元构造。只有积极健康权也能通过司法途径救济，健康权保护规范体系才是完整的。

第二章 英法德日卫生法研究

目 次

第一节 英国2012年《卫生和社会护理法案》研究

2012年在伦敦奥运会开幕式上，英国人把病床抬到了舞台中央并摆出了“NHS”字样，向全世界展示他们引以为傲的国家卫生服务体系（National Health Service，NHS）。英国的国家卫生服务体系以其向全民免费提供医疗卫生服务著称，是世界各国医疗卫生体制中独具特色、极具参考价值的范本。它同工业革命、莎士比亚、哈利·波特共同构成英国国家软实力的象征。《泰晤士报》曾经开展过一项调查，当回答“政府在20世纪影响英国人生活的最大业绩是什么”的问题时，46%的人认为是NHS，18%的人认为是福利制度，随后才是赢得“二战”的胜利，仅占比15%。可见NHS对英国人的生活影响较深远。欧洲大多数国家力图效仿这一模式建立起自己的医疗卫生服务系统，即使世界医疗服务水平排名第一的法国也备受其影响。

鉴于英国的医疗卫生制度闻名遐迩、举足轻重，其独特的样本意义为我国研究基本医疗卫生法治建设提供了现实层面的参考范式。鉴于英国国家卫生服务体系是一个非常庞杂的系统，大卫·尼科尔森（David Nicholson）谈到 NHS 改革时指出："NHS 重组规模之大，你只能从太空中才能看到。"[1] 与此同时，英国的卫生法律体系同样纷繁复杂，而目前其核心和主体是 2012 年《卫生和社会护理法案》（Health and Social Care Act 2012，以下简称 2012 法案），因此本章化繁为简，专门研究该法案。

一、2012 法案的立法背景

迄今为止，2012 法案系 NHS 最为全面的一次改革，其构筑起英国医疗卫生制度的主体和基础。该法案虽具有里程碑意义，但也极具争议，各方博弈激烈。尼古拉斯·蒂明斯（Nicholas Timmins）指出："正如安德鲁·兰斯利（Andrew Lansley，时任卫生大臣）所期望的——历史会检验 2012 法案是否是 NHS 最后一次重大结构性改革，至少在可预见的许多年内如此。"[2] 英国 2012 法案对我国卫生法治建设不无借鉴意义。

（一）2012 法案的历史沿革

英国的全民免费卫生服务制度滥觞于 1942 年经济学家贝弗里奇向议会提交的《社会保险和相关服务》（后世称为《贝弗里奇报告》）。该报告指出国家应当提供"从摇篮到坟墓"式的社会保障服务，建立福利国家。1943 年英国议会通过《贝弗里奇报告》，随后英国政府发布《关于健康服务白皮书》《关于就业问题的白皮书》《关于社会保险的白皮书》，正式启动福利国家建设。1946 年《国家卫生服务法案》（National Health Service Act 1946）问世，正式确立了全民免费卫生服务制度，对后世影响深远，英国人引以为傲的国家卫生服务体系就此诞生。

英国 1946 年颁布的《国家卫生服务法案》明确规定，卫生大臣建立一套广泛的医疗服务制度，以改善人民的身心健康，为他们提供预防、诊断和治疗疾病服务，所提供的服务除本法规定为收费外一律免费。作为 NHS 的守门人，家庭医生负责为英国公民提供日常的医疗服务，这也意味着患者必须通过这一初级

---

1 *Sir David Nicholson's speech*, *NHS Alliance Conference*, Health Policy Insight (November 18, 2010), https://www.healthpolicyinsight.com/? q = node/858.

2 *Sir David Nicholson's speech*, *NHS Alliance Conference*, Health Policy Insight (November 18, 2010), https://www.healthpolicyinsight.com/? q = node/858. Nicholas Timmins, *Never Again? The Story of the Health and Social Care Act* 2012, The King's Fu-nd and the Institute for Government, 2012, p. 3.

诊疗系统签字同意后才能转诊到二级、三级医疗服务机构。由此可见,医疗服务从一项私人产品演变为法律上的“拟制公共产品”[1],使得提供医疗服务成为政府的法定义务,全体公民均可公平地享受到国家提供的医疗服务。1946 年《国家卫生服务法案》同时宣布对所有医疗机构一律国有化。

作为国家名片和最重要的社会福利,NHS 优点颇多,如近乎免费的全民覆盖、有效的成本控制、高水准专业服务、坚实的分级诊疗制度以及资源的可公平分配。但初期计划管理的 NHS 亦存在严重的问题,例如体制僵化、权力过度集中、缺乏对创新和提高效率的激励。这导致 NHS 越来越无法满足患者利益诉求,服务质量和等待时间饱受公众诟病。为此,政府不断寻求改革。

探究历史演变可以深层次揭示 NHS 改革背后的动力与原因,故 NHS 的历史演变最为学界所关注。马丁·戈尔斯基(Martin Gorsky)从历史学角度将 NHS 的发展历史划分为建立阶段、第一阶段(1948～1979 年)、撒切尔夫人治理时代(1979～1997 年)、新工党治理时期(1997～2008 年)四个阶段。[2] 他概括了 NHS 从家长式(paternalism)、技术专家官员控制的(technocratic)计划管理模式向重视市场规律和加强选择管理模式的转变。查尔斯·韦伯斯特(Charles Webster)从政治学角度着重研究对患者和消费者有重要意义的政策,并提出:“撒切尔时代的转折和随后的改革方案都源于政府限缩投入的决策。”他的论点最充分地说明了自 20 世纪 70 年代以来政府不停改革的背后动力——NHS 巨大的资金压力。[3]

NHS 面临着政府机构冗杂,资金压力巨大,效率低下,政府职能划分不清,医院、全科医生、社区卫生服务之间缺乏协作等问题,[4] 但在历次单纯的体制改革中均未能有效解决。美国斯坦福大学恩托芬(Enthoven)教授应邀考察 NHS 后提出了“有管理的竞争”(managed competition)理论。这一理论奠定了 NHS

1 陈云良:《基本医疗服务法制化研究》,载《法律科学(西北政法大学学报)》2014 年第 2 期。

2 See Martin Gorsky, *The British National Health Service* 1948 – 2008: *A Review of the Historiography*, Social History of Medicine, Volume 21, Issue 3, 1 December 2008, p. 1.

3 See Charles Webster, *The National Health Service*: *A Political History*, 2nd edition, Oxford University Press, 2002, p. 284.

4 See Peter Greengross and Ken Grant, *The History and Development of the UK National Health Service* 1948 – 1999, Second Edition, DFID Health Systems Resource Centre, July 1999, p. 7.

市场化改革的基础。1990 年英国颁布《NHS 和社区护理法案》[1]引入内部市场机制(internal market),即通过将服务统筹者(购买者)与提供者分离,模拟市场机制,由政府出资为公民统筹购买服务,以此提高效率。

很多学者指责政府市场化改革的方向是错误的,实际减轻了政府责任。鲁道夫·克莱因(Rudolf Klein)概括了 NHS“从家长制到消费主义,从需求(demand)到必要(need),从计划到选择”的政策转变,并将这种转变概括为“从教堂到汽车修理站”(from church to garage)。[2] 换句话说,曾被视为一种公共服务的半宗教式服务——向大众提供医疗服务的圣礼——变成了一种消费服务。在这种服务中,仿佛赌客们将他们的身体拿去修理,就像他们对待其他商业服务一样。亦有观点认为,市场化改革无益于提升资金利用率,却导致 NHS 私有化,降低医疗卫生服务质量,破坏服务整体性。

尽管反对意见颇多,以英国政府为代表的改革者仍坚信市场的力量并不断推进改革。正如阿兰·恩托芬(Alain Enthoven)所说:“NHS 和市场这两个词带有强烈的意识形态色彩,这使人们对合理的组织和管理原则进行冷静和实际的讨论非常困难。任何关于 NHS 改革的严肃提议肯定会被抨击为‘企图破坏 NHS’……内部市场模式建构后,市场力量将发挥作用。”[3]内部市场机制建立后,政府逐步加强监管,完善公众参与,共建共治 NHS。

1946 年《国家卫生服务法案》经过几次大的修订和调整后,于 1977 年被《国家卫生服务法案》取代,2006 年通过对此前相关立法进行整合形成了新的《国家卫生服务法案》,此后 2009 年又颁布了《国家卫生服务宪章》(National Health Service Constitution 2009, NHS Constitution 2009, 以下简称《NHS 宪章》)。

(二)2012 法案的修案理由

卡梅伦领导的联合政府执政期间,主要由税收支持的 NHS 经受着全球经

---

1 法案保障医疗卫生从业人员的经费,建立临床标准咨询小组,规定社区护理(Community care)。其修改 1948 年的《国家援助法案》第 21 条,规定地方当局对有年龄、疾病、残疾、无家可归及其他情况的孕妇具有提供膳宿的义务。此法案最大的贡献在于改革 NHS 信托财政制度,使卫生当局自己管理预算,并向医院和其他组织购买服务。

2 See Rudolf Klein, *The New Politics of the NHS: From Creation to Reinvention*, Seventh edition, London and New York: Radcliffe Publishing, 2013, p. 332.

3 Alain C. Enthoven, *Internal Market Reform of the British National Health Service*, Health Affairs, 1991, p. 60 – 70.

济衰退所带来的巨大经济压力。经济可持续性的考量在很大程度上推动了NHS的改革进程。[1] 同时医疗卫生服务获取的不平等问题突出，医疗卫生领域的社会决定因素（social determinants of health）[2]的不公平远大于医疗卫生领域的不公平。[3] 政府认为现有法律制度无法保障NHS持续运行并寻求改革。NHS预算中的大部分被层层官僚机构消耗，资金难以发挥更好的价值。随着人口老龄化与慢性病患病人群增加，更复杂和昂贵的治疗手段不断出现并投入使用，患者的医疗需求和NHS费用骤增。肥胖、吸烟等带给NHS巨大压力，预防疾病势在必行。

此外，相较其他国家，NHS在某些领域成效不彰。如果癌症患者存活率达到欧洲平均水平，NHS每年就能多挽救5000人的生命。[4] 皇家外科医师学会的研究报告表明：如果更好地利用X射线、扫描仪和手术室等设施和手段，辅以更好的术后护理，数以千计的腹部外科手术患者的生命将得以挽救。诊断和治疗的风险亦因患者所处地域差异巨大。此外，NHS尚未形成以患者为中心的服务机制，导致患者在医疗和社会护理服务、不同医疗服务之间的体验感呈碎片化。21世纪初斯塔福德医院（Stafford Hospital）丑闻被曝光。调查报告显示：不当的护理导致医院和社区极高的死亡率。2005～2008年，有400～1200人因护理不当而死亡。英国舆论哗然，医疗服务质量问题受到空前关注。但长期以来，NHS问责制都处于真空状态。

概括起来，NHS存在以下问题：第一，免费制度导致医疗需求无限膨胀，药品和诊疗项目被滥用，医疗经费持续上涨，政府财政支出不断增加，财政压力巨大。第二，患者看病排队候诊时间过长，这是NHS最令人诟病的缺陷。免费医疗导致医疗需求膨胀，医院和医生配备不足，不断加剧候诊时间过长的问题。第三，国家对医疗资源的统一控制，导致医疗服务项目单一化，就医自由度不

1　See Alain C. Enthoven, *Internal Market Reform of the British National Health Service*, Health Affairs, 1991, p. 60－70; Nicola Glover-Thomas, *The Health and Social Care Act* 2012: *The Emergence of Equal Treatment for Mental Health Care or Another False Dawn*?, Med Law Int, 2013 Dec13(4), p. 279.

2　健康社会决定因素如生活条件、收入水平、社会地位、所拥有的资源等。

3　See Emily Jackson, *Medical Law*: *Test*, *Cases*, *and Materials*, Fourth edition, Oxford University Press, 2016, p. 116.

4　Department of Health and Social Care, *Health and Social Care Act* 2012: *Fact Sheets*, GOV. UK (15 Jun-e 2012), https://www.gov.uk/government/publications/health-and-social-care-act－2012－fact-sheets.

高，患者选择权较少，高新医疗技术应用跟进不及时。第四，公立医院缺乏竞争，管理人员、医务人员责任心不强、积极性不高，且效率低下。

二、2012 法案的改革内容

2012 法案试图通过组织现代化来解决 NHS 面临的问题，并避免风险。2012 法案总计十二编、309 条及 23 个附件。从整体来看，2012 法案大规模修订以 2006 年《国家卫生服务法案》为代表的一系列法案，使 2011 年《公平与卓越：解放 NHS》[1]（Equity and excellence：Liberating the NHS）白皮书提出的各项政策得以落地。2012 法案主要聚焦以下六大方面：第一，完善扁平化管理模式，建立 NHS 统筹委员会和临床统筹委员会来改进 NHS 的统筹方式；第二，聚焦公共卫生的新问题；第三，建立监管局保障竞争以促进患者选择权，促使服务更经济、更有效率、更有效果；第四，保障患者发言权；第五，在地方和全国加强问责制的推行；第六，建立国家标准。具体而言，可凝练为以下几个方面。

（一）强化卫生大臣的职责

卫生大臣是内阁成员，主管卫生和社会护理部，由首相任命，对首相负责，是全国医疗卫生事业的第一责任人，相当于我国主管卫生工作的副总理，可等同国家之代表。卫生大臣的职能即等同于政府对公民健康事务的法定义务，构成了英国卫生法的核心内容，鲜明体现了国家对卫生事务的干预。2012 法案对 2006 年《国家卫生服务法案》中有关卫生大臣的职能[2]进行了大规模修改，体现出国家对公民健康的法律责任。

1. 推进综合卫生服务职责（The Secretary of State’s duty to promote comprehensive health service）

2012 法案第 1 编第 1 章对卫生大臣的主要职责作出了规定。第 1 条明确了卫生大臣提升综合卫生服务的职责。第 1 条包括 4 款，与 2006 年《国家卫生

1　白皮书是卫生大臣根据女王陛下的命令提交议会的。阐述了政府改革并扩大社区卫生和社会服务的建议，为 NHS 未来制定了长远愿景。这一愿景建立在 NHS 的核心价值观和原则之上。主要内容包括：如何把病人放在 NHS 的工作核心；关注、持续改进那些对病人真正重要的事情及其医疗服务的结果；授权和解放临床医生；创新并专注改善医疗服务；公平与卓越；解放国民健康保险制度，为英国国民健康保险制度的未来制定了政府的长远愿景。这一愿景当然建立在 NHS 的核心价值观之上：NHS 为有临床需要而不具备支付水平的所有人免费提供全面的服务。

2　卫生大臣对全国的卫生事业负责，可视为国家这一抽象名词的具体化。

服务法案》相比,增加了第 3 款,修改了第 1、2 款,并对第 4 款进行了不影响其含义的立法技术的改变。其中第 1 款规定:“卫生大臣需继续推进为确保提升而设计的综合卫生服务。综合卫生服务的提升主要表现在:(a)提升英国人民身体和心理健康;(b)提升身体、心理、疾病的预防、诊断和治疗。”2012 法案保留了卫生大臣的推进综合卫生服务的职责,这是 1946 年《国家卫生服务法案》确立的核心职责。2012 法案第 1 条第 1 款第 2 项在疾病之前插入了“身体和心理的”限定词。这种变化意在强调综合卫生服务的对象包括身体和心理上的疾病。

2012 法案第 2 款规定:“为此目的,卫生大臣必须行使本法赋予的职能,以确保根据本法提供服务。”第 3 款为新增,规定:“卫生大臣向议会负责并保障尽职履责提供卫生服务。”与 2006 年《国家卫生服务法案》相比,第 4 款发生了立法技术的转变,即将“提供或确保服务被提供”改变成了“确保服务被提供”,[1] 这一变化反映出卫生大臣在国家提供卫生服务时定位的转变,即统筹服务和供应服务不再直接由卫生大臣委托,而是直接授权给负责履行这些职能的机构。卫生大臣的角色更多转变成确保机构有效履行职能,旨在明确卫生大臣对履行职能以确保服务的提供负有最大责任,例如通过职权为 NHS 统筹委员会设定目标(第 13 条规定的任务书制度),确保卫生服务体系的有效运行以及在发生显著失职事件时直接出面干预(第 13Z 条第 2 款)。这样的转变充分表现出 NHS 近年来的改革趋势,即“统筹者”和“服务提供者”分离,在 2012 法案中得以彻底实现。

同时,第 4 款再次明确了免费医疗制度:“医疗作为卫生服务的一部分,除了法律明确规定收费和恢复收取费用的情形之外,提供的服务必须是免费的。”这一规定维持了 NHS 一贯采取的除了法定收费以外全部免费的原则。这里的一项变化是将“如此提供的服务”变为了“作为卫生服务的一部分服务”,这种较小的变化是为了对应第 2 款的修改。这里的服务包括整合卫生服务的统筹管理以及卫生服务和地方政府提供的服务。在第 1 条内容之后,2012 法案对 2006 年《国家卫生服务法案》增加了多条义务,主要有:

---

1 将职责从“provide or secure the provision of services in accordance with this Act”改变为“exercise the functions conferred by this Act so as to secure that services are provided in accordance with this Act”。

（1）改善服务质量职责（The Secretary of State's duty as to improvement in quality of services）

在第1条下，2012法案第2条在2006年《国家卫生服务法案》第1条后增加了第1A[1]条，其第1款规定："卫生大臣需履行其有关卫生服务的职能，以确保所提供的有关服务质量得以持续改进，相关服务包括：（a）疾病的预防、诊断和治疗；（b）公共卫生的保护或提升。"其中"卫生大臣改善服务质量的职责"中服务的内涵丰富，不但包括对个人的医疗卫生服务，也包括卫生大臣行使相应公共卫生职能（疾病预防和控制以及公共卫生的提升）对应的服务，以及与NHS有关的职能［如NHS统筹委员会和临床统筹委员会（Clinical Commissioning Groups，CCGs）的疾病诊断和治疗］对应的服务。当然还包括与NHS和公共卫生共同相关的服务内容，如初筛[2]等。当然卫生大臣必须考虑到NICE（卫生和护理卓越研究所）所制定的质量标准。

第2款规定："为履行在第1款下的职责，卫生大臣必须特别采取行动以确保从提供服务中取得的成果得到持续改善。"第3款规定："第2款目的下的成果包括：（a）服务的有效性；（b）服务的安全性；（c）患者体验的质量。"第4款规定："在履行第1款下的职责时，卫生大臣必须考虑到2012法案第234条下规定的NICE编制的质量标准。"该条主要要求卫生大臣为个人的医疗服务持续改进负责。

第2款对这种服务质量的安排进行了强调，并在随后的条款中对NHS统筹委员会和临床统筹委员会作出规制。这是对2011年卫生部颁布的《公平与卓越：解放NHS》白皮书中所设定的政策的延续。第3款的规定中，对卫生服务成果的关注同样聚焦在有效性、安全性、患者的医疗体验三个方面。

（2）卫生大臣对《NHS宪章》的职责

2012法案第3条在2006年《国家卫生服务法案》第1条后增加了第1B条，规定了卫生大臣对《NHS宪章》的职责。第1B条第1款规定，在履行有关卫生

1 在2012法案中多处采用了该种方式，这一方面是避免对2006年《国家卫生服务法案》的条款进行大规模变更，另一方面是提供综合卫生服务这一概念本身就涵括了下属的具体要求，因此采用了该种方式。

2 初筛所指对象是那些表现健康但可能在特定情形下不断累积风险的人，也即对人们是否有某些健康问题的高风险进行筛查，以此提供早期治疗或者提供信息以帮助他们。NHS官网上载明了筛查的项目，包括但不限于：对孕妇的筛查（如HIV）、对儿童的筛查（如听力、血液）、糖尿病患者的眼睛筛查、宫颈癌初筛、乳腺癌初筛、肠道癌初筛、腹主动脉瘤（AAA）筛查等。

服务的职能时，卫生大臣需考虑到《NHS 宪章》。第 2 款规定，在本法案中，《NHS 宪章》和 2009 年《卫生法案》(Health Act 2009)第 1 编第 1 章中的规定意义相同。[1] 该条明确了卫生大臣必须在履行职能时考虑到 2009 年《NHS 宪章》的职责，即在行使其卫生职能时，必须在其决定和行动中考虑到宪章所确立的原则、价值、权利以及承诺。

2009 年《NHS 宪章》确立了 NHS 的原则和价值，规定了病人、公众和工作人员享有的权利，[2] 阐明了 NHS 致力于实现承诺，以及履行对公众、病人和员工之间的责任，以确保 NHS 公平有效地运作。由于其对 NHS 体系的根本和核心价值进行了固化，因此具有了非常重要的意义。2009 年《NHS 宪章》实质上是对《国家卫生服务法案》价值观、基本原则和权利义务的提炼和浓缩。[3]

(3)减少不平等职责(The Secretary of State's duty as to reducing inequalities)

2012 法案第 4 条在 2006 年《国家卫生服务法案》第 1 条后增加了第 1C 条，规定了卫生大臣减少不平等的职责。第 1C 条规定："在行使与卫生服务有关的职能时，卫生大臣必须考虑到减少英国人民之间从卫生服务中获得福祉的不平等的需要。"这里这种不平等主要指在卫生服务中的获取和成果。这种减少不平等的职责也在随后条款中附加给了 NHS 统筹委员会和 CCGs。相应条款要求 NHS 统筹委员会在其商业计划(business plan)中，CCGs 在其统筹计划(commissioning plans)中包括如何在履行职能过程中考虑到减少不平等职责的说明。在本法案的随后条款中要求卫生大臣、NHS 统筹委员会和 CCGs 在其年度报告中体现出其如何有效履行减少不平等职责的评估。根据法律规定[4]，NHS 统筹委员会需要对 CCGs 进行年度绩效评估，包括其认为 CCGs 是如何较

1　2009 年《卫生法案》第 1 条第 1 款规定：本章所称 NHS Constitution 是指由卫生大臣 2009 年 1 月 21 日颁布的名为《NHS 宪章》的文件及此后依据第 3 条和第 4 条所出版的修改版本。第 2 款规定：本章所称 handbook 是指由卫生大臣 2009 年 1 月 21 日颁布的名为《NHS 宪章手册》的文件及此后依据第 3 条和第 4 条所出版的修改版本。

2　以前，这些权利和责任是在普通法、成文法或欧盟法律中逐渐演变的，或是经英国政府、国家卫生服务体系政策承诺后被写入文件的。它始于 1991 年《病人宪章》的介绍，可以被看作一种思想的发展。它很简短，内容简单，也很容易被理解。附带的是一本手册，向病人和工作人员提供了关于文件的更多信息，并详细说明了支持这些权利、义务和责任的立法。这些立法主要包括 2009 年《卫生法案》、2012 法案、2014 年《护理法案》等。其中关于 NHS 问责的陈述清楚地说明了 NHS 的问责制、透明度和责任。手册参见 The Handbook to the NHS Constitution, 27 July 2015, Produced by the Department of Health。

3　参见黄清华：《英国卫生体系基本法研究》，载《法治研究》2012 年第 8 期。

4　经过 2012 法案修改的 2006 年《国家卫生服务法案》第 14Z16 条。

好履行其职责以确保减少不平等的。

(4)提升自主权职责(The Secretary of State's duty as to reducing inequalities)

2012 法案第 5 条在 2006 年《国家卫生服务法案》第 1 条后增加了第 1D 条,规定了卫生大臣确保相应组织和个人自主权的职责。第 1D 条第 1 款规定:"为了履行有关卫生服务的职能,卫生大臣必须考虑到一直以来与 NHS 的利益相符合的愿景:(a)确保任何其他人在履行与卫生服务相关的职能或为其提供服务时,都可以自由选择认为最合适的方式来履行这些职能或提供这些服务;(b)不会对任何此类人员造成不必要的负担。"第 1D 条第 2 款规定:"若在履行职能过程中,卫生大臣认为在涉及上述第 1 款规定的重要性和履行第 1 条职责的重要性之间存在冲突,需要优先考虑履行其职能。"

该条试图建立一种首要的原则,即卫生大臣需要为了提升卫生服务自主权而尽职履责。第 1 款规定了自主权的两个部分:一是机构(如 CCGs 和监管局)和个人的自由,他们得以自己认为最合适的方式履行其职能。二是不对相关机构和个人施加不必要的负担。当然紧接着的第 1 款明确了,如果发生确保自主权职责和卫生大臣提升综合卫生服务职责的冲突,那么优先考虑的仍然是提升综合卫生服务的职责。

这项规定是对政策的一种呼应。该项职责也促使卫生大臣考虑在给 NHS 和地方政府提出要求时进行判断,即提出的要求是否符合卫生服务的利益。该项职责的范围涵括了具有一定独立性的组织(arm's length bodies)、统筹者以及服务提供者。尽管卫生大臣可能不像以前一样和服务提供者具有直接的指导关系,但其仍然可以通过特定的职能来影响服务提供者。例如,卫生大臣根据本法和法规的规定要求在 NHS 合同中增加特定的条款。

(5)研究职责(The Secretary of State's duty as to research)

2012 法案第 6 条在 2006 年《国家卫生服务法案》第 1 条后增加了第 1E 条,规定了卫生大臣的研究职责。第 1E 条规定:"在行使卫生服务职能时,卫生大臣必须提升:(a)研究有关卫生服务相关问题的水平;(b)在医疗服务、卫生服务中使用从研究中获得的证据。"这种并列的职责在随后的条款中也被赋予了 NHS 统筹委员会和 CCGs。大卫·亨特(David J. Hunter)在其书评中试图回答一个问题,即卫生服务研究是否真的可以改善卫生服务?他认为:"不管政策制定者和实践者如何评价研究,研究在大多数情况下仍然会被列为一系列因素去塑造和影响政策。政策制定者通常依赖一些证据来源,包括专家的论证、顾问和智库。也许，在一个民主国家，这是它应该得到的，但它应该是有缺陷和浪费的。研究最多可以为改进研究和政策与实践而努力。追求以证据为基础的政策要么是傲慢，要么是天真。”[1]或许研究可能存在某些程度的局限，但确系法律和政策制定的依据之一。

（6）教育与培训职责（The Secretary of State's duty as to education and training）

2012 法案第 7 条在 2006 年《国家卫生服务法案》第 1 条后增加了第 1F 条，规定了卫生大臣教育与培训的职责。第 1F 条第 1 款规定：“卫生大臣需履行其在有关成文法则中的职责并确保有一套有效的体系，以此向受雇的人员、将要被雇佣的人员、与卫生服务提供有关的人员筹划和交付教育与培训。”第 2 款规定：“任何在本法案下所规定的为卫生服务提供所作安排必须包含主体与卫生大臣合作以履行第 1 款规定的职责的安排。”第 3 款规定：“第 1 款所规定的有关成文法则包括：（a）1968 年卫生服务和公共卫生法案；（b）本法案；（c）2008 年卫生和社会护理法案；（d）2009 年卫生法案；（e）2012 年卫生和社会护理法案。”

该条规定设立的职责涵括了所有与提供医疗服务相关的专业人士，包括医生、牙医、护士、助产士、药剂师、医疗专家和所有卫生职业人士，也包括那些刚刚开始其事业，受雇于 NHS 的见习人员。该条规定的第 2 款旨在设定对服务提供者和卫生大臣的合作义务来履行其教育和培训职能。

此外，2012 法案第 8 条在 2006 年《国家卫生服务法案》第 1 条后增加了第 1G 条，规定了卫生大臣的服务提供者审查与报告职责（The Secretary of State's duty as to reporting on and reviewing treatment of Providers）。

2. 保护公共卫生职责（protection of public health）

2012 法案第 11、12 条在 2006 年《国家卫生服务法案》第 2 条后增加了一章：公共卫生的保护和提升条款。第 11 条中新增加的 2006 年《国家卫生服务法案》第 2A 条规定了卫生大臣的公共卫生保护职责。第 1 款规定：“卫生大臣必须采取其认为适合的措施以保护公众远离疾病或其他威胁健康因素。”本条为卫生大臣设立了新的保护公共卫生的职责。第 1 款要求卫生大臣逐步采取措施以保护公众远离疾病或其他威胁健康因素。其他的危险因素可能包括污

1　David J. Hunter, *Does Health Services Research Improve Health Services?*, Health Economics, Policy and Law (2015), 10, p. 317 – 325.

染、辐射（电离或者非电离[1]）、化学物质、有毒物质以及气候变化对健康的影响（如洪水和热浪天气）。该条采用的立法技术为“全灾害”（all hazards）立法方式，即没有明确列举而是直接采用兜底条款以应对未来可能产生的新发展。

第2款对第1款项下采取的措施进行了规定，包括：进行研究或者卫生大臣认为合适的其他增进知识和理解的行动；提供生物技术或者其他技术服务（无论是实验室或者其他环境）；提供疫苗、免疫接种[2]或者筛查服务；提供其他的服务或者设备以防止、诊断和治疗疾病；提供培训；提供信息和建议；使任何人或设备的服务是可用的。第2款对卫生大臣采取的保护公共卫生的一系列行动或者服务进行规定，其内容涵括广泛。

第3款规定：“第4款适用于与本条有关的职能涉及下列事项时：（a）保护公众不受电离辐射或者非电离辐射；（b）卫生和安全局职能项下的有关问题。”第4款规定：“为了履行职能，卫生大臣必须：（a）咨询卫生和安全局；（b）考虑到其政策。”第3、4款规定了与辐射相关事项，由于卫生和安全局具有特殊的职能，卫生大臣需要与其一致行动。

3. 提升公共卫生职责（improvement of public health）

2012法案第12条在2006年《国家卫生服务法案》第2条后增加了第2B条，规定了地方当局和卫生大臣的公共卫生改进职责。第2B条第1款规定：“所有地方当局必须逐步采取其认为适合的措施以推进所辖区域人民健康。”第2款规定：“卫生大臣必须逐步采取其认为适合的措施以推进英国人民健康。”第3款规定：“第1款和第2款项下逐步采取的措施包括：（a）提供信息和建议；（b）提供服务或者设备以促使人们健康的生活（无论是通过帮助个人以应对危及健康的行为或者其他方式）；（c）提供其他的服务或者设备以防止、诊断和治疗疾病；（d）提供财政激励，鼓励个人采取更健康的生活方式；（e）提供援助（包括财政援助）以帮助个人减低因住宿或者环境而产生的健康风险；（f）为已或寻求在卫生推进领域工作的人们提供或者参与培训；（g）使任何人或设备的服务是可用的。”第4款规定：“第1款项下的措施也包括提供补助金或者贷款（按照当地政府认为合适的条件）。”第5款规定：“本条所指的地方当局是：（a）郡议

1　此处电离指的是伽马射线（gramma rays）、X射线（X-rays）等，非电离（Non-ionising radiation）指的是光辐射（紫外线、红外线和可见光等）和电磁场（微波等）。

2　如白喉、破伤风和百日咳等。

会;(b)区议会;(c)伦敦自治市议会;(d)伦敦城议会。”

本条就地方当局和卫生大臣的公共卫生方面的职责进行了规定。地方当局在公共卫生领域的职责非常广泛,涉及公民生活的方方面面,从传染病防治扩展到预防保健。这种保健也可能包括戒烟和减肥服务等,或者提供建议和信息以帮助那些想要过更健康生活的人。

(二)转变管理模式

2012 法案第 1 编搭建了 NHS 主体法律架构。法定主体主要包括卫生大臣、NHS 统筹委员会、临床统筹委员会等。

1. 削减统筹层级

2012 法案首要的改革是削减统筹层级,施行扁平化管理以节省资金。第 1 编第 33 条废除了战略卫生局,建立 NHS 统筹委员会[1](The NHS Commissioning[2] Board of England),其向卫生大臣负责。NHS 统筹委员会拥有广泛职责,与卫生大臣一起提升全面的卫生服务(公共卫生只需配合)。2012 法案第 9 条规定 NHS 统筹委员会职能主要有管理临床统筹委员会并监督服务,提供支持和指导等。第 23、24 条规定其预算制度等。NHS 统筹委员会主要确定 NHS 发展的优先次序和方向,并改善卫生和护理结果。它是初级卫生服务[3](primary care)的统筹者,管理约 1200 亿英镑的整体预算并确保资金的有效分配。

临床统筹委员会[4]代替了原来的初级保健信托。[5] 其成员包括全科医生和其他临床工作者,如护士和顾问等,负责大约 60% 的 NHS 预算,统筹大部分的二级卫生服务。此举大幅裁撤了原统筹人员,转为授权临床医生领导、统筹地

---

1 NHS England's legal name is the National Health Service Commissioning Board.

2 Commissioning 本意为委任、命令、调试。卫生部将其定义为:The process of ensuring that the health and care services provided effectively meet the needs of the population(确保卫生和护理服务有效地满足人们需求的过程)。因此,该词被视为帮助实现广泛政策目标的关键手段,包括提高服务的安全性和质量,创造更好的资金价值和更广泛的病人选择,减少健康的不平等。这样的目标在一定程度上是通过在人口中公平分配资源来实现的。资源如何在人口中分配是由资源分配拨款决定的。可以认为,统筹是包括评估需求、规划服务、采购服务以及监控质量在内的一系列活动。

3 英国卫生体系分为初级卫生服务(primary medical services)和二级卫生服务(secondary care services)。前者主要由全科医生,即通常所说的 GP(general practitioner)以及牙医、护士、药剂师组成,包括军事卫生服务。后者主要包括专科医院、康复护理、社区服务、急救和精神卫生服务等。

4 相关临床统筹委员会职能总结详见 *The Functions of Clinical Commissioning Groups*, GOV. UK (12 June 2012), https://assets. publishing. service. gov. uk/government/uploads/system/uploads/attachment_data/file/216555/dh_134569. pdf。

5 2012 法案第 34 条。

方医疗卫生服务。

临床统筹委员会与NHS统筹委员会密切合作,他们的关系是:(1)NHS统筹委员会有责任确保临床统筹委员会符合目标,改善健康状况;(2)NHS统筹委员会帮助、支持临床统筹委员会的发展;(3)NHS统筹委员会亦可不经临床统筹委员会直接委托特定服务。

这些改革的指导思想是:以全科医生为主的临床医生最贴近患者,授权其提高服务质量和效率。同时中央政府下的卫生部体制过于庞大且权力集中,应当授权下沉。此外,如战略卫生局等中间的管理层级已官僚化且多余,应当裁撤。新设立机构的定位均为非首长负责制机构[1](Non-ministerial government department),其相对独立(arm's length bodies)于政府。NHS为受到政府资助的半政府组织,受政府监督。

医疗卫生服务管理体制是立法重点与难点。NHS经验表明:由政府包办统筹卫生服务有极大局限性,易机构冗杂,加大管理成本。立法应清楚规定医疗卫生服务主体及职能(职权和职责),减少管理层级,而非原则性规定政府义务,以此减少职权不清、互相推诿现象,提升效率。

除上述主要统筹服务的机构外,医疗卫生服务系统还包括:公共卫生局(PHE,专司公共卫生职能),医疗质量监督委员会(CQC,专司质量监督),NHS提升组织(NHS Improvement,负责财政、金融等监管),特殊监管机构,以及其他管理、培训、教育、审计和检验机构等。

2. 政府职能转变为确保服务的提供

健康权属社会权,有赖于国家积极履行义务。那么立法中国家义务边界为何?公民在何种程度上可以期望政府给予支持和护理,又如何寻求法律救济?[2] 此时需从立法的角度探析国家职能[3]的分配。

1946年《国家卫生服务法案》确立下来的卫生大臣提升综合卫生服务职责(The Secretary of State's duty to promote comprehensive health service)保留至

---

1 改革的重要方向是希望NHS能独立运行。政府医改的目标之一是结束对NHS的政治干预。因此统筹委员会是相对保持独立的机构。

2 See McHale Fox and Jean McHale, *Health Care Law: Test, Cases and Materials*, Second edition, London: Sweet & Maxwell, 2007, p. 7.

3 在英国立法文件中,政府的相应职权和职责用functions指代,参见2006年《国家卫生服务法案》第14编第275条术语解释中的规定:"functions" includes powers and duties。

今。相较于2006年《国家卫生服务法案》,2012法案将卫生大臣的职能由"提供或确保服务被提供"改变为"确保服务被提供"。[1] 这种变化反映出卫生大臣在国家提供卫生服务时定位的转变,即统筹服务和服务供应不再由国家承担,而是直接授权给负责履行相应职能的机构。政府角色转变为确保机构有效履行职能。国家通过职权为NHS统筹委员会设定目标和预算(通过第13条规定的任务书制度,mandate)确保NHS有效运行,同时在NHS机构发生显著失职事件时直接出面干预(第13Z条第2款)。[2] 有人认为,这样的改变削减了国家职责,并将职责转移给新设立的NHS统筹委员会。甚至有人担心NHS的核心原则会遭受损害。为回应该种观点,第3款增加"卫生大臣向议会负责并保持在英国提供卫生服务的最大责任"的规定。这种变化在顶层设计中展现出简政放权、加强监督的理念。在此理念下,政府仅须督查相应主体履职,同时建立透明和公平的机制评估其表现。

(三)公共卫生新焦点

公共卫生是2012法案的核心焦点。公共卫生实践及相应法律制度不聚焦于个体患者的医疗,而主要关注对公众整体健康有益的举措。英国公共卫生服务内容涵括广泛,从传染病防治引申到健康促进等内容,主要包括保护公共卫生(protection)、提升公共卫生(improvement)和公卫服务(health services)。[3] 保护和提升公共卫生不仅帮助人们延长寿命,更有利于其健康积极生活,而且对NHS的可持续运行有重要作用。

1. 保护公共卫生

2012法案第11条规定,地方和中央政府须采取措施以保护公众远离疾病或其他健康威胁因素。法案废除了卫生保护局,建立国家层面的公共卫生局,规制新出现的危害人类健康的生物物质和辐射(电离或者非电离)等内容。其补充2006年《国家卫生服务法案》第247条,增加各主体公共卫生职能履行过程中合作要求。

1　将职责从"provide or secure the provision of services in accordance with this Act"改变为"exercise the functions conferred by this Act so as to secure that services are provided in accordance with this Act"。

2　有人认为卫生大臣直接干预NHS将不可避免增加政治影响,因此增加了"显著的"这一限定条件。

3　Professor Steve Field, *NHS Future Forum: Summary Report on Proposed Changes to the NHS*, GOV. U - K (13 June 2011), https://assets. publishing. service. gov. uk/government/uploads/system/uploads/attachment_data/file/213748/dh_127540. pdf.

2. 提升公共卫生

第12条第1款和第2款规定，所有地方和中央政府须逐步采取措施以促进辖区人民健康。第12条第3款促进健康的措施包括：(1)提供建议和信息方式，如向公众提供健康饮食和锻炼的信息；(2)提供设备以预防和治疗疾病方式，如运动设备、戒烟诊所；(3)提供财政激励以鼓励个人过更健康的生活方式，如奖励在怀孕期间停止吸烟的人；(4)提供援助（包括财政援助）以帮助个人降低因住宿或环境而产生的健康风险，如为那些住所简陋的人改善住房环境以预防疾病等。

（四）授权监管局（Monitor）特定行业竞争法职能

是否进一步增加监管局选择和竞争职能是2012法案争议最大的领域。监管局以前是NHS信托基金会的独立监管机构。2012法案第3编将其职能扩大至卫生和社会护理服务监管。第3编第1章明确了监管局的基础职责，并引入附件8。[1] 其最重要的职责为："保护和提升接受卫生服务主体的权益，使服务更加经济、高效，维持或提升服务质量。"[2]第3编第2章在1998年《竞争法案》和2002年《企业法案》的特定章节中，授予监管局和公平贸易局（自2014年起为竞争与市场监管局）在医疗卫生领域监管保障医疗卫生服务提供者（公营或私营）之间公平竞争的共同权力。同时该章授权卫生大臣制定法定文件以形成在完善采购程序、增强患者选择权、对反竞争行为施加禁令、管理服务提供者之间潜在利益冲突方面的最优方案。

2012法案授权监管局运行许可（licensing）机制的权力，通过制定服务提供者门槛要求履行监管职能。同时授权监管局与NHS统筹委员会一同管理国家收费标准系统[3]。监管局专门保障医疗卫生领域的公平竞争，促进服务提供者创新服务，保障患者权利。

（五）NHS信托基金会与NHS信托（NHS Foundation Trusts & NHS Trusts）

为配合竞争机制，2012法案赋予NHS信托基金更大自主权。NHS信托组

1　附件8强调了监管局的宪章和公众监督。

2　2012法案第62条。

3　NHS National Tariff Payment System系资金流动制度，其包含一系列价格和规则以确保服务提供者和统筹者以最优价格向患者提供服务。在按结果付费模式下（payment by results），National Tariff指代统筹者为临床治疗所支付的价格。这一制度很大程度上依赖于国家的平均成本（national average costs）。政府每年收集参考成本（reference costs）并汇编颁布。

织是公益法人。英国大多数医院都由NHS信托或者NHS信托基金管理。2012法案修改了《公益法人章程》。[1] NHS信托和信托基金都是二级卫生服务的提供者，但是NHS信托基金比NHS信托的发展程度更高，自由权更大，[2]市场化程度也更高。信托基金从政府管理中逐步脱离出来，自行组织委员会进行管理，允许盈利，并接受政府监督和适当管理。当前整体趋势为将以前的NHS信托逐步完全转化、吸收、合并为NHS信托基金。NHS信托基金接受NHS信托发展局的管理，直接对当地议会负责并接受监管局的监督。NHS信托基金有自己的理事会和成员，包括患者、员工、公众成员和伙伴组织等。

2012法案就信托基金会的治理、地位、财政、职能等作出安排，取消了对基金会信托的不能盈利等限制，修改了准入制度。准入制度的修改主要是为了衔接第3编中监管局的许可制度。同时修订了NHS信托基金管理者的职责，赋予管理者新的职权，包括在管理者监督下赚取非NHS来源收入的权力。第4编修正了信托基金的合并，使信托基金可以被收购、分离和解散，监管局将介入信托基金的破产程序。这些措施都是为加强服务提供者竞争所作的制度改变。

(六)公众参与、共建共治

2012法案第5编建立了英国卫生监督委员会(Healthwatch England)和地方卫生监督委员会(Local Healthwatch)以代表公众和患者向统筹机构提供建议和信息，对个人投诉和建议提供援助和支持。2012法案还建立了卫生与福祉委员会(Health and Wellbeing Boards)作为交流平台以促使医疗、公共卫生、社会护理服务的战略决策更加民主化，促使各个服务板块相互合作，整体协调。

(七)整合卫生和社会护理工作

1. 社会护理的界定

2012法案采用“adult social care”来表述社会护理工作。第250、253条等对“adult social care”释义：所有形式的个人护理和其他所有向因年龄、疾病、残疾、怀孕、分娩、酒精或药物依赖以及其他类似情况而需要护理或援助的个人提供的护理以及其他实际援助。

1　主要修改了2006年《国家卫生服务法案》中附表7的章程。

2　它们最大的财务自由就是可以在借款限额内从公共和私营法人处筹集资金，并进行相应投资，产生盈利后再进行投资。这是由预计的现金流决定的，因此是基于负担能力的。它们正在逐步从中央政府控制中解放出来，不再由卫生当局管理，而是作为自立的、自治的组织。

有些人需要额外的护理或支持,政府须采取措施以满足其需求。[1] 在英国大部分地区,社会护理是地方当局的责任,不是 NHS 的责任。这种护理和支持基于需要,通常采取提供住宿、个人护理、家庭护理、提供设备、协助适应等形式,主要体现在协助被护理者,并向其提供非医疗性照顾,如居家护理(翻身、洗衣服、洗澡)、家事协助(做饭、清洁)。孤独年长者、身体残疾等特殊群体在获得护理的同时尤其需要医疗卫生服务的协调和配合。

2. 社会护理制度的历史演变

贝克韦尔男爵夫人(Baroness Bakewell)指出:"当前人类社会正经历巨大变化——人类将比历史上任何时候更长寿。"[2] 随着人类寿命增长,社会逐步进入老龄化阶段,痴呆和有其他健康问题的人数逐渐增加,孤独年长人们的护理需求越来越强。此外,原本年幼的残疾人存活率不高,医药的进步使其更易存活至成年期,更多成年残疾人有了更为全面和复杂的护理需求。

社会护理和支持最早出现在对儿童的护理和照顾上,思想根源亦发端于《贝弗里奇报告》提出建立福利国家的设想,可追溯至 1948 年《国家援助法案》。在需求增强背景下,立法逐步加强政府提供社会护理服务方面的义务。1968 年《卫生服务和公共卫生法案》颁布并规定政府应"提升老年人福祉"。1970 年《慢性病和残疾人法案》第一次大规模修改制度并被誉为"残疾人领域的基本权利法"。1977 年 NHS 法案、1983 年《精神卫生法案》关注特殊群体的护理。1990 年《NHS 和社区护理法案》修改了社会护理服务的管理和组织。1995 年颁布《护理人员(认证与服务)法案》。1998 年《人权法案》[3] 成为社会护理和支持的重要权利来源。2000 年颁布《护理人员和儿童法案》保障护理人员和儿童权利。2004 年颁布《护理人员(平等机遇)法案》。2008 年《卫生和社会护理法案》加强质量监管。

2012 法案增设了经济领域的监管者——监管局。第 7 编对卫生和社会服务的工作者设立了相应的保障和监管规范。2014 年颁布《护理法案》明确规定了地方当局提升人们福祉的职责。这种福祉包括身心健康和情感幸福,同时保

1　参见 http://nisw.org.uk/socialcare/。

2　英国上议院备忘录,Hansard(House of Lords), 21 May 2013, Vol.745, col.769。

3　该法案通过引入大量《欧洲人权公约》的内容,确定了生命权(the right to life)和自由权(the right to liberty)等。

证个人基本日常生活。政府在护理和支持方面承担着诸多责任。[1]

3. 社会护理和医疗卫生服务的整合动因

长久以来,英国社会护理和医疗卫生服务系统配合衔接不够,运作不协调,无法满足人们需求。这导致公民体验满意程度下降的同时,亦引起巨大的政府系统支出费用。整合服务,并促使相关组织和专业人士合作,可以更好地满足人们的需求,降低各系统的支出。[2] 提前介入和预防,意味着在发生危机点时(如家中跌倒),被护理者可得到急救帮助和医疗服务。[3]

《英国医疗和成人社会护理状况报告》展现出老年人服务多样化需求的增长,其援引国家统计的数据表明,当前国内 85 岁以上的老人在过去 20 年时间里已经增长一倍。[4] 2014 年共 127 万英国人接受了社会护理服务。[5] 独居老人的养老问题亟须全方位整合全科医生、社会护理服务、急救服务等制度以满足需求。

2012 法案第 23 条规定了 NHS 统筹委员会提升整合服务水平的职责(duty as to promoting integration),其规定 NHS 统筹委员会必须在履行职能过程中以整合方式提供相关卫生服务。此处的整合的是医疗服务、卫生和社会护理服务以及其他卫生相关的服务(如居住条件的改善)。[6] 该种职责同样被赋予了临床统筹委员会。[7]

(八)标准与信息

医疗服务的标准和信息建设与保护受到广泛关注。患者对居住地依赖过大。2012 法案第 8 编建立了标准制定机构——国家卫生与护理卓越研究所

---

1 See *Guidance Care Act factsheets*, GOV. UK(19 April 2016), https://www.gov.uk/government/publications/care-act-2014-part-1-factsheets/care-act-factsheets.

2 社会护理服务是国家单独资助的。NHS 的费用体现在被护理者卫生服务的支出,如急救、家中化疗、患者用药等。因两种费用逐年上涨,英国不断整合两种服务。

3 如果没有护理者进行护理,孤寡老人很可能在家中跌倒。此时如无护理人员,老人性命堪忧,即便老人呼叫了急救服务送往医院,亦将加大医院支出,甚至无法出院。护理、急救、医疗如不能很好协调,将对老人产生巨大的不利影响。

4 Care Quality Commission, *The State of Health Care and Adult Social Care in England* 2016/17. cqc. orz. uk (Nov. 23, 2017), https://www.cqc.org.uk/sites/default/files/20171123_stateofcare1617_report.pdf.

5 Health and Social care Information Center Community Care Statistics, *Social Services Activity in England* - 2013 - 2014(2014).

6 参见 Explanatory Notes about Health and Social Care Act 2012,第 222 条。

7 2012 法案第 26 条。

(National Institute for Health and Care Excellence, NICE)。NICE 已经发布了超过 180 个质量标准，涵盖了主要疾病。这些标准在卫生统筹产生的结果框架方面发挥了关键作用，该框架衡量了临床统筹委员会所实现的健康结果和质量。第 9 编第 2 章规定卫生大臣或 NHS 统筹委员会如何收集和发布信息，建立起卫生和社会护理信息中心以负责信息管理。

（九）任务书、计划(business plan)与年报(annual report)制度

2012 法案规定在每一财政年度开始前，卫生大臣须向国会递交一份被称为"任务书"的文件，[1] 以阐述 NHS 统筹委员会履行其职能过程中应达到的合适目标、卫生大臣的要求以及财政年度内可使用资本总额。任务书的制定需充分协商。在任务书下，前述主体制订计划，分工负责，在财政年度末进行年度报告。

（十）统筹者(the commissioner)与提供者(the provider)的合同制度

NHS 合同是一卫生服务主体(统筹者)安排另一卫生服务主体(提供者)提供商品或服务的安排。[2] NHS 统筹者与服务提供者通过签订合同来购买相应的服务。2006 年《国家卫生服务法案》规定了 NHS 合同制度，允许统筹者进入合同成为当事人。统筹者与全科医生、医院等服务提供者签约购买服务。NHS 统筹委员会每年颁布最新的 NHS 标准制式合同，合同包括完整版和简洁版(full-length and shorter-form versions)。标准合同由一般条款、服务条款、特殊条款组成。

综上，在 2012 法案制度下，NHS 建立内部市场，划分初级和二级服务。服务统筹者和提供者签订合同为公民购买基本医疗卫生服务。NHS 的运行分三步：统筹服务，购买服务，监督服务供应。2012 法案对相关主体职能(职权和职责)进行界定。卫生大臣确定 NHS 的战略方向，以任务书制度对 NHS 统筹委员会进行目标、预算、决算的战略领导。总体预算和决算既包括卫生总体费用，也包括行政管理成本。NHS 统筹委员会对临床统筹委员会亦如此。相应主体在任务书之下制订计划和年终报告。NHS 统筹委员会负责全国层面领导，监管全国医疗服务的统筹，负责为临床统筹委员会分配资源(主要是资金)，监督其运行，直接统筹初级卫生服务。临床统筹委员会统筹二级卫生服务。护理质量

1 2012 法案修改过后的 2006 年《国家卫生服务法案》第 13A 条。

2 参见 2006 年《国家卫生服务法案》第 9 条第 1 款，2012 法案对第 9 条进行了微小的修正。

委员会监督护理服务质量，监管局作为金融财政领域的监管者确保服务的成本和产出成正比，更加高效和经济。监管局负责调查卫生领域的利益冲突，并对反竞争行为开展执法。其他相应机构履行管理、披露信息、制定标准等职能。在最后应急手段中，卫生大臣认为 NHS 统筹委员会或其他 NHS 的机构显著未能履行其职能时有权介入。

三、2012 法案的借鉴意义

为全民提供免费医疗的英国卫生服务制度，以及为追求效率对其改革而形成的 2012 法案，对于我国健康中国建设、卫生法治建设具有重要的参考借鉴意义。

（一）建立社会护理制度

对于老龄化问题愈加突出的中国而言，英国 2012 法案最有参考价值的地方在于其建立的社会护理制度。从 1946 年《国家卫生服务法案》到 2012 法案的演进过程可以看出，立法逐步将医疗、公共卫生和社会护理服务纳入统筹范围。修改后的 2006 年《国家卫生服务法案》涵括公共卫生和基本医疗服务制度，2008 年、2012 年、2014 年颁布的法案亦注重社会护理服务制度建设。法律规定各系统需协调配合以确保有需求的人们获得完整服务。2018 年英国卫生部亦更名为卫生与社会护理部（Department of Health and Social Care）。[1]

当前世界各国均不同程度地存在社会老龄化情形，英国立法将社会护理服务和医疗卫生服务整合以保障公民福祉，对于全世界都有参考意义。2022 年，我国 60 岁及以上老年人口规模达到 2.8 亿，占总人口的比例上升到 19.8%。[2]同时，空巢老人、失能老人、孤寡老人、残疾人、幼儿、小学生等亟须护理服务人群规模远超想象。在此前计划生育政策影响下，我国面临的养老压力超过世界任何国家。我国在养儿防老的传统观念影响下，一直没有关注社会护理问题，2017 年 12 月公布的《基本医疗卫生与健康促进法（草案）》和 2018 年 10 月公布的《基本医疗卫生与健康促进法（草案二次审议稿）》都没有规定社会护理制度，2019 年 8 月《基本医疗卫生与健康促进法（草案三次审议稿）》加入了“我国

1　Mikey Smith, Jeremy, *Hunt has Got a New Job in Theresa May's Cabinet Reshuffle After an Hour Inside Number* 10, Daily Mirror, 8 January 2018.

2　参见《老年人再就业释放人口红利》，载国家发展和改革委员会官网，https://www.ndrc.gov.cn/fggz/jyysr/jysrsbxf/202305/t20230530_1356850.html。

推动长期护理保障工作”的内容，最终在2019年12月正式颁布的《基本医疗卫生与健康促进法》第76条第2款规定：“国家推动长期护理保障工作，鼓励发展长期护理保险。”

我国《宪法》规定了老年人、残疾人等须护理与护理群体的基本权利。2018年在修正《老年人权益保障法》时，正式加入长期护理制度，第30条明确国家逐步开展长期护理保障工作，保障老年人的护理需求。《残疾人保障法》第49条明确地方各级人民政府对无劳动能力、无扶养人或者扶养人不具有扶养能力、无生活来源的残疾人，按照规定予以供养。此外，《妇女权益保障法》《未成年人保护法》等亦对须护理和护理群体给予保障。第十三届全国人大会议的《政府工作报告》指出：“积极应对人口老龄化，发展居家、社区和互助式养老，推进医养结合，提高养老院服务质量。……健全社会救助体系。”当前我国除原则性规定外，并没有专门法律制度对老年人、残疾人等给予护理和护理保障，也没有社会护理方面的基本法。

建议现阶段我国立法统筹安排基本医疗服务和公共卫生服务，建立社会护理服务制度。在未成年人健康权，老年人健康权，母婴健康权，基本医疗保险（筹资与支付问题），基本医疗救助（特困人群），以及如戒毒、戒烟酒特殊群体等制度中建立特定人群医疗卫生和社会护理服务。同时完善医疗卫生和养老服务相结合的条款。医疗机构与养老机构应加强协作，全科医生（家庭医生）应关注居家养老人群，统筹医疗卫生服务资源，为老年人提供安全、便捷、全面服务，满足老年人健康养老的基本服务需求。

（二）合理界定政府给付义务边界

NHS以免费为原则，法定收费为例外。从新近改革来看，英政府延续了撒切尔时期的改革理念，即由福利型转为市场选择型，重视市场和竞争作用。这从某种程度上降低了公民福利和财政支出，减轻了政府职责，体现出免费医疗体制的巨大资金压力。出于我国国情考虑，我们还不能照搬英国的全民免费医疗制度，而应当合理设定政府的医疗卫生给付义务边界，坚持国家全体公民基本医疗卫生服务的原则。

尽管保障水平很高，但英国提供的仍是其认为满足人们基本需求的服务。如伍尔夫（Woolf）法官所言：“事实上，尽管卫生大臣具有不断提升免费NHS服务的职责，并在他做出任何决定时不得不考虑这一职责，但全面卫生服务可能因人、财或其他原因无法获得。”[1]由此可见，卫生大臣的职责是提升全面服务，而非确保服务是全面的，二者差距巨大。[2] 资源（医疗、资金等）的稀缺是无法改变的事实，卫生大臣可在公平合理分配资源的基础上逐步完善服务，而非满足所有需求。我国在医疗卫生立法中明确现阶段保障基本医疗卫生服务是科学的。

当然，患者的需要无法被满足时亦可寻求司法救济。英司法救济很多重要领域仍主要依靠判例法，如有限医疗资源的分配问题、[3]有关医疗方面与伦理道德联系相对紧密的问题等。[4]

（三）明晰政府、公众、患者、工作人员的权利、义务和责任

英国《国家卫生服务法案》是一部巨型法典，内容庞杂，普通患者很难掌握熟悉。为了让公众更便捷地掌握其基本精神，2009 年出台了《NHS 宪章》，确立了 NHS 的原则和价值，规定了患者、公众和医疗工作人员享有的权利，阐明了 NHS 致力于实现的承诺（承诺标准高于法律规定）。2009 年《NHS 宪章》确立了英国卫生服务体系七大原则：“1. 平等、人权、全面服务和社会责任；2. 免费服务；3. 高标准服务；4. 尊重患者和病人参与；5. 健康推广与合作；6. 有效、公平和可持续；7. 公众的 NHS。”[5]这一立法技术值得我国基本医疗卫生立法借鉴，有助于向社会大众明确我国基本医疗卫生立法的基本原则和价值追求，具体立法应当始终遵循这些原则和追求。

根据 2009 年《NHS 宪章》的规定，公民的健康权利主要有：医疗卫生服务获取权（下含 7 项具体权利），服务和环境质量保证权（下含 4 项具体权利、1 项承诺），治疗、药物和方案获取权（下含 3 项具体权利、1 项承诺），享受尊重、同意和保密权（下含 8 项具体权利、6 项承诺），知情选择权（下含 4 项具体权利、2 项承诺），治疗与政策参与权（下含 3 项具体权利、4 项承诺），投诉建议和赔偿权（下含 6 项具体权利、3 项承诺）等。

---

1 North and East Devon *Health Authority*, ex parte Coughlan, [2001] QB213.

2 See Emily Jackson, *Medical Law: Test, Cases, and Materials, Fourth edition*, Oxford University Press, 2016, p. 88.

3 典型案例有：R（on the application of Rose）v. Thanet Clinical Commissioning Group [2014] EWHC 1182 等。

4 此处指的是基因工程、辅助受孕、胚胎和干细胞、器官移植、安乐死、代孕等在医疗方面与伦理道德联系相对紧密的问题。

5 黄清华：《英国卫生体系基本法研究》，载《法治研究》2012 年第 8 期。

公民的健康义务主要有:个人为自己健康负责的义务,注册登记的义务,尊重工作人员和其他患者的义务,准确信息提供的义务,预约义务,遵循经同意的治疗方案义务,参与重要公共卫生计划的义务(如接种疫苗),接受亲属器官捐赠意愿的义务,反馈义务等。

同时英国通过判例法调整完全行为能力成年人知情同意权,无行为能力人、儿童、孕妇知情同意权,医疗机密和患者查阅病历权利等问题。

我国《基本医疗卫生与健康促进法(草案)》原规定公民享有健康权、基本医疗卫生服务权、基本医疗社会保障权、健康教育权、疫苗接种权、知情同意权、隐私权、人格尊严权等社会权与自由权。该列举有所遗漏,例如并未纳入英国卫生法中服务和环境质量保证权、选择权、紧急医疗救助权。最后正式法律删除了对健康权进行分条列举的规定。

(四)增强公民选择权与有管理的竞争

医疗卫生服务的提供是患者和公众主动选择的过程。NHS 宣传语即 NHS 选择:你的健康,你的选择。这充分展现出立法对加强竞争和保障公民选择权的重视。

1. 公民的选择权

NHS 成立之初开展的第一项教育活动就是要求英国人民选择自己的全科医生。因此,NHS 是从公民行使选择权开始的。尽管政府不断增加人们的选择,但部分人仍感觉在选择服务过程中没有存在感,无法选择自己的全科医生,在治疗中无法选择治疗方案。[1] 对于选择权,2009 年《NHS 宪章》制定时已予以明确。患者知情选择权包括了五项内容:(1)有权选择全科医生,除非有合理的理由被拒绝;(2)有权表达对特定医生的偏好,并在治疗中尝试接触;(3)有权与全国范围内的其他卫生服务提供者的质量和结果相比;(4)可访问数据和信息并比较;(5)有权选择由 NHS 机构购买的服务,并接受 NHS 提供的信息来支持这些选择。增强竞争是选择权的重要保障。政府甚至被要求提供路费和食宿费的补助以支持患者行使选择权。

我国《基本医疗卫生与健康促进法》第 30 条第 1 款规定,国家推进基本医疗服务实行分级诊疗制度,引导非急诊患者首先到基层医疗卫生机构就诊,实

1 例如,在立法的听证过程中,一项调查显示:部分全科医生没有向超过 1/3 精神卫生服务的受益者提供治疗方案的选择。英国皇家助产士协会的回复报告中也阐明:产科服务的选择存在很多障碍。

行首诊负责制和转诊审核责任制,逐步建立基层首诊、双向转诊、急慢分治、上下联动的机制,并与基本医疗保险制度相衔接。我国公民在就医时享有较大的选择权,但目前正在推行的分级诊疗制度则会在一定程度上限制公民选择医院的自由。全面实施分级诊疗制度,如何在解决公民"看病难"的同时又能保障公民就医选择自由,是一大难题。

2. 有管理的供给竞争

NHS 非常重视竞争,[1]注重培育有管理的市场竞争。统筹者是否应当在采购服务时保障不同服务提供者(公立和私立)间的竞争?有人认为竞争有益于患者的选择权。有人认为,竞争会从根本上动摇 NHS 的根基,导致 NHS 私有化。亦有人认为,监管局在确保竞争过程中可能会导致招投标方式的应用从而降低价格导致质量降低。还有人认为,竞争会破坏服务完整性。

政府在对各方意见回应中认为:"竞争并非两极分化:要么没有竞争,要么完全市场化。竞争本身不是目的,通过竞争保障患者的利益才是增强有管理的供给竞争的终极使命。适度有管理的竞争会增强整体系统的反应性,使其更加灵敏,各方协同参与,从而使服务围绕患者利益展开,增强患者的选择权。"[2] 2012 法案通过限制统筹者对市场份额的干预(NHS 统筹者无法通过政策来干预服务提供者市场份额)来确保 NHS 不被私有化,通过对统筹者的采购程序进行要求,增强患者选择权,设立监管者对反竞争行为施加禁令等方式促进竞争。有序的竞争对保障患者选择权无疑具有重要意义。竞争不应是"价格战"和"摘樱桃"(cherry-picking),而是"质量战"。竞争当然会有成功与失败。2012 法案也规定了失败的后果——服务提供者的破产制度。

当前我国优质医疗卫生服务与护理资源严重供给不足,分配不均。我国医疗卫生法治建设始终注重公平原则,而对如何提高公立医院的效率形成有效的治理结构,乃至如何有效治理医院内部贪污腐败行为,关注不够。英国在追求公平的同时保障 NHS 效率的创新机制值得借鉴。

1　See Marie Sanderson, *The Regulation of Competition in the National Health Service (NHS): What Difference has the Health and Social Care Act* 2012 *made*? Health Economics, Policy and Law (2017), 12, p. 1.

2　Department of Health and Social Care, *Government Response to the NHS Future Forum Report*, GOV. UK(20 June 2011), https://www.gov.uk/government/publications/government-response-to-the-nhs-future-forum-report.

（五）完善正向激励和公众问责制

2012法案通过增强正向激励和加强监督与问责来确保服务质量。在激励方面，法案提出对工作人员统筹质量进行“质量奖励”（quality premium）以促使服务更有效、更安全。在问责方面，法案设立监管机构以增强监督，完善各主体内部治理，明确信息公示制度，扩大公众参与，以此加强问责。

我国《基本医疗卫生与健康促进法》第13条规定了表彰和奖励制度，第8章规定了综合监督管理制度，第91条规定了医疗卫生机构绩效评估制度，第97条规定了社会监督。但是在卫生法治实践中，公开透明的卫生监督机制尚未建成，医院贪腐现象严重，尚未有效引导患者参与到医院监督与管理中来；医院绩效评估制度既没有大众参与，也没有引起社会关注，其监督效果十分有限；医院内部治理混乱，没有建立权利责任清单，问责机制难以启动。因此可以借鉴英国各种内外制约机制，扩大公众有序参与，加强问责机制，建立信息公开透明、问责有力到位的监督机制。

第二节　法国《健康法典》研究

法国素有通过法典化进程消除与规范性文件之间的冲突、简化法律关系、为个体权益提供更有效保障的传统。[1] 在医疗卫生领域，最主要的法典包括《健康法典》（Code de la santé publique）[2] 和《社会保障法典》（Code de la sécurité sociale）。前者关注医疗卫生系统运行、国家健康政策落实及患者权益保障等问题；后者旨在规范包括医疗保险在内的社会保障制度。法国卫生法法典化模

1　Bernardo Giorgio Mattarella, «La codification du droit: réflexions sur l'expérience française contemporaine», Revue française de droit administratif, 1994, p. 668 ; Sophie Lamouroux, «La codification ou la démocratisation du droit», Revue française de droit constitutionnel, 2001, p. 801－824.

2　在法语中，“la santé”一词虽然同时可以对应“健康”“卫生”两种含义，但更多用于表达一种与疾病相反的安康状态，而表达“环境清洁”的状态多用“l'hygiène”一词。因此，在没有额外说明的情况下，本研究所指“健康”与法语语境中的“la santé”及相关副词、形容词相对应。同时，由于法国现行的«Code de la santé publique»不仅涉及狭义的、通过群体路径保障健康的“公共卫生法”，也关注实现健康的个体路径和个体权益，故将该法典名称译为“健康法典”较为贴切。1958年法典由1902年《公共卫生保护法》演变而来，确实应该翻译成《公共卫生法典》，但2002年法典主要内容已不再是公共卫生，以前的一些中文文献将其译成《公共卫生法典》并不准确。现行2002年«Code de la santé publique»应该直译为《公众健康法典》，但中文语境没有“公众健康”这样的表达，为了让读者准确理解法典内容，我们将其直译为《健康法典》。

式对系统构建我国基本医疗卫生法律制度具有特别借鉴意义,是以,本研究将聚焦于法国《健康法典》。

一、法国《健康法典》的历史演进

法国在医疗卫生领域有着悠长的立法史,在此过程中,共形成两部侧重点不同的《健康法典》:以疾病预防为主的1958年法典及以健康系统优化为主的2002年法典。2002年后,该法典仍继续紧跟社会需求,不断发展完善。现行法典由法律部分(Partie Législative)、行政法规部分(Partie Règlementaire)和附录(Annexes)部分组成。截至2022年5月,仅法律部分就有法条12,714条,2022年Dalloz版的法典共3600余页,该法典调整内容覆盖整个健康领域。

(一)以疾病预防为主的1958年法典

法国大革命是该国近代史的开端,兼具积极权利和消极权利规范构造的健康权(Droit à la santé)也滥觞于此时期。[1] 加上,微生物学家巴斯德所提出的专业理论,法国统治者意识到了统一健康领域立法的必要性。[2] 1902年,在医学和法学发展的共同推动下,缔造法国现代社会雏形的法兰西第三共和国政府在充分吸收现有立法经验的基础上颁布了《公共卫生保护法》。这部法律又称"伟大的1902年法",它囊括了该国19世纪期间颁布的所有与公共卫生相关的立法,主要内容涉及接种抗天花疫苗的义务、传染病报告义务以及市政卫生条例制定制度。[3] 该法明确规定了不履行上述义务的法律责任。[4] 这一法律颁布后,法国和国际社会时局动荡,健康领域的法制建设故而止步不前。

直到1935年,法国健康领域法典化进程正式启动。[5] 初次法典化尝试的最终成果体现为1953年颁布的《健康法法律条款编纂政令》。[6] 1958年,该政令

---

1 Christophe SAUVAT, «Réflexions sur le droit à la santé. Presses Universitaires d'Aix-Marseille», 2004, p. 80 – 81. 作者通过分析法国《宪法》中与"健康权"相关条款,得出上述结论。

2 Anne Laude, «Dix ans de droit de la santé», Les tribunes de la santé, 2009/4 (n° 25), p. 51 – 62.

3 La loi du 15 février 1902 relative à la protection de la santé publique. 该法仅涉及狭义的公共卫生的内容,为与现行法典相区别,故作此翻译处理。

4 François Bourdillon, «Gilles Brücker & Didier Tabuteau: Traité de santé publique», Lavoisier Médecine SCIENCES, 2016, p. 13.

5 Décret du 30 octobre 1935 prescrivant la codification des lois et des règlements sur l'hygiène publique, 1935 – 2.

6 Décret n° 53 – 1001 du 5 octobre 1953 portant codification des textes législatifs concernant la santé publique.

开始实施。至此,1902 年《公共卫生保护法》演变成真正的法典,[1] 此为法国第一版《健康法典》(《公共卫生法典》),也称 1958 年法典。该法典共有条文 792 条,其中 1/3 是法律条款、2/3 是行政法规。本部法典分为 8 编,包括:健康基本保护;家庭与儿童健康保护;对抗社会性灾难;医务人员和医疗辅助人员;制药;人体物质在治疗中的使用;公立医院、(老弱病残孤)收容所、水疗及化验室;机构。从总体上看,传染病防治、医务人员执业制度及药店运营机制是该法典的焦点,所以本质上应该称这一版法典为《公共卫生法典》。

(二)以健康系统优化为主的 2002 年法典

1958 年《公共卫生法典》颁布后,法国社会经历一系列的变化,法国立法者多次对该法典进行局部修订。然而,细碎而频繁的修法工作最终却导致 1958 年法典的土崩瓦解。根据法学家统计,在千禧年到来之前,1958 年法典最初的规定中,仍然有效的条款仅有 10 余条。加上科技的进步、新型风险的出现、生物伦理学的进步以及欧盟法的介入等因素,使该法典已不再符合社会现实的需求。在此背景下,法国政府于 1992 年决定启动新版《健康法典》的制定工作。[2] 在此过程中,恰逢该政府针对医疗卫生系统改革举办名为"一般健康状况"(États généreaux de la santé,EGS)的全民大辩论。广大医疗卫生从业人员和民众积极参与其中,陈述对改革的期许。时任总理莱昂内尔·若斯潘(Lionel Jospin)在辩论闭幕时总结称,此次辩论法国人民陈述的首要诉求是在医疗中体现"以人为本"。[3] 在上述政策思想的指导下,若斯潘于 2001 年 9 月 5 日向国民议会递交《关于患者权利与健康系统质量的第 3258 号立法草案》(以下简称《第 3258 号立法草案》)。该草案明确此次立法目的包括发展健康民主、增强健康系统质量保障及合理分配健康风险。[4] 在此思想的指导下,作为 2002 年法典法律部分的《患者权利与公众健康系统质量法》的制定与出台几乎没有受到任何

---

1 Loi n° 58 - 346 du 3 avril 1958 relative aux conditions d'application de certains codes.

2 Didier Tabuteau, «Code de la santé publique ou code de la santé», RDSS, 2008, p. 416 - 425.

3 Lionel Jospin, «Déclaration de M. Lionel Jospin, Premier ministre», sur la nécessité d'une réelle égalité dans l'accès aux soins et la mise en œuvre de la couverture maladie universelle, la promotion d'une médecine plus humaine, la réforme des études médicales et l'importance de la sécurité sanitaire, de la prévention et de l'éducation pour une meilleure politique de la santé, https://www.vie-publique.fr/discours/207752 - declaration-de-m-lionel-jospin-premier-ministre-sur-la-necessite-dun.

4 Lionel Jospin, «Projet de loi relative aux droits des maladies et à la qualité du système de santé», Doc. parl., Assemblée Nationale, 2001, n°3258.

阻力。在随后的三年间,法国政府陆续颁布5部政令,共同组成该法典的行政法规部分。[1] 自此,2002年法典的编纂工作正式完成。与1958年法典相比,2002年法典不仅着眼于健康保障的集体路径,同时更关注个体健康权益。是以,该法典已突破传统公共卫生法的限制,发展为广义的《健康法典》。

(三)2002年以后的发展

优化健康系统的运行是保障患者及相关主体权利的主要措施。2002年后,围绕上述系统的优化,法国颁布一系列法律文件,影响较大的包括2004年《公众健康政策法》[2]、2009年《医院改革法》[3]、2016年《健康系统现代化法》[4]以及2019年《健康体系组织与转型法》[5]。上述法律体现了法国健康领域立法改革的方向。此外,突如其来的新冠疫情也对法国健康法的发展产生了一定的影响。为抗击疫情,法国颁布了2020年《应对Covid－19流行病的紧急法》、[6] 2021年《通过信任和简化改善健康系统法》[7]以及2022年《加强健康危机管理工具并修订〈健康法典〉法》[8]。与此次疫情防控相关的法律更多的是对原来制度的完善和补充,对法国健康法体系冲击较小。

二、法国《健康法典》的主要内容

围绕若斯潘《第3258号立法草案》明确的目标,现行《健康法典》法律部分

1　Les décrets n°2003－461 du 21 mai 2003 relatif à certaines dispositions réglementaires du code de la santé publique, n°2003－462 du 21 mai 2003 relatif aux dispositions réglementaires des parties Ⅰ, Ⅱ et Ⅲ du code de la santé publique; le décret n°2004－802 du 29 juillet 2004 relatif aux parties Ⅳ et Ⅴ (dispositions réglementaires) du code de la santé publique et modifiant certaines dispositions de ce code (Annexe); et les décret n°2005－839 du 20 juillet 2005 relatif à certaines dispositions réglementaires de la sixième partie du code de la santé publique, n°2005－840 du 20 juillet 2005 relatif à la Ⅳ parties du code de la santé publique et modifiant certaines dispositions de ce code (Annexe).

2　Loi n°2004－806 du 9 août 2004 relative à la politique de santé publique.

3　Loi n°2009－879 du 21 juillet 2009 portant réforme de l'hôpital et relative aux patients, à la santé aux territoires, dit "Loi HPST".

4　Loi n°2016－41 du 26 janvier 2016 relatif à la modernisation de notre système de santé.

5　Loi n°2019－774 du 24 juillet 2019 relative à l'organisation et la transformation du système de santé.

6　Loi n°2020－290 du 23 mars 2020 d'urgence pour faire face à l'épidémie de covid－19.

7　Loi n°2021－502 du 26 avril 2021 visant à améliorer le système de santé par la confiance et la simplification.

8　Loi n°2022－46 du 22 janvier 2022 renforçant les outils de gestion de la crise sanitaire et modifiant le code de la santé publique.

由六部分组成,行政法规部分参照前者的体例进行编排。第一部分:健康基本保护;第二部分:性与生殖健康、女性权利及儿童、未成年人与青年健康;第三部分:抗击疾病与成瘾;第四部分:医务人员;第五部分:健康产品;第六部分:医疗机构与医疗服务。

(一)第一部分:健康基本保护

《健康法典》第一部分有 4 编,分别是个人健康保护;人体组成部分及人体产品的赠与和使用;健康保护与环境;基本健康行政管理。

"个人健康保护"编主要明确了患者及其他健康系统使用者权利、人体试验制度以及健康风险分担。2002 年法典规定患者及其他健康系统使用者享有以下两种类型的权利:与民事主体身份相关的权利及与患者身份相关的权利。其中,与患者身份相关的权利是法典的重要内容,包括获得合适的治疗权、治疗过程中的知情权、选择医生和住院地点的权利及治疗意愿表达权等。在治疗意愿表达权方面,如果患者表达出拒绝或终止治疗的意愿,医生需说服其接受必要的治疗;在没有获取患者同意之前,不得进行任何治疗。为了帮助患者和其他健康系统使用者更好地表达治疗意愿,《健康法典》明确了上述主体不能表达意愿时,其家属或指定的人代行此权利的程序。虽然 2002 年法典非常重视患者的意愿和权益,但值得注意的是,《健康法典》第 L. 1110 – 5 – 1 条指出,当治疗显得无用、不合适或只是人为维持生命时,患者可决定或由集体程序决定不再进行治疗。

在人体试验方面,2002 年法典明确了同意开展此类试验的原则,同时规定开展试验必须满足的积极和消极条件。主要包括:研究项目必须获得试验场所所在大区人类保护协会的同意;将试验的目的、方法和持续时间按照法律规定的方式告知参与试验的人员,并取得后者的同意;由有资质的医生指导并监督试验全过程;具备符合法律规定的硬件条件和技术条件。此外,该法典还明确了基因测试实施的条件和程序。

健康风险分担是 2002 年立法的重点改革内容,也是法国健康法极具特色的原创制度。2002 年法典明确了医疗损害赔偿的过错责任原则,终结了法国普通法院和行政法院长期以来对医疗事故归责原则的分歧。[1] 在此基础上,《健

1　2002 年以前,在法国调整公立医疗机构与患者关系的行政法院秉承医疗风险的无过错责任原则;调整私立医疗机构与患者关系的普通法院则坚持医疗风险的过错责任原则。

康法典》补充规定，严重的医疗意外、院内感染和医源性疾病[1]由政府以国家连带的名义提供补偿。国家连带补偿制度弥补了传统侵权责任法的缺陷，助力了健康风险在医方、患方及社会之间的科学分配。为了保障该制度的有效运行，《健康法典》第 L. 1142－2 条规定，自由执业的医务人员、医疗机构（组织）以及健康用品的生产商、供应商和销售商必须为其执业活动购买保险。

在“人体组成部分及人体产品的赠与和使用”编中，首先明确了法国《民法典》涉及人体组成部分及人体产品的规定适用于健康领域。其次，《健康法典》规定了人体组成部分及人体产品的赠与和使用的匿名原则、免费原则及必须存在医学或科学目的原则。最后，《健康法典》将其调整的“人体组成部分及人体产品”分为血液、器官及组织、细胞等人体元素，并分类规定采集、保存和转让制度。

“健康保护与环境”编在法国《环境法典》的基础上，规定了与用水安全、环境卫生及危险物品管理相关的制度。在用水安全方面，主要是明确承担相应义务的主体、各种水源的取水资质和消毒要求、水区保护等内容。在环境卫生方面，主要是明确城乡卫生措施、噪声污染治理及泳池卫生等制度。本编规制两类危险物品的收集、存放与销毁：一类是放射物；另一类包括医疗废品、兽药、过期药品及人体组织在内的医疗危险品。此外，本编也规定了环境卫生的行政执法与司法保护措施。

“基本健康行政管理”编在明确国家健康政策的基础上，规定了医疗卫生行政管理领域的各中央机构与地方政府的分权界限。

（二）第二部分：性与生殖健康、女性权利及儿童、未成年人与青年健康

《健康法典》第二部分下设 4 编，分别涉及母婴健康保护、自愿终止妊娠的条件和程序、提供相应健康保障的机构设置及海外省的特殊规定。在法国，提供家庭健康保障的机构包括中央地方各级政府以及社会保障机构。上述结构为母婴提供以下保障：第一，提供预防生理和心理疾病的措施，提供相应的社会帮助和教育；第二，为孕妇和新手母亲提供心理和社会帮扶；第三，为 6 岁以下儿童提供残疾防治和筛选服务；第四，监管接待 6 岁以下儿童的机构。

---

1 “医源性疾病”对应法语表达“affection iatrogène”，指广义上的药物治疗不良反应。法国公众健康高级委员会将之定义为“经授权的专业人士为维持、改善或恢复健康而采取的任何行为或措施对个人或集体健康状况的不良或负面影响”。«Dictionnaire de droit de la santé: Secteurs sanitaires, medico-social et social», 2ᵉ éd., LexisNexis, 2021, p. 18.

（三）第三部分：抗击疾病与成瘾

抗击疾病、保卫生命健康是各国公共卫生法制的共同目标。2002 年法典第三部分包括以下 7 编：抗击传染病；对抗精神疾病；戒除酒瘾；戒除毒瘾；戒除烟瘾（包括兴奋剂依赖）；性犯罪预防、医疗禁令与社会司法措施；海外省的特殊规定。

"抗击传染病"编明确了以下三个方面的措施：第一，防治传染病的一般措施，包括疫苗接种义务、国境边界管控措施等；第二，防治性传染病的措施，包括在输血过程中感染艾滋病等疾病的国家补偿责任；第三，应对重大公共卫生危机的措施。事实上，重大公共卫生危机应对措施最早规定在 1958 年法典中，由 2002 年法典完全吸收保留。这一编在明确公共卫生危机定义的基础上，规定了各级政府在危机中有权采取的措施，包括强制隔离和物资调动等。值得注意的是，本编专门明确采取应急措施导致损失的，国家连带补偿责任。上文所述的在抗击新冠疫情过程中出台的三部法律是对本编内容的补充。

"对抗精神疾病"编主要是明确与非自愿精神病治疗相关的制度。现行《健康法典》规定了下列 4 种依法启动非自愿精神病治疗的情形：基于第三人的申请而启动、因患者给他人造成重大安全隐患而启动、基于地方行政长官或法官的决定而启动。同时，《健康法典》明确，在治疗过程中，精神病患者的知情权以及与地方行政长官及地区精神病患者保护机构取得联系等基本权利受司法机关保护。

在对抗酒瘾方面，《健康法典》规定了含酒精饮品的分类标准及相应的零售政策，明确了严苛的告知义务和极度受限制的销售渠道、宣传手段。同时，还专门规定了保护未成年人的措施。对抗烟瘾的措施与上述措施类似。此外，《健康法典》还明确了对抗毒瘾、兴奋剂依赖等有害健康的事项的措施。

（四）第四部分：医务人员

《健康法典》第四部分共 5 编，涉及一般规定及针对四类不同医疗卫生从业人员的具体规定。这四类人员分别为：包括医生、助产士等在内的普通医务人员；药剂师；包括护士、按摩师等在内的医疗辅助人员；包括救护车司机等在内的其他辅助人员。《健康法典》明确了上述职业的从业资格、从业人员与任职机构之间的法律关系及行业自治机构运行机制。上述四类人员均可以从以下三种执业形式中择一：自由执业，作为私法主体的雇员，或在提供公众健康服务的机构任公职人员。执业形式的不同影响着从业人员与服务接受者之间法律关系的性质及医疗侵权责任的承担。自由执业的医务人员与其客户之间存在合同关系，在履行契约的过程中，前者为自身的过错承担责任。为了保证自由执业人员承担法律责任的能力，《健康法典》第 L. 1142 – 2 条要求上述人员在购买执业意外险的同时，必须向相应的赔偿担保基金缴纳费用。当医疗事故发生时，由该基金向受害者进行赔偿。除特殊情况外，后两类从业人员在执业过程中导致的民事责任由雇主承担。此外，值得注意的是，各行业自治机构制定的职业道德规范也以附录形式收录于《健康法典》中。这意味着，违反职业道德规范与违反《健康法典》其他内容的法律后果是一致的，可能导致过错责任。

（五）第五部分：健康产品

《健康法典》第五部分受欧盟健康法影响较大，共分 5 编，主要涉及药品和医疗器械的生产与销售、健康产品监管机构——国家药品与健康产品安全办公室的运行机制、法律责任及海外省的特殊规定等方面。在法国，健康产品分为药品、医疗器械以及包括婴儿食品在内的其他产品。上述三类产品的监管体系各不相同，但严苛程度呈现明显的递增趋势。从总体上看，法国健康产品的监管分为国家监管和地方监管。在国家层面，由卫生部和国家药品与健康产品安全办公室负责；在地方层面，由大区卫生办公室负责。在药品管理方面，2002 年法典规定，除例外情况外，药品上市销售或免费赠与之前，需获得一个为期 5 年的许可。药品的售价及社保报销比例均受到监管。此外，《健康法典》还明确了生产、进口、出口、批发和零售药品的机构所需的资质，尤其是从事药品零售的药店经营者必须具备该领域的文凭且不得同时从事医生、助产士等相关工作。

（六）第六部分：医疗机构与医疗服务

《健康法典》第六部分共分 4 编：医疗机构；生物医学；紧急医疗援助、长期护理、医疗运输、远程医疗和其他卫生服务；海外省的规定。

“医疗机构”编首先从总体出发，规定医疗机构的任务、基本运行方式、合作模式、评价方式以及购置器械的程序，在此基础上，分别明确公立和私立医疗机构的运行方式。在公立医疗机构方面，本编主要作出如下规定：在主体资格上，明确公立医疗机构是自主管理和财政独立的公法法人。在这方面，《健康法典》第 L. 6141 – 2 – 1 条明确了其可拥有的财产类型；第 L. 6141 – 7 – 3 条细化了其接受赠与的程序。在自治的基础上，公立医疗机构接受国家的监管及地方政府的指导。公立医疗机构承担公立医院的法定职责,体现为非营利性。[1] 同时,《健康法典》指出,公立医院可以是市立的、跨市的、省立的、大区的、跨大区的或者国立的。在医院和大学的组织方面,《健康法典》第 L. 6142 - 1 条明确,中心医院和大学均为医疗中心,在尊重病人的前提下,组织公共医疗和制药专业的教学与研究。公立医院的内部管理由监管委员会及其机构负责人负责。此外,医院内部还设置多种不同的专门机构负责人力资源管理等各方面工作。在病人的权益保障方面,《健康法典》规定每个公立医疗机构需设立专门的委员会以保障和提高医疗质量及安全程度。《健康法典》还详细规定了公立医疗机构的预算制度。

私立医疗机构分为营利性和非营利性两种。《健康法典》明确后者不以营利为目的,需体现集体的利益。具体而言,私立医疗机构由 2014 年颁布的《关于社会团结经济法案》[2] 约束的特殊类型的私法法人经营管理。根据上述法案的规定,以社会团结的方式创业和发展经济的私法法人的目的不在于分配其经营所得的利润。其获得的绝大部分利润将用于本企业主营业务的运行与发展。同时,该法案详细规定了社会团结经济企业的预备金提取制度。

"医疗机构与医疗服务"编主要涉及生物医学分析实验室的服务(如血液检验)、医疗急救服务、医疗运输服务、持续保健以及远程医疗等服务提供的条件和程序。

三、法国《健康法典》的特点

从整体上看,法国《健康法典》呈现以下特征。

(一)积极回应热点,不断完善体系

当阐述健康法在法国当代法学中的地位时,迪迪埃 · 特吕谢(Didier Truchet)教授总结道:"健康法一直是观测法国法发展趋势的好视角,也是新法律制度的实验室。"[3] 以各大热点案例为媒介,法国立法者、司法者和法学家在健康法领域不断交锋,共同构建庞大又与时俱进的法律体系。

自 1958 年法典问世以来,该法典调整的范围不断扩大、内容不断丰富。如

---

1 在法国中,"非营利性"(avec un but non lucatif)不仅意味着"不向出资人、设立人或者会员分配利润",同时表明该机构接受专项基金资助且必须以提供服务、实物或两者结合的方式践行公共服务。作为接受资助的对价,非营利性机构必须向公众公开财务信息。

2 Loi n°2014 - 856 du 31 juillet 2014 relative à l'économie sociale et solidaire.

3 Didier Truchet, «Droit de la santé publique», Dalloz, 2016, p. 36.

今,法国《健康法典》不仅涉及患者权利、疾病防治、成瘾对抗、环境卫生等传统内容,更着重规范人类辅助生殖、生物医学实验等新兴领域。近年来尤其注重临终权制度的构建。法国法学家并不担心这一法典过于繁杂,他们认为这是欧盟健康法和社会发展带来的必然结果。还有不少学者立足于医疗保障法对公共卫生的重大影响,主张将前者的内容从《社会保障法典》移至《健康法典》,以保障法律体系的完整性和可理解程度。[1]

回望《健康法典》的发展历程,其对社会热点问题和司法实践的回应随处可见。最典型的例子当属佩鲁奇案。该案争议焦点是:医生和医疗机构是否需要就自然人的不当出生,向其父母及其本人承担赔偿责任?经过多年的斟酌,法国最高法院最终支持了原告及其父母的诉讼请求,但法国立法者却表达了不同意见并颁布库什纳法(又称“反佩鲁奇法”)。该法规定,“任何人不得就其仅因出生而遭受的损失作出主张”,“若相关医疗机构因错误未能提前识别胎儿出生后可能残疾的风险,则孩子出生后,也只有父母可以主张自身所遭受的损失”。库什纳法的规定已被收录在法国《健康法典》中。随后发生的 Lambert 案促使立法者关注患者获得救助权的界限以及临终权行使等问题。2020 年暴发的新冠疫情也在一定程度上推动了法国健康法的发展。在疫情中,法国依法进入卫生紧急状态。这是该制度确立 50 余年来首次付诸实践。法国立法者为确保该制度的实施,进行紧急立法(上文所述的在抗击新冠疫情过程中出台的三部法律)。上述各项法律规定的出台均反映了法国立法者对社会热点问题的回应,在此过程中《健康法典》不断得到发展与完善。

(二)强调国家在健康领域的职责

健康法旨在优化特定群体的健康状态,相较个人权利与自由,它更多地体现为国家或集体在健康领域的职责。法国法学家将国家在该领域的职责分为三类:组建并运行旨在保障公民健康权的行政体系;处理好医疗卫生服务提供者和接受者之间的关系;发展法律制度以应对生物医疗等新兴问题。法国健康法学家安妮·劳德(Anne Laude)等人指出,国家在健康领域的职责正是通过《健康法典》规定并由医疗机构、医务人员及医保机构等不同主体共同承担的。[2] 因此,法国《健康法典》紧紧围绕上述三类主体的职责构建。例如,在处

1　Didier Tabuteau, «Code de la santé publique ou code de la santé», RDSS, 2008, p.416.

2　Anne Laude, «Bertrand Mathieu & Didier Tabuteau: Droit de la santé», PUF, 2012, p.9 - 12.

理医疗卫生服务提供者和接受者之间的关系方面，该法典不断夯实患者等健康系统使用者的各项权利，加强卫生服务提供者的义务。同时，国家以社会连带的名义承担部分健康服务带来的不可避免的风险。

（三）重视患者等主体的权利，便于权利实现

法国《健康法典》以“人权”开篇，彰显了健康权作为基本人权的法律地位。具体而言，《健康法典》通过扩展权利主体范围、拓宽权利实施途径、为权利实现提供便利条件等方式保障健康领域基本人权的实现。

在权利主体范围方面，该法典并不拘泥于患者权利的保护，而是捍卫所有健康系统使用者的权利，包括其健康保障权、人格尊严权、不受歧视权以及私生活受尊重权。《健康法典》在完善上述主体权利的同时也明确了权利的界限。例如，获得治疗和护理权的界限。此外，该法典除关注一般性的权利外，也强调对特殊人群权益的保障，为未成年人、孕产期妇女、精神疾病患者等特殊群体提供专门法律予以保护，彰显对弱势群体的关怀与重视。

在权利保障方式上，法国《健康法典》不仅着眼于个体权利的保障，也重视患者等健康系统使用者集体权益的维护，为保障个体权利的实现提供了诸多便利条件。这一点在健康风险分担体制中体现得淋漓尽致，尤其是极大简化了因果关系的证明。为转变公权力在健康系统中的绝对主导地位并最终实现健康民主，该法典规定患者等健康体系使用者有权组建相关团体，参与健康系统和公立医院的建设、管理和决策。

我国立法机关2020年制定了公共卫生“一揽子”立法修法计划，系统构建卫生法体系之际，法国法典化路径非常值得我国借鉴。

第三节 德国卫生法体系研究

一、德国医疗卫生服务体系基本情况

德国将医疗卫生置于非常重要的位置，联邦和州都强调了医疗卫生服务（Öffentlichen Gesundheitsdienstes）对于有效保护人民健康的突出重要性。[1]

---

1 参见《公共卫生服务公约》。Pakt für den Öffentlichen Gesundheitsdienst, https://www.bundesgesundheitsministerium.de/fileadmin/Dateien/3_Downloads/O/OEGD/Pakt_fuer_den_OEGD.pdf，最后访问时间：2022年4月28日。

德国的医疗卫生服务体系主要由预防、健康及护理（Prävention，Gesundheitsförderung，Gesundheitliche & Pflegerische Versorgung），保险（Versicherer & Kostenträger），医药及医疗器械（Azneimittel & Medizinprodukte），研究及教育（Forschung & Ausbildung），信息及建议（Information & Beratung）五部分组成。在此体系下，每部分的运作都由特定行业、机构、社会组织、专业人士等提供支撑。预防、健康及护理主要指疾病的预防、医疗资源的供给及健康问题的处理，这部分由手术医生、医院和诊所、药房、护理中心、救援服务、康复机构等支持；德国的健康保险包括私人疾病保险、法定意外保险、法定医疗保险、私人义务护理保险、护理基金、养老金等；医药行业和医疗器械制造商负责药物和医疗器械研发；教育机构、职业学校、高校、研究机构负责医学人才培养和研究工作；职业协会、患者协会伦理委员会等团体和自助组织、健康咨询处等机构提供信息服务和建议。[1]

德国医疗卫生服务体系的建立和运转是通过联邦、各个州以及欧盟三方合力推动的，其立法和实施方面有众多机构的参与。公民能够通过医疗机构、医生协会、牙医协会、护理协会、心理治疗师协会、药剂师协会、联邦联合委员会、评价委员会、许可委员会、仲裁机构、卫生保健质量和效率研究所、卫生保健质保和透明度研究所、州委员会等机构实现对于健康问题的自我管理。也有患者专员利益办公室、护理全权代表办公室、成瘾和毒品专员处理有关不同群体的不同事项。联邦卫生部下设有联邦健康教育中心、德国医学文献和信息研究所、联邦药品和医疗器械研究所、保罗－埃利希研究所（Paul-Ehrlich Institut）[2]、罗伯特－科赫研究所（Robert-Koch Institut）[3]、健康卡远程信息处理应用协会对健康相关领域专业问题进行研究。质量和效率保证方面则由健康专家委员会负责。监督机构主要包括州各部委、公共卫生服务机构、联邦保险局、联邦卫生部。欧洲药品质量管理局和欧洲药品经理处作为欧盟的卫生机构，同样也是德

1 参见《联邦卫生部：健康系统》。Bundesministerium für Gesundheit：Das Gesundheitssystem，https://www.bundesgesundheitsministerium.de/fileadmin/Dateien/5_Publikationen/Gesundheit/Flyer_Poster_etc/BMG-Infografik_Gesundheitssystem_barr.pdf，最后访问时间：2022 年 4 月 26 日。

2 联邦疫苗和生物研究所，主要负责医药研制。

3 德国的国家公共卫生研究所。

国医疗卫生制度的构成部分。[1]

德国医疗卫生服务体系主要分为两部分:以传染病为主的公共卫生服务体系以及一般医疗服务体系。[2] 公共卫生服务体系中,由卫生部和罗伯特-科赫研究所负责传染病控制,该所主要负责流行病调查。疫情发生后,报告义务人应在24小时内迅速报告给卫生局,再由卫生局报告给罗伯特-科赫研究所,[3] 研究所在收到报告后迅速处理,同当地机构共同制定对策,向负责执行防治措施的当地卫生部门提供技术指导,具体执行则由疫区的卫生机构负责。[4] 一般医疗服务体系则主要由家庭医生诊所、专科医生诊所、护理机构、康复机构以及医院和药房提供。其中家庭医生诊所、专科医生诊所、护理机构以及康复机构负责初级卫生保健和二级门诊保健[5],医院主要负责住院治疗,药房则负责药品供给。

由此可见,德国的医疗卫生服务体系包含公民基本医疗服务和传染病治理两大基本体系,同时围绕这两大基本体系,进一步延展出医药、医疗器械的供给,再到医学研究乃至医学人才培养、医疗信息的获取以及医疗监督等配套措施。基层医疗机构、研究机构、监管机构各司其职,由此形成了完整严密的体系。

二、德国的卫生法体系

德国目前并没有统一的卫生法典,德国卫生法体系是由众多法律组成的,从内容上看包括以下几类:医疗法、医疗行业职业法、健康保险法、报酬法、合同医生法、医院法、医药与医疗器械法、卫生部门的数据保护法、药房法、医疗责任法等。

公民的健康权基础规定于《基本法》(Grundgesetz)和《社会法典》

---

1 参见《联邦卫生部:健康系统》。Bundesministerium für Gesundheit: Das Gesundheitssystem, https://www.bundesgesundheitsministerium.de/fileadmin/Dateien/5_Publikationen/Gesundheit/Flyer_Poster_etc/BMG-Infografik_Gesundheitssystem_barr.pdf,最后访问时间:2022年4月26日。

2 参见周俊婷、李勇等:《德国医疗服务供给模式对我国的启示》,载《中国药物经济学》2018年第4期。

3 参见黄礼登:《德国〈防疫法〉的内容及其借鉴》,载《医学与法学》2020年第5期。

4 参见赵彩飞、刘宇等:《传染病分类及预警问题探究》,载《中国医院》2021年第1期。

5 参见郝敏、王璞等:《德国医疗体制的几点感悟》,载《医学与哲学(人文社会医学版)》2009年第10期。

(Sozialgesetzbuch)这两部基础法律文件中。《基本法》第2条规定:"人人皆有生命权和人身完整权,人身自由是不可侵犯的。这些权利只能根据法律受到干涉。"[1]在第20条中亦规定:"国家也对子孙后代负责,在宪法秩序的框架内,通过立法,根据法律规定,通过行政权和司法权,保护生命和动物的天然基础。"[2]《社会法典》第1编第4条第1款规定:"根据本法,每个人都有获得社会保障的权利。"[3]第2款规定:"任何在社会保险制度下被保险的人,都有权在法定的健康、长期护理、事故和包括农民养老保险在内的养老保险的框架内:1. 为保护、维持、改善和恢复健康和工作能力获得必要治疗,以及2. 在生病、生育、收入能力降低和老年的情况下获得经济保障。被保险人的未亡受扶养人也有权获得经济保障。"[4]

除上述两部法律外,德国医疗卫生领域的其他法律则大多通过专项性立法或单行条例作了详细的规定。整体卫生政策上包括《医疗保健及护理改善法》(Gesetz zur Verbesserung der Gesundheitsversorgung und Pflege)、《加强健康促进与预防法》(Gesetz zur Stärkung der Gesundheitsförderung und der Prävention)等;医药及医疗器械领域包括《药品供应安全法》(Gesetzes für mehr Sicherheit in der Arzneimittelversorgung)、《医疗器械法》(Gesetz über Medizinprodukte)等;医疗保险方面主要包括《社会法典》第5编"法定健康保险编"(Gesetzliche Krankenversicherung)、《加强法定保险团结法》(Gesetz zur Stärkung der Solidarität in der gesetzlichen Krankenversicherung)等;其他领域也大多有较为详细的单独立法。作为一个成文法国家,德国目前已制定了近200部医疗卫生法律和单行条例。[5]

2020年年初新冠疫情暴发以后,德国对《传染病防治法》(Infektionsschutzgesetz-IfSG)进行了修订,出台了《冠状病毒疫苗接种条例》(Coronavirus-Impfverordnung)等与接种新冠疫苗、新型患者救治相关的法律。德国公共卫生条约咨询委员会提出要将危机管理纳入各州的立法中,建议在各级公共卫生

---

1 《德意志联邦共和国基本法》。Grundgesetz für die Bundesrepublik Deutschland, https://www.gesetze-im-internet.de/gg/index.html,最后访问时间:2022年4月30日。

2 同上。

3 《社会法典》。Sozialgesetzbuch (SGB I) Erstes Buch Allgemeiner Teil § 4 SGB I Sozialversicherung, https://www.sozialgesetzbuch-sgb.de/sgbi/4.html,最后访问时间:2022年4月27日。

4 同上。

5 参见陈云良:《促进公共卫生法律体系向公共卫生法治体系转化》,载《法学》2021年第9期。

服务机构建立危机管理机构，设立危机管理的相关职位，发展针对危机的通信服务和预警系统，同时在公共卫生条约框架下规定获得危机管理资质的条件。[1]

三、德国医疗法

（一）通过分级诊疗合理配置医疗资源

德国的医疗服务是典型的公共合同型医疗体制模式。[2] 在德国，医疗服务由家庭医生以及专科医生、医疗保健中心或授权的门诊机构、药房、自主团体等共同提供。德国医疗服务分为门诊治疗及住院治疗两大部分，门诊治疗遵循“自由选择”（Freien Wahl）的原则，公民能够自由选择任何有合同医疗执照的医生、牙医或心理医生。[3] 大多数公民如果出现健康问题，首先会寻求家庭医生或儿科医生的帮助，由其根据具体情况判断是否需要转诊到专科医生，至于是否需要接受住院治疗，除紧急情况外，则由专科医生或全科医生决定。[4] 这就是德国分级诊疗制度的基本规则。《社会法典》第5编“法定健康保险编”第73条中对家庭医生、全科医生、专科医生诊疗等都进行了具体规定。[5] 在分级诊疗制度下，医疗资源能够得到更加有效、合理的配置，公民能够得到更加及时、适当的治疗。

在2015年生效的《加强法定健康保险护理法》（GKV-Versorgungsstärkungsgesetz）中，以立法的形式赋予了地方政府更多权限为医生提供强有力的激励措施，鼓励创设地方医疗中心，以改善农村地区以及其他医疗资源薄弱地区的医

---

1 参见《公共医疗服务现代化》。Modernisierung des Öffentlichen Gesundheitsdienstes, https://www.bundesgesu-ndheitsministerium. de/ministerium/meldungen/modernisierung-des-oeffentlichen-gesundheitsdienstes-beirat-pakt-oegd-legt-empfehlungen-vor. html，最后访问时间：2022年4月30日。

2 参见周俊婷、李勇等：《德国医疗服务供给模式对我国的启示》，载《中国药物经济学》2018年第4期。

3 参见《德国健康保障》。Gesundheitsversorgung in Deutschland, https://www. gesundheitsinformation. de/gesund-heitsversorgung-in-deutschland. html，最后访问时间：2022年4月28日。

4 同上。

5 参见《社会法典》。Sozialgesetzbuch（SGB V）Fünftes Buch Gesetzliches Krankebversicherung §73 SGB V Kassenärztliche Versorgung, Verordnungsermächtigung, https://www. sozialgesetzbuch-sgb. de/sgbv/73. html，最后访问时间：2022年4月28日。

疗服务水平。[1] 该法律注重在职医生培训，提升其业务水平；在报酬方面，加强了对护理人员的关注，使医务人员的报酬更加合理；建立预约服务中心，规定最长等待时间，确保患者在一定时间内能够得到治疗；修订心理治疗指令；改善出院管理；等等。[2] 2019 年生效的《预约服务法》(Terminservice-und Versorgungsgesetz)进一步确保了患者能够更快获得医生预约，改善了健康保险和医疗服务。[3] 此外，还出台了《电子卫生法》(e-Health-Gesetz)等法律促进医疗数字化，为患者快速引入医疗应用。[4] 通过众多相关立法，德国医疗服务形成了完备的法制体系。

(二)医药分开

德国实行医药分业制度，医院不对外销售药品，患者凭借医生开出的处方到药房购买药品。[5]《药房运营条例》(Verordnung über den Betrieb von Apotheken)的主要内容包括医药产品的生产、测试和储存、配药、向病人提供用药安全建议以及高质量的药品供应保障。[6]《联邦药剂师条例》(Bundes-Apothekerordnung, BApO)对药剂师行业的准入作出了规定[7]，同时明确公民除了能够在药房获取安全的药物之外，也能够获得合理的医疗健康建议。

德国药房的运转有较为全面的质量管理体系，在 2012 年对《药房运营条例》的修订中，规定了配方药物生产前必须进行合理性检查，以此来确保药品的质量和稳定性，并且需要对配方药物的生产进行记录，此外也对一些药品的生

---

1 参见《GKV - 护理加强法》。GKV-Versorgungsstärkungsgesetz, https://www. bundesgesundheitsministerium. de/s-ervice/begriffe-von-a-z/g/gkv-versorgungsstaerkungsgesetz. html，最后访问时间：2022 年 4 月 29 日。

2 同上。

3 参见《更快的预约，更多的咨询时间，为有法定健康保险的人提供更好的服务》。Schnellere Termine, mehr-Sprechstunden, bessere Angebote für gesetzlich Versicherte, https://www. bundesgesundheitsministerium. de/te-rminservice-und-versorgungsgesetz. html，最后访问时间：2022 年 4 月 29 日。

4 参见《电子卫生法》。E-Health-Gesetz, https://www. bundesgesundheitsministerium. de/service/begriffe-von-a-z/e/e-health-gesetz. html，最后访问时间：2022 年 4 月 29 日。

5 参见林新真：《中德医疗保障制度对比分析及启示》，载《价格理论与实践》2013 年第 4 期。

6 参见《药房运营条例》。Apothekenbetriebsordnung, https://www. bundesgesundheitsministerium. de/service/begri-ffe-von-a-z/a/apothekenbetriebsordnung. html，最后访问时间：2022 年 4 月 29 日。

7 参见《药剂师》。Apothekerinnen und Apotheker, https://www. bundesgesundheitsministerium. de/themen/gesund-heitswesen/gesundheitsberufe/apotheker. html，最后访问时间：2022 年 4 月 29 日。

产作出了更加详细的规定，[1]通过以上规定来更好地保证药品的安全性。在该次修订中，对于药房的咨询服务也作出了更为详细的规定，如在提供咨询时应注意保密性。该条例还规定为确保残疾人的便利，药房必须设置无障碍通道。[2]由此看来，德国药房的运营是独立于医院的，通过立法确认其单独的运营和管理制度，能够最大限度地保障患者利益。

（三）健康自助组织及其他有关组织

在德国，约350万人参加了自助活动，约10万个自助组织涵盖了健康和社会主题。患者及其亲属能够在自助组织中寻求帮助和支持。健康自助能够让医疗服务更加以患者为导向。[3]

自助有两种形式，分别是个人自助和联合自助。[4] 个人自助，是指在没有医疗帮助的情况下，自己服用止痛药或使用经证实的家庭疗法，还包括家庭、亲戚、邻里、朋友圈中的非集体自助，以及工作同事之间的帮助。联合自助，是指人们在如家庭、朋友等日常关系之外的联合，也就是指人们受到相同问题或关切的影响，因此相互支持或一起积极行动。受影响的人和亲属通过联合自助小组的形式为自己和自己的处境、问题或疾病寻求帮助。在联合自助小组中，自助通过组内的交流以及向外的活动实现，能够为小组成员提供信息服务、支持服务等。[5] 健康自助组织则是指有健康问题的人或亲属通过自助组织的形式在处理健康问题时相互支持的组织，德国自助团体目前大概有2/3都以健康问题为重点，[6]健康自助组织的主要任务包括维护患者利益，促进患者权益保护，促进社会民众参与自助等。

自助组织是德国医疗保健体系的重要组成部分有三种形式：地方一级的自助小组，主要以交流和支持展开自助工作；州或全国性的自助协会，此类协会代

1　参见《药房运营条例》。Apothekenbetriebsordnung，https://www.bundesgesundheitsministerium.de/service/begri-ffe-von-a-z/a/apothekenbetriebsordnung.html，最后访问时间：2022年6月25日。

2　同上。

3　参见《自助促进》。Selbsthilfeförderung，https://www.bundesgesundheitsministerium.de/service/begriffe-von-a-z/s/selbsthilfefoerderung.html，最后访问时间：2022年4月29日。

4　参见《自助类型》。Arten der Selbsthilfe，https://selbsthilfe-unterstuetzen.de/hintergrundwissen/arten-der-selbst-hilfe/，最后访问时间：2022年6月25日。

5　同上。

6　参见《德国自助概况》。Selbsthilfelandschaft in Deutschland，https://selbsthilfe-unterstuetzen.de/hintergrundwi-ssen/selbsthilfelandschaft/，最后访问时间：2022年6月25日。

表了某种疾病患者的政治利益;自助联系点,是指地方或者地区的咨询机构,有全职工作人员,在自助组织系统中起着"路标"的作用,支持自助组织的成立和日常运转。除以上三种形式外还有更高一级的"伞式"自助组织,如德国慢性病和残疾人自助组织(BAG SELBSTHILFE)等。[1]

建立自助组织的法律依据源于《社会法典》第5编第20条(h)款促进自助的规定,该款中第一句明确规定医疗保险基金以及其协会有促进自助团体和组织义务。[2] 由此可见,法定医疗保险基金为自助组织提供资金支持。

另外,德国众多社会性管理组织如法定保险机构联盟(AOK)、医院联盟(GMA)、医生联盟(DKG)以及代表国民的工会组织,协调各类专业性社会组织关系的联邦共同委员会等也在医疗服务体系中起到重要作用,如行医资格标准、医院管理规范等都分别由行业组织医生联盟和医院联盟确定并监督实施。[3] 康复机构等专业性机构也是德国基本医疗服务体系中的组成部分。

总而言之,德国医疗服务体系以分诊制为基础,由医生、医院、药房、自主团体等多主体,政府、行业、民间多方面共同提供医疗服务,同时出台了众多法律以规范和保障医疗服务,并促进医疗服务的发展。

四、德国药品与医疗器械法

(一)药品和医疗器械的许可

在德国,药物主要由联邦卫生部下设的联邦药品和医疗器械研究所以及保罗-埃利希研究所负责审批和监管。[4] 其中联邦药品和医疗器械研究所主要负责批准药品、提高药品安全性,保罗-埃利希研究所也负责部分药品的研发以及部分批准、测验等工作。在医疗器械方面,联邦药品和医疗器械研究所负责

---

1 参见《自助促进》。Selbsthilfeförderung, https://www.bundesgesundheitsministerium.de/service/begriffe-von-a-z/s/selbsthilfefoerderung.html,最后访问时间:2022年6月25日。

2 参见《社会法典》。Sozialgesetzbuch (SGB V) Fünftes Buch Gesetzliche Krankenversicherung § 20h SGB V Förderung der Selbsthilfe, https://www.sozialgesetzbuch-sgb.de/sgbv/20h.html,最后访问时间:2022年6月26日。

3 参见周毅:《德国医疗保障体制改革经验及启示》,载《学习与探索》2012年第2期。

4 参见《联邦药品和医疗器械研究所任务和职责》。Aufgaben und Zuständigkeiten des BfArM, https://www.bfarm.de/DE/Arzneimittel/Zulassung/_artikel.html? nn=471260,最后访问时间:2022年6月26日。

临床试验、性能评估、风险评估与研究、风险等级分类等。[1]

关于药品和医疗器械的供给，德国颁布了《药品流通法》（Gesetz über den Verkehr mit Arzneimitteln）、《药品供应安全法》、《医疗器械法》、《医疗器械实施法》（Medizinprodukterecht-Durchführungsgesetz-MPDG）、《医疗器械运营条例》（Verordnung über das Errichten，Betreiben und Anwenden von Medizinprodukten），此外还有欧盟的一些相关法规对其进行规范。《药品流通法》对于药品的制造、授权、注册都作了详细规定，如除药店经营者在正常的药店业务过程中制造医药产品或依法规对用于临床研究的医药产品进行重组或包装，医院承包商根据法律授权配药等情况外，医药生产都需要获得主管当局的许可，[2] 但也规定了只有在特定情况下才能拒绝许可。[3] 除法律规定无须获得营销授权的药品外，药品也必须在经过联邦上级主管部门的授权或根据规定获得欧共体或欧盟的上市许可的情况下才能在法律规定范围内投放市场。[4]《医疗器械实施法》规定了医疗器械投放市场、合格评定方面的具体规则。通过以上法律规范，能够确保药品和医疗器械的安全，保障公民健康。《药品流通法》第 43 条规定了药房义务，即除了法律规定的部分药品，其他都只能在药房内售卖，只能由药店凭处方配发。[5] 德国早在 1960 年就出台了《药房法》（Gesetz über das Apothekenwesen），对药房的设立、运作等均提出了详细要求。

（二）药品定价制度

对于非处方药，批发商和零售药店可以自由定价。对于处方药，德国于 1980 年出台的《药品价格条例》（Arzneimittelpreisverordnung）第 2 条至第 5 条规定，批发商和药房分别在出厂价和批发价的基础上进行加成。通过这样的价

1 参见《在医疗器械领域联邦药品和医疗器械研究所的任务》。Aufgaben des BfArM im Bereich Medizinprodukte，https://www.bfarm.de/DE/Medizinprodukte/Aufgaben/_node.html，最后访问时间：2022 年 6 月 26 日。

2 参见《药品流通法》。Gesetz über den Verkehr mit Arzneimitteln § 13 Herstellungserlaubnis，https://www.gesetze-im-internet.de/amg_1976/__13.html，最后访问时间：2022 年 4 月 29 日。

3 参见《药品流通法》。Gesetz über den Verkehr mit Arzneimitteln § 14 Entscheidung über die Herstellungserlaubnis，https://www.gesetze-im-internet.de/amg_1976/__14.html，最后访问时间：2022 年 4 月 29 日。

4 参见《药品流通法》。Gesetz über den Verkehr mit Arzneimitteln § 21 Zulassungspflicht，https://www.gesetze-im-internet.de/amg_1976/__21.html，最后访问时间：2022 年 4 月 29 日。

5 参见《药品流通法》。Gesetz über den Verkehr mit Arzneimitteln § 43 Apothekenpflicht，https://www.gesetze-im-internet.de/amg_1976/__43.html，最后访问时间：2022 年 4 月 29 日。

格形成机制，一方面可以激发市场竞争，另一方面严格控制了处方药的价格。[1] 另外，德国也通过参考价格制度干预药价，通过药费分担制度、药费支付限额制度、医药平行进口和仿制药制度控制药费。[2] 值得注意的是，德国关于配发药品的"仿制药替代法规"规定，除非医生明确排除，药剂师有义务为患者提供与医生开出的药品活性成分相同的更便宜的药品，并且有义务优先考虑患者健康保险公司与药品制造商签订折扣合同的药品。[3] 通过该规则的调整，患者可以用更少的价钱获得同样效果的药品。通过以上机制、制度和"仿制药替代法规"，公民能够以更便宜的价格获取药品，这也体现出对公民健康权的保障。

对于新开发的药品，德国制药商能够享有 20 年的专利保护并可独家销售，该药品在市场上销售的价格和法定保险报销的部分可以覆盖其研发成本。在专利保护期限过后，其他制药商也可以研发该药品更便宜的生产方式。[4] 通过专利保护，有利于激励对药品的开发，将专利保护期限确定为 20 年则有利于实现更便宜的药品供给。

五、德国医疗保险法

德国实行全民医疗保险政策，其医疗保险分为法定健康保险和私人健康保险两大类，[5] 公民必须参加其中一种。[6] 年收入在一定数额以下的公民，强制参与法定健康保险，收入较高人群则可以选择参加法定健康保险或是私人健康保险。[7] 德国的这一社会医疗保险制度对后世影响很大，日本沿袭了德国这一传统，我们的全民医保制度也受到德国的影响。

1　参见李享、叶露：《德国药品价格形成和补偿机制对我国的启示》，载《中国卫生资源》2010 年第 6 期。

2　参见周毅：《德国医疗保障体制改革经验及启示》，载《学习与探索》2012 年第 2 期。

3　参见《价格实惠的药品》。Preisgünstige Arzneimittel，https://www.bundesgesundheitsministerium.de/themen/krankenversicherung/arzneimittelversorgung/arzneimittel.html，最后访问时间：2022 年 4 月 29 日。

4　参见《药品及类似制剂的专利保护》。Patentschutz für Arzneimittel und Analogpräparate，https://www.bundesgesundheitsministerium.de/themen/krankenversicherung/arzneimittelversorgung/arzneimittel.html，最后访问时间：2022 年 4 月 29 日。

5　参见《法定健康保险》。Gesetzliche Krankenversicherung（GKV），https://www.bundesgesundheitsministerium.de/gkv.html，最后访问时间：2022 年 4 月 30 日。

6　参见党思琪、施文凯：《职工基本医疗保险家庭联保模式的国际经验与启示》，载《中国卫生政策研究》2020 年第 1 期。

7　参见李滔、张帆：《德国医疗卫生体制改革现状与启示》，载《中国卫生经济》2015 年第 4 期。

（一）法定健康保险

在德国，约90%的人口参加了法定健康保险。法定健康保险是德国卫生系统的核心支柱，其起源于1883年创建的工人健康保险，[1]主要规定在《社会法典》第5编“法定健康保险编”之中，其第1条规定：“作为一个团结的共同体，健康保险的任务是维持、恢复或改善被保险人的健康。”[2]

法定健康保险的运行机制是由健康保险公司直接与服务供应商签订合同，[3]德国公民在参保后，就医时便无须由自己支付，而直接由第三方保险机构支付。[4]

法定健康保险是一个结构化的健康保险系统，没有单一的保险供应商。目前在德国有6种不同类型的健康保险公司：普通地方医疗保险，公司健康保险，同业公会健康保险基金，替代健康保险基金，农业、林业和园艺业的社会保险，以及养老保险公司（DRV－KBS）。自1996年以来，公民可以自由选择其健康保险公司。[5] 2009年《法定健康保险加强竞争法》（GKV-Wettbewerbsstärkungsgesetz）出台，德国设立了健康基金来承担健康保险公司为投保人提供服务所需的资金。按照投保人人数，健康保险公司从健康基金处获得为每个投保人分配的资金，而这些资金会受到投保人性别、年龄以及健康状况等因素的影响，产生附加费或减免，这便是德国的风险结构均衡化系统（Risikostrukturausgleich）。该系统能够有效地防止健康保险公司倾向于招募健康的富裕成员参保，而漠视真正患病的公民。[6] 法定健康保险的资金来源包括成员及其雇主缴纳的费用，其中

---

1 参见《法定健康保险的任务和组织》。Aufgaben und Organisation der GKV, https://www.bundesgesundheitsministerium.de/themen/krankenversicherung/grundprinzipien/aufgaben-und-organisation-der-gkv.html，最后访问时间：2022年4月30日。

2 参见《社会法典》。Sozialgesetzbuch（SGB V）Fünftes Buch Gesetzliches Krankebversicherung § 1 SGB V Solidarität und Eigenverantwortung, https://www.sozialgesetzbuch-sgb.de/sgbv/1.html，最后访问时间：2022年4月30日。

3 参见《法定健康保险》。Gesetzliche Krankenversicherung（GKV），https://www.bundesgesundheitsministerium.de/gkv.html，最后访问时间：2022年6月26日。

4 参见郝敏、王璞等：《德国医疗体制的几点感悟》，载《医学与哲学（人文社会医学版）》2009年第10期。

5 参见《法定健康保险的任务和组织》。Aufgaben und Organisation der GKV, https://www.bundesgesundheitsministerium.de/themen/krankenversicherung/grundprinzipien/aufgaben-und-organisation-der-gkv.html，最后访问时间：2022年4月30日。

6 参见《健康基金》。Gesundheitsfonds, https://www.bundesgesundheitsministerium.de/gesundheitsfonds.html，最后访问时间：2022年6月26日。

成员与其雇主各缴纳一半,也包括联邦补贴以及健康基金等其他收入。每年的联邦补贴从税收中一次性支付,用于向法定健康保险提供如家庭联保中未缴费的家庭成员保险等非保险福利。健康基金则来源于成员以及雇主的缴费及税收等。[1]

法定健康保险遵循团结原则开展工作,在富裕的公民与贫困的公民、健康的公民与患病的公民、年轻公民与年老公民、单身人士和家庭成员之间寻求平衡。[2] 因此,法定保险的缴款基于被保险人的财务能力,但每个人的医疗服务都是一样的。[3] 参加法定健康保险的人有强制参保、自愿参保、家庭参保三类,《社会法典》第5编第5条至第10条对不同的参保人类型作出了规定。[4] 第5编也对法定健康保险提供的服务内容、疾病津贴、法定健康保险与服务提供者之间的关系、被保险人的报告义务等作出了较为详细的规定。

另外,德国也设立了联邦一级唯一法定协会——法定健康保险联合协会(GKV-Spitzendverband),对法定保险公司的竞争机制、护理质量等作出规定,也为法定保险公司的工作提供支持并保护其利益。[5]

(二)私人健康保险

私人健康保险与法定健康保险不同,其适用等同原则,也就是缴款的多少取决于保险利益程度和保险风险大小,与收入无关。[6] 购买私人健康保险适用合同自由,保险公司并无签订合同的强制义务。[7] 2013年,联邦议院修订了有

1　参见《法定健康保险的融资原则》。Finanzierungsgrundlagen der gesetzlichen Krankenversicherung, https://www.bundesgesundheitsministerium.de/finanzierung-gkv.html,最后访问时间:2022年6月26日。

2　参见《法定健康保险》。Gesetzliche Krankenversicherung (GKV), https://www.bundesgesundheitsministerium.de/gkv.html,最后访问时间:2022年6月26日。

3　同上。

4　参见《社会法典》。Sozialgesetzbuch(SGB V) Fünftes Buch Gesetzliches Krankebversicherung § 5 SGB V Versicherungspflicht, https://www.sozialgesetzbuch-sgb.de/sgbv/5.html,最后访问时间:2022年4月30日。

5　参见《中央健康保险基金协会》。Spitzenverband Bund der Krankenkassen (GKV-Spitzenverband), https://www.bundesgesundheitsministerium.de/themen/gesundheitswesen/selbstverwaltung/spitzenverband-bund-der-krankenkassen-gkv-spitzenverband.html,最后访问时间:2022年6月26日。

6　参见《私人健康保险》。Private Krankenversicherung (PKV), https://www.bundesgesundheitsministerium.de/private-krankenversicherung.html,最后访问时间:2022年6月26日。

7　同上。

利于被保险人的私人健康保险的法律规定。[1]

在私人健康保险领域，德国对于保费作出了一系列规定，如：对于购买私人健康保险造成较高经济负担的，国家基本保障体系在某些情况下可以进行干预或提供一定经济援助；参保人面对保费上涨，可以改用该公司其他保险范围类似但费率较低的保险，且参保人要求改换时，保险商有义务提供建议；领取失业救济金的人若参加私人健康保险，可以获得一定补贴；若参保人仅因为支付保费就需要帮助，则可以提起索赔等。[2]

（三）联合自治

需要说明的是，德国的医疗保险并不全由国家提供，国家制定了以《社会法典》第5编为主的法律框架，医疗服务提供者成立组织，自行对医疗服务负责，这就是德国医疗保险中的"自治原则"。[3] 自我管理的机构主要包括法定健康保险公司以及为法定健康保险提供服务的医生协会、牙医协会。这些自我管理的机构各自在全国范围内组成联合协会：中央健康保险基金协会（GKV-Spitzenverband）；联邦法定保险医生协会（Kassenärztliche Bundesvereinigung，KBV）；联邦法定保险牙医协会（Kassenzahnärztliche Bundesvereinigung，KZBV）。[4]

联合自治则是指由中央健康保险基金协会、联邦法定保险医生协会、牙医协会和德国医院协会（Deutsche Krankenhausgesellschaft）组成的联邦联合委员会（Gemeinsamen Bundesausschuss）。[5] 联邦联合委员会[6]是德国医疗保健系统中联合自治的最高决策机构，它以指导方针的形式确定了法定健康保险的医疗

---

1 参见《私人健康保险的保险法规定》。Versicherungsrechtliche Vorschriften für private Krankenversicherungen (PKV), https://www.aok-bv.de/hintergrund/gesetze/index_15027.html，最后访问时间：2022年4月30日。

2 参见《私人健康保险》。Private Krankenversicherung (PKV), https://www.bundesgesundheitsministerium.de/private-krankenversicherung.html，最后访问时间：2022年6月26日。

3 参见《自我管理的原则》。Das Prinzip der Selbstverwaltung, https://www.bundesgesundheitsministerium.de/gesundheitswesen-selbstverwaltung.html，最后访问时间：2022年4月30日。

4 同上。

5 同上。

6 联邦联合委员会一共有13名投票成员，由一名公立主席，两名公立成员，中央健康保险基金协会5名代表，服务提供商也就是联邦法定保险医生、牙医协会以及德国医院协会的5名代表组成。患者代表有权共同咨询和申请，但没有投票权，在联邦一级显著代表患者利益以及慢性病和残疾人自助的组织，根据《社会法典》第5编的要求，在联邦联合委员会中享有共同咨询和申请权，但没有投票权。

服务范围并确保医疗服务的质量，联邦卫生部对其进行法律监督。[1] 在这里，健康保险公司、医生、牙医、心理医生以及医院的代表与病人代表和公立成员一同讨论法定医疗保险所涵盖的医疗服务以及对于医疗服务的质量管理问题。联邦联合委员会发布的指导方针对所有被保险人、法定医疗保险基金以及参与提供医疗服务的医生和其他服务提供者具有约束力。[2]

（四）德国医疗救助

医疗救助，是指政府和社会对因病而无经济能力进行治疗的贫困人口实施专项帮助和支持的行为，是社会救助的一种重要方式。[3]《社会法典》第 1 编第 1 条中规定："《社会法典》的法律旨在规定社会福利，包括社会救助和教育援助，以实现社会正义和社会保障。它旨在为以下方面做出贡献：确保有尊严的存在……"[4] 该规定构成了社会救助的法律基础。《社会法典》第 12 编"社会救助"第 1 条明确了社会救助的任务："社会援助的任务是使受益者能够过上符合人类尊严的生活。社会救助的成果应使他们尽可能独立于社会救助而生活；受益人也必须尽其所能为此而努力。"[5] 社会救助是保护人们免受贫困和社会排斥的最后一道"安全网"，它为那些无法用自己的资源满足自身需求，也没有从上游保险和福利系统中获得足够的索赔的个人和家庭提供福利，[6] 这就是社会救助原则。

医疗救助是社会救助不可或缺的一个重要组成部分。德国的医疗救助方式和我国一样，资助贫困人口参加医疗保险，通过医疗保险获得医疗服务。所以我们把该问题放在"医疗保险法"这一章中。

对于所有有权享受福利但没有法定或私人医疗保险的人，一律由社会福利机构提供医疗服务。具体操作是，由当前正在接受社会援助福利的人从社会福

1　参见联邦联合委员会。Der Gemeinsame Bundesausschuss，https://www. g-ba. de/ueber-den-gba/wer-wir-sind/，最后访问时间：2022 年 6 月 26 日。

2　参见《自我管理的原则》。Das Prinzip der Selbstverwaltung，https://www. bundesgesundheitsministerium. de/gesundheitswesen-selbstverwaltung. html，最后访问时间：2022 年 4 月 30 日。

3　参见孙婵、陈云良：《医疗救助制度立法生成的理论逻辑》，载《社会科学家》2019 年第 4 期。

4　参见《社会法典》。Sozialgesetzbuch（SGB I）§ 1 SGB I Aufgaben des Sozialgesetzbuchs，https://www. sozialgesetzbuch-sgb. de/sgbi/1. html，最后访问时间：2022 年 4 月 30 日。

5　《社会法典》。Sozialgesetzbuch（SGB XII）§ 1 SGB XII Aufgabe der Sozialhilfe，https://www. sozialgesetzbuch-sgb. de/sgbxii/1. html，最后访问时间：2022 年 4 月 30 日。

6　参见《社会救助的基本原则》。Grundsätze der Sozialhilfe，https://www. bmas. de/DE/Soziales/Sozialhilfe/Grundsaetze-der-Sozialhilfe/grundsaetze-der-sozialhilfe. html，最后访问时间：2022 年 4 月 30 日。

利机构辖区内选择一家医疗保险公司并获得健康保险卡,享受与法定健康保险相同的待遇,费用则由社会福利机构与医疗保险公司结算。对于有权享有社会福利但预计不会连续一个月及以上不间断地领取生活救助,或只要求咨询服务或为疾病预防提供费用的人来说,保险公司不提供医疗保险,而是由社会福利机构按照《社会法典》第 12 编第 5 章的内容提供医疗服务。[1] 《社会法典》第 12 编第 5 章和第 7 章分别规定了健康帮助和护理帮助,对预防性健康帮助、疾病帮助、生育方面的帮助以及护理帮助等都作出了较为详细的规定。

六、德国医疗服务监管制度

德国以出台各种成文法的方式推动医疗质量监管体系建设。[2] 《社会法典》第 5 编第 135 条至第 139 条规定了法定健康保险中要保证医疗服务的质量。[3] 2003 年,德国则出台了《卫生系统现代化法案》(Gesundheitsmodernisierungsgesetz),特别强调医疗服务提供方的质量管理义务。[4] 另外,德国还出台了《GKV 自我管理加强法》(GKV-Selbstverwaltungsstärkungsgesetz)、《医院结构法》(Gesetz zur Reform der Strukturen der Krankenhausversorgung)、《加强法定健康保险护理法》(GKV-Versorgungsstärkungsgesetz)等法律,实现对包括医疗服务、法定健康保险服务的监管。

德国实行以社会主导的自主治理为特色的监管模式。德国联邦、州、区三级卫生行政部门在医疗卫生监管中主要负责制定医疗卫生相关法律法规,制定卫生事业发展战略等,德国监管体系以医疗机构及医务工作者实现自我管理为基础,以行业组织管理为主导。[5] 联邦联合委员会是最重要的医疗监管机构,它由 3 名公正无偏向性的成员以及医生、牙医、法定健康保险公司、医院的代

1 参见《健康救助》。Hilfen zur Gesundheit, https://www.bmas.de/DE/Soziales/Sozialhilfe/Leistungen-der-Sozialhilfe/leistungen-der-sozialhilfe-art.html#a3,最后访问时间:2022 年 4 月 30 日。

2 参见吴奇飞、马丽平、梁铭会:《德国医疗质量监管体系述评》,载《中国医院管理》2010 年第 10 期。

3 参见《社会法典》。Sozialgesetzbuch (SGB V) § 135 SGB V Bewertung von Untersuchungs-und Behandlungsmethoden, https://www.sozialgesetzbuch-sgb.de/sgbv/135.html,最后访问时间:2022 年 4 月 30 日。

4 参见吴奇飞、马丽平、梁铭会:《德国医疗质量监管体系述评》,载《中国医院管理》2010 年第 10 期。

5 参见芦欣怡、王亚东:《英、美、德国家医疗卫生监管体系介绍及启示》,载《中国卫生质量管理》2019 年第 6 期。

表组成,患者组织的代表参与委员会的所有会议,有权参与协商并提交提案。[1] 联邦联合委员会的监管范围几乎涵盖了法定健康保险系统的所有部门,其决策需由卫生部进行审查,但审查仅限于核实该决策是否合法,而非内容本身。[2] 其他参与自我管理的组织还有德国医学协会(Arbeitsgemeinschaft der Deutschen Ärztekammern)、联邦法定保险医生协会、德国医学协会和联邦法定保险医生协会共同建立的医学质量医学中心(ÄZQ)、联邦质量确保办公室(Bundesgeschaftsstelle Qualitatssicherung)、卫生保健质量和效率研究所等。

以卫生行政部门出台的政策和法律为框架,行业组织及其他组织进行自我管理,使德国的医疗服务质量得以有效监管和提高,从而保障公民健康权。

第四节　日本卫生法体系研究

一、日本卫生法体系构成

WHO 于 2020 年发布的《世界卫生统计报告》对 190 个会员国医疗体系进行了综合评估,日本因"国民平均寿命""医疗服务品质""医疗负担的平等程度"等指标遥遥领先,其医疗质量再次蝉联全球首位。日本拥有高水平的医疗服务体系得益于其完善的卫生法体系。

日本的卫生法体系主要由医疗服务法、医疗保险法以及公共卫生法三部分组成。《医疗法》明确规定了医院、诊疗所、疗养院的设置和管理、医疗设施的维护和管理制度、都道府县每年制订的医疗计划、医疗法人的权利义务以及医疗信息的提供等。《医师法》《牙科医师法》《保健师助产师看护师法》《药剂师法》等,对执业医生及相关专业人员的职责和资格等进行了一般规定。《药事法》后修改命名为《确保关于医药品、医疗器械的品质、有效性及安全性的部分法律修改案》,简称《药机法》,对药品、准药品、化妆品、医疗器械、再生医学和其他产品进行了定义和规定。医疗法体系从医疗设施、医护人员到药品管理对医疗关系

1　参见联邦联合委员会。Gemeinsamer Bundesausschuss, https://www.bundesgesundheitsministerium.de/themen/gesundheitswesen/selbstverwaltung/gemeinsamer-bundesausschuss.html,最后访问时间:2022 年 4 月 30 日。

2　参见芦欣怡、王亚东:《英、美、德国家医疗卫生监管体系介绍及启示》,载《中国卫生质量管理》2019 年第 6 期。

作出全方位的法律规制，有效保障了日本医疗体制的平稳运行，使得日本成为医疗水平高、医疗有保障的国家。

在健康保险领域，日本社会实现了“全民皆保险”的保险保障体系，主要由职工保险、居民保险、老年人保险三部分组成。在法律规范方面，1922 年出台了《健康保险法》，是亚洲最早建立保险制度的国家。后相继出台了《国民健康保险法》《厚生年金保险法》《国家公务员共济组合法》《老年人健康和医疗服务法》《护理保险法》《老年人福祉法》《地震保险法》等，形成由政府立法、指导、组织监督医疗保险的管理体制，由厚生劳动省有关厅局实施，各类制度独立管理的局面。

在公共卫生领域，“二战”后日本在 1946 年颁布了《日本国宪法》，第 25 条明确规定国家应承担起维护公共卫生和国民健康生活的义务。[1] 公共卫生关系到一国或一个地区居民健康的公共事业，其以传染病防治为主，同时关注环境卫生、食品卫生、精神卫生、疾病预防、健康保健等与国民公共健康相关联的领域。法律规范方面，日本政府相继颁布了《传染病法》《预防接种法》《保健所法》《精神卫生法》《新结核预防法》《食品卫生法》等法律规范，维护公共卫生安全，保障国民的健康权。

日本政府同时致力于国际化卫生协作。2010 年 9 月，日本外务省（Ministry of Foreign Affairs，MOFA）发布了关于全球卫生的五年国家策略——《日本全球卫生政策 2011—2015》（Japan's Global Health Policy 2011—2015），成为亚洲第一个出台全球卫生策略的国家。[2] 随后又颁布了《日本全球卫生外交策略》（Japan's Strategy on Global Health Diplomacy），并于 2015 年 9 月通过了日本全球卫生的第二个五年国家策略，分别为《加强新发传染病应对措施的基本指南》（Basic Guideline for Strengthening Measures on Emerging Infectious Diseases）和《和平与健康的基本方针》（Basic Design for Peace and Health）。以上系列举措旨在帮助相关国家加强卫生系统，以实现卫生方面的千年发展目标。

---

1 《日本国宪法》第 25 条规定：“全体国民有权过上健康的文化生活；国家应努力增进社会福利、促进社会保障以及维护公共卫生。”

2 参见李达、池迅由之、陈英耀：《日本全球卫生策略及特点》，载《中国卫生政策研究》2017 年第 11 期。

二、日本医疗法

(一)日本医疗概况及诊疗机制

日本的医院包括国立、公立、私立三类,国家设有综合性的国立医疗与研究机构,各地方政府设立公立医院,同时社区的私人医院尤其是专科诊所也遍布全国各地。

"二战"后,日本国民经济和生活受到巨大冲击,医疗领域同样如此。医疗设施因战争大多遭到破坏,医务人员短缺,药品及卫生材料严重不足,因此日本政府致力于医疗设施的修整与扩充。厚生劳动省于1945年把海陆军等军医院改制成国立医院和国家疗养所并向公众开放。1948年,正式出台《医疗法》,当时国库出资,都道府县以及村各级政府纷纷建立公立医院。同时,政府扩大补贴范围,包括日本红十字会、济生会及其他公共医疗机构。有国库出资补助,公立医院的医疗设备逐渐得到补充,床位数不断增加。另外,为鼓励民间私立医院建设,《医疗法》创设了非营利医疗法人制度,规定只要符合基本医疗设施标准,取得相应资格,就可以开设民间医院。后又成立医疗融资公库(现改为独立行政法人福利医疗机构),为医疗资源不足地区的医院和诊疗所提供低息贷款。[1] 由此,私立医院得以不断发展壮大。

医院主要按照其规模、创建主体和功能进行分类。根据日本现行《医疗法》规定,日本的行医场所主要有医院与诊所两种。从规模上划分,以病床数量为划分标准,拥有20张以上病床的为医院,病床数不足20张病床的(包括无病床)为诊所。从创建主体划分,医院可分为公立医院和私立医院。[2] 目前,广义的公立医院主要由三类组成:第一类是国立医院,是厚生劳动省管辖下的独立行政机构;第二类是由都道府县等地方各级政府运营的医院;第三类是由日本红十字会、济生会、厚生农业协同联合会、国民健康保险团体联合会等非营利法人运营的医院。目前,广义上的日本公立医院占30%左右,私立医院占70%以上。从医院功能划分,主要有综合性医院、特定职能医院、区域医疗支援医院。特定职能医院是提供高端医疗技术开发以及精尖医疗进修的医院;区域医疗支援医院是为转介病人提供医疗服务,为家庭医生和牙科医生提供设备支持的医

1　参见《厚生劳动白皮书》,平成27年,载厚生劳动省官网,https://www.mhlw.go.jp/index。

2　参见李三秀:《日本医疗保障制度体系及其经验借鉴》,载《财政科学》2017年第6期。

院，以促进设备资源共享与患者的就近送医。

由于日本实行“全民皆保险”的医疗保障体制，私立医院和公立医院在医疗设施、人员配备、患者医疗成本等方面都呈现良性竞争的发展关系。以下是日本《医疗法》中几项主体制度。

1. 分级诊疗制度

1993 年，日本政府修订《医疗法》，本次修订明确规定特定职能医院的功能定位。随后，1998 年的修订中又规定区域医疗支援医院的功能定位，使得日本医疗场所的三级诊疗圈正式形成。患者根据病情的轻、重、缓、急及治疗的难易程度进行分级，不同级别的医疗机构承担不同疾病的治疗，实现基层首诊和双向转诊，这即为日本的分级诊疗制度的核心要义。为进一步发挥分级诊疗制度的效用，2006 年日本政府修订《健康保险法》，对患者诊疗行为进行评估，规定原则上患者如果没有诊所医生出具的介绍信而直接到大型医院就诊，将会产生一定的额外费用，且该部分医疗费用并不属于保险承保的范围。该制度力图将患者从大型医院向小型诊所分流。

目前，根据各国实际需求，许多国家纷纷实行分级诊疗机制。例如，英国实行的是政府主导型的医疗分流制度，同时拥有成熟的家庭医生制度；美国则是市场主导型。对于日本而言，其根据国立、公立、私立三类医疗设施体制，采用区域医疗层级式分级诊疗，并划分成三级医疗圈。一级诊疗圈原则上以市町村等最低行政层级为单位，提供便捷的门诊服务，主要由民间私人诊所构成。日本私人诊所由于其严格的医生准入制度，且实行分业经营，专业性程度高，常见的诊所有牙医诊所、儿科诊所、妇科诊所、内科诊所等，又因其开设数量多故而市场竞争良性，诊所就医环境好，服务水平一流。二级诊疗圈为根据经济、人口、患者比例、交通等社会因素设立的医院，主要提供住院治疗以及一级诊疗圈中无法诊治的病症，以区域医疗支援医院、中小型医院为主。三级诊疗圈为特定职能医院、大型综合性医院等，提供高精尖住院服务，如癌症、器官移植、罕见病症等重症，患者就医时需要出示一次、二次诊疗圈相关医院开具的推荐信，否则需要缴纳一定费用并且将无法获得医疗保险报销。因此，若患者罹患感冒、发烧、牙痛等常见疾病，一般首先前往诊所就诊，如果诊所医生认为确有必要进行进一步的精密检查，或者需要手术，那么诊所医生则会开具推荐信，患者可再去大型综合性医院治疗。此外，针对医疗机构同时推出补助激励机制，医疗机构的双向转诊率若达到区域医疗支援医院的规定标准，便可以获得政府的高额补助。在医疗分级诊疗制度之下,为提高各级医疗机构的专业性,医生可在多种级别医疗机构坐诊,以提高优质医疗资源的流动率与均衡性。这项制度推出后,大医院人满为患的现象得以妥善解决。

2. 医药分离体制

过去,作为历经数千年中医传统的一些东亚国家,如中国、日本、韩国等,都实行医药合一的诊疗体制,传统的中医体系下,大夫身兼医师与药剂师双职,既看病也开药,逐渐形成惯例。“以药补医”问题早在明治维新时期就暴露无遗。1874 年,日本政府在医疗制度纲领性文件《医制》中首次提出要实行“医药分业”,但医药分离的改革一直效果不佳。

1956 年,日本正式开始实行《医疗分业法》,通过行政手段支持医药分业。实行医药分离,即医疗机构的医生在诊疗患者后,可以选择开具院内处方药或者院外处方药。但由于医生的薪资主要靠药品利润支撑,实际上该政策的实施效果并不显著。1974 年,政府加大力度,通过提高医生诊疗费以及降低药品利润空间的方式,将医院盈利的重心从药品向诊疗转移。1997 年,厚生劳动省发布《平成 7 年度模范国立病院院外处方笺发行率规定》,处方外流率增大。另外,在政府的协调下,大部分药店从出售非处方药的小店成长为具备出售各种处方药资质的综合性药店,并且培养了药剂师这一专门型人才,药剂师通过给患者建立档案,一般性疾病或者慢性疾病均可以在药剂师帮助下得以解决。如此一来,有效提高了医疗资源的利用率,同时政府可以有效控制药物价格。独立药店蓬勃发展,“以药养医”的情况得以改善。历经几十年的医药分离改革后,截至 2019 年,医药分业比率已经达到 74.9%。[1] 医药分离彻底切断了医生靠乱开药赚钱的通路,极大地提升了日本医生的价值,医师成为百姓敬仰的职业,有效缓解了医患之间的矛盾。

3. 医师自由开业制

根据日本《医师法》的规定,医师可以在符合设施标准的情况下,自由开办和管理医疗机构。医疗从业者资格许可制度的实施,要求医生、护士等医疗人员必须在取得资格许可证后方可从业。20 世纪中期,日本“看病难、看病贵”的问题逐渐凸显,政府为了更有效地利用医疗资源并提高治疗效率,鼓励拥有执

1　参见《从日本看医药分开的得与失》,载健康界 2021 年 7 月 16 日,https://www.cn-healthcare.com/articlewm/20210713/content-1242358.html。

照的医生自由开业。该医疗体制由医疗法人与个人“自由开业制”为主的各种各样的经营主体共同构成,私立医疗机构为国民提供了大部分医疗服务。[1] 医师自由开设的诊所以其地理位置的优越性、服务态度亲民性和医生医学的专业性获得大众口碑,与大型医院形成良性的竞争机制。医师自由开业体制与“全民皆保险”制度也被认为是日本医疗领域最为突出的两项制度。

(二)医护人员

在日本,医生有较高的社会地位,在国立医疗机构中从业的人员为准国家公务员,在都道府县运营的医疗机构中从业的人员为地方公务员。[2] 而护理士作为医疗体制中不可或缺的角色,在老龄化和少子化问题突出的日本社会,发挥着重要作用。

1. 专科医生研修制度

21 世纪,随着私立医疗场所数量和规模不断扩大,衍生出医疗资源过于集中、医生专业水平参差不齐等问题。因此,厚生劳动省于 2011 年开始着手实行专科医生制度。专科医生即在各个医学专科领域,能够为国民提供确切诊断和治疗服务的医生,在 19 个专科领域内[3]有机构为其出具专科医生资格证书。2014 年 5 月,厚生劳动省建立专科医生管理机构,由日本医学会、日本医师协会、全国医院院长会议共同组成。该机构负责制定日本专科医生制度和实施细则以及研修制度,专科医生的培训课程由各个专科的学会负责编制,包括专科训练的目标、考评及培训设施的标准。医生研修制度规定,毕业后医生须进行临床研修至少 3 年,并且通过专科医生管理机构对研修医师的病例数和研究成果进行认证,参加资格考试,合格后获得专科医生资格证书。[4] 值得一提的是,为平衡各地的医疗水平,防止医生在东京、大阪等大城市扎堆,鼓励年轻研修医生到乡村地区执业,政府特意提高了一些边远县的研修医生收入标准,如北海道、青森、福岛和长野,在研修医生培训之后,医生的收入则会有进一步提高。专科医生研修机制极大保障了医生的专业性。

---

1 参见山下耕司:《自由開業医制の再検討—その歴史的使命の転換と主体的変革》,载《社学研論集》2012 年第 9 期。

2 参见李三秀:《日本医疗保障制度体系及其经验借鉴》,载《财政科学》2017 年第 6 期。

3 分别是综合诊疗科、检验科、病理科、整形外科、矫正外科、康复科、急救科、放射科、泌尿科、眼科、精神科、妇产科、儿科、麻醉科、神经外科、耳鼻喉科、外科、皮肤科和内科。

4 参见《専門医の在り方に関する検討会報告書》,平成 25 年 4 月 22 日,载厚生劳动省官网,https://www.mhlw.go.jp/index。

2. 护理人员的专业化培养

日本拥有一支多层次专业化的护理人才队伍。其护理人员主要由专门介护师(clinical nursing specialist, CNS)、认定介护师(Certified Nurse, CN)和介护士构成。专门介护师必须为本专业硕士以上学历且通过日本护理协会的考试,要有很独立的护理实践能力,能够从容护理复杂病案。截至2021年12月,日本全国仅有2944人获得专门介护师资格证书。[1] 专门介护师涉及13个专业领域:肿瘤护理、精神健康护理、社区护理、老人护理、儿童护理、妇产科护理、慢性疾病护理、急重症护理、感染控制护理、家庭健康护理、居家护理、遗传护理、灾害护理;[2] 认定介护师则必须具备5年以上的工作经验,而且在本专业领域工作3年以上。根据《社会福利士和介护福利士法》第2条的规定,介护士是指掌握专门知识和技术,帮助因身体或精神上的障碍而难以正常起居者入浴、排泄、进食等,并对其他照顾人员和被照顾者进行相关指导工作的专业人员。日本政府根据患者的身体健康状况将患者分为四级:一级患者禁止自己活动或自己完全不能活动,基本生活行动完全需要帮助;二级患者允许床上活动且自己有床上活动的能力,基本生活行动需给予必要的帮助,如定时送茶水,送饭,倒便,协助漱洗等;三级患者允许且自己有能力在室内行走,在室外的基本生活行动需给予必要的帮助,如去相关科室做检查由护理人员接送;四级患者日常生活行动基本不受限制,且自己能够进行基本的生活行动。[3] 根据不同等级的患者分配不同的介护士,制定阶梯收费。

日本是全球老龄化率最高、老龄化速度最快的国家,早在1970年便步入了老龄化社会,65岁老年人口占总人口比例的7.1%,截至2019年,这一比例攀升到28.4%。1987年日本政府颁布《社会福利士和介护福利士法》,该法确定了社会福利士和介护福利士资格。这两种国家认证资格的诞生,标志着日本养老人才队伍建设向专业化迈进。随后,政府逐步建立起中央福祉人才中心、中央福祉学院以及都道府福祉人才中心,形成从中央到地方的全方位培训体系。社会福利士专业属于本科教育,主要向社会福利士、介护支援专门员、医疗机构社会工作者方向发展,从事养老行业的管理、咨询、评估等工作。介护福利士专

1　参见《都道府県別専門看護師登録者数(日本地図版)》令和2年.公益社团法人日本看護協会。

2　資格認定制度——専門看護師・認定看護師・認定看護管理者令和2年.公益社团法人日本看護協会。

3　参见杨洁:《介绍日本分级护理制度》,载《中华护理杂志》2004年第9期。

业教育类似于我国的职业教育，从事直接性照看老年人的工作。近年来，日本政府除从本土培养外，还从留学生接收政策、外国人就业制度等多方面采取措施，促进多层次、专业化的养老服务人才队伍发展。但是面对严峻的老龄化形势，老年人护理士职业依然是一个重要缺口。而且由于看护市场的营利性质会相应带来市场监管缺位等问题，老年人的人格尊严和人身权益受损问题时有发生。

三、日本医疗保险制度

明治维新以后，日本大力发展资本主义工商业，而工人与资本家的矛盾也逐渐加深。为缓解矛盾、稳定社会秩序，日本政府借鉴并引入了德国的保险制度，1922 年颁布了《健康保险法》，医疗保险制度正式得以确立。后经过不断完善和修改，确立了“全民皆保险”体系。职域保险、国民健康保险、龄者医疗保险制度及老人保健制度共同构成了日本的公共医疗保险制度。

（一）医疗保险制度的发展轨迹

1922 年，日本制定《健康保险法》，这是亚洲第一部社会保险法，该法规定的参保对象主要是大型工矿企业和其他行业的劳动者，大型工矿企业的劳动者必须参保，其他行业的劳动者则自愿参保。但该法规定的强制保险费遭到雇主和雇员双方抵制。1938 年又推出了《国民健康保险法》《船员保险法》《职员健康保险法》。《健康保险法》参保主体是大型企业的体力劳动者；《国民健康保险法》参保主体是农民和个体经营者等。这种基于行业和地域划分的医疗保险法律体系，条款分割严重且标准不统一，战后原有的医疗保险体系难以为继，全民医疗保险改革被提上日程。于是，日本政府于 1958 年重新修订《国民健康保险法》，1961 年开始实施，它强制要求无论老幼、贫富，除雇员保险覆盖以外的所有国民必须参加公共医疗保险。[1] 该法规定，国民具有缴纳保险金的义务。在医疗机构的窗口出示健康保险证明后，个人仅缴纳一定比例的金额就可以接受医疗服务。同时患者可以根据个人需求在全国范围内所有医院、诊所接受门诊和治疗，并且对于医疗机构的选择完全没有任何限制。只要经过主治医师诊断和许可，适当缴纳个人负担部分，便可接受必要的治疗，即使是最前沿、最高端的医疗（少部分除外）也能够适用医疗保险。这一法律的实施，为所有国民平等

---

1 参见《厚生劳动白皮书》，平成 27 年，载厚生劳动省官网，https://www.mhlw.go.jp/index。

享受医疗服务奠定了基础。

（二）全民皆保险

1950年，社会保障制度审议会发布的《关于社会保障制度的劝告》中首次提出“全民皆保险”，旨在实行全民医保，使每一个日本国民不会因为经济困难而看不起病。后经过不断修改完善，形成以下医疗保险体系：第一，职工医保，即雇员健康保险，依据《健康保险法》而建立。日本国民参加工作后，由雇主和雇员共同缴费参加医疗保险，其缴费水平和收入挂钩。此险种分为大企业组合医保、中小型企业协会医保和公务员共济医保三种类型。保险缴费依据不同收入水平分为1～47级不等，由单位和职工各自承担一半。[1] 职工群体的参保率达100%。不但公司的雇员可以加入，雇员的家属也可以加入，老人、孩子等抚（扶）养对象亦可以纳入该类医保保险范围，可谓“一人交保险、全家能报销”。公务员共济医保依据1948年《国家公务员共济组合法》和1962年《地方公务员共济组合法》建立，国家公务员和地方公务员医保制度分别管理。第二，居民医保，即国民健康保险，依据1958年修订的《国民健康保险法》而建立。日本居民按地域参加的国民健康保险，参保人员包括未被职域医疗保险覆盖的农民、灵活就业人员、无业人员、自主经营者和5人以下小企业的雇员等，在职域保险中丧失了参保资格的人也可申请参加国民健康保险。这类保险覆盖人群广，真正实现了“全民皆保险”。90%的职工退休后转入居民保险。居民医保是以家庭为单位参保的。同时，日本针对65岁至74岁的老人实行财政补贴制度。第三，75岁以上高龄老年人医疗保险，依据2008年《确保高龄老年人医疗法》建立，是老龄化程度不断加深背景下，为平衡各医疗保险制度间的医疗支出负担，而在医疗保险领域采取的特殊政策。年满75岁的老年人将自动转为这一制度的被保险人，并且以个人为单位参保。

“全民皆保险”制度最大的特点在于全体公民都有医疗保险保障，无论是日本籍国民，还是生活在日本的外国人，只要在日本居住满一年以上，均需参加日本的医保。多年来，日本国民医疗保险覆盖率均达99%，治疗任何疾病时个人最多承担30%的医疗费用。

（三）护理保险

随着人口老龄化问题日渐突出，老年人的护理问题成为社会一大突出矛

---

1 参见［日］工藤征四郎：《日本的医疗制度》，陈小梅、黄富表译，载《中国康复理论与实践》2013年第1期。

盾,同时伴随社会事业民营化的潮流,进一步促进日本护理保险制度的构筑。日本通过实行介护保险制度解决了老年群体的照护问题。1997 年《护理保险法》出台,规定 40 岁以上的市町村居民必须参加长期护理保险制度,其中 65 岁以上为第一类被保险人,40 岁以上 65 岁以下为第二类被保险人。[1] 介护保险费使用财政补贴和被保险人个人缴纳相结合的方式,第一类被保险人根据自己所在的市町村的规定,按照个人收入缴纳保险费。如果领取的养老金超过市町村的标准,那么他所缴纳的保险费将从其养老金中扣除。第二类被保险人在缴纳医疗保险费的同时也要缴纳护理保险费,如果被保险人属于劳动者,则由企业分担一半。在保险资金筹集中,财政补贴和参保人员缴费各自的 50% 又由不同的来源构成,中央政府、都道府县、市町村分别提供 25%、12.5%、12.5%,构成财政补贴部分。

被看护人员需要根据保险人的类别进行划分。第一类被保险人在申请长期护理保险待遇时,需要由专门的评定机构进行鉴定,失能人员经过 6 个月的治疗和护理仍然处于失能状态时,才可享受。第二类被保险人相对第一类被保险人而言,占据年龄上的优势,在享受长期护理保险待遇时,资格认定条件更严格。第二类被保险人必须达到由身体衰老而产生的 15 种特定疾病标准,并且这 15 种特定疾病导致其身体或精神出现护理需求时,才可享受长期护理保险待遇。[2]

日本护理保险制度从 2005 年开始至 2017 年先后进行了 5 次改革,形成多元主体协作治理的格局。中央政府负责制定统一保险规则和提供财政支持,各都道府县提供建议与指导,各市町村可考虑本区域老年人口数量、收入状况等因素采取不同政策,具有一定自主权。[3] 护理保险制度有效保障了少子化和老龄化社会下老年人的照顾问题。

四、日本公共卫生法

1871 年至 1873 年,日本学者长与专斋到西方学习到各地经验,于 1874 年

---

1 参见[日]佐藤孝弘、高桥孝治:《日本护理保险法修改及其存在的问题》,载《社会保障研究》2015 年第 4 期。

2 参见马广博、张盼盼:《长期护理保险制度:德国和日本经验与中国借鉴》,载《内蒙古农业大学学报(社会科学版)》2022 年第 1 期。

3 参见李运华、姜腊:《日本长期护理保险制度改革及启示》,载《经济体制改革》2020 年第 3 期。

主持颁布《医制》，该法首次提到“公众卫生”。“二战”后，受以美国为首的战胜国占领政策的影响，美国式的公共卫生理念被引入日本，间接地促进了日本公共卫生理念和法律体系的完善。1946 年《日本国宪法》第 25 条确立了国家应当承担维护国民健康生活的义务，即国家必须在生活的一切方面为提高和增进社会福利、社会保障以及公共卫生而努力，由此确立了国民的基本健康权和国家的公共卫生治理职责，奠定了公共卫生发展的基础。[1]

（一）公共卫生法体系

对于公共卫生的发展，日本政府坚持立法先行。在 21 世纪初期，“日本关于卫生和保健的法律法规达 110 多种，预防疾病方面的法律 9 种，有关环境卫生方面的法律 25 种，有关公共卫生、卫生管理和卫生统计的 11 种，有关医疗服务和医务人员方面的 14 种”[2]。此外，还有关于社会福利、社会健康保险等方面的。为实现“健康日本 21 世纪计划”目标，政府不断修订和完善日本公共卫生的法律法规。

传染病防治是应对公共卫生的主体制度，防治的缺失可能导致病毒极速传播，影响公共卫生安全，引发社会动乱。明治政府于 1870 年通过《牛痘接种条例》，1876 年通过《天花预防条例》。针对天花和霍乱的流行，1880 年颁布《传染病预防条例》，这是《传染病预防法》的前身，主要预防的目标疾病有 6 种，分别为霍乱、伤寒、痢疾、白喉、斑疹伤寒和天花。随后，经过多次修订，于 1897 年正式颁布《传染病预防法》。后结合《传染病防治法》《性病防治法》《艾滋病防治法》，《传染病法》于 1999 年被再次修订。本法按照病毒的致死率和感染力把传染病分为一至五类：指定传染病、新发传染病、新型流感和埃博拉病毒等致死率最高的传染病为一类传染病；[3]感染力和患病严重程度达到严重的综合性感染的为二类传染病；[4]感染力和患病严重程度的风险并不高，但通过从事特定职业，可能导致传染病的大规模暴发的为三类传染病；[5]人与人之间传播概率小，

1 参见陈云良：《促进公共卫生法律体系向公共卫生法治体系转化》，载《法学》2021 年第 9 期。

2 ［日］下原理恵等：《雑誌名鹿児島大学医学部日本の公衆衛生研究の歴史的概観》。转引自《鹿児島大学医学部保健学科紀要》。

3 埃博拉、克里米亚－刚果出血热、南美洲出血热、瘟疫、马尔堡病毒病、拉萨热。

4 急性灰白脑炎、肺结核、白喉和严重急性呼吸系统综合征（病原体仅限于冠状病毒属 SARS 冠状病毒）、中东呼吸综合征（仅限于病原体为 β－冠状病毒、MERS 冠状病毒）、禽流感（H5N1）、禽流感（H7N9）。

5 霍乱、细菌性腹泻、肠道出血性大肠杆菌感染、伤寒、对羟基苯甲酸酯。

主要通过动物、食物和饮料等传播给人类,并可能影响公众健康的为四类传染病;[1]应对五类传染病[2]要求政府必须进行暴发趋势调查并就结果向公众公布。指定传染病须由内阁令发布。2020年2月,由于新冠疫情大暴发,新型肺炎被列为指定感染症,厚生劳动省规定此次疫情防控、处理的基本准则适用《传染病法》,同时发布部分修订《检疫法》的实施政令。后有关政府相继发布《关于新型冠状病毒感染症的紧急对策》《新型冠状病毒感染症对策基本方针》《新型冠状病毒感染症对应的基本方针》,[3]这些文件构成了日本政府应对新冠疫情的主要政策内容和指导意见。2020年4月,日本首相安倍晋三基于《新型流感等对策特别措施法》发布实施"紧急事态宣言",相应限制居民的外出行为,限制或停办大型群众性聚集活动。新冠疫情的防治得到法律保障。

为保护人民生命健康,特别是婴幼儿和老年人免受传染病侵害,日本政府于1948年出台《预防接种法》,规定了作为公共卫生制度的预防接种制度。该法规定了疫苗接种的义务,为预防传染病的暴发和传播而公开实施的预防接种的种类和方法,以及因预防接种造成健康损害时的救济制度。[4] 1951年出台《检疫法》,旨在防止境外的传染病病原体通过船舶或航空器进入日本。

---

1 戊型肝炎、西尼罗河热(包括西尼罗脑炎)、甲型肝炎、埃克洛克斯病、黄热病、鹦鹉病、鄂木斯克出血热、回归热、凯瑟努尔森林病、Q热、狂犬病、科西吉奥伊德病、萨尔氏病、寨卡病毒感染、严重热性血小板减少综合征(病原体仅限于属于氟博病毒的SFTS病毒)、肾病性出血热、西马脑炎、虱子传播的脑炎、奇孔肯尼亚热、杜库虫病、登革热、东部马脑炎、禽流感(H5N1和H7N9除外)、尼帕病毒感染、日本红斑热、日本脑炎、汉塔病毒肺综合征、B病毒病、布鲁氏菌病、委内瑞拉乌马脑炎、亨德拉病毒感染、伤寒、肉毒杆菌病、疟疾、野兔病、莱姆病、利萨病毒、裂谷热、军团病、钩端螺旋体病、洛基山红斑热。

2 阿米巴腹泻、病毒性肝炎(不包括戊型肝炎和甲型肝炎)、耐卡巴彭肠杆菌感染、急性脑炎(西尼罗脑炎、西马脑炎、虱子传播脑炎、东马脑炎、日本脑炎、委内瑞拉马脑炎和裂谷热除外)、隐孢子虫病、克罗伊茨费尔德-雅各布病、重症溶血性链球菌感染、后天免疫缺陷综合征、寨氏病、侵入性流感细菌感染、侵入性脑膜炎球菌感染、侵入性肺炎球菌感染、水痘(仅限于住院病例)、先天性风疹综合征、梅毒、播种隐球病、破伤风、万古霉素耐药金黄色葡萄球菌感染、万古霉素耐药肠球菌感染、百日咳、风疹、麻风、RS病毒感染、咽结膜热、A组溶血性链球菌咽炎、传染性胃肠炎、水痘、手足口病、传染性红斑、流行性耳腺炎、流感(不包括禽流感和新型流感等传染病)、急性出血性结膜炎、生殖器衣原体感染、生殖器疱疹病毒感染、淋病感染、衣原体肺炎(不包括尿病)、细菌性脑膜炎(不包括侵入性流感感染、侵入性脑膜炎球菌感染和侵入性肺炎球菌感染)、支原体肺炎、无菌脑膜炎、耐青霉素肺炎球菌感染、耐甲氧西林金黄色葡萄球菌感染、耐药绿脓杆菌感染。

3 参见周致宏、刘兵:《日本公共卫生体系的结构与新冠病毒疫情的应对》,载《日本研究》2020年第2期。

4 参见渡部幹夫:《わが国の予防接種制度についての歴史的—考察》,载《民族衛生 Minzoku Eisei》2007年第6期。

为应对人口高龄化，政府于 2002 年制定《健康增进法》，以增进国民健康，保证国民的健康生活习惯，为公众提供保健和营养饮食指导，提高卫生水平。

日本还先后颁布了《学校保健法》《劳动安全卫生法》《食品卫生法》《精神卫生法》《身体障害者福祉法》等多部法律法规，内容上涵盖环境卫生、疾病预防、健康教育与健康管理、精神卫生、社会保障等，与前述的《传染病法》《检疫法》《健康保险法》一同构筑起日本的现代公共卫生法律体系。[1]

（二）公共卫生管理与服务机构

中央层面负责医疗卫生保健的部门是内阁领导的厚生劳动省，其作为代表日本政府处理公共事件的主要部门，对处理诸如传染病等公共卫生事件担负直接领导职责。在厚生劳动省之下设立国立感染症研究所，在都道府县一级设立保健所，在市町村一级设立基层保健中心（相当于中国的社区卫生服务中心）。根据《地域保健法》的规定，卫生保健中心负责疾病预防、疫苗接种、普及卫生保健知识、改善食品营养及食品卫生、保持住宅环境卫生、维护公共卫生和公共医疗、预防传染病以及应对健康事件管理等，但不直接提供治疗服务。突发公共卫生事件发生时，疫区所在地的保健所所长是第一责任人，须根据所在区域的真实情况分析形势，并第一时间采取有针对性的应对措施，以有效阻止事态扩大化。

与此同时，日本非政府组织（NGO）如日本水生态协会、加入全球疫苗免疫联盟（GAVI）等，[2] 在推进日本公共卫生的发展上也起着至关重要的作用。NGO 的主要任务是为公共卫生中的环境保护及监测、资源循环、公共卫生知识教育、医疗服务、救灾和灾害重建等方面提供资金筹集、咨询、宣传等保障。其主要发挥着以下几方面的作用：第一，反映民众对公共卫生环境的呼吁，为政府在制定公共卫生法规时提供民意；第二，对公共卫生设施建设和环境质量等方面进行监测；第三，推动公共卫生方面的环境保护、资源循环、公共卫生知识教育宣传等，同时对国际间公共卫生协作产生有效影响。

1　参见陈云良：《促进公共卫生法律体系向公共卫生法治体系转化》，载《法学》2021 年第 9 期。

2　参见周致宏、刘兵：《日本公共卫生体系的结构与新冠病毒疫情的应对》，载《日本研究》2020 年第 2 期。

第三章　公共卫生法治体系构建

目　次

自2019年年底,新冠疫情暴发后,迅速成为全球性公共卫生危机。病毒持续变异,挑战了全球疫情防控和疫苗研发的有效性。为此,多国修订法律,强化防控措施,如美国[1]、日本[2]、英国[3]和中国[4]等国分别通过了相关法案和修法工作计划。

新冠疫情暴发初期,人们对武汉市政府在法律上有没有权力披露新冠疫情的争议颇多。学者们就此总结出我国公共卫生法律制度存在的问题,提炼了

1　美国国会通过了《突发公共卫生事件带薪病假和个人及家庭护理法案》《2020年新冠肺炎病毒准备和应对补充法案》《新冠肺炎病毒医疗机构工作人员保护法案》。

2　日本颁布修订了《应对新冠肺炎特别措施法》《传染病法》《检疫法》。

3　英国议会通过了《应对新冠肺炎疫情紧急法案》。

4　中国通过了《强化公共卫生法治保障立法修法工作计划》,计划在2021年完成《传染病防治法》及相关的16件法律的制定修改工作,对《基本医疗卫生与健康促进法》《药品管理法》《疫苗管理法》等13件相关法律经评估后决定安排修改。参见陈云良:《促进公共卫生法律体系向公共卫生法治体系转化》,载《法学》2021年第9期。

《传染病防治法》和《突发事件应对法》之间存在的冲突。所提出的立法修法计划,得到了国家的高度重视。习近平总书记多次强调要加强公共卫生法治保障,直接促进了《强化公共卫生法治保障立法修法工作计划》的出台。梳理公共卫生法律法规,总结经验与教训时,我们发现疫情初期暴露出的疫情信息传播不畅通、应对措施不及时、应急准备不到位等突出问题曾经在 2003 年非典暴发时就被警醒过。2003 年非典暴发不久,针对上述突出问题及有关部门对突发公共卫生事件采取紧急措施于法无据、责任不明的情况,国务院在一个月内便紧急制定并颁布了《突发公共卫生事件应急条例》,建立起统一、高效、权威的突发公共卫生事件应急处理机制,为政府抗击非典行为提供法律依据,初步构建紧急状态行政权力规范。[1] 2004 年全国人大进一步修订了《传染病防治法》,2007 年制定了《突发事件应对法》。因此,应对非典、新冠肺炎等突发公共卫生事件已经有较为完备的法律应对体系。尽管《传染病防治法》确实存在疫情信息预警权、公布权和紧急措施决定权比较集中的问题,但是充分理解和实施《突发公共卫生事件应急条例》《突发事件应对法》足以及时应对新冠疫情。可见新冠疫情初期出现的信息不准、反应不快、控制不力等问题,与非典暴发初期如出一辙,主要原因并不是公共卫生法律不完备、存在漏洞,更多的是因为公共卫生法律得不到全面有效的实施、公共卫生执法不力,反映出公共卫生法治水平不高。强化公共卫生法治保障,不仅要系统修订完善现有公共卫生法律法规,更要完善公共卫生法律实施、公共卫生执法监督体制机制。

本章试图从公共卫生法追根溯源,深入解析公共卫生法治体系的构建与完善,聚焦于法律内涵、权利基础、体系构建、法治发展以及监督和保障机制,探寻公共卫生法律体系向公共卫生法治体系转化之道。

第一节　准确界定公共卫生法的内涵

明确公共卫生法的内涵是构建健全公共卫生法治体系的根本。尽管现有文献对“公共卫生”进行了广泛探讨,但对“公共卫生法”概念的论述相对较少。似乎在明晰何为“公共卫生”后,依照传统对于某一领域法律定义之惯有模式,

---

1　参见付子堂:《非典危机与突发公共卫生事件应急法律制度》,载《西南政法大学学报》2003 年第 4 期。

公共卫生法即可顺理成章地定义为"调整因公共卫生事务而产生的各类社会关系之法律规范之总和"[1]。然而,这种定义虽不失为正确,却缺乏必要的精确性。亦有学者认为,对于"公共卫生法"这一概念无法被精确定义,只能通过对"公共卫生法"的某种"整体性解释"来析出其共性特征。[2] 为公共卫生法的研究奠定坚实基础,我们将从公共卫生法的历史起源、公共卫生的理念发展以及现代卫生法学的体系划分等多个角度,深入解读公共卫生法的基本内涵。

一、从历史视角溯源公共卫生法的本原意义

现代公共卫生法发轫于19世纪中叶维多利亚时期的英国。虽然工业革命带来了英国社会经济的高速发展,但这一时期英国民众的健康情况并没有随着日益发达的物质生活水平而提高,在一些新兴的工业城市甚至出现了倒退的现象。[3] 1842年,查德威克发表了世界公共卫生史上最重要的一份文件——《大不列颠劳动人口卫生状况的调查报告》(Report on the Sanitary Condition of the Labouring Population of Great Britain)。该报告以翔实的数据资料论证了各类疾病尤其是霍乱、伤寒等传染性疾病的频发与住所周遭供水不足、排污缺陷、垃圾堆砌、住房拥挤等环境卫生有关,查德威克认为这些问题的治理主要靠城市工程师而非医师,其主张从改善城市环境卫生状况入手来预防疾病。同时,查德威克强调忽视疾病的预防将给政府和社会带来巨大的经济负担。疾病的治疗耗费大量的社会资源,同时导致了劳动人口的非自然死亡,这不仅缩短了个体劳动力的劳动时间,减少了社会劳动力,也产生出更多需要政府救济的寡妇和孤儿,进一步增大政府的财政压力。[4] 《大不列颠劳动人口卫生状况的调查报告》唤醒了政府当局对于公共健康的重视,借此掀起了英国的卫生改良运动,并推动了人类历史上第一部现代意义上的公共卫生法——《公共卫生法案(1848)》(The Public Health Act,1848)的诞生。[5] 该法案以专项立法的形式设

---

1 杨彤丹:《公共卫生法之现代阐释》,载《学习与探索》2012年第12期;汪劲:《第一讲 公共卫生法概述》,载《中国公共卫生管理》1990年第1期。

2 参见李广德:《我国公共卫生法治的理论坐标与制度构建》,载《中国法学》2020年第5期。

3 参见田明孝:《19世纪英国的公共卫生观念》,载《浙江学刊》2017年第6期。

4 See Edwin Chadwick, *Report on the Sanitary Condition of the Labouring Population of Great Britain*, Edinburgh University Press, 1965.

5 参见王宇、杨功焕主编,乌正赉、叶冬青卷主编:《中国公共卫生·方法卷》,中国协和医科大学出版社2013年版,第38~70页。

立卫生总局(General Board of Health),卫生总局可依职权或地方居民请愿设立地方卫生局(Local Board of Health),地方卫生局则负责地方的卫生监督以及下水道、街道、公共厕所、屠宰场、殡葬场、供水等方面的卫生管理。可以说,《公共卫生法案(1848)》首次确定了政府在公共卫生领域治理的组织结构和管理职责,开启了政府主导现代公共卫生治理的先河。虽然此后基于英国中央与地方政府权力的博弈,该法案并未进一步更新,卫生总局的命运最终也被英国枢密院吞并,但是英国国家或政府主导公共卫生治理的理念被传承下来,随后1866年和1875年颁布的同名《公共卫生法案》亦是基于此展开,即通过强调政府的职责和管理来改善城市生活和居住环境,预防传染病。[1]

英国的卫生改良运动及立法运动伴随工业化进程及海外殖民扩张迅速辐射到西欧大陆及美国。在之后的一个多世纪里,各国有关公共卫生的立法亦接连涌现。早在1822年,法国便成立了最高卫生委员会。[2] 1860年,法国医疗卫生官员马克西姆·维尔诺斯(Maxime Vernois)撰写了第一份工业卫生条约,推动了法国工人职业健康与安全体系的建立。[3] 1880年,法国巴黎粪便和垃圾处理问题引起世纪闻名的“大恶臭”,随即1883~1884年暴发霍乱。时任塞纳省省长的普贝勒连续颁布了11条省长令,要求市民对垃圾进行分类并规定了由政府回收垃圾的制度;1894年政府面对传染病再次颁布条例规定了下水道排污制度。[4] 1953年,法国将各有关公共卫生的法律及法令进行了大规模的汇编并颁布了《法国公共卫生法典》(Code de la santé publique)。由于思想和技术的进步以及公共卫生领域法律的不断发展,后续的一些法律或法令,如1976年的《面纱法》(La loi Veil)以及1991年的《埃文法》(La loi Évin)中有关限制香烟广告、打击公共场所吸烟的条文均被纳入其中,现总共已超过10,000条规定。《法国公共卫生法典》共分为六部分,包括健康保护的一般规定,性与生殖健康、妇女及儿童的健康权利保护,抵抗疾病与毒瘾,公共卫生职业,健康产品,公共卫生机构与部门。以上述六部分为基本框架,法国形成了开放式的公共卫生法

1 See Porter D. & Porter R., *The Ghost of Edwin Chadwick*, Bmj,1990,301(6746),p.252.

2 参见江永红:《中国疫苗百年纪实》(上卷),人民出版社2020年版,第21~30页。

3 Maxime Vernois, Traité pratique d'hygiène industrielle et administrative, «comprenant l'étude des établissements insalubres, dangereux et incommodes», *J. B. Ballière et Fils*, Paris, 1860.

4 大森弘喜「19世紀パリの水まわり事情と衛生」成城・经济研究196号(2012)1-58頁;大森弘喜「19世紀パリの水まわり事情と衛生(続・完)」成城・经济研究197号(2012)1-67頁。

典化体系，通过法律将公共卫生领域的职责进一步细化并设立包括公共卫生监督研究所(INVS)，国家药品与健康产品安全局(ANSM)，国家食品、环境与工作卫生安全署(ANSES)，辐射防护与核安全研究所(IRSN)，预防与健康教育研究所(INPES)，公共卫生突发事件预备与回应机构(EPRUS)等公共行政机构，[1]最终形成"法律—机构—职责"一体化的公共卫生运行管理模式。

同样，为应对天花等传染病的威胁，德国于1874年通过了要求全民接种天花疫苗的《帝国疫苗接种法》(Reichsimpfgesetz)，[2]1900年又制定了应对麻风、霍乱、斑疹伤寒、黄热病、鼠疫和天花等传染病流行的《帝国疾病法》(Reichsseuchengesetz)。[3] 1961年德国再次制定了《联邦疾病法》(Bundesseuchengesetz)，该法最终被2001年新制定的《人类传染病预防和控制法》(Infektionsschutzgesetz)取代。除了传染病防治，德国在预防保健和环境卫生立法方面也制定了相应的法律，如《加强健康促进与预防法》(Das Gesetz zur Stärkung der Gesundheitsförderung und der Prävention)、《联邦非吸烟者保护法》(Bundesgesetz zum Nichtraucherschutz)等。作为一个成文法国家，德国目前已制定了近200部医疗卫生法律和单行条例。《德国基本法》第20条中明确规定了德国是一个社会福利国家。医疗卫生服务作为社会福利的重要组成部分，在德国的社会保险制度中得到了充分的保障。1883年，世界首部疾病保险法于德国问世，1884年和1889年，德国又相继颁布了《工伤保险法》和《养老、残疾、死亡保险法》，成为世界上第一个建立社会保险制度的国家。19世纪70年代以后，德国开始编纂《社会法典》，通过社会保险、社会补偿、社会救济三大部分为社会福利制度奠定了基本条件，也为国家医疗卫生服务的供给提供了保障。[4]

与西欧众多国家一样，在美国，黄热病、霍乱、天花、伤寒和斑疹伤寒的反复流行使得进行紧急有效的公共卫生管理尤为必要。[5] 马萨诸塞州卫生委员会于

---

1 参见杨杰等主编：《部分国家卫生基本法研究》，法律出版社2017年版，第50~66页。

2 Martin Rath：1953 - 1968：Im Wendekreis der Aufopfe-rung，URL：https://www.lto.de/recht/feuilleton/f/bgh-rechtsgeschichte-schadensersatz-impfung-arzthaftungsrecht/.(abgerufen am 10. juillet 2020).

3 Bärbel-JuttaHess：Seuchengesetzgebung in den deutschen Staaten und im Kaiserreich vom ausgehenden 18. Jahrhundert bis zum Reichsseuchengesetz 1900. Heidelberg，Univ. - Diss. 2009，S. p. 292.

4 See Dieter Hart，*Recent Developments in German Health Law*，European Journal of Health Law，Vol. 13:2，p. 100 - 106(2006).

5 See Fairchild AL & Oppenheimer GM，*Public Health Nihilism vs Pragmatism：History，Politics，and the Control of Tuberculosis*，Am J Public Health，1998，p. 1105 - 1117.

1850 年发布的《沙特克报告》(Shattuck report)回顾了该州严重的健康问题和生活条件极不令人满意的情况,建议基于每个镇的州卫生部门和地方卫生委员会建立健全的公共卫生组织。1944 年,美国联邦通过了《公共卫生服务法》(The Public Health Service Act),[1] 该法案首次建立了联邦政府的检疫机构,确立了国家防止传染病传播的基本职责。随着公共卫生服务内容的不断扩大,该法案的内容在不断增加。现该法案囊括了 28 个子模块,可进一步分为基本性规定(包括基本概念和定义、公共卫生服务一般权力和职责)、专门性规定(如药物滥用及精神服务行政管理、健康职业教育、基因病、血友病计划和突发婴儿死亡综合征、获得性免疫缺陷病研究、健康信息和健康促进、乳腺癌和宫颈癌预防计划、疫苗接种等)、经费保障规定、人力资源规定等。随后,该法案亦历经多次修订,通过了多次修正案,包括《计划生育服务和人口研究法》(Family Planning Services and Population Research Act)、《国家癌症法》(National Cancer Act)、《患者保护和平价医疗法案》(Patient Protection and Affordable Care Act)等。作为判例法国家,美国亦有众多的公共卫生法律案例,如因抵制疫苗接种而产生的雅各布森诉马萨诸塞州案、故意传播艾滋病的路易斯安那州政府诉盖姆波雷拉案、有关食品健康信息披露的未成年消费者群体诉麦当劳案等。[2] 这些判例与成文法一同组成了美国的公共卫生法律体系。

日本公共卫生法律体系的形成和发展亦深受美国影响。在明治时期,国家公共卫生最大的任务亦是传染病防治。1875 年起,日本开始设立"卫生局"主管医疗业、药品业和公共卫生治理。由于霍乱等传染病的盛行,日本从 1877 年起陆续制定了《霍乱预防暂行规则》《传染病预防规则》《传染病预防法》等法律法规以应对急性传染病的流行。[3] "二战"后,受以美国为首的战胜国"占领政策"的影响,美国式的公共卫生理念被导入日本,间接地促进了日本公共卫生理念和法律体系的完善。1946 年,作为国家根本大法的《日本国宪法》颁布,其第 25 条明确规定,"全体国民都享有健康和文化的最低限度的生活的权利。国家必须在生活的一切方面为提高和增进社会福利、社会保障以及公共卫生而努

1　该法案现已编入《美国法典》,完整的法案见于《美国法典》第 42 章(公共卫生与福利)第 6A 部分(公共卫生服务)。

2　参见汪建荣、沈洁、何昌龄主编:《用法律保护公众健康——美国公共卫生法律解读》,中国科学技术出版社 2008 年版,第 38 ~ 67 页。

3　参见权彤、石涛:《近代日本的疫病与防治管理制度探析》,载《史学集刊》2020 年第 4 期。

力”。在宪法层面确立了国民的基本健康权和国家的公共卫生治理职责后，从1947年开始，日本相继颁布了《学校保健法》《劳动安全卫生规则》《食品卫生法》《精神卫生法》《身体障害者福祉法》《国民健康保险法》等多部法律法规，内容上涵盖了包含环境卫生、疾病预防、健康教育与健康管理、精神卫生、社会保障等，这些初步构筑了日本的现代公共卫生法律体系。[1]

纵观各国现代公共卫生立法史，虽然形式各异，有成文法，也有判例法，有统合式之立法，亦有零散式之规定，但无一不是以法的形式来为国家或政府主导公共卫生治理、维护公共健康利益提供形式之正当性以及效力之权威性的保障。它既是一种政治权力，也是一种政治承诺。它以一种具备国家强制力、约束力的社会规范的形式将人类作为群体对疾病与健康的体验和认识反映出来，并厘清不同主体在此过程中所应享有或承担的权力与职责、权利与义务，以适应社会之发展。回溯历史，我们可以看出，公共卫生法是以法的形式固化国家、社会、团体以及个人在公共卫生治理、公共健康利益维护中的权力(利)、职责与界限。

二、用理念透视公共卫生法的基本目的

“公共卫生法”就词汇结构而言属于偏正短语，“公共卫生”一词划定了“法”的研究范畴。不同视阈下的公共卫生具有不同的内涵，它可以是一种理念、一类技术、一项活动、一个领域、一个学科。当我们在法学视阈下谈及公共卫生时，其不仅是规范公共卫生领域中的法律，更是一种现代公共卫生理念与法治理念的融合。

现代公共卫生理念是伴随工业化革命带来的环境污染、传染病流行等威胁群体健康问题而形成的。它最初的理念是模糊的、非概念化的，内容多局限于传染病防治领域，最直观地反映在各国早期的公共卫生立法的内容之上，多局限于对环境卫生的干预以应对传染病流行。公共卫生理念第一次发生转变是在1848年的英国。在《公共卫生法案(1848)》颁布之前，英国就出台了多部与公共卫生有关的法案，如1840年的《疫苗法》(Vaccination Act)及1846年的《公共洗浴及浴室法》(Public Baths and Washhouses Act)，而学界之所以将《公共卫

1　實成文彦わが国の公衆衛生学教育の歴史的概観と課題，医学教育43卷3号(2012年)156－170頁。

生法案(1848)》称为第一部具备现代意义的公共卫生法,是因为该法案是让人们开始认识到卫生与健康关系的转折点。在查德威克《大不列颠劳动人口卫生状况的调查报告》中,对于"卫生"采用的词汇是"sanitation"和"hygiene",而在《公共卫生法案(1848)》中采用的是"health"。虽然上述词汇皆可译为"卫生",但"health"的使用首次让人们认识到卫生与健康有不同的内涵,前者是手段,后者是目的。现代意义上的公共卫生理念(public health)正是卫生技术与公共健康的结合,它为卫生措施找到了目的与方向,也为保障公众健康提供了手段策略。[1]

随着细菌学革命以及免疫学、营养学、预防医学、流行病学等相关学科的兴起,公共卫生的内涵及外延不断地扩张并逐渐走向成熟。1920 年,美国耶鲁大学公共卫生教授温斯洛(Winslow)突破了传统公共卫生以环境卫生和传染病防治为内容的局限,首次提出了较为完整的现代公共卫生理念,"公共卫生是一门科学和艺术,通过有组织的社会努力来预防疾病、延长寿命、促进身体健康,以改善环境卫生,控制传染病,教育个人注意个人卫生,组织医护人员为疾病的早期诊断和预防性治疗提供服务,建立社会机制来确保每个人都能达到适于保持健康的生活标准"[2]。温斯洛教授将公共卫生的目标从健康保障(控制或消除健康风险)这一有限目标扩展至更为广阔的目标之上——健康促进(通过健康生活方式以达到最佳健康状态,提高个体抵御疾病、伤害的能力),该概念于 1952 年为 WHO 所接受并沿用至今。[3]

之后,各国亦有学者和机构不断提出新的公共卫生理念。1988 年,美国医学研究所(Institute of Medicine)在其一份名为《公共卫生的未来》(The Future of Public Health)的报告中将公共卫生高度概括为"社会为保障公众健康的各种条件而采取的集体行为",并指出这些目标的实现依赖于对持续的以及突发的公共健康威胁进行有效地应对,[4] 这一概念也被写入美国 2003 年 9 月出台的《美国州公共卫生示范法》(Model State Public Health Act)中;我国学者曾光、黄

---

1 参见叶冬青主编:《公共卫生发展简史》,人民卫生出版社 2016 年版,第 149 ~ 175 页。

2 Winslow C. - E. A., *The Untilled Fields of Public Health*, Science, Vol. 1306:51, p. 23 - 33 (1920).

3 参见[美]James W. Holsinger Jr.:《公共卫生与预防医学概念辨析》,赵莉、李蕊、马骁译,载《现代预防医学》2011 年第 15 期。

4 See Institute of Medicine, *The Future of Public Health*, National Academies Press, 1988, p. 1 - 3.

建始先生则于2009年在中华医学会全国第一次公共卫生学术会议上，结合中国公共卫生实践提出我国公共卫生的定义和宗旨为“公共卫生是以保障和促进公共健康为宗旨的公共事业，通过预防和控制疾病和伤残，改善与健康相关的自然和社会环境，提供基本医疗卫生服务，培养公众健康素养，创建人人享有健康的社会”。该概念首次在国内言明公共卫生是一项公共事业，进一步明确了基本公共卫生服务的公共产品属性，强调了国家在公共健康保障中的基本职责。[1]

从现代公共卫生理念的发展中，我们可以得出两个结论：其一，现代公共卫生的理念历经了传染病防治——公众健康保障——公众健康促进这一变化，使得需要通过立法调整的公共卫生疆域不断扩大，公共卫生治理的任务愈加重大；其二，从上述学者所界定的公共卫生理念中，我们不难发现上述概念均一致地采用了手段与目的相结合的方式来界定现代公共卫生理念，即公共卫生技术与公共健康的结合。而将“公共卫生”理念加诸“法”时或者说“法”作用于“公共卫生”时，法律作为公共卫生理念的承接者及保障者，其既为公共卫生技术手段的实施提供了制度框架，又为公共健康目的的实现立下了政治承诺，使得公共健康亦成为公民的一项基本权利。因此，公共卫生法是公共卫生技术和公共健康权利的制度化规范，其目的在于保障和促进公众健康。

三、从卫生法体系结构定位公共卫生法的基本性质

自20世纪80年代，卫生法的内部体系划分便一直成为众多学者孜孜不倦的研究议题之一。目前，学界有四分法[2]、五分法[3]、八分法[4]乃至九分法[5]等多种主张。但无论学者主张如何，公共卫生法与医事法（亦有称“医疗法”或“医疗服务法”）一直作为卫生法体系下的两大子集存在于每一种体系划分之中。[6]公共卫生法与医事法既相互区别又相互联系。两者的区别见诸立法理念、调整方式、技术范畴三个位面。

1　参见曾光、黄建始：《公共卫生的定义和宗旨》，载《中华医学杂志》2010年第6期。

2　参见王晨光：《疫情防控法律体系优化的逻辑及展开》，载《中外法学》2020年第3期。

3　参见陈云良主编：《卫生法学》，高等教育出版社2019年版，第3~14页。

4　参见杜仕林主编：《卫生法学》，中山大学出版社2012年版，第9~18页。

5　参见刘霞、石东风：《关于卫生法学学科建设的探讨》，载《医学与法学》2020年第2期。

6　本书所采医事法之概念，乃是狭义的概念，仅指代与医疗有关的法律，包括医疗主体法、医疗行为法等，由于学界尚存在将医事法与卫生法相互混同的现象，本书特此说明。

首先,在立法理念上,公共卫生法与医事法虽均以保障人民健康为第一要旨,但是公共卫生法旨在保障作为群体概念上的公共健康与安全,医事法则专注于保障个体健康。对于公共健康中的“公共”一词,在规范分析法视阈下至少具有三层不同的含义:其一,作为“整体”的公共健康。我国《宪法》第21条规定,国家开展群众性的卫生活动,保护人民健康。这是一种宏观视角下的整体的公共健康,作为国家的根本大法,《宪法》将保护群众健康作为国家的必要职责予以规定,这里的健康辐射每一个中华人民共和国公民,每个人均享有获得健康利益的基本权利,包括基本医疗服务权和基本公共卫生服务权。其二,作为“群体”的公共健康。公共健康的保障并不是统一的、无差别的保障,由于年龄、性别、地区、职业、收入的不同,社会中总会有某些群体处于弱势地位并面临着更大的健康风险,只有从群体视角出发,对不同健康风险的群体进行不同的干预和保障,才能更好地分配公共卫生资源,促进社会公平。因此,以《母婴保健法》《残疾人保障法》《职业病防治法》等为代表的以类群体为对象予以特殊保障的法律法规,体现了公共卫生中“公共”的第二层要义——群体的健康保护。其三,作为“多数人”的公共健康。如果“群体”的健康是一种静态的公共健康,那么“多数人”的健康则是一种动态的公共健康。在传染病防治中,无论是关涉个人隐私的健康信息强制上报与披露,还是影响个人自由选择的强制检测与筛查,抑或限制个人自由的隔离措施,都是为了保障不特定多数人的健康而对特定少数人的私权利进行了高于常态的限制,这种限制具备动态性和临时性。此外,“公共”一词不仅是数量级上的与个体对应的一个“整体”、“群体”或“多数人”的概念,更标志着一个基于社会公意而具有职权与职责以保障共同体健康利益的政府实体,强调的是政府主导的理念;而在个人健康之中,居于中心地位的是个人,虽然国家具有为个人提供基本医疗服务的职责,但是这一领域更多强调意思自治,拥有意思自由的个人可以对自身的健康利益进行选择与有效支配,包括是否就医、选择何种医疗方案,等等。当然,公共卫生也关注个人,因为个人作为群体的一部分,同时具备社会性,只有当群体的构成者——个体,在一定程度上免于伤害与疾病时,才能有效保障群体的健康。[1]

其次,在调整方式上,公共卫生法律体系属于行政法的范畴,其调整手段亦

1　See Lawrence O. Gostin & Lindsay F. Wiley, *Public Health Law: Power, Duty, Restraint*, University of California Press, 2016, p. 12 – 14.

主要表现为行政行为，包括但不限于行政指导、行政给付、行政强制、行政处罚等；而医事法则是行政法规范和民法规范的综合体，在主体资质及机构管理层面，属于行政管理范畴；在医疗活动中，医患双方则往往适用合同法、侵权责任法等民事法律调整。

最后，从技术范畴上讲，公共卫生法的实施依托于预防医学、流行病学、卫生统计学等学科来发现某种疾病或死亡的社会学因素，如抽烟、酗酒、传染源、传染方式等，通过排除这些风险来达到预防的目的，从而保障和促进公共健康；而医事法学则依托于临床医学、护理学、基础医学来探究疾病于个体的生理病理机制，通过对已发生的疾病或创伤予以治疗，来恢复已受损的个体健康。

综上，从公共卫生法与医事法的区别中，我们可以知道，公共卫生法是以保障公众健康为目的，以行政管理为主要调整手段，依托于预防医学、流行病学、卫生统计学等众多学科的庞大的法律体系。但是，虽然理论上可以从上述三个位面来窥视公共卫生法与医事法之区别，然而二者之间亦时常发生交叉与联系。比如，对传染病患者的免费治疗，既是一项公共卫生服务，但是它又不可避免地使用与一般疾病治疗相关的医学技术手段；又如，许多非传染病在无法根治的情况下，往往通过减缓疾病或损伤的发展进程来降低死亡率或发病率，如高血压患者服用降压药、糖尿病患者注射胰岛素，这些公共卫生层面上的预防与控制措施，亦是临床上的治疗措施。因此，公共卫生法与医事法在实践中的边界并非泾渭分明，而是相互交叉与融合，但这并不阻却两者各自理论研究的独立性。

第二节　公共卫生法的权利基础

公共卫生法是国家主导公共卫生治理的政治承诺，是制度化的公共卫生措施和权利化的公共健康，是有别于保障个体健康的医事法的独立法律体系。这一概念中最为核心的词汇莫过于“国家主导”，而为什么这一权利的实现需要国家来主导？为何应以法律之手段来治理公共卫生事务？治理过程中又应遵循何种原则？我们或许可以从政治社会的形成和发展中找到答案。

一、从个体权利到社会权利

公众健康是在健康基础之上发展而来的概念，而健康首先是一种生命状态，它与生命一样具有鲜明的人身依附性。人类文明诞生伊始，健康便是个人不可分割的属性之一，或是个体的一种本能追求。正如动物趋利避害的本能一般，个体亦本能地避免来自自然界以及其他个体对于自身健康和安全的威胁。渐渐地，当个体认识到单一的个人力量在应对健康安全威胁上的薄弱时，在对更大的健康与安全利益的向往之下，个体通过组建群落、组建家族乃至组建社会以应对健康威胁的机制便逐渐产生了。于是，健康的社会性也被逐渐发现和认识。法哲学先驱们将健康视为一种自然权利，人生而有之，不证自明。洛克在描述原始状态下的社会时认为，即使处于绝对自由下的个人，亦有着不侵犯他人健康的责任或义务，"虽然这是自由的状态，却不是放任的状态。在这状态中，虽然人具有处理他的人身和财产的无限自由，但他并没有毁灭自身或他所占有的任何生物的自由，除非有一种比单纯地保存它来得更高贵的用处将它毁灭。自然状态有一种为人人所应遵守的自然法对它起支配作用；而理性，也就是自然法，教导着有意遵从理性的全人类。人们既然都是平等和独立的，任何人就不得侵害他人的生命、健康、自由或财产"[1]。虽然在洛克的阐述里，只是从个体的视角上去考量他人的健康，而并未论述公共卫生概念上的公共健康，但其无疑开启了对于个体健康与他人健康关系的思考，认识到健康绝不仅是个人之事。

当人类从原始社会进入政治社会之后，与原始状态的自然自由不同，人们放弃其自然自由并受制于公民社会之中，其自然权利转变为公民社会中的政治、经济、文化权利。为了约束所有的人不去侵犯他人的权利，必须由一个具有强大权力的组织——政府，来对侵害社会成员生命、健康、财产和自由的行为施以制裁。社会契约的缔结使得政府由于接受了全体社会成员对于自身权利的让渡，而必须对其成员承担政治承诺——保障他们享有相应的政治、经济、文化权利，而这一切权利得以实现的基础——健康与安全，亦自然包含于其政治承诺之中。[2] 也正因如此，对于社会成员健康和安全的保障亦自然而然变成社会成员放弃自然权利转而接受社会公意的约束的一个必然条件，健康的护卫成为政府的一项天然职责。

1　[英]洛克：《政府论》(下篇)，叶启芳、瞿菊农译，商务印书馆1964年版，第6页。

2　参见[法]卢梭：《社会契约论》，何兆武译，商务印书馆2009年版，第27页。

二、从个体健康到公众健康

即使护卫健康的职责一如自然权利般天然地存在于政府的职责清单之中，但是在相当长的一段时间里，由于健康对于整个人群的机能或效用并不显著，导致政府对这一职责的履行往往只是在于对个体健康的保护——通过对个体提供医疗服务以及对非法侵犯他人生命健康者实施制裁来保障个体健康。政府并未认识到独立于个体健康之外的、在人口学之上的公众健康的重要性。或许即使意识到了，在有效的社会资源调配下，对公共卫生领域的投入往往不及国防、军事、经济等领域的效果来的显著，使得政府治理公共卫生的偏好一直不高。直到一如上节所述的19世纪中期，西方各主要资本主义国家在完成工业革命后，伴随着工业化的发展，大城市和大工业中心迅速形成，而同时人口集中、卫生设施落后、城市管理不力等因素加剧了传染病的发生和蔓延，造成数以百万计的人口病残和丧生。公共卫生直接影响到了一个国家政治经济发展水平。在劳动力严重丧失、孤寡病残人口不断加重政府的财政支出的多重压力下，各国政府才开始正视公共卫生的治理。

公共卫生的治理不仅要求政府对公共卫生事务进行监督管理，亦要求政府承担起基本公共卫生服务的供给和保障。19世纪末，法学家们开始认识到传统的主权理论已无法为政府保障公共服务供给的基本职责提供良好的理论支撑。一如狄骥所言，虽然国家介入了那些非常重要的、提高着人们日常生活质量的公共服务当中——公共教育、济贫法、公共工程、照明系统、邮政系统、电话电报系统以及铁路运输，但是国家介入的方式是必须受到一套公法制度的规制和调整。不过这套制度已经不能再建立在主权理论的基础之上了，它适用于那些不再体现为发布命令的行政行为。狄骥认为，公共服务就是政府有义务实施的行为，而提供作为其存在条件的社会服务是政府获得其政治权力的前提。[1] 1938年，德国行政法学家厄斯特·福斯多夫提出了“给付行政”的理念，主张“生存照顾”义务乃现代行政之基本任务，即“政治的生存负责制度”，其目的是构建一个合乎社会正义且合乎社会现状的取用机会，通过维持劳资关系之和谐、生产供需与分配指导之稳定以及提供在现代社会大规模人口生存方式上必要之公共服

1 参见[法]莱昂·狄骥：《公法的变迁》，郑戈译，中国法制出版社2010年版，第39页。

务来实现。[1] 随着这一理念的发展,给付行政的国家治理模式亦被各国政府所采纳,德国、美国、日本等各国宪法中都接纳了"政府是一个公共服务组织"这一基本观念。伴随着时代的进步,公共服务的内涵不断扩展,经历了从"生存照顾"义务的"国家德性观"到保障公民安全和发展的"国家内在秉性观"的转变,但无论如何发展,作为公民最基本的"生存照顾"义务一直蕴含其中。[2]

为何公共卫生服务属于政府的职责范畴?原因在于公共卫生服务作为公共服务的重要组成部分,体现出了明显的公共产品属性——使用中的非竞争性、非排他性以及效用的非分割性和正外部性。正因为基本公共卫生服务带来的公共卫生安全是由全社会成员共同享有的,其不可分割地散布于整个社会;因为这种正外部性效用的非分割性,在公共卫生服务中,往往也会出现"免费搭车"(free-rider)现象[3],即不承担成本和风险而免费享用公共产品的利益,比如通过疫苗接种来达到"群体免疫"。传统理论认为只要人群中有70% ~80%的人接受了疫苗接种,剩下20% ~30%的人便可以免于接种而享受到"群体免疫"带来的公共卫生安全,而接种疫苗并非完全没有任何风险或者副作用,所以如果单纯由个人自主决定或者依个人偏好来决定是否接种疫苗,那么人人都可能想成为不承担疫苗接种风险而享用"群体免疫"福利的人。因此,公共卫生服务的公共产品属性使它不能如私人产品般由个人偏好或者市场偏好进行决定和消费,必须由政府按照非市场的方式——公共财政,并佐以适当的引导和管理手段,来解决其供给和接受的问题。

三、从比例原则到科学原则

公共卫生治理首先要坚持法治理念,即使是在突发重大公共卫生事件的紧急行政状态下,依法行政、依法治疫依旧是政府应当遵循的首要原则。[4] 在紧急行政状态下,紧急处置权虽然意味着更大程度的自由裁量权,但仍应当在法治的秩序框架下进行,因为"紧急状态不是法治的例外状态"[5]。无论是常态下还

1　参见陈新民:《"服务行政"及"生存照顾"概念的原始面貌》,载陈新民:《公法学札记》,中国政法大学出版社2001年版,第39 ~81页。

2　参见陈云良、寻健:《构建公共服务法律体系的理论逻辑及现实展开》,载《法学研究》2019年第3期。

3　参见陈共编著:《财政学》(第8版),中国人民大学出版社2015年版,第23 ~26页。

4　参见张文显:《依法治疫　长治久安》,载《法制与社会发展》2020年第2期。

5　谢晖:《论紧急状态中的国家治理》,载《法律科学(西北政法大学学报)》2020年第5期。

是紧急状态下，法治都是防止权力无限膨胀的有效手段。政府主导国家的公共卫生治理，履行保障公众健康的职责时，为了防止权力机关不作为或是权力的过度膨胀，法律无疑是固化政府的职责与权力的最好方式。一方面，它构建起国家对社会的权力管理体系，使国家权力具象化、普遍化、常态化，让政府的权力在法律的框架中运行，促进政府职责的履行；另一方面，法治是人民权益和民生福祉的保护伞。法律是人民意志的体现，也是公民权利的宣告书，[1]通过确定社会成员在社会中享有的权利和应承担的义务，从而有利于个人在社会生活中调整自身的行为以及个人与国家、他人的联系。在公共卫生治理之中，不仅要国家主导，更要各方共济、全民参与。只有以法律形式确立各方的权利与义务，才能有效调动社会各界之力量，形成牢固的公共卫生防线。因此，在公共卫生领域形成一个完整的法律体系，是现代社会民主制度下国家进行社会管理的必然要求。

在国家依法治理公共卫生的过程中，另一个难题常常不期而至——公权力与私权利的冲突与平衡。如果前文回答的是“依法”治理公共卫生的问题，那么此处需要回答的便是如何依法“合理”治理公共卫生的问题。法律往往会给予执法者、司法者一定的自由裁量权，这一权力在公共卫生治理领域显得尤为必要，尤其当面对突发公共卫生事件时，更需要政府依据事件的轻重缓急采取不同的、有针对性的动态应对措施。然而，许多公共卫生干预措施具有强制性，这些强制性措施不可避免地会对部分群体的私权利进行限制，比如采取关涉传染病患者隐私权的强制上报和披露措施，采取关涉个人自主权的强制检测、强制隔离、强制疫苗接种措施，采取关涉企业经济自由的停工停产，或者严格设定复工复产的生产或工作条件，等等。当政府作为社会公意，为了保障公众健康而采取强有力的控制措施以降低健康风险时，什么时候需要采取具有强制性的措施？要针对哪些对象采取强制性措施？何种程度的强制性措施是必要的？以上种种均是在公共卫生治理中必须面对问题。

为了更好地处理在公共卫生治理过程中公权力与私权利之间的关系，学者们提出了诸多原则性的论述，最具代表性的便是比例原则与科学原则，威利教授认为，对强制性措施的必要性、有效性和科学性的评估，是证明其合理性的重

1 参见习近平：《加快建设社会主义法治国家》，载《求是》2015 年第 1 期。

要依据。[1] 广义的比例原则包含必要性原则、适当性原则和最小损害原则，即衡量一个公共卫生措施是否合理，必须基于以下因素的考量：其一，行政机关拟采取对行政相对人（如传染病患者以及疑似传染病患者、传染病患者的密切接触者）不利益的公共卫生措施，只有认定该行为对于达到保障公众健康目的是必要的，才能实施；其二，行政机关拟采取的公共卫生措施，必须经过利益衡量，确认实施该行为对于保障公众健康的目的是适当的，其可能取得的收益大于可能损害的利益，即收益大于成本，才能实施；其三，行政机关如若有多种可达到同一目的的行动方案，则应择其对行政相对人权益损害最小的方案实施。[2]

当然，比例原则的应用或者说公共卫生措施、公共卫生方案的形成与决定离不开科学原则的指引。“科学技术是人类同疾病斗争的锐利武器，人类战胜大灾大疫离不开科学发展和技术创新。”[3] 公共卫生的法治史亦是一部科学发展史，是不断在科学探索中认识疾病，并用于指导国家公共卫生治理的过程。有时候，没有来自理性的科学依据，有组织的社会努力本身也会成为公共卫生治理的绊脚石。在 19 世纪英国传染病治理过程中，包括查德威克在内的诸多卫生改良运动的代表人物都一度坚信“瘴气学说”，认为传染病的产生是由于城市中腐败物质产生的传染性瘴气导致的。这种错误的认识导致政府作出了许多与公共卫生治理背道而驰的决定，比如盲目地将城市所有垃圾和粪便都排进泰晤士河，却导致了霍乱的远距离传播。直至约翰·斯诺（John Snow）在调查研究后提出“水源说”，霍乱才开始在英国得到了遏制。[4] 20 世纪初，随着微生物学的重大突破，“病菌学说”在一系列科学证据支持下逐渐取代了“瘴气说”和“水源说”。从早期“瘴气学说”到斯诺的“水源学说”再到“病菌学说”，都是在对传染病机理的逐步明晰后，再基于这些观点形成国家治理传染病的初步方案。可以说，绝大部分行政判断和行政措施的基准都是在科学指导之下形成的。[5] 只有

1　See Lindsay F. Wiley, *Public Health Law and Science in the Community Mitigation Strategy for Covid - 19*, Journal of Law and the Biosciences, p. 1 - 19(2020).

2　参见申卫星：《公共卫生法治的价值取向和机制建设》，载《人民周刊》2020 年第 8 期。

3　习近平：《构建起强大的公共卫生体系　为维护人民健康提供有力保障》，载《求是》2020 年第 18 期。

4　See Finer S. E. , *The Life and Times of Sir Edwin Chadwick*, London Barnes & Noble Press, p. 315 - 387(1970).

5　参见宋华琳、杨杰：《“突发原因不明的传染病”的依法治理之道》，载《法治社会》2020 年第 6 期。

在科学原则的基础之上应用比例原则，公共卫生措施才能兼顾其合法性、合理性与准确性。[1]

第三节 公共卫生法律体系的框架建构

在论证国家具有护卫民众公共健康、主导国家公共卫生治理的天然职责后，随之而来的是我们需要一个什么样的公共卫生法律体系。一个全面、科学、统一、协调的公共卫生法律体系是公共卫生法治的基石和逻辑起点。虽然至2011年我国已初步建成中国特色社会主义法律体系，而医疗卫生法律体系则仍不完备。2003年的非典和此次新冠疫情防控均揭示了我国公共卫生法治的若干问题。目前，由于我国缺乏一个体系性的公共卫生立法框架，容易导致公共卫生法调整内容的不确定性，各级政府和职能部分的分工不清晰。[2]

一、基于纵向逻辑的公共卫生法律体系框架建构

传统理论法学将法律体系依照不同的效力层级划分为宪法、法律、行政法规、地方性法规及规章。依照这一划分逻辑，可以将公共卫生法划分为宪法中的公共卫生法、公共卫生基本法、专项性公共卫生法律规范。[3] 这种基于效力层级的公共卫生法律体系划分，以一种纵向的总——分逻辑展开。从目前各国公共卫生法律体系来看，无论是日本、德国的零散式立法，还是法国、美国的法典化汇编式立法，均可以发现这种纵向逻辑架构。在日本、德国的宪法中，均确立了国家主导公共卫生的基本职责，[4] 进而再细化到各个公共卫生具体领域；而法国的《公共卫生法典》和美国的《公共卫生服务法》，无疑也是进行了一般规定到具体规定的体例安排。由此可见，纵向的总——分逻辑是各国立法体系中最常使用的基本逻辑框架，我国的现行公共卫生法律体系中，亦呈现着宪法——基本法——专项性立法的纵向逻辑结构。

---

1 参见陈云良、陈煜鹏：《论传染病防治决策的法治化和科学化》，载《比较法研究》2020年第2期。

2 参见李玮：《论我国公共卫生应急法治的完善——基于新冠疫情的思考》，载《苏州大学学报（法学版）》2020年第3期。

3 由于公共卫生法包含大量的行政法规与部门规章，本节均统称为专项性公共卫生法律规范。

4 参见《日本国宪法》第25条；《德国基本法》第20条。

宪法层面的公共卫生规定作为公共卫生法律体系的根本依据，为整个体系的法律制度设计奠定了合宪性基础。虽然我国《宪法》并未直接表述“公众健康权”或者“健康权”的概念，但是从第 21 条、第 26 条、第 33 条第 3 款、第 45 条第 1 款、第 89 条第 7 项、第 107 条第 1 款、第 111 条第 2 款的体系性解读中，我们不难发现《宪法》构筑了我国公共卫生的基本任务。首先，国家层面上，《宪法》第 21 条以及第 26 条第 1 款确立了国家发展医疗卫生事业、体育事业、保护生活和生态环境、防治污染和其他公害、促进公民健康的基本职责，确立了国家主导公共卫生治理的宪法基础；其次，从公民个人角度来看，《宪法》第 45 条第 1 款规定了公民在年老、疾病或丧失劳动力时从国家和社会获得医疗卫生服务及其他物质帮助的权利，确立了个人在社会法和人权法意义上获得医疗、健康和公共卫生服务的权利；最后，《宪法》第 89 条第 7 项、第 107 条第 1 款、第 111 条第 2 款明确了包括全国人大、国务院、地方政府乃至基层自治组织等相关主体在公共卫生方面的职权与职责，表现为行政法意义上政府发展和管理公共卫生事业、提供公共卫生服务的责任和权限。

公共卫生基本法，是指对公共卫生活动的方针、政策、基本原则和基本体系进行基础性、总括性规定的法律。[1] 如果说《宪法》作为国家根本大法为公共卫生法律体系提供了植根的土壤，那么公共卫生基本法则如同树之躯干，为公共卫生法律体系绘制了基本框架和蓝图。2019 年 12 月 28 日，第十三届全国人民代表大会常务委员会第十五次会议通过了《基本医疗卫生与健康促进法》，自 2020 年 6 月 1 日起实施。作为我国卫生健康领域的基础性和综合性的法律，其亦是我国公共卫生的基本法。诚如前文所述，公共卫生法与医事法虽然在理论层面存在多个位面的差异，但是在实践中两者难以截然分割。医疗机构往往既是医疗服务给付主体，又是公共卫生服务给付主体，因此用《基本医疗卫生与健康促进法》中“基本医疗卫生服务”一词来涵盖基本公共卫生服务和基本医疗服务，是对公共卫生法和医事法关联性的整合，也是基于实践需要的立法设计。《基本医疗卫生与健康促进法》的出台历时长达 15 年，其名称历经数次变更。从第十届全国人民代表大会立法规划中的“初级卫生保健法”，到第十一届全国人民代表大会立法规划中的“基本医疗卫生保健法”，再到第十二届全国人民代表大会立法规划中的“基本医疗卫生法”，最后到 2016 年全国卫生与健康大会

1　这里的公共卫生基本法是指内容上的基本性，而非法律层级上的基本法。

后又将“健康促进”纳入立法名称之中。虽然将本就作为“公共卫生理念”应有之义的“健康促进”独立于名称之中，[1]在立法之时也颇具争议，但也正体现了公共卫生在国家“健康中国”战略部署中的重要地位，是基于“大卫生、大健康”理念对立法思路的重塑与调整，强调了健康优先、预防为主、防治结合、健康促进的基本原则。

作为我国基本医疗卫生领域的基本法，《基本医疗卫生与健康促进法》的内容相对宏观且往往仅是方向性、概括性地阐明基本原则和基本要求。在基本公共卫生方面，首先，《基本医疗卫生与健康促进法》明确了基本公共卫生服务的公共产品属性(第15、18条)。通过规定基本公共卫生服务由国家免费提供，并由各级政府通过举办专业机构或购买服务的方式提供，表明国家和政府是基本公共卫生服务的付费者和管理者，由此保障了基本公共卫生服务的非竞争性与非排他性、公平性与可及性，以促进基本公共卫生服务逐步均等化目标的实现。其次，通过概括式(第17条)和列举式(第19～28条)相结合的模式，构筑了一个既富有弹性而又相对明确的基本公共卫生服务体系，点明了核心性的基本公共卫生服务内容。最后，将公共卫生中的健康促进理念独立成章，强调公民系自己健康的第一责任人，健康教育、健康生活习惯、健康生活环境的形成有赖于公民与政府的共同努力，从而构筑起一个国家主导、各方联动的基本公共卫生法律框架。[2]

专项性公共卫生法律规范是指以特定内容为指向，对公共卫生某一专项内容进行具体、详细的制度设计的法律法规，是对《基本医疗卫生与健康促进法》的具体展开。目前，对于《基本医疗卫生与健康促进法》所列举的基本公共卫生服务项目，我国已初步形成了相配套的专门法律规范(见表3－1)。

总体而言，基于效力层级的公共卫生法律体系划分，凸显了公共卫生法律之间的层次性。由宪法到基本法再到具体的法律规范，这种基于传统法学划分方式形成的纵向逻辑框架具有较高的覆盖率和适应性。一方面，可以让执法者和司法者在面临具体法律适用时，先从低位阶的具体规定入手，待其缺位时，再“拾级而上”在更高位阶的规则乃至原则中寻求解决之道；另一方面，立法者基

1 参见陈云良：《〈基本医疗卫生与健康促进法(草案)〉若干问题的思考》，载《中国卫生法制》2018年第2期。

2 参见郑雪倩：《政府责任写入卫生大法意义深远》，载《健康报》2020年6月9日，第2版。

于宪法的基本规定出发，依据宪法来制定公共卫生基本框架和原则，再将基本原则所蕴含的价值理念“拾级而下”贯彻于具体的专项法律规范之中。这种划分方式给予了立法、执法、司法者较为简便的逻辑进路，但是这种划分方式亦有所不足。在实践中，大量的专项法律法规扎堆于下层，而此种纵向逻辑划分方式却忽略了对于数量最多、内容最为庞杂的专项公共卫生法律规范的内部逻辑建构，使得各个专项公共卫生法律规范之间关系并未厘清，以至于出现法律适用的混乱、不同法律之间相互冲突、抵触的情况。

表3－1　基本公共卫生服务体系

<table>
<tr><td rowspan="16">基本公共卫生服务</td><td>责任主体</td><td colspan="2">国家免费提供</td></tr>
<tr><td>提供方式</td><td colspan="2">进行专业公共卫生机构、基层医疗卫生机构和医院或者从其他医疗卫生机构购买服务</td></tr>
<tr><td rowspan="14">服务内容</td><td>《基本医疗卫生与健康促进法》</td><td>对应专项性法律法规</td></tr>
<tr><td>基本公共卫生服务项目的确定（第16条）</td><td>《国家基本公共卫生服务规范（第三版）》</td></tr>
<tr><td>突发事件卫生应急体系（第19条）</td><td>《突发公共卫生事件应急条例》及各应急预案</td></tr>
<tr><td>传染病防控（第20条）</td><td>《传染病防治法》</td></tr>
<tr><td>预防接种（第21条）</td><td>《疫苗流通和预防接种管理条例》（已失效）</td></tr>
<tr><td>慢性非传染性疾病防控与管理（第22条）</td><td>《中国防治慢性病中长期规划（2017—2025）》</td></tr>
<tr><td>职业健康保护（第23条）</td><td>《职业病防治法》</td></tr>
<tr><td>妇幼健康服务（第24条）</td><td>《母婴保健法》</td></tr>
<tr><td>老年人保健事业（第25条）</td><td>《老年人权益保障法》、国务院办公厅《关于制定和实施老年人照顾服务项目的意见》</td></tr>
<tr><td>残疾预防和残疾人康复及其保障（第26条）</td><td>《残疾人保障法》《残疾人预防和残疾人康复条例》</td></tr>
<tr><td>院前急救体系（第27条）</td><td>《院前医疗急救管理办法》</td></tr>
<tr><td>精神卫生服务体系（第28条）</td><td>《精神卫生法》</td></tr>
</table>

二、基于横向逻辑的公共卫生法律体系框架建构

诚如前文所述，依照法律效力层级的纵向逻辑划分方式难以对庞杂的专项公共卫生法律规范进行内部逻辑建构，即使在《基本医疗卫生与健康促进法》中，也只是对公共卫生服务和健康促进项目进行了简单的列举，而未进一步凸显其深层次的逻辑。然而对庞杂的公共卫生法律进行类型化的归类，于近可助力公共卫生法理论体系的完善，于远如《法国公共卫生法典》《美国公共卫生服务法》一般是公共卫生法律体系化、规范化乃至法典化的必然需求。虽然学界已有学者提出了公共卫生法之分类主张，然多只言其然，而未言其所以然。[1] 因此本书希望通过有逻辑地对公共卫生法律规范进行二次归纳来重构公共卫生法律体系的内部逻辑。总体而言，公共卫生法可以划分为健康促进、公共卫生监督、公共卫生服务、公共卫生危机管理四大领域。这种建构方式存在两种逻辑阐述：其一，以公共卫生理念之差异，可将公共卫生法划分为公共健康促进法和公共健康保障法。健康促进与健康保障不同之处在于，健康促进旨在改善个体的内部健康水平，来提升自身对外在健康风险的抵抗能力；而健康保障则通过发现、控制、减少或消除外在影响健康的风险因素，以防止外部风险对健康的损害。在健康保障目的之下，依照主要法律关系之不同，又可划分为公共卫生监督法（行政监督）、公共卫生服务法（行政给付）、公共卫生危机管理法（行政强制）三大领域。其二，以行政理念以及手段之差异，可将公共卫生行政分为秩序行政和给付行政。秩序行政主要是指国家作为公共管理主体，通过对个体（包括公民和法人）自由权的限制，防止其行为对他人造成损害，以维护社会的安全稳定。秩序行政在公共卫生领域主要表现为常态下的公共卫生监督和紧急状态下的公共卫生危机管理。给付行政是指国家作为给付主体，通过给付资金、物资及劳务上的救济或服务，保障公民的基本生存、生活权利，增进社会公共利益。[2] 在公共卫生领域，给付行政主要表现为健康促进与公共卫生服务两大领域。两大逻辑进路最终均可将公共卫生法划分为健康促进、公共卫生监督、公共卫生服务、公共卫生危机管理四大体系。在这里，我们主要以行政理念

---

1 关于公共卫生法的分类，参见姜柏生：《论我国公共卫生法律体系的构建》，载《医学与社会》2005 年第 2 期；石东风等：《构建我国公共卫生法律体系框架的探讨》，载《中国公共卫生》2004 年第 1 期。

2 参见何峥嵘：《给付行政的发展与行政法理论、制度的回应》，载《学术论坛》2007 年第 11 期。

之划分进行横向逻辑阐述。

健康促进法是指通过鼓励和引导公众采取健康生活方式以促使其自身达到良好的健康状态，提高个体抵御疾病、伤害能力的法律规范。由于个体的生活方式选择属于私法意思自治的范畴，法律只能引导而无法强制，因此个体必然作为自身健康的第一责任人，这一点亦在《基本医疗卫生与健康促进法》第69条中得到明确的规定。公权力对个人健康方式的引导，主要表现在对公众进行健康教育、健康调查与评估，鼓励全民健身，建立营养监测与干预制度等，相应地，国家在这些方面制定了诸如《关于加强健康教育信息服务管理的通知》《国民体质监测工作规定》《全民健身条例》《中国居民慢性病与营养监测工作方案（试行）》《学校食品安全与营养健康管理规定》等法规及部门规章。

公共卫生监督法作为一种预防为主的法治监督管理模式，是指通过对与公众健康息息相关的生产生活领域设定基本卫生标准并规定由相应的行政主体进行监督管理，以便及时发现威胁公众健康的隐患并加以消除的法律规范。公共卫生监督体系是公共卫生体系的重要组成部分，其主要表现为常态下的事前预防、事中制止和事后处罚，以消除影响公共健康的风险因素，维护公共健康利益。具体而言，其主要内容包括五大部分：①场所卫生监督。其主要是指对于人群聚集或人流量大的特殊场所的卫生条件进行监督，包括公共场所卫生监督、学校卫生监督、国境口岸卫生监督等。相对应的法律规范有《公共场所卫生管理条例》、《学校卫生监督工作规范》、《国境卫生检疫法》及其实施细则、《国境口岸卫生监督办法》等。场所卫生监督也是控制传染病传播的有效手段，在我国疫情内防反弹、外防输入的常态化防控阶段，国境口岸的卫生监督工作显得尤为重要。②职业卫生监督。其是指对产生职业病危害的用人单位的职责以及所应提供的工作环境进行规定和监督，相对应的法律规范有《职业病防治法》《工作场所职业卫生管理规定》等。③产品卫生监督。其是指对公众日常生活及医疗卫生所需的各类产品质量进行监督，以防止产品质量瑕疵对不特定对象产生健康危害，主要包括食品、药品、化妆品、消毒产品、生活饮用水及涉及饮用水卫生安全产品。相对应的法律规范有《食品安全法》《药品管理法》《化妆品监督管理条例》《消毒管理办法》《生活饮用水卫生监督管理办法》等。④废弃品卫生监督。虽然在原卫生部《关于卫生监督体系建设的若干规定》中，并没有将废弃品卫生监督管理作为卫生监督体系的内容，但我们认为，医疗废物、生活垃圾、工业污水等废弃物或污染物的二次处理与公众健康密切相关，早期各国的传染病防治也都是从环境卫生监督管理入手,因而废弃品卫生监督是一个既涉及环境保护又涉及公共健康的领域,也应当被纳入公共卫生监督领域,诸如《医疗废物管理条例》《放射性废物安全管理条例》均应属于公共卫生监督法的范畴。⑤动物卫生监督。这是指对动物养殖、运输、屠宰、出入境等环节进行卫生监督管理,以预防、控制和扑灭动物疫病。此部分也未被原卫生部《关于卫生监督体系建设的若干规定》纳入其卫生监督体系内,但是无论是 2003 年的 SASR 病毒,还是不时发生的各类禽流感病毒,抑或 2020 年的新型冠状病毒,均直接或间接地与动物有关,动物卫生监督必然应当成为公共卫生监督的一个重要组成部分,《进出境动植物检疫法》以及《动物防疫法》也应当被纳入公共卫生监督法之列。

公共卫生服务法是指旨在为公众提供基本公共卫生服务,以达到疾病预防目的,保障公众健康的法律规范。公共卫生服务是一种行政给付,2009 年 7 月,原卫生部、财政部、原国家计生委联合印发了《关于促进基本公共卫生服务逐步均等化的意见》(卫妇社发〔2009〕70 号),全面启动了我国基本公共卫生服务项目。随着国家经济发展和民众对公共卫生需求在逐步提高,我国基本公共卫生服务项目也在逐步增加,从 2009 年第一版《国家基本公共卫生服务规范》规定的 10 项,增加到了 2017 年第三版《国家基本公共卫生服务规范》的 13 项。概括而言,公共卫生服务法可分为以下四大类:①传染病防治。常态下的传染病防治更应归属于基本公共卫生服务领域,其有别于紧急状态下的重大传染病疫情管理,更多是指在非疫情状态下,国家对于传染病感染者的信息管理以及社会救济。其行政行为的核心应当在于减少传染病感染者在正常生产生活中所遭受的社会歧视及予以医疗救助,比如对艾滋病感染者的“三免一关怀”政策,此时凸显的是给付行政的色彩;而当突发疫情时,由于病毒在短时间内暴发,不仅需要对确诊患者及高风险患者、密切接触者等对象进行必要的强制隔离措施,更可能需要采取某些全民限制性活动或全民强制性活动,如强制检测、集会禁止、公共场所强制佩戴口罩等,此时则更凸显秩序行政的色彩。②非传染病防控与管理。在公共卫生领域的非传染病主要是指在我国国内高发的,严重威胁我国居民健康的慢性病和职业病。这些疾病的发生和流行与经济、社会、人口、行为、遗传、环境、职业等因素密切相关,并且疾病具有长期性、缓慢性和不可逆性,因此应充分落实未病先防、既病则控的服务理念。我国目前已出台《中国防治慢性病中长期规划(2017—2025 年)》,将非传染病防控作为一项国家长期规划。③特殊人群的健康保障服务。对特殊人群制定个性化的健康保障制度是促进基本公共卫生服务实质公平的重要举措。由于年龄、状态的不同,未成年人、母婴、老年人、残疾人等特殊群体往往面临高于常人的健康风险。基于此,我国分别颁布了《中国儿童发展纲要(2021—2030年)》《母婴保健法》《老年人权益保障法》《残疾人保障法》等专项法律规范,对不同的群体实施有针对性的预防保健服务,以保障其健康。④精神卫生服务。WHO将"健康"定义为体格、精神与社会之完全健康状态,精神卫生作为健康的应有之义,必然应作为基本公共卫生服务的内容之一,我国也于2012年制定并于2018年修正了《精神卫生法》,以保障公众的精神健康。

公共卫生危机管理法是指当发生造成或者可能造成严重损害公众健康的突发公共卫生事件时,国家为了维护社会稳定、保障公众健康而行使紧急行政权,以对各类社会主体进行管理的法律规范。突发公共卫生事件包括重大传染病疫情、群体性不明原因疾病、群体性食物中毒、群体性职业中毒等类型。重大传染病疫情防治难度往往较大,其中又以新发未知传染病疫情的防治难度为首。新发传染病具备成因的未知与隐秘性、治疗手段的缺乏和有限性、传播渠道的迅速和广泛性等特点,这些特点使得其在识别、上报、预防、治疗上都有极大的难度。同时,新发传染病的发生往往短时间内会对医疗卫生资源以及防护物资产生极大依赖性和社会需求,容易造成地区性乃至全国性的市场失灵。因此,无论是从公众健康安全角度,还是国家经济社会秩序稳定的角度,突发公共卫生事件发生时政府的主导和管理均不可缺位,此时凸显的是秩序行政的管理色彩,应采取必要的控制措施,防止损害的进一步扩大。目前,我国已围绕《突发事件应对法》《突发公共卫生事件应急条例》,制定了包括《国家突发公共卫生事件应急预案》《突发公共卫生事件与传染病疫情监测信息报告管理办法》《法定传染病疫情和突发公共卫生事件信息发布方案》《突发公共卫生事件交通应急规定》《突发公共卫生事件出入境检验检疫应急处理规定》等一系列应对突发公共卫生事件的规章制度。

按照横向逻辑划分公共卫生法律体系,是一种基于种属概念的公共卫生法律体系的逻辑建构。以公共卫生理念或行政理念为公分母对现有公共卫生法律规范进行类型化,便于阐明公共卫生法律体系的基本范畴。这一逻辑以模块的形式呈现,合则构成一个完整的公共卫生法律体系,分则展现出不同模块各自的理念色彩,使之具备外部周延性的同时兼顾内部的系统性。但是这种划分方法亦有所不足,主要原因有以下两个方面:一方面,以健康保障和健康促进为目的进行的划分都是基于健康保障和健康促进的狭义概念,即健康保障是消除外在风险,而健康促进是提高内在水平。然而在公共卫生理念的发展过程中,二者有渐渐融合的趋势,健康促进理念中开始纳入一些外部风险的防范,比如我国《基本医疗卫生与健康促进法》中"健康促进"一章便纳入了食品及饮用水安全监管、公共场所卫生管理制度、控烟与烟酒销售制度等外部性的健康管理制度。另一方面,以秩序行政与给付行政为划分依据,虽然突出了理念与手段的差异性,但是二者并非非此即彼的关系,往往在许多公共卫生问题的处理上,需要二者兼顾。

三、公共卫生法律体系复合嵌套式逻辑框架的构思

无论是基于效力逻辑的纵向划分,还是基于理念逻辑的横向划分,均只是一种理论上的类型划分或者框架搭建,它无法完美地契合实然状态下的公共卫生法治需求。因为立法总是以某种现实的社会问题为导向,而法律体系的构建往往基于理论逻辑产生,这种以现实问题为导向的立法模式与以理论逻辑构建的法律体系间天然存在差异。当某个现实问题需要不同理念归类的公共卫生法共同作用时,以问题导向而生的法律规范便存在类别上的模糊性或综合性。因此,为了更加细致地梳理法律体系中各层级之间的逻辑关系,我们提出一种复合嵌套式逻辑框架,以寻求实然法状态与应然法体系之间的平衡,促进我国公共卫生法律体系框架的完善。

第一,纵向效力逻辑应嵌入横向理念逻辑,使得效力层次内部的构造更加明晰。一如上文所述,单纯的效力逻辑仅能形成宪法—基本法—专项法律法规的三层纵向结构,难以体现各层次的内部逻辑。通过在效力逻辑下嵌入理念逻辑,可进一步凸显各层次的内部构造。因此,以纵向效力逻辑为主干,横向理念逻辑为内涵,可形成我国公共卫生法律体系的初步框架(见图 3 - 1),其既凸显了公共卫生体系的层次性要求,又能满足内在体系的初步划分,使得相关的法律能够在这个体系之内找到对应的栖身之所。当然,进一步细分,不仅仅在庞杂的专项公共卫生法律法规这一层面,在宪法、基本法层面亦可嵌入横向理念逻辑。如《宪法》之中,先以总纲之规定构筑国家主导公共卫生治理之基本任务,将这种基本任务通过积极权利与消极权利属性分置于"公民的基本权利与义务"章节中的公民基本公共卫生服务权和"国家机构"一章中的政府机构设置

及职责，初步形成“总—分”逻辑结构为主、“服务与秩序”逻辑相结合的公共卫生宪法根基。这样亦有利于更好地理解《宪法》对于国家公共卫生治理的基本要求和愿景，有利于下位法的贯彻和落实。

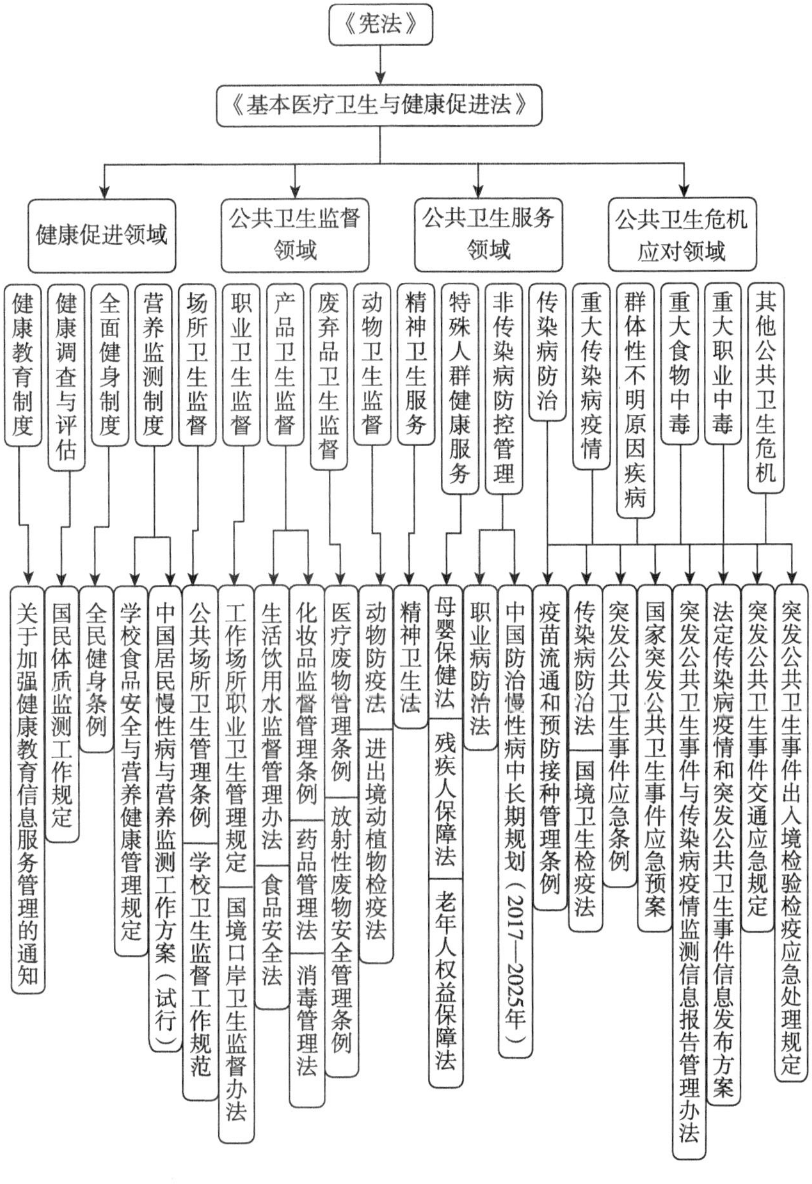

图 3－1　我国公共卫生法律体系基本框架

第二，横向理念逻辑下应嵌入纵向效力逻辑，明确各法律规范的适用次序和相互关系。即使依据行政理念之差异将公共卫生法划分为四大模块，十八个子类别，但是各个子类别之内往往亦有着法律、行政法规、地方性法规、部门规章等众多效力不同的法律类别。这类法律规范或调整同一问题，或调整一个问题的不同侧面，如果不进一步厘清上位法与下位法，一般法与特别法，以及同位阶法律之间的交叉关系甚至是矛盾与冲突，则易产生法律适用上的困难。因此，应当把握好每个类别之中的各个法律规范的内在逻辑，通过嵌入纵向效力逻辑，形成子类别的逻辑结构。以传染病防治法律体系为例，在传染病防治领域，共存在三组纵向逻辑关系：其一，以《传染病防治法》为上位法，辅以《传染病防治法实施办法》《传染病病人或疑似传染病病人尸体解剖查验规定》《医疗机构传染病预检分诊管理办法》《铁路实施中华人民共和国传染病防治法细则》等下位法的传染病管理制度；其二，以《突发事件应对法》为上位法，辅以《突发公共卫生事件应急条例》《突发公共卫生事件与传染病疫情监测信息报告管理办法》《突发公共卫生事件交通应急规定》《突发公共卫生事件期间外国专家工作应急办法》等下位法的突发公共卫生事件应对机制；其三，以《国境卫生检疫法》为上位法，辅以《国境卫生检疫法实施细则》《国境口岸卫生监督办法》《国境口岸传染病监测试行办法》等下位法的国境口岸检疫防疫机制。这三组法律之间的内容亦存在相互的交叉和重叠，在新冠疫情的防控过程中一度出现了冲突与矛盾，同一个问题出现不同的规定，法律之间的位阶出现问题，以至于无法完全发挥其效用。[1] 因此，效力逻辑不仅仅停留在宪法——基本法——专项法阶段，在每一个子类别之中，亦有嵌入纵向效力逻辑，把握好各法律法规之间适用次序的必要性。

第三，秩序行政与给付行政之间应留存相互嵌套的空间，以体现公共卫生法律体系的动态适应性。在横向逻辑之下，虽然以秩序行政和给付行政为划分依据，可以将公共卫生法划分为秩序型公共卫生法与给付型公共卫生法，秩序型公共卫生法包含常态下的公共卫生监督法与紧急状态下的公共卫生危机管理法，给付型公共卫生法包含健康促进法和公共卫生服务法。但是在许多法律之中，并非择一而立，而往往是诸行合体。在秩序行政中蕴含着给付行政，在给

1　参见赵敏：《新冠肺炎疫情背景下〈传染病防治法〉之再完善》，载《中国社会科学院研究生院学报》2020 年第 3 期。

付行政中亦彰显着秩序行政，给付行政与秩序行政之关系，更似权利与义务之关系，我们既需要保障权利，也需要规范义务的履行。同理，国家既需要以给付行政之理念来供给社会服务，也需要秩序行政之理念来维持社会秩序。[1] 在新冠疫情暴发初期，由于新冠病毒大面积的传播，已构成重大传染病疫情，国家采取紧急公共卫生危机管理模式，对新冠患者采取强制隔离治疗，同时禁止聚集性活动，要求民众在公共场所需佩戴口罩，这一系列行政命令或行政强制措施均超出了一般状态下的普通传染病防治，系属秩序行政中紧急行政之范畴；此外，在新冠疫情暴发之初，国家即宣布对所有新冠确诊患者实行免费救治，通过财政拨款来保障新冠患者的医疗服务供给，其又归属于给付行政中的基本公共卫生服务范畴；不仅仅是秩序行政与给付行政的相互嵌入，在秩序行政内部，一般行政与紧急行政也会出现相互交叉。在疫情防控后期，随着2020年5月2日湖北重大突发公共卫生事件应急响应级别由一级响应调整为二级响应，31个省份的一级响应级别全部调整完毕，中国疫情防控步入了新时期，进入常态化防控阶段。这种常态化防控既有别于紧急状态下的危机管理模式，又有别于完全正常情况下的传染病防治。换言之，其属于秩序行政中一般行政与紧急行政的中间地带，既保持社会的正常运作，又保持随时应对突发情形的警惕性。可见，实践本身也对类型化的交叉不断地提出新要求。

在此基础上，公共卫生法律体系的建构不应停留在理论上的类型划分，而应积极响应实然法状态下的公共卫生法治需求。通过复合嵌套式逻辑框架，我们可以平衡现实问题导向的立法模式与理论逻辑构建的法律体系之间的差异，从而促进我国公共卫生法律体系框架的完善。

因此，在绝对的类型化难以适应社会现实中多样性的差异时，唯有通过相互兼容的复合嵌套式框架，既保持类别的主要特征，又留存容纳其他类别的空间，以相对的类型化来塑造从纵向到横向，从高位阶到低位阶，由秩序行政到给付行政，由一般行政到紧急行政的多样渐变序列，以确保各层级法律规范之间的连贯性和有效性，形成网格式的公共卫生法律体系框架。

1　参见彭中礼：《没有权利的义务——古代自然法学义务观概览、反思与镜鉴》，载《法治社会》2020年第5期。

第四节　转向公共卫生法治体系建设

目前公共卫生法治建设的主要问题并不是公共卫生法律不完备，而在于公共卫生法律没有得到全面有效的实施和公共卫生监督不到位，法治化程度不高，法治建设路径需要从公共卫生法律体系建设向公共卫生法治体系建设转化。

公共卫生法治体系是建立于公共卫生法律规范体系之上的系统工程。公共卫生法律体系仅仅是公共卫生法治体系的规范基础和逻辑起点。理想的公共卫生法律体系是以宪法为统领，以《基本医疗卫生与健康促进法》为核心的各子领域专项公共卫生法律法规均衡分布，形成渐变序列的一种相对静态的法律展现。而公共卫生法治强调将法治理念贯彻于公共卫生立法、执法、司法、守法等各个环节，是一种动态的社会治理过程，它追求权力与权利、约束与自由之间的和谐共生关系，是让公共卫生法律体系"活起来"的过程。通过公共卫生法律体系、公共卫生法治实施体系、公共卫生法治监督体系、公共卫生法治保障体系之间的动态连接来达至自我完善、自我修复的目的(见图3-2)。

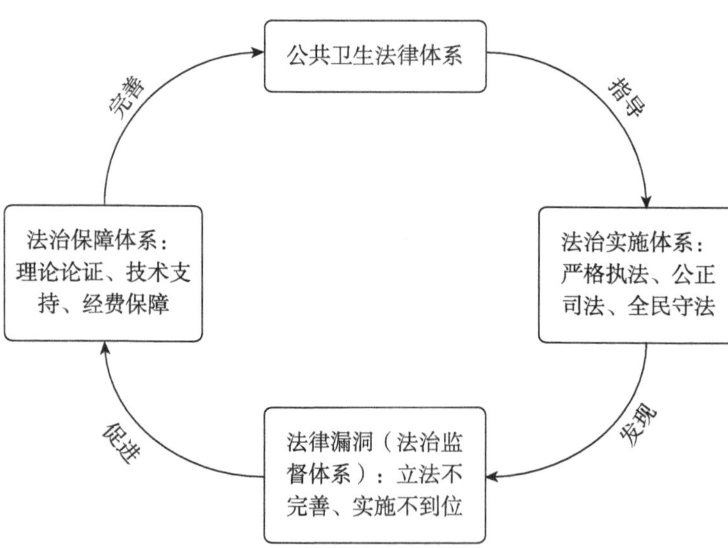

图3-2　公共卫生法治体系动态运行

公共卫生法律体系能不能有效发挥规范作用，公共卫生领域能不能实现法治,有效保障公民健康权,其关键是公共卫生法律能否得到全面有效的实施。以公共卫生法治实施体系来贯彻落实公共卫生法律体系之立法目的,有利于发挥其实际效用。

公共卫生法治实施体系的核心在于三大环节:严格执法、公正司法和全民守法。在公共卫生领域,由于涉及大量的卫生行政法规,执法机构的建设和运作尤为关键。受预防为指导理念的影响,卫生行政执法又常被称为卫生监督。卫生监督系政府卫生行政部门依据卫生法律法规的授权,对公民、法人和其他组织贯彻执行卫生法律法规的情况进行督促检查,对违反卫生法律法规、危害公共健康的行为追究法律责任的一种卫生行政执法行为。目前,我国虽然初步构筑了公共卫生监督法律体系,但在整个法律体系实施过程中依旧存在诸多不协调之处。

其一,公共卫生执法机构独立性缺失损害了执法权威。目前,我国的公共卫生行政执法存在权力主体和执行主体分裂的问题。卫生法律、法规将卫生监督权授予了卫生健康行政部门,而 2005 年原卫生部发布的《关于卫生监督体系建设的若干规定》第 8 条规定,“卫生监督工作实行分级管理。中央、省、设区的市、县级人民政府卫生行政部门内设卫生监督机构并下设卫生监督执行机构(以下统称卫生监督机构),负责辖区内卫生监督工作”。这一规定使得我国目前公共卫生行政执法由卫生行政部门内设机构的下设机构——卫生监督局或卫生监督所承担,其主要职责是办理卫生行政许可、从事公共卫生监督、从事医疗卫生监督。因此,我国目前实际的公共卫生行政执法主体,或者公共卫生法治实施核心主体是各级卫生监督局(所)。卫生监督机构实际上是受卫生健康主管部门委托从事行政执法,法律责任仍然由卫生健康主管部门承担,其性质属于事业单位,人员参照公务员编制管理。2019 年出台的《基本医疗卫生与健康促进法》延续了这一制度安排,该法第 94 条规定:“县级以上地方人民政府卫生健康主管部门及其委托的卫生健康监督机构,依法开展本行政区域医疗卫生等行政执法工作。”这种委托执法体制弱化了公共卫生行政(监督)执法机构的主体地位,导致公共卫生行政(监督)执法机构规范性、权威性不够,在基层出现卫生行政(监督)执法机构级别低于被监督机构之窘况,使其沦为“秀才执法”,公共卫生法律实施效果大打折扣。新冠疫情初期饱受诟病的疾病预防控制机构也因为权威性不够,作为事业单位没有足够的行政权力,无法有效履行《传染病防治法》第18条规定的职责。[1]

其二,法治理念缺失削弱了执法效力。由于卫生监督执法机构执法人员大多只具有医学背景,法律素养和法治理念薄弱,制约了公共卫生行政执法的普遍性、准确性。同时,由于公共卫生监督执法人员与执法对象医护人员同属医疗共同体,法律利器往往被人情关系严重内卷化,严格执法往往只能停留在口头宣示层级。

其三,公共卫生执法专业人才缺乏保障。卫生行政执法主要法律依据有卫生法律、行政法规、部门规章以及卫生标准等,其中以规范性文件和卫生标准最为庞杂,不仅需要卫生监督执法人员知法懂法,还需要一定深度的专业知识。卫生行政执法是一项需要兼顾技术与法律的执法活动,需要打造一支兼具公共卫生、预防医学、卫生法学等知识的高素质的执法队伍。然而,现有执法队伍中这种既懂法又懂医的复合型人才极其匮乏。当然这更属于公共卫生法治保障体系建设需要解决的问题。

为解决上述公共卫生行政执法问题,解决新冠疫情防控暴露出来的公共卫生法贯彻落实不力,2021年5月国家疾病预防控制局正式成立,承担起公共卫生政策制定、疾控体系建设、疫情监测预警体系建设、疾控科研体系建设、公共卫生监督管理、传染病防治监管等职能,成为新的公共卫生行政执法监督主体。在整合现有卫生监督机构、疾病预防与控制中心、卫生健康主管部门内部监管部门卫生行政执法监督职能的基础上,成立一个权威的公共卫生行政执法主体,彻底祛除公共卫生行政执法主体弱化弊端。公共卫生法治实施体系实现了重大变革,从公共卫生法律体系向公共卫生法治体系的转变迈出关键一步。

第五节　公共卫生法治监督体系和公共卫生法治保障体系

公共卫生法治监督体系是公共卫生法治体系的自省系统,通过内外监督的协同作用使公共卫生法的实施不偏离法治轨道,让其走得“正”。其核心在于多元监督模式的构建,涵盖行政监督、专业监督、社会监督和群众监督等多种形式,这些监督形式应当互为补充,共同构建起一个全方位的监督网络。党、政、

1　根据《传染病防治法》第18条的规定,疾病预防控制机构亦承担一定的行政执法职责,例如第1款第1项“实施传染病预防控制规划、计划和方案”、第3项“开展对传染病疫情和突发公共卫生事件的流行病学调查、现场处理及其效果评价”、第5项“负责预防性生物制品的使用管理”,第3款“组织实施免疫、消毒、控制病媒生物的危害”等,可能引起相对人权利义务的产生、变更或者消灭。

群多个主体共同参与,执法、司法、守法多个环节全面监督,既包括程序上的监督,也包括实质上的监督。公共卫生监督与公共卫生法治监督是两个不同的概念,前者是公权力对私主体在常态下卫生条件、卫生状况监督与管理,本质上是公共卫生行政执法,属于公共卫生法治实施体系的重要组成部分;而后者则是由国家监察机关、社会公众等对公主体依法行使公共卫生治理权的监督,是公共卫生法治监督体系的基本内核。但二者亦相互关联,法治监督的主要内容便是对卫生监督执法的合法性和合理性进行监督。

虽然我国已经形成完备的法治监督体系,但从 2020 年年初暴发的新冠疫情来看,公共卫生法治监督体系监督效能尚不尽如人意,其中最突出的矛盾在于监督内容专业性超越了大部分监督主体的监督能力。部分主体监督功能的发挥被局限在表层,比如新冠患者无法判断自己罹患的病种;消费者只能辨别食物中有无不干净之物,却不能发现“地沟油”“瘦肉精”等的存在;居民只能辨别日常用水的颜色、有无沉淀物,却不能辨别其中有毒有害物质含量是否超标;等等。同样,党、政法治监督机构对一项具备专业性的行政执法活动进行监督,在专业壁垒之下,容易流于程序性审核而难以发挥实质上的监督作用。当专业壁垒阻却了大部分外部监督的时候,公共卫生法治监督体系更应注重内部专业监督,注重发挥医疗卫生专业人员的监督作用。新冠疫情最终被公开,并采取了强有力的防控措施,正是钟南山院士等专家们的专业监督发挥了作用。当然外部的社会监督亦有其自身的矫正功能,[1]李文亮被湖北省追认为烈士,也是认可了“吹哨人”的外部监督作用。2020 年 9 月通过的《北京市突发公共卫生事件应急条例》规定,任何单位和个人有权向有关部门报告突发公共卫生事件隐患,对非恶意的不实报告,不予追究责任。2023 年 10 月,《传染病防治法(修订草案)》提请第十四届全国人大常委会第六次会议初审,亦作出了同样的规定,为社会和公民的外部监督以及医护人员的内部专业监督提供了法律保障。

公共卫生法治保障体系则是公共卫生法治体系的基础支柱,包括理论、人才、经费、物资和技术等多个维度。目前,我国包括公共卫生法治理论在内的整个卫生法学理论体系还很不健全,公共卫生法学的基础性研究非常薄弱。理论是实践的基础,理论的薄弱必然在一定程度上影响了公共卫生立法、执法、司法的科学性。因此,加强公共卫生法学基础理论研究必将是我国未来公共卫生法

1　参见沈岿:《论突发传染病信息发布的法律设置》,载《当代法学》2020 年第 4 期。

治建设的一大重要任务。无独有偶,人才培养囿于理论的不完善和学科定位与发展的受限而供给不足,亦使我国公共卫生法治人才严重阙如。[1] 而在经费、物资、技术保障方面,正因为公共卫生治理不仅涉及基本公共卫生服务的供给,还需保障整个卫生监督体系的运转,其对公共财政的依赖性非常高。我国虽然设立了基本公共卫生专项资金,并颁布了《基本公共卫生服务补助资金管理办法》进行规范和管理,但是对于紧急状态下的公共卫生应急资金的调度、使用、管理机制尚不健全,这些都需要反馈到立法之中进一步完善。

毫无疑问,公共卫生治理已经成为全球治理核心话题。在新冠疫情大流行背景下,世界各国都暴露出公共卫生治理的弊端或不足。对此,各国也纷纷痛定思痛,思考如何促进公共卫生的科学高效治理,切实保障各国民众的生命健康安全。为实现公共卫生领域的科学高效治理,不能仅止步于对静态的法律体系的探讨,而更应在动态的视角里,将公共卫生法律体系落实于公共卫生动态治理的每一个环节,实现从静态的公共卫生法律体系向动态的公共卫生法治体系转变。当然,我们从不否认公共卫生法律体系在公共卫生法治体系中的重要性,构建一个逻辑自洽、内容完备的公共卫生法律体系,是整个公共卫生法治体系的逻辑起点和规范基础,离开了公共卫生法律体系,公共卫生法治体系亦只能是"无本之木,无源之水"。因此,我们管窥了以往法律体系单纯的纵向划分和横向划分对于公共卫生法律体系构建上的局限性,并提出复合嵌套式理论,以追求公共卫生法律体系能够更好契合现实问题,缓和规范事实与社会事实的冲突。而更进一步,"法的生命在于实施",即使再完善的法律规范,如果不真正走进社会治理之中,走进执法、司法实践之中,那也仅仅是一纸空文而已。新冠疫情防控的经验和教训都警醒我们全面实施公共卫生法才是控制疫情的有效之道。因此,唯有将公共卫生法律体系贯彻落实于公共卫生法治实施体系之中,发挥法之实效;以公共卫生法治监督体系肃清公共卫生法治建设之阻碍,保障法治实施不被其他因素干扰而偏离轨道;以公共卫生法治保障体系稳固公共卫生法治建设之基础,由此形成不断循环、不断自我监督与自我完善的公共卫生法治体系,才能具备经久不衰、源源不断之动力,才能在历史发展之中更好应对突发公共卫生风险,防止 2003 年非典和 2020 年新冠疫情暴露出的问题重演,从而实现社会发展的行稳致远。

---

1 参见郭为禄:《探寻公共卫生法学教育之道》,载《法学》2020 年第 4 期。

第四章　新发传染病单独归类规制研究

目　　次

传染病、[1]战争和饥荒已经成为威胁人类生存发展的三大挑战，是造成人类伤亡的主要原因。[2] 1969 年，美国政府医务总监（Surgeon General）在向国会作出的报告中宣称传染病已经“合上了（历史的）书页”，被人类征服。[3] 这一出于对已知传染病防控的自信判断被后来相继暴发的新发传染病彻底粉碎。1996 年，时任 WHO 总干事中岛宏博士在《1996 年世界卫生报告》中告诫“我们目前也处在全球传染病危机的绝望边缘。任何国家都无法逃脱传染病流行的危险，

1　严格来说，“感染病”（英语 infectious diseases，EID；日语感染症）和“传染病”（英语 communicable diseases；日语伝染病）是不同的概念，感染病中具有传染性（infectivity）的，即病原体能通过某种途径感染他人的，才属于传染病的范围。因此，EID 在医学上更确切的译法是“新发感染病”，REID 是“再发感染病”。但是本章主要从法律的视角来探讨这一现象，并且大部分感染病同时属于传染病，因此本章不作区分，按照《传染病防治法》等法律法规的用语习惯，一并称为传染病。参见李兰娟、任红主编：《传染病学》（第 9 版），人民卫生出版社 2018 年版，第 1、9 页。

2　See Morens D. M.，Folkers G. K. & Fauci A. S.，*The Challenge of Emerging and Re-emerging Infectious Diseases*，Vol. 430，p. 242（2004）.

3　See Sassetti C. M. & Rubin E. J.，*The Open Book of Infectious Diseases*，Nature Medicine，Vol. 13，p. 279（2007）.

任何国家都不能再忽视传染病的威胁"[1]。1997 年,世界卫生日的主题被确定为"全球警惕、采取行动、防范新出现的传染病"(Emerging Infectious Diseases, EID)[2]。此处所谓"新出现的传染病",即本章所称"新发传染病",自此进入了全球卫生治理的视野。不仅如此,新发传染病在全球范围内肆虐已然成为难以扭转的趋势。自 2005 年《国际卫生条例》修订增加国际关注的突发公共卫生事件(Public Health Emergency of International Concern, PHEIC)制度以来,至 2020 年,宣布的 6 次国际关注的突发公共卫生事件中,有 4 次是因为新发传染病,包括甲型 H1N1 流感、埃博拉出血热(先后于 2014 年、2019 年引起 2 次)、新冠肺炎。更不用提推动《国际卫生条例》作出变革的原因之一的传染性非典型肺炎——医学上称"严重急性呼吸综合征"(Severe Acute Respiratory Syndrome, SRAS)——本身就属于新发传染病。20 世纪 70 年代中期以来,全球除少数年份未有报告外,大都以每年一种或以上的速度出现。[3] 新冠肺炎的全球大流行,更是百倍警醒我们,加强对新发传染病的防范与规制,及时将其纳入法律调整范围,是公共卫生治理乃至全球治理亟待破解的难题。

第一节　新发传染病的概念与归类

一、医学领域中的新发传染病

新发传染病这一概念源于医学范畴。1994 年,美国疾病控制与预防中心(Centers for Disease Control and Prevention, CDC)提出,新发传染病是指新的、刚出现的或呈现抗药性的传染病,其在人群中的发病率于过去 20 年中不断增加或者有迹象表明在将来其发病率有增加的可能性。[4] 1997 年,WHO 在世界

1　世界卫生组织编:《1996 年世界卫生报告:抵御疾病　促进发展总干事报告》,丁冠群等译,人民卫生出版社 1997 年版,"前言"第 1 页。

2　World Health Organization, *Division of Emerging and Other Communicable Diseases Surveillance and Control* (1997); *Emerging infectious diseases: World Health Day* 1997 *information kit*, World Health Organization (June. 15,2020), https://apps. who. int/iris/handle/10665/63332.

3　See World Health Organization, *The World Health Report* 2007: *A Safer Future: Global Public Health Security in the* 21*st Century*, World Health Organization, 2007, p. x.

4　See Centers for Disease Control, Prevention (US) & National Center for Infectious Diseases (US), *Addressing Emerging Infectious Disease Threats: A Prevention Strategy for the United States*, Centers for Disease Control and Prevention, 1994, p. 2.

卫生日的相关文件中明确了新发传染病的定义。据此，新发传染病是指造成区域性或国际性（locally or internationally）公共卫生问题的新识别的和以往未知的（newly identified and previously unknown）传染病。另外，该文件还将狭义的新发传染病区别于再发传染病（Re-emerging Infectious Diseases，REID），后者是指那些早就为人所知（known），并且因发病率降到极低水平（fallen to levels so low）而一度不被视为公共卫生问题，但现在又重新流行并且增长的（reappearance and increase infections）传染病。[1] 美国政府和 WHO 的定义虽然在表述上不尽相同，但是具体到个别疾病的时候，在分类上也基本达成共识。最大的区别在于对“新”（newly）的认定标准不同，美国将距今的 20 年定义为新和旧的分界线，而 WHO 将其扩展至 30 年，甚至从 20 世纪 70 年代起被人类认识的都算在内。[2] 我国医学界普遍接受了 WHO 的定义。[3] 从医学上对新发传染病的定义可以看出，新发传染病的“新”有两层含义：第一，该传染病被认识的时间在历史上较为晚近；第二，该传染病的流行强度近年来呈现上升趋势。换言之，人类早已认识的传染病（如“黑死病”，即鼠疫），或者近年来没有暴发、流行的传染病（如科学家在自然界发现的、尚未在人群中传播的传染病），都不属于新发传染病的范畴。但是至于“近年来”是以何时起算，则是人为设定的标准。

医学上的新发传染病在我国立法上尚没有完全对应的概念。按照《传染病防治法》的规定，医学上的新发传染病总体上可以被归为两类。一类是已经被列为“法定传染病”的新发传染病。部分病原体引起的霍乱、传染性非典型肺炎、艾滋病、病毒性肝炎、人感染高致病性禽流感等都属于此种情形。另一类则是作为“突发原因不明的传染病”的新发传染病。例如，新冠肺炎在被国家卫健委 2020 年第 1 号公告列入乙类传染病之前，就只能作为突发原因不明的传染病来处置；又如，在我国目前尚未列入法定传染病的埃博拉出血热，一旦发现病例，也只能算作此类。

1　See World Health Organization, World Health Day 1997 Home Page (15 June 2020), https://www.who.int/docstore/world-health-day/en/whday1997.html.

2　See World Health Organization, *A Brief Guide to Emerging Infectious Diseases and Zoonoses*, World Health Organization (15 June 2020), https://apps.who.int/iris/rest/bitstreams/909329/retrieve.

3　参见向浩、雷正龙、聂绍发：《新发传染病应对策略与措施》，载《疾病控制杂志》2006 年第 2 期；张春荣：《新发传染病的特点与消毒隔离现状》，载《中华护理杂志》2008 年第 2 期；张斯钰、罗普泉、高立冬：《中国重点新发传染病的流行现状与应对策略》，载《中华疾病控制杂志》2012 年第 10 期。

二、法律规定中的新发传染病

通过新冠疫情,我们发现《传染病防治法》立法重点在于防控已知的法定传染病,在第3条对传染病进行分类时对于如何应对突发的新发传染病明显考虑不周。第17条提到了“新发生的传染病”,尽管也考虑到新发传染病,但是在整部法律中实际上还是在第4条第1款将新发传染病按照“突发原因不明的传染病”来处理,没有做出具体的有针对性的专门规定。将部分新发传染病作为突发原因不明的传染病,进而采取法定措施,存在诸多弊端。《传染病防治法》对于突发原因不明的传染病的规定比较粗陋,对于应对新发传染病的指引作用比较微弱。严格来说,《传染病防治法》对突发原因不明的传染病设置的唯一实质性措施,只有第30条规定的疫情报告制度这一处。而如果要采取甲类传染病的防控措施,例如第39、41条规定的隔离,第43条规定的疫区封锁等,则必须按照第4条的规定,“由国务院卫生行政部门及时报经国务院批准后予以公布、实施”。这需要一个复杂、漫长的程序。首先,需要最先发现地的疾控机构和地方卫健委分析确定这种疾病是否是传染病,确定是传染病以后再认定其传染性危害性有多大,这又需要一个过程。其次,因属地管理原则的约束,是否上报又需要一层一层讨论决定。最后,到国家卫健委、国务院作出决定同样要经过必要的行政程序。这一按照已知传染病防控程序来防控未知新发传染病的模式,很容易延误防控良机,因为“及时”是传染病防控的最高法则,烈性传染病尤甚。

人们对新发传染病的认识不能,不是主观上不能,而是客观上不能;不是因为各地医疗水平差异相对不能,而是绝对不能。对新发传染病,法律必须授权相关主体采取一系列探索性的措施,并且豁免依法采取措施导致损害所引起的法律责任。然而,《传染病防治法》对此并没有特别授权。《突发公共卫生事件应急条例》第30、37条虽然单独提到了“新发现的突发传染病”,所设置的措施无非还是按照《传染病防治法》第4条规定的归入法定传染病来采取措施这一思路,并没有顾及新发传染病的特殊性。由此可见,对于新发传染病按照已知法定传染病的规制模式来防控,容易延误疫情防控最佳时机,需要对其进行单独专门的规范。2023年11月全国人大法工委就《传染病防治法(修订草案)》

公开征求意见,采纳了笔者关于新发传染病单独归类规制的建议,[1]明确规定了“新发传染病”这一概念。该修订草案第50条明确规定:“对于新发传染病、具备传染病流行特征的不明原因聚集性疾病,在病原体、传染力、致病力等情况尚不明确时,县级以上人民政府经评估认为确有必要的,可预先采取甲类传染病预防、控制措施,同时立即上报上级人民政府。”根据这一规定,对新发传染病不必依照《传染病防治法》第3、4条规定的程序采取防控措施,而是可以直接采取甲类传染病防控措施,并且权力直接下放到县级人民政府。对于将新发传染病区别于传统的甲、乙、丙类传染病,单独归类并按照特殊程序采取防控措施,此规定有效保障了各级政府及其卫生健康主管部门能及时应对突发未知传染病。这实属我国公共卫生法治建设的一大进步,也符合世界公共卫生法治潮流。

国际上对于传染病的规制模式也经历了一个从法定传染病列举模式到概括式定义模式或新发传染病单独归类模式的变化。原《国际卫生条例》规制对象仅限于鼠疫、黄热病和霍乱三种传染病,对于其他疾病并无法律约束力,各成员国仅对这三种法定传染病的暴发负有通报义务,却无法应对新发传染病。原《国际卫生条例》和世界各国关于法定传染病规制的模式实际上反映了人类对未知(传染病)的认知自负与缺陷,是科学发展的局限。2005年世界卫生大会吸取非典防控的教训,修改《国际卫生条例》,其规制对象从鼠疫、黄热病和霍乱三种传染病扩大到可能构成国际关注的突发公共卫生事件的所有情况,任何已知或未知、再发或新发传染病都可能成为《国际卫生条例》管辖对象。2010年英国颁布《卫生与社会护理法案》,修改原《公共卫生法案》将疾病控制对象从法定的5种传染病改为一般性的“传染病和污染物”。[2] 日本2012年颁布了专门应对新发传染病的《特别措施法》。

《传染病防治法(修订草案)》将“新发传染病”与“具备传染病流行特征的不明原因聚集性疾病”(第4、36、38、50条)、“不明原因传染病”(第20、21条)、“国内新发生的传染病”(第21条)、“突发不明原因传染病”(第25条)等概念共用,各个概念之间内涵、外延、种属关系需要厘清。其中最重大的变化是在第

1 笔者在《论传染病防治决策的法治化和科学化》初步提出了“新发传染病”单独规制的设想。参见陈云良、陈煜鹏:《论传染病防治决策的法治化和科学化》,载《比较法研究》2020年第2期。

2 参见陈云良、陈煜鹏:《论传染病防治决策的法治化和科学化》,载《比较法研究》2020年第2期。

4 条提出了一个新概念“具备传染病流行特征的不明原因聚集性疾病”以代替原来的“突发原因不明的传染病”。之所以新创“具备传染病流行特征的不明原因聚集性疾病”这一概念，根据国家卫健委同时发布的《〈传染病防治法〉(修订草案征求意见稿)修订说明》来看，实际上可能是总结 2020 年年初新冠疫情初期的经验和教训而形成的。疫情初期，因为是第一次遇到，政府及卫生健康主管部门、疾控机构不能判断新冠病毒引发的疾病是不是传染病，而根据《传染病防治法》规定，必须是传染病才能依据该法采取有关防控措施。[1]《传染病防治法》的立法思路局限在法定传染病，没有考虑新发生传染病最初往往不能迅速定性的问题，而导致在第一时间不能迅速采取防控措施。当然这是整个人类对未知事物认知上的缺陷，而不能简单归咎于立法水平问题。如前所述，《国际卫生条例》也是直到 2005 年才改变传统的法定传染病规制路径，增加“国际关注的突发公共卫生事件”以应对新发传染病。《传染病防治法(修订草案)》可能正是考虑到新冠疫情初期发现了具备传染病流行特征但又查不清发生原因的群体性疾病，不能判定其到底是不是传染病且不能依据《传染病防治法》采取传染病防控措施的制度困境，新创了“具备传染病流行特征的不明原因聚集性疾病”这一概念，由此化解人类对新发生传染病的认知缺陷。同时基于《传染病防治法》只能规制传染病而不能规制非传染病的认知逻辑，在“不明原因聚焦性疾病”前加上一个定语“具备传染病流行特征”，避免该法陷入超越传染病概念外延的逻辑陷阱。

《传染病防治法(修订草案)》第 50 条之所以将“新发传染病”与“具备传染病流行特征的不明原因聚集性疾病”并列使用，而没有单独使用“新发传染病”概念，仍然是因为有的新发传染病并不是一开始就能确定为传染病，例如新冠肺炎，如果只用“新发传染病”概念仍然可能耽误疫情防控。而《传染病防治法(修订草案)》中的“不明原因传染病”“突发不明原因传染病”等概念均可被“具备传染病流行特征的不明原因聚集性疾病”吸收。为了方便表述，下文使用的“新发传染病”概念，包含具备传染病流行特征的不明原因聚集性疾病。

---

1 《传染病防治法》中也没有使用《突发公共卫生事件应急条例》中的“群体性不明原因疾病”概念，因此当发生聚集性不明原因疾病而不能确定其是传染病时，是不能采取传染病防控措施的。但是它可以构成突发公共卫生事件，适用《突发公共卫生事件应急条例》。

第二节　新发传染病的认定

一、医学和法律视角下新发传染病认定的联系与差别

一般来说,符合前述新发传染病定义的疾病,就是新发传染病。然而法律上认定新发传染病,不仅有事实上的考量,也有价值上的考量。因而法律上的新发传染病与医学上的新发传染病即使存在不同的认识,也并不奇怪,更不能认定为错误。出现分歧的可能性包括两种原因。其一,医学上认为是新发传染病,但是法律上不作为新发传染病处理的疾病。一方面,如上所述,有部分医学上的新发传染病,如传染性非典型肺炎等,已经被纳入法定传染病。甚至针对某些新发传染病还制定了专门的行政法规,如《艾滋病防治条例》等。对于这些医学上的新发传染病,防控措施已经相当具体、充分,原则上不应再适用新发传染病的一般规则。另一方面,《传染病防治法》并不试图调整所有的传染病,而是针对已经或者可能在我国暴发、流行且具有相当危害程度的传染病采取防控措施。没有在我国暴发、流行,也不太可能逃过国境卫生检疫而在我国暴发、流行的埃博拉出血热等,以及危害程度不大的肺炎衣原体肺炎等,都没有纳入《传染病防治法》的调整范围。前者可以交给《国境卫生检疫法》作为"检疫传染病"和"监测传染病"来处理,后者则完全可以作为一般的疾病来处理。其二,法律上认为是新发传染病,但是医学上不能确定是否为新发传染病的情形。如果医学上已经确认某种疾病不是新发传染病,那么法律作出完全相反的认定便不合适。但是如果医学上既没有肯定结论,也没有否定结论,那么法律基于保护公民生命健康的目的,当然可以把符合特定条件的疾病视为新发传染病,先行采取防控措施。正因如此,《传染病防治法(修订草案)》第50条创设出新的卫生法律概念"具备传染病流行特征的不明原因聚集性疾病"与"新发传染病"并列使用。

二、法律上新发传染病的认定原则、标准与错误更正

法律上所谓"新发传染病",是指具备传染病流行特征,与已知传染病的临床症状和治疗效果明显不同,病人死亡或者病情危重且其传播可能对公民的生命健康造成重大影响的疾病。对于新发传染病的认定及其防控措施,王岳教授

提出了"存疑从有原则"的主张,"就是当发现存在传播风险的新型传染病后,在传染病防疫措施角度必须将所有存疑之处视为确定的危险,基于该危险的存遂采取防控举措,以避免贻误最佳防控时机"[1]。这一观点在理论界和实务界广受支持。[2] 但是对这一"原则"需要进行合理的限缩解释。"存疑从有原则"之中的"疑"必须是合理怀疑,也就是要符合最低限度的科学性。我们承认科学的发展会导致"远水解不了近渴"的问题,所以才会有类似于举证责任缓和等制度,但是这种补充是临时的、有限的和有待完善的,泛化成原则反而有抱残守缺、鼓励不作为之嫌。当然,我们有必要引入"存疑从有制度",以大概率思维应对小概率事件,在面对新发传染病时,不至于太过被动。要达到"合理怀疑",即使没有办法即刻了解客观事实,起码也要排除已经被证明是伪科学的假象,选择尽可能接近真相的解释。例如,14 世纪人们曾将黑死病瘟疫归罪于犹太人,15 世纪则兴起将"女巫"污名强加给妇女的狂潮,19 世纪的牧师们还在以天花是上帝的旨意反对种痘……[3] 神学信条一度也是借助"存疑"的外衣,在医学领域大行其道的。新发传染病的认定应当总结历史经验,提出一个具有科学性、可操作性和开放性的标准,既能够平衡科学与法治的要求,又留出修正的余地。《日本关于传染病的预防及传染病患者的医疗法律》(以下简称《日本传染病法》)规定的新发传染病认定模式值得借鉴,该法第 6 条第 9 项规定:"本法所称'新发传染病'是指在人与人之间传染的,与已知感染病的症状与治疗效果明显不同,患有该疾病的情形下病情危笃,且该疾病的蔓延足以对国民的生命健康造成重大影响的疾病。"该定义虽然采取了客观标准,但是基本属于表面证据:人传人可以通过接触史确定且不区分是否为"有限人传人";症状和治疗效果都可以与已知传染病对比;病情是否严重也没有拘泥于是否存在基础疾病;只有"重大影响"需要行政裁量,但是也可以结合最相近的疾病综合判断。总而言之,建立一套具体的法律制度来认定新发传染病,比抽象的怀疑更加合理。

新发传染病认定的"存疑从有原则"属于法律推定,在证据方面可以采用表面证据(prima facie evidence)规则。新发传染病的医学定义在法律领域同样是适用的,但是科学的目的仅仅是认识客观事实,法律则要求在"以事实为依据"

1　王岳:《论我国传染病疫情防控法律原则之完善》,载《法律适用》2020 年第 5 期。

2　参见王晨光:《疫情防控法律体系优化的逻辑及展开》,载《中外法学》2020 年第 3 期。

3　参见[英]罗素:《宗教与科学》,徐奕春、林国夫译,商务印书馆 2010 年版,第 46～62 页。

的基础上对权利义务进行决断。很多不同的传染病,却可以有相似的临床特点,如手足口病、疱疹性咽峡炎和疱疹性口炎。[1] 鉴于临床特点的"新"和病原体的"新"之间的高概率联系,可以在新发传染病的认定中采取事实推定。例如,尽管"新冠肺炎的影像学符合病毒性肺炎的一般特征,但不具备独立于其他病毒性肺炎的特异性",然而对于同时具备临床特点且"抗炎治疗无效的病人"而言,鉴别诊断的准确率就相当有保证。[2] 为了避免陷入决策僵局与追求程序便利,对新发传染病的认定可以采用法律推定的方式。

对于新发传染病的认定,一种情况是如果超出法律授权或者违反法定程序,就属于行政违法行为。例如,疾控机构工作人员在采集样本时没有按照具有法律效力的操作规范,导致判断失误的;或者卫生健康主管部门没有遵守法定程序,或在审查证据时考虑了不相关的因素,并作出决定的。这些行为的违法性判断以及法律后果往往有较为具体的法律规定,或者可以从一般法乃至行政法的基本原则中,通过法律解释的方法得出结论。另一种情况也是更为常见的,则是不具有违法性的错误。这种情况往往是科学研究取得了新进展,原来对于事实的认定与实际情况存在偏差。《国际卫生条例》第 12 条第 4 款规定的"国际关注的突发公共卫生事件的确定",强调了"现有的"(available)科学证据;第 17 条规定的"建议的标准",同样强调了这一点,并且规定了建议的"修改"与"撤销";第 43 条第 2 款规定的"额外的卫生措施",指出缔约国决定采取此类措施时,应当基于"现有的"科学证据,并且考虑了此类证据不足时可以依据的"现有"信息来源。虽然过去作出的行政行为没有违法之处,但是仍然应当明确行政主体的更正义务,以避免防控措施过度而侵害私人合法权益,或者因防控措施不足而未能有效保障公民的生命健康。更正义务可以类比于新的证据下的审判监督,二者的目的都是平衡公定力、既判力等对法的安定性的追求与实质正义之间的矛盾。[3] 《民事诉讼法》第 211 条第 1 项、《行政诉讼法》第 91 条第 2 项、《刑事诉讼法》第 253 条第 1 项均规定"足以推翻原判决、裁定的"或

1　参见祝双利、刘建锋等:《单纯疱疹病毒 1 型引起的发热出疹性疾病需要与手足口病进行鉴别》,载《病毒学报》2013 年第 4 期。

2　参见侯阳、郭启勇:《从 SARS、MERS 到 COVID－19——以史为鉴——浅谈影像学在冠状病毒肺炎中的应用价值》,载《中国临床医学影像杂志》2020 年第 2 期。

3　参见罗飞云:《民事再审新证据的认定与运用》,载《法律科学(西北政法大学学报)》2011 年第 5 期;黄士元:《刑事再审事由中的"新证据"、"证据虚假"和"证据不足"》,载《证据科学》2008 年第 6 期。

者“可能影响定罪量刑的”新的证据，是启动再审的法定事由。类似地，新的科学证据如果足以影响行政主体对新发传染病认定，也应当重新作出行政行为。但是行政程序和司法程序毕竟存在差异，对于新证据的认定和运用的区别见表4－1。实践中，政府及其卫生健康主管部门的一些行政行为可以解释为更正义务的履行，例如原卫生部曾经将“甲型H1N1流感”从“乙类传染病，并采取甲类传染病的预防、控制措施”调整为“乙类传染病，并采取乙类传染病的预防、控制措施”，从“检疫传染病”调整为“监测传染病”，[1]以及新冠疫情期间各省级人民政府调整应急响应级别[2]等。但是现行法律并没有明确规定更正义务，更没有相应的程序法规定，仅有一些原则性的表述，[3]这导致难以判断行政主体是否依法履行了这一义务。

表4－1　新证据的认定和运用的区别

新的证据	司法行为（以民事诉讼为例）	行政行为（对新发传染病的认定）
类型	后发现的证据；因客观原因后提供的证据；重新鉴定、勘验并推翻原结论的证据；原审庭审结束后形成并无法据此另行提起诉讼的证据[4]	主要是后发现的科学依据
取证主体	再审申请人、申请检察监督当事人、人民法院、人民检察院	主要是作出决定的行政主体
证据种类	当事人的陈述、书证、物证、视听资料、电子数据、证人证言、鉴定意见、勘验笔录	主要是疾病预防控制机构、科研机构等专家根据既定和公认的科学方法提供某一层证据的信息[5]

1　参见原卫生部《关于甲型H1N1流感的公告》（2009年第9号）。

2　参见唐述权、王政淇、白宇：《全国应急响应级别汇总5省份处于二级　24地降为三级》，载人民网2020年5月8日，http://society.people.com.cn/n1/2020/0508/c1008－31701312.html。

3　例如《传染病防治法》第3条第5款规定：“国务院卫生行政部门根据传染病暴发、流行情况和危害程度，可以决定增加、减少或者调整乙类、丙类传染病病种并予以公布。”《国家突发公共卫生事件应急预案》就“应急反应原则”规定：“发生突发公共卫生事件时，事发地的县级、市（地）级、省级人民政府及其有关部门按照分级响应的原则，作出相应级别应急反应。同时，要遵循突发公共卫生事件发生发展的客观规律，结合实际情况和预防控制工作的需要，及时调整预警和反应级别，以有效控制事件，减少危害和影响。要根据不同类别突发公共卫生事件的性质和特点，注重分析事件的发展趋势，对事态和影响不断扩大的事件，应及时升级预警和反应级别；对范围局限、不会进一步扩散的事件，应相应降低反应级别，及时撤销预警。”

4　最高人民法院《关于适用〈中华人民共和国民事诉讼法〉的解释》（法释〔2022〕11号）第386条。

5　参见《国际卫生条例》第1条关于“科学依据”的定义。

续表

<table>
<tr><th>新的证据</th><th>司法行为(以民事诉讼为例)</th><th>行政行为(对新发传染病的认定)</th></tr>
<tr><td>证明力标准</td><td>足以推翻原判决、裁定</td><td>证明力等于(如同一专家组后作出的结论)或者大于(如原结论未经过同行评议而新结论通过了同行评议)原采信的科学依据</td></tr>
<tr><td rowspan="2">法律后果</td><td rowspan="2">原判决、裁定确有错误的,人民法院应予改判[1]</td><td>性质上属于抽象行政行为的,作出决定的行政主体有更正义务;其上级行政机关、同级和上级人民代表大会,有权依法予以改变或者撤销</td></tr>
<tr><td>性质上属于具体行政行为的,作出决定的行政主体有更正义务;其上级行政机关、同级人民法院在行政复议或行政诉讼中有权依法变更或者撤销;原行政行为已经不具有变更或者撤销内容的,不再变更或者撤销,也不确认违法,不适用国家赔偿</td></tr>
</table>

三、认定权的授予与分配

《传染病防治法》中,对新发传染病的认定的同时意味着防控措施的授权。防控措施的手段种类虽然较为稳定,但是强度千差万别,从限制个别人的隔离治疗到限制多数人的疫区封锁,从强制隔离的行政处罚到妨害传染病防治的刑事责任,不能说只要存疑都可以合法采取。粗放的、"一刀切"的授权方式,并不可取。日本的做法可资借鉴。2020 年 1 月 6 日,日本厚生劳动省根据 WHO 官方发布的消息,向日本国民通报了新冠肺炎的情况。[2] 2020 年 1 月 16 日,日本发现国内首例新冠肺炎患者。[3] 中央行政机关通过"指定传染病"的有关规定来应对新冠肺炎。这与我国立法模式相近。2020 年 1 月 28 日,日本内阁通过了《将新冠肺炎规定为指定传染病等的政令》(令和 2 年政令第 11 号),按照

1 参见最高人民法院《关于适用〈中华人民共和国民事诉讼法〉审判监督程序若干问题的解释》(法释〔2020〕20 号)第 39 条第 1 款。

2 参见「中華人民共和国湖北省武漢市における原因不明肺炎の発生について」,载厚生労働省令和 2 年 1 月 06 日(月),https://www.mhlw.go.jp/stf/newpage_08767.html。

3 参见「新型コロナウイルスに関連した肺炎の患者の発生について(1 例目)」,载厚生労働省令和 2 年 1 月 16 日(木),https://www.mhlw.go.jp/stf/newpage_08906.html。

《日本传染病法》第6条第8项的规定,将新冠肺炎列入“指定传染病”。中央立法机关则通过立法确认新冠肺炎为法定的“新型流感等”(包括《日本传染病法》规定的“新型流感等传染病”和“新发传染病”),将其纳入《日本新型流感等对策特别措施法》(以下简称《日本特措法》)的调整范围。2020年3月13日,日本第201次通常国会通过了《新型流感等对策特别措施法修正案》,将新冠肺炎认定为《日本特措法》第2条第1号规定的“新型流感等”,并且确认了自2020年3月14日起至2021年1月31日止,适用《日本特措法》应对新冠疫情的合法性。当然,日本国会也有权将新冠肺炎列入“一类传染病”“二类传染病”“三类传染病”等,不过或许是为了谨慎起见,尚未采取修改法定传染病病种的方式。地方行政机关在中央行政机关和中央立法机关授权之前,也并非只能被动等待。《日本传染病法》和《日本特措法》将“新发传染病”以及“新型流感等传染病”授权都道府县、市町村的长官以及指定地方行政机关等采取采集样本、健康诊断、住院、消毒以及制订行动计划、临时预防接种等措施。日本应对新冠肺炎的主要法律规范以及新发传染病的认定权限见表4-2。

表4-2 日本应对新冠肺炎的主要法律规范以及新发传染病的认定权限

法律名称	颁行时间	效力位阶	认定权限
关于传染病的预防及对于传染病的患者的医疗的法律	1998年颁布、1999年施行	法律	法律可以规定“一类传染病”等;政令、省令可以规定“指定传染病”等;地方行政机关可以适用“新型流感等传染病”“新发传染病”的一般规定
检疫法	1951年颁布、1952年施行	法律	法律可以规定“检疫传染病”;政令可以规定“政令规定的检疫传染病”“政令指定的检疫传染病以外的传染病”;地方行政机关可以适用“新发传染病”的一般规定
新型流感等对策特别措施法	2012年颁布、2013年施行	法律	中央行政机关、地方行政机关可以适用“新型流感等传染病”“新发传染病(限于有在全国迅速蔓延危险的)”的特别规定
新型流感等对策特别措施法修正案	2020年颁布施行	法律	将新冠肺炎认定为“新型流感等”

续表

法律名称	颁行时间	效力位阶	认定权限
将新冠肺炎规定为指定传染病等的政令	2020 年颁布施行	行政法规	将新冠肺炎认定为“指定传染病”
将新冠肺炎指定为《检疫法》第 34 条规定的传染病病种等的政令	2020 年颁布施行	行政法规	将新冠肺炎认定为“政令指定的检疫传染病以外的传染病”
关于根据《将新冠肺炎规定为指定传染病等的政令》第 3 条的规定准用《关于传染病的预防及对于传染病的患者的医疗的法律施行规则》的场合的解释	2020 年颁布实施	部门规章	进一步明确了新冠肺炎防控措施的法律适用
关于根据《将新冠肺炎指定为〈检疫法〉第 34 条规定的传染病病种等的政令》第 3 条的规定准用《检疫法施行规则》的场合的解释	2020 年颁布实施	部门规章	进一步明确了新冠肺炎防控措施的法律适用

姑且不论效果优劣，不同层级的主体享有不同的认定权限，针对不同的法律客体设定既有联系又有区别的防控措施，即使面对新发传染病也能够在传染病防治法律体系中找到合适的定位。这样的权利义务配置不仅有利于减少争议，使社会秩序更加稳定，疫情防控工作有条不紊；而且有利于保障人权，将公权力关进制度的“笼子”，最大限度地防止“不作为”“滥作为”的情形发生，这一点是值得借鉴的。

但是对认定权进行“分权”的性质是一种“分工”，其目的是形成制度合力，而不是相互制衡。地方政府及其卫生健康主管部门独立行使认定权，与最终认定权归属于中央政府及其卫生健康主管部门之间并不存在冲突。《国际卫生条例》附件 1 中要求在当地社区层次和（或）基层公共卫生应对层次具备“立即采取初步控制措施”等能力，在中层的公共卫生应对层次具备“确认所报告事件的状况并支持或采取额外控制措施”等能力，在国家层次具备“在 48 小时内评估紧急事件的所有报告”“迅速决定为预防国内和国际传播必须采取的控制措施”

等能力。由此可见,初步认定,即"确认所报告事件的状况",应当授权至中层的公共卫生应对层次;最终认定,即"评估紧急事件的所有报告",则集中到国家层次。另外,此处所谓"能力",不仅包含行为能力,也应当包含权利能力。因为如果地方政府仅仅是执行主体,而不是决策主体,那么就无法保障"立即采取",更无所谓"初步控制措施",这对于中国这样国土面积幅员辽阔的国家尤其不利,所以应当解释为地方政府有权决策。《传染病防治法(修订草案)》吸取新冠疫情防控经验和教训后实行了分权,第 50 条就将"新发传染病"的初步认定权下放到"县级以上地方人民政府"。当然,地方政府的决策与中央政府存在冲突时,不一致的部分原则上应当以中央政府的决策为准。《传染病防治法(修订草案)》第 50 条规定应当"同时立即上报上级人民政府",但是还应当明确上级人民政府的撤销权和变更权。

新冠疫情初期应对部分地区地方卫生行政部门过于保守和被动的做法,除了"宜粗不宜细"理念下的立法导致的权责不清,[1]更主要的是缺乏应对突发公共卫生事件的经验。与中国不同,美国联邦政府难以调动各方力量统一抗击新冠疫情,不仅有国家领导人主观意愿和领导能力的问题,也存在制度上的障碍。《美国宪法》并没有明确将公共卫生权授予联邦政府,因此在相当长的一段时间内,公共卫生权是州政府单独行使的固有权力。《美国公共卫生服务法案》(Public Health Service Act, PHSA)授权美国卫生与公众服务部(HHS)部长领导全联邦的公共卫生和医疗措施以应对美国国家应急反应框架(National Response Framework, NRF)下的突发公共卫生事件等,其制定依据是《美国宪法》第 1 条第 8 款的"商业条款"(commerce clause)。[2] 但是,在 United States v. Lopez 案[3]和 United States v. Morrison 案[4]中,美国联邦最高法院认为国会只能

---

1 参见乔艺:《"宜粗不宜细"立法的历史实践与法理反思》,载《东南大学学报(哲学社会科学版)》2019 年第 S1 期。

2 See A. K. Jaikumar, *Red Flags in Federal Quarantine: The Questionable Constitutionality of Federal Quarantine After NFIB v. Sebelius*, Columbia Law Review, Vol. 114, p. 677(2014).

3 514 U. S. 549, 558 (1995) [其次,国会有权监管和保护州际商业的工具或州际商业中的人或物,即使威胁可能仅来自州内活动。(Second, Congress is empowered to regulate and protect the instrumentalities of interstate commerce, or persons or things in interstate commerce, even though the threat may come only from intrastate activities)].

4 529 U. S. 598, 613 (2000) [我们不必对任何非经济活动的影响进行分类汇总……(We need not adopt a categorical aggregating the effects of any noneconomic activity...)].

在涉及对州际贸易产生现实影响（effect）或实质影响（substantial effect）的行为（activity）进行立法，但是检疫并非只针对病人或者疑似病人、病原携带者，因此其合宪性存疑。[1] 再者，在 NFIB v. Sebelius 案[2]中，美国联邦最高法院《患者保护暨合理医疗法案》（Patient Protection and Affordable Care Act，PPACA）合宪性辩护的依据是"征税和支付条款"（taxing and spending clause），而否定了"商业条款"可以扩展到对不行为（inactivity）的个人强制（individual mandate）。按照这一原理，美国联邦政府即使对于疫区的美国公民，也无权强制要求其采取佩戴口罩、保持社交距离等措施，只能采取不具有强制力的行政指导等方式。宪法法律落后于时代发展，极大地制约了美国抗击疫情的行动力。虽然我国没有联邦制国家中中央和地方对立问题的困扰，但是同样需要警惕法律的滞后性可能造成的社会问题。既要保障中央相对于地方以及政府相对于部门、单位的"统一领导、综合协调"，又要确保地方、部门和单位的主体责任，落实"属地管理"。[3]

第三节　新发传染病的防控措施

本节所谓新发传染病的防控措施，是指新发传染病防控法律体系中，行政主体依法采取的各种行政行为，包括行政调查、行政决定以及行政指导等。单从防控措施的种类来看，新发传染病事实上与法定传染病似乎没有差别，适用于法定传染病的监测制度、预警制度、信息公布制度、隔离与检疫、群体聚集禁令乃至疫区封锁等防控措施以及治疗措施。概言之，法定传染病的上述防控与治疗措施同样可以适用于新发传染病。但是这些抽象的概念无法言尽具体制

1　See J. T. Clarkson, *Phase Six Pandemic: A Call to Re-Evaluate Federal Quarantine Authority Before the Next Catastrophic Outbreak*, Georgia Law Review, Vol. 44, p. 803 (2009).

2　132 S. Ct. 2587 (2012) (The individual mandate, however, does not regulate existing commercial activity. It instead compels individuals to become active in commerce by purchasing a product, on the ground that their failure to do so affects interstate commerce. Construing the Commerce Clause to permit Congress to regulate individuals precisely because they are doing nothing would open a new and potentially vast domain to congressional authority... Allowing Congress to justify federal regulation by pointing to the effect of inaction on commerce would bring countless deci sions an individual could potentially make within the scope of federal regulation...).

3　参见《突发事件应对法》第 4 条。

度设计在法定传染病和新发传染病之间的差别。如果没有这样的合理差别对待，就无法保证当我们再次遭遇新发传染病的突袭时，不会再有地方政府管理混乱或者被动等待中央人民政府批示的情况发生。虽然与传染病的斗争以及相应的立法是在不断总结历史经验基础上形成的，无法穷尽预知未来社会发展催生的一切风险，但是在每一次重新审视中，我们都有能力也有责任做到使防控措施更加合理。

一、新发传染病监测制度的重构

监测是传染病防控的基石。[1] 所谓疾病监测，是指通过系统地收集、整合、评价发病率和死亡率报告以及其他相关数据，持续地警戒疾病的分布和发生趋势，并有计划地将信息及时传达给一切应当知道的人。[2] 传染病监测法律关系涉及多方主体，确保各主体分工明确、权责清晰一直是法律的追求。现代传染病防治法律制度起源于19世纪末20世纪初，在德国，以1847年《国家预防接种法》[3]和1900年《帝国流行病法》[4]为代表；在英国，《公共卫生法案》可以追溯至1848年；[5]《法国公共卫生法》虽然因为触动多方利益而历经波折，最终也在1902年得以出台。[6] 伴随着这些公共卫生领域法律制度的出台，传染病防治日益专业化，细分出来的部门、机构占据领域的核心越发分明，而知识的密度也逐渐提高。这种变化在涂尔干1893年出版的《社会分工论》中得到了充分的阐述。在那个时代，分工明确有力地促进了工业社会的繁荣，并且在经济、社会、文化等各个领域展现出它的魅力。但是分工也可能带来问题，涂尔干在"失范

---

1 参见熊玮仪、冯子健：《中国传染病监测的发展历程、现状与问题》，载《中华流行病学杂志》2011年第10期。

2 See A. D. Langmuir, *The Surveillance of Communicable Diseases of National Importance*, New England Journal of Medicine, Vol. 4, p. 182,183(1963).

3 See S. Klein, I. Schöneberg & G. Krause, *The Historical Development of Immunization in Germany, From compulsory smallpox vaccination to a National Action Plan on Immunization*, *Bundesgesundheitsblatt*, Gesundheitsforschung, Gesundheitsschutz, Vol. 55, p. 1512(2012).

4 See B. Rappert & C. Gould, *Biosecurity: Origins, Transformations and Practices*, Springer, 2009, p. 219.

5 See N. Krieger & A. E. Birn, *A Vision of Social Justice as the Foundation of Public Health: Commemorating* 150 *Years of the Spirit of* 1848, American Journal of Public Health, Vol. 11, p. 1603(1998).

6 See A. L. Shapiro, *Private Rights, Public Interest, and Professional Jurisdiction: The French Public Health Law of* 1902, Bulletin of the History of Medicine, Vol. 1, p. 4(1980).

的分工”的阐述中认为，“在任何情况下，如果分工不能产生团结，那是因为各个机构间的关系还没有得到规定，它们已经陷入了失范状态”[1]。新冠疫情期间，存在失范分工阻碍各主体之间有机团结、共同抗疫的情况。当面对风险社会的挑战，以及新发传染病的肆虐时，失范分工将呈现更加强大的破坏力。这种破坏力，在美国这样具有怀疑政府、崇尚分权文化基因的国家中，会被进一步放大。美国公民与政府之间的裂痕、州政府与联邦政府之间的裂痕、总统与美国疾病控制与预防中心之间的裂痕，使得达成共识成为天方夜谭，而出现病人数量和死亡人数居高不下的情景，便不足为奇了。

我国现有的传染病监测系统包括法定传染病网络直报系统、重点传染病专项监测系统、病媒生物监测系统、哨点监测系统（流感样病例监测、性病监测）、原因不明肺炎监测系统、实验室监测系统、突发公共卫生事件监测系统以及救灾防病信息管理监测系统。[2] 但是目前我国传染病最基本和最主要的监测系统仍然是国家法定传染病监测系统，报告主体和监测对象单一，报告责任分工不明。对新发传染病的监测与预警能力十分有限，只能被动应对与监测，报告迟缓延误，漏报率高、监测质量低。[3] 为应对未来可能出现的新发传染病危机，有必要将当前国家突发公共卫生事件与传染病疫情监测报告信息系统、全国动物疫病监测和疫情信息系统、食源性疾病监测报告系统等系统，与新发传染病有关的职能合并为统一的新发传染病疫情监测报告信息系统，在此基础上加强各部门之间的联系与合作，并采取主动监测措施，对前述影响新发传染病的相关因素展开长期、连续、系统的行政调查。《传染病防治法》只在第 17 条规定了传染病监测制度；而《传染病防治法（修订草案）》则用第 20、21、22 条三个条款对这一制度做了重大变革。特别强调对新发传染病（“不明原因传染病”“不明原因聚集性发病”“新发生传染病”）的监测。《传染病防治法（修订草案）》第 22 条确立了统一的传染病信息监测共享机制，即“国家建立跨部门、跨地域的传染病监测信息共享机制，实现卫生健康、农业农村（畜牧兽医）、畜牧、林业草原、海关、移民等相关部门的联动监测和信息共享。国家建立临床

1　参见［法］埃米尔·涂尔干：《社会分工论》，渠东译，生活·读书·新知三联书店 2000 年版，第 328 页。

2　参见郭飚：《现有传染病监测体系在新发传染病发现和识别方面存在的不足和改进对策》，载《中国计划免疫》2007 年第 3 期。

3　参见魏虹等：《我国监测系统在应对新发感染病中的不足》，载《现代预防医学》2008 年第 3 期。

医疗、疾病控制信息的互通共享制度,建立健全医疗机构传染病诊疗、病原检测数据的自动获取机制,规范信息共享流程”。这一共享机制将监测主体扩展到农业、畜牧、移民等多部门,各部门在各自领域分工监测。鉴于人类对新发传染病未知的缺陷,为弥补行政监测系统的不足,发挥社会大众对新发传染病的监测作用,《传染病防治法(修订草案)》第36条第6款建立了社会监测报告奖励和容错机制:“国家对发现并报告具备传染病流行特征的不明原因聚集性疾病、新发传染病疫情的单位和个人按照国家有关规定予以奖励;对经确认排除传染病疫情的,不予追究相关单位和个人责任。”这一规定保护社会“吹哨人”的利益。社会监测报告奖励与容错机制局限在新发传染病上,可以进一步扩大至所有传染病。

二、正常状态下的新发传染病应对

正常状态是指传染病尚未暴发、流行,或者未出现重大传染病疫情时的状态。[1] 对于法定传染病而言,正常状态可以对应医学上所谓的“散发”(sporadic),即发病率呈历年的一般水平,各病例间在发病时间和地点上无明显联系,表现为散在发生。[2] 但是新发传染病未必存在散发状态。一些新发传染病因为隐性感染率较高,或者不容易传播,可能出现这一情形。但是类似于传染性非典型肺炎、新冠肺炎这样的新发传染病,甫一出现,就会迅速暴发、流行。因此,新发传染病正常状态下的应对重点不是针对某一特定病种引起的实际危险(dangerousness)作出回应,而是要将预防关口前移至风险(risk)发生之处,采取预防型立法的模式。[3] 在预防型立法模式下,危险的衡量和认定不再以危险的实现为前提,而是基于其出现的盖然性(probability),更确切地说,就是统计学上各种要素的相关性(statistical correlation of heterogeneous elements)。[4] 对于具备这种抽象危险的对象,法律就可以授权行政主体采取合理的防控措施。

1 参见《传染病防治法实施办法》第73条第1款第5项规定的“重大传染病疫情:指《传染病防治法》第二十五条所称的传染病的暴发、流行”,以及《突发公共卫生事件应急条例》第2条规定的“本条例所称突发公共卫生事件(以下简称突发事件),是指突然发生,造成或者可能造成社会公众健康严重损害的重大传染病疫情、群体性不明原因疾病、重大食物和职业中毒以及其他严重影响公众健康的事件”。

2 参见詹思延主编:《流行病学》(第8版),人民卫生出版社2017年版,第21页。

3 参见任颖:《从回应型到预防型的公共卫生立法》,载《法制与社会发展》2020年第4期。

4 See Graham Burchell, Colin Gordon & Peter Miller, *The Foucault Effect: Studies in Governmentality*, University of Chicago Press, 1991, p.288.

要真正实现预防型立法,必须警惕“可识别的受害者效应”(identifiable victim effect)的影响。所谓可识别的受害者效应,是指与一个庞大且模糊定义的群体相比,当观察到一个特定的、可确定的人处于困境时,其更倾向于提供更大的帮助。[1] 在卫生法领域,可识别的受害者效应主要表现为对可识别个体过度的资源分配。一个典型的例子是,尽管在文本上我们始终强调“预防为主”,然而具体的制度设计和实践过程中,分配给公共卫生的资源却远不及医疗服务。[2] 然而,当健康受到威胁的主体是具体的个人时,公众对此的反应往往更为强烈,这种倾向在立法上表现为对医疗机构的义务与责任设置了较高要求。例如,《侵权责任法》(已失效)第 57 条对诊疗义务要求的标准是“与当时的医疗水平相应”,并不考虑地区、医疗机构资质和医务人员资质等因素的区别,即使到了《民法典》侵权责任编,这一规则仍然未做修改。[3] 然而,当健康受到威胁的主体变成不特定的单个人或者多个人时,公众的反应反而比较淡漠,在立法上表现为对公共卫生权力的限制和对利害关系人的妥协。

当然,预防型立法会对公民的自由造成较大的限制,因此在防控措施的选择上应当提防父爱主义的倾向。一方面,对于采取非强制性措施能够解决的问题,应当优先选择非强制性措施。为应对新发传染病,应当首选选择提倡性规范,或曰倡导性规范。所谓提倡性规范,是指提倡和诱导当事人采用特定行为模式的法律规范。[4] 如《基本医疗卫生与健康促进法》第 13 条规定:“对在医疗卫生与健康事业中做出突出贡献的组织和个人,按照国家规定给予表彰、奖励。”《传染病防治法》第 11 条第 1 款规定:“对在传染病防治工作中做出显著成绩和贡献的单位和个人,给予表彰和奖励。”具体的奖励形式可以分为两种:一种是豁免既有法定义务,另一种是社会报告奖励制度。除倡导性规范外,行政指导制度也可以作为预防新发传染病的“第一道防线”。《传染病防治法(修订草案)》相对于《传染病防治法》的一个重大变化是在传染病预警制度前置了一

---

1 See K. Jenni & G. Loewenstein, *Explaining the Identifiable Victim Effect*, Journal of Risk and uncertainty, Vol. 3, p. 235(1997).

2 See N. Daniels, *Reasonable Disagreement About Identifed vs. Statistical Victims*, Hastings Center Report, Vol. 1, p. 36(2012).

3 参见黄薇主编:《中华人民共和国民法典侵权责任编解读》,中国法制出版社 2020 年版,第 210 ~ 211 页。

4 参见漆多俊:《经济法基础理论》(第 5 版),法律出版社 2017 年版,第 178 ~ 180 页;王轶:《论倡导性规范——以合同法为背景的分析》,载《清华法学》2007 年第 1 期。

个风险提示制度，第 24 条第 1 款规定，"各级疾病预防控制机构根据多渠道传染病监测信息和风险评估结果，向社会发布健康风险提示"。传染病疫情风险提示制度具有行政指导的性质，行政指导的内容不具有法律上的约束力，行政相对人有权选择是否遵守，这一行政行为既可以有效提醒社会，也可以避免直接采取行政强制措施而引发恐慌。

另一方面，对于不得不采取强制性措施解决的问题，必须遵循比例原则。首先，只有与新发传染病的产生和传播具备相当因果关系的行为才有必要受到强制。引发新发传染病的因素极其广泛且复杂，从宏观上来看包括三个方面，分别为生物学因素、自然因素和社会因素。其中，生物学因素是指病原体自身的遗传和变异；自然因素包括气候改变、生态环境的破坏和自然灾害；社会因素包括城市化、环境污染、人类生活方式的改变、国际旅行与贸易全球化、战争、生物武器、医源性因素和不合理使用抗菌药物等。[1] 如果要对所有可能导致新发传染病的因素都采用强制性措施进行管制，不仅会极大地限制公民的自由，而且会对执法能力造成重大挑战，甚至动摇政府的公信力，得不偿失。因此，需要进行管制的因素不仅应当具有事实上的相关性，还需要具备价值上的重要性。其次，只有采取的特定措施有高度的盖然性能够减少新发传染病的产生和传播，而不采取该措施无法达到同样效果时，该措施才是适当的措施。例如，野生动物是许多新发传染病的自然宿主。人类与野生动物的接触方式多种多样，但是在这些接触方式中，容易导致病原体由动物传人的方式是食用，包括以食用为目的的加工。全国人大常委会《关于全面禁止非法野生动物交易、革除滥食野生动物陋习、切实保障人民群众生命健康安全的决定》虽然全面禁止以食用为目的的利用，但是对于科研、药用、展示等其他目的的利用采取了有限放开的态度，可利用性的标准转变为以安全性为主导。[2] 这种方式虽然存在值得斟酌之处，比如对驯养动物采取全面禁止食用性利用是否合理。[3] 但毫无疑问的是，考虑到食用性利用的市场需求和监管能力，全面禁止食用性利用是当前最有效的方式。必要性的考量不能脱离特定的历史环境。最后，采取特定措施所保护

1 参见李兰娟、任红主编：《传染病学》(第 9 版)，人民卫生出版社 2018 年版，第 21 ~ 23 页。

2 张亮：《论普通野生动物利用的法律规制——以全国人大常委会的决定文本为展开》，载《行政法学研究》2020 年第 4 期。

3 参见江保国：《疫情下野生动物的法律界定：起点、难点及边线》，载《深圳大学学报（人文社会科学版）》2020 年第 3 期。

的权益应当超过受到限制的权益。新冠防控中,各地防控机构对高中风险采取隔离、限制行动的封闭措施限制了个人自由,但是这种个人短暂权益损失远低于新冠感染带来的个体和群体健康损害。

三、应急状态下的新发传染病应对

传染病暴发、流行时,应当采取非常态法律制度,这是各个国家传染病防治立法的共识。但是对于非常状态下的形式和内容,各国的选择却不尽相同。许多国家立法授权国家元首或者政府首脑通过宣布紧急状态的方式来应对重大传染病疫情。在美国,《斯塔福德灾害救济和紧急救助法》(Robert T. Stafford Disaster Relief and Emergency Assistance Act),简称《斯塔福德法案》(Stafford Act),授权美国总统宣布重大灾害(major disaster)和紧急事件(emergency)的权力,以应对超出州政府和地方政府应对能力的突发事件或突发事件威胁,在宣告期内为遭受灾害或受灾害威胁的州和地方提供联邦的技术、财政、后勤以及其他方面的援助。[1] 在日本,《日本特措法》规定的"紧急事态宣言"原则由内阁总理大臣宣布,当内阁总理大臣因事故无法担任时,由其指定的国务大臣担任。[2] 我国《宪法》规定了战争状态(state of war)和紧急状态(state of emergency)。根据《宪法》第 62 条第 15 项、第 67 条第 19 项和第 21 项、第 80 条、第 89 条第 16 项等规定,战争状态的决定权由全国人民代表大会及其常务委员会行使,宣布权由中华人民共和国主席行使;紧急状态的决定权由全国人民代表大会常务委员会和国务院行使,宣布权由中华人民共和国主席行使。我国法律则在战争状态、紧急状态与正常状态(state of normalcy)之间,特别规定了应急状态(state of emergency response)作为一种过渡。按照《突发事件应对法》第 69 条的规定,"采取本法和其他有关法律、法规、规章规定的应急处置措施不能消除或者有效控制、减轻其严重社会危害"的,才"需要进入紧急状态"。引发应急状态的主要原因是自然灾害、事故灾难、公共卫生事件和社会安全事件,应急状态影响的全局性和危害性低于战争状态和紧急状态,应对主体也是以国务院为首的各级政

---

1 See *Letter from President Donald J. Trump on Emergency Determination Under the Stafford Act*, (15 June 2020), https://www. whitehouse. gov/briefings-statements/letter-president-donald-j-trump-emergency-determination-stafford-act/.

2 参见新型コロナウイルス感染症緊急事態宣言の概要,https://corona. go. jp/news/news_20200421_70. html。

府，由履行不同功能职责的专业部门组成，各个部门分别承担其专业管理领域的应急职责。[1] 这样的区分是有实益的。因为突发事件的应对是具有高度专业性的事务，行政机关相对于国家元首或者立法机关而言，更适宜处理这些专业问题。如果将这些问题完全交给民主程序，而不加引导，就有可能使突发事件的应对过于政治化，甚至出现反智主义的倾向，造成科学问题也需要由民主表决来作出判断的荒唐局面。当然，民主参与在突发事件应对中也应当有其合理的定位，以确保既能调动起每一个公民主动维护应急状态下的法治，也能防止政府不作为或者乱作为。

如上文所述，新发传染病的出现即意味着传染病暴发、流行，也就是重大传染病疫情。只不过对于其中“造成或者可能造成社会公众健康严重损害的”特定新发传染病，才有必要认定为“突发公共卫生事件”，并采取应急状态的法律制度。是否能够造成社会公众健康严重损害需要综合考虑多种因素，包括传染病本身的暴发、流行情况和危害程度，公共卫生体系的完善性和应对能力，公民的健康水平和健康素养等。所以是否应当进入应急状态以及应急状态的级别，并不是一个泾渭分明的问题，不同的国家和地区、不同的历史阶段，完全有可能做出不同的回答。应急状态下的新发传染病应对不同于正常状态，其中各项措施或多或少都会限制公民自由，这种限制使得预防型立法主张的“存疑从有”与《行政诉讼法》第 69 条要求的“证据确凿”、《刑事诉讼法》第 55 条要求的“证据确实、充分”之间的矛盾更加凸显。《传染病防治法》《突发事件应对法》《突发公共卫生事件应急条例》等法律法规授权中央政府和地方政府一系列强制性措施以应对重大传染病疫情，但是具体到特定新发传染病的应对时，这些主体享有相当大的自由裁量权，使得法律后果的不确定性陡然增大。为了更有针对性地选择合理的措施，使国家权力和公民权利即使在应急状态下也不至于失衡，就必须在回应型法的理念指导下对应急状态下新发传染病的应对措施进行重构。

回应型法（responsive law）理论滥觞于普通法系。20 世纪 60 年代，以美国社会学和法学教授塞尔兹尼克（Philip Selznick）及其弟子诺内特（Philippe Nonet）为代表的学者提出了著名的法律三类型学说，即压制型法（repressive

1 参见孟涛：《中国非常法律的形成、现状与未来》，载《中国社会科学》2011 年第 2 期。

law)、自治型法(autonomous law)和回应型法。[1] 古代社会和近代社会的传染病防治法律制度基本上可以纳入压制型法的范畴。在压制型法下,病人和传染病被等量齐观。麻风病人在中世纪的欧洲和近现代的亚洲受到的歧视和迫害不应当被历史遗忘。19 世纪末 20 世纪初,麻风病人被强制隔离、终身隔离甚至流放的现象屡见不鲜,甚至有人公然主张"让病人和疾病一起灭绝"[2]。但是随着自由主义思潮的涌现,压制型法在传染病防治领域日渐式微,逐渐被自治型法所代替。现代社会的传染病防治法律制度强调政治与法律的分离,对传染病的调整不再是以个别的命令为主,而是在统一的法律下进行规范,传染病患者的尊严得以确认。规则的准确性和严格性开始得到重视。但如果将自治型法的理念发展到极端,就会导致政府机械、僵化地适用法条,面对重大传染病疫情时行动过于保守,以至于错失防控疫情的最佳时期。新冠疫情初期,武汉市政府受到舆论批评,主要集中在过度控制信息、对社会预警不足以及采取的控制措施不力等问题上,而导致这些问题的一个主要原因,就是法律的授权不够明确。[3] 面对明显不属于《传染病防治法》第 3 条规定的法定传染病的新冠,地方政府倾向于被动等待中央政府的指示,缺乏进行"法的续造"[4]的政治胆识。回应型法旨在超越前两种类型的法的局限性,其特征在于目的的支配地位、弱化服从义务和强调责任伦理、扩大法律参与和政治参与、关注中心从裁判公平向调整能力的转移。[5] 针对新发现的传染病的应急处理没有具体规定,或者按照特别规定进行处理的效果明显有悖于一般原则时,应当在不违背立法目的的前提下,参照适用最相类似的规定。对于新冠肺炎这种从未出现过的病害,最初地方政府确实无法根据《传染病防治法》采取紧急防控措施,但是其完全可以积

1　参见李晗:《回应社会,法律变革的飞跃:从压制迈向回应——评〈转变中的法律与社会:迈向回应型法〉》,载《政法论坛》2018 年第 2 期。

2　参见梁其姿:《麻风:一种疾病的医疗社会史》,朱慧颖译,商务印书馆 2013 年版,第 14 ~20 页。

3　参见赵鹏:《疫情防控中的权力与法律——〈传染病防治法〉适用与检讨的角度》,载《法学》2020 年第 3 期。

4　法的续造是为了填补法律漏洞,或者采纳乃至发展一些在法律中至多只是隐约提及的新的法律思想,司法裁判超出法律原本的计划,而对之做或多或少的修正。法的续造一般是指法官造法,是能动主义司法理念下的产物。参见[德]卡尔·拉伦茨:《法学方法论》,陈爱娥译,商务印书馆 2003 年版,第 246 ~249 页。笔者认为,行政执法领域同样会遇到法的滞后性问题,禁止行政权自由裁量更加不现实,应当承认并规范行政主体的法的续造行为。

5　参见[美]诺内特、塞尔兹尼克:《转变中的法律与社会》,张志铭译,中国政法大学出版社 1994 年版,第 81 ~128 页。

极执法,从《突发事件应对依法》中找到执法依据。相应地,中央立法和制定政策的重点应当集中在明确目标,将具体手段的选择更多地交给地方政府。地方政府应当对有关数据进行收集、分析,中央政府使用这些数据对地方政府的实施效果进行评估、对比。[1] 《传染病防治法(修订草案)》充分贯彻回应型立法理念,将传染病预警权、信息公布权下放到县级人民政府,第 50 条直接赋予县级人民政府对新发传染病采取甲类传染病防控措施的权力。

应急状态下,新发传染病在防控措施的种类方面与法定传染病并无不同,二者的区别在于适用方式。法定传染病原则上应当严格按照法律的明文规定采取防控措施,法律没有明文授权行政主体对特定传染病采取某种防控措施的,行政主体就不得采取该措施;法律没有明确限制行政主体采取措施的先后顺序,行政主体就可以对此进行自由裁量。但是对于新发传染病的危害程度,社会乃至医学界都无法及时做出准确判断,正是在新冠疫情初期不能确定发现的病例是不是传染病、传染性和危害性到底有多大,地方政府才不敢贸然采取措施。法律不应当也不可能假定每一种新发传染病都必须首先采取程度最强的防控措施,否则我们的市场经济和社会交往将陷入无休止的暂停和重启。法律应当根据新发传染病对病人、密切接触者和社会公众造成或者可能造成的损害,按照由弱到强的顺序选择防控措施。《传染病防治法(修订草案)》第 50 条规定,县级以上人民政府只有在进行科学评估后认为确有必要才能采取甲类传染病防控措施。

防控措施大体上可以分为两类,分别是对物的措施和对人的措施。其中,对物的措施(见图 4 – 1)按照由弱到强的顺序可以分为:第一,消除病媒生物。例如,《传染病防治法》第 13 条规定,通过群众性卫生活动、农业等行政部门的指导和组织、铁路等行政部门的组织,消除鼠害和蚊、蝇等病媒生物的危害。消除病媒生物的危害一般不会对公民权利造成负担,其中的个人权益和公共利益的方向通常是一致的。第二,消毒处理。例如,《传染病防治法》第 27 条规定的污水、污物、场所和物品的消毒处理措施,第 47 条规定的物品使用、出售和运输前的消毒处理义务。经过消毒处理的物,其固有权利不受传染病防治法的其他限制。第三,对物的检疫、隔离。例如,《传染病防治法》第 42 条第 1 款第 3 项规定的“封闭或者封存被传染病病原体污染的公共饮用水源、食品以及相关物

1 See E. Aguirre, *An International Model for Antibiotics Regulation*, Food and Drug Law Journal, Vol. 2, p. 305(2017).

品”、第 5 项规定的“封闭可能造成传染病扩散的场所”等。另外,《传染病防治法(修订草案)》第 54 条规定:“发生甲类传染病时,为了防止该传染病通过交通工具及其乘运的人员、物资传播,实施交通卫生检疫。”这其中就包括对物的检疫和隔离措施。在检疫、隔离期间,检疫、隔离的物的使用权受到传染病防治法的限制。第四,销毁。例如,《传染病防治法》第 42 条第 1 款第 4 项规定的“扑杀染疫野生动物、家畜家禽”等。销毁措施表现为扑杀、火化、深埋等。它可能导致所有权的消灭,如扑杀家禽家畜;也有可能导致自然资源的毁损、灭失,如扑杀野生动物。

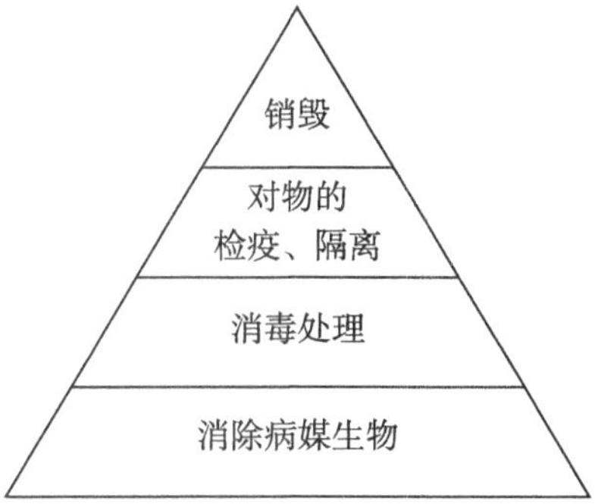

图 4 –1 对物措施的规制金字塔

对人的措施(见图 4 –2)按照由弱到强的顺序可以分为:第一,社交距离限制与防护措施。尽管法律没有明文规定保持社交距离、佩戴口罩等措施,然而国内外公共卫生实践中,这类措施屡见不鲜,已经成为疫情防控常态化措施。社交距离限制与防护措施并不会直接切断社会交往活动,其原因在于不是通过直接强制措施执行,而是作为一种行政指导。此外,在适用上具有灵活性,并且需要结合具体情形进行判断。例如,安徽省新冠疫情防控应急综合指挥部于 2020 年 3 月 16 日印发《低风险地区社会公众口罩使用指南》,规定了公众非必须佩戴口罩的 7 种情形和需要佩戴口罩的 13 种情形。第二,健康证明。健康证明在性质上属于行政确认。法律有明确规定健康证明的包括《食品安全法》第 45 条第 2 款、《国境卫生检疫法》第 16 条等。新冠疫情防控中,各个地方政府采取的“健康码”,性质上也属于一种健康证明。基于流行病学原理,健康码信息能够间接证明其是否有可能感染特定传染病。健康证明的强制性比社交距离限制与防护措施更大,因为它涉及个人信息的收集和使用,并且对于不能提供相应健康证明的，个人将被禁止从事特定行为。《传染病防治法（修订草案）》第48条第1款第8项授权县级以上地方人民政府“运用大数据、云计算等数字技术，按照必要且最小化原则开展信息采集、病例识别、传染源追踪等工作”。第三，对人的检疫。我国立法并没有对检疫进行系统的定义，更没有明确区分“检疫”和“隔离”，但是二者在公共卫生领域所表达的含义判然有别。[1] 根据《国际卫生条例》第1条的规定，“‘检疫’系指限制有嫌疑但无症状的个人或有嫌疑的行李、集装箱、交通工具或物品的活动和（或）将其与其他的个人和物体隔离，以防止感染或污染的可能传播”。WHO颁行的《国际卫生条例》和欧美国家通常认为“隔离”针对确定或至少合理相信已罹患传染病者，而“检疫”针对不确定是否罹患传染病者。[2] 我国《传染病防治法》第78条规定的病原携带者，即“感染病原体无临床症状但能排出病原体的人”，因为必须具备“能排出病原体”这一积极要件，所以也不属于检疫的适格对象。换言之，检疫的对象比我国《传染病防治法》规定的病原携带者的确定性程度和风险更低。检疫在实践中主要包括居家检疫和集中检疫，而所谓“居家隔离”“集中隔离”的说法并不准确。其中，居家隔离对个人生活习惯带来的影响较小，额外支出的费用也更少，因此强制性在集中检疫之下。此外，检疫还包括交通卫生检疫。《传染病防治法（修订草案）》第54条对此进行了规定。第四，对人的隔离。《国际卫生条例》第1条规定，“‘隔离’系指将病人或受染者或受染的行李、集装箱、交通工具、物品或邮包与其他个人和物体隔离，以防止感染或污染扩散”。隔离适用的对象主要是传染病病人和疑似传染病病人，即“符合传染病病人和疑似传染病病人诊断标准的人”，也包括病原携带者。2020年8月18日，国家卫健委发布《新型冠状病毒肺炎诊疗方案（试行第八版）》（国卫办医函〔2020〕680号）（已被修改），进一步完善了诊疗标准，将新型冠状病毒特异性IgM抗体阳性作为疑似病例诊断依据之一。隔离措施包括隔离治疗、留验和就地诊验。根据《国境卫生检疫法实施细则》第2条的规定，“‘留验’指将染疫嫌疑人收留在指定的处所进行诊察和检验”，相当于《传染病防治法》中的“指定场所进行医学观察”；“‘就地诊验’指一个人在卫生检疫机关指定的期间，到就近的卫生检疫机关或

---

1 See J. Speakman, F. Gonzalez-Martin & T. Perez, *Quarantine in Severe Acute Respiratory Syndrome (SARS) and Other Emerging Infectious Diseases*, Journal of Law, Medicine & Ethics, Vol. 4, p. 63 (2003).

2 See L. O. Gostin & L. F. Wiley, *Public Health Law: Power, Duty, Restraint*, University of California Press, 2016, p. 416 – 429.

者其他医疗卫生单位去接受诊察和检验；或者卫生检疫机关、其他医疗卫生单位到该人员的居留地，对其进行诊察和检验”，在《传染病防治法》中没有完全对应的概念，但是《传染病防治法实施办法》规定的“卫生处理”包括“就地检验等医学措施”。因此，就地诊验属于卫生处理。这些措施涉及对公民人身自由的限制，强制公民如实提供个人信息（包括具有私密性的个人健康信息），强制公民接受符合规范的诊疗行为并在达到规定标准的前提下解除隔离措施。发现传染病病人后，还应当对密切接触者进行排查。《传染病防治法（修订草案）》第48条第1款第7项授权县级以上地方人民政府“在一定范围内实施人员排查、疫情监测等社区防控措施”。第五，社交禁令。社交禁令不同于社交距离限制，它具有直接禁止特定范围、种类或者规模的社会交往活动的法律效果，违反社交禁令的，应当追究其法律责任。《传染病防治法》第42条第1款第1、2项规定的“限制或者停止集市、影剧院演出或者其他人群聚集的活动”“停工、停业、停课”属于典型的社交禁令。第六，疫区封锁。疫区封锁涉及对有疫区旅居史的人员的检疫、隔离。《传染病防治法》第40条第2项规定了对疫点、疫区的“卫生处理”。此处所谓“卫生处理”，对人而言，主要是指居家检疫和集中检疫。《传染病防治法（修订草案）》第48条第1款第6项授权县级以上地方人民政府“在一定范围内实施交通管制”。第52条规定：“宣布疫区封锁后，实施交通管控，除维持社会基本运行的必需物资运输和参与疫情防控的人员、车辆外，禁止一切无关车辆、人员进入或离开。封锁期间，当地人民政府要保障区域内的医疗服务、社会稳定，提供基本生活保障等。”

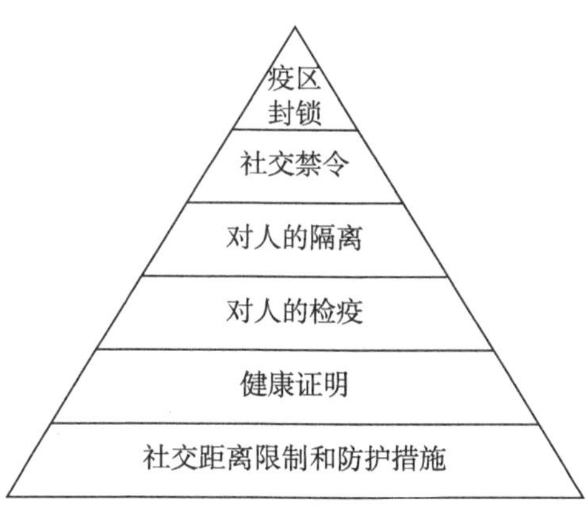

图4－2　对人措施的规制金字塔

新发传染病的防控决策尤其要权衡好科学化和法治化之间的关系,[1]在行政主体对特定情形做出决策的过程中,应当综合考虑专家意见和群众意见。既要避免将科学问题政治化,让群众情绪化的认知左右决策的客观性;又要避免忽略群众的感受,使制定的政策或做出的决定难以被自觉地遵守。诚然,公众对风险规制的参与,不一定能带来更优的结果。[2] 但是,放弃对公众舆论的正确引导,放弃对公众合理诉求的切实关注,一定不符合社会主义法治国家的要求。在具体防控措施的选择上,应当根据传染病疫情的严重程度和防控措施的实施情况,从"疫情应对规制金字塔"中有序地选择措施,有效落实比例原则的基本要求。

第四节 新发传染病防控的国际合作

一、新发传染病国际合作的历史演进

新发传染病的防控自始至终与全球化密不可分。一方面,新发传染病产生的重要原因之一是全球化。从直接原因来看,全球化必然导致国际旅行和贸易的增加,人口和货物的流动加快了病原体传播的速度、扩大了其传播范围。有些病原体在传播过程中遇到更容易感染的易感人群,可能造成比其疫源地更严重的破坏,在欧洲人征服美洲大陆的过程中,因为天花而死的印第安人比死于枪炮和刀剑的要多得多。[3] 有些病原体在传播过程中自身发生了变异,导致人体的免疫系统不能及时识别和消灭入侵体内的病原体,或者原有治疗方法的失灵,甚至产生新型或者新种传染病,例如艾滋病的易突变性就是多年来疫苗开发屡战屡败的关键原因。[4] 从间接原因来看,全球化也导致了内战、社会动荡、环境退化、城市化和贫富差距,部分国家,尤其是发展中国家的公共卫生治理能力不仅没有因为全球化而有所提升,其对市场的控制能力却会因为全球化而有

---

1 参见陈云良、陈煜鹏:《论传染病防治决策的法治化和科学化》,载《比较法研究》2020 年第 2 期。

2 参见[美]史蒂芬·布雷耶:《打破恶性循环:政府如何有效规制风险》,宋华琳译,法律出版社 2009 年版,"前言"第 10 页。

3 参见[美]贾雷德·戴蒙德:《枪炮、病菌与钢铁:人类社会的命运》(修订版),谢延光译,上海译文出版社 2016 年版,第 207 ~ 210 页。

4 See D. R. Burton, *Advancing an HIV Vaccine: Advancing Vaccinology*, Nature Reviews Immunology, Vol. 2, p. 77 (2019).

所减弱,这些因素为病原体的产生和传播提供了"温床"。[1] 另一方面,全球化为应对新发传染病危机提供了新的机遇。国际合作对抗传染病疫情滥觞于19世纪中叶的欧洲国家。1851年7月23日,第一届国际卫生大会在巴黎召开,讨论在建立防疫区方面的合作,拉开了现代意义上国际公共卫生合作的序幕。[2] 早期以有限的区域性国际合作为基础,以检疫为主要措施。1866年有专家指出,随着国际贸易和旅行的发展,检疫并不能有效对抗疾病入境。[3] 1946年WHO成立,从整体上有力推动了全球卫生治理的发展。但是新的挑战仍然在持续涌现,国家层面的公共卫生设施条件恶化甚至消失,国际公共卫生项目失败,社会、经济、环境问题频发,呼唤国际合作迈向更高的阶段。[4]

将新发传染病作为国际合作的重要议题之一,并且真正实现制度化,是从《国际卫生条例》开始的。1892年,在意大利威尼斯召开的第7届国际卫生大会(International Sanitary Conferences)上,通过了人类历史上首部具有拘束力的《国际卫生条约》(International Sanitary Convention),霍乱是当时唯一规制的疾病;5年后,又在原有基础上增加了控制鼠疫的规定。[5] 1902年,泛美卫生组织(Pan American Health Organization)的前身——国际卫生局(International Sanitary Bureau)在美国华盛顿特区正式成立,拉开了区域性多边公共卫生组织的序幕。[6] 1907年,多国代表在罗马国际卫生大会缔结公约,决定成立国际公共卫生局(Office international d'Hygiène publique, OIHP),总部设在巴黎。[7] 这些国际组织成立时的管辖范围相当有限,除了鼠疫、霍乱,仅仅新增了黄热病。WHO成立后,于1969年通过了《国际卫生条例》。1995年,第48届世界卫生

---

1 See D. P. Fidler, *The Globalization of Public Health: Emerging Infectious Diseases and International Relations*, Indiana Journal of Global Legal Studies, Vol. 5, p. 33(1997).

2 参见赵磊:《全球突发公共卫生事件与国际合作》,载《中共中央党校(国家行政学院)学报》2020年第3期。

3 See F. Gutteridge, *The World Health Organization: Its Scope and Achievements*, Temple Law Review, Vol. 37, p. 1, 2(1963).

4 See D. P. Fidler, *International Law and Global Public Health*, University of Kansas Law Review, Vol. 48, p. 1, 10 – 12(1999).

5 See M. McCarthy, *A Brief History of the World Health Organization*, The Lancet, Vol. 360, p. 1111 (2002).

6 See A. A. Moll, *The Pan American Sanitary Bureau: Its Origin, Development and Achievements*, Boletín de la Oficina Sanitaria Panamericana, Vol. 1, p. 44 (1941).

7 See I. Borowy, *The League of Nations Health Organization: From European to Global Health Concerns*, University of Bergen, 2010, p. 11.

大会(World Health Assembly, WHA)决定修改国际卫生条例,理由是管辖范围过窄,仅限于鼠疫、霍乱和黄热病3种法定传染病(notifiable diseases),无法有效应对未知的新发传染病;过于依赖国家的官方报告;缺乏正式的国际协调机制以防止疾病的国际传播。[1] 2005年修订的《国际卫生条例》,不再以明文规定的法定传染病为主要规制对象,而是以"国际关注的突发公共卫生事件"为基石进行制度设计。[2] 新发传染病便不再是全球卫生治理中的法律飞地,而是被置于WHO的管控之下。尽管《国际卫生条例》在新发传染病防控制度上取得了史无前例的长足进步,然而新冠疫情暴露出当前的制度仍然存在诸多问题,这些问题严重阻碍了全球突发公共卫生事件应对方面的国际合作,造成不必要的争端和损失。例如,新冠疫情引起全球大流行后,一些美国私主体和州地方当局对中国政府和部门提起了一系列诉讼,这些"追责论"不仅在程序法上难以成立,与国家主权豁免原则相悖,而且在实体法上也缺乏基础,因为现有证据表明中国积极履行了向WHO的报告义务,并且中国对美国并没有进一步的义务需要履行。[3] 美国政府转移矛盾的行为对于尽早控制新冠疫情并无实益,反而恶化了疫情。

二、新发传染病的命名

新发传染病的命名既来自人们对疾病的认识,又影响对疾病的态度。命名首先是一个科学问题,对一种新发传染病的名称应当与对其认识的深入程度相适应。例如,2020年2月8日,新冠肺炎被命名为"新型冠状病毒肺炎"(Novel Coronavirus Pneumonia, NCP)。[4] 其中,"新型冠状病毒"是指引起这种疾病的病原体是一种以前未被人类认识的冠状病毒,"肺炎"是指这种疾病主要表现为肺炎的症状。但是,这种认识是比较肤浅的。一方面,"新型冠状病毒"的语义

---

1 See A. Merianos & M. Peiris, *International Health Regulations* (2005), The Lancet, Vol. 366, p. 1249,1250(2005).

2 See D. P. Fidler & L. O. Gostin, *The New International Health Regulations: An Historic Development for International Law and Public Health*, The Journal of Law, Medicine & Ethics, Vol. 1, p. 86 (2006).

3 参见沈伟:《民粹国际法和中美疫情法律之困》,载《中国法律评论》2020年第4期。

4 参见国家卫健委《关于新型冠状病毒肺炎暂命名事宜的通知》,载国家卫生健康委员会官网2020年2月7日,http://www.nhc.gov.cn/yzygj/s7653p/202002/18c1bb43965a4492907957875de02ae7.shtml。

指涉范围过大，尽管已知可以感染人类的冠状病毒（含新冠病毒）仅7种[1]，然而没有人能够保证不会发现第8种甚至更多新的类型。另一方面，新冠病毒感染导致的疾病也可能不是肺炎，甚至不是呼吸道疾病，而是恶心呕吐、腹泻等消化道症状，头痛等神经系统症状，心慌胸闷等心血管系统症状，乃至结膜炎等眼科症状等。[2] 2020年2月11日，WHO正式将新冠肺炎命名为"2019冠状病毒病"（Coronavirus disease 2019，COVID－19）。[3] 这个名称相比"新型冠状病毒肺炎"更科学，因为"2019冠状病毒"表明这种冠状病毒是在2019年首次被人类认识，而"病"则可以囊括任何由该种病原体引起的症状。随着科学研究的深入，人类对疾病的认识不断取得突破，原有的知识固然存在不完善，但终究不涉及国家、群体或者个人的权利问题。然而，存在借命名问题对特定国家、群体或者个人进行歧视的情况，包括污名化（stigma）和社会敌意（social hostility）。污名化试图将"病人"的负面特征刻板印象化，使"病人"成为一种不名誉身份；引起制造一个群体对另一个群体的矛盾和对立，被针对的群体的合法权益往往会失去保障甚至受到侵害。[4] 早在2015年5月8日，经过与世界动物卫生组织、联合国粮食及农业组织的共同磋商，WHO发布了《新人类传染病命名的最佳实践》。《新人类传染病命名的最佳实践》指出在疾病名称中应当避免使用包括地理方位，如中东呼吸综合征、西班牙流感、裂谷热；人名，如克罗伊茨费尔特－雅各布病、恰加斯氏病；动物或食物种群，如猪流感、禽流感、猴痘等；涉及文化、人口、工业或职业的内容，如军人、护士等；以及有可能引起过度恐慌的术语，如不明、致命、流行等。《新人类传染病命名的最佳实践》缺少法律效力，不能及时、有效地制止美国政府的歧视性言论，纵容了侵害海外华人合法权益的违法犯罪行为。因此，有必要对《新人类传染病命名的最佳实践》进行完善。其中，涉及科学性的问题，WHO有权提出建议，成员国政府可以选择是否接受建议名称；涉及平等原则的问题，WHO应当禁止其成员国政府使用歧视性名称，并要求成员国政府通过其国内法规范非政府的组织或者个人的相关行为。2021年5月

1　参见巩玥等：《冠状病毒的研究现状》，载《中国生物工程杂志》2020年第Z1期。

2　参见史河水等：《新型冠状病毒（2019－nCoV）感染的肺炎临床特征及影像学表现》，载《临床放射学杂志》2020年第1期。

3　参见《世卫组织应对COVID－19疫情时间线》，载世界卫生组织网2020年6月29日，https://www.who.int/zh/news-room/detail/29－06－2020－covidtimeline。

4　See L. O. Gostin, S. Burris & Z. Lazzarini, *The Law and the Public's Health: A Study of Infectious Disease Law in the United States*, Columbia Law Review, Vol. 99, p. 92－94 (1999).

31 日,WHO 在第 74 届世界卫生大会再次宣布以希腊字母来命名新冠病毒的变异毒株,以避免将病毒与其最早发现国家联系起来而导致污名化。WHO 正在讨论修订《国际卫生条例》,并呼吁 WHO 成员国制定防范和应对大流行病国际条约,我国应当主动提出把《新人类传染病命名的最佳实践》规制纳入新的"国际卫生条例"和"防范大流行病国际条约",防止借命名污名化,将防疫政治化,阻碍成员国共同抗疫。

三、新发传染病的应对

新发传染病的监测制度相对而言比较成熟,问题主要集中在监测能力和监测意愿的冲突上。1969 年的《国际卫生条例》监测的传染病只有霍乱、鼠疫和黄热病 3 种,不包括绝大多数新发传染病,由此导致 1995 年发生在扎伊尔共和国(今刚果民主共和国)的埃博拉疫情和 1993 年发生在美国的汉坦病毒肺综合征疫情肆虐,疾病监测却无法可依的尴尬局面。[1] 2005 年的《国际卫生条例》扩大了监测范围,监测对象从现实危险(法定传染病)扩大到风险(可能构成国际关注的突发公共卫生情况的所有事件),而这个风险主要是指"循环风险"(circulating risks),即由于健康危险因素的循环而导致的风险。[2] 2005 年修订的《国际卫生条例》附件 2 规定了"国际关注的突发公共卫生事件"构成标准:(1)事件的公共卫生影响是否严重;(2)事件是否不寻常或意外;(3)是否有国际传播的严重危险;(4)是否有限制国际旅行或贸易的严重危险。无论是人们熟知的霍乱、鼠疫和黄热病,还是未知的新发传染病,都可以根据这几个条件认定为"国际关注的突发公共卫生事件",引导全球共同应对。这一改变无疑为健康权提供了最大限度的保护,落实了《世界卫生组织组织法》第 1 条"使全世界人民获得可能达到的最高的健康水平"的规定。但是,病种的模糊化也造成了监测能力和监测意愿之间的矛盾。部分国家具备监测能力,但是因为各种原因(主要是政治原因)而拒绝检测、报告、通报和核实。2020 年 8 月 24 日,美国疾病控制与预防中心修改新冠肺炎检测指南,指出"如果你与一个感染新冠病毒的人有近距离接触(在 6 英尺之内),但没有症状,你不一定需要检测,除非你是

---

1 D. P. Fidler et al., *Emerging and Re-emerging Infectious Diseases: Challenges for International, National, and State Law*, The International Lawyer, Vol. 31, p. 778, 779 (1997).

2 G. Blouin Genest, *World Health Organization and Disease Surveillance: Jeopardizing Global Public Health?*, Health, Vol. 6, p. 609 (2015).

身体虚弱或你的医疗保健提供者或州或地方公共卫生官员建议你检测”[1]。8月27日,美国传染病专家福奇(Anthony S. Fauci)对指南中的内容感到十分担忧,因为这会误导民众认为无症状感染并不重要,事实恰恰相反。[2] 部分国家虽然积极采取监测措施,但是监测能力却严重拖累了抗击新冠疫情的步伐,导致国家无法精准地实施卫生治理。最为典型的是印度,尽管印度采取了较为严厉的防控措施,然而其检测率远低于美国,甚至低于巴西,[3] 加上印度公共卫生基础设施薄弱,[4] 就使得印度的累计确诊人数和新增确诊人数一直处于世界前列。2021年新冠疫情再度肆虐,印度成为全世界最危险的疫区,传染力极强的变异新冠病毒德尔塔毒株首先在印度发现。全球应对新冠疫情行动中,不发达国家的监测能力的提升是取得疫情防控成功的前提条件。

2005年修订的《国际卫生条例》对确定为国际关注的突发公共卫生事件的新发传染病的应对措施主要是规定了成员国加强公共卫生治理的义务、及时通报疫情信息、加强边境检测等。尽管其摒弃了传统的法定传染病规制模式,将其规则对象扩大到可能产生公共卫生危险的任何已知传染病和新发传染病,克服了原《国际卫生条例》不能应对新发传染病的局限。但是,其仍然受锢于传统的公共卫生事件治理逻辑,核心在于督促缔约国加强国内公共卫生治理,提高其治理能力。但同时该条例没有预见到会发生新冠肺炎这种在全球如此广泛扩散的新发传染病,对于如何有效联合各成员国采取协调一致的集体行动应对疫情所做的规定十分有限(仅见第44条)。《国际卫生条例》本质上是促进成员国防控传染病的指导性文件,而不是一个全球合作抗疫的规范。因此,尽管WHO总干事谭德塞一次又一次呼吁全球各国应当团结一致应对新冠疫情,只有全球团结才能战胜新冠疫情,但是美国等西方国家总是各行其是,并不遵循WHO的建议,忙于推卸责任,甚至进行污名化攻击,将新冠疫情作为对抗打压

---

1 *Overview of Testing for SARS-CoV-2 (COVID-19)*, CDC(15 September 2020), https://www.cdc.gov/cor-onavirus/2019-ncov/hcp/testing-overview.html.

2 *Fauci Says He Was in Surgery When Task Force Discussed CDC Testing Guidelines*, CNN (15 September 2020), https://edition.cnn.com/2020/08/26/politics/fauci-coronavirus-cdc-testing/index.html.

3 *Rate of Coronavirus (COVID-19) Tests Performed in the most Impacted Countries Worldwide as of September* 7, 2020 (*per million population*), Statista (15 September 2020), https://www.statista.com/statistics/1104645/covid19-testing-rate-select-countries-worldwide/.

4 L. Bhandari & S. Dutta, *Health Infrastructure in Rural India*, India Infrastructure Report, Vol. 11, p. 272 (2007).

中国的机会。目前来看，鼠疫、霍乱、黄热病等传统传染病的诊断、治疗方法非常成熟，药品和疫苗也较为充足，《国际卫生条例》不需要对其做出专门规定，但是新发传染病的诊断治疗方法、药物和疫苗研发都是未知的，特别需要 WHO 发挥领导作用，组织全世界力量来迅速解决。但《国际卫生条例》受锢于法定传染病防控思维惯性限制，对这些至关重要的问题没有涉及。正是因为现行的《国际卫生条例》应对新发传染病捉襟见肘，不能有效组织成员国团结合作抗疫，不能阻止抗疫污名化、政治化行为，不能对新发传染病的诊断方法、治疗技术、药品和疫苗研发、疫苗分配进行有效协调，不能有效化解各种争端，2021 年 5 月，第 74 届世界卫生大会通过"加强世界卫生组织对突发公共卫生事件的防范和应对决议"，要求成立一个会员国工作组来化解以上困境，同时决定响应 WHO 及英法德等国领导人倡议制定防范和应对大流行病的国际条约，2021 年 11 月召开的世界卫生大会特别会议启动了"大流行病国际条约"起草。

新发传染病对长期以来建立的旧公共卫生体系造成巨大的冲击，传统的治理经验与规制模式被新冠肺炎击得粉碎，医学科学和法律科学受到巨大挑战。从国际经验来看，将新发传染病作为一种独特的类型单独分类，探索其法律规制与法定传染病之间的共性以及其自身的个性，这是公共卫生法历来的变革路径。过去针对特定的法定传染病病种做出的固化调整方式，受到了当今日益严峻的新发传染病挑战，必须重新加以改造并且赋予地方基层政府更多自由裁量的权力。在国际上则可能另起炉灶，专门单独制定"大流行病条约"。在其中，必须把握好两方面的平衡。一方面是新发传染病防控措施的科学性，科学性主要解决事实判断的问题。新发传染病的防控措施首先是一种技术，"具备传染病流行特征的不明原因聚集性疾病"究竟是不是传染病，其危害程度究竟如何、采取特定防控措施的实际效果如何等问题，都必须由科学来回答，而不能被政治化。新发传染病的监测可以借助"大数据"技术更加及时、准确的探知，新发传染病的应对更要通过药物、疫苗才能较为彻底地解决，精准治理离不开科学技术的发展与运用。另一方面是新发传染病防控措施的合法性，合法性主要解决价值衡量的问题。比例原则之所以在新发传染病防控制度中占据如此重要的地位，正是因为它是平衡价值的一项重要法律制度。同样重要的还包括在传染病防控决策程序中的专家论证、公众参与和权利救济，每个群体的利益都应该被法律平等地对待和考虑，一味追求高效率、低成本的"硬核"治理手段，反而会与法治国家对公平正义的追求背道而驰。科学性和合法性不是位阶高低的关系,而是各自有自己发挥功能的场域。不尊重科学,用民主投票来决定戴口罩是不是能预防新冠肺炎的行为是荒唐的;忽视个案正义,采取“一刀切”的手段用法定传染病规制模式去应对未知的新发传染病的立法也终究要被摒弃。对新发传染病的单独分类进行规制是我们的历史使命,这一制度的成功将有力地撬动人类卫生健康共同体迈向新的高度。

第五章　基本医疗服务体系的法治构建

目　　次

基本医疗卫生服务包括基本公共卫生服务和基本医疗服务。本书在第三章、第四章论述了基本公共卫生服务法治化问题，从本章起便开始研究基本医疗服务的法治化问题。基本医疗服务法治化主要包括基本医疗服务体系法治化、基本药物制度法治化、基本医疗保障法治化、医疗服务监管法治化、基本医疗服务请求权等具体内容。《基本医疗卫生与健康促进法》第29条规定："基本医疗服务主要由政府举办的医疗卫生机构提供。鼓励社会力量举办的医疗卫生机构提供基本医疗服务。"政府和社会力量举办的医疗卫生机构共同构成了基本医疗服务体系（同时是基本公共卫生服务体系）。基本医疗服务体系承担着基本医疗服务的供给任务，其完善与否直接决定了基本医疗服务是否公平可及。虽然我国早已建立了城乡基本医疗服务网络，但在制度建设层面依然存在不少缺失。尤其是在向市场经济体制转型过程中，原有的体制机制难以满足医疗服务需求。医疗卫生资源体量不足、质量不高、结构与布局不合理、服务体系碎片化、部分公立医院单体规模不合理扩张等问题依然突出。[1] 本章旨在结合社会转型背景梳理基本医疗服务体系中存在的主要问题,并从法治层面给出解决方案。

第一节 基本医疗服务的源流及其界定

一、医改政策与医事立法中基本医疗服务概念梳理

基本医疗服务作为卫生法中的核心概念之一,其内涵与外延却并不明晰,理论界虽然对此展开了多角度分析,但至今未能形成一个被普遍接受的界定方案。基本医疗服务作为一项国家义务,是医改政策与医事立法不可回避的问题。为了防止仅仅从理论到理论对基本医疗服务这一概念界定得出的空洞结论,避免在实践中出现形同虚设,应当首先以基本医疗服务为线索重新观察我国医改政策与医事立法的变迁过程。

(一)计划经济时期尚未产生基本医疗服务概念

医疗保障制度要在效率与风险分担之间权衡。[2] 我国在计划经济时期采取风险分担模式,表现为城市的劳保医疗、公费医疗和农村的合作医疗。1951 年颁布的《劳动保险条例》针对企业职工构建了劳保医疗制度体系。1952 年政务院颁布的《关于全国各级人民政府、党派、团体及所属事业单位的国家工作人员实行公费医疗预防的指示》和原卫生部制定的《国家工作人员公费医疗预防实施办法》(已失效)以及 1953 年原卫生部施行的《关于公费医疗的几项规定》共同构建了以国家机关与事业单位的工作人员为保障对象的公费医疗制度体系。1955 年,山西省高平市米山乡实行“医社结合”模式,这一由社员群众出“保健费”的集体保健医疗费制度开创了合作医疗先河。[3] 1979 年,原卫生部发布了《农村合作医疗章程(试行草案)》,该草案结合了 1978 年《宪法》需求与已有实践经验,正式将农村合作医疗予以制度化。

对于患者而言,劳保医疗和公费医疗均是免费医疗,但二者都以强大的财

---

1 参见国务院办公厅《全国医疗卫生服务体系规划纲要(2015—2020 年)》。

2 参见杜创、朱恒鹏:《中国城市医疗卫生体制的演变逻辑》,载《中国社会科学》2016 年第 8 期。

3 参见张自宽:《对合作医疗早期历史情况的回顾》,载《中国卫生经济》1992 年第 6 期。转引自仇雨临:《中国医疗保障 70 年:回顾与解析》,载《社会保障评论》2019 年第 1 期。

政为后盾。在计划经济体制和国有企业经营背景下,劳保医疗和公费医疗尚能在形式上得以维系。但随着改革开放的推进以及市场经济体制的建立,免费医疗带来了巨大经济负担,并严重制约着国家经济职能的履行和企业正常经营活动的开展。世易时移,财政逐渐无法维系以免费医疗为特征的劳保医疗和公费医疗体制。农村合作医疗则随着"集体"的解体而逐步解体,广大农民的医疗服务需求失去了坚实的体制保障。医疗服务需求和医疗服务供给之间的矛盾变得日益尖锐,基本医疗服务这一概念也随着缓解上述矛盾逐渐浮出水面。

(二)基本医疗服务概念缘起于市场经济体制改革

1992 年 9 月,原卫生部发布的《关于深化卫生改革的几点意见》明确"调整收费结构,保证基本医疗预防保健服务,放开特殊医疗预防保健服务价格"。基本医疗服务从医疗服务体系中被分离出来,在价格上受到更严格的管制。在 1993 年全国卫生工作会议上,时任卫生部部长陈敏章正式提出了"基本医疗服务"这一概念,强调"基本医疗服务必须给予保证,提供医疗质量和服务效率,体现政府对全体社会成员的一定的福利性照顾"[1]。1997 年,中共中央、国务院发布的《关于卫生改革与发展的决定》提出"建立社会统筹与个人帐户相结合的医疗保险制度,逐步扩大覆盖面,为城镇全体劳动者提供基本医疗保障",强调"合作医疗对于保证农民获得基本医疗服务、落实预防保健任务、防止因病致贫具有重要作用"。在医疗服务供给能力不足而医疗服务需求日益膨胀的背景下,保障人民能够获得基本医疗服务成为各项医疗卫生政策的核心任务。

至于何为基本医疗服务,上述政策尚未有实质性阐释。1998 年发布的国务院《关于建立城镇职工基本医疗保险制度的决定》特别要求,基本医疗保险的水平要与社会主义初级阶段生产力发展水平相适应。客观而言,基本医疗服务水平的高低受制于经济发展水平,基本医疗服务成本应贴合我国社会主义初级阶段医疗服务的人均财政支付的水平,而受这一因素制约,目前我国财政支付能力尚且未能包揽全体社会成员的医疗服务。2007 年,原劳动和社会保障部等六部门印发的《关于城镇居民基本医疗保险医疗服务管理的意见》明确提出"城镇居民基本医疗保险医疗服务范围包括用药、诊疗项目和医疗服务设施范围",这一决定符合我国当前的经济发展水平。

---

1 陈敏章:《在全国卫生工作会议上的报告(摘要)》,载《中国卫生事业管理》1993 年第 2 期。

(三)新医改明确了基本医疗服务的本质属性

如果说国务院发布的《关于建立城镇职工基本医疗保险制度的决定》和《关于城镇居民基本医疗保险医疗服务管理的意见》这两个文件仅仅是从形式层面划定基本医疗服务的边界,那么2009年出台的中共中央、国务院《关于深化医药卫生体制改革的意见》则从实质层面揭示出基本医疗服务的制度属性。该意见提出要把基本医疗卫生制度作为公共产品向全民提供,将为群众提供安全、有效、方便、价廉的医疗卫生服务作为深化医药卫生体制改革的总目标。2009年是新医改元年,"新"的含义在于"强化政府在基本医疗卫生制度中的责任"。以计划经济体制为依托的劳保医疗、公费医疗和旧农村合作医疗解体后,中国医疗卫生体制改革模仿经济体制改革走上了市场化道路,进而从风险分担模式转向了效率模式。这一转变却不断加重人民的就医负担,看病难、看病贵问题日益突出,医患纠纷愈演愈烈,医疗服务市场出现失灵。将基本医疗服务供给回归公益性并由政府主导,弱化基本医疗服务的私人产品属性,强化基本医疗服务的公共产品属性逐渐成为新一轮医疗卫生体制改革的基本理念。2012年国务院出台的《卫生事业发展"十二五"规划》则进一步提出"强化政府保障基本医疗卫生服务的主导地位"。从公共产品属性到政府主导性的保障义务,基本医疗服务的地位日益彰显。2019年通过的《基本医疗卫生与健康促进法》被认为是保障公民健康权的基本法,其对基本医疗服务进行了体系化处理,将基本医疗服务与基本公共卫生服务一并纳入基本医疗卫生服务,并从权利视角强调"公民依法享有从国家和社会获得基本医疗卫生服务的权利",规定"基本医疗服务主要由政府举办的医疗卫生机构提供"。

通过梳理我国医改政策和相关医事立法,可以就基本医疗服务得出以下结论:第一,基本医疗服务是计划经济逐步解体、市场经济逐步成型后产生的概念;第二,基本医疗服务交由市场机制解决将会产生严重的市场失灵问题;第三,从保障公民健康权的政策考量出发,应当将基本医疗服务拟制为公共产品并由政府承担给付义务。

二、基本医疗服务界定逻辑导向之反思

上述医改政策和医事立法所涉及的对基本医疗服务的规定具有明显的问题导向,这种以解决问题为中心的应对方案无暇甚至也无意顾及基本医疗服务概念的理论抽象。但这并不等同于对基本医疗服务的理论分析没有意义,相

反，只有在理论上对此问题深入研究，相关政策和立法才能在实践中更好地得到实施。正因如此，近年来关于基本医疗服务的理论研究日益丰富，并且覆盖了法学、经济学、公共卫生学、社会保障学、政治学等相关学科。

（一）技术导向抑或权利导向

对于基本医疗服务的界定方法，有学者进行过系统梳理，总结得出学界目前存在的四种代表性学说，分别是“医疗服务场所标准说”“疾病病种根据标准说”“医疗费用标准说”“成本效益标准说”。[1] 上述几种代表性学说的含义不言自明，而且从不同角度对基本医疗服务进行界定存在一定的合理性，但总体而言仍偏重于技术层面的操作性，法理层面的正当性论证尚显不足。基本医疗服务关涉实实在在的健康问题，每天都会有大量的患者涌入医疗机构，如果对其界定缺乏可操作性，会导致仅仅停留在“是否”层面，至于应该如何获得、获得何种医疗保障将难有定论。此外，医疗服务的效率必然也大打折扣，由此引发的医患纠纷会不断增加。因此，从技术层面强化基本医疗服务界定的可操作性无可非议。

然而，从立法来看，法律绝不仅是技术性规则的叠加，还需要考量重重立法价值并加以权衡，不能单一地从技术层面创制规则，否则规则的正当性和生命力都将受到影响。从公民的角度来看，基本医疗服务是生命健康的重要保障，获得基本医疗服务因而也就构成一项权利。有学者专门提出“基本医疗服务权”的概念，认为“基本医疗服务权属于社会权，其核心价值追求的不仅是社会公平，更是实质上的平等”[2]，并且基本医疗服务权应该纳入国家救济渠道。这一主张在学界已经得到了越来越多的认可。如果基本医疗服务是一项权利，那对基本医疗服务内容的界定就不能简单地以技术性标准予以框定。权利的产生及其内涵的界定有其内在的理论逻辑，不能因追求可操作性而被忽略。由此，上述四种对基本医疗服务界定的代表性学说，以技术为导向而非以权利为导向，这一方法论的选择存在明显偏差。

（二）供给导向抑或需求导向

如上所述，基本医疗服务已经被普遍认为是公民的一项权利，并且从性质

1　参见谭金可：《论基本医疗服务的立法界定》，载《东南学术》2018 年第 2 期。

2　许中缘、翁雯：《论基本医疗服务权的救济》，载《苏州大学学报（哲学社会科学版）》2016 年第 2 期。

上来看是一种社会权。社会权与自由权相对，所对应的是国家的积极给付义务。因此，国家的给付能力就决定了公民基本医疗服务的保障水平，供给导向的基本医疗服务界定模式于是逐渐浮现出来。以供方标准界定基本医疗服务，最大的优势在于能将基本医疗服务限制在提供能力范围之内。但基本医疗服务是健康权的根本保障，当基本医疗服务的概念由支付能力决定而不是由实际需求决定时，许多服务对象，尤其是低收入者，将面临由疾病造成的巨大经济风险，甚至因病致贫。联合国《世界人权宣言》第 25 条第 1 款规定，“人人有权享受为维持他本人和家属的健康和福利所需的生活水准，包括食物、衣着、住房、医疗和必要的社会服务”。以供方标准界定基本医疗服务，有可能导致这项国家义务被回避。

在医改实践中，对基本医疗服务往往采用个案化的方式界定，即根据医学技术的合理性和社会经济的承受能力，对某一患者或某种疾病，在检查、诊断和治疗等项目上进行规范来确定基本医疗服务。这一界定方法忽略了医疗服务产品的特征、医疗服务市场的特点和医疗技术的复杂性，存在边界模糊和可操作性差的问题，容易导致医疗资源的过度利用、医疗服务的过度保障、供方的过度供给等弊端。个案化的界定方式实则是供方标准的体现，源自国务院《关于建立城镇职工基本医疗保险制度的决定》中用基本医疗保险药品目录、诊疗项目、医疗服务设施标准确定基本医疗服务范围和标准的规定。

按照 WHO 的定义，基本医疗满足最迫切的医疗卫生需求，是按照疾病的流行和分布筛选出来的有效、安全、价廉的医疗卫生保健。[1] 以公民基本医疗服务需求为导向才更契合权利保障的内在逻辑。坚持需求导向，才能倒逼基本医疗服务的供给主体积极回应和有效满足公民在基本医疗服务方面的需求变化，实质性地保障公民基本医疗服务权利。在实践中，随着生存条件的变化，公民的基本医疗服务需求始终处于动态演化的过程之中。只有立足需求端，才能确保国家的基本医疗服务给付“从群众中来、到群众中去”，充分保障公民健康权。此外，我国不同地区基本医疗服务供给能力存在一定差距，而重视地区间“空间联动”作用有利于增强供给能力较强地区的正向溢出效应，[2] 因而不能完全受

1　参见朱炜、马伟杭：《新时期基本医疗的界定与发展策略研究》，载《卫生经济研究》2015 年第 1 期。

2　参见陈志勇、韩韵格：《基本医疗卫生服务供给的动态演进及空间差异》，载《中南财经政法大学学报》2021 年第 2 期。

制于特定地区基本医疗服务的供给能力。

三、基本医疗服务的内涵厘定与属性辨析

(一)基本医疗服务的内涵厘定

基本医疗服务直接关系公民健康权的实现,并由此塑造了国家和公民之间的权利义务关系。基本医疗服务范围的大小映照着国家与公民之间权利义务的此消彼长,进而对公民寻求权利救济造成直接影响。因此,尽管基本医疗服务概念界定的争论颇多,但不能将其当作一个悬而待决的问题长期搁置。对我国基本医疗服务在规范性文件中演变历程的分析为准确定位基本医疗服务的概念提供了必要的背景性知识,而对当前存在的技术导向与供给导向的反思则有利于矫正可能存在的理解偏差。上述两项理论准备工作的共同指向是合理确定基本医疗服务的内涵,而对基本医疗服务具体内涵的界定需要把握如下几个问题。

第一,基本医疗服务是保障人体健康所必需的。从微观层面来看,人们参与各项社会交往的前提是拥有相对健康的身体,其他各项权利的获得与行使通常也以身体健康为前提。从宏观层面来看,人类组成社会共同体的原初动力在于依靠社会共同体能够更好地维系自身的生命健康。由此可见,保障人体健康是国家的一项基本职责。对于人体健康的目标有多层次的需求,在财力制约下,国家只能保障最基本的健康需求,也即保障人体健康所必需的基本医疗服务。那些虽于健康有益但非健康必需的服务,暂时不宜设定为国家义务,否则必定有部分人的基本健康需要因资源匮乏而得不到保障。基本医疗服务是健康权赖以实现的基本保障。一方面,政府要保障所有公民都能够享有基本医疗服务,能够经济、方便地看病就医;另一方面,政府也只保障公民的基本医疗服务,并不能无条件地满足患者的医疗服务需求。

第二,基本医疗服务是公平可及的。既然基本医疗服务是保障人体健康所必需的,那么每一个公民都应该能够公平获得。德沃金在关于平等理念的论述中特别指出,“必须在平等的基础上分配医疗卫生服务。即使在财富非常不平等甚至藐视平等的社会里,也不能因为一个人太穷,无力支付费用而不能得到他所需要的治疗”[1]。公平可及之所以值得被特别强调,在于我国区域之间发

---

1 [美]罗纳德·德沃金:《至上的美德:平等的理论与实践》,冯克利译,江苏人民出版社 2003 年版,第 126 页。

展不平衡,“医疗条件的区域差异势必会影响个人利用医疗卫生服务的可及性和便利性,进而对个体健康水平产生影响”[1]。在农村欠发达地区,由于优质医疗卫生人力下沉不足、人口分布较为分散等,基层群众很难获得必要的医疗服务,病与贫在许多农村地区呈现出明显的同构性。强调基本医疗服务是公平可及的,并非以“公平可及”之名降低基本医疗服务的整体水平,而是要以“公平可及”的目标不断提升国家在保障基本医疗服务方面的能力,补足被市场机制所遗忘的基本医疗服务领域。

第三,基本医疗服务是适宜的。适宜是从技术层面对基本医疗服务提出的要求,即在充分考虑医疗成本和医疗效果的基础之上得出的医疗服务方案,确保既能实质性减少疾病对健康的损害,又能有效控制医疗费用的支出。如果对此处的适宜作更广义的理解,那么还需要注意基本医疗服务与经济社会发展水平相适应。现代社会基本医疗是一个不断发展变化的概念,随着社会经济、政治和文化的不断快速发展,人们对基本医疗的“基本”必然会提出更高的要求。[2] 因此,国家在基本医疗服务方面的义务也应不断作出调整。正如有学者所言,过去七十余年我国的医疗保障走过了一条以“病有所医”为目标的发展之路,下一阶段的发展目标应当是“病有良医”。[3]

第四,基本医疗服务在价格上是低廉的。政府主导是指政府在基本医疗服务提供中承担主要责任,保障人人享有基本医疗服务,而非承担全部责任。全民免费医疗并不是世界主流做法,我国现阶段的经济发展水平和实力也无力承担。英国一直坚持免费医疗,但是近年来也出现医疗服务质量下滑的严重问题,国家不堪重负。美国一直坚守医疗服务是私人产品的观念,其政策一直坚持由市场提供医疗服务,个人诊疗费用一直高居世界榜首。西方福利国家政策在新的全球竞争中面临严峻挑战,这也警醒我国应当坚持通过社会保险提供基本医疗服务的原则,而不是走免费医疗的道路,以避免陷入高福利陷阱。由此可见,公民也需要在基本医疗服务中承受一定负担。

1　白雪洁、程于思:《医疗资源配置的城乡区域差异与中老年人个体健康》,载《西安交通大学学报(社会科学版)》2019 年第 2 期。

2　参见徐明、郑雪芹:《我国基本医疗服务均等化的立法原则与政策展望》,载《中南民族大学学报(人文社会科学版)》2017 年第 2 期。

3　参见申曙光:《我们需要什么样的医疗保障体系?》,载《社会保障评论》2021 年第 1 期。

由上可知，基本医疗服务是指采用适宜药物，使用适宜技术，收取低廉费用，公民可公平获得的，按照规范诊疗程序提供的急慢性疾病的预防、诊断、治疗和康复等医疗服务。《基本医疗卫生与健康促进法》第15条第1款规定："基本医疗卫生服务，是指维护人体健康所必需、与经济社会发展水平相适应、公民可公平获得的，采用适宜药物、适宜技术、适宜设备提供的疾病预防、诊断、治疗、护理和康复等服务。"这是科学的、符合我国国情的，但对基本医疗服务价格（可负担性）未作出规定，存在一个潜在缺陷。因为国家保障每一个公民都能够享受到基本医疗卫生服务，首先要保障其能够用负担得起的价格购买医疗卫生服务。再适宜的药物，再适宜的诊疗技术，如果患者负担不起，公民获得基本医疗服务的权利依然会落空，基本医疗服务便不再具备可及性。

（二）基本医疗服务的属性辨析

仅从概念上对基本医疗服务予以界定尚不足以把握基本医疗服务的全貌。为形成对基本医疗服务概念的深入认知，还需要进一步辨析其基本属性。对此，学界已经有了比较丰富的研究，但也产生了一些争议。例如，有学者认为，基本医疗服务就是作为公共物品来提供的医疗服务，即任何一项医疗服务只要被作为公共物品来提供，便可称为"基本医疗服务"。[1] 还有学者认为，基本医疗服务是由多重属性决定的"社会性混合产品"，[2] 在承认其私人产品本质属性的同时意在强化政府义务。

在《基本医疗卫生与健康促进法》出台之前，我国的官方文件及学界著述一般不将基本医疗服务和公共卫生加以区分，而是将二者统一认定为公共产品。公共卫生属于公共产品，这是没有争议的。然而，医疗服务属于典型的私人产品，将两者予以合并而不加区分的提法意味着政府对公民的基本医疗服务负全责，这不利于发挥公共资源的最大化效益，并将给政府带来比较沉重的负担。"医疗服务的私人产品属性决定了其逻辑上应由市场来提供，由患者自由选择。"[3] 人类历史上，医疗一直是私人事务。到19世纪末20世纪初，社会权思想

---

1 参见任飞、王俊华：《基于差异的正义：我国基本医疗服务资源合理配置与实现路径》，载《苏州大学学报（哲学社会科学版）》2019年第5期。

2 参见严妮：《基本医疗服务的属性探究——基于公共产品理论及其边界》，载《卫生经济研究》2017年第9期。

3 Siegfried Karsten, *Health Care: Private Good vs. Public Good*, The American Journal of Economics and Sociology, Vol. 54, (1995).

滥觞,认为国家应对公民生存尽积极义务。当时的著名思想家狄骥提出:“17世纪的主权理论已经破产,公共服务的概念正在逐渐取代主权的概念成为公法的基础。”[1]社会权思想逐步被西方国家所接受,各国法律普遍把医疗服务拟制成公共产品,规定政府应当对其承担责任。经济合作与发展组织成员如英国、意大利、德国实行了免费医疗或普遍覆盖的社会医疗保险。一些经济欠发达国家,如印度、古巴等,也实行了基本疾病的免费医疗。

不难看出,尽管看病就医本质上是私人事务,但通过近现代社会的制度进化,基本医疗服务已被法律拟制成为政府担责的公共产品。我国近年来也明确规定基本医疗服务属于公共产品,强调政府对医疗的财政投入。基本医疗服务实质上为拟制公共产品,在这一语境下非必须免费提供,使中国的医疗服务本质上有别于西方国家的高福利。正因为医疗服务不同于公共卫生,不是完全的公共产品,只是法律拟制的公共产品,大多数国家是由个人、社会和国家共同承担,美国则是一直坚持由私人负责,只有少数国家,如英国、瑞典由国家免费提供。《基本医疗卫生与健康促进法》明确了基本医疗服务的这一性质,并在第82条第1款规定,“基本医疗服务费用主要由基本医疗保险基金和个人支付”。

第二节　我国基本医疗服务体系及其法律问题

一、基本医疗服务体系概说

对基本医疗服务的界定旨在阐明国家与公民之间的权利义务关系,即公民享有基本医疗服务权利,国家承担基本医疗服务保障义务。实践中,基本医疗服务的供给有赖于由各个层次的医疗服务机构共同构建,从而形成基本医疗服务体系。这一服务体系的建立,是政府提供基本医疗服务义务的重要保障,其内容包括基层医疗机构的设立和基本医疗服务设施的配置。[2] 基本医疗服务体系的覆盖面与制度建设直接影响基本医疗服务的可及性,建立健全基本医疗服务体系,科学合理地定位、规划医疗服务机构,对实现“保基本”的医改要求具有

1　[法]莱昂·狄骥:《公法的变迁》,郑戈译,中国法制出版社2010年版,第33页。

2　参见陈云良:《基本医疗服务法制化研究》,载《法律科学》2014年第2期。

重大意义。

2016 年印发的《"十三五"深化医药卫生体制改革规划》特别强调要"健全完善医疗卫生服务体系"。《基本医疗卫生与健康促进法》也从多个层面对此加以规定。第 5 条第 2 款规定:"国家建立基本医疗卫生制度,建立健全医疗卫生服务体系,保护和实现公民获得基本医疗卫生服务的权利。"第 3 章专门规定了医疗卫生机构,并在第 34 条第 1 款从国家义务层面特别规定,"国家建立健全由基层医疗卫生机构、医院、专业公共卫生机构等组成的城乡全覆盖、功能互补、连续协同的医疗卫生服务体系"。新医改以来,基本医疗服务体系的建设取得了明显成效,城乡三级医疗卫生服务网络日益完善,无论是机构数量、医疗设施还是服务能力都得到了提升(见表 5-1 和表 5-2)。

表 5-1　全国医疗卫生机构医疗服务量

机构类别	诊疗人次数/亿人次		入院人次数/万人次	
	2021	2022	2021	2022
医疗卫生机构合计	**84.7**	**84.2**	**24,732**	**24,686**
医院	38.8	38.2	20,155	20,098
公立医院	32.7	31.9	16,410	16,304
民营医院	6.1	6.3	3745	3794
医院中:三级医院	22.3	22.3	11,252	11,634
二级医院	12.5	12.0	6890	6521
一级医院	2.2	2.1	1120	1106
基层医疗卫生机构	42.5	42.7	3592	3619
其他机构	3.4	3.3	985	969
合计:非公医疗卫生机构	19.3	19.7	3820	3867

数据来源:国家卫健委统计信息中心官网。

表 5-2　全国医疗卫生机构数

机构类别	机构数/个		床位数/张	
	2021	2022	2021	2022
总计	**1,030,935**	**1,032,936**	**9,450,110**	**9,749,933**
医院	**36,570**	**36,994**	**7,414,228**	**7,662,929**
公立医院	11,804	11,746	5,207,727	5,363,364
民营医院	24,766	25,230	2,206,501	2,299,565
医院中:三级医院	3275	3523	3,230,629	3,445,405
二级医院	10,848	11,145	2,743,079	2,773,482
一级医院	12,649	12,815	726,054	732,490
基层医疗卫生机构	**977,790**	**979,768**	**1,699,776**	**1,744,425**
社区卫生服务中心	10,122	10,353	239,139	251,453
政府办	7042	7246	188,550	199,101
社区卫生服务站	26,038	26,095	12,581	11,601
政府办	10,631	10,279	2238	1836
乡镇卫生院	34,943	33,917	1,417,410	1,455,876
政府办	34,494	33,487	1,402,629	1,441,452
村卫生室	599,292	587,749	—	—
诊所(医务室、护理站)	271,056	282,386	1343	1439
专业公共卫生机构	**13,276**	**12,436**	**301,566**	**313,558**
疾病预防控制中心	3376	3386	—	—
专科疾病防治机构	932	856	40,611	39,133
妇幼保健机构	3032	3031	260,132	273,477
卫生监督所(中心)	3010	2944	—	—
计划生育技术服务机构	1588	787	—	—
其他机构	**3299**	**3738**	**34,540**	**29,021**

数据来源:国家卫健委统计信息中心官网。

然而,既有的县乡村三级医疗卫生服务网络存在内部差异,这一深层次矛盾仍然在制约着公民基本医疗服务权利的有效实现。在三级医疗机构中,政府给予县级综合医院更多的优惠政策及财政投入,赋予其疾病治疗及对乡镇卫生院的指导功能。实践中，县级医院过度重视治疗而轻视指导，[1]这就导致基层医疗服务机构的服务能力难以及时跟上。基层医疗卫生机构服务能力的不足，又导致服务效率的降低和医疗资源的浪费，阻碍有序就医格局的形成。[2]

二、农村三级医疗服务体系的法治构建

（一）农村三级医疗服务体系及其存在的问题

以县级医院为龙头、乡镇卫生院和村卫生室为基础的农村三级医疗卫生服务网络曾一度在农村的疾病预防、医疗、保健等方面发挥了重要作用，但随着经济体制的改革，医疗服务体系的运行与管理都发生了深刻变化。医疗服务资源逐步从基层医疗服务机构向高层医疗服务机构集中，县级医院的技术与水平迅速提高，而卫生院（室）的服务能力却逐步萎缩，原有的三级医疗卫生服务网络日渐衰退，呈现畸形的倒三角形结构。虽然近年来农村基层医疗服务得到了政府的支持，但基层医疗服务机构医疗服务网的功能仍然没有充分发挥。

有学者经过实证调研后发现，当前农村居民对三级医疗卫生服务的满意度评价存在差异，感到"一般"的是乡镇卫生院和村卫生室，感到"满意"的是县医院。[3] 一般来说，乡镇卫生院设备简陋，技术人员缺乏有效的规范化培训，诊疗水平有限，加上对繁重的公共卫生服务及健康扶贫任务已经力不从心，就诊率持续下降。大部分农民由于不信任卫生院（室）医疗能力，即便需要自付更高的医疗费用，也宁愿选择县级以上的大医院就诊，导致卫生院（室）进一步衰退。按照农村医疗服务体系的规划，在三级医疗服务网络中，乡镇卫生院和村卫生室都应该是农村居民就诊和转诊的首选机构。但目前的实践情况却与之相悖，大多数患者不论疾病的严重程度、轻重缓急都倾向于选择到大医院就诊，多数乡镇卫生院和村卫生室在基本医疗服务方面鲜有人问津。

（二）农村三级医疗服务体系的改进思路

农村三级医疗卫生服务网络的滞后是造成农民看病难乃至看病贵的重要

1　参见乔勇、李晓敏：《贫困地区农村医疗服务体系及政府投入反思》，载《湖北民族学院学报（哲学社会科学版）》2016 年第 6 期。

2　参见王俊、王雪瑶：《中国整合型医疗卫生服务体系研究：政策演变与理论机制》，载《公共管理学报》2021 年第 3 期。

3　参见薛珑、朱晓玲、赵军红：《农村三级医疗卫生服务体系的统计评价》，载《统计与决策》2019 年第 21 期。

原因,国务院前副总理刘延东在云贵调研时指出,要按照“保基本、强基层、建机制”的要求,加强公共医疗卫生服务体系建设,完善农村三级医疗卫生服务网络。因此,农村居民基本医疗服务保障的首要任务是修复和完善三级医疗卫生服务网络。

1. 进一步明确各级基层医疗服务机构的法律定位

农村三级医疗服务机构的存在意义在于设置不同层级的医疗服务机构来解决不同的医疗服务问题,从功能区分上缓解医疗资源的供需矛盾。由此,需要以功能区分为基础进一步明确各级基础医疗服务机构的法律定位与法定职责。对此,《基本医疗卫生与健康促进法》已经作出了初步规定。第 15 条第 2 款规定,基层医疗卫生机构主要提供基本医疗卫生服务,“包括基本公共卫生服务和基本医疗服务”。第 35 条规定,基层医疗卫生机构主要提供预防、保健、健康教育、疾病管理,为居民建立健康档案,常见病、多发病的诊疗以及部分疾病的康复、护理,接收医院转诊患者,向医院转诊超出自身服务能力的患者等基本医疗卫生服务。具体到农村三级医疗服务网络,村卫生室主要承担常见病、多发病的诊治和转诊工作,避免患者直接向县级医院集中,进而节省常见病和多发病患者的待诊时间。乡镇卫生院主要处理村卫生室没有能力治疗但又无须向县级医院转诊的疾病,同时承担一定的卫生技术人员培训工作;县级医疗机构承担农村医疗、急救服务、对基层卫生机构和人员的业务指导与培训职责。功能定位是为各级医疗服务机构配置医疗资源的基本依据。因此,基层医疗服务机构诊疗科目、床位数量、科室设置、人员配备、基础设施建设以及设备配置要与其功能定位相适应。县级以上人民政府应当制定并落实医疗服务体系规划,科学配置医疗资源,举办医疗机构,为公民获得基本医疗服务提供保障。各级医疗服务机构的功能与职责还需要通过建立相应的配套制度予以落实。

2. 科学确定疾病分级分类救治原则

由于各地区经济发展水平不一,病患状况也有所不同,各地必须因地制宜、因时制宜地制定和完善疾病分级分类救治原则。同时还要制定相应的制度来规范诊疗路径,防止医务人员为降低医疗风险而过度检查、过度诊断、过度医疗,避免医疗资源的浪费和医疗费用的畸高,杜绝类似哈尔滨“550 万天价医药费”[1]事件的发生。制定规范化的救治原则与诊疗路径也是重建农村居民对乡

1　参见《550 万天价医药费》,载新浪网 2024 年 4 月 11 日,http://news.sina.com.cn/z/550wtjylf/。

镇卫生院、村卫生室信任过程中的必要举措。

3. 加大财政支持力度，保障公益性原则的贯彻

《基本医疗卫生与健康促进法》第 3 条第 2 款规定："医疗卫生事业应当坚持公益性原则。"这一原则是深刻反思上一轮以市场化为导向的医疗体制改革"基本不成功"根源的结果。医疗服务与其他市场服务相比，存在严重的信息不对称的情况，医患之间并非普通的买卖关系，而是以信任为基础的委托代理关系。如果将医疗服务完全交由市场机制调节，患者将会处于非常不利的地位。以公益性原则主导医疗卫生事业发展才是正确选择。尤其是在基本医疗服务领域，患者维持身体健康必须接受相应的医疗服务，只有坚持公益性原则才能有效保障患者的身体健康。在此意义上，医疗卫生体系的公益性来源于国家主体，是政府在现代社会中的职责所在。[1] 就公益性原则的具体要求而言，个人不承担或较少承担费用是基层医疗卫生机构公益性的核心特征，而充足的财政投入又是实现机构公益性运行的前提条件。[2] 从实践来看，县乡村三级医疗机构之间仍是相对独立的利益主体，基层首诊、双向转诊，基于公益性的互助合作机制还难以建立。[3] 进一步加大政府财政支持力度是保障农村三级医疗服务体系公益性的必由之路：一方面，加大政府财政支持力度，可以降低患者的费用负担，让患者看得起病；另一方面，加大政府财政支持力度，可以强化基层医疗服务的可及性，为患者看病提供便利。

三、城市社区医疗服务体系的法治构建

（一）城市社区医疗服务体系格局

城市社区医疗服务体系是城市社区卫生服务体系的组成部分。20 世纪 90 年代中期以来，我国政府就把社区医疗服务体系建设作为缓解城市居民看病难、看病贵问题的重要措施，也作为推动医疗体制改革的一项重要举措。2006 年，国务院出台《关于发展城市社区卫生服务的指导意见》，再次明确了城市社

1 参见刘志军、王敏：《医疗卫生体系公益性与商业性的处理难题及其破解》，载《云南社会科学》2019 年第 1 期。

2 参见赵大海、谷书丽：《公共服务机构的公益性运行特征与必要条件：15 个发达国家基层医疗卫生系统的经验及对我国的启示》，载《上海交通大学学报（哲学社会科学版）》2018 年第 2 期。

3 参见邵德兴：《医疗卫生公益性嬗变析论——以改革开放以来农村基层医疗卫生政策变迁为例》，载《浙江社会科学》2015 年第 8 期。

区卫生服务体系对于方便群众就医，减轻费用负担，建立和谐医患关系的重要意义。国家卫健委统计信息中心发布的官方数据显示，截至 2019 年 7 月，社区卫生服务中心（站）3.5 万个，与 2018 年 7 月底比较，数量有所增加。[1] 社区卫生服务中心（站）数量的增加在一定程度上提升了基本医疗服务的可及度，也说明政府对基本医疗服务的财政投入力度在加大。但有学者研究发现，政府财政投入力度的加大并未使得社区卫生服务机构公益性提升。全国城市社区卫生服务中心在 2010 ~ 2016 年，门诊患者次均医药费和住院患者人均医药费，除 2011 年略低于 2010 年之外，其余各年均呈历年上涨趋势。[2] 因此，如何在提升城市基层医疗服务可及性的同时，强化其运行的公益性是如今面临的现实问题。

（二）城市社区医疗服务体系之优化思路

1. 城市社区医疗服务体系的整合

社区医疗服务体系的建设既要保证城市居民基本医疗服务的可及性，又要避免医疗服务资源的浪费和重复配置，因而必须制定切实可行的衡量指标作为社区医疗服务体系建设的基本依据。落实社区医疗服务体系规划的同时，应注重社区医疗服务的利用效率，避免造成浪费。从当前现实来看，城市社区卫生服务领域存在多元但零散的服务机构，包括政府办、公立医院办、企业办、个人办的社区卫生服务中心并存，不利于统一政策的制定与实施，也不利于城市社区卫生服务体系的综合管理，并且最终不利于社区居民基本医疗服务的有效保障。因此，必须对现有城市卫生服务机构进行整合，保障医疗卫生资源配置的公平可及。与此同时，还需要解决社区卫生服务机构同二、三级医院的垂直整合问题，通过建立公立医院服务集团对基本医疗服务提供系统保障。《医疗机构设置规划指导原则（2021—2025 年）》特别指出，在医疗机构设置中应当贯彻协同创新原则，合理规划发展紧密型城市医疗集团和县域医共体。

值得特别注意的是，老年人是基本医疗服务的主要群体，在越来越多的老年人选择居家养老的情况下，社区医疗机构还承担着大量老年人尤其是失能老人的基本医疗服务问题。在失能老人健康状况急需关注、医疗保障不足的情况

1　参见《2019 年 7 月底全国医疗卫生机构数》，载中国政府网 2019 年 10 月 21 日，http://www.nhc.gov.cn/mohwsbwstjxxzx/s7967/201910/f65dc75db8574f7a8048ab7c6b9a732e.shtml。

2　参见赵大海：《我国城市社区卫生服务机构的公益性研究：基于财政投入与工作动机的比较》，载《中国行政管理》2018 年第 12 期。

下，就近生活的社区日常照料和医疗卫生服务情况，特别是社区提供的免费或低费的公益性医疗卫生服务与设施，对失能老人具有重要的意义。[1] 因此，在完善城市社区医疗体系建设时，应注重社区医疗卫生服务建设与社区居家照顾体系的结合，推动开展多种形式的医养结合服务。

2. 政府与市场在社区医疗服务体系运行中的协同

随着我国分级诊疗体系的推进和完善，基层医疗机构在社区门诊和慢性病护理上将发挥越来越重要的作用，低端医疗服务市场的市场空间将扩大。[2] 由政府举办的城市社区卫生服务体系不足以满足基层医疗服务市场需求，市场机制因而获得了诸多发挥作用的空间。完善社区医疗服务体系首先是政府履行公共服务基本职能的内在要求。同时必须认识到，在此领域，社会力量在人、财、物等方面具有重要的补充作用。在政府职能缺位的地方，社会力量作用的释放可以有效弥补公共服务的空缺。城市社区卫生服务体系的运行既需要来自政府的充分支持，也离不开市场调节作用的有效发挥。一方面，社区卫生服务机构以公益性服务为主导原则；另一方面，有限的医疗卫生资源必须通过市场的作用才可以得到高效配置，美国社区卫生资源配置就主要以市场调节为主。因此，我们必须寻求政府与市场在社区卫生服务体系运作中充分发挥各自积极作用的协同机制。《医疗机构设置规划指导原则（2021—2025 年）》也鼓励社会办医，强调探索社会办医和公立医院开展多种形式的协作。对于市场发挥资源配置作用方面，社会力量举办医疗卫生机构也是资源配置的一种体现，《基本医疗卫生与健康促进法》第 41 条也明确国家采取多种措施，鼓励和引导社会力量依法举办医疗卫生机构，支持和规范社会力量举办的医疗卫生机构与政府举办的医疗卫生机构开展多种类型的医疗业务、学科建设、人才培养等合作，并在基本医疗保险定点、重点专科建设、科研教学、等级评审、特定医疗技术准入、医疗卫生人员职称评定等方面享有与政府举办的医疗卫生机构同等的权利。

1　参见孙继艳、郝晓宁、薄涛：《北京市失能老人社区照顾现状及需求分析》，载《中国卫生政策研究》2016 年第 11 期。

2　参见顾昕、陈斯惟：《民营医院在中国医疗供给侧的市场份额》，载《新疆师范大学学报（哲学社会科学版）》2018 年第 4 期。

第三节　村卫生室的功能定位与责任承担

一、村卫生室的功能定位

在农村三级医疗服务网络中，村卫生室处于“网底”位置，是与农民距离最近的医疗服务机构。《全国第六次卫生服务统计调查报告》显示，2018 年有 89.9%的家庭 15 分钟以内能够到达最近医疗点。对广大农民而言，最近医疗点通常就是所在行政村的卫生室。有学者从历史的角度专门考察了村医与国家关系的演变过程，认为新中国成立以来村医与国家的关系经历了“深度嵌入——正在脱嵌——偏差嵌入”三个阶段。[1] 从我国基层医疗卫生人力的配置情况来看，一个村卫生室往往就只有一个村医，村医的地位其实折射出了村卫生室的地位，村卫生室的功能定位也经历了“公共性——商业性——公共性”的变化过程。从当前的情况来看，村卫生室的功能定位无疑在于提供基本医疗卫生服务。

根据 2014 年《村卫生室管理办法(试行)》第 4 条的规定，村卫生室是农村公共服务体系的重要组成部分，是农村医疗卫生服务体系的基础。村卫生室的具体任务包括承担与其功能相适应的公共卫生服务、基本医疗服务和上级卫生计生行政部门交办的其他工作。在基本医疗服务方面，村卫生室的任务为：疾病的初步诊查和常见病、多发病的基本诊疗以及康复指导、护理服务；危急重症病人的初步现场急救和转诊服务；传染病和疑似传染病人的转诊；县级以上卫生行政部门规定的其他基本医疗服务。由此可见，村卫生室提供的基本医疗服务具有明显的公益性或公共性。

然而，制度层面的公益性设计并不意味着实践中公益性得到落实。原因有两方面：一是由于村卫生室在医疗人力和医疗设备等方面资源不足，“许多基层医疗机构的用房面积还未达标，门诊室和病房等硬件条件差，医疗设备陈旧，少数基层医疗机构连最基本的诊疗床和观察床都没有”[2]，难以提供农民需要的

1　参见张雨薇、武晋、李小云：《村医与国家：从深度嵌入到偏差嵌入》，载《湖北社会科学》2020 年第 4 期。

2　何佳馨：《新中国医疗保障立法 70 年——以分级诊疗的制度设计与进步为中心》，载《法学》2019 年第 10 期。

基本医疗服务，其后果是很多患者纷纷涌向综合医院。二是村卫生室也有自身利益追求。医疗机构与患者之间存在非常明显的信息不对称，这给医疗机构在医疗服务过程中获取利润创造了条件。据学者考察，很多名为村集体兴办的村卫生室，实际基本为村医个体兴办或承包经营的市场化经营机制，与集体毫无经济利益关系，完全是变相的个体经营行为。[1] 根据第七次人口普查的数据，与2010年相比，60岁及以上人口的比重上升5.44%，人口老龄化程度进一步加深，给医疗服务体系带来了巨大挑战。村卫生室作为医疗服务网络体系的"网底"，在治疗农民常见病、多发病以及健康护理方面理应承担起相应职责。虽然随着城镇化的推进，村卫生室的数量在减少，但截至2021年3月底，全国仍有60.9万个村卫生室。这些村卫生室连接的是广大农民群众，是与广大农民群众生命健康最为密切的医疗服务机构。由此可见，必须优化村卫生室的管理机制，确保村卫生室在提供基本医疗服务层面的公益性得到保障。

二、村卫生室的管理体制：一体化管理

（一）新医改前的乡村一体化管理

乡村一体化管理是从20世纪80年代初各地逐渐兴起的一种将乡镇卫生院和村级医疗机构纳入统筹管理的医疗资源配置模式。[2] 推行乡村一体化管理的初衷是充分利用乡村医疗卫生资源，发挥基层医疗服务机构在保障公民基本医疗服务供给方面的作用。但在实践中，乡村一体化管理却产生了一系列问题，如乡镇卫生院垄断医疗服务供给、对乡村医生不合理收费等。为解决实践中的问题，1999年卫生部（现为卫计委）基妇司出台了《关于进一步规范和积极稳妥地推行乡（镇）村卫生组织一体化管理的几点意见》。该意见强调，乡（镇）村卫生组织一体化管理的核心是"管理"，各地应将工作的重点落在"管理上"。2001年国务院体改办等部门公布的《关于农村卫生改革与发展指导意见的通知》（已失效）提出要完善乡村卫生服务管理一体化，强化乡镇卫生院对村卫生室的指导与监管作用，提高乡村卫生组织的综合服务能力。因此，乡村一体化管理的宗旨在于利用乡镇卫生院的资源提升村卫生室的医疗服务能力。2002

1 参见钱矛锐、杨竹、陈永忠：《论村卫生机构的性质、地位与功能》，载《医学与哲学（人文社会医学版）》2019年第12期。

2 参见王昕天、汪雷：《乡村医疗卫生系统一体化管理实践评述及政策转型》，载《贵州财经大学学报》2015年第3期。

年中共中央、国务院《关于进一步加强农村卫生工作的决定》强调,要进一步完善乡村卫生服务管理一体化,鼓励县、乡、村卫生机构开展纵向业务合作,提高农村卫生服务网络整体功能。2002 年原卫生部等部门印发《关于农村卫生机构改革与管理的意见》要求进一步完善乡村卫生服务管理一体化,加强乡(镇)卫生院对村卫生室的业务管理和指导,健全各种规章制度,规范村卫生室的服务行为,加强服务质量控制。《关于 2007 年国民经济和社会发展计划执行情况与 2008 年国民经济和社会发展计划的决议》也强调进一步完善乡村卫生服务管理一体化,提高农村卫生服务网络整体功能。

从上述对于新医改前乡村一体化管理政策的简单梳理可以看出,乡村一体化管理模式发生了一个转向,即从乡村卫生组织一体化模式转变为乡村卫生服务一体化模式。前者更加强调乡镇卫生院和村卫生室组织管理层面的整合,在实践中主要表现为弱化甚至消灭村卫生室的独立法律主体资格;后者更加强调乡镇卫生院和村卫生室服务职能层面的配合,注重提升农村医疗服务网络的整体效能。然而,无论是哪种模式的乡村一体化管理,皆缺乏具体的政策指引,导致乡村一体化管理的基层实践样态多样而效果不佳。实际上,乡村一体化管理的模式在全国并未广泛推广,即使到了 21 世纪也只停留在部分地区,[1] 原因也在于乡村一体化管理模式本身缺乏体系化的顶层设计。

(二)新医改后的乡村一体化管理

尽管很长一段时期乡村一体化管理实践的广度与深度均显不足,但其在应然层面强化基层医疗服务能力方面的功能始终存在。为此,新一轮医改仍然将此作为完善农村三级医疗服务网络的重要抓手。2009 年中共中央、国务院《关于深化医药卫生体制改革的意见》在"大力发展农村医疗卫生服务体系"部分提出,有条件的农村实行乡村一体化管理。为进一步落实上述意见,2010 年卫生部办公厅发布《关于推进乡村卫生服务一体化管理的意见》,从加强机构的设置规划与建设、加强人员的准入与执业管理、加强业务管理、加强药械管理、加强财务管理、加强绩效考核等方面提出了乡村一体化管理的具体路径。需要注意的是,该意见虽然规定了乡镇卫生院对村卫生室的绩效考核权,但并未明确乡镇卫生院和村卫生室财务管理方面的一体化,只是强调"乡镇卫生院和村卫生

1　参见王昕天、汪雷:《乡村医疗卫生系统一体化管理实践评述及政策转型》,载《贵州财经大学学报》2015 年第 3 期。

室应当严格执行国家规定的财务会计制度”。换言之,在财务方面,乡村一体化管理要求的是乡镇卫生院和村卫生室各自遵守国家规定的财务会计制度。2011 年国务院办公厅《关于进一步加强乡村医生队伍建设的指导意见》的表述与此类似,即“鼓励各地在不改变乡村医生人员身份和村卫生室法人、财产关系的前提下,积极推进乡镇卫生院和村卫生室一体化管理”。因此,乡村一体化管理并不直接导致乡镇卫生院和村卫生室财产关系的混同。《村卫生室管理办法(试行)》第 6 条规定,稳妥推进乡村卫生服务一体化管理,县级以上地方卫生计生行政部门在机构设置规划与建设、人员准入与执业管理、业务、药械和绩效考核等方面加强对村卫生室的规范管理。该条其实也隐含着村卫生室财务规范管理职责属于卫生行政部门,而非乡镇卫生院。

就乡镇卫生院和村卫生室的关系而言,实际上存在指导和管理双重面相。乡镇卫生院对村卫生室的指导有助于提升村卫生室的医疗服务能力,此乃一体化管理的政策初衷;乡镇卫生院对村卫生室的管理则可能在实践中异化为对村卫生室行动能力的束缚,进而压制后者医疗服务的积极性。为此,2021 年国家卫健委等部门联合出台的《关于印发巩固拓展健康扶贫成果同乡村振兴有效衔接实施意见的通知》提出,推进乡村一体化管理,落实“两个允许”[1]要求,进一步激发运行活力,调动基层医疗卫生服务提供积极性。

在地方医改实践中,上述政策精神却并未完全得到贯彻。河北省在推进乡村一体化管理中是将村卫生室作为乡镇卫生院派出机构、内设科室,对其实行统一人员管理、统一财务管理、统一药械管理、统一业务管理、统一准入退出管理,统一绩效考核管理。[2] 安徽省给“乡村一体化”制定的统一模式是“五统一、两独立”,即乡镇卫生院对村卫生室的设置、人员、业务、药械、财务进行统一管理;村卫生室的法律责任独立、财务核算独立。[3] 各地当然可以根据当地情况制定乡村一体化管理的具体方案,但有一点必须特别注意,即乡村一体化管理方案不能导致乡镇卫生院和村卫生室在法律关系处理尤其是责任承担上出现内

1　2017 年人力资源和社会保障部、财政部、国家卫生计生委、国家中医药管理局发布了《关于开展公立医院薪酬制度改革试点工作的指导意见》提出“两个允许”的概念:允许医疗卫生机构突破现行事业单位工资调控水平,允许医疗服务收入扣除成本并按规定提取各项基金后主要用于人员奖励。

2　参见张淑会:《我省基层医疗卫生机构门诊人次同比增长 12.9%》,载《河北日报》2019 年 12 月 12 日,第 1 版。

3　参见周立民、熊润频:《安徽推进村卫生室一体化夯实农村医疗体系“网底”》,载中国政府网 2010 年 1 月 21 日,http://www.gov.cn/jrzg/2010-01/21/content_1516533.htm。

在矛盾。当然,以上阐述的政策主张主要立足于医疗服务资源相对缺乏的地区,并且乡村一体化管理政策也具有一定的过渡性。在经济发达且人口稠密的地区,政府往往选择让市场力量和社会力量在基本卫生保健服务的提供上发挥主导作用,鼓励和促进公立与私立的基本卫生保健提供者共同发展和适当竞争。[1] 另外,随着经济社会的快速发展和国家政策的逐步落实,农村各地村卫生室的服务能力将会持续提升,乡村一体化管理模式最终将会被以效率为导向的新模式所替代。

三、村卫生室侵权责任分配模式

以上主要是从公法角度对村卫生室的运行逻辑进行简要分析。在实践中,村卫生室不仅具有公法角色,还具有私法角色,甚至后者同农民之间的关系更为紧密。从私法层面来看,比较突出的问题是医疗侵权问题。虽然《民法典》对于医疗侵权的责任分配已有规定,但村卫生室如何承担侵权责任依然存在争议。合理妥当地解决村卫生室侵权责任问题,在化解医患纠纷的同时,有利于让村卫生室更好地发挥其在基本医疗服务体系中的兜底性功能。

(一)村卫生室侵权责任分配的司法实践

从近年来的司法判决来看,对村卫生室侵权责任的分配存在两种模式:连带责任模式和独立责任模式。

连带责任模式指对于村卫生室在医疗过程中给患者造成的损害,由村卫生室和乡镇卫生院承担连带责任。例如,江苏省睢宁县人民法院在一份判决中指出,本案被告某村卫生室系非法人单位,受某卫生院的管理和指导,收入全部上交某卫生院,根据权利义务相一致的原则,被告某卫生院应当与某村卫生室共同承担连带赔偿责任。[2] 云南省曲靖市沾益区人民法院在类似案件中判决指出,某乡卫生院与某村卫生室虽然是两个不同的医疗机构,但根据乡村卫生服务一体化的要求,某乡卫生院对某村卫生室进行药品、人员、财务统一管理,某村卫生室的经营行为、事务管理、费用收支并不独立自主,故某乡卫生院对某村卫生室的行为应承担连带责任。[3] 对于乡镇卫生院所应承担的连带责任,相关

---

1 参见顾昕:《"健康中国"战略中基本卫生保健的治理创新》,载《中国社会科学》2019 年第 12 期。

2 江苏省睢宁县人民法院民事判决书,(2019)苏 0324 民初 7730 号。

3 云南省曲靖市沾益区人民法院民事判决书,(2020)云 0328 民初 981 号。

判决进行了论证,论证的角度是乡镇卫生院对村卫生室的管理和指导导致村卫生室失去独立自主性。然而,通过否定村卫生室的独立自主性进而认定乡镇卫生院对村卫生室的侵权行为承担连带责任,与连带责任的基本法理相悖。

独立责任模式指村卫生室对其在医疗过程中发生的侵权行为,以自身的名义和财产独立对外承担侵权责任。例如,吉林省通化市东昌区人民法院在一起医疗侵权纠纷的判决中指出,某村卫生室的诊疗过错在导致刘某因过敏性休克死亡的过程中起次要作用,原告主张被告通化市东昌区某村卫生室承担30%的赔偿责任,符合法律规定。[1] 河南省濮阳县人民法院对一起类似案件的判决指出,被告某村卫生室作为医疗机构,应对其过错向张某的家属即本案原告承担赔偿责任。[2] 至于村卫生室为何能够独立对外承担侵权责任,相关判决并没有加以论证,也未见村卫生室在答辩中对其能否独立承担侵权责任加以反驳,似乎在各方看来这是一个不证自明的问题。然而,如果与前文所述各地在乡村一体化管理中的具体做法联系起来的话,独立责任模式在法理上未必能自圆其说。

(二)连带责任模式不符合法理和法律规定

民事连带责任,是指具有牵连关系的多数责任主体中的一人或数人,依法律规定或者约定,对外均应负强制性全部给付义务,而对内具有求偿权的一种特殊民事责任。[3] 连带责任并非一种法律责任的形式,而是法律责任的一种分配规则。至于适用连带责任分配规则所考虑的因素,主要包括可归责性和原因力、弱者保护、证明责任分配或纠纷解决效率、对损害的控制力等。[4] 司法实践中,将乡镇卫生院作为村卫生室侵权的连带责任主体之所以不合法理,原因如下所述。

首先需要明确的是,连带责任主体各方都是独立的责任人。只有各方都是独立的责任人,才存在就某一侵权行为承担连带责任的问题。如果其中一方是另一方的内设机构或分支机构,二者在法律上实属同一主体,不存在相互连带的问题。既有判决之所以认定乡镇卫生院对村卫生室侵权承担连带责任,在于乡镇卫生院对村卫生室的控制导致后者失去了独立人格。如果在地方乡村一

1　吉林省通化市东昌区人民法院民事判决书,(2020)吉0502民初1372号。

2　河南省濮阳县人民法院民事判决书,(2021)豫0928民初1443号。

3　参见彭熙海:《论连带责任案件的诉讼形式》,载《法学评论》2021年第3期。

4　参见姚海放:《网络平台经营者民事责任配置研究——以连带责任法理为基础》,载《中国人民大学学报》2019年第6期。

体化管理的制度设计中，确实使得村卫生室失去了独立人格，那么村卫生室就应当作为乡镇卫生院的一个分支机构。河北的做法即是如此。既然村卫生室是乡镇卫生院的一个分支机构，那么村卫生室侵权就是乡镇卫生院侵权，法律上的责任主体只有乡镇卫生院，并不存在连带责任分配问题。

如果在地方乡村一体化管理的制度设计中，村卫生室的独立人格始终存在呢？例如，安徽省在推行乡村一体化管理中特别强调“村卫生室的法律责任独立、财务核算独立”。既然村卫生室具有自己独立人格，就应该按照责任自负的一般原理独立承担其侵权责任。如果要突破责任自负的一般原理，就需要论证把乡镇卫生院“连带”进来是否具备连带责任分配规则设计所考虑的因素。在前述案例中，乡镇卫生院并未直接参与患者的诊疗过程，谈不上“可归责性和原因力”“证明责任分配或纠纷解决效率”“对损害的控制力”等因素。那么是否可以从“弱者保护”这一角度切入，基于患者的弱势地位而将乡镇卫生院“连带”进来？恐怕也不行。不妨引用一个类似法条进行比对分析。《消费者权益保护法》第 43 条规定，“消费者在展销会、租赁柜台购买商品或者接受服务，其合法权益受到损害的，可以向销售者或者服务者要求赔偿。展销会结束或者柜台租赁期满后，也可以向展销会的举办者、柜台的出租者要求赔偿”。这一规定就是基于消费者的弱势地位而将展销会的举办者、柜台的出租者“连带”进来的。由此不难看出，即便是基于“弱者保护”理念的考虑，能够被“连带”进来的责任主体也应当与具体侵权行为具有一定的牵连关系。乡镇卫生院与村卫生室之间在乡村一体化管理中形成的管理和指导关系并不构成连带责任所需要的这种牵连关系。

更为重要的是，连带责任如果没有当事人之间的合意，是需要以法律的明确规定为依据的。换言之，在连带责任合意缺失的情况下，只有法律规定为连带责任的，当事人之间才需要承担连带责任。《民法典》侵权责任编详细列举了各种连带责任的情形，但从中无法解释出上述情形下乡镇卫生院和村卫生室之间就村卫生室医疗侵权行为承担连带责任的内容。

（三）谨防独立责任模式损害患者利益

除了连带责任模式，司法实践中还有相当一部分判决是采取独立责任模式，只判决村卫生室依法承担赔偿责任。值得注意的是，在这些判决中，原告并未主张追究乡镇卫生院的法律责任，如果原告主张乡镇卫生院承担连带责任，判决结果极有可能会不一样。这里所要讨论的是，由村卫生室独立承担侵权责任是否妥当？笔者认为对此不能一概而论。

如前所述，乡村一体化管理实施方案具有明显的地域差异。不同地方乡镇卫生院对村卫生室管理的深度是不一样的，对村卫生室独立人格的冲击也是不一样的。如果当地乡村一体化管理方案的实施不影响村卫生室独立人格，则无疑应当由村卫生室独立承担侵权责任。当然，如果乡镇卫生院参与了患者诊疗活动，则存在共同侵权行为，当然应当按一般规则承担连带责任，这并非本书讨论的重点。需要特别注意的是，在评估村卫生室是否具有独立人格的时候，不能仅仅看乡村一体化管理实施方案本身，还需要结合方案的实施效果进行实质层面的判断。如果乡村一体化管理实施方案本身并没有导致村卫生室独立人格丧失，甚至明确了村卫生室独立责任和独立财产，但在实践中乡镇卫生院对村卫生室的管理影响到了村卫生室的独立人格，应当由乡镇卫生院承担责任。否则，患者的利益可能得不到保障。

第四节　公立医院改革的基本逻辑与制度选择

一、公立医院改革的逻辑起点：公平高效地保障健康权

（一）从消极型权利到复合型权利：健康权保障的国家义务

《基本医疗卫生与健康促进法》第4条首次明确规定公民享有健康权，并且从“国家”和“社会”两个主体的角度规定了“尊重、保护公民的健康权”之义务。立法上对健康权的正式确立可以说是整个社会对健康权关注与讨论的注脚。随着人们对美好生活需要的日益增长，健康问题逐渐成为社会热议的话题。与此同时，随着市场经济的深入发展，在利益机制的驱使下，一些损害公民健康的现象也愈演愈烈，例如2018年举国震惊的长生疫苗案。在加快建设法治中国的语境中，对健康问题的热议逐步转化为对健康权的学术讨论。通过对相关文献的分析可以发现，近年来学术界对健康权的研究主要侧重从公法层面或社会权层面展开。例如，有学者从行政法中给付行政的角度研究，认为“行政机关对于预防、治疗和控制各种疾病，都负有不容推卸的责任，应当切实履行给付的义务”[1]。还有学者从宪法中社会权的角度研究，认为“健康权应以宪法为

1　邹艳晖：《行政机关对公民健康权的给付义务》，载《兰州学刊》2016年第10期。

逻辑起点和价值归宿，以社会法为立法理念，以社会权为功能定位进行立法塑造”[1]。这些研究视角无疑是将健康权定位为积极权利，在其看来，从积极权利的角度讨论健康权才有意义，因而“当前立法草案中关于健康权立法规范中应该删除患者权利内容”[2]。

对健康权积极权利面相的强调其实暗含着对健康权消极权利面相的反省。长期以来，健康权——尤其是建立在医疗服务基础上的健康权——被视为私法上的权利，对应着国家和社会消极不作为的义务。就国家和社会而言，公民仅有权要求其尊重和容忍自身健康权的实现。尤其是随着市场化改革的深入推进，市场机制在深入人心的同时似乎“顺理成章”地遁入医疗服务领域，公民应当通过等价交换获得医疗服务以修复和维持自身健康的观念无形当中成为潜在共识。这一潜在共识进一步强化了医疗领域市场化改革的正当性，宿迁等地的公立医院民营化改革显然也是这一潜在共识作用的结果。市场机制所蕴含的契约自由、意思自治等理念与健康权的消极权利面相具有内在一致性，作为消极权利的健康权在市场化改革大潮中几乎成为普遍话语。然而，问题也随之而来。市场化改革固然有利于推动经济高质量发展，但市场机制向医疗服务领域的蔓延却导致大量处于社会底层的群众难以负担起日益高昂的医疗费用。公民健康权在医疗服务市场化下的自主决定中不断式微，“贫”“病”交织的悲剧反复上演。为了扭转这一局面，作为积极权利的健康权逐渐成为主流话语，要求国家积极作为以保障公民健康权。

然而，对健康权积极面相的过分强调却又淡化了健康权的消极面相，忽视了健康权的私权色彩。这极有可能导致公立医院改革甚至整个医疗体制改革走入反市场的误区。选择“法权化”模式以照护健康，本身便意味着对公民自由、权利、平等和生活品质的承认和尊重，[3]因而被法权化后的健康权并不意味着褪去了消极权利的色彩。应当认为，健康权是包含消极权利和积极权利的集合，是作为一种权利束而存在的复合型权利，因而成为消极权利与积极权利共同作用的场域。虽然从国家保障公民健康权的角度来看，健康权的积极面相更为明显，但在医疗卫生服务的实践中，健康权的积极面相和消极面相是不可分

1　谭浩、邱本：《健康权的立法构造——以〈中华人民共和国基本医疗卫生与健康促进法（草案）〉为对象》，载《南京社会科学》2019 年第 3 期。

2　同上。

3　参见李广德：《健康作为权利的法理展开》，载《法制与社会发展》2019 年第 3 期。

割的。

(二)公立医院:国家履行健康权保障义务的主体性工具

如果引入公立医院这一要素,我们就能更为深刻地体察到健康权双重属性的意义所在。公立医院是国家履行健康权保障义务的主体性工具,这一点与国家借助国有企业调控市场经济有异曲同工之处。《基本医疗卫生与健康促进法》第34条第1款规定,国家建立健全由基层医疗卫生机构、医院、专业公共卫生机构等组成的城乡全覆盖、功能互补、连续协同的医疗卫生服务体系。公立医院在整个医疗卫生服务体系中毫无疑问处于主体地位。

相比基层医疗卫生机构而言,公立医院在技术、设备等方面拥有绝对优势,甚至二者之间的差距还在日益拉大。据统计,“近几年新增的卫生资源80%左右还是流向了县级以上的公立医院”[1]。虽然推动分级诊疗已经成为新一轮医疗卫生体制改革的重点工作,而且在上海、广东等地也已经取得了一些成效,但基层医疗卫生机构医疗资源匮乏依然严重地限制了分级诊疗制度的全面落地。在可预见的未来,基层医疗卫生机构在医疗资源配备方面要取得患者的认可依然非常艰难。因此,县级以上公立医院依然是国家履行健康权保障义务的主体性工具。

既然公立医院是国家履行健康权保障义务的主体性工具,那么以“患者—公立医院”之间的法律关系为分析框架就可以进一步洞察健康权的双重属性。从消极面相来看,当患者遭受健康权损害时,有权请求司法救济。这种司法救济是对患者在公立医院寻求健康修复的重要支撑。就此而言,存在于患者与公立医院之间的是一种私法属性的医疗服务合同关系以及可能存在的侵权法律关系。国家对健康权保障的义务体现为一种抽象的国家责任:一是要举办公益性医疗卫生机构;二是要对公益性医疗卫生机构予以有效监管。从积极面相来看,当患者产生基本医疗卫生服务需求的时候,国家有义务通过公立医院满足患者的需求。此时,国家就从幕后走向了前台,并参与构建“患者—公立医院—国家”这样一种兼具公法属性和私法属性的法律关系。公法属性主要体现为患者和国家之间的基本医疗卫生服务给付关系、公立医院和国家之间的行政管理关系。私法属性主要体现为患者和公立医院之间的医疗服务合同关系以及可

1　何佳馨:《新中国医疗保障立法70年——以分级诊疗的制度设计与进步为中心》,载《法学》2019年第10期。

能存在的侵权法律关系。健康权双重属性的存在以及由此引发的“多重异质法律关系”是围绕公立医院而产生的各种复杂问题的根源,也是对公立医院改革路径意见分歧的重要源头。

(三)“难”与“贵”:公立医院在健康权保障中的困局

公立医院作为国家履行健康权保障义务的主体性工具,公平高效地提供基本医疗卫生服务乃其核心使命。一方面,对公民而言,公立医院提供的基本医疗卫生服务应当公平可及;另一方面,公立医院在提供基本医疗卫生服务时应当讲求效率,使医疗卫生资源得到最优配置。相对病患而言,医疗卫生资源永远处于稀缺状态。如何利用有限的医疗卫生资源实现医疗卫生服务的公平可及必然需要兼顾效率。提高医疗卫生资源利用效率的基本思路就是引入市场机制,通过市场机制调节医疗卫生资源的配置。市场机制在资源配置方面的优越性已经被历史与实践所证明,也正因如此,党的十八届三中全会的改革决定提出要让市场在资源配置中起决定性作用。尽管公立医院是国家履行健康权保障义务的工具,也并不排斥市场机制作用的发挥,关键是如何在发挥市场在资源配置中决定性作用的同时更好地发挥政府作用。在过去很长一段时期内,公立医院改革困局的根源就在于没有找到市场与政府有效平衡和协调有序的方案,结果导致“看病难”“看病贵”的普遍现状。

“看病难”主要表现为患者很难有机会获得公立医院的医疗卫生资源。这一问题虽然发生于公立医院,但并非根源于公立医院,最主要的原因是基层医疗卫生服务薄弱,解决之道在于“强基层”。但“强基层”却不能过度依赖市场机制,必须通过发挥政府作用来强化基层医疗卫生服务。在以往的医疗卫生体制运行中,政府在基层的作用不够凸显。在广大农村地区,基本医疗卫生服务仅仅是靠零零散散的“赤脚医生”艰难托底。有学者在研究赤脚医生与社区医患关系时深刻地指出,从规范角度观察赤脚医生时期的社区医患关系,不难发现该时期呈现的是一种强道德性规范、弱行政性规范以及契约性规范付之阙如的规范格局。[1] 这种规范格局从表面上看是“乡土中国”中独特的社会关系在医患领域的具体展现,但也从深层次反映了基础医疗卫生制度的匮乏和医疗卫

1　参见张奎力:《赤脚医生与社区医患关系——以社会资本理论为分析范式》,载《社会主义研究》2014 年第 6 期。

生资源的稀缺。公立医院虽非造成这一局面的诱因，但从改革趋向来看，其在补充基层医疗卫生资源方面显然应当有所作为。

“看病贵”主要表现为患者在接受公立医院医疗服务时不得不承受高昂的代价。特别是处于垄断地位的大医院，在面对刚性需求时，出于自身利益的考虑，会以高于市场均衡价格的垄断价格来提供医疗服务。[1] 市场机制的引入旨在发挥价格在引导医疗卫生资源配置中的重要作用，但在某些公立医院的改革中却走向了另一个极端——过度市场化。国外曾有学者担忧，新自由主义意识形态和政策将卫生保健定性为一种纯粹的商品，这可能造成将卫生和卫生保健以市场消费商品的方式进行分配。[2] 这种担忧在我国公立医院的改革实践中或多或少地被现实化了，医疗卫生服务在某些地方被当作市场消费商品出售给患者。

综上所述，公平高效地向公民提供基本医疗卫生服务以保障健康权是国家的一项义务。公立医院是国家履行健康权保障义务的主体性工具，但在实践中，由于市场机制和政府作用的关系未得到妥善处理，造成了“看病难”“看病贵”的医疗困局。公立医院依然是整个医疗卫生体制改革的核心环节，以公平高效地保障健康权作为逻辑起点应当成为公立医院改革的基本共识。

二、以法人治理为中心构建现代医院管理制度

《基本医疗卫生与健康促进法》第 45 条规定：“国家建立权责清晰、管理科学、治理完善、运行高效、监督有力的现代医院管理制度。医院应当制定章程，建立和完善法人治理结构，提高医疗卫生服务能力和运行效率。”2017 年 7 月 25 日，国务院办公厅发布《关于建立现代医院管理制度的指导意见》，对医院管理制度和医院治理体系两大核心问题予以全面部署。2018 年 12 月 5 日，经过一年多酝酿，国家卫健委等六部门发布《关于开展建立健全现代医院管理制度试点的通知》，对试点医院建立健全现代医院管理制度重点任务予以了明确规定。截至 2019 年年底，全国范围内已有 70 部针对完善现代医院管理制度的地方性规章和文件落地，并且覆盖了省、市、县三级地方政府。从既有的政府规章

---

1 参见陈爱雪、纪玉山、何南芙：《医疗体制改革应防止过度市场化》，载《经济纵横》2013 年第 8 期。

2 See John Harrington & Maria Stuttaford eds., *Global Health and Human Rights: Legal and Philosophical Perspectives*, Rutledge, 2010, p. 190.

和规范性文件来看，如何完善法人治理结构乃是公立医院现代医院管理制度的中心议题。

（一）公立医院的复杂性与特殊公法人的法律定位

20世纪80年代以来，世界各国掀起了大规模的公共部门改革浪潮——新公共管理运动。新公共管理运动之所以兴起，是因为公立组织或公共部门的绩效水平常常遭到诟病，其在医疗领域表现为推进原公立医疗机构的组织和治理变革。[1] 新公共管理运动关于公立医院治道变革的基本理念在于引入市场竞争机制，通过借鉴市场主体治理经验来重塑公立医院治理机制。根据市场竞争机制引入的强度，公立医院的改革分为自主化、法人化和民营化三种模式。显然，法人化改革已经成为当前公立医院改革的基本思路，对此已无过多论证的必要。需要论证的是应当将公立医院定位为何种法人？

目前，国内关于事业单位法人治理的理论研究比较丰富，并倾向于从公法人视角讨论事业单位的法人治理问题。公立医院也通常被植入公法人制度结构中予以讨论。例如，有学者认为，"政府财政对大部分公立医院实行的是差额补贴或定额补贴、节余留用的政策，公立医院处于公法人和私法人的中间形态，导致我国公立医院和政府之间的权利边界界定不清"，应当"赋予公立医院公法人的法律地位"。[2] 公法人理论对公立医院法人治理结构的完善的确具有重要参考意义，但是公法人理论是否能够完全契合我国公立医院的运行逻辑和社会角色却仍然存疑。《基本医疗卫生与健康促进法》只是规定要"建立和完善法人治理结构"，具体如何操作仍然存在讨论的空间。

如前所述，公立医院作为国家履行健康权保障义务的主体性工具，承担着复合型健康权的保障义务，这在很大程度上导致了公立医院所处法律关系的复杂性和多样性。我国公立医院既提供基本医疗服务和公共卫生服务，又提供非基本医疗服务。基本医疗服务和公共卫生服务是国家提供的公共服务，公立医院是国家提供该公共服务的主体，此时可将其视作公法人。公立医院提供非基本医疗服务时并非国家提供公共服务的主体，不能将其归入公法人。换言之，我国的公立医院既有公法人的属性，又具私法人的色彩，有学者将其描述为"行

1　参见李晓颖、代英姿：《我国公立医院"法人化"的治理结构分析——基于互动治理模式的思路》，载《宏观经济研究》2013年第8期。

2　参见何玮、刘丽杭：《公立医院自主权改革之路径》，载《学术界》2015年第8期。

政化与市场化的怪异组合"[1]。客观承认公立医院的复杂性,将公立医院定性为特殊公法人,是公立医院建立现代治理结构的理论基础。至于特殊公法人的具体内容如何,则需结合公法人和私法人的双重属性在实践中进一步总结。

(二)公立医院内部决策机制:党的领导与专家治院

在目前的政治语境下,公立医院完全按照政府行政体制的结构和管理模式来建构和运行,其构架和运行方式与行政机关在体制构成和运作方面有着基本相同的属性。[2] 公立医院法人治理改革目标在于转变这样一种管理模式。将公立医院定位为特殊公法人,旨在清理公立医院受到的不当行政干预,让公立医院按照医疗规律和医疗制度提供医疗服务并实施内部管理。然而,在脱离行政权力过度干预的同时,公立医院"公"的属性是否也会渐渐淡化?这一担忧不无道理,为了解决这一问题,必须在确立公立医院法人地位的同时强化党的领导。通过将党的领导融入公立医院内部决策机制中,才能有效防止公立医院"去行政化"的同时"去公共化"。

国务院办公厅《关于建立现代医院管理制度的指导意见》强调,"在决策程序上,公立医院发展规划、'三重一大'等重大事项,以及涉及医务人员切身利益的重要问题,要经医院党组织会议研究讨论同意,保证党组织意图在决策中得到充分体现"。2018 年 6 月,中共中央办公厅印发了《关于加强公立医院党的建设工作的意见》,对公立医院党组织的职责予以了明确规定。对于公立医院的议事决策制度,该意见规定,"院长办公会议是医院行政、业务议事决策机构,由院长召集并主持。重要行政、业务工作应当先由院长办公会议讨论通过,再由党委会议研究决定"[3]。公立医院的法人治理同国有企业的法人治理还不完全一样,国有企业的法人治理主要关注的是"经济账",公立医院的法人治理主要关注的是"健康账",所以党组织的作用显得更加不可或缺。党的十九届四中全会通过了《关于坚持和完善中国特色社会主义制度推进国家治理体系和治理能力现代化若干重大问题的决定》,这一重要文件为国家治理现代化指明了方向。公立医院党组织的建设也应当在国家治理现代化的大框架下展开,在确保

1 参见顾昕:《从管办分开到大部制:医疗供给侧改革的组织保障》,载《治理研究》2018 年第 2 期。

2 参见李文敏、沈晓红:《中国公立医院治理困境的政治生态学解读》,载《湖北大学学报(哲学社会科学版)》2015 年第 5 期。

3 《关于加强公立医院党的建设工作的意见》,载人民网 2018 年 6 月 26 日,http://dangjian.people.com.cn/n1/2018/0626/c117092-30085336.html。

党组织对公立医院公共属性的保障下，推动公立医院治理的现代化。

如前所述，公立医院党组织主要是针对重大事项和重要问题进行把控，在具体决策过程中还需要遵循医疗规律，因此必须坚持专家治院。《关于建立现代医院管理制度的指导意见》对此也有规定，即要求“充分发挥专家作用，组建医疗质量安全管理、药事管理等专业委员会，对专业性、技术性强的决策事项提供技术咨询和可行性论证”。此外，公立医院的法人治理不仅涉及医学的专业知识，还涉及管理学等其他学科的专业知识，应当逐步推进公立医院管理层的职业化，借鉴国有企业的改革经验建立“职业管理人体制”。[1] 党的领导与专家治院应该齐头并进、有机协调。

（三）公立医院外部运行机制：管办分开与经营管理自主权

在将公立医院定性为特殊公法人并强调公立医院法人治理的政策导向下，公立医院的外部运行机制也将面临重塑。外部运行机制主要涉及公立医院与行政主管部门之间的关系处理。公立医院与行政主管部门之间的关系长期以来呈现“管办合一”的复合型特征，一直为学界所诟病。对于行政主管部门既是公立医院的举办者，又是医院体系的监管者的怪象，有学者认为，“管办合一”可能导致“任务冲突”，但冲突程度却与医疗卫生体制相关。[2] 在计划经济时期公立医院“一统天下”的体制中，“管办合一”导致的“任务冲突”尚不严重，但随着市场化改革的深入推进，民营医院蓬勃兴起，“管办合一”的问题日益明显。在实践中，一些地方的医保行政主管部门的工作人员与经办机构的相关人员合谋，通过挪用和贪污医保基金，甚至参与骗保等方式牟利。[3] 在此情形下，“管办分开”逐渐成为改革共识并在某些地方得到了制度层面的实践。北京于2011年成立的医院管理局、上海于2005年成立的申康医院发展中心、无锡市于2005年成立的医院管理中心等一系列新的机构都旨在分离出“办”医院的职责。类似的机构还有香港医院管理局。香港医院管理局于1990年12月成立，负责管理香港特别行政区所有的公立医院，医院管理局与卫生署同为香港特别行政区

1 参见朱乃庚、夏海龙、周典：《基于利益相关者理论视角分析我国实行公立医院法人治理结构的可行性》，载《中国卫生事业管理》2012年第5期。

2 参见杜创、朱恒鹏：《中国城市医疗卫生体制的演变逻辑》，载《中国社会科学》2016年第8期。

3 参见朱俊生：《从垄断到竞争：医疗领域的改革方向》，载《学术界》2016年第3期。

政府卫生福利及食物局的下属机构，相互平行。[1] 不难看出，虽然“管办分开”已成医改共识，但具体做法依然存在差异。

当前“管办分开”的制度实践效果依然不够明显，“关键原因是指导思想不明确，对政府在医疗市场中的身份和职能认识不清，我们认为核心步骤就是要实现所有权和监管权的彻底分离”[2]。在“官本位”和行政化色彩依然浓厚的当下，要实现权力的分离，应努力实现机构的独立。如果将行使所有权的机构置于行使监管权的机构之下，“管办分开”在实质层面上依然是“管办合一”，旧有体制中的积弊依然难以得到彻底清除。其实，国有企业和公立医院一样都是由国家出资设立，国有企业“两权分离”的改革经验也值得在公立医院改革中予以借鉴。国有企业改革中国务院国有资产监督管理委员会（以下简称国资委）的设立已经为公立医院改革提供了一个良好的样板。实践证明，国资委的设立及其职权的制度安排对国有企业经营效率的提高助益明显。为了实现彻底的“管办分开”，可以尝试设立类似国资委的“医疗资产监督管理委员会”，专门履行公立医院出资人职责。在此组织架构下，坚持“整体性治理”理念，将相关职能予以重新整合，在尽量不增加人员编制的基础上对既有行政资源予以重新梳理和配置。之所以有必要新设一个机构独立履行公立医院出资人职责，在于这一职责背后所代表的本就是一种新的权力形态——国家投资经营权。[3] 国务院办公厅《关于城市公立医院综合改革试点的指导意见》明确提出要“积极探索公立医院管办分开的多种有效实现形式”。虽然各地经济条件和医疗需求不尽相同，但仍应坚持引入国家投资经营权的改革思路。有学者在以医改进程为中心讨论公共政策合法性供给机制时指出，面对政府管制与市场机制、补供方与补需方、医患关系调整、部门与行业利益分割和权限界定等方面所涉及的诸多利益矛盾和冲突，很难通过压制或者牺牲哪一方来解决，而是需要通过对话协商和利益平衡。[4] 对于如何实现彻底的“管办分开”，一方面要坚持科学合理的改革

---

1 参见胡万进：《我国公立医院“管办分开”的整体性治理分析》，载《江苏社会科学》2012 年第 3 期。

2 陈云良、何聪聪：《医疗服务市场失范的经济法规制》，载《中南大学学报（社会科学版）》2012 年第 3 期。

3 国家投资经营权由著名经济法学家漆多俊教授提出，旨在解决市场失灵问题，公立医院的设立也是为了解决市场失灵的问题，因而将国家投资经营权引入公立医院的改革是成立的。

4 参见马长山：《公共政策合法性供给机制与走向——以医改进程为中心的考察》，载《法学研究》2012 年第 2 期。

理念,另一方面要贯彻民主协商的决策程序。

"管办分离"不仅有利于塑造公平竞争的医疗服务市场秩序,也是确立和维持公立医院经营管理自主权的基本前提。行使监管权的行政主管部门应当按照统一的标准和统一的尺度实现统一的监管,不能以举办者之名行干预公立医院经营管理自主权之实。履行出资人职责的"医疗资产监督管理委员会"只能依照法律和公立医院章程的规定行使所有者权益,不能越权干预公立医院的正常经营管理。经营管理自主权是作为独立法人的公立医院所享有的基本权利,也是撬动整个健康权保障制度系统的重要支点。实现公立医院经营管理自主权,首先要解决的就是从制度层面清除行政权力的过度干扰。因此,从公立医院外部运行机制角度来看,应当从"管办分离——经营管理自主权——法人治理"的整体思路完成外部制度的重新建构。

三、以公益性保障为主线规范公立医院逐利机制

(一)暗含于公立医院中的逐利机制

推动公立医院持续运行的除医疗保障等公共需求之外,还有暗含于其中的逐利机制。这一点与市场其他经济主体是类似的。问题在于,公立医院能否保有如其他市场经济主体那样的逐利机制?显然,多数意见认为逐利机制与公立医院的使命是相冲突的,各地推行的医改政策也试图扭转公立医院的逐利机制。

一般认为,公立医院逐利机制的产生主要源于政府财政投入的不足。有学者曾发现,某些地方政府在减少医疗卫生事业投入的同时,默许或鼓励医院从卫生服务中赚取利润。[1] 不同于普通政务服务,公立医院在提供医疗卫生服务中是需要在人力、物力等方面支付大量成本的,如果这些成本无法从政府财政中得到足够补偿,其将会想方设法通过市场机制将成本予以消化。因此,财政投入的天然不足客观上把公立医院塑造成了具有市场化色彩的主体,逐利机制随之产生。集中体现就是以药补医机制,以药补医机制是计划经济年代的药品加成政策在市场经济等条件下发生变异进而逐步演变而成的一种逐利机制。[2]

1　参见邹富良:《看病贵的体制反思:政府缺位与公立医院错位》,载《中国卫生经济》2006 年第 8 期。

2　参见岳经纶、王春晓:《堵还是疏:公立医院逐利机制之破除——基于广东省县级公立医院实施药品零差率效果分析》,载《武汉大学学报(哲学社会科学版)》2016 年第 2 期。

这种逐利机制的迅速膨胀却反过来影响了其提供基本医疗卫生服务的公益性质,看病贵问题由此凸显。

质疑公立医院逐利机制从根本上来说在于公立医院是否能够作为普通市场主体以市场化方式进行运作。公立医院与患者之间构成一种准信托关系,对于诊疗方案、诊疗药品的选择一般是代表公立医院的医生替患者决定的,患者通常没有实质意义上的选择自由。更何况,医疗服务所作用的是患者的身体,处于病患中的患者通常只能选择无条件信任医生,并曾一度寄希望于通过红包来消除无条件信任的风险。[1] 换言之,医患关系并非一般的商事交易关系,双方不仅在医疗信息上处于完全不对等状态,患者一方本身就有被"客体化"的色彩。此时,如果医院利用其优势地位诱导需求,进行过度诊疗或过度用药是很容易实现的。而市场机制的引入,在一定程度上激发了公立医院诱导需求的动机,因为"医学的利他主义目的(有益于病人)与医者之关注自我利益(逐利赚钱)之间始终不能通过市场结合起来"[2]。从既有研究来看,公立医院逐利机制不仅可能侵害患者的利益,还有可能弱化整个医保体系的保障功能。周云在分析公立医院骗保原因时也将矛头指向逐利机制,认为医疗卫生体制的"市场化"导向对医疗机构尤其是公立医院骗保行为的产生起着决定性的作用。[3] 公立医院逐利机制的负面后果引发了学者对我国医改政策的整体性反思。刘美平指出,"医改模仿的是国有企业改革的路子,走'自主经营、自负盈亏'的模式。但是,在模仿的过程中却忽视了医疗卫生服务行业的特殊性"[4]。公立医院与国有企业的功能完全不一样,公立医院解决的是公民健康问题,国有企业解决的是保值增值问题,国有企业市场化改革经验并不能全盘植入公立医院改革之中。

(二)公立医院逐利机制的规范化立场

对公立医院逐利机制产生的各种危害进行归纳,似乎可以顺理成章地得出一个结论,那就是应该着力破除这一逐利机制。2015 年 5 月国务院办公厅下发

1 有学者认为,红包充当了关系建构的媒介和医患关系信任产生形成的催化剂。参见李伟民:《红包、信任与制度》,载《中山大学学报(社会科学版)》2005 年第 5 期。

2 邱仁宗:《从魏则西事件看医改认知和政策误区》,载《昆明理工大学学报(社会科学版)》2016 年第 4 期。

3 参见周云:《从天价医疗黑洞看对医院骗保的控制》,载《学习月刊》2007 年第 2 期。

4 刘美平:《对我国医疗卫生体制市场化改革价值取向的批判》,载《当代经济研究》2011 年第 10 期。

的《关于城市公立医院综合改革试点的指导意见》明确提出公立医院改革的基本目标是,“破除公立医院逐利机制,落实政府的领导责任、保障责任、管理责任、监督责任,充分发挥市场机制作用,建立起维护公益性、调动积极性、保障可持续的运行新机制”。学界也有关于破除公立医院逐利机制路径的讨论,比如李玲认为,建立医疗卫生综合性治理体系是扭转医院逐利机制的关键。[1]

公立医院逐利机制是否真能一破了之?对此需要回答两个问题:一是逐利机制在客观上能否被破除?二是逐利机制的存在是否具备一定合理性?

1. 公立医院逐利机制在客观上是难以破除的

逐利机制能够发挥作用说明逐利空间是存在的。公立医院的医疗资源是有限的,但所面对的患者却是源源不断的,供需之间的巨大悬殊客观上制造了逐利空间。逐利机制本质而言就是市场机制,市场正是利用了市场主体逐利的本性才能调节资源的配置。因此,否定逐利机制在一定程度上就变相地否定了市场机制。接下来的问题就转换为了公立医院是否能够摆脱市场机制。市场机制作为分配资源的一种方式,其影响不仅仅体现在经济领域。只要引入市场机制,各行各业就会慢慢受到市场机制的渗透。刘大洪、郑文丽曾对权力市场化问题进行了研究,其认为政府权力的行使可能会产生非预期的结果,因为有谋求自身利益最大化的经济性,在一定程度上会出现政府权力的市场化。[2] 这一研究显示,政府权力本身也可能受到市场机制的影响,更何况公立医院。市场机制是对整个社会资源进行配置的,经过市场机制配置的资源流向的是整个社会,当然也包括公立医院。只要公立医院参与了市场交易,那么其就已经身处市场机制之中了。从改革开放的实践来看,市场机制改革只能全面走向深入。反市场的改革最终都将在实践中被市场所消解,即市场上总是会产生一些对策行为来抵消改革效果。有学者研究认为,公立医院逐渐从以药补医变为基于数量而非质量的以检养医和以医养医,这表明公立医院的逐利机制尚未真正得到改善,只是发生了转移。[3] 换言之,企图通过某种具体手段锁死公立医院的逐利机制是很难成功的,即便一时被压制住,其也将会以新的形式呈现出来,

1 参见李玲:《什么样的改革能让医院不再逐利》,载《人民论坛》2017 年第 26 期。

2 参见刘大洪、郑文丽:《政府权力市场化的经济法规制》,载《现代法学》2013 年第 2 期。

3 参见张雅娟、毛振宾:《药品零加成背景下公立医院的逐利机制与优化策略》,载《河南师范大学学报(哲学社会科学版)》2021 年第 1 期。

“医院不仅可以从容地一一突破规制手段，而且可以顺势增加寻租机会”[1]，这可能给患者带来更隐蔽的损害。

市场机制之所以有效，正是其内在的逐利机制能够让市场主体展开充分竞争。不少学者注意到公立医院在医疗领域的垄断地位是“看病贵”的一大诱因，并提出要破除公立医院垄断，增加医疗资源的有效供给，努力营造公私医院之间的竞争环境。[2] 如果彻底破除了公立医院的逐利机制，那其自然就无意同民营医院开展竞争，医疗资源的配置则恐难获得最优解，这与市场经济改革方向并不契合。国务院办公厅《关于城市公立医院综合改革试点的指导意见》提出要“破除公立医院逐利机制”和“充分发挥市场机制作用”。这两者之间其实存在一定的冲突，逐利机制与市场机制具有内在一致性，破除了逐利机制就难以“充分”发挥市场机制作用，而要充分发挥市场机制作用就不能彻底“破除”逐利机制。

有学者指出，“逐利”中的“利”系指不当或畸高的“利”，而不包括正常合理的利润在内。易言之，破除逐利机制的目标并非全面禁止公立医院获取任何利润。[3] 类似主张也强调，“破除公立医院逐利机制”特指破除公立医院目前的创收模式，指的是目前公立医院通过过度医疗比如过度用药、过度检查方式增加医院和医生收入这种创收模式。[4] 这其实代表了大部分学者对逐利机制的界定。换言之，为社会所质疑的公立医院逐利机制更多指向的是非正常之“利”。对于公立医院在提供医疗服务过程中通过市场机制所“逐”合理之“利”是可以接受的。

2. 逐利机制与公益性具有暗合面向

对公立医院逐利机制批评的核心理由在于其可能淡化公益性。这一点仍然值得商榷。逐利机制与公益性之间固然存在冲突的一面，即公立医院在逐利机制的驱使下弱化了其“公”的属性。但是，我们还需要看到逐利机制与公益性

---

1 岳经纶、王春晓：《堵还是疏：公立医院逐利机制之破除——基于广东省县级公立医院实施药品零差率效果分析》，载《武汉大学学报（哲学社会科学版）》2016 年第 2 期。

2 参见庞瑞芝、高贤泽、邓忠奇：《公立医院“三重垄断”与医疗行业效率——基于我国省际面板数据的研究》，载《当代经济科学》2018 年第 1 期。

3 《专家解读深改组会议：破除公立医院逐利机制》，载新华网 2015 年 4 月 2 日，http://www.zyzhan.com/news/detail/46766.html。

4 参见朱恒鹏：《如何破除公立医院逐利机制》，载财新网 2015 年 5 月 18 日，http://opinion.caixin.com/2015-05-18/100810114.html。

暗合的一面，即公立医院在逐利机制的作用下可能更好地践行了公益性原则。逐利机制与公立医院暗合面向可以从三个角度展开。一是经费层面的暗合。如前所述，公立医院所提供的医疗服务是需要耗费大量人力、物力的，公益性的实现需要大量经费支持。患者与疾病的不确定性和财政的预算约束导致公立医院可能陷入经费不足的困境。如果公立医院因为经费不足只能提供部分医疗服务，公益性也难以充分彰显。逐利机制的引入则让公立医院可以持续"开源"，通过提供医疗服务获得更为充足的经费支持，从而为更多患者提供更好的医疗服务。二是创新层面的暗合。无论从组织治理还是从服务供给角度看，公立医院都存在持续改进的空间。持续改进是为患者提供高质量医疗服务需要贯彻的基本理念，也是让公益性得到更优质实现的题中之义。实证研究显示，公立医院的市场导向对组织创新有显著的正向影响。[1] 逐利机制的存在可以从公立医院内部挖掘其创新动力，并在维护患者健康层面与公益性相合。三是效率层面的暗合。免费但低效的医疗资源配置模式并非公益性的最佳实践模式，公益性的实践同样追求效率。陈刚在专门研究公益性、可及性的效率基础与医疗体制选择问题时指出，"以市场为核心、政府管制为辅助的'市场＋管制'体制能够实现市场机制与政府作用的优势互补，具有供给高效率、低成本的优势，因而是保障公益性、可及性的最佳选择"[2]。通过逐利机制可以促使公立医院更高效地配置医疗资源，让有限的医疗资源惠及更多患者。

总而言之，暗含于公立医院中的逐利机制在客观上是很难彻底破除的，并且其在多个层面与公益性相合。当然，我们也承认部分公立医院在逐利机制的驱使下加剧了"看病贵"的问题，但不能以此全盘否定逐利机制的积极意义。因此，在医疗卫生体制改革中，应该通过多种机制设计规范公立医院逐利机制，而非将其彻底破除。2021 年出台的《关于深化公立医院薪酬制度改革的指导意见》提出"坚持劳动、知识、技术、管理等要素按贡献参与分配，着力体现医务人员技术劳务价值"，这一薪酬改革原则体现的就是逐利机制。该意见同时强调，"严禁向科室和医务人员下达创收指标，医务人员薪酬不得与药品、卫生材料、检查、化验等业务收入挂钩"，这无疑是对逐利机制的规范。下文将着重从优化

1　参见李华：《公立医院市场导向及其绩效关系的实证研究》，吉林大学 2009 年博士学位论文，第 97 页。

2　陈刚：《公益性、可及性的效率基础与医疗体制选择》，载《生产力研究》2015 年第 1 期。

公立医院医保支付方式的控费机制角度讨论如何规范公立医院的逐利机制。

四、以控费机制为支点优化公立医院医保支付方式

不可否认,患者是控费机制的重要主体,[1]但公立医院作为提供公共服务的一方,尤其是在整个医疗服务系统中占据信息绝对优势的一方,更应该纳入控费机制系统设计的视野之中。如果不对公立医院从控费机制层面予以制度约束,那么政府在医疗卫生方面的财政投入将难以转化为对公民健康权的有效保障。

(一)复合型医保支付方式改革与公立医院控费机制

以控费机制为中心的医保支付方式改革是整个医疗卫生体制改革的焦点所在,只有建立了有效的控费机制,才能在医疗卫生资源整体稀缺和患者承受能力普遍不高的约束条件下实现病有所医、病能所医。为此,财政部等三部门在2016年推出了《关于加强基本医疗保险基金预算管理发挥医疗保险基金控费作用的意见》,该意见要求“全面实施以总额预算为基础,门诊按人头付费,住院按病种、按疾病诊断相关分组(DRGs)、按床日付费等多种方式相结合,适应不同人群、不同疾病及医疗服务特点的复合支付方式,逐步减少按项目付费”。

复合型医保支付方式的提出在于从多个角度规范公立医院的逐利动机。值得注意的是,虽然从政策制定层面应该坚持公立医院在提供基本医疗卫生服务方面的公益性,但始终难以隔绝市场机制的渗透。任何一种医保支付方式都会因市场机制的渗透而在实践中被异化,并产生一系列消极后果。例如,如果采取单一的总额预付制,虽然管理成本低、控费效果明显,但由于总额预付在实现控费的基础上,并没有进一步形成其对医疗机构长效的激励机制,医疗机构迫于控费压力,在其医保基金剩余不足的情况下,容易出现推诿医保患者的现象。[2] 对此,可行的做法就是,根据不同医疗服务的特点采取不同的医保支付方式,尽量在避免医保支付方式弊端的同时,发挥医保支付方式的长处。在推行复合型医保支付方式改革时,要注意以下两个方面的问题。

---

1 参见姚宇:《控费机制与我国公立医院的运行逻辑》,载《中国社会科学》2014年第12期。

2 参见申曙光、魏珍:《论医疗保险对医疗服务的制衡与监管》,载《湖南师范大学社会科学学报》2014年第4期。

1. 推动社会医疗保险经办业务的市场化改革

任何医保支付方式在控费目标的实现上都依赖于具体社会医疗保险经办机构，控费机制能否发挥作用显然与社会医疗保险经办机构的积极性密切相关。在当前的医保体系下，公立医院与社会医疗保险中心同为政府事业单位，单纯依靠各级医保中心的控费手段难以建立有效的控费机制。[1] 如果能够逐步实现社会医疗保险经办业务的市场化，那么社会医疗保险经办主体的逐利动机将会成为制衡公立医院逐利动机的有效手段，并且较有可能在市场引导下衍生出新的更有效的医保支付方式。

2. 建立复合型医保支付方式改革的定期评估机制

随着市场机制的不断渗透，医保支付方式在控费方面的功效可能会逐渐消退，需要适时调整，因此对复合型医保支付方式改革的定期评估机制就应当及时跟进。从评估周期来看，定期评估机制可以分为短期评估和长期评估，短期评估以一年为一个评估周期，长期评估以五年为一个评估周期。从评估主体来看，定期评价机制应当以第三方主体评估为主，以评估主体的独立性来保障评估结果的客观性。从评估要素来看，应该从患者、公立医院、医疗保险经办机构三个层面设计评估要素。

（二）医保支付方式中激励约束机制：从激励不相容到激励相容

激励不相容的概念是美国教授威廉·维克里和英国教授詹姆斯·米尔利斯提出的，指每个人都会以自己的利益最大化来指导自己的行为，当你委托别人做一件事的时候，如果他的利益与你的不一致，那就别指望他能如你所愿完成这件事。因此制度设计应使个人的利己行为结果与给定的社会目标相一致。[2] 在医疗服务关系中，由于信息不对称问题相对严重，激励不相容的表现尤其明显。公立医院虽然是由政府出资举办，但也有自己的利益驱动。如果通过立法强行压制这种利益驱动，公立医院服务的效率和质量可能将大打折扣。如果在立法上完全放任这种利益驱动，激励不相容原理的存在将导致公立医院利用特殊的委托代理关系从患者身上攫取过多利润，严重妨碍医疗公平的实现。医疗保险的公平与效率关系是动态发展的，对二者关系的权衡处理将是世界各

1　参见姚宇：《控费机制与我国公立医院的运行逻辑》，载《中国社会科学》2014年第12期。

2　参见李怀、赵万里：《制度设计应遵循的原则和基本要求》，载《经济学家》2010年第4期。

国医疗保险体系改革与发展的永恒主题。[1] 完善以控费机制为中心的医保支付方式也需要从体制上直面并解决这一问题。美国学者菲利普·朗曼在考察美国公立医院改革方案时曾指出:"各个岗位上的医务工作者骨子里都是非常理想主义的,他们心中向往的是为病人提供最高质量的医疗服务。但在现行体制下,所有这些理想主义情怀只能深埋内心。"[2] 没有良好的体制机制设计,医保支付方式与公立医院运行之间将会产生一系列冲突与矛盾。

由此可见,如何通过制度设计实现激励不相容朝激励相容转化就显得极为重要。有学者在考察政策执行的制度背景时提出,政策制定者或立法者在制定公共政策以及设计执行方案的过程中,必须充分考虑这些广泛存在于文化、传统、习俗以及正式规则之中的制度背景,以及它们对不同政策主体所产生的激励结构。[3] 这些制度背景其实就构成激励相容制度设计的重要理念来源,即在构建医保支付方式中激励约束机制的时候,必须充分挖掘制度背景中的激励相容资源。《关于加强基本医疗保险基金预算管理发挥医疗保险基金控费作用的意见》提出要建立健全"结余留用、合理超支分担"的激励约束机制。这一机制有利于实现对公立医院的激励和约束,但这种机制的激励约束功能较有可能随着制度执行中的"对策行为"而逐渐式微。最根本的解决之道还在于构建一种医患双方激励相容的体制机制。医患双方激励相容体制机制的构建是一项系统工程,其核心问题在于重塑医患关系。既有的医疗服务关系的法律定位是将医患双方置于权利义务相对立的格局之中,这种做法很难寻找到激励相容的突破口。应当重新反思医患关系独特的内在规定性,从中透析出医患双方的利益一致性,并以"医患共同体"的理念对双方的利益予以整合,最终实现激励相容。

(三)医保支付方式中谈判协商机制的构建:市场化与技术化

对于医疗服务价格形成机制,有学者认为,价格是市场中各方"谈出来"的,而不是"定出来"的,遵循市场规律是改革成功的前提,而人为定价则可能严重

---

1 参见申曙光:《新时期我国社会医疗保险体系的改革与发展》,载《社会保障评论》2017 年第 2 期。

2 [美]菲利普·朗曼:《最好的医疗模式:公立医院改革的美国版解决方案》,李玲等译,北京大学出版社 2011 年版,第 90 页。

3 参见吴小建、王家峰:《政策执行的制度背景:规则嵌入与激励相容》,载《学术界》2011 年第 12 期。

破坏市场秩序，引发混乱。[1] 医保支付体系中的控费机制建立于健全有效的医疗服务价格形成机制上。如果医疗服务价格的形成由公立医院所主导，那么控费机制将会被架空；如果医疗服务价格的形成由医疗保险经办机构所主导，那么控费机制将会导致公立医院陷入经营困境。只有公立医院和医疗保险经办机构都能接受的医疗服务价格才能让公民健康权得到公平有效的保障。双方都能接受的医疗服务价格只能通过谈判协商达成，为此，《基本医疗卫生与健康促进法》第 84 条规定，“国家建立健全基本医疗保险经办机构与协议定点医疗卫生机构之间的协商谈判机制”。可以说，谈判协商机制与控费机制乃医保支付体系中的两大支柱，只有解决好了这两个层面的问题，医保支付体系才能持续运行。

谈判协商机制并非对公立医院和医疗保险经办机构平等协商的简单描述，而是涉及一系列深层次问题。要通过谈判协商机制达成公平合理的医疗服务价格至少需要认真对待这样两个关键问题。

一是谈判协商的市场化问题。谈判协商机制必须保持一定的开放性，否则不论谈判协商的程序如何规范，都难以保障谈判协商结果的科学性。德国建立了较为完善的社会医疗保险制度，德国医疗保险的谈判机制主要基于集体层面，先由市场形成医疗服务的原始价格，再由医疗保险经办机构和医院谈判确定实际支付价格。[2] 将市场化元素合理导入谈判协商机制之中是确保谈判协商结果科学性的重要途径。这需要医院的经营主体和医保经办主体具有一定的竞争性，通过竞争逐步形成相对市场化的“底牌”。

二是谈判协商的技术化问题。市场化元素的导入只是为谈判协商机制的运行提供了一个良好背景，但价格的具体确定还需要通过一定的技术对市场信息进行挖掘和整合。美国公立医疗保障计划的价格形成机制中，谈判定价重点考虑医疗保障计划的筹资能力，主要是在历年数据和预算的情况下确定价格，以此决定相应支付方式的定价水平。[3] 随着日益成熟的大数据技术在实践中得到越来越广泛的应用，谈判协商机制的技术化并非难事。需要在立法上保护患

1　参见朱恒鹏、彭晓博：《医疗价格形成机制和医疗保险支付方式的历史演变——国际比较及对中国的启示》，载《国际经济评论》2018 年第 1 期。

2　参见李乐乐、张知新、王辰：《德国医疗保险制度对我国统筹发展的借鉴与思考》，载《中国医院管理》2016 年第 11 期。

3　参见戴晨曦等：《探究医疗服务价格谈判机制的建立》，载《中国卫生事业管理》2017 年第 5 期。

者医疗隐私的同时，充分利用医疗数据来辅助谈判协商的有效进行。随着时间的推移，医疗数据将会不断叠加，谈判协商的技术基础也将会日益坚实。

第五节　分级诊疗机制的法治回应

一、分级诊疗的基本内涵与实践困境

分级诊疗是医疗卫生体制改革推出的致力于解决"看病难、看病贵"难题的核心制度，旨在将常见病、慢性病患者留在基层医院就诊，减轻大医院人满为患、不堪重负的压力，以此实现各级医院间的合理分工与高效合作。前文所讨论的三级医疗服务体系中各个层次的医疗服务机构都承担了不同的医疗服务功能。不同患者病情各异，实行分级诊疗机制力图形成医疗服务机构和患者的恰当搭配，使有限的医疗资源在治疗疾病方面达到最优解。2015 年 9 月，国务院办公厅印发《关于推进分级诊疗制度建设的指导意见》，提出要建立基层首诊、双向转诊、急慢分治、上下联动的分级诊疗模式，并强调完善分级诊疗服务体系的重点是强基层。然而，从实践层面来看，分级诊疗还远未达到预期目标。大部分患者依然挤向的是综合医院，三甲医院人满为患、基层医疗服务机构门可罗雀的现象并未根本改观。这一现象从医疗卫生机构床位利用情况就可以看出（见表 5－3）。

表 5－3　各医疗卫生机构床位利用情况

年份	综合医院	社区卫生服务中心（站）	卫生院
2011	89.3%	53.5%	58.1%
2012	91.0%	54.6%	62.1%
2013	89.8%	56.2%	62.8%
2014	88.8%	55.0%	60.4%
2015	86.1%	54.2%	59.9%
2016	85.3%	54.1%	60.6%
2017	85.0%	54.4%	61.2%
2018	85.1%	51.4%	59.5%

数据来源：《2012 中国卫生统计年鉴》《2013 中国卫生和计划生育统计年鉴》《2014 中国卫生和计划生育统计年鉴》《2015 中国卫生和计划生育统计年鉴》《2016 中国卫生和计划生育统计年鉴》《2017 中国卫生和计划生育统计年鉴》《2018 中国卫生健康统计年鉴》《2019 中国卫生健康统计年鉴》。

从2011年到2018年,综合医院床位利用率均在85%以上,社区卫生服务中心(站)和卫生院床位利用率一般在50%~60%。新医改以来,国家投入了大量资金用于完善基层医疗卫生服务设施,以期解决人民群众看病难的问题。在实践中大量基层医疗卫生服务设施仍然处于闲置状态,在医疗服务资源紧缺的情况下却并没有发挥其在提供医疗服务方面的作用。造成这种现象的原因有很多方面,大体可从以下几个角度来考察。

第一,基层医疗服务机构的服务水平不被认可。相较于大型综合医院,基层医疗服务机构在医疗设施和医疗人力方面都有较大的客观差距,国家在医疗卫生领域的持续投入也未能消除这种差距。这一差距的存在降低了患者对基层医疗服务机构服务能力的信任。在此情形下,医疗支付能力稍强的患者一般会绕过基层医疗服务机构而直接选择综合医院甚至是三甲医院。有研究显示,在当前居民支付能力普遍提高而医疗消费观念仍旧落后的情形下,仅依靠医保的差异化支付并不能使居民"自愿"选择在基层首诊。[1]

第二,患者拥有医疗机构自由选择权。一般认为,患者与医疗机构之间是医疗服务合同关系且具有委托合同的基本属性,[2]因而患者在选择医疗机构时享有充分的自由。是选择基层医疗服务机构还是选择综合医院,完全是患者权衡利弊的结果。随着医疗支付能力的普遍提升,大部分患者权衡的结果是选择综合医院。因此,分级诊疗机制的实现必须考虑如何限制患者对医疗机构的自由选择权。

第三,各级医疗机构之间存在竞争关系。前面这两个因素影响的是基层首诊的实现,医疗机构之间的竞争关系影响的则是双向转诊的实现。由于功能定位不清晰,医院和基层医疗机构存在竞争关系,使得医院缺乏实行分级诊疗和向下转诊的内在动力。[3] 各级医疗机构之间竞争关系的背后折射出的是医疗服务市场化过度的问题,因此,政府从医疗领域中的撤退是分级诊疗行之无效的根由。[4]

---

1 参见申曙光、张勃:《分级诊疗、基层首诊与基层医疗卫生机构建设》,载《学海》2016年第2期。

2 参见韩世远:《医疗服务合同的不完全履行及其救济》,载《法学研究》2005年第6期。

3 参见李海明、徐颢毓:《医保政策能否促进分级诊疗的实现:基于医疗需求行为的实证分析》,载《经济社会体制比较》2018年第1期。

4 参见姚泽麟:《政府职能与分级诊疗——"制度嵌入性"视角的历史总结》,载《公共管理学报》2016年第3期。

《基本医疗卫生与健康促进法》第 30 条第 1 款规定，国家推进基本医疗服务实行分级诊疗制度，引导非急诊患者首先到基层医疗卫生机构就诊，实行首诊负责制和转诊审核责任制，逐步建立基层首诊、双向转诊、急慢分治、上下联动的机制，并与基本医疗保险制度相衔接。基层首诊和双向转诊是分级诊疗机制的核心，基层首诊可以将大量轻型患者下沉到基层医疗卫生机构，缓解综合医院的压力。双向转诊不仅有利于合理配置医疗资源，而且有利于提升患者接受基层首诊的意愿，弱化医疗机构之间的竞争关系。

就基层首诊而言，《基本医疗卫生与健康促进法》主要通过基本医疗保险的制度设计提升患者选择基层医疗服务机构的意愿。《关于推进分级诊疗制度建设的指导意见》主要通过增强基层医疗服务机构服务能力提升患者对基层医疗服务机构的信任度。因此，对基层首诊的推进，更多是一个政策选择的问题。双向转诊则不然，其中会涉及多方主体的权利义务关系。但目前相关法律问题尚未厘清，在深层次上制约着分级诊疗机制的整体推进。由此可见，这里将重点讨论双向转诊的法律问题。

二、转诊行为概念界定与性质辨析

（一）转诊行为的概念界定

转诊行为，又称转院，依其文义，是指患者与某一医疗机构终止诊疗关系而与另一医疗机构设立诊疗关系的行为。我国法律、行政法规只规定了医疗机构发起的转诊行为，依发起原因，转诊行为又包括两种含义。第一种含义上的转诊行为是指医疗机构限于客观因素无法提供适当诊疗，为保障患者最大利益而进行的转诊。至于何为客观因素，我国大陆地区《医疗机构管理条例》第 30 条规定了“设备”或者“技术条件”，我国台湾地区所谓“医疗法”第 73 条则列举了“人员”、“设备”及“专长能力”。尽管从条文结构来看二者皆属穷尽列举，似无适用他种情形之余地，但从客观目的来看，二者均属于医疗机构按照“当时的医疗水平”将陷入履行不能中的主观不能与事实上不能状态时的一种应对措施。而且，对“技术条件”做扩大解释也可包含“人员”（行为主体）与“专长能力”（行为主体技术水平）两部分，因此两个规定在实质上并无太大区别。第二种含义上的转诊行为是指提供基本医疗服务的定点医疗机构根据患者的身心健康状况及相关规定，建议并协助接受建议的患者转至其他适当的各级定点医疗机构继续接受治疗的行为。我国台湾地区所谓“全民健康保险转诊实施办法”第

3条就将“转诊”定义为“保险对象接受特约医院、诊所安排转至其他适当之各级特约医院、诊所，继续接受治疗”。我国大陆地区虽未通过一个条文明确此种类型，但散见于数个立法规定之中，如《社会保险法》《关于开展城镇居民基本医疗保险试点的指导意见》《关于将大学生纳入城镇居民基本医疗保险试点范围的指导意见》《关于整合城乡居民基本医疗保险制度的意见》等法律、行政法规规定。在统筹地区社会保险行政部门等管理机构的监督下，定点医疗机构与基本医疗保险经办机构达成定点服务协议，提供基本医疗服务。分级诊疗制度正是通过基本医疗保险的合理引导与基本医疗服务的合理划分来平衡医疗资源供给与需求之间矛盾。第二种含义上的转诊行为正是在此框架下进行的。

上述两种转诊行为之间的关系并非互斥或包含，而是互有交叉。换言之，第一种含义上的转诊行为不包含患者虽可在级别较高的医院继续接受诊疗，但向下转诊至基层医疗机构更为合适的场合，如诊断明确、病情稳定的慢性病患者，康复期患者，老年病患者，以及晚期肿瘤患者等。第二种含义上的转诊行为不包含非定点医疗机构之间、定点医疗机构与非定点医疗机构之间的转诊行为。而在向上转诊的场合，二者间具有重合关系。故此，本书所称的“转诊”如无特别说明，即指代第二种意义上的转诊行为。

（二）转诊行为的私法面相

1. 作为事实行为的转诊行为

《民法典》第1218条对医疗损害责任进行了一般规定。按照文义解释之逻辑，转诊行为既然受该法律规范的调整，就应当被包含于诊疗活动之中。尽管根据《医疗机构管理条例实施细则》第88条第1项对“诊疗活动”的定义，“转诊”行为显然并非“检查”或者“使用药物、器械及手术”，但是根据《医疗机构管理条例》第30条、结合《医师法》第27条及原卫生部医管司于2010年修订的《医院工作制度与人员岗位职责》的规定，“转诊”的目的同样是“对疾病作出判断和消除疾病、缓解病情、减轻痛苦、改善功能、延长生命、帮助患者恢复健康”，并且上述“方法”并非穷尽列举。因此，将转诊行为界定为诊疗活动的一种方式符合目的解释逻辑且不违反法的安定性与可预见性。转诊行为既然属于诊疗活动，那么诊疗活动之法律性质的一般内涵必然同时涵盖作为特例的转诊行为。

在此基础上，诊疗活动在民法上应当被评价为事实行为。与法律行为不同，事实行为不能直接创设权利。法律通过要求行为人遵守法定义务调整事实行为。诊疗活动中的告知说明义务分为两类，在德国学界分别被称为“自主权的说明义务”与“安全的说明义务”；[1]在日本学界分别被称为“为了取得病人同意的告知说明”和“给予病人诊疗上的指导说明”。[2] 二者既然同属义务，就不能按照医疗机构自己的意志为或不为，因此无论何者均为事实行为，与法律行为中的“要约”有着重大区别。通常情况下，医疗机构只有与患者或其近亲属意思表示一致，使医疗服务合同成立并生效时，才能够进行诊疗活动。在合同法视角下，诊疗活动是医疗服务合同的履行行为，属于给付行为的范畴；在侵权法视角下，诊疗活动是一种事实上的侵害行为（无论其结果是否改善了患者的健康状况，就过程来看都是侵入性的），只有存在违法性阻却事由的情形，即作为“被侵权人”的患者在知悉风险的前提下明确表示同意时，才不构成法律上的侵权行为。[3]

给付行为通常属于事实行为。例如，在特定物买卖合同中，出卖人负有向买受人交付标的物、移转所有权的义务。在同时承认物权行为的独立性（分离原则）与无因性（抽象原则）的德国法中，才认为在负担行为（买卖合同）之外还存在一个或数个独立的法律行为，即处分行为。而在法国、奥地利等国家的民法中，都否认履行行为中包含区别于买卖合同之外的意思表示，更遑论普通法系国家对此的立场了。我们可从物权行为理论的争执中窥见一斑。由于给付对象为诊疗行为，况且并不存在与“物权行为”具有相似理论构造的“人格权行为”一说，因此不可能被认定为法律行为。既然诊疗活动属于行为且不属于法律行为，那么将诊疗活动定性为事实行为不仅在逻辑上更为顺畅，也可避免通过转诊处分他人人格法益的合理性困境。

从侵权行为角度观察，诊疗活动应当归为事实行为。事实行为与法律行为的主要区别在于，事实行为不以意思表示为要素，对其只做合法性评价；而法律行为则以意思表示为要素，法律行为存在成立与效力层面的评判，既包括有效的法律行为，又包括可撤销、效力待定及无效的法律行为。很显然，诊疗活动在

---

1 参见侯英泠：《论消法上医师之安全说明义务——台湾高等法院八七年第一五一号判决评释》，载《台湾本土法学杂志》第 37 期（2002 年）。

2 参见陈怡安：《医疗事故损害赔偿问题的现状与展望研讨会（一）》，载《台湾本土法学杂志》第 39 期（2002 年）。

3 参见［德］卡尔·恩吉施：《法律思维导论》（修订版），郑永流译，法律出版社 2014 年版，第 6～7 页。

整体上不存在进行效力评价之可能，既不需要在其合法实施时认定其有效，在其违法实施时也绝无撤销、效力待定或无效之可能。而仅在其行为侵害患者法益，并存在违法性与过错时，法律才有必要将其评价为侵权行为，允许患者请求医疗机构承担损害赔偿为主的侵权责任。

2. 民事法律关系中的转诊行为

将转诊行为定性为事实行为仅揭示了转诊行为的表面属性，要深刻辨析转诊行为的法律属性还需将观察视角深入民事法律关系及法律责任之中。就此而言，可以从以下三个角度进行分析。

第一，转诊行为并非终止医疗服务合同的意思表示，而是医疗服务合同之债的履行行为。在医疗服务合同关系成立前，医疗机构一方负有强制缔约义务。[1] 如果法律同时允许医疗机构单方解除或利用优势地位迫使患者同意解除合同，那么强制缔约义务设置的目的就会落空。而转诊行为又确是医疗机构作出的，与患者主动要求解除医疗服务合同并与其他医疗机构订立新的医疗服务合同的行为明显有别，后者属于患者的权利，并且不是基本医疗服务法意义上的“转诊”。由此可见，将转诊行为解释为合同之债的履行行为更具合理性。若转诊行为符合法律、行政法规、规章及其他有关诊疗规范的规定，并且患者已接受转诊，医疗服务合同便因完全履行而终止。

第二，转诊行为是判定“合理诊疗义务”的考察因素之一。合理诊疗义务来源于《民法典》第 1221 条之规定，是判断医疗机构是否具有过错的一般认定标准，是合理注意义务在诊疗活动中的具体表现形式。《民法典》未采用地域性标准，而是采用了全国范围内通行的医疗水平来判断诊疗义务。[2] 这也意味着，要尽到“与当时的医疗水平相应的诊疗义务”，必须通过转诊行为平衡各地医疗机构在实际水平方面的客观差异，使医疗机构适用全国统一标准成为可能。《医疗机构管理条例》第 30 条也强调转诊行为作为“对限于设备或者技术条件不能诊治的病人”履行诊疗义务的一种方式，与《民法典》的规定相互呼应。

第三，患者不接受医疗机构符合诊疗规范的转诊行为可能减轻或免除医疗机构的责任。从合同责任的角度看，患者不接受医疗机构符合诊疗规范的转诊行为属于受领迟延，违反了不真正义务，由此造成的权利减损或丧失等法效果

1　参见冉克平：《论强制缔约义务》，载《政治与法律》2009 年第 11 期。

2　参见曾见：《论“当时的医疗水平”的法律评价》，载《法学评论》2016 年第 4 期。

的不利益,应由债权人(患者)自行承担。[1] 从侵权责任的角度看,患者不接受医疗机构符合诊疗规范的转诊行为属于《民法典》第1224条第1项规定的"患者或者其近亲属不配合医疗机构进行符合诊疗规范的诊疗"的情形,是法定的免责事由之一。由是观之,在民事责任领域,转诊行为当属事实行为,对其作合法性判断足矣。

(三)转诊行为的公法面相

1. 转诊审核权作为行政职权的制度基础

《基本医疗卫生与健康促进法》第30条首次规定了"转诊审核责任制",从语义上看此表述似是义务性规范,但根据行政法权责统一之原则,亦可将其解释为授予行政职权的规范。制定法对行政职权的授予原则上应为明示,这是法的可预见性的题中之义。但在例外情况下,制定法虽未使用确切的授权性规范,但对法定职责的规定中需要以某种权力的授予为前提,那么就可拟制为存在该种权力,此即默示授权。[2] 至于立法目的是否在于授予行政职权,则需做进一步的解释。

首先,转诊审核行为的管辖权应由法律规定。[3] 第一,事务管辖权。转诊为分级诊疗制度的组成部分。根据《基本医疗卫生与健康促进法》第29条及第30条之规定,分级诊疗制度属于基本医疗服务制度,应由医疗机构(包括政府举办的和社会力量举办的)提供。因此,转诊审核之权力应由医疗机构享有,其他行政部门原则上不能作出转诊之决定。第二,级别管辖权。根据《基本医疗卫生与健康促进法》第35条之规定,基层医疗卫生机构主要承担的职责和提供的服务包括"常见病、多发病的诊疗及部分疾病的康复、护理"、"接收医院转诊患者",以及"向医院转诊超出自身服务能力的患者"。同时,第52条明确"全科医生"是转诊审核的行为主体。这些规定已经基本构建了三级医疗机构在职能上的分工。第三,地域管辖权。根据《基本医疗卫生与健康促进法》之规定,在家庭医生签约服务模式下,患者选择签约医疗机构与签约之外的医疗机构所带来的法律效果存在差异,尤其体现在基本医疗保险报销与否及报销比例等方面。

其次,转诊审核行为的适用条件应由法律规定。根据《医疗机构管理条例》

1 参见庄加园:《债权人原因引起的给付不能》,载《法律科学》2018年第5期。

2 参见何海波:《行政诉讼法》(第2版),法律出版社2016年版,第267页。

3 参见章剑生:《行政管辖制度探索》,载《法学》2002年第7期。

第30条之规定,医疗机构应根据患者疾病的轻重缓急作出应否转诊之决定。向上转诊之目的在于克服医疗水平之有限性,只有技术或者设备条件无法满足诊治患者的需要时,才适用转诊这一最后手段。向下转诊之目的则主要在于降低医疗成本,优化人力、物力与财力的配置,提高医疗资源的利用效率。当然,向上转诊亦有降低医疗成本的一面,若将患者利益计算在内,因无法获得及时有效的诊疗而导致大病患者人身伤亡等不利后果无疑也是巨大的制度成本。向下转诊亦有克服医疗水平有限性的一面,但此处医疗水平有限性损害的是在医疗资源稀缺与分配效率低合力作用下的不特定多数人的利益。《关于推进分级诊疗制度建设的指导意见》正是看到了转诊问题的症结所在,提出了"基层首诊、双向转诊、急慢分治、上下联动的分级诊疗模式"的建设目标,提出了以强基层为重点完善分级诊疗服务体系、建立健全分级诊疗保障机制的具体举措,对转诊的适用条件作出了纲领性的规定,而卫生部门规章与规范性文件等对此进一步细化。

最后,转诊审核行为的处理方式应由法律规定。转诊须履行一定的行政程序,转诊意见作出前应继续提供诊疗措施,并评估是否符合转诊的适用条件。如估计途中可能加重患者的病情或导致死亡,应留院处置,待病情稳定或危险期过后再行转院。转诊意见应由具备法定资格的医疗机构及其医务人员按照规范步骤,以法定形式、在法定期限内作出。"由科内讨论或由科主任提出,经医疗管理部门或主管业务副院长或医院总值班批准,提前与转入医院联系,征得同意后方可转院。"转诊行为的执行需要医疗机构及其医务人员履行告知说明义务,在征得患者或其近亲属同意前,医疗机构不得强行转诊,更不得停止治疗。"较重病人转院时应派医护人员护送。病员转院时,应将病历摘要随病员转去。病员在转入医院出院时,应写治疗小结,交病案室,退回转出医院。"《医院工作制度与人员岗位职责》是针对向上转诊进行的制度设计,虽然在向下转诊中不存在高度的紧迫性与危险性,但是转诊程序与行政程序中的立案、调查、决定、送达、执行等基本步骤及回避、合议等基本要求存在诸多相似之处,只是涉及具体细节的处理仍有待立法加以完善。

2. 认定转诊审核权为行政职权的法治价值

上述分析表明,在逻辑上将转诊解释为行政职权并无不可,但是否将其作为一种具体的权力类型,还需从目的论的角度加以论证。转诊审核责任制既然是分级诊疗制度下的一项具体制度,就应有助于达成完善分级诊疗制度这一最终目的。为此,我们需考虑的问题是:阻碍分级诊疗制度落实的主要因素是什么?如何运用转诊审核责任制排除这些障碍?

目前,双向转诊制度运行不畅的原因主要有以下三方面。第一,双向转诊认可度低。这其中固然有事实上的原因,如患者对基层医疗机构医疗水平、医疗环境及医疗设备的不信任。但可以肯定的是,随着全科医生规范化培养及居民健康"守门人"机制的逐步建立,分级诊疗制度的公信力将会逐步提升,转诊审核行为作为行政职权的运行也将取得更佳实效。而国家卫健委办公厅《关于做好2018年家庭医生签约服务工作的通知》所规定的"赋予家庭医生一定比例的医院专家号、预留床位等资源"也确有将转诊审核行为行政职权化之倾向。第二,社区就诊比例低。[1] 造成这一现象的原因主要是:一方面,我国基层首诊坚持群众自愿原则,采用非强制性手段"鼓励非急诊患者首先到基层医疗卫生机构就诊";另一方面,我国双向转诊制度,尤其是向下转诊的"失灵"使得这种状况难获改善。确认转诊的行政职权属性不仅不会阻碍医疗机构履行行政职责,而且能为解决这一难题打开突破口。第三,市场经济体制下经济利益的冲突,以及由此引发的资源配置方面的壁垒。[2] 《基本医疗卫生与健康促进法》第30条第2款规定,县级以上地方人民政府根据本行政区域医疗卫生需求,整合区域内政府举办的医疗卫生资源,因地制宜建立医疗联合体等协同联动的医疗服务合作机制。该条规定旨在防止双向转诊制度因医疗机构之间的利益之争而沦为具文。

确立转诊为行政职权是落实转诊审核责任制的潜在要求,其对双向转诊制度中存在问题的解决具有无可替代的意义。第一,为了弥补基层首诊缺乏刚性之不足,确立了医疗机构的"转诊审核权",使用具有强行性的行政权手段才能真正实现合理配置医疗资源的目标。第二,为了改变双向转诊制度的虚置,2017年国务院办公厅《关于推进医疗联合体建设和发展的指导意见》强调"进一步发挥医保经济杠杆作用",同年发布的《关于进一步深化基本医疗保险支付方式改革的指导意见》亦提出"探索对纵向合作的医疗联合体等分工协作模式实行医保总额付费,合理引导双向转诊"。可见,只有明确医疗机构"转诊审核

1 参见王乃信、裘维焰、张耀锋:《双向转诊存在的问题及对策》,载《中国医院》2014年第5期。

2 参见李肖肖、杜雪平:《我国双向转诊制度运行中存在的问题和对策》,载《中国全科医学》2008年第19期。

权”在医疗资源分配上的法律效力，才能保障患者遵守分级诊疗制度的基本要求。第三，为了实现对医疗机构及其医务人员转诊行为的监督，仅靠行政机关的行政执法往往存在滞后性、监管缺位、针对性差及管办角色冲突等难以避免的问题，而作为利害关系人及诊疗行为参与人的患者，其更有监督转诊行为合法、合理实施的动机。若法律确认医疗机构“转诊审核权”为行政职权，则患者就具有了行政相对人的地位，便可运用行政诉讼的手段约束医疗机构超越职权、滥用职权的行为，获得司法救济。

承前所述，转诊行为既有事实行为的属性，又有行政确认属性，这似乎是一对矛盾。然而，规范世界的道义逻辑与事实世界的叙述逻辑并不完全等同，同一法律事实获得不同的法律评价确有先例可循。[1] 关键在于我们如何理顺民事责任与行政责任的关系，使二者有机结合，为患者的合法权益提供体系化保护。

三、转诊行为的法律规制

（一）转诊意见并非转诊行为的充分条件或必要条件

无论是从西方还是从中国传统法制来看，医患之间的法律关系首先是基于人身信赖而设立、变更和终止的权利义务关系。[2] 在分级诊疗制度出现以前，转诊是在尽最大能力仍然无法提供一般的医疗水平要求时，为防止客观事实造成的履行不能（如签署了某一手术的知情同意书却无法在合适的时间进行手术）而作为代替的一种完全履行的方式。因为进行转诊难免会影响到人身信赖关系，进而加重医患之间的隔阂甚至猜疑。分级诊疗制度用法律资格的判断标准代替了客观事实标准，无疑会使某些下级医院或上级医院本可以处理的患者转诊到其他级别的医疗机构，出于生命健康安全之考虑，患者可能更加难以自觉地产生认同。尽管“个人是自身利益的最佳判断者”这一命题未必是没有例外的，但是我们也不能得出相反的命题——由专业的医务人员替本人作出决定是符合患者最大利益的——就是正确的。既然阻碍患者作出最佳判断的原因主

---

1 参见朱庆育：《私法自治与民法规范 凯尔森规范理论的修正性运用》，载《中外法学》2012 年第 3 期。

2 See J. J. Chin, *Doctor-Patient Relationship: A Covenant of Trust*, Singapore Med. J., Vol. 42, (2001).

要在于专业知识匮乏所致的信息不对称,那么沟通和商谈就显得至关重要。[1] 为了尊重患者的主体性,只有当转诊意见获得患者或其近亲属同意时,才能作为启动转诊后续程序的依据,因此转诊意见并非充分条件。为了预防医患矛盾,尊重人身信赖在医患关系中的重要地位,即使无上级或下级医疗机构开立的转诊证明,也应允许患者前往其更加信赖的医疗机构或寻找更加信赖的医务人员,因此转诊意见也并非必要条件。患者若接受转诊意见,其所获得的医疗服务就属于拟制公共产品;若不接受转诊意见,其所获得的医疗服务就回归到私人产品的范畴。

(二)通过规范转诊意见规制转诊行为

如果说基层首诊是医疗资源分配正义的第一道防线,那么双向转诊几乎可被视为最后一道防线,而转诊意见在这两道防线中的地位皆不容小觑。既然国家通过法律与定点协议授权医疗机构提供作为拟制公共产品的基本医疗服务,就应当遵循权责统一原则。一方面,在经过客观中立的评估后,医疗机构及其医务人员有权决定是否应当依法转诊;另一方面,还要防止这些主体玩忽职守或滥用职权,尤其是在判断过程中考虑了不相关因素(权力关系或影响力关系、私人关系、贿赂等),避免其结论违背平等原则。如此关键的转诊意见,仅通过目前卫生行政法上对"转诊证明"的规定来调整显然是不充分的,因为它不但是一份对患者过去某一时间健康状况的医疗记录,还是对患者未来诊疗措施的建议性安排,更是引起医疗保险给付法律关系变更的法定依据。若法律赋予患者行政诉讼和国家赔偿的救济手段,则可以规范医疗机构的转诊审核行为,保障转诊意见的科学性与公正性。定点医疗机构对定点协议的履行情况就不只受到医疗保障主管部门的监督和管理,也会受到法院的审查——这样转诊行为的规则就会不断得到完善,法律也将在适用的过程中进一步合理化。

(三)转诊行为涉及的主要权利义务

转诊行为主要涉及三方主体——转出医疗机构、转入医疗机构和患者。

1.转出医疗机构的转诊审核义务。医疗机构在接诊后对于不适宜在本级医疗机构进行诊疗的患者,应当及时进行转诊审核,依法作出转诊意见,开立转诊证明。转诊证明一经作出即发生法律效力,产生变更医疗保险给付法律关系

1 参见[美]彼得·于贝尔:《生命的关键决定:从医生做主到患者赋权》,张琼懿译,生活·读书·新知三联书店2017年版,第187~202页。

的效果，但不能直接消灭转出医疗机构与患者之间的诊疗合同关系。

2. 患者的转诊知情同意权。医务人员应当就转诊证明中的重要事项向患者进行说明，患者在知悉医务人员对其病情的判断、对转入医疗机构的建议，以及接受或拒绝转诊的法律后果进行综合判断的基础上，作出是否同意的决定。

3. 转出医疗机构的继续诊疗义务与协助义务。患者在同意转诊之前，转出医疗机构必须按照合同约定提供与自身诊疗水平相符合的医疗服务；在同意转诊之后，转出医疗机构仍然需要提供必要的协助，包括病历资料的对接、转入医疗机构相关资源的占用状况的确认及转运途中必要生命维持设施与人员的提供等。患者拒绝转诊的，(拟)转出医疗机构在诊疗合同完全履行之前，不得自行终止法律关系。

4. 转入医疗机构的优先诊疗义务。在预约时间方面，转诊患者可适当提前于未经转诊又不属于本级医疗机构首诊的患者；同一天预约的，前者优先于后者。转入医疗机构应当预留出一定比例的医疗资源，用于接收转诊患者，并根据转诊的实施情况及时调整这一比例。转入医疗机构认为转出医疗机构的转诊意见确有不当的，不得拒绝履行优先诊疗义务，但可向医疗保险经办机构或医疗保障主管部门进行举报，请求其对定点协议的履行状况进行审查。

2018 年 3 月 29 日，国家卫健委甫一成立便作出了《关于做好 2018 年家庭医生签约服务工作的通知》，强调做好转诊服务的重要性。而缺少法律保障的政策，或者异化为强权，或者沦为口号。我国长期以来形成的就医习惯与分级诊疗之间存在巨大的断层，欲弥合这一裂痕，就需用制度设计引导市场形成新秩序。我国台湾地区的医疗改革为此提供了可资参考的研究对象，在相同的文化背景下，我国台湾地区亦通过医保的不完全强制手段，健全了高效、便民的转诊服务流程，促进了分级诊疗的实现。[1] 有人或许质疑转诊审核行为作为行政行为被确认后可能导致穷人获得医疗救济的机会减少，但此观点似乎忽略了小病涌向大医院造成真正需要在大医院就医者无法得到医治的更大的悲剧。故此，笔者提出的上述构想不失为一条有利于促进基本医疗服务法治化的符合当下基本国情的路径。

---

1 参见高和荣：《台湾社区首诊双向转诊制度的运作及其借鉴》，载《厦门大学学报(哲学社会科学版)》2015 年第 5 期。

第六章　基本药物供给的法律规制

目　　次

在全球化浪潮的推动下，基本药物供给的法律规制已经成为公共卫生法治领域的焦点，关系到全球公民的健康权利和药物可及性。在WHO的倡导下，各国努力确保基本药物的普遍供应，但在全球健康治理的演变、医药产业链的国际重构以及知识产权保护加强的背景下，这一目标的实现面临着诸多挑战。发达国家虽建立了较为完善的法律规制体系，但发展中国家因立法不足、监管不力和市场机制不成熟等问题，常常遭遇基本药物供给的不公平和不稳定。此外，全球性健康危机如新冠疫情进一步凸显了国际社会在基本药物供给保障方面的不足，加剧了对强化法律规制的迫切需求。

第一节　健康权的药物保障

一、“基本药物”概念的起源与发展

1977年，WHO首次提出“基本药物”这一概念，并将其界定为“具有极其重

要的意义,且对人民的健康需求而言,最基本的、不可或缺的和必需的药物"[1]。从理念上来说,WHO提出"基本药物"这一概念的初衷是回应经济落后国家或地区医疗活动中的药物需求,缓解医疗资源短缺的现状,从而解决最困难人群最基本的健康需求,实现健康公平。同时,WHO还编制了《基本药物示范目录》。一方面,该目录以有效、安全和价廉为原则,收录了医疗实践中最基本的、不可或缺的和必需的药物,并每两年更新一次;另一方面,在基本药物遴选过程中,WHO不断优化标准,逐步从经验化走向科学化,进而建立了一套规范的遴选程序。在WHO的推动下,"基本药物"逐渐从理念走向实践,并成为全球公共卫生议题的重要内容。

此外,WHO还要求其成员国根据本国的基本医疗卫生需求和医疗卫生事业发展状况,建立符合本国国情的基本药物制度,并制定基本药物清单。关于基本药物清单,WHO提供了11项指引。具体包括:每个国家都应该任命一个委员会来制定基本药物清单;药物选择应基于在对照临床试验和/或流行病学研究中获得的效果和安全性评估结果;应尽可能使用药物的国际非专有(通用)名称;应制定确保所选药品质量符合适当的质量控制标准的法规制度;应当将成本作为一个主要的选择标准;应当由地方卫生部门决定在相应治疗类别中的用药标准;应当将地方性疾病和环境对用药的影响作为一个选择因素;当有几种药物可用于同一适应证时选择效益/风险比最高的药物;当两种或两种以上药物在治疗上等效时,应优先考虑经过最彻底研究的、药物代谢动力学特性最有利的、当地能够稳定生产的、便于储存的药物;固定比率的组合用药必须符合特定的医学标准;基本药物清单应至少每年审查一次。[2] 在上述指引的带动下,基本药物制度开始在世界范围内建立,并成为世界各国公共卫生制度体系的重要组成部分。

2002年,WHO修订了基本药物的定义。此次修订主要体现在如下四个方面:一是使用"essential medicines"取代"essential drugs",成为基本药物的正式名称;二是删除"满足大部分人口医疗需求"这一特征;三是将疾病流行率、有效性和安全性以及相对的成本效益作为基本药物的选择标准;四是强调个人和社

---

1 World Health Organization, *The Selection of Essential Drugs: Report of a WHO Expert Committee*, Geneva, World Health Organization, 1977.

2 See World Health Organization, *The Selection of Essential Drugs: Report of a WHO Expert Committee*, Geneva, World Health Organization, 1977.

区的可负担性。[1] 从此次修订可以看出，基本药物具有如下几个特征：首先，基本药物是满足人们重点医疗需求的药物；其次，基本药物的选择应适当考虑到疾病流行率、有效性和安全性以及相对的成本效益；最后，基本药物制度的目的是在正常运行的卫生系统中，以个人和社区能够负担的价格随时提供足够数量、适当剂型、质量有保证的药物。此次修订是对三十多年来基本药物制度运行经验的总结，体现了基本药物制度理论研究的最新成果。在 WHO 的推动下，着眼于健康公平的基本药物制度被越来越多的国家或地区采用。截至 1999 年年底，有 156 个会员国拥有官方基本药物清单，其中 127 个国家在过去五年中进行了更新。[2] 有些国家不仅有国家层面的基本药物清单，还有省或州层面的基本药物清单。基本药物清单不仅与官方诊疗指南紧密融合，而且用于指导公共部门的药品采购、供应、报销、捐赠和生产等活动。总体来说，WHO 倡导的基本药物制度已经在全球范围内产生了巨大的影响。

1979 年，我国引入了“基本药物”制度，开始从基本药物层面推动提升我国公民的健康水平。1982 年，我国首次发布《国家基本药物目录》，但当时只收录了以原料药为主的 28 类 278 个品种的西药。1996 年，我国重新制定并颁布了包含西药和中药的《国家基本药物目录》，并分别于 1998 年、2000 年、2002 年、2004 年、2009 年、2012 年、2018 年进行修订更新。2009 年，原卫生部等九部委联合发布了《关于建立国家基本药物制度的实施意见》，标志着国家基本药物制度的建设工作全面启动。该意见指出，基本药物是适应基本医疗卫生需求、剂型适宜、价格合理、保障供应、公众可公平获得的药品，要求政府举办的基层医疗卫生机构全部配备和使用基本药物，其他各类医疗机构也都必须按规定使用基本药物，并对基本药物的遴选、生产、流通、使用、定价、报销、监测评价等环节提出了一些原则性要求。此后，国务院办公厅、国家卫生行政主管部门以及其他相关部门陆续出台了一系列政策文件，进一步细化了基本药物制度的运行机制。2016 年，为实现全民健康的战略目标，中共中央、国务院出台的《“健康中国 2030”规划纲要》进一步提出了完善国家药物政策的要求，并特别强调要巩固完善国家基本药物制度，推进特殊人群基本药物保障。2018 年，国务院办公

1 See World Health Organization, *WHO Medicines Strategy*: *Revised Procedure for Updating WHO's Model List of Essential Drugs*: *Report by the Secretariat*, Geneva, World Health Organization, 2002.

2 See World Health Organization, *WHO Medicines Strategy*: *Revised Procedure for Updating WHO's Model List of Essential Drugs*: *Report by the Secretariat*, Geneva, World Health Organization, 2002.

厅发布《关于完善国家基本药物制度的意见》，从动态调整优化目录、切实保障生产供应、全面配备优先使用、降低群众药费负担、提升质量安全水平、强化组织保障等多个方面提出了进一步完善国家基本药物制度的具体措施。2019 年修订的《药品管理法》第 93 条规定，国家实行基本药物制度，遴选适当数量的基本药物品种，加强组织生产和储备，提高基本药物的供给能力，满足疾病防治基本用药需求。同年制定的《基本医疗卫生与健康促进法》进一步明确了基本药物的概念、遴选、基本药物目录、供给、监管等内容。至此，我国的基本药物制度正式通过立法的方式确立。

经过多年的努力，特别是新医改十余年的探索，我国已经初步建立了基本药物制度，构建了维护公益性、调动积极性、保障可持续性的基本药物制度运行新机制。但是，现有基本药物制度仍存在许多不足之处：遴选、生产、流通、使用、支付、监测等环节未能贯彻“突出基本、防治必需、保障供应、优先使用、保证质量、降低负担”的功能定位；没有在各级医疗机构中得到统一实施；药企、医院生产、使用基本药物积极性不高；基本药物供给没有保障等。这些问题产生的原因是多方面的，其中之一便是基本药物法治不健全。古人云：“法者，治之端也。”建立和完善基本药物制度，法治保障必须先行。当前，虽然《药品管理法》和《基本医疗卫生与健康促进法》明确了基本药物制度的法律地位，并对基本药物的遴选、生产、储备、供给等方面作了规定。但是，这两部法律中直接涉及基本药物制度的内容只有一两个条文，并且为原则性规定。基本药物制度是保障健康公平的核心制度，对于发展中国家而言尤其重要，因而有必要进行专门立法。基本药物制度涵盖了基本药物目录制定、生产供应、采购配送、合理使用、价格管理、支付报销、质量监管、检测评价等多个环节。概括起来，基本药物制度主要包括遴选、生产、使用、监管四部分。

二、基本药物供给的健康权价值

看病就要用药。患者的用药需求表现在两个方面：一是患者在就诊时能够获得对症的药物；二是患者能够负担得起医生开出的药物。第一种需求，我们姑且称为药品需求，主要通过药企、医药科研机构不断开发新药来解决，也就是通过市场机制来解决。根据世界通行的知识产权保护机制，新药往往能获得知识产权保护，进而为药企、医药科研机构等新药研发主体带来高额的垄断利益。因此，在利益的驱动下，药企、医药科研机构等研发主体能够依循市场机制，加大对新药研发的投出，不断推陈出新。当然，医药科学的发展仍然无法解决所有问题。例如，人类至今没有找到根治癌症的药物和治疗方法；新冠疫情防控最大的难题仍然是没有完全有效的疫苗和药物。对于第二种需求，我们称为药廉需求。对于药物供给，如果完全采取市场机制，那么药企和医院就会想方设法提高药价，进而导致普通患者看不起病。这正是20世纪90年代市场化医改的后果。同时，患者没有掌握药物的议价权，并且患者与药企、医院之间的信息不对称，进而导致患者没有药物选择的能力。而根据本书第一章提出的有效选择原则，需要国家对患者的基本药物需求进行限价，保障一般患者都能负担常见病、多发病的药物治疗费用，这就是基本药物法律制度产生的基本法理。基本药物制度的核心作用是解决患者的药廉需求，从而保障患者健康权的实现。具体而言，基本药物的健康权价值主要体现在如下几个方面。

一是落实宪法健康权条款。基本药物制度体现了国家对健康公平的追求。健康权是一项基本人权，也是我国宪法规定的一项公民基本权利。《宪法》第21条第1款规定："国家发展医疗卫生事业，发展现代医药和我国传统医药，鼓励和支持农村集体经济组织、国家企业事业组织和街道组织举办各种医疗卫生设施，开展群众性的卫生活动，保护人民健康。"该条关于健康权的规定明确了国家在保障公民健康权实现方面的积极作为义务，即国家应当提供实现健康权所需的各种制度和条件，包括分级诊疗制度、医疗保险制度、基本药物制度等。而《基本医疗卫生与健康促进法》《药品管理法》以及相关行政法规、规章中关于基本药物法律的规定，则是通过立法的方式落实《宪法》第21条的具体表现。总体来说，建构和完善基本药物制度是国家履行健康权保障义务的要求。

二是保障公众的健康公平。作为一项基本人权，健康权具有公平性这一基本属性。相应地，公平性也是基本药物制度的价值追求。人权是"人作为人"的内在要求，其不因人的社会身份、地位、性别、民族、宗教信仰等方面存在差异而有所不同。在基本药物制度建立之前，药品资源在不同地区、不同人群中的分配极为不均。特别是在农村地区和贫困人群中，由于药品负担能力较差，药品可及性难以保障，使得现代医疗技术难以发挥效用，贫困人口的健康得不到有效保障。这也常使许多刚摘去"贫穷帽子"的家庭因病致贫、因病返贫。因此，国家建立基本药物保障制度，选取适应基本医疗卫生需求、剂型适宜、价格合理、能够保障供应、公众可公平获得的药物，来确保每个地区、每个公民都能获得最基本的药物保障，从而以药物的公平可及来确保健康权的公平实现。

三是降低人民的健康成本。基本药物制度有效保障了基本药物的可及性。虽然 WHO 关于基本药物的概念和遴选标准在不断发展变化，但是保障基本药物的可及性这一内涵一直延续至今。基本药物制度是提高药品可及性的重要手段，是保证“人人享有初级卫生保健”的重要基础。基本药物制度要求基层医疗卫生机构全部配备使用基本药物，进一步统筹分配城乡医疗资源，逐步缩小城乡医疗资源差异。基本药物由政府统一招标采购，减少不必要的中间流通环节，实现药品零差价，减轻了公民的医疗负担。同时，通过医疗保障体系，提高基本药物的报销比例，降低个人自付比例，从而减少公民的医疗支出，提高药物的可负担性。基本药物的可及性促进了医联体、分级诊疗、家庭医生签约服务、慢性病健康管理、传染病防治等医疗服务机制的有机结合。如在高血压、糖尿病等慢性病以及艾滋病、结核病等传染性疾病中优先配备使用基本药物，使得人民群众能切实体会到基本药物制度带来的红利。国家通过对基本药物统一定价，保障基本药物价格的低廉性、可及性，减少医保基金和患者个人在药品方面的支出，有效破除以药养医痼疾。

四是维持稳定的健康预期。当前，《药品管理法》第 93 条和《基本医疗卫生与健康促进法》第 59 条均以国家立法的形式明确了基本药物制度的法律地位，并提出了一些具体要求。法的确定性在于其能够为公民提供合理期待，同样基本药物制度的法治化也有助于落实公民对药品分配的合理期待。首先，基本药物法律制度明确和强化了国家提供基本药物的职责和义务，并向公众公开承诺国家将为公民提供治疗基础疾病、常见疾病所需的价廉质优药品，极大满足了公民的健康预期。其次，基本药物法律制度具有引导医疗行为，促进合理用药的功能。一方面，通过统一招标采购，基本药物实现了零差价销售，其价格得以普遍降低，从而削减了公民医疗费用的支出；另一方面，基本药物法律制度还能够有效约束医师超疗程、超量、不对症用药等不合理的药物使用现象。最后，基本药物法律制度的建立能够协调药物服务和医疗服务之间的内在关系，促进医药服务的协同化。

三、我国基本药物供给的法制格局

《宪法》第 33 条第 3 款规定，国家尊重和保障人权。健康权是基本人权之一，即国家有义务保障公民的健康权。[1] 结合宪法规定的国家负有保障健康权的义务，通过基本药物法制体系建设，以此实现将健康权具体化为公民获得和使用基本药物的权利。具体而言，当前我国的基本药物法制体系主要由以下几部分组成。

一是法律、法规、规章等正式的立法。一方面，我国目前有两部法律分别确认了基本药物的法律地位。其一，作为专门规制药品的法律，2019 年修订的《药品管理法》增加了有关基本药物制度的规定。该法第 93 条明确我国实行基本药物制度。在此以前，国家法律层面并无基本药物制度的规定。其二，作为我国医疗卫生领域第一部基础性、综合性法律，《基本医疗卫生与健康促进法》在"药品供应保障"一章中对基本药物制度进行了规定。不过，这两部法律对基本药物供给仅做了原则性规定，即要求国家提高基本药物的供给能力。另一方面，我国还有一些法规规章进一步细化了基本药物制度。2023 年国家市场监督管理总局颁布《药品经营和使用质量监督管理办法》，同时取代《药品经营许可证管理办法》《药品流通监督管理办法》。该办法贯彻落实《药品管理法》中全面推行上市许可持有人制度、健全药品追溯制度等，以守底线保安全为出发点，围绕保障药品质量安全、优化药品可及性、促进药品流通高质量发展等方面，全面加强药品经营和使用环节质量监管，强化药品企业经营、医疗机构药品使用全过程、全环节监管，以期推动医药行业特别是医药流通领域高质量发展。总体而言，当前我国基本药物制度相关立法日臻完善，通过立法立规规范药品质量、保障药品安全。

二是政策文件。我国目前主要通过政策文件指导基本药物制度的实施。国务院分别于 2010 年、2013 年、2018 年颁发了关于完善基本药物制度的规范性文件。其中，2018 年颁发的《关于完善国家基本药物制度的意见》是当前基本药物制度的主要依据。该文件从六个方面提出了完善基本药物制度的新要求，即动态调整优化目录、切实保障生产供应、全面配备优先使用、降低群众药费负担、提升质量安全水平、强化组织保障。在基本药物的采购方面，2010 年国务院办公厅印发了《建立和规范政府办基层医疗卫生机构基本药物采购机制的指导意见》，明确了建立和规范基本药物采购机制的主要措施，要求逐步建立起比较完善的基层用基本药物供应保障体系。在对基本药物配备使用方面，2019

1　参见陈云良：《基本医疗服务法制化研究》，载《法律科学（西北政法大学学报）》2014 年第 2 期。

年国家卫健委、国家中医药管理局联合印发《关于进一步加强公立医疗机构基本药物配备使用管理的通知》指出，要确保基本药物主导地位，确保基本药物优先使用。此外，还有一些政策文件虽未专章规定基本药物制度，但也有涉及基本药物制度的部分内容。例如，在药物采购方面，国务院办公厅 2015 年颁发的《关于完善公立医院药品集中采购工作的指导意见》和 2021 年颁发的《关于推动药品集中带量采购工作常态化制度化开展的意见》，均强调要建立健全以基本药物制度为基础的药品供应保障体系，推动药品集中带量采购工作常态化制度化开展。在对基本药物费用报销方面，根据国家医疗保障局、人力资源和社会保障部印发的《国家基本医疗保险、工伤保险和生育保险药品目录》(以下简称《医保目录》)，基本药物费用的报销比例明显高于非基本药物。另外，部分省市政府结合本地特殊情况也出台了相应的地方性政策文件，细化了基本药物制度的实施规定。例如，2019 年湖南省卫健委出台了《关于完善国家基本药物制度的实施意见》，结合湖南省的医药卫生资源对基本药物制度的实施提出了具体要求。这一系列的规范性文件构成了基本药物制度的基本框架。

三是药物目录。在基本药物制度的临床实践中，各类药物目录发挥了十分重要的作用。一方面，我国出台了《国家基本药物目录》，并多次修订完善。现行的《国家基本药物目录(2018 年版)》收录了 417 个品种的化学药品和生物制品、268 个品种的中成药以及中药饮片，涵盖了口服剂型、注射剂型、外用剂型和其他剂型四种剂型，是各级医疗卫生机构配备使用药品的依据。《国家基本药物目录》是基本药物临床用药的基本依据，纳入该目录的药物为基本药物，未纳入该目录的为非基本药物。另一方面，除了《国家基本药物目录》，各相关行政部门也颁布了一些涉及基本药物的目录，如 2023 年国家医疗保障局、人力资源和社会保障部印发的《医保目录》以及各地政府部门出台的新型农村合作医疗报销药物目录、乡村医师基本用药目录等。此外，由国家卫生健康行政主管部门组织编写的《国家基本药物临床应用指南》和《国家基本药物处方集》对于指导和规范医务人员合理使用基本药物也发挥了十分重要的作用。但是，各种目录之间未能有效衔接，在一定程度上影响了基本药物制度的临床实践。特别是，基本药物目录与医保目录未能完全衔接，仍存在一些药物不在医保目录、基本药物报销比例不一等情况。这些问题都对基本药物的临床运用产生了消极影响。

总体来说，我国基本药物法律制度体系还有很大的完善空间。当前，法律之中关于基本药物制度的规定还比较抽象，不具有现实可操作性，而政策文件的效力位阶又比较低，无法满足构建基本药物制度的需要。一方面，基本药物制度对于保障健康公平具有基础性和主导性作用。基本药物制度的重要性决定了其应当由法律加以规定。需要强调的是，基本药物制度涉及多个领域，如卫生健康、市场监管、工业和信息化、知识产权、税务、海关等，必须由立法机关统筹协调，加强顶层设计。另一方面，基本药物制度的实施需要借助法律的强制力。虽然我国已通过大量的政策文件构建了基本药物制度的框架结构，但是该项制度的实施效果依旧不尽如人意。究其原因，关键在于政策文件的法律位阶较低，特别是其无法规定行政处罚等法律责任，从而导致违规成本较低。因此，有必要通过立法的方式，健全基本药物制度的法律责任，从而确保基本药物制度能够落到实处。

第二节　基本药物遴选行为的法律规制

一、基本药物遴选程序的演变

我国对基本药物实行目录管理，即纳入基本药物目录的药物就是基本药物，而未纳入基本药物目录的药物则不属于基本药物。因此，我国基本药物的遴选过程实际上也是基本药物目录的编制过程。从历史演变来看，我国的基本药物遴选经历了如下几个阶段。

第一阶段：首次编制基本药物西药目录。早在 1979 年，我国就启动了基本药物遴选工作。1979 年 4 月，原卫生部和原国家医药管理总局牵头成立了“国家基本药物遴选小组”，开始遴选适合我国当时医药卫生实际情况的基本药物，并于 1981 年 8 月编制完成《国家基本药物（西药部分）》。1982 年 1 月，原卫生部和原国家医药管理总局正式发布《国家基本药物（西药部分）》。[1] 这一阶段是我国初次尝试编制基本药物目录，使基本药物制度正式开始落地。但遗憾的是，由于当时我国中药品种繁多，情况较为复杂，尚不具备开展遴选活动的基础，因而当时公布的国家基本药物目录并未收录中药。

第二阶段：首次编制基本药物全品种目录。1992 年 3 月 9 日，原卫生部发

1　参见车明凤、韩白石：《我国颁布实施〈国家基本药物目录〉的概况》，载《中国药事》2000 年第 1 期。

布《制订国家基本药物工作方案》，正式启动新一轮国家基本药物遴选工作。为确保基本药物遴选工作的顺利进行，《制订国家基本药物工作方案》要求由原卫生部组织有关部门成立制订国家基本药物领导小组，办公室设在原卫生部药政局，并承办具体事务。1994 年 1 月，国家基本药物中药部分遴选完成。1996 年 2 月，国家基本药物西药部分遴选完成。1996 年 4 月 10 日，原卫生部正式发文公布《国家基本药物（全部品种目录）》。这一阶段，基本药物目录被视为我国医疗制度改革的重要内容以及强化药品管理的重要手段。因此，本次基本药物目录编制工作被给予极高的期待，相关工作也得到了顶层设计者极大的支持。同时，值得注意的是，1991 年 9 月，我国被指定为 WHO 基本药物行动委员会西太区代表，这在一定程度上也起到督促我国尽早实施基本药物制度的作用。

第三阶段：基本药物目录常态化调整。自 1996 年首次公布基本药物全品种目录之后，我国卫生行政主管部门又根据实际情况对基本药物目录进行了多轮次的调整。1997 年，原卫生部先后启动国家基本药物目录中药部分和西药部部分的调整工作，并在 1998 年 2 月和 12 月，分别由原卫生部和原国家药品监督管理局正式发文公布调整后的《国家基本药物（西药品种目录）》和《国家基本药物（中药制剂品种目录）》。此时，根据国务院机构改革后的职权划分，基本药物目录编制工作已经改由原国家药品监督管理局负责。2000 年 7 月，原国家药品监督管理局下发《关于 2000 年调整国家基本药物目录工作的通知》，再次启动国家基本药物目录调整工作。随后，国内数百名医药学专家分科属对调出、调入品种进行反复论证。2001 年 3 月，原国家药品监督管理局正式公布《国家基本药物》制剂品种目录；之后于 2002 年 12 月，再次调整公布新的《国家基本药物》制剂品种目录。在此次调整过程中，原国家药品监督管理局采取书面形式，广泛征求了不同层次医疗机构、临床医师和有关医药学专家的意见，经循证对比、综合评价、技术复核后确定正式目录。2004 年 6 月，原国家食品药品监督管理局又一次启动国家基本药物目录调整工作。值得注意的是，此次调整工作出现了一些新变化。在调整原则上，将“发现严重药品不良反应，需要重新评价药品风险/效益的品种”增列为调出品种。在调整程序上，一方面强调力求突出循证评价，另一方面精简了程序环节，仅设置了各省、自治区、直辖市食品药品监督管理局（药品监督管理局）组织综合评价，提出调入、调出初选意见，以及原国家食品药品监督管理局药品安全监管司组织综合评价确定调入调出品种名单并报请局领导审定后发布两个环节。2004 年 12 月，原国家食品药品监督管理局正式发文公布了调整后的《国家基本药物》制剂品种目录。这一阶段,基本药物的编制和调整工作已经进入常态化,并且相关程序和标准也逐渐清晰、成熟。总体来说,在基本药物目录编制工作中,医药学专业力量的影响力在持续上升,而行政力量的影响力则有所下降。

第四阶段:“新医改”背景下的基本药物目录。2009 年 3 月,中共中央、国务院发布《关于深化医药卫生体制改革的意见》,正式启动新一轮“医改”。在此背景下,2009 年 8 月 18 日,原卫生部等相关部门同日发布了 3 份针对基本药物制度的政策文件,即原卫生部等九部委联合发布的《关于建立国家基本药物制度的实施意见》《国家基本药物目录管理办法(暂行)》,以及原卫生部发布的《国家基本药物目录(基层医疗卫生机构配备使用部分)》(2009 年版)(已失效)。紧接着,根据《国家基本药物目录管理办法(暂行)》的规定,2013 年 3 月,原卫生部调整公布了《国家基本药物目录(2012 年版)》。随着实际情况的进一步发展,2015 年 2 月,原国家卫生计生委等九部委联合发布了《国家基本药物目录管理办法》。该办法在 2009 年《国家基本药物目录管理办法(暂行)》的基础上进行了部分修改。主要体现在如下两个方面:一是在国家基本药物专家库中纳入了药品监管、药品生产供应管理等方面的专家;二是针对发生严重不良反应的品种,只有经评估不宜再作为国家基本药物使用时,才能将其调出国家基本药物目录。根据《国家基本药物目录管理办法》的要求,2018 年 9 月,国家卫健委、国家中医药管理局发布了《国家基本药物目录(2018 年版)》。在“新医改”的背景下,基本药物的遴选程序进一步强化了专家的作用。根据上述政策文件,卫生行政主管部门成立了国家基本药物工作委员会和国家基本药物专家库。国家基本药物工作委员会是国家基本药物目录遴选、调整的领导机构和决策机构,负责确定国家基本药物目录遴选、调整的原则、范围、程序和工作方案,审核国家基本药物目录。国家基本药物专家库是国家基本药物目录遴选和调整的工作机构,具体负责遴选基本药物。国家卫生行政主管部门的权力则大大缩小,不再享有决策权,而是仅承担国家基本药物工作委员会的日常工作以及经国家基本药物工作委员会授权发布《国家基本药物目录》。

总体来说,经过四十多年的实践探索,我国已经初步建立了基本药物遴选程序。从历史变迁来看,我国基本药物遴选程序的演变过程呈现专业化和去行政化的趋势。在基本药物遴选程序中,国家卫生行政主管部门以及医药管理部门的角色发生了较大的变化,即由最初的遴选决策者转变为现在的组织协调者。相应地，医药专家的角色也发生了较大变化，即由最初的决策顾问转变为现在的决策者。这种变化使我国基本药物目录更加科学化。

二、基本药物遴选程序存在的问题

改革开放以来，我国已经先后进行了 9 次国家基本药物目录的编纂和调整工作。并且，先后形成了 1992 年《制订国家基本药物工作方案》、2000 年《关于 2000 年调整国家基本药物目录工作的通知》、2009 年《国家基本药物目录管理办法（暂行）》以及 2015 年《国家基本药物目录管理办法》等相对系统、全面的国家基本药物遴选制度。可以说，经过多年的探索，我国已经建立了一套较为成熟的基本药物遴选程序。但不可否认的是，当前我国基本药物遴选程序依旧存在一些问题。

一是遴选原则的指导性弱。1979 年初次进行国家基本药物遴选时，“国家基本药物遴选小组”确立了“临床必需，疗效确切、毒副反应清楚、适合国情”的原则。1992 年《制订国家基本药物工作方案》确立的基本药物遴选原则较为全面，包括：①临床必需；②安全有效；③价格合理；④使用方便；⑤当两个或更多的药品都符合以上要求时，则须认真评价它们之间相对的有效性和安全性、质量稳定性和标准完善性、价格和可获得性；⑥中西药并重；⑦中药基本药物品种遴选工作是在中成药整顿基础上，进一步分类分批进行医学评价后，对药品的工艺、标准等项进行审核、贯彻择优原则，对部分品种提高了遴选标准。1992 年基本药物遴选原则奠定了我国基本药物遴选工作的总基调。在后续的基本药物遴选工作中，遴选原则虽有变化，但基本上延续了 1992 年基本药物遴选原则的主要内容。《关于 2000 年调整国家基本药物目录工作的通知》删除了 1992 年基本药物遴选原则中的第⑤项和第⑦项，其余原则得以保留。2004 年基本药物遴选工作增加了保证供应和质量可控两项新要求，同时删除了中西药并重这一原则。2009 年《国家基本药物目录管理办法（暂行）》、2015 年《国家基本药物目录管理办法》则将遴选原则进一步修改为防治必需、安全有效、价格合理、使用方便、中西药并重、基本保障、临床首选、基层能够配备。从上述遴选原则的演变过程可以看出，1992 年以后，虽然各个时期略有不同，但我国基本药物目录的遴选原则基本稳定。但是，这些基本原则过于简略且多使用模糊性强的修饰词，并不具有现实指导意义。例如，所谓中西药并重的含义到底为何？并重是否意味着中药与西药应当各占国家基本药物目录的 50%？等等。在基本药物遴选过程中,这些基本原则或许能够发挥一定的宏观牵引作用,但由于并没有演化成具体的规则,其规范指引作用有限。

二是遴选标准的主观性强。我国基本药物的遴选严重依赖专家的主观意见,但不要求专家提供科学说明。在1992年《制订国家基本药物工作方案》中,可供遴选国家基本药物的具体品种名单是由中华医学会、中国中医药学会组织临床各科专家酝酿讨论后提出的;在2000年《关于2000年调整国家基本药物目录工作的通知》所设置的基本药物遴选程序中,基本药物调出、调入品种名单的确定需要经过三轮专家评审,即国家药品监督管理局药品评价中心组织医药学专家提出名单初稿、各省级药品监督管理部门组织的本省(区、市)内的医药学专家进行增删以及国家药品监督管理局药品评价中心组织医药学专家再次综合评价后确定送审名单;2009年《国家基本药物目录管理办法(暂行)》规定基本药物目录应当由咨询专家组进行技术评价、提出遴选意见并形成备选目录,然后由评审专家组对备选目录进行审核投票,形成目录初稿;2015年《国家基本药物目录管理办法》沿袭了上述规定。由此可见,在我国基本药物遴选过程中,专家的主观判断决定了某一药品能否进入国家基本药物目录。法谚云:权力导致腐败,绝对的权力导致绝对的腐败。虽然基本药物遴选是一件专业性极强的工作,但这并不意味着专家的自由裁量权可以不受制约。理论上,专家的判断应当建立在科学依据之上。在决定某一药品能否进入国家基本药物目录时,专家应当从医学、药学等专业角度充分说明理由。但事实上,基本药物遴选程序并不要求专家详细说明遴选理由。同时,不可否认的是,部分医药专家具有多重身份。其不仅是科学家,还可能是特定药品研发、生产、销售企业的投资人、管理人。此时,专家的判断很可能掺杂专业之外的其他因素,这极大地影响了基本药物目录的公信力。

三是遴选过程的透明度低。在我国基本药物遴选程序中,缺少信息公开制度。1992年《制订国家基本药物工作方案》所设置的遴选程序主要在原卫生部、各省级卫生部门以及接受委托的中华医学会、中国中医药学会、中国药品生物制品检定所、北京医科大学临床药理研究中心等单位之间进行,并没有对外公开环节;2000年《关于2000年调整国家基本药物目录工作的通知》所设置的遴选程序也主要是在国家药品监督管理局、药品评价中心、各省级药品监督管理部门以及医药学专家之间流转,未见信息公开的内容;2009年《国家基本药物目录管理办法(暂行)》和2015年《国家基本药物目录管理办法》所规定的遴选程序更为详细，具体包括：①从国家基本药物专家库中，随机抽取专家成立目录咨询专家组和目录评审专家组，咨询专家不参加目录评审工作，评审专家不参加目录制定的咨询工作；②咨询专家组根据循证医学、药物经济学对纳入遴选范围的药品进行技术评价，提出遴选意见，形成备选目录；③评审专家组对备选目录进行审核投票，形成目录初稿；④将目录初稿征求有关部门意见，修改完善后形成送审稿；⑤送审稿经国家基本药物工作委员会审核后，授权卫生部门发布。上述程序仍然是在国家卫生行政主管部门、其他有关部门以及专家之间进行，并没有信息公开、公开征求意见以及其他公众参与程序。遴选过程不透明极易滋生腐败。例如，在2014年国家发展和改革委员会价格司发生的塌方式腐败中，曹长庆、郭剑英、刘振秋等均涉及药品领域的腐败问题。事实上，基本药物目录关涉人民群众的切身利益，对社会公众影响巨大。特别是在看病贵、看病难以及医患关系紧张的环境下，任何不透明、不公开的做法都容易引发社会公众的猜疑，从而产生不良影响，容易在政府、专家与社会公众之间引发信任危机。

三、基本药物遴选程序的规范化

基本药物的遴选或者说国家基本药物目录的制定与调整本质上属于国家卫生健康行政主管部门行使行政管理权力的行为，其理应遵守行政法基本原则，尤其是以公平、公正、公开为核心的程序性原则。以公平、公正、公开原则为指导，具体可以从如下几个方面完善我国基本药物的遴选程序。

一是细化操作指南。在2015年《国家基本药物目录管理办法》规定的基本药物遴选程序中，除遴选原则之外，还设置了一些具体的遴选规则。主要包括三个方面：(1)收录范围。目录中的化学药品、生物制品、中成药应当是《药典》收载的，原卫生部、国家食品药品监督部门颁布药品标准的品种。(2)负面清单。主要包括：①含有国家濒危野生动植物药材的；②主要用于滋补保健作用，易滥用的；③非临床治疗首选的；④因严重不良反应，国家食品药品监管部门明确规定暂停生产、销售或使用的；⑤违背国家法律、法规，或不符合伦理要求的；⑥国家基本药物工作委员会规定的其他情况。(3)调出品种：①药品标准被取消的；②国家食品药品监管部门撤销其药品批准证明文件的；③发生严重不良反应，经评估不宜再作为国家基本药物使用的；④根据药物经济学评价，可被风险效益比或成本效益比更优的品种所替代的；⑤国家基本药物工作委员会认为应当调出的其他情形。这些规则相对比较具体,具有较强的可操作性,但这仅是基本药物遴选的一小部分内容。相对而言,咨询专家和评审专家对具体药物品种是否应当纳入基本药物目录的评价规则才是基本药物遴选的重中之重。然而,2015年《国家基本药物目录管理办法》却以"根据循证医学、药物经济学对纳入遴选范围的药品进行技术评价"的表述完全授权专家进行主观判断,这无疑增加了基本药物遴选的不确定性。因此,有必要在借鉴WHO基本药物循证评价技术体系以及其他国家相关评价规范的基础上,建立我国基本药物目录遴选指南和配套的方法学技术指南和标准,从而进一步规范专家的遴选行为,增强基本药物遴选的客观性、科学性。[1]

二是落实信息公开。2015年《国家基本药物目录管理办法》中没有规定信息公开的内容。事实上,基本药物遴选是一件关系人民群众切身利益的大事,国家机关理应落实信息公开制度,满足人民群众的知情权。《政府信息公开条例》确立了以公开为原则、以不公为例外的基本原则。基本药物遴选信息不属于该条例第14、15、16条规定的国家秘密、商业秘密、个人隐私以及行政机关内部事务信息等不予公开的信息,而是属于该条例第19条规定的涉及公众利益调整、需要公众广泛知晓或者需要公众参与决策的政府信息,行政机关应当主动公开。具体而言,基本药物遴选程序中的信息公开至少应当包括三个方面:第一,主体公开。根据2015年《国家基本药物目录管理办法》的规定,国家卫生健康行政主管部门负责组织建立国家基本药物专家库。在基本药物遴选过程中,将从国家基本药物专家库中随机抽取专家成立目录咨询专家组和目录评审专家组,具体负责基本药物的遴选评价和审核。为了更好地监督遴选工作,在每一次基本药物遴选或调整活动中,应当全面、及时地公开被抽中的咨询专家和评审专家信息,特别是咨询专家和评审专家与相关药品研发、生产、销售企业之间存在利益关系的,更应当成为公开的重点。与此同时,应当公开医学、药学、药物经济学、药品监管、药品生产供应管理、医疗保险管理、卫生管理和价格管理等方面的专家占比,还应当公开上述领域专家打分权重。第二,过程公开。在过程公开方面,最核心的是各项技术指标的公开。根据2015年《国家基本药物目录管理办法》所设计的基本药物遴选程序,备选目录将由咨询专家组根据

1 参见王莉等:《我国基本药物目录遴选与评价方法的问题与反思》,载《中国药房》2010年第16期。

循证医学、药物经济学对纳入遴选范围的药品进行技术评价后形成。那么，循证医学、药物经济学技术评价标准，以及各入选和落选药物品种在相应领域的技术指标，均应详细公开，以接受社会大众监督。此外，评审专家组对备选目录的投票记录、目录初稿与备选目录之间的区别、有关部门的意见、送审稿等信息也应当公开。第三，结果公开。结果公开主要是指依照2015年《国家基本药物目录管理办法》规定的遴选程序而最终形成的《国家基本药物目录》应当公开，并且应当尽可能详细，以便指导医疗机构和社会公众参照使用。

三是扩大公众参与。从法学的视角来看，公众参与不仅是参与式民主的重要制度载体，也是促进公平公正的一项重要手段。通过公众参与，可以让公众的意见得到充分表达，避免行政主体陷入“信息茧房”之中。而且，基本药物的最终使用者是社会大众，他们有权参与遴选程序。然而，2015年《国家基本药物目录管理办法》中却没有公众参与机制。在基本药物遴选程序中嵌入公众参与机制可以从如下几个方面着手：首先，在遴选程序正式开始之前，可以向社会公众发布拟进行基本药物遴选的信息，让社会公众提前做好准备，以便后续实质性参与基本药物遴选活动。其次，在遴选程序开始后，可以同步向社会公众征集意见，听取社会公众对于哪些药物应当纳入基本药物目录、哪些药物应当从基本药物目录中调出的意见和建议。最后，在专家组形成目录初稿、备选目录以及送审稿之后，应当进一步公开征求意见，并设置一个相对合理的期限，以便社会公众充分思考和表达。

四是建立回避制度。利益回避是确保公平公正的一项基本制度。古老的正当法律程序原则要求任何人都不能做自己案件的法官。相应地，在基本药物遴选过程中，评审专家不得与被遴选药物之间存在利益关系。早在2004年基本药物目录调整时，原国家食品药品监督管理局就要求各省、自治区、直辖市食品药品监督管理局（药品监督管理局）应当及时收集相关单位或企业对基本药物目录调整的建议，药品生产企业（或进口药品代理商）首次被正式允许提出调入品种建议。不过，此时仅停留在听取建议层面，相关药品生产企业或进口药品代理商尚无法真正参与决策。但是，在国家基本药物专家库制度建立之后，反而可能出现利益冲突的问题。在产学研一体化日益加深的背景下，医药领域的专家往往深度参与药物生产，甚至其本身就是药品生产企业的直接受益人。此时，若该专家被抽中为咨询专家或评审专家，势必出现利益冲突。因此，对于上述情况，应当严格执行回避制度，即与被遴选药物具有利益关系的专家不得参与基本药物遴选工作。

第三节 基本药物生产行为的法律规制

随着短缺药品供应保障体系逐步建立健全，我国药品短缺矛盾有所缓解，大范围、长期性短缺情况较少，主要为暂时性、局部性短缺。《基本医疗卫生与健康促进法》第59条第4款规定："国家提高基本药物的供给能力，强化基本药物质量监管，确保基本药物公平可及、合理使用。"提高基本药物的供给能力必须首先保障基本药物的生产。而在基本药物生产活动中，如何正确处理国家与市场之间的关系，既防止国家过度干预，又避免市场失灵，是构建基本药物生产法律规制体系的关键。

一、基本药物生产的实现问题

自2009年新医改启动以来，我国基本药物的生产也逐渐走向规范化。2009年8月，原卫生部等九部委联合发布的《关于建立国家基本药物制度的实施意见》确立了在政府宏观调控下充分发挥市场机制作用的基本原则，即基本药物的生产应当坚持政府宏观调控与市场机制调节相结合。基本药物生产与基本药物采购是同一个问题的两个面向。对于基本药物生产企业而言，通常只有在获取基本药物采购订单之后才会组织大规模的生产。也就是说，基本药物采购合同签订之时就是基本药物生产企业确定之时。当前，我国基本药物采购主要通过省级集中网上公开招标采购的方式进行，但对于"临床必需、不可替代、用量不确定、企业不常生产"的基本药物则可以通过国家药品储备制度确定生产企业。虽然工业和信息化部等部门采取了组织企业积极参加招标采购、支持中标企业及时生产保证供货等举措，试图从生产源头确保基本药物的供应，但我国基本药物短缺的现状依然存在。

事实上，我国基本药物生产的主要问题集中在"短缺药品"方面。所谓"短缺药品"，主要是指临床必需但用量较小的药品。在市场机制下，由于"短缺药品"利润率较低，企业通常不愿组织生产，因而容易出现短缺。因此，解决"短缺药品"的生产供应问题不能仅依靠市场机制，而是必须积极发挥政府的调控功能。为了应对"短缺药品"的生产供给问题，工业和信息化部等相关部门出台了建立短缺药品信息平台、调整优化医疗机构药品库存、建立常态化短缺药品储备、探索短缺药品定点生产和省际联合采购、加强生产供应监测和协调等政策措施。其中,最为关键的是探索建立了短缺药品定点生产制度。2012 年 11 月,工业和信息化部等四部委联合发布《关于开展用量小临床必需的基本药物品种定点生产试点的通知》,正式对临床必需的基本药物中用量小的个别品种实行定点生产试点,以解决市场供应不足或供应不稳定的问题。在上述政策文件的指导下,2015 年 2 月,去乙酰毛花苷注射液、盐酸洛贝林注射液、盐酸多巴酚丁胺注射液、甲巯咪唑片等"短缺药品"被纳入第一批定点生产试点名单;2017 年 5 月,继续将甲巯咪唑片、盐酸洛贝林注射液纳入定点生产试点名单。实施定点生产的基本药物不再纳入各地基本药物招标范围,而是由定点生产企业直接在省级集中采购平台上挂网销售。医疗机构可以直接委托省级药品采购机构按照国家发展和改革委员会制定的统一价格从定点生产企业采购。定点生产制度的建立,既为定点生产企业带来了稳定的订单量和利润,又确保了基本药物中短缺药品的稳定供应,是国家调控与市场机制相结合的典型案例。可以说,"短缺药品"定点生产制度的建立,对于保障"短缺药品"的供应发挥了"压舱石"作用。

为了进一步解决"短缺药品"的生产供应问题,国家卫生行政主管部门等相关部委持续出台政策措施,建立了相对全面的短缺药品供应保障机制。2017 年 6 月,原国家卫生计生委等九部委联合发布《关于改革完善短缺药品供应保障机制的实施意见》,该意见确立了"分级应对、分类管理、会商联动、保障供应"的基本原则,并明确了完善短缺药品供应保障机制的三个重点任务:一是完善短缺药品监测预警和清单管理制度,包括合理布局监测哨点、建立健全短缺药品清单管理制度、强化综合监测预警;二是建立短缺药品供应保障分级联动应对机制;三是实行短缺药品供应保障分类精准施策,包括实施定点生产、协调应急生产和进口、加强供需对接和协商调剂、完善短缺药品储备、打击违法违规行为、健全罕见病用药政策。特别是定点生产制度和短缺药品清单管理制度,对于保障短缺药品供应发挥了十分重要的作用。在定点生产方面,2018 年 12 月和 2019 年 12 月,工业和信息化部办公厅等部门联合公布了两批小品种药(短缺药)集中生产基地建设单位名单;在短缺药品清单管理方面,2020 年 4 月,国家卫健委办公厅等部门联合发布了《国家短缺药品清单管理办法(试行)》,并于同年 12 月正式印发了国家短缺药品清单。至此,短缺药品清单管理制度和定点生产制度均已落地。值得一提的是,2019 年 9 月,国务院办公厅发布的《关于进一步做好短缺药品保供稳价工作的意见》,进一步要求实施短缺药品停产报告制度。经过一段时间的努力,我国基本建立了以保障"短缺药品"供应为重点的基本药物生产制度。

不过,虽然国家出台了一系列保障基本药物生产的政策文件,但是基本药物短缺的现状依旧存在。2020 年,国家卫健委办公厅等部门联合发布的《国家短缺药品清单》显示,目前我国共有氨甲蝶呤、垂体后叶注射液、苄星青霉素、米托蒽醌、新斯的明、硫代硫酸钠 6 项国家短缺药品。其中,除米托蒽醌之外,其他 5 种药品均属于基本药物。同时发布的《国家临床必需易短缺药品重点监测清单》中的大部分药品在基本药物目录内。[1] 在地方层面,基本药物短缺现象十分普遍。陕西省药品短缺监测平台在 2016 年 5 月至 2017 年 4 月收集的 187 条药品短缺信息显示,其中 56.7% 的药品短缺信息涉及基本药物。当年适用的 2012 年版《基本药物目录》中的药品品种数为 520 种,基本药物短缺品种数为 46 种,平均每种短缺频次为 1.76,即 8.8% 的基本药物品种在陕西省监测期内出现了短缺。[2] 此外,近年来新闻媒体报道了多起药物短缺的情况,其中大部分属于基本药物,如"白血病患儿廉价救命药巯嘌呤短缺""治疗皮肤病的氨苯砜片短缺""治疗重症肌无力的特效药溴吡斯的明片断供""心脏外科手术必用药物硫酸鱼精蛋白多次断货"等。

基本药物短缺的根本原因在于生产企业的利润过低,严重影响了其生产积极性。为了确保基本药物的可及性,保障公民的基本用药需求,基本药物制度必须坚持普惠性、保障性的原则。这就意味着,国家必然会对基本药物的价格进行调控,确保其维持在一个相对较低的水平。在基本药物采购实践中,往往采取"价低者得"的中标原则,进一步压低了基本药物的采购价格。而作为市场主体,药品生产企业以利润的最大化为首要目标。当生产基本药物无法获取相对可观的利润时,其必然不愿生产,这是导致基本药物短缺的根本原因。因此,要从根本上解决基本药物短缺的问题,必须从改革基本药物定价制度着手。

1　参见《关于印发国家短缺药品清单的通知》(国卫办药政发〔2020〕25 号),载中国政府网 2020 年 12 月 30 日,http://www.nhc.gov.cn/yaozs/s7653/202012/f30aad8ec4ba48a9afa2e559f4d20e7c.shtml。

2　参见蔡文芳等:《基于省级监测平台的陕西省药品短缺现状研究》,载《中国药事》2017 年第 12 期。

二、完善基本药物定价制度

基本药物应当实行特殊的定价制度。建立基本药物的初衷就在于保障贫困人群的用药权利，进而促进健康公平。因此，基本药物的价格不宜过高。也就是说，基本药物的价格不能完全依靠市场机制。基本药物的价格与生产企业的利润密切相关，而利润又会进一步影响企业的生产积极性。因此，对于基本药物的生产供给来说，定价制度是其中的关键。具体来说，我国目前对一般基本药物和短缺药品实行不同的定价制度。

（一）一般基本药物定价制度

对于一般基本药物，我国实行省级集中网上公开招标采购定价制度。在采取这一制度的情形下，由于《招标投标法》明确规定在各投标人都能够满足招标文件的实质性要求时应以最低价中标为基本原则，因而参与竞标的药物生产企业往往都尽力压低报价，以确保能够中标。在这种情况下，一方面，基本药物的价格大幅降低，有利于患者的利益；另一方面，由于价格太低，一旦遇上原材料价格上涨等因素，药物生产企业便无利可图或亏本生产。此时，部分药物生产企业甚至直接选择违约，以降低损失。倘若药物生产企业违约，将影响基本药物的供应，最终导致医疗机构无药可用。

因此，即使在采取省级集中网上公开招标采购定价方式的情形下，也应当坚持“价格合理”的基本原则，而不宜一味压低采购价格。所谓价格合理，包括两方面的含义：一方面，基本药物的价格不应过高。基本药物是公民健康权的药物保障，用量大、使用广，关系到人民群众的切身利益，属于基本民生需求，因此价格不应过高。另一方面，基本药物的价格也不宜过低。基本药物的生产坚持以市场机制调节为主的政策，因此必须保证基本药物生产企业的合理利润，维持企业生产基本药物的积极性，避免无药可用的困境。具体来说，在开展省级集中网上公开招标采购之前，采购单位应当综合生产成本、合理利润等因素，初步测算拟采购的基本药物的合理价格，并以此为基础，设置最低投标价格。投标企业一般应当在最低投标价格的基础之上进行报价，反之，低于最低投标价格的报价则应当视为无效报价。若多家生产企业均以最低投标价格作为最终报价，则应当采取抽签或平均分配份额等方式确定最终中标企业。通过最低投标价格的设置，既确保了省级集中网上公开招标采购定价方式的“最低价者中标”原则，又保障了生产企业的合理利润。

（二）短缺药品定价制度

对于基本药物中的短缺药品，我国实行特殊的定价机制。那些用量小、临床必需的基本药物，由于其销量小、利润低，药品生产企业往往不愿意生产。如果对这类基本药物也采取省级集中网上公开招标采购的方式定价，很可能出现无人竞标的局面，进而无法确保这类基本药物的供应。因此，对于用量小、临床必需的基本药物必须采取特殊的定价机制。

一方面，对于实施定点生产的基本药物品种，实行政府定价管理。2012 年 11 月，工业和信息化部等部委联合发布的《关于对用量小临床必需的基本药物品种实行定点生产试点的实施方案》明确指出，对于用量小、临床必需的基本药物品种，由国家发展和改革委员会研究制定相关品种的统一采购价格。2017 年 6 月，原国家卫生计生委等九部委联合发布的《关于改革完善短缺药品供应保障机制的实施意见》进一步指出，定点生产的药品可以通过政府定价、价格谈判、市场撮合等多种方式确定统一采购价格。定点生产不仅需要确定药物品种，还要确定药物生产企业。定点生产企业可以直接按照政府确定的价格挂网销售，而无须再参加集中采购。

另一方面，对于其他短缺药品实行清单管理。2020 年 4 月，国家卫健委办公厅等部门发布的《国家短缺药品清单管理办法（试行）》指出，对于国家和省级短缺药品清单中的品种，允许企业在省级药品集中采购平台上自主报价、直接挂网，医疗机构自主采购。省级药品集中采购平台上无企业挂网或没有列入本省份集中采购目录的，医疗机构可提出采购需求，线下搜寻药品生产企业，并与药品供应企业直接议价，按照公平原则协商确定采购价格。

总体而言，我国基本药物定价制度遵循了政府指导与市场调节相结合的基本原则。对于一般基本药物而言，其价格在政府指导价格的基础上通过招投标的方式确定；对于短缺药品而言，其价格通常按照自主报价的方式由市场机制确定；对于实行定点生产的短缺药品而言，其价格以政府定价为主，综合采取价格谈判、市场撮合等方式确定。不过，虽然在定价层面考虑到了企业的自由意志和合理利润，但由于市场环境的变化以及企业自身的经营情况，部分生产企业在中标之后还是会出现违约、毁约的情况。因此，在当前的基本药物定价制度下，还必须进一步强化基本药物生产企业的履约责任。

三、强化基本药物生产企业的履约责任

基本药物采购合同签订之后,生产企业应当严格按照采购合同的要求组织生产。但是,实践中常常出现基本药物生产企业不履行或不严格履行基本药物采购合同的行为。对此,基本药物生产企业应当承担相应的法律责任。具体而言,基本药物生产企业可能涉及如下几种法律责任。

一是民事责任。基本药物采购合同是生产企业与医疗卫生机构之间签订的民事合同。基本药物生产企业不履行或不完全履行基本药物采购合同的行为构成违约,应当承担违约责任。通常来说,基本药物采购合同有如下几种签订方式:其一,通过省级集中网上公开招标采购的方式签订。基本药物采购合同一般通过网上招投标的方式,采取价低者得的原则确定中标企业。在此种情形下,基本药物生产企业可以自主选择是否参与招投标,以及自主决定报价。其二,通过挂网销售的方式签订。对于定点生产的短缺药品,生产企业可以自主决定是否参与定点生产企业的比选。一旦决定参与定点生产企业比选,并被选中为定点生产企业,则生产企业应当按照政府定价直接挂网销售,并由医疗卫生机构自主选择签约对象。其三,通过线下直接议价的方式签订。对于没有挂网销售的短缺药品,医疗卫生机构可以直接在线下寻找相关生产企业,并与其直接议价签订采购合同。事实上,无论采取上述哪种方式签订的采购合同,基本药物生产企业与医疗机构之间均建立了民事法律关系。因此,当基本药物生产企业不履行或不严格履行采购合同时,应当承担民事违约责任。

二是行政责任。生产企业与医疗卫生机构之间基于采购合同所建立的民事合同关系具有一定的特殊性。基本药物生产不仅是生产企业的一种自主经营行为,还是一项关系到人民群众用药需求的行为。也就是说,基本药物生产关系到公共利益。因此,基本药物采购合同同时具备行政协议的属性。行政协议是"行政权力的强制性与契约的意思自治原则的有机结合"[1]。违背基本药物采购合同的约定,不履行生产基本药物的合同义务时,生产企业还需承担行政责任。2022 年 3 月 15 日,最高人民检察院公布了 12 起检察机关食品药品安全公益诉讼典型案例。其中,福建省龙岩市永定区人民检察院督促规范公立医院基本药物配备行政公益诉讼案裁判要旨指出,针对公立医院必备的基本药物

1　施建辉:《行政契约缔结论》,法律出版社 2011 年版,第 1 页。

长期短缺问题，检察机关可以督促相关行政机关履行药品集中采购监督管理职责，切实保障人民群众基本用药需求。在该案中，相关行政机关最终促成药企下调麝香保心丸、速效救心丸等基本药物价格，按原中标合同约定供应上述基本药物。此外，在药品价格、安全生产、产品质量等领域，生产企业也可能面临行政责任问题。

三是刑事责任。基本药物是一项特殊的商品。基本药物生产企业生产假药、劣药或妨害药品管理均有可能触犯刑法，其可能涉及的罪名主要有如下三项：其一，生产、销售、提供假药罪。按照《刑法》第 141 条的规定，基本药物生产企业生产、销售假药的，处 3 年以下有期徒刑或者拘役，并处罚金；对人体健康造成严重危害或者有其他严重情节的，处 3 年以上 10 年以下有期徒刑，并处罚金；致人死亡或者有其他特别严重情节的，处 10 年以上有期徒刑、无期徒刑或者死刑，并处罚金或者没收财产。其二，生产、销售、提供劣药罪。根据《刑法》第 142 条第 1 款的规定，基本药物生产企业生产、销售劣药，对人体健康造成严重危害的，处 3 年以上 10 年以下有期徒刑，并处罚金；后果特别严重的，处 10 年以上有期徒刑或者无期徒刑，并处罚金或者没收财产。其三，妨害药品管理罪。根据《刑法》第 142 条之一第 1 款第 3、4 项的规定，基本药物生产企业在药品申请注册中提供虚假的证明、数据、资料、样品或者采取其他欺骗手段，或者编造生产、检验记录，足以严重危害人体健康的，处 3 年以下有期徒刑或者拘役，并处或者单处罚金；对人体健康造成严重危害或者有其他严重情节的，处 3 年以上 7 年以下有期徒刑，并处罚金。

第四节　基本药物使用行为的法律规制

基层医疗卫生机构是基本药物的使用主体。对于基层医疗卫生机构而言，其使用基本药物时必须考虑如下三个问题：一是基本药物从何而来？按照当前的基本药物制度，基层医疗卫生机构使用的基本药物主要通过集中采购的方式获得。二是基本药物与其他药物如何取舍？按照基本药物制度的基本原则，基层医疗卫生机构应当优先使用基本药物。三是使用基本药物有何优势？从实践情况来看，基层医疗卫生机构之所以愿意放弃使用价格相对较高、利润相对更丰厚的药物，转而优先使用价格相对较低、利润几乎为零的基本药物，其中一个重要原因在于使用基本药物可以获得政府补贴。因此，从基层医疗卫生机构的角度来说，基本药物的使用涉及集中采购制度、优先使用制度以及财政补贴制度。

一、基本药物集中采购制度

集中采购是我国基本药物采购制度中较为重要的类型之一。从基本药物生产来看，集中采购制度是确定基本药物生产企业的重要方式；而从基本药物使用来看，集中采购制度则是确定基本药物来源的重要途径。早在2009年8月，原卫生部等九部委联合发布的《关于建立国家基本药物制度的实施意见》中就指出，政府举办的医疗卫生机构使用的基本药物，由省级人民政府指定以政府为主导的药品集中采购相关机构按《招标投标法》和《政府采购法》的有关规定，实行省级集中网上公开招标采购。这是现行的基本药物集中采购制度之肇始。值得注意的是，我国不仅存在基本药物集中采购制度，还存在药品集中采购制度。从逻辑上看，基本药物集中采购制度是药品集中采购制度的一项子制度。但从实践上看，基本药物集中采购制度与药品集中采购制度是相对独立的，并且基本药物集中采购制度的实践经验更为丰富。2015年2月，国务院办公厅印发的《关于完善公立医院药品集中采购工作的指导意见》中就明确指出，完善公立医院药品集中采购工作应当充分吸收基本药物采购经验。由此可见，基本药物集中采购制度具有相对的独立性。

当前，我国的基本药物集中采购制度主要由如下几个方面构成：一是采购主体。基层医疗卫生机构是基本药物的买方，而药品供应企业则是基本药物的卖方。省级卫生行政部门确定的采购机构接受基层医疗卫生机构的委托，负责开展具体的采购工作。而省级卫生行政部门则是基本药物集中采购的主管部门。二是采购计划。采购机构根据基层医疗卫生机构的需求编制基本药物采购计划。三是采购价格。原则上应当根据市场实际购销价格来确定基本药物的采购价格。四是供货主体。供货主体可以是生产企业，也可以是药品批发企业。五是采购方式。一般基本药物均采取省级集中网上公开招标采购的方式。六是招标制度。采用"双信封"的招标制度，即企业同时投递经济技术标书和商务标书，以落实质量优先、价格合理的原则。

值得注意的是，虽然基本药物集中采购制度在降低基本药物价格、确保基本药物稳定供应等方面发挥了十分重要的作用，但实践中也暴露出部分问题，并集中体现在基本药物价格上。一方面，省级层面的集中采购容易导致各省之间同药不同价的问题。在以省为单位开展集中采购的模式下，由于不同省份用药需求不同,议价能力也不同,因而会出现同一种药物在不同省份出现不同的中标价格。为了解决上述问题,必须进一步完善基本药物集中采购制度。一方面,应当逐步实现全国范围内的集中采购。特别是对于那些常用的基本药物,应当率先实现全国集中采购,从而避免同药不同价的现象。另一方面,应当调整中标规则。实施上,《招标投标法》明确规定了综合评标和最低价评标两种中标规则。由于综合评标具有较强的主观性,实践中招标人和评标委员会为了规避可能出现的风险,往往采取最低价评标方式。但是,基本药物集中采购属于特殊的招标项目,其不仅要考虑价格问题,更应该强调质量和供应稳定,因此,不能简单地一律采用最低价评标,而是应该采取特殊的评标规则。根据《招标投标法》第 40 条第 3 款的规定,国务院可以对特定招标项目的评标制定特殊规则。从健全基本药物采购制度的角度来看,国务院应该制定专门的行政法规,以规范基本药物集中采购活动。

二、基本药物优先使用制度

基本药物优先使用是基本药物制度的题中之义。只有确保基本药物的优先使用,才能实现确保贫困人口用药权利这一制度目的。2009 年 8 月,原卫生部等九部委联合发布的《关于建立国家基本药物制度的实施意见》要求,建立基本药物优先和合理使用制度。2013 年 2 月,国务院办公厅发布的《关于巩固完善基本药物制度和基层运行新机制的意见》进一步指出,要引导基层医务人员规范使用基本药物,并且鼓励非政府办基层医疗卫生机构使用基本药物。上述医药卫生政策已经明确了基本药物优先使用的原则。

当前,在我国基本药物优先使用制度中最重要的是“986”原则和“1 + X”模式。“986”原则,是指政府办基层医疗卫生机构、二级公立医院、三级公立医院基本药物配备品种数量占比原则上分别不低于 90%、80%、60%。“1 + X”模式,是指各级医疗机构应当建立以基本药物为主导的用药模式。“1”是指国家基本药物目录,而“X”是指由各地根据实际确定的非基本药物。“986”原则和“1 + X”模式被明确纳入国务院办公厅 2019 年 9 月发布的《关于进一步做好短缺药品保供稳价工作的意见》之中,是我国基本药物制度的正式组成部分。“986”原则和“1 + X”模式的确立,使得基本药物的配备和使用有了明确的要求,有助于进一步督促基本药物优先使用原则的落地。

但是,在实践中,基本药物的使用却呈现边缘化的趋势。有学者通过分析

2015～2018年湖北省基层医疗卫生机构基本药物的配备使用情况和价格形势的数据，发现基本药物的配备使用情况呈略有下降趋势，并且基本药物的配备比例均低于当地政策中要求的基本药物配备比例。[1] 还有学者通过分析江苏省2016～2018年药品集中采购数据，发现基层医疗机构基本药物配备与使用比例分别为66.93%和60.66%，二级、三级医院的基本药物配备比例分别为46.75%、40.73%，使用比例分别为35.82%、30.67%。由此可见，基本药物配备和使用比例并没有达到政策要求。[2] 尽管在2019年9月发布的国务院办公厅《关于进一步做好短缺药品保供稳价工作的意见》中已经明确基本药物配备使用比例，但各省的落实进度却并不理想。基本药物使用边缘化仍然是新医改十多年的主要特征。究其原因，除了基本药物供应绝对数量不足，“以药养医”的错误理念也是一个重要原因。长期以来，“以药养医”的错误理念不仅导致基本药物边缘化，也使得医保制度压力增大，最终威胁整个基本医疗服务体系。同时，由于基本药物优先使用制度不具备强制性，这也使得“以药养医”的不合理现象长期无法得到纠正。

通过立法的方式确定基本药物优先使用原则的法律地位是完善基本药物制度的迫切需求。虽然我国部分法律涉及基本药物使用问题，但仅为原则性规定。《药品管理法》第72条第1款从一般意义上提出了坚持安全有效、经济合理的用药原则，但并非专门针对基本药物。《基本医疗卫生与健康促进法》第59条规定了基本药物制度，但条款内容较少且并未明确规定基本药物优先使用。当前，我国基本药物的使用要求主要出现在规范性文件之中，其效力层级较低。为了较大程度解决基本药物的使用问题，有必要通过立法的形式明确基本药物优先使用规则，并设置相应的法律责任。制定相关法律法规之前，还可以通过法律解释的方法追究医疗机构和医务人员的法律责任。一方面，在民事责任层面，当患者在医疗机构就医时，患者与医疗机构之间事实上建立了医疗服务合同关系。基于诚实信用原则，医疗机构应当优先使用相对廉价的基本药物。在同等情况下，当医疗机构选择价格较高的非基本药物时，事实上违反了诚实信用原则，可能产生医疗服务合同违约责任。另一方面，在行政责任层面，

1 参见何梦娇、路云等：《基本药物配备使用情况与价格形势研究——基于2015～2018年湖北省基层医疗卫生机构的数据分析》，载《卫生软科学》2021年第3期。

2 参见许正圆、徐伟、刘朝一：《基本药物在不同医疗机构的配备与使用——以江苏省为例》，载《医药导报》2021年第7期。

根据国务院《医疗机构管理条例》第 35 条的规定，医疗机构必须按照有关药品管理的法律、法规，加强药品管理。结合《药品管理法》第 72 条第 1 款规定的经济合理的用药原则进行体系解释，可以认为，医疗机构应该使用基本药物而未使用的，便违反了经济合理的用药原则，应当接受主管部门的行政处罚。

三、基本药物补贴制度

在基本药物使用环节，价格低廉不仅不是基本药物的优势，反而是基本药物使用的阻碍因素。对于医疗机构而言，基本药物的价格相对较低且实行零差价销售，这必然会影响医疗机构的效益，导致各级医疗机构使用基本药物的积极性不高；对于医生而言，由于历史原因，我国长期存在“医药不分家”“以药养医”的现象，因而医生的收益与药品价格高度关联，这就导致医生不愿使用廉价的基本药物。因此，虽然国家采取多方面措施降低基本药物的价格，但患者却难以享受低廉实惠的基本药物。这不仅导致基本药物普及率降低，还导致不合理用药现象的进一步恶化。因此，从 2009 年新医改开始，“医药分开”政策在全国逐步推行。到 2017 年，全国范围内的公立医院全面取消药品加成，向彻底破除“以药养医”机制迈出了重要一步。但是，药品销售收益在医疗机构的总收益中依旧占有较大比重，基本药物因为无利可图而得不到优先使用。在此背景下，为了进一步普及基本药物，保障基本药物的可及性，国家采取调控措施，对基层医疗卫生机构提供一定的基本药物财政补贴，在保障患者基本药物使用权的同时兼顾了医疗机构的利益。

我国基本药物的财政补贴主要适用于基层医疗卫生机构。在实践中，国家通过落实财政对基层医疗卫生机构的专项补助经费、完善财政对基层医疗卫生机构运行的补助政策、保障基本公共卫生服务经费、全面实施一般诊疗费、发挥医保支付的补偿作用等方式建立了稳定、长效、多渠道的基本药物补偿机制。同时，2018 年 9 月国务院办公厅发布的《关于完善国家基本药物制度的意见》还进一步建立了基本药物优先使用激励机制，要求将基本药物使用情况与基层实施基本药物制度补助资金的拨付相挂钩。当前，国家财政每年都会下达基本药物制度补助资金预算指标。以 2022 年基本药物制度补助资金预算为例，根据财政部、国家卫健委《关于提前下达 2022 年基本药物制度补助资金预算的通知》的数据，当年以中央直达资金的方式拨付 818, 632 万元补助资金。其中，基层医疗卫生机构补助资金 523, 997 万元，村卫生室补助资金 294, 635 万元；西部地区补助资金 328, 582 万元，中部地区补助资金 353, 902 万元，东部地区补助资金 136, 148 万元。由此可见，每年财政资金对基本药物制度的补贴力度非常大。事实上，由于国家对基层医疗机构使用基本药物的比例要求最高，对基层医疗机构的财务冲击最大，基层医疗机构迫切需要通过财政补贴的方式缓解财务紧张的局面。相反，由于国家对二级、三级医院使用基本药物的比例要求相对较低，其财务压力相对较小，因而无须额外进行财政补贴。

不过，基本药物补贴制度的功能毕竟是有限的。提高基本药物的普及率，关键要改革分配机制，提升基层医务人员的待遇。一方面，继续实施基本药物优先使用激励机制，提高基本药物使用率。对于卫生行政主管部门而言，在公立医院绩效考核工作中，应当将合理用药相关指标纳入考核体系。特别是，应当将基本药物占比纳入考核体系。在此基础上，结合地区的经济发展水平和医疗资源状况，将基本药物使用情况与基本药物制度补助资金的拨付相挂钩。对于医疗机构而言，应当科学设置临床科室基本药物使用率等指标，制定具体的奖惩措施，进而引导医务人员优先并合理使用基本药物。另一方面，通过提高医疗服务的价格和改革医务人员的薪酬制度，进一步降低医药利益关联度。医疗服务价格最能直接体现医务人员的劳动价值。医务人员是经过专业学习，取得相应资格或执业证书，具有专业医疗知识和技能的人员。医务人员的价值体现在以其专业知识和技能服务于患者，而不是体现在销售药物。因此，要推进薪酬制度改革，建立符合医疗卫生行业特点的薪酬制度，同时匹配科学合理的薪酬分配机制，使医务人员依靠技术和劳动有尊严地获得“阳光”收入、合理收入。

第五节　基本药物监管制度

一、当前基本药物监管存在的问题

我国基本药物监管制度正处于不断发展完善的过程之中。实践中，我国存在药品监管和基本药物监管两套机制。就药品监管而言，我国已经建立了相对完善的监管机制。《药品管理法》第 10 章专门规定了药品监督管理相关问题，建立了一套涵盖研发、生产、经营、使用全链条的药品监督管理机制。2021 年 4 月，国务院办公厅印发的《关于全面加强药品监管能力建设的实施意见》从药品监管能力的角度提出了 18 项具体的改革举措,对于进一步提升药品监管工作科学化、法治化、国际化、现代化水平具有重要意义。与药品监管相比,基本药物监管具有一定的特殊性。鉴于基本药物的基础性、保障性、普惠性等特征,其监管的重点应当在于保障基本药物供给、确保基本药物质量、确定基本药物合理价格。但是,当前我国基本药物监管机制还不健全,存在一些需要解决的体制机制问题。主要体现在如下几个方面。

一是多头监管。一般而言,基本药物的监管工作应当归属于药品监督管理部门。但基本药物制度同时涉及生产、经营、使用等环节,涉及工信、市场监督、卫生健康等多个管理部门,监管权力较为分散。在基本药物的生产环节,药品监督管理部门负责对基本药物的质量安全进行监管,工信部门对基本药物领域的行业规划、产业政策落实情况进行监管,安全生产部门对基本药物生产企业的安全生产情况进行监管,等等。在药品招标采购环节,监察机关以及纠风办等部门负责监察药品集中采购中的参与部门和工作人员的履职情况,卫生健康主管部门负责监督管理医疗机构执行入围结果、采购用药及履行合同等行为,价格管理部门负责监督管理药品集中采购过程中的价格、收费行为,市场监督管理部门负责查处药品集中采购中的商业贿赂、非法促销、虚假宣传等不正当竞争行为。在药品使用环节,卫生健康主管部门负责对医疗机构的药品配备、使用、调剂、保管以及处方的开具等情况进行监管,并对医疗机构、医务人员的违法违规行为给予行政处罚。多头监管容易产生职能重叠、交叉,在行使权力时各部门往往相互争夺,而在履行责任时各部门则相互推诿。

二是监管依据缺位。事实上,当前基本药物的监管主要是依据政策文件进行的,而《基本医疗卫生与健康促进法》《药品管理法》《基本药物目录管理办法》等法律、法规、规章都没有明确规定基本药物监管制度。法谚有云:法无授权即禁止。对于监管主体而言,由于其通常是国家公权力机关,必须坚持依法行政的基本原则。立法是执法的前提。如果上位法没有对基本药物监管作出明确的规定,那么监管主体便无权开展相关监督活动。事实上,当前的基本药物监督管理活动要么归属于一般产品的监管,要么依附于药品的监管。虽然,监管主体也会单独针对基本药物开展监督活动,但其法源依据主要源于药品监管方面的法律规定。但如上文所述,基本药物具有一定的特殊性。对基本药物的监管更应侧重于保障供应、保证质量以及稳定价格。混淆药品监管与基本药物监管实际上是抹杀了基本药物监管工作的特殊性,不利于监督目的的实现。

三是法律责任界定不清晰。正因为当前并没有直接规定基本药物监管制度的法律法规依据，当然也就不存在对相关法律责任的规定。在基本药物监管实践中，对违规企业进行处罚的依据往往是《药品管理法》《产品质量法》《民法典》《刑法》等相关法律。而这些法律均是针对一般意义上的药品、产品责任设计的，不能体现基本药物的特殊性。例如，在基本药物供给方面，相关生产企业拒不履行采购合同导致医疗卫生机构没有基本药物可供使用，甚至可能对一定区域内公民的健康权造成严重影响。在这种情形下，涉案企业到底应该承担何种责任，民事责任、行政责任、刑事责任之间应当如何取舍等，这些问题都需要通过立法的方式予以明确。

从横向来看，我国基本药物监管存在多头监管、监管依据缺位以及法律责任界定不清晰等问题。这些问题并非基本药物制度某一环节的特殊问题，而是基本药物制度各个环节共同存在的问题。从监管工作的基本规律来说，有效的监管应当是全覆盖的。基本药物制度涵盖了生产、采购、使用等多个环节，这些环节的监管机制都应当进一步完善。从基本药物制度实践来看，供给、质量和价格三个领域的问题最为突出，因而必须予以重点关注。

二、基本药物供给监管

基本药物供给监管是基本药物监管制度的核心。从实践来看，基本药物供给监管主要是指对基本药物供给能力的监管。近年来，由于基本药物超低价中标现象时有发生，中标企业不履行或无法履行基本药物采购合同的情况屡见不鲜。在此种情形下，医疗卫生机构的基本药物正常使用势必受到影响，进而伤害广大人民群众的切身利益。因此，对基本药物供给能力的监管十分必要。从基本药物供给的全过程来看，主要可以分为生产、流通两个环节，监管的对象主要有生产企业、采购平台和配送企业。

在对生产企业的监管方面，应该建立基本药物短缺预警监测系统，保障基本药物的可及性。一方面，将生产企业纳入基本药物短缺监测系统，能够及时监测生产供应情况，迅速补足短缺药品；另一方面，对因基本药物紧缺而哄抬基本药物价格的生产企业，行政部门应该给予一定的处罚，并责令其加大生产，保证供应。事实上，2018 年 9 月，国务院办公厅发布的《关于完善国家基本药物制度的意见》已经要求建立健全全国短缺药品监测预警系统，加强药品研发、生产、流通、使用等多源信息采集，加快实现各级医疗机构短缺药品信息网络直报，跟踪监测原料药货源、企业库存和市场交易行为等情况，综合研判潜在的短缺因素和趋势，尽早发现短缺风险，针对不同短缺原因分类应对。此外，基本药物流通范围广、涉及层面多，故监管难度较大。因此，要注重发挥行业协会等自律性组织的柔性监管优势。通过行业协会等自律性组织的柔性监管，督促基本药物生产企业按照采购合同的要求保质保量生产基本药物，夯实基本药物供给基础。

在对采购平台的监管方面，应该建立合理有效的基本药物采购监督管理体系，保证采购流程公平、公正、公开，减少采购活动中的权力滥用行为。在各省组织的集中采购中，采购方式、采购部门、评价标准、监管方式等均存在不同之处。但从基本的程序公正视角来看，需要将审批、采购、监管等环节分离，保障监管机构的独立性，减少权力寻租。具体而言，一方面，应当对基本药物采购的全过程进行监管，包括编制基本药物采购计划、市场价格调查、预算环节、审核环节、评价环节、签订基本药物购销合同、基本药物采购付款等，实现监管的全流程一体化监管。另一方面，应当对与采购相关的全部主体进行监管，包括采购人、供应商、采购代理机构、卫生行政部门、医疗机构等，实现监管全面覆盖。此外，由于药物采购的特殊性，监管部门应当配备审计、医学、药学等方面的专业人才，提升监管水平，强化监管能力。

在对配送企业的监管方面，应该建立健全基本药物配送信息监测管理系统，对配送过程进行全程监管，加强基本药物生产企业和配送企业的履约管理，保证基本药物配送的规范性及高效性。[1] 行政部门应该制定相关遴选方案，完善配送企业准入和退出机制，确保群众基本需求和用药质量安全。鼓励企业内部自检自查，政府建立科学的考核评价，对配送企业定期开展考核评价工作，减少不规范行为的产生，保证配送工作顺利开展。与此同时，按照基本药物经营企业日常监管实施方案，实行“定人员、定区域、定职责”监管制度，根据企业上年的监管信用等级评定，确定增加监管频次，配送企业制定相应的管理措施，使其更具可操作性。[2]

---

1 参见李新泰、尹爱田：《浅析我国基本药物供应体系的构建》，载《中国卫生事业管理》2010 年第 12 期。

2 参见郑福友、徐正昌、郭剑：《国家基本药物质量监管的实践与思考》，载《中国药房》2012 年第 16 期。

三、基本药物质量监管

基本药物质量监管是基本药物监管制度的基础。2009 年 9 月,原国家食品药品监督管理局制定了《关于加强基本药物质量监督管理的规定》。该规定建立了基本药物生产质量监管机制,是我国基本药物质量监管的主要规范依据。当前,我国基本药物质量监管制度主要包括如下内容:一是监管主体,即国家食品药品监督管理部门和地方各级食品药品监督管理部门。二是监管对象,即基本药物生产企业和配送企业。三是监管内容,包括药品标准、药品包装、处方和工艺、配送。四是监管方式,包括常规检查、全品种覆盖抽查检验、药品安全预警和应急处置机制、基本药物品种的再评价、药品电子监管。五是责任处理,即依法查处,并通报本省基本药物招标采购机构。六是信息公开,在实践中,基本药物质量监管的重点主要集中在基本药物生产工艺和处方核查、基本药物生产现场的监督检查、中药制剂源头质量监管、基本药物委托生产的监管、基本药物生产企业药品 GMP 实施水平监管以及基本药物电子监管等方面。可以说,我国的基本药物质量的监管机制已经初步建立。

实践中,监管主体主要以《药品管理法》《产品质量法》为依据,开展质量监管执法工作。《药品管理法》界定了假药、劣药的基本范围,并对药品监督管理部门开展监督检查的基本规范作出了规定。具体包括监督检查的情形、抽查检验程序、结果复验机制、质量管理规范执行情况、药品检查员队伍建设、信用惩戒、公众监督、药品安全信息统一公布制度、药品安全事件应急预案等内容。并针对可能出现的违法行为设置了罚款、从业限制、吊销许可证、吊销执业证书、拘留等处罚措施。《产品质量法》从一般意义上建立了产品质量监督机制,特别是以抽查为主要方式的监督检查制度,并对损害赔偿以及行政责任作出了规定。此外,基本药物质量监督还可能涉及《刑法》中规定的生产、销售、提供假药罪和生产、销售、提供劣药罪。

同时,基本药物质量监管需要进一步适应信息时代的新要求,广泛应用电子监管方式。一是建立药品电子监管码制度。2010 年 5 月,原国家食品药品监督管理局发布的《关于基本药物进行全品种电子监管工作的通知》要求,凡生产基本药物品种的中标企业,必须加入药品电子监管网,并且在基本药物品种出厂前,生产企业须按规定在上市产品最小销售包装上加印(贴)统一标识的药品电子监管码并通过监管网进行数据采集和报送,而未入网及未使用药品电子监管码统一标识的,一律不得参与基本药物招标采购。二是建立药品溯源制度。药品溯源制度通过运用信息化的手段对药品生产、经营、使用的质量安全进行监管,实现"一物一码、物码同追",保障药品的风险控制与问题药品的召回,防止假药、劣药等非法药品进入合法渠道。三是建立药物警戒制度。药物警戒制度是通过持有人和申办者根据药品安全性特征开展全生命周期的药物警戒活动,能够最大限度地降低药品安全风险,保护和促进公众健康。药物溯源制度和药物警戒制度的建立目的都是提升药品质量,保障用药安全。电子监管方式的广泛采用,极大提高了监管信息采集的便利性和准确性,有助于查明问题药品的源头,进而明确责任主体。

四、基本药物价格监管

基本药物价格监管是一项极其复杂的工作,与基本药物生产、采购、流通等环节密切相关,可能涉及《药品管理法》《价格法》《反垄断法》等多部法律法规。一般来说,基本药物的价格应当遵守"价格合理"的定价原则。价格合理包含两方面的含义,即价格不能过高,也不能过低。价格过高不利于保障人民群众的利益,而价格过低则可能降低生产企业的积极性,从而造成基本药物短缺。为了解决这种矛盾,我国对基本药物实行以政府指导价格为基础、充分发挥市场调节机制作用的定价机制。在采购上,一方面,国家发展和改革委员会负责制定基本药物的政府指导价格;另一方面,允许医疗机构和基本药物供应企业在政府指导价格范围内通过招投标等方式达成具体的采购价格。在零售上,一方面,要求医疗卫生机构实行零差价销售;另一方面,政府通过财政补贴的方式向基层医疗卫生机构发放基本药物制度补助资金,弥补使用基本药物并零差价销售造成的损失。由此可见,在基本药物价格方面,我国充分发挥了"国家之手"与"市场之手"两方面的积极功能。相应地,在基本药物价格监管方面,也应当在价格合理原则的指导下,充分运用市场机制和政府调控两方面的力量,促使基本药物价格维持在合理的范围之内。具体而言,基本药物价格监管主要涉及如下四个部门。

一是价格主管部门。价格主管部门负责价格监测、预测和预警工作,其中基本药物价格也是其监管的内容之一。实际上,早在 2015 年 5 月,国家发展和改革委员会就曾发布《关于加强药品市场价格行为监管的通知》,要求集中整治药品市场价格秩序,并特别强调要对实施基本药物制度的基层医疗机构和改革试点公立医院不按规定执行药品零差率政策的行为进行重点检查。价格主管部门的执法依据主要是《价格法》。该法第 33 条规定,县级以上各级人民政府价格主管部门,依法对价格活动进行监督检查,并依照《价格法》的规定对价格违法行为实施行政处罚。通常,基本药物价格监管领域的执法依据是该法第 39 条,即经营者不执行政府指导价、政府定价以及法定的价格干预措施、紧急措施的,责令改正,没收违法所得,可以并处违法所得 5 倍以下的罚款;没有违法所得的,可以处以罚款;情节严重的,责令停业整顿。

二是卫生健康主管部门。根据《国家卫生健康委员会职能配置、内设机构和人员编制规定》,国家卫健委应当履行组织制定国家药物政策和国家基本药物制度,开展药品使用监测、临床综合评价和短缺药品预警,提出国家基本药物价格政策的建议等职责。同时,卫生健康主管部门不仅是医疗卫生机构的主管部门,还是公立医疗卫生机构中公职人员的任免机关。因此,在日常工作中,卫生健康主管部门一旦发现医疗卫生机构存在违反基本药物价格制度的行为时,应当依据《公职人员政务处分法》的规定,对公立医疗机构中违法的公职人员给予政务处分,包括警告、记过、记大过、降级、撤职、开除。例如,2012 年,原卫生部办公厅曾通报过个别基层医疗卫生机构基本药物违规加价问题的处理情况。

三是医疗保障主管部门。医疗保障主管部门具有组织制定药品价格政策、推动建立市场主导的社会医药服务价格形成机制、建立价格信息监测和信息发布制度等职责,其中就囊括了基本药物的价格政策以及价格监测等工作。2019 年 9 月,国务院办公厅发布的《关于进一步做好短缺药品保供稳价工作的意见》指出,国家医保局负责加强药品价格异常情况监测预警、强化药品价格常态化监管以及分类妥善处理一些药品价格过快上涨问题。事实上,短缺药品中就有一定比例的基本药物。2019 年 11 月,国家医保局印发的《关于做好当前药品价格管理工作的意见》进一步部署药品价格常态化监管工作,并特别强调了建立价格供应异常变动监测预警机制,通过函询约谈等方式加强日常管理,完善药品价格成本调查工作机制,探索建立守信激励和失信惩戒机制,以及运用信息披露等手段来强化社会监督。

四是市场监督管理部门。市场监督管理部门负责反垄断执法和市场秩序管理等工作。基本药物价格监督领域也可能涉及反垄断执法和市场秩序管理等问题。2019 年 9 月,国务院办公厅发布的《关于进一步做好短缺药品保供稳价工作的意见》指出,市场监管总局负责加大对原料药垄断等违法行为的执法力度、分类妥善处理一些药品价格过快上涨问题。在基本药物价格监督方面，市场监督管理部门的执法依据主要是《反垄断法》。基本药物价格监督可能涉及经营者达成垄断协议、经营者滥用市场支配地位以及具有或者可能具有排除、限制竞争效果的经营者集中等问题。

第七章　基本医疗保险法治化研究

目　　次

在当代社会,基本医疗保险已成为维护公民健康权的重要制度。随着经济社会的快速发展和人口老龄化的加速,基本医疗保险体系面临前所未有的挑战与改革压力。法治化作为解决现代社会复杂问题的基本途径,对于基本医疗保险制度的健全与发展至关重要。因此,本章以"基本医疗保险法治化研究"为主题,旨在深入分析基本医疗保险法治化的历史轨迹、现实状况及未来趋势,进而推动制度的完善与进步。

第一节　基本医疗保险治理的法制需求

基本医疗保险制度是指政府、用人单位、个人与农村集体组织等,按照规定缴纳资金,建立医疗保险基金,在参保人患病时,由医疗保险基金支付其符合规定的医疗费用,以减轻参保人因患病带来的经济风险。基本医疗保险以社会保险原理为运作基础,以分散参保人随时可能面临的医疗风险。国家建立医疗保险制度意在维护公民的医疗保障权,具有福利性、共济性、强制性与社会性等特点。我国现行基本医疗保险制度包括职工医保制度和城乡居民医疗保险制度。

基本医疗保险与基本医疗服务体系、基本药物制度既有联系又有区别，三者在各自范围内各司其职，共同保障基本医疗服务体系的公平性与可负担性。作为社会保障体系下的医疗保障制度包括基本医疗保险、医疗救助、补充医疗保险、商业健康保险等多层次医疗保障制度，本章仅探讨基本医疗保险制度。

我国基本医疗保险制度发端于新中国成立后建立的公费医疗制度、劳保医疗保险制度以及农村合作医疗制度。[1] 改革开放后，原有适应计划经济体制的医疗保障体系逐渐式微，市场化进行过程中的医疗费用上涨过快、财政负担重等问题日益突出，重构适应市场经济体制的医疗保障体系势在必行。为此，职工医保、新型农村合作医疗和城镇居民基本医疗保险等基本医疗保险制度相继建立，医疗保险制度实现了全民覆盖。2009 年 3 月，中共中央、国务院印发的《关于深化医药卫生体制改革的意见》拉开了“新医改”序幕，正式提出“全民医保”概念，逐步实现“人人享有基本医疗卫生服务”的目标。2011 年施行的《社会保险法》对基本医疗保险制度作出框架性的规定。2016 年，国家整合城镇居民基本医疗保险和新型农村合作医疗两项制度，建立统一的城乡居民基本医疗保险制度，我国的基本医疗保险由“三元时代”迈入“二元时代”，在基本医疗保险公平的道路上迈出了重要的一步。2018 年，国务院组建国家医保局，结束了基本医疗保险治理组织体系“九龙治水”局面，为推动基本医疗保险的法治化、科学化治理提供了组织保障，基本医疗保险治理体系和治理能力得到一定程度的提升。

基本医疗保险制度经过二十多年的运行和发展暴露出诸多亟待解决的问题，基本医疗保险治理体系和治理能力的法治化水平不高，主要依靠政策治理，基本医疗保险制度还未定型，各要素制度均存在问题，诸如筹资机制尚不完善，保障水平有待提高，支付方式改革相对滞后，对医疗行为的有效激励约束机制尚未形成[2]；参保者行使权利程序异常复杂，阻碍了其权利的正当行使；参保人知情权保障不充分，未能有效参与监督；等等。一系列问题严重影响基本医疗保险制度的公平性与高质量发展。

1　1952 年政务院颁布《关于全国各级人民政府、党派、团体及所属事业单位的国家工作人员实行公费医疗预防的指示》作为公费医疗制度的依据。1951 年政务院首次颁布全国统一的社会保险法规——《劳动保险条例》作为劳保医疗的法律依据。

2　中共中央文献研究室编：《习近平关于社会主义社会建设论述摘编》，中央文献出版社 2017 年版，第 113 页。

一、政策治理下的基本医疗保险

基本医疗保险法治建设几乎与改革开放是同步展开的，政策先行是我国基本医疗保险制度改革的鲜明特点。政策性文件在医疗保险治理中占据主要地位，法治在医疗保险治理中长期缺位。

1994 年国务院印发的《关于江苏省镇江市、江西省九江市职工医疗保障制度改革试点方案的批复》标志着从公费医疗和劳保医疗免费型向缴费型的社会医疗保险型转轨，是我国现代医疗保险制度的开端。1998 年国务院颁布的《关于建立城镇职工基本医疗保险制度的决定》表明我国基本医疗保险正式迈入现代医疗保险治理体系。该文件指出在全国范围内进行职工医保制度改革，要求城镇所有用人单位均应参加基本医疗保险，具有强制性。2002 年中共中央、国务院《关于进一步加强农村卫生工作的决定》要求，到 2010 年，在农村基本建立农村合作医疗制度，坚持自愿原则，实行农民个人缴费、集体扶持和政府资助相结合的筹资机制。2004 年《国务院办公厅转发卫生部等部门关于进一步做好新型农村合作医疗试点工作指导意见的通知》就加强组织领导、健全资金监管、改善农村地区卫生服务水平、提高医疗服务质量和监督管理等诸方面作出了规定。在此意义上，由集体互助的初级医疗保险向国家主导资助下的自愿性的社会医疗保险转变。新型农村合作医疗与传统的农村合作医疗的最大区别在于：传统的农村合作医疗采取农民自筹以及集体负担的方式筹集资金，而新型农村合作医疗规定主要由个人和国家出资且国家占出资的绝大部分。虽鼓励有条件的村集体经济组织为参保人缴费予以补助，但实践中鲜有村集体经济组织缴费进行资助的情况，一方面是城乡参保人每年缴纳的参保费用基数较低，贫困群体的个人缴纳部分由财政承担部分；另一方面对“有条件的村集体经济组织”缺乏认定标准，导致无法落地，实际上沦为闲置条款。2007 年国务院《关于开展城镇居民基本医疗保险试点的指导意见》要求，将不属于职工医保制度覆盖范围的中小学阶段的学生、儿童和其他非从业城镇居民按自愿原则纳入城镇居民基本医疗保险的范畴，参保居民按规定缴纳基本医疗保险费，政府给予缴费资助。至此，职工医保（少部分公费医疗）、农村合作医疗、城镇居民基本医疗保险三大基本医疗保险制度构建完成。

2009 年中共中央、国务院《关于深化医药卫生体制改革的意见》要求，“到 2011 年，基本医疗保障制度全面覆盖城乡居民……明显提高基本医疗卫生服务可及性,有效减轻居民就医费用负担”。该意见作为我国新医改纲领性文件,进一步明确了全民医保的改革方向,把基本医疗保险作为一项公共服务向全体公民提供。2012 年 8 月,国家发展和改革委员会等六部委联合发布《关于开展城乡居民大病保险工作的指导意见》,提出健全多层次医疗保障体系,有效提高重特大疾病保障水平。2015 年,国务院办公厅印发《关于全面实施城乡居民大病保险的意见》,旨在减少家庭灾难性医疗支出给患者造成的经济负担,在基本医疗保险的基础上发挥补充保障功能。2016 年国务院发布的《关于整合城乡居民基本医疗保险制度的意见》整合了城乡二元制的基本医疗保险。2017 年国务院办公厅《关于印发生育保险和职工基本医疗保险合并实施试点方案的通知》、2018 年国务院《关于生育保险和职工基本医疗保险合并实施试点情况的总结报告》、2019 年国务院办公厅《关于全面推进生育保险和职工基本医疗保险合并实施的意见》三份政策性文件整合生育保险和职工医保,对于提升公共治理效能、减轻单位和参保人员负担、强化基金共济能力等方面具有历史性的突破。2017 年国务院办公厅发布的《关于进一步深化基本医疗保险支付方式改革的指导意见》要求,完善公平适度的待遇保障机制、健全稳健可持续的筹资运行机制、建立管用高效的医保支付机制、健全严密有力的基金监管机制与优化医疗保障公共管理服务等。2021 年国务院办公厅《关于建立健全职工基本医疗保险门诊共济保障机制的指导意见》提出改革职工医保个人账户,建立职工医保门诊统筹制度。概言之,我国的医疗保障水平取得了长远进步。2017 年 5 月,《柳叶刀》发表了一项研究报告,公布了全球 195 个国家的“医疗服务可及性和质量指数”(healthcare access and quality index)排名,报告显示 2015 年我国医疗质量指数为 74.2 分,全球排名第 61 位。而 1990 年我国医疗质量指数仅 49.5 分,排名第 113 位。报告进一步指出,中国医疗服务可及性和质量是全球进步幅度最大的 5 个国家之一。[1]

2020 年中共中央、国务院《关于深化医疗保障制度改革的意见》指出,“到 2025 年,医疗保障制度更加成熟定型,基本完成待遇保障、筹资运行、医保支付、基金监管等重要机制和医药服务供给、医保管理服务等关键领域的改革任务”。

---

1 《国务院深化医药卫生体制改革领导小组简报(第 210 期)中国医改受到国际舆论关注和好评》,载中国政府网 2017 年 11 月 17 日,http://www.nhc.gov.cn/tigs/ygjb/201711/7992957 0e317465293cc2934295daf9c.shtml。

2020 年国务院办公厅颁布的《关于推进医疗保障基金监管制度体系改革的指导意见》明确要求,“到 2025 年,基本建成医保基金监管制度体系和执法体系,形成以法治为保障,信用管理为基础,多形式检查、大数据监管为依托,党委领导、政府监管、社会监督、行业自律、个人守信相结合的全方位监管格局,实现医保基金监管法治化、专业化、规范化、常态化,并在实践中不断发展完善”。2021 年国务院办公厅《关于印发“十四五”全民医疗保障规划的通知》指出,“坚持医疗保障需求侧管理和医药服务供给侧改革并重,加快建设覆盖全民、统筹城乡、公平统一、可持续的多层次医疗保障体系”。

从严格意义上来说,政策并不是医疗保险法律的正式渊源,但政策在我国医疗保险治理中却发挥着不可替代的作用。客观而言,政策性治理为推进基本医疗保险改革发挥了积极价值,但弊端亦是不可忽视的,制度的稳定性、可预期性相对缺失。[1]

二、基本医疗保险的法制需求

基本医疗保险制度是国家一项重要的社会保障制度,它是政府运用收入再分配调节机制,是解决社会普遍关切的基本医疗服务费用问题的一种制度安排,亦是实现共同富裕的一项重要制度。科学合理配置基本医疗保险各方主体的责、权、利,对于推动基本医疗保险法治化具有重要的意义。

现代国家医疗保险立法有社会法和专门法两种模式。作为现代医疗保险制度起源地的德国,通过 140 多年的积淀与完善,凭借不断地立法、修法确立了以《社会法典》的法定健康保险为核心的医疗保障法律体系,使不同群体享受到公平、可及的基本医疗服务。在法国,医疗保险是社会保障制度的重要组成部分,医疗保险由《社会保障法》调整。日本在“二战”后相继制定了《健康保险法》《医疗保险法》《老人保健法》,2008 年颁布的《高龄者医疗保险法》旨在应对人口老龄化下医疗保险的财务危机,2019 年再次通过《健康保险法》修正案,通过持续的立法活动顺应医疗服务需求变化与人口老龄化(高龄化)特点,将医疗保险与医疗服务、长期护理等深度融合。

我国基本医疗保险涉及诸多复杂的法律关系。医疗保险不同于养老保险、

1　参见栗燕杰:《我国社会保险治理模式之回顾与前景——从政策治理到法律治理》,载《中国应用法学》2018 年第 2 期。

失业保险、工伤保险等其他社会保险,后者只涉及金钱给付,而前者不仅涉及金钱给付,国家还要保障医疗服务给付。基本医疗保险涉及居民或职工、单位或地方政府、医院、药企、保险经办机构、医保局等多方利益主体,复杂性远超一般的社会保险关系,需要有专门立法来调整。而目前我国的基本医疗保险制度规定在《社会保险法》中,共10条,远不能完全调整这一复杂的社会关系。党的二十大报告提出:“深化医药卫生体制改革,促进医保、医疗、医药协同发展和治理。”为此,制定专门的基本医疗保障法迫在眉睫。全国人大常委会将“医疗保障法”列入2021年度立法工作计划,2021年6月,国家医保局就《医疗保障法(征求意见稿)》向社会公开征求意见。2022年4月,《全国人大常委会2022年度立法工作计划》将“医疗保障法”纳入预备审议项目。2022年8月,“医疗保障法”被列入当年全国人大常委会立法计划预备审议项目之中,密集的立法活动使“医疗保障法”的出台呼之欲出。

第二节　基本医疗保险法律关系之厘定

法律关系是法律规范调整社会关系而形成的权利义务关系,而医疗保险法律关系是涉及面最广、内部关系最复杂的一种法律关系,主要包含三组基础法律关系,即医疗保险经办机构与被保险人的保险关系、医疗保险经办机构与定点医疗(药)机构的医疗服务关系和被保险人与定点医疗(药)机构医疗服务给付关系。我国台湾地区有学者认为,考虑到医疗保险中并存多样的法律关系,为了避免一元的界定方式会忽略医疗保险法律体系的多元性,因而毋宁逐一将这些法律关系区别开来,再个别地做具体的认定。[1] “法律规范对社会秩序的调整,是通过设定权利义务来实现的,但法律设定权利义务的前提是确定权利义务的归属者和承担者。”[2] 实现基本医疗保险法治化本质上是医疗保险法律关系各主体权利义务科学化、法治化的再分配过程,因此,首先要对复杂的基本医疗保险法律关系进行清晰的界定,明确各方主体的权利与义务。

1　参见蔡维音:《全民健保之法律关系剖析》(上),载《月旦法学杂志》第5期(1999年)。

2　李洪雷:《德国行政法学中行政主体概念的探讨》,载《行政法学研究》2000年第1期。

一、保险人规范构造

保险人作为医疗保险事务的责任主体，根据保险原理预先制定保险给付规则，向被保险人收取保费与提供保险给付作为核心业务，保险人处于风险共同体的关键地位。基本医疗保险的保险人与商业保险的保险人在基础构造方面除了具有共性，还有其独特之处。

（一）基本医疗保险的保险人

保险关系中必然有保险人，但我国基本医疗保险制度中谁是保险人尚不明确。现行法律对基本医疗保险的保险人未作出明文规定，但可从保费收取与保险待遇给付等保险人的核心职能推定医疗保障经办机构为实际保险人，但其法律属性、权能尚未完成法律构造。我国医疗保险经办机构诞生于 1998 年的职工医保，因医疗保险业务的需要而组建了社会保险经办机构。2001 年，原劳动和社会保障部将保险经办机构拟定为行政机关或者法律、法规授权的具有管理公共事务职能的组织。[1] 2003 年，新型农村合作医疗规定，各级卫生行政部门在其内部设立专门的农村合作医疗管理机构。这种事实上“管办不分”的构造导致保险财权和重大事务决策权依附于卫生行政主管部门，医疗保险人的法律人格没有独立价值。

《社会保险法》规定了社会保险经办机构的设置、经费保障、管理与公共服务等职能，但未对社会保险经办机构的法律性质予以明晰。2018 年国家医保局的成立，统一了全国各地基本医疗保险经办机构模式，但具体名称仍不一致，如广州市称为“医疗保险服务中心”、深圳市称为“医疗保险基金管理中心”、重庆市称为“医疗保障事务中心”、上海市称为“医疗保险事业管理中心”等，“管办不分”模式惯性之影响仍然存在。有学者认为，医疗保险经办机构几乎不承担任何实质属于保险关系中的保险人职能，仅为具体事务之承办机关，认定医疗保险行政主管机关为保险人更准确。[2] 医保管理机构是国家行政部门，显然不能作为保险人。为此，现有医疗保险经办机构确需进行法律人格再造，使其成

1　2001 年施行的《社会保险行政争议处理办法》第 3 条规定，“公民、法人或者其他组织认为经办机构的具体行政行为侵犯其合法权益，向经办机构或者劳动保障行政部门申请社会保险行政争议处理”。

2　参见李文静：《台湾地区全民健康保险法律关系研究之评析》，载《社会法评论》第 6 卷（2015 年）。

为真正意义上的保险人。

（二）保险人独立法律人格再造

对医疗保险经办机构独立保险人法律人格构造，是实现其保险人功能与价值的现实需求，能够避免行政机关对医疗保险事务的不当干预。地方政府为追求其他政策或行政目的牺牲保险人独立性的现象时有发生，如将本属于公共卫生费用支付范围的纳入基本医疗保险支付，也可能出于效率或者其他行政目的考量将部分行政职能转由医疗保险经办机构履行，甚者将医保基金挪作他用，造成医疗保险经办机构不合理负担，并淡化了其“保险人”职能，混淆“保险人”的身份定位与功能。

首先，有必要统一全国范围内的医疗保险经办机构称谓，为异地医疗保险服务、更大范围医疗保险统筹工作提供便利，不因医疗保险经办机构名称问题增加被保险人就医程序性负担。其次，“医疗保障法”应明确医疗保险经办机构为我国基本医疗保险的保险人，从主体、组织和财务三方面塑造为独立法人，[1]以保险原理兼顾公平性为其运作之基础。最后，明确医疗保险经办机构的独立地位，还需要合理界分其医疗保险公共服务职能与医保行政主管部门的管理职能。

（三）保险人的核心职能

保费收缴与保险待遇给付是保险人的核心职能，也是保险人权利义务的两端。基本医疗保险是一种社会保险，保险费的缴纳不同于商业保险中被保险人缴纳保险费的合同义务。我国当前实行“二元”基本医疗保险模式，分为职工医保与城乡居民基本医疗保险。在筹资路径上二者有所差异，城乡居民保险费由居民与政府财政共同分担，遵循自愿参加原则；职工医保保费则是由用人单位和被保险人共同分担，须强制参加。1993 年《国务院批转国家体改委关于一九九三年经济体制改革要点的通知》首次提出“社会保险经办机构”概念，并将社会保险经办机构作为统一的社会保障管理体制的组成部分。1999 年国务院制定的《社会保险费征缴暂行条例》规定社会保险费可由税务机关征收，也可由社会保险经办机构征收，形成了社会保险部门与税务部门二元主体征缴体制。概言之，医疗保险费征收存在社会保险经办机构征缴、税务部门代征、税务部门征

1　参见喻术红、李秀凤：《迷局与反思：社会保险经办机构的主体定位》，载《时代法学》2016 年第 5 期。

缴、社会保险经办机构和税务部门混合征缴四种模式。[1] 混合征缴模式存在的部门之间征缴范围划定不清、权责划分模糊,征缴主体不一致等问题影响了征管效率。[2]

2018 年公布的《深化党和国家机构改革方案》将基本医疗保险费等社会保险费转交税务部门统一征收,结束税务部门和社会保险经办机构混合征缴模式,有利于解决征缴程序混乱、征收主体不统一问题。同年,中共中央办公厅、国务院办公厅印发的《国税地税征管体制改革方案》要求有计划地将国税、地税机构合并后再接收社会保险费和非税收入征管职责。2019 年 12 月,国家税务总局社会保险费司(非税收入司)成立,负责基本医疗保险费和生育保险费等社会保险费以及有关非税收入的征管职责划转、落实以及后续的征收管理各项工作。[3] 社会保险费司(非税收入司)的建立为基本医疗保险费由税务部门收取提供了组织保障,提高保险费征缴效率,由过去"代征"转变为"征收"。医疗保险征收成为税务部门专项职责后,是否意味着医疗保险经办机构的收取保费职能被剥离,使其保险人的功能无法完整实现。《医疗保障法(征求意见稿)》对此保留了谨慎态度,第 44 条第 2 款明确税务部门仅作为医疗保险经办机构征收保费的辅助人。

保险费虽由税务部门征收,但与税收性质存在明显差异。首先,税收是由国家税务机关作为其法定征收机关收取的,保险费虽由税务机关征收而具有税收形式外观,[4] 但其仅充当医疗保险基本经办机构辅助人角色,此设置是为方便收取保险费的考量。其次,税收不具有等价性,税务部门向公民征收税收后不负有向公民对价的给付义务,即公民不得向税务机关请求特定给付或者公共服

1　参见王红茹:《社保费"双重征缴"历史或终结》,载《中国经济周刊》2016 年第 50 期。

2　参见白小平、靳彤彤:《中国社会保险费征缴机制的发展历程与展望》,载《中州学刊》2021 年第 1 期。

3　国家税务总局社会保险费司(非税收入司)是国家税务总局主管社会保险费和非税收入征管工作的职能部门。主要职责:负责基本养老保险费、失业保险费、工伤保险费、基本医疗保险费和生育保险费等社会保险费以及有关非税收入的征管职责划转、落实以及后续的征收管理各项工作;负责与相关部门进行信息共享和工作协调;参与相关收入的政策制定和法律法规调整。参见国家税务总局官网,http://www.chinatax.gov.cn/chinatax/n810209/n810585/n1045557/index.html,最后访问时间:2023 年 5 月 10 日。

4　《医疗保障法(征求意见稿)》第 25 条规定,医疗保障基金应当执行国家规定的财务会计制度,按照国家规定的会计制度进行核算。医疗保障经办机构应按照规定加强基金管理,财政、医疗保障等行政部门加强监督。基本医疗保险基金应存入财政专用账户。

务。而保险费的征收遵循可负担原则,被保险人或者用人单位缴纳保险费的目的是获得医疗保险待遇给付请求权,因为不缴纳保险费将失去获得保险待遇给付资格,体现了权利义务的对应性,并且保险费只能专款专用。最后,2019 年国家税务总局的社会保险费司(非税收入司)成立,其目的是高效便利地征收保险费,从名称与目的可窥见其性质不同于税收。

当保险事故发生后,即被保险人罹患疾病时,保险人应当依法依约支付保险待遇。基本医疗保险经办机构向被保险人支付保险待遇包括两方面内容。一是保障有专业的医疗机构为被保险人提供医疗服务。现行制度由医疗保险经办机构确立符合条件的医疗机构作为定点医疗机构,被保险人只能在定点医疗机构就医,以保障医疗服务质量和医保经费的合理使用。二是医疗保险经办机构向定点医疗机构支付医疗保险支付范围的医疗费用。定点医疗机构按照与基本医疗保险经办机构签订的医疗服务协议向参保人提供医疗服务,医疗保险经办机构按约向定点医疗机构支付属于医疗保险负担范围内的医疗费用,并非全部医疗费用都由基本医疗保险人支付。

二、保险人与被保险人的法律关系

《社会保险法》《基本医疗卫生与健康促进法》对保险人与被保险人法律关系着墨不多,可能与两部法律以公法规范为主有关。对于医疗保险关系成立时间、暂缴(停缴)保费法律责任、政府财政承担保险费与低收入者补贴性质、保险合同成立后保险待遇起算时点等关乎双方核心权利义务内容缺乏法律明确规定,需要进一步探究与规范。

(一)保险人与被保险人法律关系性质

基本医疗保险的保险人与被保险人的法律关系性质表现为公法与私法兼而有之。对此,对职工医保与城乡居民医保的保险人与被保险人的法律性质应区分考察。

职工医保中保险人与被保险人的法律性质符合行政行为的概念。《基本医疗卫生与健康促进法》等法律规定被保险人与用人单位等具有强制参加职工医保的法定义务。强制义务亦适用于保险人,当被保险人符合法定参保条件时,不得径行拒绝被保险人参保。保险人虽非行政机关,但《社会保险法》第 8 条赋予了保险人“提供社会保险服务”的权能,作为法律授权组织依法履行行政职能,为保险业务需要实施具体行政行为。《医疗保障法(征求意见稿)》亦延续此规定。职工医保中保险人与被保险人形成“权利义务”与“权力责任”双重关系。保险人拥有《社会保险法》《基本医疗卫生与健康促进法》等法律授权的权责,负有保险行政管理的权责与保险给付的义务,作为行政相对人的被保险人则被课处参保义务且未有参保选择与否的余地。二者因法律规定互负保险义务,成立公法法律关系。

城乡居民基本医疗保险和灵活就业人员参加职工医保的,被保险人基于参加医疗保险的意愿向保险人发出订立医疗保险协议的意思表示并遵守法定义务,因遵循自愿原则体现了双方合意,在一定程度上符合行政协议的构造。被保险人提出申请参加基本医疗保险为要约,保险人确认被保险人参加资格为承诺,权利义务关系就此形成,而权利义务内容确定以格式协议文本为准,文本未有约定的则以法律规定为准。城乡居民基本医疗保险与灵活就业人员参加职工医保的性质体现了公法性与私法性融合的特点,公法属性更强。

简言之,我国职工医保中保险人与被保险人的法律性质接近于行政行为;城乡居民基本医疗保险与灵活就业人员参加职工医保的,遵循自愿原则,接近于行政协议。

(二)医疗保险关系的成立

当被保险人符合法定参保条件时,被保险人或用人单位向医疗保险经办机构提出参保申请,医疗保险经办机构审查申请是否符合法定条件,并向被保险人或用人单位送达保险关系成立确认书,保险关系便成立。被保险人对医疗保险经办机构处理决定不服的可申请行政复议或行政诉讼。因用人单位原因未履行义务导致适格职工参加医疗保险不能的,保险关系之成立是否溯及法定条件成就时有待进一步考察。对于用人单位因违反法定义务课处行政处罚,旨在督促用人单位积极履行参保协助义务,不能导出保险关系当然成立。但此时被保险人与保险人存在某种信赖关系,对此用人单位补缴义务完成后,保险关系成立。然而,保险关系成立并不意味着保险人有即时的保险待遇给付义务,还需进行综合考量,防止可能的道德风险产生。

(三)保险待遇享受起始时点考察

对于缴纳保险费后获得保险待遇给付起算时点问题,直接关系到保险人与被保险人权利义务内容变化,也是被保险人极度关切的问题,然而《社会保险法》《基本医疗卫生与健康促进法》对于医疗保险的参保对象、待遇标准、支付范围等均为原则性规定,可操作性不强。[1]《医疗保障法(征求意见稿)》第14条第1款采用委任性立法规则规定:"基本医疗保险参保人员缴费后的待遇享受起始时间按照国家和各省、自治区、直辖市有关规定执行。"保费缴纳后的待遇享受起始时间是属于全国统一规定事项还是地方自决事项,未予以明确。现有地方立法有实践摸索,浙江省规定,职工医保办理参保登记的第二个自然月起享受当年度的保险待遇,城乡医保(按年缴费)按时缴纳保费就可享受当年度的保险待遇。天津市规定,用人单位职工自缴费当月起,参加职工医保的灵活就业人员自连续缴费满6个月起,可获得医保保险给付。

总体而言,各地对城乡居民保险待遇给付起算时间差异不大。对于中断后续费保险待遇之重新起算规定差异较大,一是由职工医保的按月缴费、缴费基数不定、用人单位性质与存续时间、劳动关系变更等因素共同所致;二是因为缺乏上位法规范,地方政府及医疗保险行政部门制定实施细则稍显随意;三是被保险人未参与涉及保险核心权益事项规则的商议、拟定。对此,笔者建议将医疗保险享受待遇起算时间、中断后续费之保险待遇享受时间起算、待遇享受中止时间、条件等由国家统一规定。一方面为将来全国范围可能的医疗保险统筹创造有利条件,另一方面杜绝地方政府可能随意减损公民医疗保险待遇或增加公民享受医疗保险待遇负担的可能性。

三、医疗保险经办机构与定点医疗(药)服务机构法律关系

保险人与定点医疗(药)服务机构以规范的行政协议文本作为法律关系互动载体,为被保险人提供安全的、可负担的且与被保险人病情相当的医疗服务,保险人通过行政协议对医疗服务以及产生的医疗保险费用进行监督与审查,保障医疗服务的质量。

(一)定点医疗服务协议性质

定点医疗服务协议规范最早可追溯到1999年,原国家药品监督管理局、原劳动和社会保障部联合印发《城镇职工基本医疗保险定点零售药店管理暂行办法》,原卫生部等三部委联合印发《城镇职工基本医疗保险定点医疗机构管理暂行办法》,对定点医疗(药)机构的资格人选标准、医疗保险待遇给付程序、组织保障等进行了规定。2000年,原劳动和社会保障部发布《城镇职工基本医疗保

---

1 参见林俏:《我国医疗保障法律制度相关问题研究》,载《行政与法》2021年第2期。

险定点医疗机构医疗服务协议文本》作为定点医疗服务协议指导参考文本，包括参保信息管理、医疗费用支付、政策及管理制度、操作规程等共计46条，规范社会保险经办机构与定点医疗机构双方权利义务，依此签订的协议作为考核定点医疗服务质量和结算医疗保险费用的重要依据。2001年发布的《社会保险行政争议处理办法》规定医疗保险经办机构具备行政主体资格，属于法律、法规授权的组织。而医疗保险下的定点医疗机构则根据设立性质不同可分为营利法人与非营利法人。2003年，原劳动和社会保障部办公厅印发《关于完善城镇职工基本医疗保险定点医疗机构协议管理的通知》，从就医管理与信息系统建设、医疗服务项目管理、参保人员个人负担控制与费用结算等方面对服务协议文本权利义务内容进行具体化、规范化。此后，人力资源和社会保障部就医疗服务协议文本与管理办法多次修订改进。[1] 2015年10月，国务院出台的《关于第一批取消62项中央指定地方实施行政审批事项的决定》取消了"基本医疗保险定点零售药店资格审查""基本医疗保险定点医疗机构资格审查"。但是，2016年发布的《关于整合城乡居民基本医疗保险制度的意见》明确了定点医疗机构管理仍由医保行政部门进行行政审批与行政监管，[2] 即签订医疗服务协议仍需医疗保险行政机关进行前置审查。

学界对于医疗服务协议法律性质有着不同观点。郑雪倩等认为其条款中未体现医保行政管理机关的行政优益权，应属于平等民事主体间的契约协议。[3] 我国台湾地区学者李建良亦认为保险人负有履行公共服务的公法义务，以公权力身份与医疗机构订立契约属于私法性质，单纯履行公法上义务的契约，而未直接形成、变更或削减公法上权利义务，并不构成公法契约。[4] 此外也有学者认

1　2010年公布《关于实行基本医疗保险定点医疗机构分级管理的意见》（人社厅发〔2010〕9号），2015年发布《关于完善基本医疗保险定点医药机构协议管理的指导意见》（人社部发〔2015〕98号），2016年《关于印发基本医疗保险定点医药机构协议管理经办规程的通知》。

2　国务院《关于整合城乡居民基本医疗保险制度的意见》就"统一定点管理"作出规定，即原则上由统筹地区管理机构负责定点机构的准入、退出和监管，省级管理机构负责制定定点机构的准入原则和管理办法，并重点加强对统筹区域外的省、市级定点医疗机构的指导与监督。

3　参见郑雪倩等：《基本医疗保险服务协议的法律问题研究》，载《中国医院》2012年第1期。

4　参见李建良：《公法契约与私法契约之区别问题》，载社团法人台湾行政法学会主编：《行政契约与行政法》，元照出版有限公司2002年版。

为其具有行政合同与经济合同双重特性[1]、行政协议[2]等。笔者认为，医疗服务协议属于行政协议。首先，行政主体与私主体签订行政协议是为了辅助政府适当义务的履行，定点医疗服务协议是为了履行政府在医疗保险领域给付义务的媒介。其次，行政主体对行政合同的履行享有民事合同主体所不能享有的行政优益权，定点医疗服务协议的合意达成受到限制，定点医疗机构不能选择合同相对人，并且协议之内容通常以保险人事先拟定格式文本作准，虽然《基本医疗卫生与健康促进法》第84条规定双方建立协商谈判机制，但是仅限于基金支付标准和支付方式。最后，2016年人力资源和社会保障部发布的《基本医疗保险定点医疗机构医疗服务协议范本（2016版）》规定了行政复议或行政诉讼的争议解决方式，这间接认定协议的行政性。简言之，医疗服务协议兼具公法与私法性质，但公法特点更为明显。

（二）医疗保险给付适当构造

医疗服务给付包括诊疗服务、药品、医疗服务设施等的提供。给付范围以"基本医疗服务"为限。《基本医疗卫生与健康促进法》第15条第1款规定："基本医疗卫生服务，是指维护人体健康所必需、与经济社会发展水平相适应、公民可公平获得的，采用适宜药物、适宜技术、适宜设备提供的疾病预防、诊断、治疗、护理和康复等服务。"保险人应根据被保险人医疗需求规律、医疗技术进步之现状及时更新医疗保险给付标准，保障给付医疗服务的适宜性、可及性。

保险给付应尊重被保险人的合理医疗选择。负担保费乃被保险人之义务，而保险给付医疗服务则是其权利，虽在保险给付条件成就时有向保险人请求保险给付之权利，但并不意味着只能接受保险人预设的保险给付条件，包括但不限于定点医疗机构确定、保费给付比例数额差异、分级诊疗之转诊标准等保险给付条件。被保险人有自由选择医疗服务并请求被保险人保险给付的权利。政府基于医疗资源布局、引导合理有序就诊等考虑，以保费给付差异为调节手段具有一定的正当性与合理性。但不同医疗机构的医疗服务能力大相径庭，被保险人的医疗需求与保险人预设保险给付条件的目的并非完全一致。被保险

1　参见马朝旭：《关于基本医疗保险服务协议法律定位的探讨》，载《河北能源职业技术学院学报》2009年第4期。

2　参见杨华：《基本医疗保险服务协议的法律性质探讨》，载《中国卫生法制》2013年第3期。

人对考虑保险给付差异和自患疾病的风险缺乏理性认识、就诊医疗机构客观能力有限等多重因素叠加使被保险人可能错失某些医疗机会。对此，保险给付首要考量的应该是被保险人的医疗机会实现。

四、被保险人与定点医药机构的法律关系

对于基本医疗保险被保险人与定点医疗机构法律关系之性质，学说上分歧较大。囿于篇幅有限，加上被保险人与定点零售药店的法律关系较为简单、零售药店给付内容单一，本章仅探讨被保险人与定点医疗机构的法律关系。

有学者认为，被保险人的适宜医疗服务保险给付请求权来自《社会保险法》《基本医疗卫生与健康促进法》，甚至将来可能施行的"医疗保障法"等公法规范，而非单纯的医疗服务关系。我国台湾地区学者蔡维音对我国台湾地区"健保"制度进行阐述后认为其性质为公私法并存的法律关系。[1] 笔者赞同蔡维音教授部分观点，我国大陆地区的基本医疗保险与我国台湾地区"健保"制度相比，有共通之处又独具特色。对此，应区分考察，被保险人与医疗机构发生的权利义务关系，属于民事法律关系范畴。在此基础上，定点医疗机构依据与保险人之间的行政服务协议向被保险人履行保险给付义务。简言之，被保险人以医患关系为基础分别主张医疗服务给付与医疗保险给付。

（一）民事法律关系

当保险给付条件未成就时，被保险人享有的权利是抽象的且尚未具体化的。当保险给付条件成就时，具体保险给付请求权成立，其具体内容为请求保险人支付医疗保险待遇。被保险人与定点医疗机构的医疗给付产生的费用负担，诚然受到保险人是否将医疗给付列入医保目录的影响，但事实上对于被保险人疾病、伤害、孕产等专业诊疗行为，本质上仍是医疗机构和医护人员基于医疗专业判断后实施的医疗服务，使被保险人消除、缓解、改善疾患，这是古老医患法律关系的核心内容。实践中，对于医患关系中双方权利规定较保险给付规定要成熟得多，尤其是医护人员的审慎注意义务、医疗质量、知情说明义务等在《民法典》《基本医疗卫生与健康促进法》《医师法》《医疗质量管理办法》等法律法规中有了较为详尽的规定。医疗给付的特点决定不以诊疗结果作为保险给付之条件，定点医疗机构尽到合理的医疗服务注意义务，保险人即应当按时支

1　参见蔡维音：《全民健保体制下医疗疏失责任之归属》，载《中原财经法学》第12期（2004年）。

付医疗费用。《医疗保障法(征求意见稿)》亦强调其医疗保险及时付费义务,第46条第2款规定保险人及时与定点医药机构结算并拨付医疗保障基金。

如定点医疗机构的主治医生建议采取医保目录与定点医疗服务协议等保险给付外的诊疗方式,须征得被保险人同意(紧急情况除外)。恢复健康乃治疗之主要目的,但被保险人就诊时还是将费用负担作为主要考虑因素(虽治疗效果亦重要),若治疗费用不在基本医疗保险给付范围内,必然会增加被保险人经济负担,《基本医疗卫生与健康促进法》第32条第1款将医疗费用纳入知情权范畴亦有此考量。对此,应与被保险人或者家属进行充分沟通,对实行该诊疗方案之必要性、是否具有唯一性以及可能的风险应当充分说明。同时规范定点医疗机构的诊疗行为、合理布局医疗资源、提高医保基金使用效率,限制其在保险给付外诱导不合理医疗产生。如定点医疗机构未尽到合理的告知与说明义务,产生保险给付外的费用,被保险人是否可以沟通不当为抗辩?对此,定点医疗机构应当告知被保险人保险给付范围和基于专业判断所建议的诊疗方式,保险给付外的医疗费用产生需有合理性与正当性,如该诊疗方案为唯一的治疗手段,选择该诊疗方案亦是实现被保险人健康权益的最佳路径等。

此外被保险人应当履行必要的医疗服务给付的协助义务,如向定点医疗机构如实告知健康状况、在诊疗期间遵守医疗机构合理规定。欲获得保险给付需向定点医疗机构告知被保险人身份信息,如在规定时限内未展示或展示不适当则意味着被保险人失去保险给付权利。实践中,为保险人委托定点医疗机构进行形式审查,即定点医疗机构作为保险人的被保险人资格审查的辅助人,如被保险人对定点医疗机构处理不服,可向保险人或者医疗保险行政部门申请行政复议或者行政诉讼。

(二)行政法律关系

就被保险人获得医疗保险待遇给付部分而言,实质上仍是保险人与被保险人之间的法律关系,仅由保险人与定点医疗机构通过行政协议约定而由后者向被保险人给付保险医疗待遇,受医保目录、医疗服务协议、法律法规等约束,因而被保险人对于定点医疗机构无直接的医疗保险请求权。被保险人对保险给付标准之争议应向保险人提出,并通过行政复议或者行政诉讼解决。保险人对于定点医疗机构医疗给付质量、医疗服务行为、基金管理等进行监督,定点医疗机构的医疗服务自主性受到一定限制。《医疗保障法(征求意见稿)》对此作出了回应,如被保险人认为保险人之保险给付标准侵犯到个人权益或对其可能获得的保险给付造成不利影响，可提起行政复议或者行政诉讼。现实中，以"医疗保险经办机构""医保中心""新型农村合作医疗管理办公室"等医疗保险经办机构作为行政诉讼被告的较少，而以"医保局""社会保险局"等医疗保险行政机关作为行政诉讼被告的居多，亦有将县政府与企业列为行政诉讼的共同被告的情况。[1] 实践中还出现将医疗保险经办机构与医疗保险行政机关列为医疗保险待遇给付之被诉主体并存的现象，主要原因是作为医疗保险的保险人与医疗保险行政机关各自权力之边界没有合理界分，医疗保险经办机构丧失独立性而沦为行政机关附属部门。从现实情况来看，具体给付经办业务出现争议的，以保险人为行政诉讼被告为宜，而医疗保险待遇给付管理、缴费办法等医疗保险行政职能出现争议的，则以医保局为行政诉讼被告更妥。当然，规范构造保险经办机构之保险人法律地位，合理界分各自权能是解决诉争归属的根本办法。

《医疗保障法（征求意见稿）》用多个条文对于定点医疗机构的医疗行为、医保基金使用内部管理制度规定了相应的行政责任，意在规范履行定点医疗服务协议、合理使用医保基金。第 61、62、63、64 条对于定点医疗机构未建立医保基金内部管理制度、未按照规定与医疗保障信息系统进行对接、医疗保障基金使用不规范行为、定点医疗机构及其工作人员骗取医疗保障基金支出与造成医疗保障基金重大损失等情形，视情节轻重予以责令改正、约谈负责人、罚款、暂停基金使用直至解除服务协议等行政处罚措施。这些举措追究的是定点医疗机构的公法责任，旨在规范诊疗行为与医保基金合理使用，进而为被保险人提供公平适宜的医疗服务。

第三节　《医疗保障法（征求意见稿）》评析

《社会保险法》是我国社会保险基本法，专章规定了基本医疗保险、生育保险。如前所述，基本医疗保险形成了复杂的社会关系，《社会保险法》仅用了 10 个条文对医疗保险基金的筹资、支付范围、结算规定、定点医疗（药）服务协议和医疗保险关系转移接续等做了原则性的规定，不足以完全调整复杂的医疗保障

1　夏某祁与新邵县人民政府及湖南中烟工业有限责任公司要求落实医疗保险待遇案，邵阳市中级人民法院行政裁定书，(2015)邵中行初字第 39 号。

法律关系。特别是2018年国家医保局成立以后,我国医疗保障体制发生重大变化,《社会保险法》已经完全不适应这一变化。

2018年国家医保局组建后,多次组织召开"医疗保障法制建设"座谈会,听取专家学者、实务部门工作者和各级地方政府对我国医疗保障领域法制建设的意见和建议,统筹研究医疗保障法制建设的重点和方向,编制了《国家医保局立法规划(2018—2022年)》的5年立法规划,确立"医疗保障法"由部门规章到行政法规再到制定医疗保障法的立法路径,不失为可行的医疗保障立法路径。2020年2月发布的《关于深化医疗保障制度改革的意见》指出,"加快建成覆盖全民、城乡统筹、权责清晰、保障适度、可持续的多层次医疗保障体系"。2020年发布的中共中央、国务院《关于深化医疗保障制度改革的意见》是我国医疗保障制度未来10年发展的重要政策依据,为我国医疗保障立法指明了方向,提供了指引。2021年1月,国务院颁布《医疗保障基金使用监督管理条例》,自2020年7月以来,国家医保局颁布的《基本医疗保险用药管理暂行办法》《医疗机构医疗保障定点管理暂行办法》《零售药店医疗保障定点管理暂行办法》《医疗保障行政处罚程序暂行规定》《医疗保障基金使用监督管理举报处理暂行办法》等部门规章,均立足于医疗保险管理的现实需要,聚焦"小切口"的医疗保障治理问题。

2021年6月,《医疗保障法(征求意见稿)》向社会公开,引起了全社会关注。2022年8月"医疗保障法"被列入当年全国人大常委会立法计划预备审议项目。

一、《医疗保障法(征求意见稿)》亮点

(一)确立基本医疗保险作为国家的一项基本社会保障制度

医疗保障法的立法目的在于保障人民健康权,保障政府的医疗照顾义务的履行;降低患者医疗费用负担,保障医疗服务可及性与公平性。《医疗保障法(征求意见稿)》共8章70条,对医疗保障的基本形式、保障主体、管理主体、筹资渠道、保险待遇、基金管理、定点医疗服务的提供与监管、医疗服务价格控制、基本医疗保障经办管理等做了系统的规范。

基本医疗保险是全社会最为关注的三大民生事项之一,它的设计与改革是否成功,关系到每一个社会成员的利益,关系到社会稳定,关系着中国特色社会主义制度建设的成败。事实上,我国已经形成了一个独立的基本医疗保险服务

管理行政体系。从法治建设的要求出发，也亟须单独的法律对其进行规制。《医疗保障法（征求意见稿）》将基本医疗保险从《社会保险法》独立出来，第一次单独用一部国家法律对其进行系统全面的规定。《医疗保障法（征求意见稿）》第2条规定："国家建立以基本医疗保险为主体，医疗救助为托底，补充医疗保险、商业健康保险、慈善医疗救助等相互衔接、共同发展的医疗保障制度体系。"这实际宣示了基本医疗保险是我国的一项基本的社会保障制度。"医疗保障法"的出台将是我国卫生法治建设的一个重大成就。

（二）建立公立医疗机构药品和医用耗材集中采购制度

药品集中招标采购制度是我国医疗卫生保障体制改革中不断探索出来的一项有效降低老百姓用药价格的具有中国特色的药品、医用耗材招标采购制度，对降低药品虚高价格和减轻患者经济负担具有明显效果。

尽管集中采购制度还存在很多争议，各种法律关系没有完全厘清，但是"医疗保障法"不能回避这一重要制度。《医疗保障法（征求意见稿）》第31条规定了国家建立公立医疗机构药品和医用耗材集中采购制度，第32条规定了参加投标的医药企业的合理竞标的权利义务与法律责任，第34条规定了医疗保障行政主管部门的药采权能，第58条规定了医药企业违约、违法的罚则，第53条第4款规定了医药企业的申诉办法。对规范医保行政部门、医药企业、集中采购机构、医疗机构等参与主体的权利义务、法律责任等做了较为详尽规定。

（三）确立长期护理保险制度

我国面临老龄化、高龄化这一严峻社会问题，失能老人的长期护理保障问题亟待立法规范以回应社会的迫切需要。《老年人权益保障法》第30条规定，国家逐步开展长期护理保障工作，视情况给予老年人适当的护理补贴。但是对于长期护理制度构建、护理补贴的性质并未明确说明，法律层面仅有部分省市地方性法规针对老年人权益保护顺带提及，[1]亦有少数省市为老年人工作展开

1　如《甘肃省老年人权益保障条例》（2022年修订）、《内蒙古自治区养老服务条例》（2021年）、《贵州省养老服务条例》（2021年）、《宁夏回族自治区老年人权益保障条例》（2018年修订）、《成都市养老服务促进条例》（2022年修订）、《马鞍山市养老服务促进条例》（2021年）等。

制定地方规范性文件[1]，但对于长期护理制度并无进一步规定。

《基本医疗卫生与健康促进法》第76条第2款规定："国家推动长期护理保障工作，鼓励发展长期护理保险。"在法律层面涉及建立长期护理保险，意在应对日益严峻的人口老龄化、高龄化下的老年人照护问题。根据《医疗保障法（征求意见稿）》第23条的规定，建立和发展长期护理保险制度，意在解决失能人员的基本护理保障需求，国家将长期护理纳入医疗保险考量亦是回应政府照顾义务的体现。

亦如基本医疗保险制度，长期护理保险制度涉及功能性质定位、筹资机制、覆盖群体、保费分担比例、保险待遇给付标准及依据、监督机制、各方参与主体法律责任、争议处理机制及权利救济等。此外，对长期护理机构资质、从业人员培训考核与认定、服务标准、责任承担及与养老保险、医疗保险接轨等情况，都需要进行细致的结合与考量。[2] 在条件成熟时应当对长期护理保险制度进行专项立法。

二、《医疗保障法（征求意见稿）》需要完善的地方

基本医疗保险立法的最大难题是还有不少制度尚在探索之中，还有不少社会关系尚未完全梳理清楚，所以国家医保局公布的《医疗保障法（征求意见稿）》还有很多需要完善的地方。这或许也是"医疗保障法"至今尚未正式出台的原因。

（一）被保险人权利保障需要进一步完善

本书的开篇深刻剖析了公民健康权，明确指出医疗保障权是公民健康权的

1　例如，黑龙江省人民政府办公厅《关于建立贫困失能老年人护理补贴制度的通知》（黑政办发〔2013〕4号），齐齐哈尔市人民政府办公厅《关于印发齐齐哈尔市贫困失能老年人护理补贴发放实施细则的通知》（齐政办发〔2013〕56号），威海市民政局、威海市财政局《关于建立生活长期不能自理经济困难老年人护理补贴制度的通知》（威民发〔2014〕50号），菏泽市民政局、菏泽市财政局《关于建立生活长期不能自理经济困难老年人护理补贴制度的通知》（菏民发〔2014〕39号），鸡西市人民政府办公室《关于建立贫困失能老年人护理补贴制度的通知》（鸡政办发〔2015〕48号），《成都市经济困难老年人基本养老服务补贴及经济困难失能半失能老年人护理补贴专项资金管理办法》（成财社〔2016〕216号），池州市人民政府办公室《关于池州市低收入老年人居家养老服务补贴和经济困难失能失智老年人护理补贴的实施意见》（池政办〔2018〕31号），东莞市民政局印发的《东莞市失能老年人护理补贴实施方案》（2018年）。

2　参见郑尚元、袁少杰：《老龄化之因应与长期照护保险法制之展望》，载《深圳大学学报（人文社会科学版）》2017年第3期。

重要组成部分,此权利要求国家积极介入,保障每位公民的健康不受威胁。在此框架下,立法者在制定"医疗保障法"时,应以确保公民医疗保障权的充分实现为首要目标。但是,《医疗保障法(征求意见稿)》在界定基本医疗保险的法律关系和保险主体方面表现得不够周全。当前草案仍旧沿用了"参保人"这一政策性术语,而未能提供一个详尽的权利目录,以明确规定被保险人的权利,导致法案在系统性和完整性上有所欠缺。

另外,被保险人在行使其权利时,不仅面临繁杂的程序,而且透明度不足,这些因素共同构成了对被保险人合法权益的实质性障碍,尤其是在知情权和参与权方面。为改进这种状况,法案中应当简化和明晰权利行使程序,确保被保险人在医疗保险体系中能够无障碍地行使其权利,特别是在获取信息和参与监督等方面。

因此,在立法过程中,应超越行政管理的狭窄视角,更多地从被保险人的立场出发,明确界定他们的权利和义务以及保险主体的相应责任。这样的立法策略不仅能提高法律的实用性和效力,而且对于实现公民基本医疗保障权至关重要。这才能确保"医疗保障法"成为维护公民医疗保障权的坚固法律支柱。

(二)多层次医疗保障体系职能分工不清

为了构建一个高效且可持续的医疗保障体系,《医疗保障法(征求意见稿)》第2条提出了建立多层次医疗保障体系的宏伟目标。然而,目前该法律草案对于体系内各层级保障制度的功能定位、筹资机制、给付标准、监管职责、法律责任以及权利救济等关键要素的整合尚显不足。尤其在层与层之间的衔接和分工合作方面,缺乏一个整体性的思考框架,导致各制度之间未能实现有效的定位和协作。

此外,草案中对医疗保险经办机构的法律地位、职责以及与医疗保障行政主管部门间的职权划分和法律关系也未作出清晰的界定。为了弥补这一不足,立法应当明确医保局的行政管理地位,同时赋予医疗保险经办机构以完整的保险人职能,强化其服务功能和管理效能。这一举措将有助于确保医疗保险基金的合理使用和可持续性,同时将为被保险人提供更加明确和可靠的权利保障。

综上所述,立法需要提供清晰的指引,确保多层次医疗保障体系中的各个组成部分能够协调运作,形成一个统一而有序的保障网络。只有这样,我们才能确保"医疗保障法"能够真正实现其旨在提供全面、公平医疗保障的立法目标。

(三)未明确基本医疗保险的强制性

国家将全民医保作为一项保障公民健康权的基本社会保障制度,要求所有城乡居民、单位职工应保尽保,但并没有统一明确其强制性。《社会保险法》《劳动法》规定职工基本医疗保险为强制性社会保险,无论被保险人是否愿意,在符合法定条件的情况下必须参加,用人单位为员工参加职工基本医疗保险履行强制义务的法理逻辑已被广泛接受。然而,实践中,城乡居民基本医疗保险参保遵循自愿原则。截至2022年年底,全国基本医疗保险参保人数为13.46亿人,参保率稳定在95%以上,仍约有6600万人未参加基本医疗保险。[1]

基于社会互助、分担风险的考量,强制所有城乡居民参保有其正当性与合理性,目的在于履行国家对全体公民提供物质保障义务和医疗生存照顾义务。我们本应利用立法之际明确规定基本医疗保险是一种强制性社会保险,每个人都必须参保。但《医疗保障法(征求意见稿)》回避了这个问题,沿袭了《基本医疗卫生与健康促进法》的规定,即公民有依法参加基本医疗保险的权利和义务。这里规定的公民参加基本医疗保险的义务不能理解为一种强制性的义务。一是因为现实生活中城乡居民医保实际遵循的是自愿参保原则;二是因为《医疗保障法(征求意见稿)》没有规定公民不履行这种参保义务的法律后果与法律责任,从而导致这一义务无法被解读为强制性义务。

1 参见《2022年医疗保障事业发展统计快报》,载国家医疗保障局官网2023年3月9日,http://www.nhsa.gov.cn/art/2023/3/9/art_7_10250.html。

第八章　医疗救助制度为健康权托底

目　　次

第一节　医疗救助权的独立性

一、医疗救助为健康权托底

医疗救助作为典型的行政给付制度，是国家为保障患病的贫困人员基本健康并维持其正常生活所提供的一项医疗卫生保底制度。国务院颁布的《社会救助暂行办法》规定了医疗救助制度，该办法第 5 章专门规定了“医疗救助”。根据该办法第 28 条的规定，医疗救助的对象分为三大类，分别为最低生活保障家庭成员；特困供养人员；县级以上人民政府规定的其他特殊困难人员。同时第 29 条第 1 款规定，对救助对象参加城镇居民基本医疗保险或者新型农村合作医疗的个人缴费部分，给予补贴；对救助对象经基本医疗保险、大病保险和其他补充医疗保险支付后，个人及其家庭难以承担的符合规定的基本医疗自负费用，给予补助。国家通过为贫困人员缴纳基本医疗保险费和补助医保报销后自费部分的方式为其提供医疗救助。2020 年 9 月，民政部、财政部起草并公布了《社会救助法（草案征求意见稿）》，保留了《社会救助暂行办法》中医疗救助基本规定，只是与其他社会救助方式一样，不再单独设章。

目前,我国没有制定全国性的医疗救助专门法律或法规,但是部分地方制定了相关的地方性法规、规章或规范性文件。例如,广州市人民政府办公厅于2012年制定了《广州市医疗救助试行办法》,并于2019年印发了《广州市医疗救助办法》。根据《广州市医疗救助办法》第2条可知,医疗救助是政府资助符合规定条件的群众参加社会医疗保险,补助其在定点医疗机构的医疗费用(包括异地就医)或为其提供医疗卫生服务的社会救助制度。

医疗救助兼具人权制度与基本医疗卫生制度的共同属性,是一项兜底性制度。联合国教科文组织前法律顾问卡雷尔·瓦萨克将人权分为三代:第一代人权主要指公民权利和政治权利,又称消极人权;第二代人权指经济、社会及文化权利,又称积极人权,普遍观点认为第二代人权就是社会权;第三代人权包括和平权、环境权和发展权。[1] 其中,社会权是为保护社会弱者、实现实质平等而由公法保障的一系列人权的统称。随着生产力的发展,人类不断产生新的需要,人权涵盖的范围从基本生存扩展到包括物质、文化、精神等方面。健康权属于第二代人权的范畴。本书前六章系统论述了为保障公民健康权,国家提供基本公共卫生服务、建立健全基本医疗卫生服务体系、保障基本药物供给、实施全民医保等制度举措,这是不区分对象的无差别普惠制度,适用于所有公民。但是仍然有一部分群体因低收入、无收入、无生活来源、无法定扶养人而无法缴纳基本医疗保险的自费部分,不能享有基本医疗卫生服务。

公平正义是建立一项社会制度的首要价值追求。[2] 公平可及亦是基本医疗卫生法治建设的基本价值追求。社会制度的公平与否,关键在于社会最底层的权利有没有保障;相应地,基本医疗卫生服务是否公平可及,关键在于贫困人口能否得到及时救治。一个国家、一个社会的公民人权有没有得到充分的保障和发展,关键在于其弱势群体和底层民众的基本权利能否得以充分保障。建立医疗救助制度就是解决最弱势群体的健康保障,维护社会最底层民众的基本人权。因此,医疗救助是我国人权制度、社会保障制度、医疗卫生制度的托底制度,关系到人权事业和健康权事业的质量和成色,关系到我国医疗卫生制度是否公平,也关系到健康中国建设、基本医疗卫生法治化建设的成败。

---

1 See Karel Vasak, *Human Rights: A Thirty-Year Struggle: The Sustained Efforts to Give Force of Law to the Universal Declaration of Human Rights*, UNESCO Courier 30(11),1977,p.29-32.

2 参见[美]罗尔斯:《正义论》,何怀宏等译,中国社会科学出版社1988年版,第1页。

我国的医疗救助制度起步于21世纪初,2003年,民政部、原卫生部、财政部颁布了《关于实施农村医疗救助的意见》(已失效),开始建立农村医疗救助制度;2005年,国务院办公厅转发民政部等部门《关于建立城市医疗救助制度试点工作的意见》,开始建立城市医疗救助制度。2009年,民政部、财政部、原卫生部、人力资源和社会保障部联合发布了《关于进一步完善城乡医疗救助制度的意见》,初步确立医疗救助制度基本框架。2010年颁布的《社会保险法》在第25条第3款就城镇居民基本医疗保险规定了"享受最低生活保障的人、丧失劳动能力的残疾人、低收入家庭六十周岁以上的老年人和未成年人等所需个人缴费部分,由政府给予补贴"。实际上,这是对城镇贫困人员的医疗救助,但对农村贫困人员的医疗救助并没有作出规定。2012年建立重特大疾病医疗救助制度,2013年建立疾病应急救助制度。2014年施行的《社会救助暂行办法》在国家法律层面正式确立了医疗救助制度。2015年,国务院办公厅转发民政部等部门《关于进一步完善医疗救助制度全面开展重特大疾病医疗救助工作的意见》,这是系统构建我国医疗救助制度的政策性文件,提出推进医疗救助制度城乡统筹发展,旨在"全面开展重特大疾病医疗救助工作,进一步细化实化政策措施,实现医疗救助制度科学规范、运行有效,与相关社会救助、医疗保障政策相配套,保障城乡居民基本医疗权益"。文件还要求在2015年年底前,将城市医疗救助制度和农村医疗救助制度整合为城乡医疗救助制度。至此,形成了以常规医疗救助为主体,以重特大疾病医疗救助、疾病应急医疗救助为补充的分散的医疗救助法律制度体系。[1] 这里的"分散"是指医疗救助的规定分散在社会救助法、社会保险法、医疗保障法当中。2020年2月,中共中央、国务院发布了《关于深化医疗保障制度改革的意见》,对医疗救助制度的建设进一步提出了新的要求。

二、医疗救助权独立性意义

《社会保险法》、《社会救助暂行办法》以及《医疗保障法(征求意见稿)》都将为贫困人员缴纳基本医疗保险费作为医疗救助的基本方式,将医疗救助规定在基本医疗保险当中。因此,一般著述通常将医疗救助制度纳入基本医疗保险制度之中。而笔者认为,医疗救助制度应当独立于基本医疗保险制度,医疗救助权作为健康权的子权利,是一种与公民基本医疗保障(保险)权、基本药物获

---

1 参见张梁:《医疗救助的立法思路和相关内容之我见》,载《医学与哲学》2021年第12期。

得权并列的独立的权利。其根本理由就是前述医疗救助的托底意义。

联合国《经济、社会及文化权利国际公约》第 12 条第 1 款规定,“本公约缔约各国承认人人有权享有能达到的最高的体质和心理健康的标准”,联合国经济、社会、文化权利委员会《第 14 号一般性意见》第 12 条进一步解释“每个人都有权享有能够达到的、有益于体面生活的最高标准的健康”。根据这一条,一些学者认为国家应当最大限度地满足人民的健康要求,实现人民最高标准的健康。有不少学者呼吁,中国应当像俄罗斯、英国、古巴等国一样实现全民免费医疗,[1]满足每个人最高标准的健康要求,充分保障人权。笔者认为,《经济、社会及文化权利国际公约》第 12 条强调的最高标准并不是无条件的最高标准,而是指与缔约国经济、社会法治水平一致的健康标准。我国刚刚全面建成小康社会,基于我们的综合国力、支付能力及社会诚信水平,现阶段实现全民免费医疗还有一定难度。目前,采取全民医保制度来保障公民基本医疗服务,有效保障公民健康权,这一选择是适宜的,也符合经济、社会、文化权利委员会的要求。该委员会认为,最高健康标准是以缔约国最低限度的核心义务来体现的,缔约国对国内公民健康权利负有最低限度的核心义务,保障健康权利至少维持最低的基本水平,并且在任何情况下不得克减,否则构成对健康权条款的违反。[2] 换言之,缔约国至少要达到最高健康标准的最低水准。

当然,全民免费医疗既是健康中国建设的目标,也是建设社会主义现代化强国的必然追求。全民免费医疗宜采取分步走的方式。首先可以对弱势群体实行免费医疗。现行的医疗救助制度就是一种准免费医疗制度。国家对于连医保费都无法缴纳的贫困人员采取医疗救助的方式来为其提供基本医疗卫生服务,保障其健康权。因此,医疗救助是对人权的最基本保护,对于健康中国建设与我国能否实现全体公民都能享有基本医疗卫生服务,以及每一个社会成员的健康权能否都能得到保障、实现医疗公平而言,都是一条重要底线。笔者一直认为医疗救助是一项具有独特价值和意义的重要人权与健康制度,在《基本

---

1 参见顾昕:《走向准全民公费医疗中国基本医疗保障体系的组织和制度创新》,载《社会科学研究》2017 年第 1 期;余思毅:《北大李玲:“全民免费医疗”制度改革时机已成熟》,载百家号“时代财经”2020 年 4 月 3 日,https://baijiahao.baidu.com/s? id=1662948751070056938&wfr=spider&for=pc。

2 参见王晨光、饶浩:《国际法中健康权的产生、内涵及实施机制》,载《比较法研究》2019 年第 3 期。

医疗卫生与健康促进法》中应当单独作为一章，[1]作出专门的规定。遗憾的是，《基本医疗卫生与健康促进法》仍然沿用了将医疗救助揉入基本医疗保险制度的做法，仅在第83条第3款规定，“国家完善医疗救助制度，保障符合条件的困难群众获得基本医疗服务”。这表明有关医疗救助对人民幸福、人权事业乃至社会稳定的独特价值这一认识不足，重视不够。

医疗救助制度与基本医疗保险制度有着本质的区别。基本医疗保险制度的目的旨在解决公民看病经费问题，而医疗救助则是解决贫困人员看病的整个问题，尽管它有时是以经费资助来解决问题，但二者完全不是同一层次、同一性质的问题。前者着眼于解决看病的一个环节，后者是要服务贫困人员看病的全部问题。现有制度设计完全将医疗救助嵌入基本医疗保险制度，没有考虑医疗救助的用药问题、护理问题，对医疗救助权认识不完整。

基于医疗救助对于基本医疗卫生服务法治化建设的重要价值及其与基本医疗保险质的区别，我们认为医疗救助应当单独成章，形成独立的权利保障制度。

第二节　现行医疗救助法律制度存在的问题

一、规范分散

目前，我国法律体系将医疗救助的内容零散规范在有关社会保障的部门规章、地方性法规之中，并无独立的法律制度安排。法律层面仅笼统规定国家应建立发展医疗救助制度，如《基本医疗卫生与健康促进法》第83条第3款规定；《传染病防治法》第62条规定，“国家对患有特定传染病的困难人群实行医疗救助，减免医疗费用”。在《社会救助暂行办法》及《社会保险法》中也有简单的规定。实践中，医疗救助多依赖于政府政策文件和地方法规进行规范，尤其是国务院及各部门的政策文件，而在国家层面则缺乏统一、系统的法律规定。

2020年新冠疫情暴发，我国的卫生法治经受严峻考验，由于法治不完备，国家医保局会同财政部等部门紧急出台多项临时规定，保障医疗救助制度的有效

1　在本课题组向全国人大常委会提交的《基本医疗卫生法（课题组建议稿）》中，将“医疗救助”单独设章。

运行。医疗救助法律制度的完善不仅要解决长期存在的立法缺失和滞后问题，还要总结疫情防控中医疗救助领域形成的经验与教训。

二、救助对象覆盖不全

我国目前对医疗救助对象的界定在《社会保险法》《社会救助暂行办法》中均有体现。《社会保险法》第 25 条第 3 款规定由政府给予补贴，资助以下人员参加城乡居民基本医疗保险，分别为享受最低生活保障的人、丧失劳动能力的残疾人、低收入家庭 60 周岁以上的老年人和未成年人。《社会救助暂行办法》第 28 条规定了医疗救助的三类对象为最低生活保障家庭成员、特困供养人员及县级以上人民政府规定的其他特殊困难人员，同时在前文对最低生活保障和特困人员供养的标准给予界定，将最低生活保障的条件规定为共同生活的家庭成员人均收入低于当地最低生活保障标准且符合当地最低生活保障家庭财产状况规定的家庭。《社会救助暂行办法》将农村“五保”供养和城市“三无”人员救助整合为特困人员供养制度，第 14 条规定，无劳动能力、无生活来源且无法定赡养、抚养、扶养义务人，或者其法定赡养、抚养、扶养义务人无赡养、抚养、扶养能力的老年人、残疾人以及未满 16 周岁的未成年人为特困人员。

通过以上法律法规的内容可知，现行立法对救助对象的规定没有涵盖所有需要被救助的人群。虽然赋予县级以上人民政府一定的决策权，但现实中很多地方财政压力过大，医疗救助资金不足，在选择救助对象时往往不能实现应保尽保、应救尽救。我国目前对医疗救助对象采用了类别定位法和家庭收支状况调查法的混合，其中低保户是根据家庭收入调查进行界定的，也就是收入低于当地最低生活保障水平的居民。特困供养人员的界定则采取了类别定位法。但在具体实践中，由于各地经济发展水平不一致，对医疗救助的财政支出也不一致，医疗卫生资源也参差不齐，导致各地在确定医疗救助的具体对象时做法并不统一。课题组成员于 2018 年 1 月分别走访了湖南省民政厅社会救助处与新疆伊犁民政局（2018 年尚未设立医疗保障局，医疗救助职能归属于民政部门），得知新疆伊犁的医疗救助对象仅包括具有当地户籍的低保户和五保户，湖南省的医疗救助对象覆盖具有本地户籍居民、已参加基本医疗保险的特困供养人员、低保对象以及县级以上政府规定的其他特殊困难人员。通过两地政策对比，可知新疆伊犁的医疗救助对象范围较湖南窄许多，这种严格的界定限制了行政部门的权力，但也将许多需要救助的贫困人员关在门外。未来我国在完善医疗救助制度方面，应当尽量统一覆盖救助对象的界定原则和标准。

三、救助标准不一

现行的医疗救助制度被规定在《社会救助暂行办法》中，但该办法赋予县级以上人民政府较大的自由裁量权，医疗救助的对象、救助标准、费用结算机制等都可由县级以上人民政府自行确定，往往导致各地政策不同，救助范围不一，标准不同，措施及程序也均有别。目前，重大疾病的医疗救助制度以户籍为基础，各地医疗救助制度分割运行，异地就医时障碍重重，民众常面临无法申请救助、救助起付线较高等困难。在人口流动频繁的当下，这已成为实务中难以解决的问题。

困难群众不知如何求助。医疗救助对象是经济困难的弱势群体，也是社会生活中的弱者，由于社会因素和个人因素，他们拥有的资源和自身能力相对匮乏，对具体救助程序不甚了解，有时甚至不知自己拥有申请医疗救助的权利，更无法按照法定程序申请医疗救助，因此延误治疗的现象时常发生。

第三节　制定统一的医疗救助法

一、统一的医疗救助法势在必行

首先，党和政府要求制定统一的医疗救助法。党的十九大报告指出，“中国特色社会主义进入新时代，我国社会主要矛盾已经转化为人民日益增长的美好生活需要和不平衡不充分的发展之间的矛盾”。医疗卫生领域的主要矛盾亦是医疗卫生服务的不平衡不充分，突出体现在贫困人员医疗卫生服务水平和社会平均水平的差距。解决这一主要矛盾的基本办法就是医疗救助。习近平总书记在指导新冠疫情防控工作时亦多次强调要健全医疗救助制度，中共中央、国务院于 2020 年 2 月发布的《关于深化医疗保障制度改革的意见》同样提出“健全统一规范的医疗救助制度”。习近平总书记在 2021 年 8 月主持召开中央财经委员会第十次会议上提出“注重加强普惠性、兜底性、基础性民生建设”，而医疗救助正是一项兜底性的民生保障制度。

其次，鉴于医疗救助事关我国基本医疗卫生服务是否真正公平可及，其对于人权事业、公民健康权保障也具有独特的托底价值。我国履行《经济、社会及文化权利国际公约》明确的保障公民享有最高标准健康的最低限度核心义务，需要制定一部统一的医疗救助法。

再次，尽管我们目前没有统一的医疗救助法，但是，北京等直辖市、各省会城市和各地设区的市大多制定了相应的地方性法规。天津市早在2001年就出台了《天津市城镇职工大额医疗费救助办法》。武汉市在2005年制定了《武汉市贫困群众医疗救助实施办法》(已失效)，对贫困人员直接实施减免医疗费的措施，救助对象达34万人。从立法效率和法制的统一性来看，与其各地分别立法，不如全国统一立法。从地方立法现状来看，有制定全国统一医疗救助法的立法需求。

最后，现有的医疗救助制度散见于《社会救助暂行办法》《社会保险法》《传染病防治法》等法律当中，《基本医疗卫生与健康促进法》更是只有一款规定。医疗救助的程序和实体内容都不够详尽，各地无法据此办理医疗救助事务，不能对弱势群体的健康权利提供有效的法治保障。正因如此，各地才纷纷制定本地规定。即使于2020年公布的《社会救助法(草案征求意见稿)》也同样沿袭《社会救助暂行办法》的规定模式，对医疗救助只作了简单的界定。而医疗救助形成的法律关系比最低生活保障、特困人员供养、受灾人员救助法律关系要复杂得多，社会救助法无法解决医疗救助所有的问题。因此，医疗救助需要单独立法。

二、扩大医疗救助范围

当前我国已全面建成小康社会。小康社会医疗救助范围毫无疑问应当在当前小康社会的基础上按小康标准扩大。因此，制定统一的医疗救助法首先要尽量扩大医疗救助范围。

医疗救助对象的确定应当坚持应救尽救原则。前面论证的医疗救助独特的托底价值及其对医疗卫生服务公平可及的核心目标塑造功能、对履行《经济、社会及文化权利国际公约》缔约国最低限度核心义务的作用，使我们都应当尽可能扩大医疗救助范围，对所有弱势群体应救尽救。前面也论证了基于我国国情目前暂不宜推广全民免费医疗，那么在免除国家这一重大负担的前提下，作为一种制度性补偿，同时按照《经济、社会及文化权利国际公约》第2条要求，同样应尽最大能力实现公民健康权，尽可能扩大医疗救助范围。

在医疗救助实践中，一些地方根据本地经济发展状况，救助范围早已超越

《社会救助暂行办法》的规定。例如,《广州市医疗救助办法》第9条规定的救助对象包括:由民政部门认定的,持有有效证件的本市特困人员、最低生活保障对象、低收入困难家庭成员、孤儿和事实无人抚养儿童;由残联认定的,持有有效残疾人证的本市户籍重度残疾人、三级或四级精神智力类残疾人(含精神或智力残疾的多重残疾人);由退役军人事务部门认定的,本市户籍烈士遗属、享受抚恤补助待遇的优抚对象;由公安机关认定的,本市户籍因公牺牲或在职病故人民警察的遗属;由卫生健康部门认定的,本市户籍持证计划生育特殊困难家庭成员;由教育部门认定的,在本市大中专院校就读的非本市户籍困难学生。这一办法大大超出了《社会救助暂行办法》规定的"最低生活保障家庭成员"和"特困供养人员"两大类。《天津市医疗救助办法》也把救助对象扩大到"低收入家庭成员"。此外,《社会救助法(草案征求意见稿)》也将"低收入家庭成员"纳入了救助范围。未来的医疗救助法宜将低收入家庭成员、因病致贫返贫人员、一切缴纳医疗费用困难人员都纳入救助范围。

界定医疗救助对象,可以采用三种标准相结合的方式。首先,按人分。《社会救助暂行办法》和各地地方性法规都按家庭收支水平来确定救助对象。其次,按病分。重特定大疾病救助按病种界定救助范围。最后,按医药费分。对于非特困人员、低保家庭成员、低收入家庭成员以外的困难群众可以医疗费用总额为判断标准,医疗费用超过一定额度即可享受基本医疗救助,可以防止因病致贫。三种标准结合起来,力求实现对一切生活困难人员实现医疗救助全覆盖。

现行医疗救助制度基于户籍管理制度,对于资助参保贫困人员救助,不能惠及参保以外、民政部门登记确定以外的困难人员,势必导致该救未救,损害社会公平。例如,城市化过程中产生的"三无"人员(无身份证明、无亲属、无住所),按现有《社会救助暂行办法》就无法享受医疗救助待遇。《城市生活无着的流浪乞讨人员救助管理办法》虽然规定救助机构对突发急病的流浪乞讨人员要送医院救治,但并没有确定医疗费用的承担主体。在未来,医疗救助法应对未参保的贫困人员进行统一安排,明确其医疗费用由医疗救助基金支付。

三、提高医疗救助标准

按照小康社会要求,特别是按照习近平总书记提出的在高质量发展中促进共同富裕的要求,制定医疗救助法应当提高医疗救助标准、提高医疗救助报销金额和范围、提高医疗救助用药水平、提高救助对象护理水平,从而提高医疗救助服务质量,实现医疗救助从保障数量向保障质量转变。

首先,要简化救助手续,方便救助对象就诊。医疗救助的对象往往文化程度低、知信能力差,社会因素和个人因素使其难以有效参与社会资源的竞争过程,有时甚至不知道自己拥有申请医疗救助的权利,更无法按照法定程序申请医疗救助。故应当简化程序设计,使特困人群"敢于"看病。还应当为无法定赡养、抚养、扶养义务人的救助对象提供就诊护理服务,使其能得到及时的医疗救助。

其次,提升基本医疗救助报销标准。现有医疗救助报销标准较低,导致医疗救助大部分只能解决表面问题,救助效果不佳。为解决上述问题,可采取以下措施。

第一,应降低门诊救助的标准,逐步实行"全额资助"的目标。门诊治疗费用相对低廉,在扩大救助金资金来源的情况下,门诊全额资助具有可行性。例如,浙江省在 2020 年就已将特困供养人员的门诊医疗费用全部纳入救助范围。

第二,提高住院救助比例,取消起付线,设置合理的救助封顶线。进一步提高救助对象经基本医疗保险后自付的医疗费用的救助比例。例如,浙江省于 2020 年开始实施对特困供养人员基本医疗费用全额解决、最低生活保障家庭成员住院自负合规医疗费用救助比例按 70% 给予救助、最低生活保障边缘家庭成员住院自负合规医疗费用救助按 60% 给予救助,年度救助封顶线提高至 8 万元,大幅提高了医疗救助水平。

第三,增加临时救助、专项救助项目。对于某些人群的某些疾病无法纳入基本医疗保险的范畴,或者基本医疗保险所能承担的额度极为有限,可以通过临时救助和专项救助予以补充。

四、加强医疗救助制度与基本医疗保障制度之间的衔接

通过为救助对象购买医保是我国医疗救助的基本方式。加强医疗救助制度与基本医疗保险制度之间的衔接,保障贫困人员的医疗救助权利能够顺利实现,是当前医疗救助制度需要迫切研究和解决的问题。根据国家医保局《2020 年全国医疗保障事业发展统计公报》,全国医疗救助基金支出 546.84 亿元,资助参加基本医疗保险 9984 万人,实施门诊和住院救助 8404 万人次,全国平均次均住院救助、门诊救助分别为 1056 元、93 元。2020 年中央财政投入医疗救助补助资金 260 亿元,比上年增长 6%。2020 年全国农村建档立卡贫困人口参

保率稳定在99.9%以上。这说明医疗救助标准不断提高,救助范围不断扩大。

由于医疗救助和医疗保险体系在很长时间内分别隶属于不同的行政管理部门,彼此之间在政策层面缺乏统筹协调,在操作层面缺乏配合和实际服务衔接脱节,严重影响了各项制度之间的协同效应。2018年3月,第十三届全国人大第一次会议表决通过了关于国务院机构改革方案的决定,组建国家医保局。国家医保局作为一个独立的责任整合后的机构,统筹了医疗保险与医疗救助的职能,为有效衔接基本医疗救助与基本医疗保险制度提供了组织上的顶层设计。但是在具体运作上,如何做好两个制度的衔接、如何实现基本医保的全民可及、医疗救助应救尽救仍有待探索。

针对我国基本医疗保障制度各板块之间割裂的现实,未来的医疗救助法可以设立基本医保、基本医疗服务、医疗救助及财政统一协调机制,解决制度之间的割裂。通过自上而下理顺省、市、县(区)各级政府存在的部门矛盾和制度割裂问题,进一步实现技术和服务层面的衔接。在新冠疫情防控工作中,国家医保局和财政部出台规定,对于确诊新冠患者发生的医疗费用,在基本医疗保险、商业保险、医疗救助按规定支付后,剩余的个人负担费用由财政予以补贴,确保患者"零支付",应当总结这一可行经验,予以法制化,实现基本医保、商业保险、医疗救助、财政补助的有效衔接。除以上问题外,医疗救助法还应对医疗救助就诊制度、转诊制度、用药制度、护理制度、后续照护及救济制度等进行规范,保障救助对象接受的医疗服务质量。

第九章　基本医疗卫生监管法治化研究

目　次

基本医疗卫生监管是指各级卫生行政部门依据法律法规的授权,对医疗机构和卫生技术人员在执业活动中,遵守医疗管理法律、法规、规章情况进行监督检查,对违反医疗管理法律、法规行为追究行政法律责任的一种行政管理活动,是全面建立中国特色基本医疗卫生制度、推进医疗卫生治理体系和治理能力现代化的重要内容。基本医疗卫生监管是基本医疗卫生服务体系中一项重要而特殊的制度,是监管制度的重要组成部分。监管制度作为行政法领域的新兴制度,随着行政机关对社会事务参与程度的不断加深而呈现扩张趋势。2017 年修正的《行政诉讼法》第 25 条增加了一款作为第 4 款,规定:"人民检察院在履行职责中发现生态环境和资源保护、食品药品安全、国有财产保护、国有土地使用权出让等领域负有监督管理职责的行政机关违法行使职权或者不作为,致使国家利益或者社会公共利益受到侵害的,应当向行政机关提出检察建议,督促其依法履行职责。行政机关不依法履行职责的,人民检察院依法向人民法院提起诉讼。"2019 年出台的《基本医疗卫生与健康促进法》第 8 章专章规定了"监督管理",这也意味着基本医疗卫生监管不仅限于食品药品安全领域,更延伸到了整个医疗卫生与健康事业。

所谓监管，即监督、管理的统称，包括准立法、准司法和实质意义行政，[1]是一个相当宽泛的概念。基本医疗卫生监管同样包括这三部分的内容。其中，准立法性质的行为主要表现为政府为规制基本医疗卫生服务制定的行政法规、部门规章和规范性文件，也包括团体规定、行业规定等由法律授权的组织作出的规定。准司法性质的行为主要表现为纠纷裁决。例如，《基本医疗卫生与健康促进法》第96条规定："国家建立医疗纠纷预防和处理机制，妥善处理医疗纠纷，维护医疗秩序。"而《医疗纠纷预防和处理条例》第22、40条等规定了医疗纠纷行政调解制度。实质意义行政则包含各种行政行为，如行政处罚、行政调查、行政公开、行政指导（《基本医疗卫生与健康促进法》第90条规定的行政约谈[2]）等。

研究基本医疗卫生监管不能仅着眼于"监管"一词，基本医疗卫生监督虽名为"监管"，在法律性质上属于行政监管，但其日常履行职能更多以"行政执法"的方式进行。固然基本医疗卫生监管具有行政监管的一般特征，然其作为一种以行政执法的方式展开日常工作的行政监管，具有独特的发展历程、组织架构以及监管方式、程序、手段和标准等。需要说明的是，卫生健康监督机构有广狭两义。广义上的卫生健康监督机构包括卫生健康主管部门内设的卫生健康监督机构（原卫生部卫生监督局、原国家卫生和计划生育委员会综合监督执法局、国家卫健委综合监督局）以及下设的卫生健康监督机构。狭义上的卫生健康监督机构仅指作为事业单位法人的卫生健康监督机构。本章如无特殊说明，采用后一种定义。本章所指"医疗卫生监管"仅限于狭义上由卫生健康监督机构主管的卫生监管，并非广义上由《基本医疗卫生与健康促进法》规定的，涵盖卫生健康监督机构、医疗保障机构与药品监督机构等的"卫生监管"。

第一节　医疗卫生综合监管体制之形成

一、医疗卫生综合监管体制形成的历程

医疗卫生综合监管体制的形成并非一蹴而就，而是经历了初创阶段、步入

1　参见温辉：《行政诉讼法中"监督管理职责"的理解与适用》，载《法学杂志》2020年第4期。

2　参见孟强龙：《行政约谈法治化研究》，载《行政法学研究》2015年第6期。

正轨阶段与深化改革和发展阶段。[1]

1949 年至 20 世纪 70 年代，我国基本医疗卫生监督处于初创阶段。1950 年，第一届全国卫生工作会议在北京顺利召开。在这次会议上，原卫生部确立了“面向工农兵”“预防为主”“团结中西医”为新中国卫生工作的三大基本方针。[2] 其中，虽然形式上没有提出基本医疗卫生监管的概念，但是许多观点实质上都属于这一范畴。在对“预防为主”的论述中，会议认为“医药是人类与疾病做斗争的科学”“卫生工作者是这一门斗争的先锋”“卫生工作者如果不把这种科学……教给人民……单靠少数卫生工作者是不能真正解决问题的”等[3]，这些表述就已初显综合监管的模式。其中提到的整顿医院作风、医药界团结以及卫生工作人员的政治学习与思想改造等，是机构自治、行业自律、政府监管体制的前身。尽管此时人们对基本医疗卫生监管制度认识较为粗浅，但不能否认其已然萌芽。此后，我国开始仿照苏联模式建立自己的卫生监督制度。[4] 1953 年政务院决定全国各省（区、市）在原防疫大队基础上，根据行政层级自上而下地建立起各级卫生防疫站。原卫生部颁布《卫生防疫站暂行办法和各级卫生防疫站组织编制规定》，在卫生行政部门下设卫生防疫站。卫生防疫站承袭苏联模式，兼具疫情防控和卫生监督两大职能，以预防性、经常性卫生监督和传染病管理为职责。一方面负责传染病、地方病、职业病的预防与控制，另一方面负责发放卫生许可证等行政监督工作。卫生防疫机构由此成为我国公共卫生行政执法主体并持续近 50 年时间。1954 年全国卫生行政工作会议提出“逐步建立国家卫生监督制度”，部分省、市卫生厅（局）和卫生防疫站相继成立了卫生监督科（室），[5] 主要以政策命令为执法依据。同年，各级卫生防疫站的职责从单纯的防疫拓展到其他公共卫生领域，并明确了其卫生监督的行政职权。其关于防疫站的层级设置，特别是乡一级防疫组织与同级医疗机构同体设置的方式甚至影响至今，卫生防疫站的卫生事业单位的属性也得以明确。“文化大革命”时期，卫生防疫机构被取消，卫生监督的发展一度陷入中断。

1　参见刘颖、王岳：《沧桑七十年：续写新华章——新中国卫生监督发展回顾和展望》，载《中国卫生监督杂志》2019 年第 5 期。

2　参见谭备战：《新中国成立初期卫生方针的确立：以第一届全国卫生会议为例》，中国特色社会主义：道路与制度——第十四届国史学术年会论文，2014 年 9 月于北京，第 433 页。

3　参见《在第一届全国卫生会议上的总结报告》，载《中医杂志》1951 年第 1 期。

4　参见中华医学会：《苏联的地方保健机关和卫生监督组织》，载《中华卫生杂志》1953 年第 2 期。

5　参见张忠、徐伟等：《卫生监督执法队伍管理研究综述》，载《中国公共卫生管理》2003 年第 1 期。

20世纪70年代末至90年代,我国基本医疗卫生监管逐渐步入正轨。基本医疗卫生监督制度得以恢复重建,并开始有法可依。随着社会主义市场经济体制的建立和完善,由卫生防疫部门执法的管理模式已不能适应公共卫生监督工作的需要。为此,1990年原卫生部召开了全国卫生监督工作会议,确定了卫生监督工作国家监督、行政执法、综合管理、监督监测适当分离的改革基本原则。[1] 1996年《关于进一步改革完善公共卫生监督执法体制的通知》拉开了我国卫生监督体制改革的序幕。[2]

2000年,医疗卫生综合监管体制步入深化改革和发展阶段。"按照依法行政、政事分开和综合管理的原则。调整卫生资源配置,理顺和完善现行卫生监督体制,建立结构合理、运转协调、行为规范、程序明晰、执法有力、办事高效的卫生监督新体制""实行卫生工作全行业管理""合理划分卫生监督和卫生技术服务的职责,理顺和完善卫生监督体制,依法行使卫生行政监督职责""推进医疗机构属地化和全行业管理,理顺医药卫生行政管理体制……""加强医疗卫生全行业监管……优化监管机制、完善监管制度、创新监管手段,加强医疗卫生综合监督体系顶层设计,提高综合监督能力,加大监督执法力度"等目标相继提出。自2001年以来,为了与国际接轨,在疾病控制与卫生监督体制改革的背景下,国家对卫生监督机构和疾病预防控制机构的职责作出划分。卫生防疫站陆续分离出卫生监督局(所),疾控中心的行政权被分割出去,原属于卫生防疫站的卫生执法、监督功能被整体交由卫生监督局(所)行使。而后,防疫站改称为疾病预防控制中心(CDC),有关卫生事业单位中的疾病预防控制、公共卫生技术管理和服务职能集中,增加了预防控制慢性病等功能。至2004年,全国各地各级卫生防疫站基本已完成更名,卫生监督执法功能由卫生监督局(所)承担,我国逐步形成了中央、省、设区的市、县级人民政府卫生行政部门内设卫生监督机构并下设卫生监督执行机构负责辖区内卫生监督工作的公共卫生行政体制并沿用至今。完整意义上的"卫生综合监督管理体系",亦即本文所谓的"基本医疗卫生综合监管体制"真正形成。

奠定当今我国基本医疗卫生综合监管体制的文件,当属国务院办公厅《关

1　参见邢国田:《谈卫生监督与卫生监测相对分开》,载《中国公共卫生管理》1994年第1期。

2　参见浙江省站报道组:《全国卫生监督会议在宁波召开——会议强调正确贯彻卫生部6号文件》,载《中国公共卫生管理》1996年第5期。

于改革完善医疗卫生行业综合监管制度的指导意见》(国办发〔2018〕63号)(以下简称63号文)。该文从监管制度、监管体系、监管队伍三个方面提出“实现医疗卫生行业综合监管法治化、规范化、常态化”的目标。2019年颁布的《基本医疗卫生与健康促进法》在63号文的指导精神指引下,将其中多项具体制度上升为法律规定,并作出发展和创新。例如,长期以来困扰监管执法工作的63号文中没有明确的卫生健康监督机构的法律地位以及权力来源等问题,《基本医疗卫生与健康促进法》终于给出了规范性的解决路径(下文将予以详述)。

诚然,医疗卫生综合监管体制的基调虽已确立,其中一些具体的制度却仍然有待完善甚至正处于变革之中。2020年肆虐全国各地,造成全球危机的新冠疫情推动了我国疾病预防控制体系的反思和成长。2021年5月13日,国家疾病预防控制局挂牌成立,这是国家为形成从中央到基层领导有力、权威高效的疾控体系迈出的第一步。[1] 国家疾病预防控制局是国家卫健委管理的国家局,是拥有行政权力的副部级单位。国家疾病预防控制局成立后,国家卫健委疾病预防控制局、综合监督局被撤销,其传染病防治监督、公共卫生监督管理的职能归属于国家疾病预防控制局。国家疾病预防控制局将承担制定传染病防控及公共卫生监督的政策、指导疾病预防控制体系建设、规划指导疫情监测预警体系建设、指导疾控科研体系建设、公共卫生监督管理以及传染病防治监督六大职能。[2] 组建疾病预防控制局不是替代疾控中心,而是对卫健委内设机构的有机整合。接下来,市县级疾控机构改革有序推进,同级卫健部门内设疾控局,重新组建市县级疾控中心(疾控卫监合并)。很多经历过防疫站模式的民众疑惑,这是否就是以前的卫生防疫站回来了,只是换了个名称?疾病控制、应急处置、卫生监督执法真的是“二十年一轮回”“合久必分,分久必合”吗?未来疾病预防控制部门(疾病预防控制局)和疾病预防控制机构(疾病预防控制中心)的关系要如何理顺,疾病预防控制机关监管职能的范围、方式、程序等是否应发生转变,当如何转变等,仍然有待进一步的观察、研究和实践。

---

1 参见于珊:《孙春兰出席国家疾病预防控制局挂牌仪式和成立大会并讲话》,载中国政府网2021年5月13日,https://www.gov.cn/guowuyuan/2021-05/13/content_5606207.htm。

2 参见《国家疾病预防控制局职能配置、内设机构和人员编制规定》,载中国政府网2022年2月16日,https://www.gov.cn/zhengce/2022-02/16/content_5674041.htm。

二、医疗卫生综合监管体制的现状

所谓基本医疗卫生综合监管体制，是指基本医疗卫生监督管理法律关系中监管主体的机构设置、领导隶属关系和管理权限划分等方面的体系、制度、方法、形式等的总称。它是我国社会主义监督机制中的一个重要组成部分，在保障健康权、查处医疗卫生违法行为、增进卫生行政监管效率等方面可以起到重要作用，从而有力推进医疗卫生监管体制改革、卫生行政监管职能有效落实，保障卫生行政监管的廉洁化、法治化和高效化。目前，我国医疗卫生综合监管已经形成了一个以卫生行政机关及其行政行为为指向中心的全面的约束体系。《基本医疗卫生与健康促进法》第 94 条规定："县级以上地方人民政府卫生健康主管部门及其委托的卫生健康监督机构，依法开展本行政区域医疗卫生等行政执法工作。"但实际上，由于公共卫生执法队伍设在各级卫生监督局（所），卫生健康主管部门只是法律上的行政主体，执法工作基本由卫生健康监督（执行）机构——卫生监督局（所）——执行。

从构成要素来看，组织架构方面：我国医疗卫生综合监管由各级卫生健康监督机构——卫生监督局（所），在同级卫生行政部门领导下承担卫生监督工作任务。卫生部负责全国卫生监督体系建设的规划与指导，负责卫生部卫生监督机构的管理。县级以上地方人民政府卫生行政部门负责辖区卫生监督机构的建设和管理。主体职责方面：医疗卫生综合监管体制主体——卫生监督机构，是参照公务员编制管理的事业单位，受卫生健康主管部门委托从事行政执法，性质是委托执法，法律责任仍然由卫生健康主管部门承担。其监管职能主要体现在：研究拟定卫生监督工作的有关法律法规草案、标准、政策建议、规划、规范和制度；按照职责分工监督管理食品、化妆品、学校、环境、放射和职业卫生等工作；依法组织开展对医疗机构和采供血机构执业行为的监督检查工作；整顿和规范医疗服务市场；依法组织开展对传染病、地方病防治工作的监督检查工作；组织协调、督查督办有关大案、要案；监督指导地方卫生监督工作。实践中，卫生监督局（所）一般设置传染病防止监督科、医疗执业监督科、计划生育监督科、职业饮用水卫生监督科、公共场所卫生监督科、食品安全科、学校卫生监督科具体行使监督管理职能。程序方面：卫生监督局（所）日常对职能范围内的监管对象展开检查，对违法行为进行行政处罚。一般来说，案件来源除医疗卫生监督机构在卫生监督管理中发现的违法行为外，还包括社会举报的、卫生机构监测报告的、上级卫生监管部门交办的、下级卫生监管部门报请的以及有关部门移交的等。卫生监督局(所)需当天受理,对不符合立案条件的不予立案,对适用简易程序的当场出具处罚决定书,适用一般程序并符合立案条件的,由执法科室向分管局长提出立案申请并备案。在调查取证后制作调查终结报告,开展案件审查环节质量控制。在排除违法事实成立但可以不予处罚、违法事实不成立不予处罚、无管辖权三类案件后,由承办科室约谈管理相对人并合议案件,将构成犯罪的建议移交司法机关。科室及法制稽查科在达成处罚意见后,报卫健委审核。在告知听证、告知行政处罚以及相对人陈述申辩后,出示行政处罚决定书并公示,而后展开送达、执行等程序。

当前的基层卫生监督执法的组织体系主要由区县、乡镇和村(社区)三级组成,主要依托于乡镇、村(社区)两级医疗卫生机构及其人员来开展,区县一级卫生监督执法部门对下级执法机构和执法人员提供必要的指导和帮助。从机构设置来看,作为卫生监督执法体系中的最基层单位,也是国家卫生监督执法体系的末梢,乡镇卫生监督所一般选定同级卫生院的现有工作人员组成。村一级并没有正式的卫生监督执法机构,仅设卫生监督协管员,通常由村医担任。卫生监督协管员没有正式执法权限,但却在实践中承担着违法信息收集和上报的不可或缺的工作,是基层卫生监督执法体系中必不可少的部分。卫生监督协管员虽然在体制上只是协助性的角色,却在实践中成为执法工作开展的基础。只有通过卫生监督协管员,上级执法部门才能了解到辖区内(特别是农村中)的违法行为,进而开展相应的监管和执法。从人员编制来看,乡镇卫生监督所的执法人员必须为正式行政干部,才能够行使相应的行政执法权限;村(社区)中的卫生监督协管员由村卫生室和社区卫生服务中心(站)中的工作人员兼任,属于典型的辅助性行政执法人员,显然没有执法权。因此在实践中,卫生监督协管员主要负责对区域内有关医疗卫生的行为进行协助性监督、管理和执法,如从事餐饮卫生监督、饮用水卫生管理、打击非法行医等工作。在具体的卫生监督执法工作中,卫生监督协管员发挥了监控、举报和协助等重要作用。由于卫生监督协管员长期生活在村庄(社区)中,天然拥有辖区内的社会关系网络,这为其监控辖区内的违法行为提供了便利条件。通过运用社会关系网络,卫生监督协管员能够低成本地、迅速地获得违法信息,为卫生监督所提供必要的执法情报。而且,通过卫生监督协管员的引导,卫生监督所的执法人员能够顺利进入村庄和社区,避免执法工作陷入迟缓和冲突。显然,卫生监督协管员不仅能够缓解基层卫生监督执法工作中执法资源不足的问题，还在基层卫生监督执法工作中发挥着执法线人的作用，成为执法工作的社会基础。综上可知，当前基层卫生监督执法的组织体系具有鲜明的行政性和半行政性结合的特征。基层组织体系的行政性，能够减少法律法规和公共政策的执行偏差，保证国家意志的顺利达成。而基层组织体系的半行政性，则有利于国家在行政事务开展时有效整合社会资源，以达到节约行政成本、满足社会需求的目标。[1]

在厘定医疗卫生综合监管体制基本架构的基础上，不难发现，现阶段我国医疗卫生监管具有面广量大的宏观总体特征，医疗卫生监督机构承担办理卫生行政许可（收费）与医疗卫生监督（监督）的双重职能。从理论上讲，医疗卫生监督机构不仅是不同职能部门分管不同领域的"分权模式"，也形成多部门共同治理特殊领域的"合力机制"。但现实中，公共卫生行政执法权力主体和执行主体相分离却导致管理层级变多。委托执法体制削弱了医疗卫生监管部门的卫生行政执法主体地位，执法主体弱化、"以收费养监督"等，致使卫生监管缺乏应有的规范性、独立性与权威性。行政执法权限模糊与错位导致"漏监""虚监""难监"现象比比皆是。在基层甚至出现卫生行政执法机构级别低于被监督机构的窘况，使法律实施效果大打折扣，更遑论卫生监督执行机构与疾病预防控制机构职责划分不清的问题。以上种种问题皆有待明晰厘清。

三、医疗卫生综合监管体制的独特性

医疗卫生综合监管体制既是统领《基本医疗卫生与健康促进法》第 8 章的核心，也是区别于一般行政监管的关键。从措辞来看，《基本医疗卫生与健康促进法》中"综合监督管理体系"一词与其他法律如《环境保护法》《食品安全法》《药品管理法》对于"监督管理"的规定表述不一。在法律层面，最为接近的仅有《安全生产法》"综合监督管理"一词，但医疗卫生综合监管体制更强调结构的体系化，不仅行政机关在其中扮演着不可替代的核心角色，公民、法人和非法人组织等市场主体以及人民代表大会及其常务委员会等其他国家机关也具有重要的地位。这是因为，没有一种法律关系像基本医疗卫生法律关系那样与每一个自然人从生到死息息相关，也没有一种法律权利像健康权（包括狭义的生

1　参加陈柏峰、刘杨：《基层基本公共卫生服务和卫生监督执法的实践及解释——以滇中 S 镇为例》，载《湖北社会科学》2016 年第 8 期。

命权、身体权）那样是自然人享有其他各项法律权利的前提和基础。其参与主体之多元、法律关系之复杂、法益价值之重大、监管难度之艰巨，远非其他领域可以比拟。从执法体制来看，医疗卫生监管体系与城市管理、食药、住建、应急执法并不在同一监督执法部门下。因此，基本医疗卫生综合监管体系的完善与否是医疗卫生领域监管成败的关键。一方面，我们应当避免重蹈“九龙治水”的覆辙，相对集权于卫生健康主管部门，赋予其主导地位，即所谓的“全行业监督管理”；[1]另一方面，我们应当主动将利益相关方纳入这个系统，建立全方位监管体制机制，形成监管合力，即所谓的“机构自治、行业自律、政府监管、社会监督相结合”。近年来，根据中央关于深化综合行政体制改革的精神要求和试点设置，部分地区以相对集中行使行政处罚权为切入点，在综合行政执法体制改革上进行了有益探索。将城市管理、食药、卫健、住建、应急执法队伍整合成一支综合执法队伍，从“九龙治水”到“一龙管水”，从“独木难支”到“合抱成林”，在基层社会治理实践中开创新路。不得不承认，这是我国探索医疗卫生综合监管体制改革的重要实践。但具体改革成功与否还有待观望。总体来说，正是由于医疗卫生综合监管体制的独特性，才产生下文医疗卫生机构绩效评估制度与执业信用记录制度两种独特的配套制度，以更恰当地对医疗卫生机构与卫生监管进行监督评价。

第二节　医疗卫生机构绩效评估制度之实施

绩效原本是管理学上的概念，管理学中将绩效作为监管和控制的重要手段。控制就是监控、比较和纠正工作绩效的过程。而绩效是指一项活动的最终结果。[2] 从公共管理学角度看，绩效评估是指评估主体按照科学标准，通过特定程序，准确评价相关人员工作的成就与业绩，并以此为依据，制定相关措施来改善和提升绩效。从行政法学角度看，绩效评估应当是依法成立的绩效评估专门组织或机构（如绩效评估委员会）按照法定程序对行政部门或行政工作人员的工作业绩与效果进行评判的行为。绩效评估涉及组织的绩效、计划的绩效和个

1　参见石佑启、黄学俊：《中国部门行政职权相对集中初论》，载《江苏行政学院学报》2008 年第 1 期。

2　参见［美］斯蒂芬·罗宾斯、玛丽·库尔特：《管理学》（第 13 版），刘刚等译，中国人民大学出版社 2017 年版，第 496、502 页。

人的绩效。目前，尚未见到学者对医疗卫生机构绩效评估的明确定义。笔者认为，医疗卫生机构绩效评估是指县级以上地方人民政府卫生健康主管部门为保障医疗卫生监管切实有效，依据法定程序和特定评估标准，对医疗卫生机构进行医疗卫生相关活动方面的成就与业绩进行评价的行为。

一、医疗卫生机构绩效评估制度法治化

基本医疗卫生监管制度将“绩效管理”“绩效考核”“绩效评估”等加以法治化，使其成为正式的法律制度，由此也体现了“监督管理”中“管理”的要素，与传统行政法关注行政处罚、行政强制等直接处分行政相对人权利义务的行政行为显现出重大的差别。将绩效制度化并适用于医疗卫生领域已经有较长的历史。早在2003年，国家发展改革委、原卫生部颁布后被国务院办公厅转发的《突发公共卫生事件医疗救治体系建设规划》（已失效）就曾经提及：“以社会效益为主要目标，工作绩效与补偿水平相结合，健全考核制度，促进医疗救治机构强化管理，加强培训、提高医疗质量，降低成本、完善服务、提高效率。”2007年，国务院批转的《卫生事业发展“十一五”规划纲要》（已失效）指出，在加强卫生财务监督管理中，明确要求“积极推进通过购买服务、绩效考评、加强资金分配使用过程的监督管理等措施，提高资金使用效率”。此后，绩效不仅被用于卫生财务监管，更扩展到基本医疗卫生监管的多个方面，绩效管理对象包括组织（基层医疗卫生机构、公立医院、定点医疗机构、医联体、公共卫生机构、定点零售药店等）、个人（乡村医生、全科医生、药品医疗器械检查员等）、行为（基本药物制度实施情况、药品集中采购中选药品使用情况、高值医用耗材临床应用管理情况、《传染病防治法》实施情况、中西医结合工作成效、医养结合实施情况、医学教育和人才培养等）。可以说，绩效管理已经成为基本医疗卫生监管最为重要的工具之一。《基本医疗卫生与健康促进法》规定的医疗卫生机构绩效评估制度并不是绩效管理的全部内容，只涉及卫生健康主管部门对医疗卫生机构进行评估这一行政法律关系。按照《基本医疗卫生与健康促进法》第91条的规定，进行评估的主体是县级以上地方人民政府卫生健康主管部门，接受评估的主体是医疗卫生机构，评估内容是服务质量、医疗技术、药品和医用设备使用等情况。本节也将论述重点集中于此。

医疗卫生机构绩效评估制度的法治化首先要实现的是绩效评估的可预期性。与单纯的管理学方法运用不同，作为法律制度的绩效评估必须首先保障行

政相对人的合理预期,在此前提下才应当考虑激励效果等社会效果问题。[1] 目前,我国基本医疗卫生监管中的医疗卫生机构绩效评估制度已经基本完善,在中央层面针对公立医疗卫生机构、基层医疗卫生机构、医院及医联体的绩效评估制定了不同文件。然而具体实践中,上述文件作为指标框架缺少指标权重和评价标准,导致各地实际操作难度较高,仍然需要进一步细化。目前,我国国家层面现有的两套指标体系《卫生监督执法考核评议量化指标体系》与《卫生监督机构绩效考核实施办法(试行)》已出台10余年。在此期间,食品卫生监督、职业卫生监督以及计划生育的监管体制几经调整,两套评价指标已无法全面、科学地评价当前卫生健康监督执法工作。[2] 另外,非公立医疗机构仍然缺乏关于医疗卫生机构绩效评估制度实施的进一步规定,更遑论非公立医疗机构中又包含营利性医疗机构与非营利性医疗机构、定点医疗机构与非定点医疗机构,使得情况更加复杂。医疗卫生机构绩效评估制度应当包含所有医疗卫生机构,而各级各类医疗卫生机构绩效评估的目标、原则应当各有侧重。[3]

二、医疗卫生机构绩效评估制度的价值与目标

医疗卫生机构绩效评估制度作为一种政府依法治理的手段,强调以共识为基础的沟通、协商、广泛介入和授权。[4] 传统上运用权力规制行政的方式具有较为明显的强制性,强调行政主体与行政相对人二元对立的法律关系结构。然而在医疗卫生领域中,这样的监管方式明显难以适应社会的发展。一方面,卫生健康主管部门非通过绩效评估制度难以准确、全面地把握医疗卫生机构各个方面的信息,也就难以作出公正的行政决定。另一方面,医疗卫生领域涉及多方主体的利益关系,即使公开行政决定所涉信息,其开放性也难以满足各方主体的实际需求。医疗卫生机构绩效评估制度的价值就在于弥合监管者与被监管者之间的分歧,并允许利害关系人参与其中,以服务于“以人民健康为中心”这一共同目的。为此,该制度应当实现下列目标。

---

1 参见吴楠:《以法治方式完善政府购买公共服务绩效评价》,载《江淮论坛》2015年第6期。

2 参见苗田等:《我国省级卫生健康监督执法绩效评价指标体系研究》,载《中国卫生监督杂志》2021年第1期。

3 参见申卫星主编:《〈中华人民共和国基本医疗卫生与健康促进法〉理解与适用》,中国政法大学出版社2020年版,第268页。

4 参见胡税根、徐靖芮:《运用绩效管理手段全力推进政府督促检查工作的落实》,载《中国行政管理》2015年第6期。

第一，医疗卫生机构绩效评估制度的科学性。科学性是医疗卫生机构绩效评估制度的生命线，违背科学规律的管理只会导致手段与目的的背离。"坚持科学考核，注意方式方法，避免增加基层负担"，几乎已经成为所有医疗卫生机构绩效评估法规规章的共识。科学管理的经验告诉我们，采取管理行动的方式既包括纠正实际绩效，也包括修改标准。已经制定的标准不符合实际情况时，必须及时进行调整。

第二，医疗卫生机构绩效评估制度的民主性。民主性体现在两个方面：一是评估标准制定的民主性。在评估标准的制定中，行政机关应当主动征求意见，在充分论证的基础上确定最终的指标体系。二是评估过程的民主性。评估应当吸收行业组织和公众参与。

第三，医疗卫生机构绩效评估制度的程序性。尽管医疗卫生机构绩效评估制度在一定程度上缓和了规制行政的强制性，然而其作为一种新型的监管方式仍然具有行政决定的效力，因此也应当遵守行政程序的原则和规则。我国医疗卫生机构绩效评估制度在程序上也有所创新，在正式绩效评估之前通常会由医疗卫生机构自查自评，之后也通常会有反馈和改进。这样的程序设计一方面显现出对机构自治的尊重，另一方面也可以系统地改善医疗卫生机构的治理。

第四，医疗卫生机构绩效评估制度的公开性。在英国卫生保健服务规制中，监管者会倾向于设置比较高的绩效标准，与卫生保健服务组织进行私下沟通，通过合作提高自身的绩效水平，并对其绩效情况保密。[1] 与此不同，我国《基本医疗卫生与健康促进法》第 91 条明确规定："……评估结果应当以适当方式向社会公开，作为评价医疗卫生机构和卫生监管的重要依据。"公开的优点在于保障公民的知情权，通过名誉、信用等发挥激励功能，并且在一定程度上遏制权力寻租。当然，公开也同时意味着更少的灵活性，这就要求卫生健康主管部门在执法过程中以更加审慎的态度对待绩效评估。

三、现行医疗卫生机构绩效评估制度的指标体系

医疗卫生机构绩效评估的核心在于绩效评估指标体系，指标体系的合理性是决定这一制度实施效果成败的关键。以《关于加强公立医疗卫生机构绩效评

1　参见李洪雷：《英国卫生保健服务及其规制体制》，载宋华琳、傅蔚冈主编：《规制研究：食品与药品安全的政府监管》（第 2 辑），格致出版社、上海人民出版社 2009 年版，第 125 页。

价的指导意见》为例，其指标体系中包含 4 项一级指标，分别是社会效益指标、医疗服务提供指标（或服务提供指标）、综合管理指标与可持续发展指标。其中针对公立医院绩效评估的又包含了公众满意、政府指令性任务落实、费用控制、与基本医保范围相适应、病种结构合理、医疗服务质量和安全、医疗服务便捷和适宜等 21 项二级指标以及 52 项三级指标。从指标内容来看，医疗卫生机构绩效评估制度不仅关注医疗卫生机构在医疗卫生事业建设中实际做了什么（实然性结果），还关注其在医疗卫生事业建设中应当做什么（应然性结果）；不仅要检验政策法律设定的建设目标的完成情况，更要求将"以人民健康为中心"的理念体现在目标建设的过程之中。94 号文构建的指标体系有如下特点：第一，强调主客观指标的互补互证，发挥主客观指标各自的技术优势。例如，在社会效益这一部分，服务对象满意度和员工满意度都是主观指标，而政府指令性任务落实、费用控制、医疗服务质量和安全等则属于客观指标。这就意味着一方面要让人民群众获得实实在在的好处，另一方面也应当注重参与主体的获得感。第二，将公众满意度置于首要地位。综观 46 号文，不难看出各类公立医疗卫生机构基本都将公众满意度作为考察的第一项指标，唯一的例外仅有疾病预防控制机构。疾病预防控制机构较为特殊，其承担的职能中绝大部分属于行政职能，并不直接负责为患者提供治疗等服务性项目，因此仅设置了职工满意度一项，并未涉及服务对象满意度。第三，医疗卫生机构绩效评估制度选择的评估指标是关键性指标，摒弃了常规性、过程性的评估。这一制度毕竟是由政府卫生健康主管部门对医疗卫生机构所做的外部评价，在"管办分离"的改革思路下，对评价指标的设计不宜面面俱到，以防止扼杀医疗卫生机构自治的空间。

第三节　执业信用记录制度

信用是一个源于信息经济学的概念。所谓信用，是指行为期待可能性的外在公共性评价信息，起到社会交往理性化的功能。[1] 信用是市场经济运行的重要基础之一。在市场经济的大背景下，信用既是经济伦理的一种具象化，也可以作为一种交易方式。良好的信用机制对于降低交易成本、优化资源配置、促进经济增长具有正向作用。医疗卫生领域中的执业信用记录制度是指为了加

1　参见王若磊：《信用、法治与现代经济增长的制度基础》，载《中国法学》2019 年第 2 期。

强社会办医监管和自律，县级以上人民政府卫生健康主管部门和医疗保障主管部门对医疗卫生机构及其医疗卫生人员开展医疗卫生活动信息进行记录，将医疗机构及从业人员信用记录纳入全国信用信息共享平台、国家企业信用信息公示系统，并推进信息公开，采取相关惩戒措施，以提高失信成本。国家也鼓励行业协会等第三方开展医疗服务信用评价，通过国家企业信用信息公示系统向社会公示相关监管信息，形成监管信息常态化披露制度。

一、执业信用记录制度法治化

作为一种法定制度，在医疗卫生领域正式确立执业信用记录制度肇始于2014 年国务院《社会信用体系建设规划纲要（2014—2020 年）》（国发〔2014〕21号，以下简称 21 号文）和 2016 年国务院《关于建立完善守信联合激励和失信联合惩戒制度加快推进社会诚信建设的指导意见》（国发〔2016〕33 号，以下简称33 号文）。21 号文提出："到 2020 年，社会信用基础性法律法规和标准体系基本建立，以信用信息资源共享为基础的覆盖全社会的征信系统基本建成，信用监管体制基本健全，信用服务市场体系比较完善，守信激励和失信惩戒机制全面发挥作用。"33 号文规定："对重点领域和严重失信行为实施联合惩戒……重点包括：一是严重危害人民群众身体健康和生命安全的行为，包括食品药品……等领域的严重失信行为。"此前，虽然早在 2009 年《食品安全法》第 79 条中就规定了"食品安全信用档案""信用记录"等，但是彼时信用记录制度尚未延及整个医疗卫生领域，更没有联合惩戒作为保障法律主体维持良好信用记录的后盾。自 33 号文出台后，《疫苗管理法》《药品管理法》《基本医疗卫生与健康促进法》等都明确规定了信用记录制度。值得注意的是，《食品安全法》在2018 年修正的过程中也进一步完善了信用记录制度的规定：一是增加了国家出入境检验检疫部门对进出口食品的进口商、出口商和出口食品生产企业实施信用管理的规定；二是完善了对有不良信用记录的食品生产经营者的惩罚机制，进一步明确"对违法行为情节严重的食品生产经营者，可以通报投资主管部门、证券监督管理机构和有关的金融机构"。《基本医疗卫生与健康促进法》第 93条规定的执业信用记录制度，其行政主体是县级以上人民政府卫生健康主管部门和医疗保障主管部门，行政相对人是医疗卫生机构及其医疗卫生人员。法律效果除了"纳入全国信用信息共享平台"，还要"实施联合惩戒"。但是，该法对于联合惩戒的法律主体、构成要件和法律效果则没有进一步的说明。

执业信用记录制度集中体现了诚信原则。一方面,诚信原则是民法的"帝王条款"。《民法典》第7条规定:"民事主体从事民事活动,应当遵循诚信原则,秉持诚实,恪守承诺。"另一方面,诚信原则也是行政法的基本原则之一。行政法上发展出的信赖利益保护原则,体现了与诚信原则相同的精神内核。"诚实守信"作为依法行政的基本要求之一,要求行为人主观上为善意,客观上依法履行义务。执业信用记录制度的要求也可以归为以下两类:一是遵守医德医风,二是依法履行义务。履行义务既包括法定义务,也包括约定义务。前者如国务院办公厅印发的《关于促进社会办医加快发展的若干政策措施》(国办发〔2015〕45号)规定:"严惩经查实的恶性医疗事故、骗取医保资金、虚假广告宣传、过度医疗、推诿患者等行为……建立健全医疗机构及其从业人员信用记录,依法推进信息公开并纳入国家统一的信用信息共享交换平台……"后者如国务院办公厅《关于进一步改革完善药品生产流通使用政策的若干意见》(国办发〔2017〕13号)规定:"对违反合同约定,无正当理由不按期回款或变相延长货款支付周期的医疗机构,卫生计生部门要及时纠正并予以通报批评,记入企事业单位信用记录。"联合惩戒的具体方式包括以下几类:一是信用评价等级分级分类监督管理,将信用评价结果与预算管理、检查稽核、定点协议管理等相关联,对信用等级不同的医疗卫生机构及其医疗卫生人员采取差异化的监管措施;二是信用信息记录、公示和预警,将日常监督检查结果、行政处罚结果等情况纳入全国信用信息共享平台,由此起到一种"声誉罚"的效果;三是惩戒措施清单,包括对医疗卫生机构等级评审、医疗卫生人员评先评优等授益行政行为的限制,对法定代表人或者主要负责人的任职限制以及一定期限内行业禁入甚至终身禁入等负担行政行为,以及对再次发现违法违规行为从重处罚等不利后果。

二、执业信用记录制度的特征与功能

执业信用记录制度并非简单的行政责任,其中还包含行政管理,乃至通过市民社会自治的方式实现基本医疗卫生监管的制度逻辑。执业信用记录制度将政府、市场、社会、司法紧密地结合起来,为加强法律实施提供了强大的保障。在"一处失信,处处受限"的政策导向下,以政府为主导,多领域、多层次的主体制定了大量的信用规范。[1]

1 参见沈岿:《社会信用体系建设的法治之道》,载《中国法学》2019年第5期。

执业信用记录制度具有以下特征：

第一，执业信用记录制度的基础是行政监管。[1] 无论在信用责任的实现过程中是否借助了公民、社会组织或者司法机关等，该制度本质上仍然是一种行政行为。确认这一点十分有必要，它决定了在实施执业信用记录制度时必须遵守行政程序的有关规定，采取奖惩时必须受到《行政许可法》《行政处罚法》《行政强制法》等的限制，医疗卫生机构及其医疗卫生人员应当获得《行政复议法》《行政诉讼法》上的救济权利。

第二，执业信用记录制度能够产生人格信用减损和行为能力剥夺的法律效果。[2] 信用是《民法典》规定的自然人、法人和非法人组织都享有的人格法益之一。《民法典》第1030条规定："民事主体与征信机构等信用信息处理者之间的关系，适用本编有关个人信息保护的规定和其他法律、行政法规的有关规定。"卫生健康主管部门、医疗保障主管部门的行政行为同时构成对信用权的处分。对信用减损的医疗卫生机构及其医疗卫生人员各方面的资格限制，在性质上属于剥夺了其特定行为的行为能力，使该范围内的行为归于无效或者效力瑕疵的状态。[3]

第三，执业信用记录制度整合了多元治理主体和多元监管工具。从主体方面来看，执业信用记录制度提升了政府部门间的合作，除卫生健康主管部门与医疗保障主管部门起主导作用以外，国家发展和改革委员会、工业和信息化部、公安部、人力资源和社会保障部、市场监督管理部门等往往也参与其中。此外，还密切联系了市场和社会主体，向行业协会、社会组织、金融机构、第三方征信机构以及公众揭示了被监管主体的信用状况。从监管工具来看，执业信用记录制度综合运用了以市场为基础的治理工具、以信息为基础的治理工具以及充分调动医疗卫生机构自我规制自主性的治理工具，通过信息的披露和利用，以经济杠杆来影响组织行为，并以国家强制力作为后盾。

执业信用记录制度具有以下功能：

第一，预防医疗卫生违法行为。防胜于治，教胜于诛。行政法上传统的规制手段通常具有明显的滞后性。行政处罚原则上只能在造成严重后果后才能

1　参见袁文瀚：《信用监管的行政法解读》，载《行政法学研究》2019年第1期。

2　参见刘俊海：《信用责任：正在生长中的第四大法律责任》，载《法学论坛》2019年第6期。

3　参见王瑞雪：《政府规制中的信用工具研究》，载《中国法学》2017年第4期。

科以责任。行政强制尽管也有事前的预防性措施(如强制性检疫、检查,查封、扣押、冻结)和事中的制止性措施,不过从法律规定的篇幅、适用范围和适用频率来看,大部分仍然是事后的执行性措施。执业信用记录制度则是以预防为主,将预防措施常态化的典范。执业信用记录并不一定引起具有强制力的联合惩戒,但是必然会督促医疗卫生机构及其医疗卫生人员时刻注意自身行为的合法性,将守法情况自觉融入日常执业活动中,以不存在违法行为或有违法行为之虞为前提。

第二,填补传统责任形态的不足。作为执业信用记录制度不至沦为具文的保障,联合惩戒在传统的民事责任、行政责任、刑事责任中开辟出一种全新的责任形态。一方面,从整体上来看,联合惩戒以行政性为主,兼具民事性。另一方面,从具体措施来看,其中的信用评价等级分级分类监督管理很难明确归类于传统行政行为的某一个具体范畴,而是在行政许可、行政处罚等方面都有法律效果。不同于违约责任等传统的民事责任,执业信用记录制度并不会影响民事主体订立其他合同,而联合惩戒则有可能使失信人丧失订立特定合同的资格。例如,最高人民法院、国家发展改革委等八部门《关于在招标投标活动中对失信被执行人实施联合惩戒的通知》就对招标投标合同的订立有信用方面的条件要求。不仅如此,执业信用记录制度还具有奖励性质的法律后果。除了严重失信主体“黑名单”制度,还有诚信典型“红名单”制度。由此形成了系统的正向激励与负向激励相结合的管理体系。

第三,增强法律法规的教育作用。“天下之事,不难于立法,而难于法之必行。”[1]法治国家、法治社会最好的状态不在于频繁地立法、执法和司法,而在于广泛、深入、持久地守法。知法懂法、守法用法是法治生命力的根本保证。执业信用记录制度改善以往片段式的“以案释法”,真正与医疗卫生机构及其医疗卫生人员乃至于更广泛的法律主体的日常医疗活动结合起来,形成了持续性的监管屏障。每一次信用评价都会加深我们对法律的理解和记忆,使法律制度和法治精神真正深入人心。通过教育作用产生的道德自律将比外部监管更加低成本、高效率地保障监管目的的达成。

---

1 张居正:《张文忠公全集》(上),商务印书馆1935年版,第40页。

三、对现行执业信用记录制度的反思

尽管执业信用记录制度中结合了诸多柔性措施以及行政奖励的规制工具，然而不得不承认的是，联合惩戒相较于一般的行政处罚等措施而言，其严厉程度有过之而无不及。在横向上，它改变了原本行政执法中各行政主体在自己职权范围内单独打击违法行为的模式，引入了市场和社会的力量乃至与其他国家机关的合作；在纵向上，它使违法行为不再仅引起一次性的行政处罚后果，而是在一定的信用评价期间内都有可能承担不利后果。因此，毋庸置疑，执业信用记录制度可以大大提高医疗卫生违法成本。执业信用记录制度在适用的过程中应当把握好以下几个方面：首先，尽管医德医风也属于信用记录的对象，然而社会信用立法毕竟是法治实施的一种方式，道德要素只有在满足一定条件下才能进入法律的视野。[1] 一方面，医德医风的判断标准主要是医学伦理。医学伦理有法律规定的，依法律；没有法律规定的，可以依习惯。习惯应当为医疗卫生行业持续反复地奉行，且行为人确信其具有法的效力，但不得违背公序良俗。另一方面，医疗卫生机构及其医疗卫生人员主观上是否具有恶意必须有证据证明。《行政处罚法》第40条将“事实不清、证据不足”作为“不得给予行政处罚”的事由。主观状态应当由客观的外在行为加以证明，“有罪推定”在联合惩戒中同样是应当避免的。其次，执业信用记录制度应当优先考虑以非法律惩戒、非实物奖励的措施来构建，通过市场自我调节机制发挥信用记录的功能。[2] 医疗卫生服务关系是一种建立在人格信赖基础上的法律关系。在医学父权主义已经没落的今天，患者遵守医嘱的唯一正当理由就是对医疗卫生人员能力和素质的信任。分级诊疗制度下，连续性的医疗卫生服务更要求服务提供者与服务接受者之间良好互动。信用信息的公开和共享足以使医疗卫生机构及其医疗卫生人员对违法行为可能带来的潜在不利影响产生警惕。患者的抵制将成为其作出改变的强大动力。最后，执业信用记录制度中的联合惩戒应当具有法定性、关联性、合比例性。[3] 所谓法定性，是指每一项实质上对医疗卫生机构及其医疗卫生人员的权益能够造成不利影响的措施，都应当有法律依据。不得随意

1　参见罗培新：《善治须用良法：社会信用立法论略》，载《法学》2016年第12期。

2　参见吴元元：《食品安全信用档案制度之建构——从信息经济学的角度切入》，载《法商研究》2013年第4期。

3　参见沈毅龙：《论失信的行政联合惩戒及其法律控制》，载《法学家》2019年第4期。

创设法律没有规定的处罚类型,不得随意加重法定处罚类型所设置的处罚程度。所谓关联性,是指联合惩戒的目的和手段之间应当具有合理的联系。例如,将慈善捐赠方面的违法行为导致的负面信用记录与政府采购中对供应商的相关资质要求对应起来,就明显不符合常理。关联性要求行政裁量前应当作出审慎的判断,既不能不作为,更不能“一刀切”。所谓合比例性,是指联合惩戒的目的和手段应当相称。执业信用记录制度通过限制医疗卫生机构及其医疗卫生人员的自由,保障医疗卫生事业的发展。但是自由并非可以毫无节制地被牺牲,不合比例的惩罚可能挫伤从业者的积极性,甚至导致医疗卫生行业的萎缩。

第四节　委托执法制度

一、委托执法制度的法治化

如前文所述,本章所研究的卫生健康监督机构是狭义上的,仅指作为事业单位法人的卫生健康监督机构。

基本医疗卫生监管中委托卫生健康监督机构执法的现象由来已久。卫生健康监督机构作为被委托的事业单位,其前身可以追溯到卫生防疫机构。新中国成立初期,我国主要学习苏联的卫生防疫机构建设的经验,结合我国防病治病的实际情况,开始试办卫生防疫站。1953 年,全国各地开始建立卫生防疫站,以认真贯彻预防为主的方针,应用预防医学的理论和技术,进行疾病控制、监测、卫生监督、卫生宣传、科研和干部培训等为主要任务。2002 年 1 月 23 日,卫生防疫机构疾病防控职能与卫生监督职能分离,前者成为以中国疾病预防控制中心为代表的疾病预防控制机构,后者则成为以原卫生部卫生监督中心为代表的卫生监督机构。

职能分离后,2019 年,原卫生部卫生监督中心(国家卫生计生委卫生和计划生育监督中心)正式更名为“国家卫生健康委卫生健康监督中心”。其主要职责变更为:(1)参与卫生健康综合监督体系建设相关工作;(2)协助开展医疗、公共卫生等监督工作;(3)协助查处医疗服务市场违法行为;(4)参与指导地方卫生健康执法监督工作,规范执法行为;(5)拟定卫生健康综合监督执法工作制度、技术性规范;(6)承担国家卫生健康执法监督信息化建设和管理工作;(7)组织实施全国卫生健康执法监督人员培训工作;(8)承担国家卫生健康监督抽检工作;(9)承担国家卫计委社会信用体系建设相关工作和国家卫计委政务大厅日常工作;(10)承办国家卫健委交办的其他事项。虽然基本保留了原有职能的整体结构,继续强调该中心的协助地位和技术职能,但是在具体内容方面与时俱进,呈现出许多变化。例如,“社会信用体系建设相关工作”就是基本医疗卫生监督体系创新中的亮点。

关于卫生监督执法中适用行政委托的合法性,一开始是存在争议的。1997年就有卫生防疫站的实务工作者提出,现行的公共卫生法律法规确定由卫生行政部门执法,但是卫生防疫部门长期以来事实上承担着公共卫生监督监测任务,也依法规、规章确立了执法权,这样就出现了两个执法主体并存的局面。[1]无独有偶,1998年,同样是来自卫生防疫部门的工作人员发文,认为卫生防疫站在卫生行政执法中的地位难以确定,卫生行政部门与卫生防疫机构存在经济利益之争,卫生防疫站“以收费养监督”,执法的公正性受到影响,这些现象是阻碍卫生监督体制的重大问题。[2] 随着立法进程的逐步推进,上述问题逐渐得到解决。2000年,原卫生部《关于卫生监督体制改革的意见》要求改变“各级卫生防疫、防治机构和其他卫生机构承担着大量的卫生监督工作”“卫生监督与有偿技术服务行为不分”的现状,开始组建统一的卫生监督机构行使卫生监督职能。2005年,原卫生部《关于卫生监督体系建设的若干规定》对卫生监督机构的组织和职能做了整体性的规定,并确立了卫生行政部门对卫生监督机构的管理权以及对卫生监督工作的宏观管理、组织协调和信息发布职责。中央编办《关于国家卫生健康委所属事业单位机构编制的批复》规定:“设立国家卫生健康委卫生健康监督中心,为国家卫生健康委直属事业单位。”至此,卫生健康监督机构的法律地位得以明确。其执法依据来自《基本医疗卫生与健康促进法》第94条规定:“县级以上地方人民政府卫生健康主管部门及其委托的卫生健康监督机构,依法开展本行政区域医疗卫生等行政执法工作。”也就是说,卫生健康监督机构的执法权原则上源于卫生健康主管部门的委托,其行政委托具有合法性。

二、卫生健康监督机构执法权的来源

根据行政委托的基本理论,当前主流观点将其界定为:“行政委托是出于管

1　参见王有义、吴国祥、巴国文:《试论公共卫生法制监督体制改革》,载《卫生软科学》1997年第4期。

2　参见顾士圻:《试论现行卫生监督体制》,载《中国卫生法制》1998年第3期。

理上的需要,某一行政主体(委托人)委托另一行政主体或其他组织及个人(被委托人)以委托人的名义代行职权或其他事务,其行为效果归属于委托人的法律制度。"[1]在行政委托关系中,前者称为行政委托人,属于行政主体,后者称为行政代理人,它不会因委托而享有行政主体的资格。行政委托的效果是形成行为主体而不是行政主体。[2] 但是,从现行法律法规来看,卫生健康监督机构执法权并非仅来自上文所述的行政委托。

卫生健康监督机构的部分执法权来源于法规的授权。首先,卫生监督机构行政权源于法规授权。《行政许可法》第 23 条、《行政处罚法》第 19 条规定,"法律、法规"可以授权具有管理公共事务职能的组织实施相应的行政行为。《行政强制法》第 70 条规定,"法律、行政法规"可以授权具有管理公共事务职能的组织实施行政强制。例如,《公共场所卫生管理条例》第 10 条第 1 款规定:"各级卫生防疫机构,负责管辖范围内的公共场所卫生监督工作。"(当年的卫生防疫站已经不复存在,从法规条文的表述来看,这里的卫生防疫机构指的就是现在的卫生健康监督机构)《关于卫生监督体系建设的若干规定》明确卫生监督的主要职责包括"依法监督管理公共场所、职业、放射、学校卫生等工作"。其次,卫生监督机构从业人员执法权源于法规授权。《公共场所卫生管理条例》以及《关于卫生监督体系建设的若干规定》对监督从业人员及法律责任进行规定:"监督从业人员健康检查,指导有关部门对从业人员进行卫生知识的教育和培训""对公共场所的卫生条件及其从业人员的健康管理进行卫生监督检查,查处违法行为"。《公共场所卫生管理条例》明确授予卫生健康监督机构行政处罚权,允许其对单位或者个人"给予警告、罚款、停业整顿、吊销'卫生许可证'的行政处罚"。该条例同时授予卫生健康监督机构申请强制执行的权力,即规定:"对处罚的决定不履行又逾期不起诉的,由卫生防疫机构向人民法院申请强制执行。"换言之,在公共场所卫生监督执法权的行使中,卫生健康监督机构属于授权行政主体,而非行政代理人。

卫生健康监督机构的部分执法权源于规章的授权。《行政诉讼法》第 2 条第 2 款、最高人民法院《关于适用〈中华人民共和国行政诉讼法〉的解释》第 20 条第 2 款确定了规章授权行政主体的有效性。规章授权卫生健康监督机构进

---

1 胡建淼:《行政法学》(第 4 版),法律出版社 2015 年版,第 553 页。

2 参见胡建淼:《行政法学》(第 4 版),法律出版社 2015 年版,第 73 页。

行监督执法的情形较为常见。例如,《突发公共卫生事件与传染病疫情监测信息报告管理办法》第 34 条规定:“各级卫生监督机构在卫生行政部门的领导下,具体负责本行政区内的突发公共卫生事件与传染病疫情监测信息报告管理工作的监督检查。”此外,《生活饮用水卫生监督管理办法》《传染性非典型肺炎防治管理办法》《铁路车站、旅客列车卫生监督管理办法》等部门规章也对卫生健康监督机构授予了相应的执法权。但是,从总体上来看,卫生健康监督机构授权执法的范围随着法规规章的修改呈现出缩小趋势,与同为事业单位的疾病预防控制机构相比,后者享有前者所不具备的法律的授权,且当前法律法规中的“卫生防疫机构”越来越多指向后者。(例如,《刑法》在 2020 年修订的过程中,其第 330 条“妨害传染病防治罪”中的“卫生防疫机构”就明确改为“疾病预防控制机构”)由此可见,《基本医疗卫生与健康促进法》第 94 条应当解释为,卫生健康监督机构原则上受卫生健康主管部门委托行使执法权,但法律、法规、规章授权的事项除外。

三、卫生健康监督机构委托执法的法律规制

委托执法制度是卫生健康监督机构行使权力的常态,卫生健康主管部门部分转移执法权的行为,应当受到法律规制。行政性业务委外是指行政主体依法将某一方面的行政职权委托给非政府形态的民间组织或个人行使,作为公权力的委托外包,行政性业务委托必须在下列方面受到行政法的约束。[1]

第一,实施行政性业务委外的行政主体必须具有合法的职权基础,这是行政性业务委外的前提条件。这就意味着,原则上卫生健康监督机构不能行使属于医疗保障主管部门或者药品监督管理部门(现已不隶属于卫生健康主管部门)监督执法权的内容,除非得到后者明确的委托。

第二,实施行政性业务委外必须有明确的法律依据。《基本医疗卫生与健康促进法》第 94 条为卫生健康监督机构接受卫生健康主管部门的委托提供了法律依据。例如,原卫生部办公厅《关于加强基层医疗机构监管工作的通知》规定:“对基层医疗机构开展日常监督检查,原则上每年至少进行 2 次以上的现场监督检查,卫生行政部门可以委托同级卫生监督机构承担具体工作。”至于由卫生健康监督机构实施医疗卫生综合监管,尽管在 63 号文中也存在一定的依据,

1　参见王克稳:《政府业务委托外包的行政法认识》,载《中国法学》2011 年第 4 期。

但是较为模糊，无法确定其是否有权接受卫生健康主管部门以外的其他部门的委托。

第三，受委托人必须符合法定条件。例如，《行政处罚法》第 21 条对受托行使行政处罚权的组织设定了 3 个条件，分别是依法成立并具有管理公共事务职能；有熟悉有关法律、法规、规章和业务并取得行政执法资格的工作人员；需要进行技术检查或者技术鉴定的，应当有条件组织进行相应的技术检查或者技术鉴定。由上文可知，卫生健康监督机构满足前述要求。

第四，行政性业务委外必须采用法定形式。行政性业务委外因涉及委托事项、委托权限、委托期限、委托双方的权利义务、法律责任等，应以书面委托为原则。同时，因委托使行政权的行使主体发生了转移，行政主体还应当以适当的方式对外公告以使相对人知晓。以往行政委托仅是无法律、法规、规章授权时职能划分与责任承担的一项权宜之计，往往是为了解决由于行政体制改革与法律修订导致的错位而产生的临时归责策略，并没有行政命令或者行政协议作为依据。[1] 但是既然《基本医疗卫生与健康促进法》第 94 条已经明确规定了委托执法制度，这种现状就应当逐步得到改变，更多通过书面形式对委托主体、受托主体、委托权限和内部责任划分进行清晰地界定。

值得肯定的是，《基本医疗卫生与健康促进法》的出台对于基本医疗卫生监管法治化起到了极大的推动作用。一方面，许多卫生监管的积弊和宿疾被破除。这些问题包括基本医疗卫生监管概念不明、思路不清；基本医疗卫生监管理念落后、方式滞后；基本医疗卫生监管主体不健全；基本医疗卫生监管规则缺位、对象错位等。另一方面，一个目标清晰、组织完善、内容日趋具体和丰富的综合监督管理体系正在逐步生成。医疗卫生综合监管体制、沟通协商机制、基本医疗保险基金监管制度、政府定期报告制度、约谈制度、医疗卫生机构绩效评估制度、信用记录制度等，既是对过去卫生监管工作中经验教训的总结与反思，更是对我国卫生监督理念和道路的创新与发展。然而《基本医疗卫生与健康促进法》仅是基本医疗卫生监管法治化的开始，而不是法治化的完成。有些问题虽然在法律条文的表述上基本得以解决，但是在法的运行中仍然存在与规定脱节的现象；有些问题并没有随着立法进程的推进而完全被解决，甚至就是因为上位法与下位法、新法与旧法、特殊法与一般法的不一致造成的，这些问题也需

1　参见黄娟：《行政委托内涵之重述》，载《政治与法律》2016 年第 10 期。

要通过进一步的立法、修法与法律解释加以澄清。

一个行之有效的基本医疗卫生监管体系至少应当具备以下条件。第一,多层次、立体化的监管主体。政府、社会、市场、个人在其中应当被良好地组织起来,形成一个有机联系的整体。其中,政府监管应当主导基本医疗卫生监管。第二,监管机构须具备较强的独立性。为保证基本医疗卫生监管的实效性,应当确保监管机构具有较强的自主性,并保证其依据专业知识履行监管职责。在政府监管中,必须确保政府监管机构与医疗卫生机构的非关联性,同时确保政府监管自身的统一性。第三,监管内容的全方位性。监管内容应当包括医疗卫生准入、医疗卫生质量评价和医疗卫生安全监测,涵盖机构、人员、技术、设备、药品与器械、资金等全部要素。第四,监管依据与规则的完备。除国家机关正式发布的法律、法规、规章和规范性文件以外,医疗卫生机构内部的规范、行业组织内部的规范、技术操作规范、医学伦理规范等也应当在适当的领域发挥其应有的效力。监管规则应设定明确有效的规定,选取可度量的指标,具有较高的置信度和普遍适用性,并且有一定的专属性,对医疗机构的组织架构、治理结构、工作程序和绩效予以具体规定。第五,综合运用多种监管工具。监管工具可以分为六类:一是激励和奖励,例如,对于绩效良好的医疗卫生机构,可减少对其监督检查的频率,赋予其更大的自由度;二是提高监管审查强度;三是公开披露医疗卫生机构的绩效信息;四是罚款;五是直接介入医疗卫生机构的管理;六是暂时或永久限制医疗卫生机构的活动。这些手段可以通过回应性监管的方式进行运用,以满足比例原则的要求。

如前文所述,当前基本医疗卫生监管执法体制不畅问题突出,造成其执法规范性、权威性不足。作为权利主体的卫生健康主管部门与作为执行主体的卫生监督机构相分离,执法主体众多且职责分工不清,疾病预防控制机构的法律地位不明确。不破不立、破而后立。基本医疗卫生监管体制不经科学化的构建难以补齐以上短板。如何在我国建立健全良好的基本医疗卫生监管体制机制,彻底去除行政执法主体弱化、权限模糊的弊端,真正实现保护公民健康权的根本目的,构成了未来值得进一步深入研究和实践的重大理论、应用课题。

第十章　基本医疗卫生服务请求权的救济

目　次

第一节　基本医疗卫生服务请求权性质辨析

一、积极健康权的内部结构

笔者在本书第一章对健康权的法治化提出了复合规范构造的思路，认为健康权同时具备公法上积极权利属性的一面和私法上消极权利属性的一面。本课题重点从国家义务视角探讨如何保障公民健康权，提出实现从公共卫生法律体系向公共卫生法治体系转变、法治构建基本医疗卫生服务体系、优化基本药物的法律规制、促进基本医疗保险制度规范化运行、提高医疗卫生监管的法治水平，从而实现健康权的规范构造，并实现基本医疗卫生的法治化。因此，本课题更多是从社会权意义上来探讨健康权，视其为一种积极权利。《基本医疗卫生与健康促进法》第 4 条第 1 款规定："国家和社会尊重、保护公民的健康权。"该法就是从积极意义上规范健康权。从前面课题研究章节安排来看，针对《基本医疗卫生与健康促进法》的结构安排，笔者认为，积极意义的健康权是指公民请求政府维护其健康状态的资格，包括健康资源获得权、基本医疗卫生服务权、基本公共卫生服务权、健康社会保障权、医疗服务救助权。

健康权的支柱是基本医疗卫生服务权和基本公共卫生服务权，其也是基本医疗卫生立法的主体内容。根据《基本医疗卫生与健康促进法》第5条第1款“公民依法享有从国家和社会获得基本医疗卫生服务的权利”，以及第15条第2款第一句“基本医疗卫生服务包括基本公共卫生服务和基本医疗服务”的规定，基本公共卫生服务权和基本医疗服务权可以合称为基本医疗卫生服务权。基本医疗卫生服务由国家给予保障，与其上位权一样，是一种典型的社会权。除公共卫生服务、医疗服务外，环境、食品、健康设施等都关涉健康，所以健康资源获得权是指公民有权利从国家和社会获得一切关涉健康的基本条件。而健康社会保障权是指公民有从国家和社会获得基本医疗保险的权利。国家设立全面医保制度来保障公民的这一权利，实质上就是国家要为公民解决基本医疗卫生服务费用支付的问题。医疗服务救助权是指贫困人口从国家获得医疗服务帮助的权利。法律规定和一般著述普遍将该权利放在医疗社会保障权的范畴，笔者考虑它是针对弱势群体的特殊权利，而且不应仅通过国家为其缴纳基本医疗保险费这一种方式来实现，故应当将其单独作为一类。笔者原来的著述将紧急医疗救治权也作为健康权的一类来看待。[1] 实际上紧急医疗救治在我国一直作为一项基本公共卫生服务，《基本医疗卫生与健康促进法》规定基本公共卫生服务时，在第27条规定：国家建立健全院前急救体系，为急危重症患者提供及时、规范、有效的急救服务，急救中心（站）不得以未付费为由拒绝或者拖延为急危重症患者提供急救服务。所以，本书不再将其作为健康权的一类，而将其归入基本公共卫生服务权。

2017年2月，全国人大常委会提请审议的《基本医疗卫生与健康促进法（草案一审稿）》曾经把“公民的健康权利与义务”专门作为一章（第2章）来规定，第16条规定公民享有基本医疗卫生服务权，第17条规定公民享有基本医保的权利，第18条规定公民享有健康教育权，第19条规定公民享有免疫规划疫苗接种权，第20条规定患者享有知情同意权，第21条规定患者享有隐私权，第22条规定患者享有人格尊严权。将公民的健康权利和义务独立成章的做法凸显了健康权的法权价值，对健康权的保护和发展有重大的理论和实践意义。遗憾的是，2018年10月的《基本医疗卫生与健康促进法（草案二审稿）》取消了

1　参见陈云良：《基本医疗卫生立法基本问题研究——兼评我国〈基本医疗卫生与健康促进法（草案）〉》，载《政治与法律》2018年第5期；陈云良主编：《卫生法学》，高等教育出版社2019年版，第24页。

健康权单独成章的方案，不再保留此章，2019 年 8 月的《基本医疗卫生与健康促进法（草案三审稿）》及 2019 年 12 月的《基本医疗卫生与健康促进法（草案终审稿）》沿用了这一做法。但是《基本医疗卫生与健康促进法（草案一审稿）》第 2 章健康权的内容内部构造逻辑混乱，相互交叉。其一，既规定了积极健康权。又规定了患者知情同意权、隐私权等消极健康权。尽管我们在第 1 章就明确健康权是一种复合规范构造，确实应当在两方面对其进行规范，但是，患者知情同意权、隐私权在原《侵权责任法》及《民法典》中规定得很清楚，不需要在本法中重复规定。如前所述本法主要从国家积极义务视角构造健康权。其二，接种免疫规划疫苗是一种基本公共卫生服务，第 19 条规定的免疫规划疫苗接种权属于公民的公共卫生服务权，本章本来是规定健康权概念之下的第二层次权利，而该条将第三层次的权利与其他第二层次权利并列，结构层次混乱，而且仅将基本公共卫生服务中的疫苗接种列出，而不顾其他，挂一漏万。

二、从基本医疗卫生服务权到基本医疗卫生服务请求权

基本医疗卫生服务权是基本医疗服务权和基本公共卫生服务权的合称，作为健康权的子权利，是指公民有权从国家和社会获得基本医疗卫生服务。《基本医疗卫生与健康促进法》第 5 条规定："公民依法享有从国家和社会获得基本医疗卫生服务的权利。国家建立基本医疗卫生制度，建立健全医疗卫生服务体系，保护和实现公民获得基本医疗卫生服务的权利。"因此获取基本医疗卫生服务的权利是一种法定权利，使宪法上的健康权得以落实。

如前所述，医疗服务和公共卫生服务本是两种性质完全不同的服务，但如今，现代社会基本医疗卫生服务已成为国家的积极义务，成为一种和公共卫生一样的由国家提供的公共产品，因此将二者并称在一起是合适的。

在此意义上，基本医疗卫生服务权是一种社会权。社会权就是"个人要求国家加以积极行为的权利，这类权利主要是指各种社会福利权利或各种受益权利"[1]，那么，基本医疗卫生服务权也可以说是公民请求国家提供基本医疗服务和基本公共卫生服务的权利。这里要注意辨析两个概念：基本医疗卫生服务与医疗卫生服务。《基本医疗卫生与健康促进法》和本课题研究始终强调的是国家有义务为公民提供基本的医疗卫生服务，而不是所有的医疗卫生服务。基于

1　俞可平：《社群主义》，中国社会科学出版社 1998 年版，第 82～83 页。

中国国情，现阶段我们的经济国力还不能像英国那样提供全民免费医疗，国家无法对所有的医疗服务和公共卫生服务竭尽义务，只能提供与维护人体健康所必需、经济社会发展水平相适应的医疗卫生服务。享受性的、高端的医疗卫生服务只能由市场提供，公民个人自己承担。

基本医疗服务权能否成为一项实质意义上的权利，关键在于其是否具有请求权能，公民是否具有向国家请求提供基本医疗卫生服务的权利，即基本医疗卫生服务请求权能否在法律程序中得到实现。从社会权的基本理论出发，基本医疗卫生服务请求权是指公民基于依法享有的基本医疗卫生服务权，要求国家制定医疗卫生制度，保障基本医疗卫生设施，提供基本医疗卫生服务的权利，包括基本医疗卫生服务立法请求权、医疗卫生服务制度实施请求权、医疗卫生服务给付请求权、基本医疗卫生服务权救济请求权。[1]

第二节 基本医疗卫生服务请求权的可诉性

有权利必有救济，不能救济的权利称不上是真正的权利。基本医疗卫生服务权能否成为一项实实在在的权利，能否得到真正的保障，就在于基本医疗卫生服务请求权最终能否得到司法救济，即公民能否向法院起诉，请求义务主体履行给付责任。所以，基本医疗卫生服务请求权必须具备可诉性，才能得到真正救济。

一、基本医疗卫生服务权具有可诉性

依据联合国国际人权宪章对人权所作的分类，人的基本权利可以一分为二：政治权利和经济社会文化权利。此种划分方式的标准之一，就是两种权利的救济方式不同。依照传统观点，公民权利和政治权利可以直接诉诸司法予以实施，而经济社会文化权利却不能通过司法途径获得救济。[2] 健康权及作为健康权子权利的基本医疗卫生服务请求权应属于经济社会文化权利。随着时代变化和法律观念的更新，经济社会文化权利不能通过司法途径获得救济的观点

---

1 参见肖新喜：《论社会权请求权》，载《江海学刊》2020 年第 1 期。

2 参见王惠玲：《成文宪法的比较研究——以 107 部宪法文本为研究对象》，对外经济贸易大学出版社 2010 年版，第 86 页。

已经被司法实践所抛弃。我国 2001 年加入《经济、社会及文化权利国际公约》，该公约第 12 条规定："一、本公约缔约各国承认人人有权享有能达到的最高的体质和心理健康的标准。二、本公约缔约各国为充分实现这一权利而采取的步骤应包括为达到下列目标所需的步骤：(甲)减低死胎率和婴儿死亡率，和使儿童得到健康的发育；(乙)改善环境卫生和工业卫生的各个方面；(丙)预防、治疗和控制传染病、风土病、职业病以及其他的疾病；(丁)创造保证人人在患病时能得到医疗照顾的条件。"结合公约总纲约定的各缔约国应尽一切努力履行公约所承担的义务，公民应能通过司法途径救济这些权利。事实上，国家因违反对于公民健康权的尊重义务成为被告的案例并不罕见。南非的 Minister of Health v. Treatment Action Campaign 案就是这方面的经典案件。该案中，南非政府之所以作为被告，被上诉至高级法院，正是由于它违反了宪法层面的尊重健康权的义务。南非每年大约 7000 个婴儿通过母婴传播成为人类免疫缺陷病毒携带者。临床试验表明，使用反逆转录酶病毒药物"奈韦拉平"(Nevirapine)能够有效地降低这种风险。然而，南非的卫生部制订的计划，只允许全国范围内少数的公共卫生诊所给那些感染艾滋病的怀孕妇女使用"奈韦拉平"。原告南非的"治疗行动运动组织"认为，政府不应该禁止向其他大多数感染艾滋病的怀孕妇女提供"奈韦拉平"。高级法院赞同原告的观点，认为政府禁止试点以外的公共卫生诊所使用"奈韦拉平"的行为，违反了政府不侵害公民健康权的消极义务。而且，法院认为政府也违背了逐步实现健康权的积极义务。政府对于高级法院的判决不服，向宪法法院提起上诉，最终宪法法院支持了高级法院的判决，也认为政府限制试点公共卫生诊所使用"奈韦拉平"的行为，侵犯了那些一出生就从母亲身上传染艾滋病病毒的婴儿的健康权，政府违背了对他们健康权的尊重义务。该案堪称健康权具有可诉性的经典案例。[1]

二、基本医疗卫生服务请求权作为社会权具有可诉性

早期的权利观念中，社会权是不具有可诉性的，其可诉性逐渐被认同是一个曲折前进的过程。传统人权观念认为社会权利不属于普遍性的个人权利，因此在救济方式上不赋予该权利体系以司法适用性。晚近时代，人们逐渐认识到作为整体的人的各种权利具有相互关联性，自由权与社会权不是孤立的两类存

1 参见邹艳晖：《论健康权的可诉性》，载《南阳理工学院学报》2017 年第 5 期。

在,无法脱离其中的一类权利来抽象地保护另一类权利。因此,一些国家和地区在可能的范围内发展了社会权利的司法救济途径,包括集体申诉制度、对公民和政治权利的社会性解释、通过肯定性救济手段给予社会权利以事实上的司法保护与公益诉讼等形式。通过这些方式,社会权利在一定程度上获得了司法救济。[1] 除此之外,赋予基本医疗卫生服务请求权可救济性也是对宪法上公民健康权益的有效保障。宪法规定具有原则性、概括性,不能直接适用,宪法关于公民健康权的规定只有通过具体法律才能转化为具体的制度,才能使公民切实地享有该项权利。公民基本医疗卫生服务作为健康受益权的重要内容,在《基本医疗卫生与健康促进法》中得到了充分体现。如何使该法规定的公民权利能够得到有效救济是基本医疗卫生法治化的重大课题。

通过司法途径保障基本医疗卫生服务请求权符合权利发展趋势。从世界上其他国家的实践经验来看,在南非、荷兰、印度等国存在对国家卫生医疗福利请求权判决的大量判决。在印度"邦加诉西孟加拉邦案"中,一位穷人在头部受伤送治后被多所公立医院拒绝,理由是医院缺乏必备的治疗设置,但事实并非如此。印度高等法院认为:"政府的医院和医生负有义务为维护生命健康而提供医疗帮助。维护人们的生命具有最高的重要性,政府的医疗机构没有及时为需要帮助的病人提供医疗违反了《印度宪法》第 21 条保障的生命权。"[2] 此外,荷兰、美国、哥伦比亚宪法法院也有援引医疗福利保障权作判决的先例。

以上是从整体论证基本医疗卫生服务请求权是可诉的,但是其中的基本医疗卫生立法请求权不可诉。公民可以向国家立法机关提出制定有关基本医疗卫生立法的建议和请求,但是立法机关不接受时,不能通过司法途径救济。

第三节 基本医疗卫生服务请求权救济的困境与出路

《基本医疗卫生与健康促进法》规定了公民享有健康权,以及国家和社会应当尊重和保障公民健康权,但对于公民健康权遭受侵犯时如何救济却规定甚

---

1 参见郑贤君:《社会权利的司法救济》,载《法制与社会发展》2003 年第 2 期。

2 Superme Court, Paschim Banga Khct Mazdoor Samity and Othersv, State of West Bengal and Another, A. I. R. 1996, SCC, p. 2426.

少，仅有抽象、宏观、概括性的规定。其中第 96 条规定："国家建立医疗纠纷预防和处理机制，妥善处理医疗纠纷，维护医疗秩序。"该法第 9 章用 9 个条文规定了法律责任，主要为医师、医院、医疗卫生机构违法行为的行政责任。整部法律并没有规定公民基本医疗卫生服务权被侵犯时的救济途径和救济方式，也没有赋予公民司法请求权。

一、基本医疗卫生服务请求权难以救济

基本医疗卫生服务请求权是健康权的具体表征，有效行使基本医疗卫生服务请求权是保障健康权实现的重要条件。健康权是受到宪法保护的权利，《宪法》第 21 条规定，国家企业事业组织和街道组织举办各种医疗卫生设施，开展群众性的卫生活动，保护人民健康。第 45 条第 1 款规定："中华人民共和国公民在年老、疾病或者丧失劳动能力的情况下，有从国家和社会获得物质帮助的权利。国家发展为公民享受这些权利所需要的社会保险、社会救济和医疗卫生事业。"这表明我国《宪法》承认公民在患病时有从国家获得医疗服务的权利，国家要通过发展医疗卫生事业为公民健康权提供基本保障，明确了国家保护公民健康的积极义务。但是，基本医疗卫生服务请求权是一种社会权，而在我国社会权能否被救济尚存在巨大的争议，完整的社会权救济诉讼制度至今尚未建立，因此，基本医疗卫生服务请求权要通过司法途径得以救济有很大的难度。

（一）基本医疗服务请求权尚未得到直接确认

如前所述，基本医疗卫生服务权必须具有请求权能才可通过司法救济，得到最终保障，因此我们提出基本医疗卫生服务请求权这一概念。但是，这一权利并不是一种消极自由权，若没有法律的授权，公民便无法直接提起诉讼。我国《基本医疗卫生与健康促进法》等卫生法律都只是规定国家负有为公民提供基本医疗卫生服务的职权，而没有直接规定公民享有对国家的医疗服务请求权。例如：《基本医疗卫生与健康促进法》第 4 条规定了国家建立健康教育制度；第 16 条规定了国家采取措施，保障公民享有安全有效的基本公共卫生服务；第 34 条规定"国家建立健全由基层医疗卫生机构、医院、专业公共卫生机构等组成的城乡全覆盖、功能互补、连续协同的医疗卫生服务体系。国家加强县级医院、乡镇卫生院、村卫生室、社区卫生服务中心（站）和专业公共卫生机构等的建设，建立健全农村医疗卫生服务网络和城市社区卫生服务网络"；等等。以上均明确了国家的职责，却未规定公民可以要求政府提供这些基本医疗卫生服

务，也缺少政府未履行这些职责时要承担何种法律后果的规定，更没有规定公民可以据此提起诉讼进行请求。

这是对公民医疗服务请求权的间接确认，而非直接确认。间接确认无法从上述之类析出公民基本医疗卫生服务请求权，只能用法律解释方法推论公民享有基本医疗卫生服务请求权。[1] 而解释和理解很难得到立法机关和司法机关的采纳。

（二）司法救济途径尚需探索

基本医疗卫生服务权是一项基本权利，围绕基本医疗卫生服务的各个过程，产生了诸多权利，如知情权、医疗服务设施保障权、药物保障权、公平救治权等。从公民享受基本医疗卫生服务这一权利的救济类型来看，基本医疗服务请求权主要存在5个维度的救济指向：一是基本医疗卫生服务体系、基本医疗设施及基本人力服务请求权的救济。基本医疗卫生服务体系、基本医疗设施及基本人力是公民基本医疗卫生服务请求权的基本保障，只有此种权利得到保障，才能确保公民健康权得以实现。因此，需要对其中所涉及的服务权进行归类，区分哪些权利能够通过司法救济。二是基本药物获得权的救济。现实中存在大量过度治疗事例，患者不能获得疗效可靠、价格低廉的基本药物。是否可以诉讼方式获得基本药物还是一个待探讨的问题。三是基本医疗救助请求权的救济。我国现行救助制度规定，对城乡低保家庭成员、“五保户”和其他经济困难家庭人员，资助其参加城乡居民基本医疗保险并对其难以负担的基本医疗自付费用给予补助。对于贫困人口在患病时没有得到医疗救助，其能否通过司法途径得到救济这一问题，实践上未有先例，在理论上需要探讨。四是基本医疗保险服务权利的救济。我国目前基本医疗保险分为职工医保、城乡居民医保两种，需要根据两种保险来确定基本医疗保险中的权利救济类型。五是基本公共卫生服务权的救济。如前所述，基本公共卫生服务不同于基本医疗服务，是一种典型的公共产品，由国家向全社会免费提供，而基本医疗服务是面向特定的个体，不过也有些基本公共卫生服务是面向不特定的群体，例如新冠肺炎防控要求对公共场所进行消毒以保护公众安全。如果公民没有得到基本公共卫生服务，能否提起请求给付之诉，对此在司法实践中尚未有先例。

需要说明的是，上述基本医疗救助权和基本医疗保险权按照本章第1节的

---

1 参见肖新喜：《论社会权请求权》，载《江海学刊》2020年第1期。

界定,本属于和基本医疗服务权、基本卫生服务权并列的健康权的子权利,但考虑到该二权同样是社会权,司法救济方式是一样的,所以放在基本医疗卫生服务请求权的救济要求上探讨。因此,广义的基本医疗卫生服务权等于积极健康权。

二、民事诉讼与行政诉讼:诉权如何配置

如果权利受到侵害的主体选择采取诉讼的方式使自身的权利得到救济,那么他必然要选择恰当的诉讼类型。对于基本医疗卫生服务请求权救济之诉,主要的争议在于民事诉讼和行政诉讼孰者更为合适。

(一)民事诉讼模式

若采用民事诉讼的方式解决纠纷,则立足点在于私法关系。例如,在医疗服务过程中形成医患关系后,双方主体因医疗问题发生纠纷,患者采取诉讼的方式解决,这是作为基本医疗卫生服务请求权辅助权利的诉权在民事领域实现,即民事领域基本医疗卫生服务请求权的可诉性无可争议。这样的救济方式属于私力救济,权利主体单纯依靠自身的能力和作为,在法律允许的情形下通过合法的方式维护自身的权利。在现行司法保护实践中,往往从医疗事故、医疗侵权、医疗损害等角度为基本医疗权提供救济,这对于公民基本医疗权的保护是远远不够的。私力救济的优点在于尊重权利主体的自身意志,赋予其自由选择的权利,同时维权成本也较低。但是,我们在此定义的基本医疗卫生服务权是一种社会权,社会权能否通过民事诉讼的方式救济存在争议。笔者认为,作为社会权的基本医疗卫生服务权有一部分是可以通过民事诉讼来救济的,例如,用人单位不为职工缴纳医疗保险金,职工可以申请劳动仲裁,不服劳动仲裁裁决的,可以向法院提起民事诉讼;公共卫生机构为居民提供基本公共卫生服务时,若产生医疗损害,也只能通过民事诉讼的方式请求救济。

不过,一般认为社会权的救济主要通过行政诉讼方式来实现,民事诉讼只是其辅助手段。

(二)行政诉讼模式

除选择民事诉讼外,权利主体还可以选择行政诉讼解决纠纷。行政法及行政诉讼法属公法领域,在公法领域内,基本医疗卫生服务请求权的可诉性和社会权的可诉性一样,在理论上存在争议,但实践中正被广泛推广。如果认为作为社会权的基本医疗卫生服务请求权不具有足够的强制力,只具有道德、政治

意义,那就可能会进而否认基本医疗卫生服务请求权在公法上的可诉性。在健康权的救济上,有两套保障机制正趋于形成。一套是以经济、社会、文化权利委员会为中心的外部准司法保护机制,另一套是各国内部的司法救济机制。[1] 我国行政法律体系对此有相关规定。现行《行政诉讼法》第 12 条第 1 款第 10 项已经明确将"行政机关没有依法支付抚恤金、最低生活保障待遇或者社会保险待遇的"作为人民法院行政诉讼受理案件的范围之一,确立了此类权利适用行政给付诉讼的模式。参照抚恤金、最低生活保障待遇以及社会保险待遇的性质,基本医疗卫生服务在立法上已经成为行政给付的内容,那么基本医疗卫生服务请求权就顺理成章可以得到司法救济。如果政府拒绝提供基本医疗卫生服务,则构成行政不作为,可以提起行政给付诉讼。特别是其中规定行政机关没有依法发给社会保险待遇的,当事人对其可以提起行政诉讼,对于基本医疗卫生服务请求权的司法救济尤其具有开创性意义。因为,基本医疗保险就属于社会保险待遇,属于基本医疗卫生服务权的重要内容,这实际上说明我国基本医疗卫生服务请求权有了司法救济的基础,未来逐步扩大司法救济的范围是有可能的,基本医疗卫生服务法治化也有可能彻底实现。

事实上,行政给付诉讼受案范围就是这样逐步发展的。1989 年颁布的《行政诉讼法》对行政给付诉讼只开了一个口子,规定公民可以提起抚恤金请求之诉。2014 年,党的十八届四中全会发布《关于全面推进依法治国若干重大问题的决定》,根据全面推进依法治国的基本要求,《行政诉讼法》进行了修改,行政给付诉讼受案范围增加了最低生活保障待遇和社会保险待遇,基本医疗卫生服务请求权也因此打开了行政给付诉讼之门。司法实践中,各地法院已经在扩大行政给付诉讼受案范围改革上做了有益的探索,各种补助、补偿、奖励等都已成为行政诉讼原告请求对象。[2]

美中不足的是,《行政诉讼法》并未将行政给付诉讼类型化。在保障公民的基本医疗卫生服务请求权方面,现有的制度仅依赖于监督与管理,在救济途径方面,也仅限于行政责任的承担,这不能有效保障公民基本医疗卫生服务请求权的实现。公民健康权这一行政诉讼救济机制在《基本医疗卫生与健康促进

1　参见夏立安:《经济和社会权利的可裁决性——从健康权展开》,载《法制与社会发展》2008 年第 2 期。

2　参见金丽、陈雷:《论我国给付诉讼受案范围的完善》,载《法律适用》2017 年第 19 期。

法》中并未提及。《基本医疗卫生与健康促进法》在“法律责任”一章只简单规定了一些行政责任,很多义务性条款和禁止性条款都没有规定法律责任,更没有设定行政给付诉讼。基本医疗卫生服务请求权目前不能通过现行行政诉讼模式得以救济。作为主要强调政府主导责任的社会性立法,不规定行政给付诉讼,不得不说是一大遗憾。未来是否能够通过司法解释对《行政诉讼法》第12条第1款第10项进行扩大理解与适用,对部分适诉的基本医疗卫生服务请求权进行间接确认,值得期待。

应当说,现有私法与公法对基本医疗卫生服务请求权的救济措施适应不了社会发展的要求。第一,现有的私权救济机制不能适应公民基本医疗卫生服务请求权的救济需要。私权救济基于其个体性、滞后性,只能使公民受损害的权利得以个别保护,不能较全面和普遍地救济公民基本医疗卫生服务请求权。同时,代表公权力救济的具体行政行为也只能在特定情形下对公民的基本医疗卫生服务请求权进行个别保护,实现不了基本医疗卫生服务请求权的整体保护。因此,有必要引进公益诉讼制度,来保护群体性的基本医疗卫生服务权。第二,无论是依据私权还是公权的诉权配置均保障不了公民基本医疗卫生服务请求权的有效实现。传统行政法的命令服从模式关系,强调秩序行政、规制行政,与医疗给付行为的服务性相冲突。公法领域基本医疗卫生服务请求权的可诉性,即对政府医疗公共服务科加司法审查的规定,需要完善行政诉讼法予以保障。基本医疗卫生服务请求权作为一项基本权利,既要求私法权利救济,也需要公法中权利保障,仅凭单一的救济机制无法满足对基本医疗卫生服务请求权的保障。在宏观的立法上,需要注重诉权配置的科学化、合理化。《基本医疗卫生与健康促进法》涉及政府与基本医疗卫生服务提供者(公立医院)之间的权利义务关系,包括政府与公立医院的所有关系和监管关系;医疗服务提供者(公立医院)与公民之间的疾病诊疗权利义务关系;政府与公民之间基本医疗卫生服务保障给付关系;政府与医药企业及患者之间的基本药物供给关系。诉权配置应当立体化,才能使公民基本医疗卫生服务请求权得到切实保障。基于健康权的社会权性质,救济措施也不能简单地照抄照搬私法、行政法现有的方式方法,而应该予以创新。

结 语

自2009年启动新一轮医改以来,国家先后建立了基本医疗服务体系、基本公共卫生服务体系、全民医保、基本药物等基本医疗卫生制度,有效缓解了紧张的医患关系。但是,这些医改成果和经验没有及时上升为法律制度,医疗卫生领域一直没有在宪法之下制定一部基本法,该领域的法制建设滞后于国家整体的法制建设。为了加快卫生法治建设进程,应当抓紧制定一部医疗卫生领域的基本法,落实《宪法》保护公民健康权的要求。

健康权具有复合性,在私法上表现为公民健康不受他人侵害和干扰的权利,国家履行消极义务,称为健康自由权(消极健康权);在公法上表现为公民有权要求国家提供健康设施、药品和医疗服务,国家履行积极义务,称为健康社会权(积极健康权)。前者在《民法典》中得到充分反映,《民法典》第1004条规定:"自然人享有健康权。自然人的身心健康受法律保护。任何组织或者个人不得侵害他人的健康权。"后者则一直没有统一的法律规定,《宪法》规定的国家对公民的健康义务在法律上没有完整体现,这与我国法治的快速发展极不相称。

健康社会权包含公民医疗服务权、公共卫生服务权、医疗保障权、医疗救助权、紧急救治权。在公共卫生法制建设方面,我国已经制定了《传染病防治法》《职业病防治法》《精神卫生法》等9部法律,相对完善。而在医疗领域,基本立法一直尚付阙如,急需制定一部"基本医疗服务法"。(我们的建议被国家立法机关基本采纳,全国人大常委会于2014年年底将"基本医疗卫生法"列入"十三五"第一类立法规划。本课题组因此将研究任务调整为"基本医疗卫生服务法治化研究")

"基本医疗卫生法"落实《宪法》规定的国家健康权义务,政府承担基本医疗卫生服务的主体责任。基本公共卫生服务制度、基本医疗服务体系、药品保障、经费保障、监督管理制度构成“基本医疗卫生法”主体框架。

尽管我们认为现阶段我国还难以实现全民免费医疗,但基本公共卫生服务属于典型的公共产品,应当由政府免费向公民提供,现有基本公共卫生服务范围应当进一步扩大。“基本医疗卫生法”只能对基本公共卫生服务的范围、提供原则、服务主体等作原则性的规定。我国已在9个公共卫生领域分别形成了专门法律,但在新冠疫情防控中,出现了相互之间不协调、不一致的情形。特别是现有的《传染病防治法》不能有效应对新发传染病,需要修改法律对其单独分类来加以规制。根据习近平总书记“强化公共卫生法治保障”的指示,全国人大常委会出台了公共卫生法“一揽子”立法修法计划。我们可以借鉴法国公共卫生法典化经验,编撰“公共卫生法典”,有效化解现有法律冲突,提高法律适用与法律实施的水平,推进公共卫生法律体系向法治体系的转变。

保障公民依法获得基本医疗服务的权利应当成为“基本医疗卫生法”的核心内容。基本医疗服务是指维护人体健康所必需、与经济社会发展水平相适应、公民可公平获得的,采用适宜药物、适宜技术、适宜设备、适宜价格提供的疾病诊断、治疗、护理和康复等服务。基本医疗服务虽然本质上并非公共产品,但现代国家都将其拟制为公共产品向公民提供。我们必须坚持医疗的公益性,由政府主导提供,严格限制营利性医院发展。国家通过建立足够的医院、培养足够的医生、生产足够的药物、报销医疗保险诊疗费用来满足公民日常基本医疗服务需求。我国的医疗服务体系由医院、基层医疗卫生机构、专业公共卫生机构和其他医疗机构组成。在农村,形成了以县级医院为龙头、乡镇卫生院和村卫生室为基础的三级医疗卫生服务网络;在城市,形成了以社区卫生服务中心为主体的社区卫生服务网络。尽管我国已经形成了庞大的医疗机构体系,从医疗机构和医护人员的总数量来看,能够满足社会的医疗服务需求,但是“看病难”的问题依然存在,根本原因在于基层医疗卫生机构留不住好医生,服务水平不能满足所在地居民的诊疗需求。对此,一方面,我们可以借鉴日本、巴西等国做法,大幅提高乡村、社区医生的待遇,让医疗技术好的医生愿意留在基层、乡村。另一方面,可以建立严格的分级诊疗制度,基层医疗卫生机构负责常见病、多发病的诊疗,接受医院的转诊患者;医院接受转诊患者,提供急危重症、疑难病症的诊疗。国家可以建立基本药物制度保障患者的治疗用药需求。基本药物是适应基本医疗卫生需求、剂型适宜、价格合理、能够保障供应、公众可公平获得的药品。对此可以制定专门的“基本药物法”,明确规定各级医疗卫生机构必须优先使用基本药物,明确基本药物遴选、生产、流通、使用各方主体的权利、义务、责任,有效降低医品价格。

我们可以借鉴大陆法系德、日等国的社会医疗保险制度,实行全民医保来解决患者看病费用问题。2016 年,国家整合城镇居民基本医疗保险和新型农村合作医疗两项制度,建立统一的城乡居民基本医疗保险制度,与职工医保并列,成为现行的两大基本医疗保险制度。为了促进健康公平,应当对二者进一步整合,最终实现筹资模式、待遇给付机制、管理机制与医疗卫生资源配置的一体化,形成真正的全民医保制度体系。现有《社会保险法》第 3 章粗线条的规定,远不足以调整基本医疗保险复杂的社会关系,需要制定专门的“基本医疗保险法”来规范参保人、用人单位、保险人、医院、医疗保障局等之间的交叉关系,对医保基金的支付范围、标准进行清晰界定。对于特困供养人员,国家通过为其缴纳基本医疗保险费的方式提供医疗救助。我们已经进入小康社会,过去的医疗救助标准、水平无法满足新时代健康公平的要求,专门立法应当最大限度地提高医疗救助标准、提高医疗救助报销金额和范围、提高医疗救助用药水平、提高救助对象护理水平,从而提高医疗救助服务质量,实现医疗救助从保障数量向保障质量转变,切实提高我国医疗保障水平。

通过法律建立的医疗卫生制度需要严格监督执行,保障其实施。2018 年国务院改革过去的单一监管体制,建立了机构自治、行业自律、政府监管、社会监督相结合的医疗卫生综合监管制度,从重点监管公立医疗卫生机构转向全行业监管,从注重事前审批转向注重事中、事后全流程监管,从单项监管转向综合协同监管,从主要运用行政手段转向统筹运用行政、法律、经济和信息等多种手段。提升我国卫生行政执法、卫生监管的法治水平,需要加强执法监管机构的独立性,完备监管规则和依据,提供更多监管工具以应对各种情形,还需扩大医疗行政给付诉讼范围,充分发挥司法监督的作用。

附录一　《基本医疗卫生法》专家建议稿*

《基本医疗卫生法》专家建议稿

目　　录

第一章　总　　则

第一条　【立法目的和依据】

为保障公民健康权益,实现人人享有基本医疗卫生服务,促进医疗卫生事业发展,推进健康中国建设,根据宪法,制定本法。

---

* 此建议稿曾于2017年9月提交全国人大教科文卫委员会,被采纳。
作为课题重要阶段性成果,现将原稿附录于结题报告。

中南大学法学院
中南大学医疗卫生法研究中心
2017年9月15日

【条文说明】中共中央、国务院《关于深化医药卫生体制改革的意见》规定：坚持以人为本，把维护人民健康权益放在第一位。坚持医药卫生事业为人民健康服务的宗旨，以保障人民健康为中心，以人人享有基本医疗卫生服务为根本出发点和落脚点。

《宪法》第33条第3款规定："国家尊重和保障人权。"健康权是《宪法》规定的基础性公民权利。

第二条 【医疗卫生事业性质及国家义务】

国家优先发展医疗卫生事业，提高全民健康水平，为公民提供与社会经济发展水平相适应的，人人可以获得的基本医疗卫生服务。

基本医疗卫生服务包括基本医疗服务和基本公共卫生服务。

【条文说明】《宪法》第21条规定："国家发展医疗卫生事业，发展现代医药和我国传统医药，鼓励和支持农村集体经济组织、国家企业事业组织和街道组织举办各种医疗卫生设施，开展群众性的卫生活动，保护人民健康。国家发展体育事业，开展群众性的体育活动，增强人民体质。"

习近平在2016年全国卫生与健康大会上强调，把人民健康放在优先发展战略地位，加快推进健康中国建设，努力全方位、全周期保障人民健康。

《"十三五"深化医药卫生体制改革规划》(国发〔2016〕78号)基本原则部分规定："坚持以人民健康为中心。把人民健康放在优先发展的战略地位，以公平可及、群众受益为目标，坚守底线、补齐短板，作出更有效的制度安排，维护基本医疗卫生服务的公益性，使全体人民在共建共享中有更多获得感。"

第三条 【公民健康权】

凡在中华人民共和国境内居住的公民，不分民族、种族、性别、职业、家庭出身、宗教信仰、教育程度、财产状况、居住期限，都依法享有平等接受基本医疗卫生服务的权利，并应履行接受基本医疗卫生服务需承担的法律义务。

【条文说明】《宪法》第33条规定："凡具有中华人民共和国国籍的人都是中华人民共和国公民。中华人民共和国公民在法律面前一律平等。国家尊重和保障人权。任何公民享有宪法和法律规定的权利，同时必须履行宪法和法律规定的义务。"

第四条 【基本原则】

国家医疗卫生事业应当坚持公益性质，贯彻预防为主、防治结合，以农村和基层为重点，中西医并重的方针，把健康融入所有政策，全社会共建共享。

国家实行政事分开、管办分开、医药分开、营利性和非营利性分开，强化政府在基本医疗卫生服务中的责任，加强政府在制度、规划、筹资、服务、监管等方面的主导责任，维护公共医疗卫生服务的公益性，促进公平公正。

【条文说明】中共中央、国务院《关于深化医药卫生体制改革的意见》规定：坚持公共医疗卫生的公益性质，坚持预防为主、以农村为重点、中西医并重的方针，实行政事分开、管办分开、医药分开、营利性和非营利性分开，强化政府责任和投入，完善国民健康政策，健全制度体系，加强监督管理，创新体制机制，鼓励社会参与，建设覆盖城乡居民的基本医疗卫生制度，不断提高全民健康水平，促进社会和谐。

《"健康中国2030"规划纲要》规定："共建共享、全民健康"是建设健康中国的战略主题。核心是以人民健康为中心，坚持以基层为重点，以改革创新为动力，预防为主，中西医并重，把健康融入所有政策，人民共建共享的卫生与健康工作方针。共建共享是建设健康中国的基本路径。全民健康是建设健康中国的根本目的。

《"健康中国2030"规划纲要》规定：加快建立更加成熟定型的基本医疗卫生制度，维护公共医疗卫生的公益性，有效控制医药费用不合理增长，不断解决群众看病就医问题。推进政事分开、管办分开，理顺公立医疗卫生机构与政府的关系，建立现代公立医院管理制度。

《"十三五"深化医药卫生体制改革规划》（国发〔2016〕78号）规定：坚持推进供给侧结构性改革。实行政事分开、管办分开、医药分开、营利性和非营利性分开，优化供给侧治理能力和要素配置，提升服务效率和质量。

第五条　【医疗卫生规划】

国务院和县级以上地方人民政府应当通过公开、民主程序制定医疗卫生事业发展规划，并把其纳入国民经济和社会发展规划，保障基本医疗卫生服务水平与经济社会发展相协调、与公民的承受能力相适应。

国务院和县级以上地方人民政府应当合理配置医疗服务资源，促进基本医疗卫生服务均衡发展，并采取措施，保障农村地区、少数民族地区、边远贫困地区实施基本医疗卫生服务制度，逐步提高低保人群、残疾人员以及特困群体的医疗卫生保障水平。

【条文说明】《"健康中国2030"规划纲要》指出：推进健康中国建设是"全面提升中华民族健康素质、实现人民健康与经济社会协调发展的国家战略"。

《宪法》第 45 条第 1 款规定:“中华人民共和国公民在年老、疾病或者丧失劳动能力的情况下,有从国家和社会获得物质帮助的权利。国家发展为公民享受这些权利所需要的社会保险、社会救济和医疗卫生事业。”

“健康中国”是国家基本发展战略,医疗卫生事业发展事关健康中国建设进程,应当通过立法把医疗卫生事业发展纳入国民经济和社会发展规划;政府应当优化医疗卫生资源配置,在医疗卫生资源分配中起主导作用。

第六条 【政府主导的医疗卫生投入机制】

国家建立政府主导的多元卫生投入机制。确立政府在提供基本医疗服务和公共卫生中的主导地位。基本医疗服务由政府、社会和个人三方合理分担费用。基本公共卫生服务主要通过政府筹资,向城乡居民均等化提供。特需医疗服务由个人直接付费或通过商业健康保险支付。

国家财政性医疗卫生经费支出占国民生产总值的比例应当随着国民经济的发展和财政收入的增长逐步提高。具体比例和实施步骤由国务院规定。全国各级财政支出总额中医疗卫生经费所占比例应当随着国民经济的发展逐步提高。

国家逐步加大对少数民族地区、边远贫困地区中央财政转移支付力度。

【条文说明】中共中央、国务院《关于深化医药卫生体制改革的意见》规定,建立政府主导的多元卫生投入机制,明确政府、社会与个人的卫生投入责任。确立政府在提供公共卫生和基本医疗服务中的主导地位。公共卫生服务主要通过政府筹资,向城乡居民均等化提供。基本医疗服务由政府、社会和个人三方合理分担费用。特需医疗服务由个人直接付费或通过商业健康保险支付。

《“健康中国 2030”规划纲要》规定,健全政府健康领域相关投入机制,调整优化财政支出结构,加大健康领域投入力度,科学合理界定中央政府和地方政府支出责任,履行政府保障基本健康服务需求的责任。充分调动社会组织、企业等的积极性,形成多元筹资格局。

《“十三五”卫生与健康规划》(国发〔2016〕77 号)规定,进一步明确政府、社会与个人的卫生计生投入责任,完善合理分担机制,缓解个人就医经济负担。明确政府在提供公共卫生和基本医疗服务中的主导地位,加大政府卫生投入,保障人民群众的基本医疗卫生服务需求。

第七条 【扶持政策】

国家鼓励和支持各种经济社会组织参与发展医疗卫生服务事业,满足公民多层次、多样化的健康卫生服务需求。

国家平等对待社会资本举办的医疗卫生机构与政府举办的医疗卫生机构，依法加强对社会力量办医的监管。

国家保护、扶持和发展中医药事业，继承和弘扬中医药的特色和优势，促进中医药发展。

【条文说明】《关于加快发展社会办医的若干意见》（国卫体改发〔2013〕54号）指出："优先支持社会资本举办非营利性医疗机构，加快形成以非营利性医疗机构为主体、营利性医疗机构为补充的社会办医体系。"

国务院办公厅《关于促进社会办医加快发展的若干政策措施》（国办发〔2015〕45号）指出："通过政府购买服务方式，支持符合条件的社会办医疗机构承接当地公共卫生和基本医疗服务以及政府下达的相关任务，并逐步扩大购买范围。"

《"十三五"深化医药卫生体制改革规划》（国发〔2016〕78号）规定：坚持政府主导与发挥市场机制作用相结合。在基本医疗卫生服务领域，坚持政府主导，落实政府责任，适当引入竞争机制。在非基本医疗卫生服务领域，发挥市场活力，加强规范引导，满足多样化、差异化、个性化健康需求。

《中医药法》第1条规定，为了继承和弘扬中医药，保障和促进中医药事业发展，保护人民健康，制定本法。

第八条　【基本医疗卫生服务的标准】

国家建立基本医疗卫生制度，保障基本医疗卫生服务具有可及性、可承受性、可获得性，质量有保障。

【条文说明】联合国经济、社会和文化权利委员会在2000年对《经济、社会及文化权利国际公约》第12条通过了一项关于健康权的一般性解释。首先，健康权包含两部分，及时、恰当的健康照护以及健康的基础条件，其中前者主要包括食品卫生保健、医药保健、母婴卫生保健、传染病的预防接种、基本药物保障等，后者包括获得安全的饮用水和充分的卫生，充分提供安全食品、营养和住房、健康职业和环境条件，获得有关健康的教育和信息，包括性和生育健康的信息。其次，缔约国为实现上述健康权所建立的相关保障制度，必须具备可获得性（availability）、可及性（accessibility）、可接受性（acceptability）和品质保障性（quality）。最后，评论规定，健康权作为一项基本人权，政府必须承担三类义务，即尊重义务（respect）、保护义务（protect）和给付义务（fulfill）。

第九条 【基本医疗卫生制度】

国家建立协调统一、科学规范的医疗卫生运行机制和管理体制。

国家建立健全覆盖城乡居民的公共卫生服务体系、医疗服务体系、医疗保障体系、药品供应保障体系，形成四位一体的基本医疗卫生制度。

【条文说明】中共中央、国务院《关于深化医药卫生体制改革的意见》规定，建设覆盖城乡居民的公共卫生服务体系、医疗服务体系、医疗保障体系、药品供应保障体系，形成四位一体的基本医疗卫生制度。四大体系相辅相成，配套建设，协调发展。

《"十三五"深化医药卫生体制改革规划》（国发〔2016〕78号）指出："到2020年，普遍建立比较完善的公共卫生服务体系和医疗服务体系、比较健全的医疗保障体系、比较规范的药品供应保障体系和综合监管体系、比较科学的医疗卫生机构管理体制和运行机制。"

第十条 【公共卫生制度】

国家建立健全疾病预防控制、健康教育、妇幼保健、精神卫生、应急救治、采供血、卫生监督和计划生育等专业公共卫生服务网络，完善以基层医疗卫生服务网络为基础的医疗卫生服务体系的公共卫生服务功能，保障城乡居民均等享有基本公共卫生服务。

【条文说明】中共中央、国务院《关于深化医药卫生体制改革的意见》规定：建立健全疾病预防控制、健康教育、妇幼保健、精神卫生、应急救治、采供血、卫生监督和计划生育等专业公共卫生服务网络，完善以基层医疗卫生服务网络为基础的医疗服务体系的公共卫生服务功能，建立分工明确、信息互通、资源共享、协调互动的公共卫生服务体系，提高公共卫生服务和突发公共卫生事件应急处置能力，促进城乡居民逐步享有均等化的基本公共卫生服务。

第十一条 【政府办医的主导责任】

各级政府应当合理制定区域卫生规划和医疗机构设置规划，明确公立医疗机构的数量、规模和布局，坚持公立医疗机构面向城乡居民提供基本医疗服务的主导地位。

坚持非营利性医疗机构为主体、营利性医疗机构为补充，公立医疗机构为主导、非公立医疗机构共同发展的办医原则，建设结构合理、覆盖城乡的医疗服务体系。

【条文说明】中共中央、国务院《关于深化医药卫生体制改革的意见》规定：

进一步完善医疗服务体系。坚持非营利性医疗机构为主体、营利性医疗机构为补充,公立医疗机构为主导、非公立医疗机构共同发展的办医原则,建设结构合理、覆盖城乡的医疗服务体系。

《全国医疗卫生服务体系规划纲要(2015—2020年)》(国办发〔2015〕14号)规定:优化医疗卫生资源配置,构建与国民经济和社会发展水平相适应、与居民健康需求相匹配、体系完整、分工明确、功能互补、密切协作的整合型医疗卫生服务体系,为实现2020年基本建立覆盖城乡居民的基本医疗卫生制度和人民健康水平持续提升奠定坚实的医疗卫生资源基础。

《"十三五"推进基本公共服务均等化规划》(国发〔2017〕9号)规定:落实区域卫生规划和医疗机构设置规划,依据常住人口规模和服务半径等合理配置医疗卫生资源。

第十二条 【医疗人力保障制度】

国家实行医疗卫生人才保障制度,统一规划医疗卫生人才的培养。对偏远、基层和特殊岗位人才实行优惠政策。

建立医疗卫生专业技术人员资格准入和注册制度;实行岗位管理为基础的优劳优得的收入分配机制;通过考核评价、激励、培养和培训,提高医务人员素质。

【条文说明】本条旨在为医疗卫生技术人员提供制度保障。

《"健康中国2030"规划纲要》规定:建立符合医疗卫生行业特点的人事薪酬制度。对接国际通行模式,进一步优化和完善护理、助产、医疗辅助服务、医疗卫生技术等方面人员评价标准。

《"十三五"深化医药卫生体制改革规划》(国发〔2016〕78号)规定:健全完善人才培养使用和激励评价机制。从提升和改善薪酬待遇、发展空间、执业环境、社会地位等方面入手,调动广大医务人员积极性、主动性和创造性,发挥医务人员改革主力军作用。

第十三条 【医疗保障制度】

国家建立和完善以基本医疗保障为主体,其他多种形式保险为补充,覆盖城乡居民的多层次医疗保障体系。

建立城乡医疗救助制度,防止因病致贫、因病返贫。

【条文说明】中共中央、国务院《关于深化医药卫生体制改革的意见》提出:加快建设医疗保障体系。加快建立和完善以基本医疗保障为主体,其他多种形式补充医疗保险和商业健康保险为补充，覆盖城乡居民的多层次医疗保障体系。

《"健康中国2030"规划纲要》规定：健全以基本医疗保障为主体、其他多种形式补充保险和商业健康保险为补充的多层次医疗保障体系。

《"十三五"深化医药卫生体制改革规划》（国发〔2016〕78号）规定：建立起较为完善的基本医保、大病保险、医疗救助、疾病应急救助、商业健康保险和慈善救助衔接互动、相互联通机制。

第十四条 【药物保障制度】

国家建立药物供应保障制度，按照防治必需、安全有效、价格合理、使用方便、中西药并重的原则确定基本药物目录。

【条文说明】中共中央、国务院《关于深化医药卫生体制改革的意见》规定：加快建立以国家基本药物制度为基础的药品供应保障体系，保障人民群众安全用药。建立国家基本药物制度。中央政府统一制定和发布国家基本药物目录，按照防治必需、安全有效、价格合理、使用方便、中西药并重的原则，结合我国用药特点，参照国际经验，合理确定品种和数量。

《"健康中国2030"规划纲要》规定：巩固完善国家基本药物制度，推进特殊人群基本药物保障。完善现有免费治疗药品政策，增加艾滋病防治等特殊药物免费供给。建立以基本药物为重点的临床综合评价体系。

第十五条 【卫生监管制度】

国家实行统一、规范的卫生监督管理制度。

所有医疗卫生机构，不论所有制、投资主体、隶属关系和经营性质，由所在地卫生计生行政部门统一规划、统一准入、统一监管。

国家实行卫生全行业、属地化的管理制度。

【条文说明】中共中央、国务院《关于深化医药卫生体制改革的意见》规定：建立协调统一的医药卫生管理体制。实施属地化和全行业管理。所有医疗卫生机构，不论所有制、投资主体、隶属关系和经营性质，均由所在地卫生行政部门实行统一规划、统一准入、统一监管。中央、省级可以设置少量承担医学科研、教学功能的医学中心或区域医疗中心，以及承担全国或区域性疑难病症诊治的专科医院等医疗机构；县（市）主要负责举办县级医院、乡村卫生和社区卫生服务机构；其余公立医院由市负责举办。

《"健康中国2030"规划纲要》规定：加强卫生计生、体育、食品药品等健康领域监管创新，加快构建事中和事后监管体系，全面推开“双随机、一公开”机制建设。

第十六条 【科研教育】

国家鼓励、支持和发展医学科学技术研究，推动医疗卫生科学技术创新，推广医疗卫生科学研究成果转化和应用。

国家加强全科医学教育，完善标准化、规范化的临床医学教育，提高医学教育质量，培养医疗卫生专业人才。

【条文说明】本条旨在加强医学教育、医药科研创新、成果转化。

《“健康中国2030”规划纲要》规定：建立更好的医学创新激励机制和以应用为导向的成果评价机制，有效提升基础前沿、关键共性、社会公益和战略高科技的研究水平。改革医学教育制度，加快建成适应行业特点的院校教育、毕业后教育、继续教育三阶段有机衔接的医学人才培养培训体系。

《“十三五”卫生与健康规划》（国发〔2016〕77号）规定：全面推进卫生与健康科技创新，加强医学科技创新政策环境建设，健全创新人才培养、新技术评估、医学研究标准与规范、医学伦理与科研诚信、知识产权等保障机制，大幅提升医学科技成果转移转化率。

第十七条 【健康中国委员会】

中央政府统一领导全国医疗卫生工作，成立多部门参与的健康中国工作委员会，制定医疗卫生事业方针，建立促进卫生事业发展的行政管理体制和议事协调机制。

县级以上地方人民政府统一领导本行政区域内的卫生工作。

【条文说明】落实习近平总书记健康优先发展战略，成立健康中国工作委员会，明确医疗卫生工作的领导和管理体制。

《“健康中国2030”规划纲要》规定：完善健康中国建设推进协调机制，统筹协调推进健康中国建设全局性工作，加强战略谋划，指导部门、地方开展工作。

第十八条 【医疗卫生主管部门】

国务院卫生计生行政部门主管全国医疗卫生服务工作，统筹规划、协调管理全国医疗卫生事业。

县级以上地方各级人民政府卫生计生行政部门主管本行政区域内的医疗卫生服务工作。

发展改革、财政、人力资源社会保障、民政、教育、环境保护、食品药品监管等部门在各自职责范围内负责有关医疗卫生服务工作。

【条文说明】本条旨在明确各部门在各自职责范围内负责有关的医疗卫生服务工作。

《“健康中国2030”规划纲要》规定:清晰划分中央和地方以及地方各级政府医药卫生管理事权,实施属地化和全行业管理。

第十九条 【人大监督】

中央政府和各级人民政府应当依法向本级人民代表大会或者其常务委员会报告医疗卫生工作和医疗卫生经费预算、决算情况,接受其指导和监督。

【条文说明】本条旨在确立人大监督医疗卫生工作。

第二十条 【国际交流与合作】

国家鼓励和支持开展医疗卫生领域的国际交流与合作,平等互利、相互尊重,维护国际公共卫生安全和国家利益。

国家认真履行国际卫生义务,积极参与并引导全球卫生治理。

【条文说明】《“健康中国2030”规划纲要》规定:实施中国全球卫生战略,全方位积极推进人口健康领域的国际合作。积极参与全球卫生治理,在相关国际标准、规范、指南等的研究、谈判与制定中发挥影响,提升健康领域国际影响力和制度性话语权。

《“十三五”深化医药卫生体制改革规划》(国发〔2016〕78号)规定:制订实施中国全球卫生战略,结合“一带一路”建设,建立完善国际交流合作机制,加强多双边交流合作,深入参与全球卫生治理,交流借鉴改革发展有益经验。

第二十一条 【奖励制度】

各级人民政府及其有关部门对在基本医疗卫生服务中作出突出贡献的组织和个人给予表彰、奖励。

第二章 公民健康权利与义务

第二十二条 【平等健康权】

公民健康权不应因个人的性别、年龄、身份、职业、种族、社会地位和经济条件等而区别对待。

【条文说明】依据《宪法》第33条第2款规定,中华人民共和国公民在法律面前一律平等。

第二十三条 【健康自由权】

为维护和促进健康，公民有选择健康生活方式、医疗机构、治疗方案的自由，有合理利用公共健康资源与服务的自由，以及保护健康隐私的自由。但健康自由的行使不得妨碍公共卫生、公共健康。

各级国家机关不得妨碍和侵害公民身体和精神健康，不可剥夺公民为维持健康所必需享有的权利，不得查封、扣押公民维持健康所必需的生活用品，不得妨碍第三人向权利人提供健康所需要的物品、服务和信息等等。

【条文说明】依据《宪法》第33条第3款规定，国家尊重和保障人权。本条旨在明确健康权的自由权属性，要求国家以克制和包容的手段保障公民健康权。

《"健康中国2030"规划纲要》规定：要强化个人健康责任，提高全民健康素养，引导形成自主自律、符合自身特点的健康生活方式，有效控制影响健康的生活行为因素，形成热爱健康、追求健康、促进健康的社会氛围。

第二十四条 【健康资源获得权】

公民享有不受歧视、经济上能够承担、信息充分，且实际性地可获得基本健康医疗卫生资源的权利。

各级政府应逐步保障公民基本健康需要，应从整体考虑整个社会人群的多种健康需求，对现有健康资源进行合理配置。

公民负有合理利用医疗卫生资源的义务，不得滥用和浪费医疗卫生资源。

【条文说明】依据《宪法》第21、45条。本条旨在突出健康权的社会权属性，要求国家以财政为基础积极提供条件以保障实现。

第二十五条 【健康保障权】

国家应当建立覆盖全民的、多层次基本医疗保险体系，确保公民平等参保和享有基本医疗保险待遇。

公民享有依法参加基本医疗保险，并获得相应基本医疗保险待遇的权利。

【条文说明】对于多层次基本医疗保险体系，有的观点认为是由统一的基本医疗保险，公务员补充医疗保险或大病补充医疗保险，以及商业医疗保险等组成；有的观点认为是指城镇职工、居民和新农合等基本医疗保险形式，或职工医保与城乡基本医疗保险。

中国地域辽阔，个人经济水平差别巨大，建立同一筹资标准和待遇的统一基本医疗保险是不切实际并很难操作的。比如，新农合与居民基本医疗保险统一筹资标准(提升到150元)后,三口之家的城市居民家庭尚能接受,而六口之家的贫困地区农村家庭却不堪重负,因此退保的情形增加。因此,要建立不同筹资标准对应不同保险待遇的多元基本医疗保险体系,供参保者理性选择。

中共中央、国务院《关于深化医药卫生体制改革的意见》明确规定,深化医药卫生体制改革的总体目标为建立健全覆盖城乡居民的基本医疗卫生制度,为群众提供安全、有效、方便、价廉的医疗卫生服务。

第二十六条 【健康知情权】

公民有权获得涉及自身健康利益和公共健康的信息。

各级人民政府及其部门应当在各自职责范围内主动公开医疗政策、措施及其实施情况,及公共卫生、食品药品、环境保护、安全生产、产品质量的监督检查情况。

政府、医疗卫生机构和相关单位应当建立健全本单位的健康信息公开制度。

【条文说明】参考《政府信息公开条例》第9、10条。该知情权的义务主体是国家,区别于以医院和医务人员为义务主体的医疗知情同意权。

第二十七条 【健康隐私权】

公民的个人健康隐私受法律保护。在医疗活动中,医疗机构应当尊重患者的隐私,不得泄露患者的隐私。公民有尊重和保护他人健康隐私的义务。

【条文说明】参考《宪法》第38条;《民法通则》第101条[1];《侵权责任法》第62条[2]。

第二十八条 【医疗知情同意权】

医务人员在诊疗活动中,应当向患方说明病情、治疗方案以及医疗风险,并尊重患方的合理要求。不宜或不能直接向患者说明的,应当向患者的近亲属说明,并确认对方已知悉。

【条文说明】参考《侵权责任法》第55条。[3]

第二十九条 【病历资料查阅、复印权】

医疗机构及其医务人员应当按照国务院卫生计生行政部门的规定,书写并

---

1 此条后变迁为《民法总则》第110条第1款,2020年并入《民法典》中。其内容为:自然人享有生命权、身体权、健康权、姓名权、肖像权、名誉权、荣誉权、隐私权、婚姻自主权等权利。

2 此条文已失效,现变更为《民法典》第1226条。

3 此条文已失效,现变更为《民法典》第1219条。

妥善保管病历资料。严禁任何单位和个人篡改、伪造、隐匿、销毁或者抢夺病历资料。患者可以依照法律规定复印或者复制其病历资料。

【条文说明】参考《侵权责任法》第61条。[1]

第三十条 【紧急医疗救治权】

公民在患病危机时，有接受紧急抢救、治疗的权利，在治疗过程中有获得正当、适宜的医疗照顾的权利。在涉及公共健康安全情况下，公民有接受紧急医疗处理的义务。

【条文说明】参考《执业医师法》第24条。[2]

第三十一条 【配合诊疗义务】

在医疗活动中，患者或者其近亲属有尊重医务人员和医学科学规律，配合医疗机构进行诊疗的义务，不得干扰医疗秩序，妨害医务人员的工作、生活。医疗机构及其医务人员的合法权益受法律保护。

患者在就医时应如实反映病情及相关情况，由于患者故意隐瞒而形成的医疗责任由患者自己承担。

【条文说明】参考《侵权责任法》第64条。[3]

此外，多部门出台了《关于维护医疗机构秩序的通告》《关于维护医疗秩序打击涉医违法犯罪专项行动方案》《关于依法惩处涉医违法犯罪维护正常医疗秩序的意见》等规定。《刑法修正案(九)》，将"聚众扰乱公共、交通秩序罪"，变更为"聚众扰乱社会秩序罪"，情节认定包括"致使工作、生产、营业和教学、科研、医疗无法进行，造成严重损失"。

第三十二条 【医疗救助权】

生活贫困和疾病负担较重的患者有获得医疗救助的权利。

政府对具有特殊困难的公民参加城乡居民基本医疗保险个人缴费部分，给予补贴。

政府对具有特殊困难的公民经基本医疗保险、大病保险和其他补充医疗保险支付后，个人及其家庭难以承担的符合规定的基本医疗自负费用，给予补助。

【条文说明】参考《宪法》第45条。本条旨在确保社会弱势群体的健康安

1 此条文已失效，现变更为《民法典》第1225条。

2 此条文已失效，现变更为《医师法》第27条。

3 此条文已失效，现变更为《民法典》第1228条。

全，针对的是特定对象的具体规定。

第三十三条 【公共卫生权】

公民有获得与国家经济发展水平相适应的公共卫生服务的权利。

公民有权获得安全的饮水，有权获得维持健康基本需要的安全食物、营养供应和适当的卫生条件。各级人民政府应当制定传染病防治规划并组织实施，建立健全传染病防治的疾病预防控制、医疗救治和监督管理体系。

公民有爱护公共环境、接受计划免疫、报告传染病等配合维护公共卫生的义务。

【条文说明】参考《传染病防治法》第5、15、39条；《公共场所卫生管理条例》等。

第三十四条 【工作卫生权】

公民有权要求在安全卫生的环境下从事生产劳动，并有权要求提供相关职业健康保障。公民具有遵守卫生规范，在工作中维护卫生安全的义务。

【条文说明】参考《宪法》第42、43条；《职业病防治法》。

第三十五条 【受健康教育权】

公民有获得医疗保健、环境卫生、健康行为及生活方式等健康知识教育的权利。

国家应当建立全民健康教育制度，引导公民建立科学的健康观念。公民应当培养健康生活方式，提高自身健康水平。

【条文说明】《"健康中国2030"规划纲要》规定：建立健全健康促进与教育体系，提高健康教育服务能力，从小抓起，普及健康科学知识。加强精神文明建设，发展健康文化，移风易俗，培育良好的生活习惯。各级各类媒体加大健康科学知识宣传力度，积极建设和规范各类广播电视等健康栏目，利用新媒体拓展健康教育。

第三十六条 【母婴健康权】

母亲和婴儿有权获得医疗保健服务。

各级人民政府应当采取措施，加强母婴保健工作，提高医疗保健服务水平，积极防治由环境因素所致严重危害母亲和婴儿健康的地方性高发性疾病。

国家对边远贫困地区的母婴保健事业给予扶持。

【条文说明】参考《母婴保健法》第2条。

第三十七条 【未成年人健康权】

卫生部门应当做好对儿童的计划免疫工作，积极防治儿童常见病、多发病，加强对传染病防治工作的监督管理。

卫生部门和学校应当对未成年人进行卫生保健和营养指导，提供必要的卫生保健条件，做好疾病预防工作，增强未成年人的自我保护意识和能力。

【条文说明】参考《宪法》第46条；《儿童权利公约》第24条。

第三十八条 【残疾人健康权】

残疾人有权享有可达到的最高健康标准。各级人民政府和有关部门应当采取适当措施，确保残疾人获得公平、可及、能接受的医疗卫生服务，包括与健康有关的康复服务。

各级人民政府对贫困残疾人的基本医疗、康复服务、必要的辅助器具的配置和更换，应当按照规定给予救助。

【条文说明】参考《宪法》第45条；《残疾人权利公约》第25条；《残疾人保障法》等。

第三十九条 【老年人健康权】

老年人享有保持或恢复身体、智力和情绪的最佳水平，预防或延缓疾病发生的保健服务权利。

各级人民政府和有关部门应当将老年医疗卫生服务纳入城乡医疗卫生服务规划，将老年人健康管理和常见病预防等纳入国家基本公共卫生服务项目。鼓励为老年人提供保健、护理、临终关怀等服务。

【条文说明】参考《宪法》第49条；《联合国老年人原则》。

第四十条 【健康权救济】

有关卫生行政主体怠于履行保障健康义务及不适当实施卫生行政行为，造成公民健康权益损害的，公民有权提出行政复议或行政诉讼。

【条文说明】依据《宪法》第41条。

第三章 基本医疗保险

第四十一条 【全民基本医疗保险制度】

国家逐步建立城镇职工、城镇居民、农村居民统一的全民基本医疗保险制度。

【条文说明】国务院《"十二五"期间深化医药卫生体制改革规划暨实施方

案》中指出，"加快健全全民医保体系"，充分发挥全民基本医保的基础性作用，重点由扩大范围转向提升质量。

第四十二条 【基本原则】

全民基本医疗保险坚持全覆盖、保基本和可持续的原则。

【条文说明】中共中央、国务院《关于深化医药卫生体制改革的意见》中指出，建立覆盖城乡居民的基本医疗保障体系，坚持广覆盖、保基本、可持续的原则。

第四十三条 【主管机关及职责】

全民基本医疗保险由国家人力资源和社会保障部门负责实施。主要负责以下事项：

（一）审议基本医疗保险费率；

（二）确定基本医疗保险基金支付范围；

（三）制定基本医疗保险基金支付标准和支付方式；

（四）政策、法规的研究及咨询；

（五）其他有关保险业务的事项。

第四十四条 【参保对象】

参加全民基本医疗保险的对象包括：城镇职工、城乡居民。

第四十五条 【参保方式】

全民基本医疗保险的参保方式依照社会保险法的有关规定。城镇职工应当参加基本医疗保险，由用人单位和职工按照国家规定共同缴纳基本医疗保险费。城乡居民基本医疗保险费由个人缴费和政府补贴组成。

【条文说明】参考《社会保险法》第23、25条。

第四十六条 【参保年限】

城镇职工参加全民基本医疗保险，达到法定退休年龄时累计缴费达到国家规定年限的，退休后不再缴纳基本医疗保险费，按照国家规定享受全民基本医疗保险待遇；未达到国家规定年限的，可以缴费至国家规定年限。

【条文说明】参考《社会保险法》第27条。

第四十七条 【保险基金管理】

全民基本医疗保险实行国家统一的基金财务制度、会计制度和基金预决算制度。医保基金纳入财政专户，实行收支两条线管理。

基金独立核算、专户管理，任何单位和个人不得挤占挪用。

国家建立覆盖全体公民的基本医疗保障制度，多渠道筹集基本医疗保险、大病医疗保险资金。建立不同层级政府间的责任分担机制，确保各级财政资金拨付到位。

【条文说明】国务院《关于整合城乡居民基本医疗保险制度的意见》中对“统一基金管理”作出规定。

第四十八条　【基金支付】

符合全民基本医疗保险药品、医用耗材、医疗服务项目、医疗服务设施目录以及急诊、抢救的医疗费用，按照国家规定从全民基本医疗保险基金中支付。

参保人员医疗费用中应当由全民基本医疗保险基金支付的部分，由社会保险经办机构与医疗机构、药品经营单位直接结算。

实行多种付费方式，建立健全医保经办机构与医疗机构及药品供应商的谈判协商机制和风险分担机制，规范定点医疗机构的服务行为，提高基本医疗保险基金使用效率。

【条文说明】参考《社会保险法》。

国务院《关于整合城乡居民基本医疗保险制度的意见》规定：系统推进按人头付费、按病种付费、按床日付费、总额预付等多种付费方式相结合的复合支付方式改革，建立健全医保经办机构与医疗机构及药品供应商的谈判协商机制和风险分担机制，推动形成合理的医保支付标准，引导定点医疗机构规范服务行为，控制医疗费用不合理增长。

第四十九条　【待遇保障】

职工及城乡居民基本医疗保险的待遇标准按照国家规定执行。

统一医疗保障范围和支付标准，为参保人员提供公平的基本医疗保障。

实行统一的医保药品目录和医疗服务项目目录，明确药品和医疗服务支付范围。

国家人力资源和社会保障部门对医保目录实行分级管理、动态调整，并逐步完善医保目录管理办法。

【条文说明】国务院《关于整合城乡居民基本医疗保险制度的意见》中对“统一保障待遇”作出规定。

第五十条　【不纳入全民医疗保险基金的情形】

下列费用不纳入全民基本医疗保险基金支付范围：

（一）应当从工伤保险基金中支付的；

(二)应当由第三人负担的;

(三)应当由公共卫生负担的;

(四)在境外就医的。

医疗费用依法应当由第三人负担,第三人不支付或者无法确定第三人的,由基本医疗保险基金先行支付。基本医疗保险基金先行支付后,有权向第三人追偿。

【条文说明】参考《社会保险法》第30条。

第五十一条 【定点管理】

人力资源和社会保障部门审定为参保人员服务的定点医疗机构,医保经办机构与定点医疗机构签订定点服务协议。对定点服务机构实行考核评价机制和动态的准入退出机制。

由省级人力资源和社会保障部门负责制订定点机构的准入原则和管理办法。

【条文说明】国务院《关于整合城乡居民基本医疗保险制度的意见》中对“统一定点管理”作出规定。

第五十二条 【信息系统】

对全民基本医疗保险实行信息系统管理,将医保信息与定点机构信息系统的业务进行协同和信息共享。

【条文说明】国务院《关于整合城乡居民基本医疗保险制度的意见》中对“完善信息系统”作出规定。

第五十三条 【管理服务】

社会保险经办机构根据管理服务的需要,可以与医疗机构、药品经营单位签订服务协议,规范医疗服务行为。

医疗机构应当为参保人员提供合理、必要的医疗服务。

【条文说明】《社会保险法》第31条规定:“社会保险经办机构根据管理服务的需要,可以与医疗机构、药品经营单位签订服务协议,规范医疗服务行为。

医疗机构应当为参保人员提供合理、必要的医疗服务。”

第五十四条 【经办机构职责】

社会保险经办机构负责办理基本医疗保险缴费登记,提出基本医疗保险基金收入的预算、决算编制建议,依法征缴基本医疗保险费,对缴费单位和个人缴纳的基本医疗保险费进行监督检查和违规处理。

基本医疗保险经办机构应当每年至少向参保人发送一次个人账户记录清单,接受其监督。

【条文说明】国务院《关于整合城乡居民基本医疗保险制度的意见》规定:强化基金内部审计和外部监督,坚持基金收支运行情况信息公开和参保人员就医结算信息公示制度,加强社会监督、民主监督和舆论监督。

第五十五条 【其他部门职责】

卫生计生行政主管部门应当加强对定点医疗机构和定点药店的管理和监督,协助社会保险经办机构开展基本医疗保险工作。

卫生计生行政主管部门应当对医疗机构违反医疗卫生和基本医疗保险有关规定,损害参保人合法医疗权益的行为进行处理。

食品药品监督管理部门应当对药品质量进行监督管理,保证医疗机构和定点药店为患者提供质量合格、安全有效的药品。依法对定点医疗机构和定点药店发生的药事损害进行处理。

价格管理部门应当对基本医疗保险收费项目和收费标准进行检查监督,加强管理,对擅自增加收费项目和提高收费标准的行为依法予以处理。

【条文说明】国务院《关于整合城乡居民基本医疗保险制度的意见》规定:完善城乡居民医保服务监管办法,充分运用协议管理,强化对医疗服务的监控作用。各级医保经办机构要利用信息化手段,推进医保智能审核和实时监控,促进合理诊疗、合理用药。卫生计生行政部门要加强医疗服务监管,规范医疗服务行为。

第五十六条 【监督管理】

参保人对基本医疗保险费征收、基本医疗保险待遇给付中的违法行为有权举报,可以依法申请行政复议或者提起行政诉讼。社会保险行政、监察等部门接到举报后应当及时调查,按有关规定处理,并为举报人保密。

【条文说明】《社会保险法》第83条规定:用人单位或者个人认为社会保险费征收机构的行为侵害自己合法权益的,可以依法申请行政复议或者提起行政诉讼。用人单位或者个人对社会保险经办机构不依法办理社会保险登记、核定社会保险费、支付社会保险待遇、办理社会保险转移接续手续或者侵害其他社会保险权益的行为,可以依法申请行政复议或者提起行政诉讼。

个人与所在用人单位发生社会保险争议的,可以依法申请调解、仲裁,提起诉讼。用人单位侵害个人社会保险权益的,个人也可以要求社会保险行政部门或者社会保险费征收机构依法处理。

第四章 基本医疗卫生服务

第一节 基本公共卫生服务

第五十七条 【健康优先理念】

各级政府应将健康放在优先发展的战略地位，将促进健康的理念融入公共政策制定实施的全过程，加快形成有利于健康的生活方式、生态环境和经济社会发展模式。

【条文说明】《"健康中国2030"规划纲要》规定：把健康摆在优先发展的战略地位，立足国情，将促进健康的理念融入公共政策制定实施的全过程，加快形成有利于健康的生活方式、生态环境和经济社会发展模式，实现健康与经济社会良性协调发展；把健康融入所有政策，加快转变健康领域发展方式，全方位、全周期维护和保障人民健康，大幅提高健康水平，显著改善健康公平，为实现"两个一百年"奋斗目标和中华民族伟大复兴的中国梦提供坚实健康基础。

第五十八条 【健康评估制度】

国家建立环境与健康管理制度。

【条文说明】《"健康中国2030"规划纲要》规定：逐步建立健全环境与健康管理制度。开展重点区域、流域、行业环境与健康调查，建立覆盖污染源监测、环境质量监测、人群暴露监测和健康效应监测的环境与健康综合监测网络及风险评估体系。实施环境与健康风险管理。划定环境健康高风险区域，开展环境污染对人群健康影响的评价，探索建立高风险区域重点项目健康风险评估制度。建立环境健康风险沟通机制。建立统一的环境信息公开平台，全面推进环境信息公开。推进县级及以上城市空气质量监测和信息发布。

第五十九条 【公共卫生服务的提供】

国家建立公共卫生服务体系，采取有效措施保证公民享有基本、有效的公共卫生服务。

各级人民政府直接提供或者通过购买服务等方式，为公民提供基本公共卫生服务，逐步实现基本公共卫生服务均等化。

【条文说明】向城乡居民免费提供基本公共卫生服务，是我国政府"坚持以人为本、落实预防为主"的卫生工作方针具体体现，也是深化医药卫生体制改革的重点任务,还是公共卫生领域一项长期的、基础性的制度安排。

第六十条 【基本公共卫生服务项目】

国家应当面向全体公民免费提供基本公共卫生服务,针对重点地区、重点疾病和特殊人群,确定重大公共卫生服务项目,开展专项公共卫生服务。

基本公共卫生服务项目和重大公共卫生服务项目由国务院卫生计生行政部门统一确定。

地方政府应当根据当地经济发展水平和突出的公共卫生问题,在中央规定服务项目的基础上增加公共卫生服务内容。

【条文说明】2009年,中共中央、国务院《关于深化医药卫生体制改革的意见》(中发〔2009〕6号)提出:"确定公共卫生服务范围。明确国家基本公共卫生服务项目,逐步增加服务内容。鼓励地方政府根据当地经济发展水平和突出的公共卫生问题,在中央规定服务项目的基础上增加公共卫生服务内容。"

《"十三五"推进基本公共服务均等化规划》(国发〔2017〕9号)规定:继续实施国家基本公共卫生服务项目和国家重大公共卫生服务项目。开展重大疾病和突发急性传染病联防联控,提高对传染病、慢性病、精神障碍、地方病、职业病和出生缺陷等的监测、预防和控制能力。

第六十一条 【母婴、老人、残疾人保健】

国家保障妇女、儿童、老人、残疾人的健康。各级卫生行政部门负责,其他行政主管部门和社会组织参与,为妇女、儿童、老人、残疾人提供相应的预防保健、疾病防控等公共卫生服务。

【条文说明】《"健康中国2030"规划纲要》规定:实施母婴安全计划,倡导优生优育,继续实施住院分娩补助制度,向孕产妇免费提供生育全过程的基本医疗保健服务;加强儿童早期发展,加强儿科建设,加大儿童重点疾病防治力度,扩大新生儿疾病筛查,继续开展重点地区儿童营养改善等项目;推进老年医疗卫生服务体系建设,推动医疗卫生服务延伸至社区、家庭,支持养老机构开展医疗服务;将残疾人康复纳入基本公共服务,实施精准康复,为城乡贫困残疾人、重度残疾人提供基本康复服务。

第六十二条 【传染病预防制度】

国家建立传染病防治制度,有效预防、控制、消除危害公共健康的危险因素。

【条文说明】《"健康中国2030"规划纲要》规定:加强重大传染病防控,完善传染病监测预警机制;继续实施扩大国家免疫规划,适龄儿童国家免疫规划疫苗接种率维持在较高水平,建立预防接种异常反应补偿保险机制;保持控制和消除重点地方病,地方病不再成为危害人民健康的重点问题;加强突发急性传染病防治,积极防范输入性突发急性传染病,加强鼠疫等传统烈性传染病防控。

《“十三五”卫生与健康规划》(国发〔2016〕77号)规定:加强重大传染病防治,加强传染病监测预警、预防控制能力建设,法定传染病报告率达到95%以上,及时做好疫情调查处置。实施扩大国家免疫规划,夯实常规免疫,做好补充免疫和查漏补种,推进接种门诊规范化建设,提升预防接种管理质量。

第六十三条 【突发事件卫生应急】

国家建立突发事件卫生应急体系,制定和完善应急预案,提高早期预防、及时发现、快速反应和有效处置能力,组织开展突发公共事件的医疗救治、卫生学调查处置等应急工作。

【条文说明】《“健康中国2030”规划纲要》规定:完善突发事件卫生应急体系,提高早期预防、及时发现、快速反应和有效处置能力。建立包括军队医疗卫生机构在内的海陆空立体化的紧急医学救援体系,提升突发事件紧急医学救援能力。到2030年,建立起覆盖全国、较为完善的紧急医学救援网络,突发事件卫生应急处置能力和紧急医学救援能力达到发达国家水平。

第六十四条 【慢性病、地方病防治】

国家应当制定慢性病、地方病防治综合防控战略,采取有效措施预防控制慢性病、地方病及其危害因素。

【条文说明】《“健康中国2030”规划纲要》规定:实施慢性病综合防控战略,加强国家慢性病综合防控示范区建设;强化慢性病筛查和早期发现,针对高发地区重点癌症开展早诊早治工作,推动癌症、脑卒中、冠心病等慢性病的机会性筛查;保持控制和消除重点地方病,使地方病不再成为危害人民健康的重点问题。

第六十五条 【公共场所卫生管理】

国家应当制定饮用水、公共场所卫生管理办法和标准,对饮用水供水单位和公共场所进行监督管理,组织开展饮用水水质、公共场所健康危害因素、环境污染健康风险监测与评估。

【条文说明】《“健康中国2030”规划纲要》规定:实施农村饮水安全巩固提升工程,推动城镇供水设施向农村延伸,进一步提高农村集中供水率、自来水普及率、水质达标率和供水保证率,全面建立从“源头”到“龙头”的农村饮水安全保障体系。

第六十六条 【爱国卫生运动】

国家应深入开展爱国卫生运动,加强城乡环境卫生综合整治,建设健康城市和健康村镇,加强监测与评价,促进城乡与人民健康协调发展。

【条文说明】《“健康中国2030”规划纲要》规定:持续推进城乡环境卫生整洁行动,完善城乡环境卫生基础设施和长效机制,统筹治理城乡环境卫生问题;把健康城市和健康村镇建设作为推进健康中国建设的重要抓手,保障与健康相关的公共设施用地需求,完善相关公共设施体系、布局和标准,把健康融入城乡规划、建设、治理的全过程,促进城市与人民健康协调发展。

第六十七条 【全民健身】

国家应完善全民健身公共服务体系,广泛开展全民健身运动,加强体医融合和非医疗健康干预,促进重点人群体育活动,提高全民身体素质。

【条文说明】《“健康中国2030”规划纲要》规定:统筹建设全民健身公共设施,加强健身步道、骑行道、全民健身中心、体育公园、社区多功能运动场等场地设施建设;继续制定实施全民健身计划,普及科学健身知识和健身方法,推动全民健身生活化;制定实施青少年、妇女、老年人、职业群体及残疾人等特殊群体的体质健康干预计划。

第六十八条 【健康教育】

国家应当建立健康知识和技能核心信息发布制度,健全覆盖全国的健康素养和生活方式监测体系。

各级政府应当积极开展全民健康教育活动,普及健康知识,倡导健康生活方式,发挥学校、媒体、社区等机构的作用,提高全民健康素养。

教育部门、学校应当将健康教育纳入国民教育体系,把健康教育作为所有教育阶段素质教育的重要内容。

【条文说明】《“健康中国2030”规划纲要》规定:建立健康知识和技能核心信息发布制度,健全覆盖全国的健康素养和生活方式监测体系;建立健全健康促进与教育体系,提高健康教育服务能力,从小抓起,普及健康科学知识;将健康教育纳入国民教育体系,把健康教育作为所有教育阶段素质教育的重要内容;以中小学为重点,建立学校健康教育推进机制。

第六十九条 【健康促进】

各级人民政府和企事业单位、社会团体及其他社会组织应当采取措施，创造有利于全民健康的社会环境，引导公民塑造自主自律的健康行为，增强全民健康意识，降低疾病发生率，减少伤害，提高国民健康素质。

【条文说明】《“十三五”卫生与健康规划》（国发〔2016〕77号）规定：倡导健康文明的生活方式，实施国民营养计划，引导群众加强自我健康管理，深入推进以减盐、减油、减糖、健康口腔、健康体重、健康骨骼为重点的全民健康生活方式行动，广泛宣传合理膳食、适量运动、戒烟限酒、心理平衡等健康科普知识，开展家庭和高危个体健康生活方式强化指导和干预。

第二节 基本医疗服务

第七十条 【基本医疗服务内容】

基本医疗服务是国家为公民提供的最基本的、具有可及性和公平性的医疗照护，主要包括采用适宜药物、适宜技术、适宜设备，按照规范诊疗秩序提供的急慢性疾病的预防、保健、诊疗和康复等医疗服务。

国务院卫生计生行政部门会同有关部门，按照公平、可及、适度原则，结合基本医疗保险的支付能力，确定基本医疗服务的范围、内容和水平。基本医疗服务的范围、内容和水平随着经济社会发展不断调整。

【条文说明】中共中央、国务院《关于深化医药卫生体制改革的意见》确立的医改目标是“建立健全覆盖城乡居民的基本医疗卫生制度，为群众提供安全、有效、方便、价廉的医疗卫生服务”；明确的改革方向是“维护人民群众的健康权益，把基本医疗卫生制度作为公共产品向全民提供”；提出的改革原则是“保基本、强基层、建机制”。

第七十一条 【互联网医疗】

国家利用信息互联网技术，推动惠及全民的健康信息服务和智慧医疗服务，推广在线医疗卫生模式。

【条文说明】国务院《关于积极推进“互联网＋”行动的指导意见》（国发〔2015〕40号）规定：推广在线医疗卫生新模式。发展基于互联网的医疗卫生服务，支持第三方机构构建医学影像、健康档案、检验报告、电子病历等医疗信息共享服务平台。积极利用移动互联网提供在线预约诊疗、候诊提醒、划价缴费、诊疗报告查询、药品配送等便捷服务。引导医疗机构面向中小城市和农村地区开展基层检查、上级诊断等远程医疗服务。

第七十二条 【远程医疗】

国家发展以面向基层、偏远和欠发达地区的远程影像诊断、远程会诊、远程监护指导、远程手术指导、远程教育等为主要内容的远程医疗服务。

【条文说明】国务院《关于促进健康服务业发展的若干意见》(国发〔2013〕40号)规定:"积极发展网上预约挂号、在线咨询、交流互动等健康服务。以面向基层、偏远和欠发达地区的远程影像诊断、远程会诊、远程监护指导、远程手术指导、远程教育等为主要内容,发展远程医疗。"

第七十三条 【中医药服务】

开展中医药服务,应当以中医药理论为指导,遵循中医药自身发展规律,运用中医药技术方法,并符合国务院中医药主管部门制定的中医药服务基本要求。

坚持中西医并重,大力推广应用中医药适宜技术。基层医疗卫生服务机构应当配备中医医务人员。

【条文说明】《中医药健康服务发展规划(2015—2020年)》(国办发〔2015〕32号)规定:"中医医疗和养生保健服务网络基本健全,中医药健康服务人员素质明显提高,中医药健康服务领域不断拓展,基本适应全社会中医药健康服务需求""以中医药学为主体,融合现代医学及其他学科的技术方法,创新中医药健康服务模式,丰富和发展服务技术"。

第七十四条 【医养结合】

医疗机构和养老机构应当加强协作,统筹医疗服务资源,为老年人提供安全、便捷的医疗服务,满足老年人健康养老服务需求。

【条文说明】"医养结合"是一种有病治病,无病疗养,医疗和养老相结合的新型养老模式。医疗卫生与养老服务相结合,是社会各界普遍关注的重大民生问题,是积极应对人口老龄化的长久之计,是我国经济发展新常态下重要的经济增长点。

第七十五条 【医疗技术临床应用准入】

国家应当建立健全医疗技术临床应用准入和管理制度,对医疗技术实行分类、分级管理。

医疗机构开展医疗技术应当与其功能任务相适应,具有符合资质的专业技术人员、相应的设备、设施和质量控制体系,并遵守技术管理规范。

【条文说明】《全国医疗卫生服务体系规划纲要(2015—2020年)》(国办发〔2015〕14号)规定:“健全医疗技术临床应用准入和管理制度,对医疗技术临床应用实行分类、分级管理。”

第三节 医疗服务体系

第七十六条 【医疗卫生服务体系】

国家医疗卫生服务体系包括医院、基层医疗卫生服务机构和专业公共卫生服务机构。

医疗卫生服务体系的建设以分工明确、基层为主、功能互补、密切协作为目标,坚持与国民经济和社会发展水平相适应、与居民健康需求相匹配、政府主导的原则。

【条文说明】《全国医疗卫生服务体系规划纲要(2015—2020年)》(国办发〔2015〕14号)提出,医疗卫生服务体系主要包括医院、基层医疗卫生机构和专业公共卫生机构等。将医疗服务体系划分为三种类型,能够明确不同医疗服务机构的定位。基层医疗卫生机构是我国医疗服务体系最基础的医疗服务组织,满足居民的日常医疗需求。医院作为医疗服务体系的核心支持力量,能有效解决居民的重大疾病并满足其医疗服务需求。专业公共卫生机构则主要是做好传染病防治工作。医疗服务体系的类型划分可以解决我国目前医院诊疗负担重,基层医疗卫生机构闲置,专业公共卫生机构定位不清等问题。

第七十七条 【公立医院】

公立医院分为政府办医院和其他公立医院。公立医院提供医疗服务坚持公益性原则。

公立医院在基本医疗服务提供、急危重症和疑难病症诊疗等方面应当发挥主体作用。公立医院承担医疗卫生机构人才培养、医学科研、医疗教学等任务,承担法定和政府指定的公共卫生服务、突发事件紧急医疗救援、援外、国防卫生动员、支农、支边和支援社区等服务。

【条文说明】国务院办公厅《关于推进分级诊疗制度建设的指导意见》(国办发〔2015〕70号)要求明确各级各类医疗机构诊疗服务功能定位。公立医院分为政府办医院和其他公立医院。政府办医院根据功能定位主要划分为县办医院、市办医院、省办医院、部门办医院。其他公立医院主要包括军队医院、国有和集体企事业单位等举办的医院。公立医院是我国医疗服务体系的主体,应当坚持维护公益性,充分发挥其在基本医疗服务提供、急危重症和疑难病症诊疗等方面的骨干作用,承担医疗卫生机构人才培养、医学科研、医疗教学等任务,承担法定和政府指定的公共卫生服务、突发事件紧急医疗救援、援外、国防卫生动员、支农、支边和支援社区等任务。

第七十八条 【公立医院法人治理】

公立医院是独立的事业单位法人,依法享有自主经营管理权限。政府是公立医院的出资人,依法履行公立医院的举办监督职责,实行行业管理。

【条文说明】国务院办公厅《关于建立现代医院管理制度的指导意见》规定:坚持政事分开、管办分开。加快转变政府职能,深化"放管服"改革,合理界定政府作为公立医院出资人的举办监督职责和公立医院作为事业单位的自主运营管理权限,实行所有权与经营权分离。各级行政主管部门要创新管理方式,从直接管理公立医院转为行业管理,强化政策法规、行业规划、标准规范的制定和对医院的监督指导职责。

第七十九条 【公立医院法人治理】

公立医院的章程应当明确党组织在医院内部治理结构中的地位和作用。

公立医院院长全面负责医疗、教学、科研、行政管理工作。院长办公会议是公立医院行政、业务议事决策机构。工会依法组织职工参与医院的民主决策、民主管理和民主监督。

【条文说明】国务院办公厅《关于建立现代医院管理制度的指导意见》规定:制定公立医院章程时,要明确党组织在医院内部治理结构中的地位和作用。院长全面负责医疗、教学、科研、行政管理工作。院长办公会议是公立医院行政、业务议事决策机构,对讨论研究事项作出决定。健全以职工代表大会为基本形式的民主管理制度。工会依法组织职工参与医院的民主决策、民主管理和民主监督。

第八十条 【农村三级医疗卫生服务网络】

地方各级政府应当建立健全以村卫生室为基础、乡镇卫生院为骨干、县级医院为龙头的农村三级医疗卫生服务网络。

村卫生室负责普通常见病、多发病的初级诊治、康复和基本公共卫生服务等工作。

乡镇卫生院负责常见病、多发病的诊疗、护理、康复等综合服务和基本公共卫生服务,承担辖区内的公共卫生管理工作。

县级医院负责常见病、多发病诊疗，急危重症抢救与疑难病转诊，培训和指导基层医疗卫生机构人员，相应公共卫生服务以及突发事件紧急医疗救援等工作。

【条文说明】《全国医疗卫生服务体系规划纲要（2015—2020年）》（国办发〔2015〕14号）指出，县办医院主要承担县级区域内居民的常见病、多发病诊疗，急危重症抢救与疑难病转诊，培训和指导基层医疗卫生机构人员，相应公共卫生服务职能以及突发事件紧急医疗救援等工作，是政府向县级区域内居民提供基本医疗卫生服务的重要载体。

农村三级卫生服务网络主要承担着农村居民的预防保健、基本医疗、卫生监督、健康教育、计划生育技术指导等任务，为农民获得基本卫生服务提供保障。建立和完善农村三级卫生服务网络可缓解农民"看病难""看病贵"的问题，实现农村医疗卫生发展目标，实现农民"小病不出村、一般疾病不出乡、大病基本不出县"。

第八十一条 【社区卫生服务中心】

完善以社区卫生服务中心为主体的城市社区卫生服务网络。

社区卫生服务中心为社区居民健康提供疾病预防控制等公共卫生服务和常见病、多发病、慢性病的初级诊疗服务。

【条文说明】社区卫生服务是适应医学模式的转变而产生的，是整体医学观在医学实践中的体现。强调院外服务与院内服务相结合，卫生部门与家庭社区服务相结合。社区卫生服务的主要内容是初级卫生保障，是整个卫生系统中最先与人群接触的那一部分，所以社区卫生服务是卫生体系的基础与核心。

第八十二条 【专业公共卫生服务机构】

专业公共卫生服务机构提供疾病预防控制、综合监督执法、妇幼保健、急救、采供血、精神卫生等专业公共卫生服务，包括疾病预防控制机构、综合监督执法机构、妇幼保健服务机构、急救中心（站）、血站等。

专业公共卫生服务机构原则上由政府举办。

【条文说明】《全国医疗卫生服务体系规划纲要（2015—2020年）》（国办发〔2015〕14号）提出：专业公共卫生机构是向辖区内提供专业公共卫生服务（主要包括疾病预防控制、健康教育、妇幼保健、精神卫生、急救、采供血、综合监督执法、食品安全风险监测评估与标准管理、计划生育、出生缺陷防治等），并承担相应管理工作的机构。专业公共卫生机构主要包括疾病预防控制机构、综合监督执法机构、妇幼保健计划生育服务机构、急救中心(站)、血站等,原则上由政府举办。

第八十三条 【区域卫生规划】

县级以上各级人民政府要依据公民健康需求,合理制定区域卫生规划和医疗机构设置规划,合理确定公立医疗机构的数量、规模和布局,坚持公立医疗机构面向城乡居民提供基本医疗服务的主导地位。

各级地方人民政府应当发挥公立医疗机构的主导作用,根据本行政区域内的人口数量、医疗资源和医疗需求,至少举办一所公立医疗机构,为公民提供基本医疗卫生服务。

【条文说明】国务院《关于促进健康服务业发展的若干意见》(国发〔2013〕40号)规定:“加快形成多元办医格局。切实落实政府办医责任,合理制定区域卫生规划和医疗机构设置规划,明确公立医疗机构的数量、规模和布局,坚持公立医疗机构面向城乡居民提供基本医疗服务的主导地位。”

第八十四条 【标准化建设】

县级人民政府应当按照乡镇、街道办事处行政区划或一定服务人口合理设置乡镇卫生院、社区卫生服务中心。

县级人民政府应当根据服务区域和服务人口等因素合理确定村卫生室和社区卫生服务站的配置数量和布局,确保基层医疗卫生服务的便捷性。

【条文说明】我国传统的医疗服务机构习惯于按照行政区划设立,这一方面是出于计划经济的惯性思维,另一方面也是医疗管理的需要。但是完全按照行政区划进行设立可能因为不同地区卫生现状和人口数量,而出现医疗服务机构诊疗压力大,或者医疗服务机构资源闲置等问题。所以,在按照行政区划设立医疗机构的原则上,要充分考虑不同服务区域和服务人口,因地制宜地决定医疗服务机构的设置数量。

第八十五条 【标准化建设】

推动公立医院设施标准化建设,各级公立医院应当根据国家有关标准,结合本地经济、人口等实际情况合理配备床位、医疗器械等。

国家提倡公立医院之间建立大型设备共用、共享、共管机制。

【条文说明】在床位配置数量上,县办综合性医院床位数一般以500张左右为宜,50万人口以上的县可适当增加,100万人口以上的县原则上不超过1000张。地市办综合性医院床位数一般以800张左右为宜,500万人口以上的地市可适当增加,原则上不超过1200张。省办及以上综合性医院床位数一般以1000张左右为宜,原则上不超过1500张。

第八十六条 【社会办医】

社会力量可以依法举办综合医院、全科诊所、中医诊所等营利性医疗机构。符合条件的社会办医疗机构提供的签约服务,在转诊、收付费、考核激励等方面与政府办医疗机构享有同等待遇。

各级政府可以根据需要购买由社会力量举办的医疗机构提供的医疗卫生服务。

【条文说明】国务院办公厅《关于促进社会办医加快发展的若干政策措施》(国办发〔2015〕45号)规定,通过政府购买服务方式,支持符合条件的社会办医疗机构承接当地公共卫生和基本医疗服务以及政府下达的相关任务,并逐步扩大购买范围。国务院办公厅《关于支持社会力量提供多层次多样化医疗服务的意见》指出,符合条件的社会办医疗机构提供的签约服务,在转诊、收付费、考核激励等方面与政府办医疗机构提供的签约服务享有同等待遇。鼓励社会办全科诊所提供个性化签约服务,构建诊所、医院、商业保险机构深度合作关系,打造医疗联合体。

第八十七条 【非营利性医疗机构】

社会力量可以通过特许经营、公建民营、民办公助等模式举办非营利性医疗机构。非营利性医疗机构应当具备健全的法人治理结构,并符合现代医院管理制度。

【条文说明】国务院办公厅《关于促进社会办医加快发展的若干政策措施》(国办发〔2015〕45号)指出:"丰富筹资渠道。通过特许经营、公建民营、民办公助等模式,支持社会力量举办非营利性医疗机构,健全法人治理结构,建立现代医院管理制度。鼓励地方通过设立健康产业投资基金等方式,为社会办医疗机构提供建设资金和贴息补助。鼓励社会办医疗机构以股权融资、项目融资等方式筹集开办费和发展资金。"

第八十八条 【外资办医】

符合条件的境外资本可以申请在我国境内举办合资或独资医疗机构。境外资本可以自主申办营利性或非营利性医疗机构。

【条文说明】2009年,中共中央、国务院《关于深化医药卫生体制改革的意见》(中发〔2009〕6号)提出:"鼓励和引导社会资本发展医疗卫生事业""抓紧制定和完善有关政策法规,规范社会资本包括境外资本办医疗机构的准入条件,完善公平公正的行业管理政策”。

第八十九条 【分级诊疗机制】

各级医疗卫生服务机构应当遵循基层首诊、双向转诊、急慢分治、上下联动的分级诊疗制度。

公立医院应当支持、指导基层医疗卫生服务机构的工作,提高分工协作水平。

管理部门应当运用基本医疗保险差别化报销政策,引导患者合理就医,提高医疗资源利用效率和整体效益。

国家卫生计生行政部门应当明确各级医疗卫生机构诊疗的主要病种,明确出入院和转诊标准。

【条文说明】《卫生事业发展“十二五”规划》(国发〔2012〕57号)规定:明确公立医院和基层医疗卫生机构的功能定位,深化基层医疗卫生机构综合改革,优先发展基层医疗卫生机构。加强公立医院对基层医疗卫生机构的支持指导,提高分工协作水平,逐步形成基层首诊、分级医疗、上下联动、双向转诊的诊疗模式。

国务院办公厅《关于全面推开县级公立医院综合改革的实施意见》(国办发〔2015〕33号)指出:围绕县、乡、村医疗卫生机构功能定位和服务能力,确定各级医疗卫生机构诊疗的主要病种,明确出入院和转诊标准。医疗机构对确因病情原因需要上转的患者开具证明,作为办理上级医院入院手续和医保支付的凭证。

第九十条 【分级诊疗分工】

城市三级医院主要提供急危重症和疑难复杂疾病的诊疗服务。

城市二级医院主要接收三级医院转诊的急性病恢复期患者、术后恢复期患者及危重症稳定期患者。

县级医院主要提供县域内常见病、多发病诊疗,以及急危重症患者抢救和疑难复杂疾病向上转诊服务。

基层医疗卫生服务机构为当地居民提供常见病、多发病的诊疗,对于超出自身服务能力的患者提供转诊服务,康复医院、护理院等为诊断明确、病情稳定的慢性病患者、康复期患者、老年病患者、晚期肿瘤患者等提供接诊治疗、康复、护理服务。

【条文说明】国务院办公厅《关于推进分级诊疗制度建设的指导意见》(国办发〔2015〕70号)要求明确各级各类医疗机构诊疗服务功能定位。

第九十一条 【社区首诊】

对于常见病和多发病,经过基层首诊的患者享受优先就诊、优先检查、优先住院等便利。

【条文说明】这是推行我国分级诊疗的具体措施,医院优先诊治经过社区首诊的患者可以引导居民在出现常规疾病时优先选择社区就诊。但是本条在执行时不宜过于机械,防止侵犯患者的就医权利。

第九十二条 【转诊】

对于无须由医院诊治的患者或可以由基层医疗服务机构进行后续治疗的患者,公立医院应当根据需要向基层医疗服务机构转诊。

【条文说明】本条是出于缓解医院诊疗压力采取的具体措施。转诊制度可以充分利用不同医疗服务机构的优势,使医院专注于疾病的治疗,也使基层医疗服务机构得到充分利用。

第九十三条 【绩效考核】

公立医院绩效考核制度应当坚持公益性质和运行绩效相结合。公立医院的绩效考核工作由第三方评估主体承担,考核结果应当向社会公开。

【条文说明】公立医院的绩效考核旨在落实其公益性质,但公益性质的持续保持离不开运行成本的控制和运行效率的提高,因此,公立医院的绩效考核在考核指标的设计上必须将公益性质和运行绩效结合起来。为保障考核的公正可信,应当将考核工作交由独立第三方进行,并及时将考核结果向社会公开,接受监督。

第九十四条 【医疗联合体】

国家推进医疗联合体建设,优化医疗资源结构布局。

医疗联合体应当制定章程,规定各成员单位的权利、义务和责任。医疗联合体可以成立理事会,协调各成员单位在利益共享与责任分担等方面的事务。

公立医院应当在医疗联合体中发挥主导作用,通过长效帮扶机制提高基层医疗卫生服务机构的服务水平。

【条文说明】公立医院可以对基层医疗服务机构采取托管帮扶、区域联盟帮扶、远程医疗服务帮扶、项目帮扶等不同帮扶模式,关键是要建立帮扶的长效机制,增强受援医院自身造血能力。

国务院办公厅《关于推进医疗联合体建设和发展的指导意见》(国办发〔2017〕32号)指出,利用三级公立医院优质资源集中的优势,通过技术帮扶、人才培养等手段,发挥对基层的技术辐射和带动作用。制定医联体章程,规定主体单位与其他成员单位的责任、权利和义务,完善医疗质量管理等制度,提高管理效率。医联体可探索在医院层面成立理事会。医联体建立责任共担和利益分配机制,调动医联体内各医疗机构积极性,落实功能定位。

第九十五条 【财政转移支付】

完善基本医疗卫生服务财政转移支付制度,建立科学的公立医院补偿机制。

【条文说明】对公立医院的财政补助,应该从对机构、人头的补助转变到对承担的任务的补助,从总额补助转变到精细化的按项目补助,从综合项目补助转变到按单项目进行测算补助,加强政府补助与医院提供服务数量和质量的关联,强化补助的激励和政策导向,提高补助的效率。

国务院办公厅《关于推进医疗联合体建设和发展的指导意见》(国办发〔2017〕32号)指出:"地方各级人民政府要落实办医主体责任,落实公立医院投入政策,建立财政补助资金与绩效评价结果挂钩机制。"

第九十六条 【强制医疗责任保险制度】

医疗机构和医务人员应当依法参加医疗责任保险。鼓励医疗机构和患者参加医疗意外等保险。

【条文说明】原国家卫生计生委、司法部、财政部、原中国保监会、国家中医药管理局印发了《关于加强医疗责任保险工作的意见》(国卫医发〔2014〕42号)。保险作为一种市场化的风险分担转移机制、互助共济机制和社会管理机制,在保障医患双方的合法权益、防范化解医疗纠纷、构建和谐医患关系方面具有积极意义和重要作用。但是要注意强制医疗责任保险缴费过高的问题。

《医疗纠纷预防与处理条例(送审稿)》第47条规定,建立完善医疗风险分担机制,发挥保险机制在医疗纠纷处理工作中的第三方赔付和医疗风险社会化分担的作用。医疗机构应当按照有关要求参加医疗责任保险。鼓励患者参加医疗意外等保险。

第九十七条 【医疗纠纷预防与处置机制】

完善医疗纠纷预防和处置机制,建立以人民调解为主体,院内调解、司法调解、医疗风险分担机制等有机结合的医疗纠纷预防与处理制度。

【条文说明】为进一步发挥新时期人民调解工作在化解医疗纠纷、和谐医患关系、促进平安医院建设、构建社会主义和谐社会中的重要作用，司法部、原卫生部、原保监会三部门发布了《关于加强医疗纠纷人民调解工作的意见》。实践证明，人民调解在妥善化解医疗纠纷方面发挥了重要作用，已成为医疗纠纷第三方调解的主要模式。

《医疗纠纷预防与处理条例（送审稿）》第4条规定，各级人民政府应当建立以人民调解为主，医患和解、人民调解、司法调解、医疗风险分担机制等有机结合的医疗纠纷预防与处理制度。

第五章 医疗卫生人力保障

第九十八条 【医疗人力保障制度】

国家发展医学教育事业，满足社会对医疗卫生人力的需求。

县级以上地方人民政府应当根据本行政区域内的人口规模、密度、地域面积、医疗卫生需求等合理规划和配置医疗卫生人力资源，促进基本医疗卫生服务均衡发展，并采取措施，保障农村地区、少数民族地区、边远贫困地区医疗卫生服务人员的供应。

【条文说明】在基本医疗卫生服务体系中，医疗卫生服务人员作为基本医疗卫生服务的最终提供者，直接影响到“人人享有基本医疗卫生服务”这一公益性目标能否实现。医疗卫生人力的发展状况直接制约着我国基本医疗卫生服务的水平。目前，我国基本医疗卫生服务领域人力所面临的主要问题，一是资源匮乏，二是分配不均。要解决上述问题，实现基本医疗卫生服务的均等化和全覆盖，已非医疗机构自身所能解决，必须依靠政府强有力的组织、推动和支持，建立稳定的、可持续发展的长效机制。因此，政府应通过建立医疗卫生人力保障制度，对从事基本医疗卫生服务的医务人员提供福利保障，将医师、护士、药师、技师和其他卫生技术人员的人力保障纳入政府提供的范畴内。

第九十九条 【资格取得】

国家实行医疗卫生技术人员资格准入制度，从事医疗卫生服务的医师、护士、药师、技师等医疗卫生技术人员应经过医学教育、职业培训、统一考试等，取得相应从业资格。

第一百条 【执业注册】

国家实行医疗卫生技术人员执业注册制度，取得医师、护士、药师、技师等医疗卫生技术人员资格的，可以向所在地县级以上人民政府卫生计生行政部门申请注册，实行区域注册。

医疗卫生技术人员经注册后，可以按照注册的执业地点、执业类别、执业范围执业，从事相应的医疗卫生服务。未经注册取得相应执业证书的，不得从事执业活动。

【条文说明】目前，我国《执业医师法》《医师执业注册管理办法》《护士条例》《执业药师资格制度暂行规定》对执业医师、护士、执业药师都规定了资格准入和执业注册制度。我国医疗卫生技术人员队伍庞大，为了保证这支队伍的质量，必须保证对其准入和注册进行法律规制。卫生专业技术资格考试实行全国统一组织、统一考试时间、统一考试大纲、统一考试命题以及统一合格标准的制度，考试报名对教育和实习经历均有具体要求，其结果是注册的依据。注册制度是卫生行政部门对医疗卫生技术人员执业活动的一种重要监督管理制度，是促进其不断吸收新的医学知识，保证医疗卫生服务质量的重要手段。

第一百零一条　【医师多点执业】

执业医师可以在同一执业地点多个机构执业，也可以跨执业地点增加执业机构从事执业活动，并根据有关规定进行注册和备案。

国家推行和规范执业医师多点执业，鼓励执业医师到基层、边远地区、医疗资源稀缺地区和其他有需求的医疗机构多点执业。

【条文说明】中共中央、国务院《关于深化医药卫生体制改革的意见》（中发〔2009〕6号）规定：稳步推动医务人员的合理流动，促进不同医疗机构之间人才的纵向和横向交流，研究探索注册医师多点执业。国务院《关于促进健康服务业发展的若干意见》（国发〔2013〕40号）规定：促进人才流动。加快推进规范的医师多点执业。鼓励地方探索建立区域性医疗卫生人才充分有序流动的机制。可见，推进和规范医师多点执业，是党中央、国务院关于深化改革和深化医药卫生体制改革、促进健康服务业发展的一项重要部署。通过医师多点执业，促进优质医疗资源平稳有序流动和科学配置，更好地为人民群众提供医疗服务。为推进和规范医师多点执业，国家卫生计生委、国家发展改革委、人力资源社会保障部、国家中医药管理局、原保监会于2014年11月5日发布了《关于推进和规范医师多点执业的若干意见》。2017年2月3日通过的《医师执业注册管理办法》也对医师多点执业进行了规定。

第一百零二条 【乡村医生】

国家实行乡村医生执业注册制度，促进乡村医生执业规范化，发挥乡村医生在提供基本医疗卫生服务中的重要作用，保障乡村医生工资待遇、养老等权益，对乡村医生承担的公共卫生服务等任务给予合理补助。

【条文说明】乡村医生是指尚未取得执业医师资格或者执业助理医师资格，在村医疗卫生机构从事预防、保健和一般医疗服务的医疗卫生技术人员。我国城乡基本医疗服务人力差距极为明显，发挥乡村医生的作用，对解决农村医疗人力资源不足的问题具有重要意义。为了提高乡村医生的职业道德和业务素质，加强乡村医生从业管理，保护乡村医生的合法权益，保障村民获得初级卫生保健服务，实行乡村医生执业注册制度，由县级人民政府卫生行政主管部门负责。乡村医生帮助农村居民获得便捷、价廉、安全的基本医疗服务，在促进基本公共卫生服务均等化和社会公平方面作用显著。所以，应当确保乡村医生的合理收入，完善乡村医生退休养老制度，保障其合法权益。2003 年 8 月 5 日颁发的《乡村医生从业管理条例》对乡村医生的执业注册和执业保障有所规定。

第一百零三条 【全科医生制度】

国家建立全科医生制度。

国家建立统一的全科医生培养制度，对全科医生的培养、执业准入、注册、继续教育及资格再认证等进行规范化，由国务院卫生计生行政部门会同人力资源和社会保障、教育、财政等部门制定具体管理办法。

基层医疗卫生机构应采取设立全科医生津贴、艰苦边远地区工作津补贴等方式，鼓励和引导全科医生到基层提供服务。

【条文说明】全科医生是综合程度较高的医学人才，主要在基层承担预防保健，常见病、多发病诊疗和转诊，病人康复和慢性病管理，健康管理等一体化服务，被称为居民健康的"守门人"。建立全科医生制度，发挥好全科医生的作用，有利于充分落实预防为主方针，使医疗卫生更好地服务人民健康，也是提高基本医疗卫生服务的公平性、可及性的基本途径。建立全科医生制度，为基层培养大批"下得去、留得住、用得好"的合格全科医生，是提高基层医疗卫生服务水平的客观要求和必由之路。国务院于 2011 年 7 月 1 日发布《关于建立全科医生制度的指导意见》（国发〔2011〕23 号），对建立全科医生制度提出了指导意见。

第一百零四条 【家庭医生】

国家推行家庭医生签约服务制度。

由家庭医生、社区护士、公共卫生医师(含助理公共卫生医师)等组成家庭医生团队与居民签约,为居民提供基本医疗、公共卫生和约定的健康管理服务。

【条文说明】转变基层医疗卫生服务模式,实行家庭医生签约服务,强化基层医疗卫生服务网络功能,是深化医药卫生体制改革的重要任务,也是新形势下更好维护人民群众健康的重要途径。为贯彻落实国务院《关于建立全科医生制度的指导意见》(国发〔2011〕23号)和国务院办公厅《关于推进分级诊疗制度建设的指导意见》(国办发〔2015〕70号)要求,加快推进家庭医生签约服务,国务院医改办、国家卫生计生委、国家发展改革委、民政部、财政部、人力资源和社会保障部、国家中医药管理局于2016年5月25日联合发布《关于推进家庭医生签约服务的指导意见》,提出推进家庭医生签约服务,促进基层首诊、分级诊疗,促进医疗卫生工作重心下移、资源下沉,为群众提供综合、连续、协同的基本医疗卫生服务,增强人民群众获得感。

第一百零五条 【医疗卫生服务人员的权利】

医疗卫生服务人员在执业活动中享有下列权利:

(一)在执业活动中,享有人格尊严、人身安全不受侵犯的权利;

(二)获得与其所从事的工作相适应的卫生防护、医疗保健服务的权利,从事直接接触有毒有害物质、有感染传染病危险工作的医疗卫生服务人员,有依照有关法律、行政法规的规定接受职业健康监护的权利,患职业病的,有依照有关法律、行政法规的规定获得赔偿的权利;

(三)有按照国家有关规定获得与本人业务能力和学术水平相应的专业技术职务、职称的权利,有参加专业培训、接受继续教育、从事学术研究和交流、参加行业协会和专业学术团体的权利;

(四)有按照国家有关规定获取工资报酬、享受福利待遇、参加社会保险的权利;

(五)对所在机构的和行政管理部门的工作提出意见和建议的权利。

【条文说明】为了保证医疗卫生服务人员安心工作,鼓励人们从事医疗卫生服务工作,满足人民群众对医疗卫生服务的需求,规定医疗卫生服务人员在进行执业活动时的一系列权利。这是国家对医疗卫生服务人员能够作出或者不作出一定行为的许可与保障。主要包括人格和人身安全不受侵犯权、职业防护保健权、学术交流权、获取福利报酬权、民主管理权等。

第一百零六条 【医疗卫生服务人员的义务】

医疗卫生服务人员在执业活动中履行下列义务：

（一）遵守法律、法规，遵守技术操作规范；

（二）遵守职业道德，履行防病治病、救死扶伤、保护人民健康的神圣职责，不得利用职务之便索取、非法收受财物或者谋取不正当利益；

（三）关心、爱护、尊重患者人格尊严，保护患者的隐私；

（四）努力钻研业务，更新知识，提高专业技术水平；

（五）宣传卫生保健知识，对患者进行健康教育；

（六）对急危患者，应当采取紧急措施进行诊治或实施必要的紧急救护，不得拒绝急救处置；

（七）有义务参与公共卫生和疾病预防控制工作，发生自然灾害、公共卫生事件、突发重大伤亡事故等严重威胁公众生命健康的突发事件时，应当服从县级以上人民政府卫生计生行政部门或者所在机构的安排，参加医疗救护。

【条文说明】为了提高医疗服务质量，保障医疗安全、防范医疗事故、平衡医患关系，规定了医疗卫生服务人员在进行执业活动时的一系列义务，这是国家对医疗卫生服务人员应当依法为一定行为或不为一定行为的规定和限制。主要包括守法遵规义务、恪守医德义务、尊重人格义务、勤勉义务、健康教育义务、紧急处置义务和公共救护义务等。

第一百零七条 【保护道歉】

医疗卫生服务人员向医疗纠纷中的患者或者患者近亲属表示善意、后悔、歉意、同情、怜悯，解释损害产生的原因，承认医疗过错和失误，其口头或书面表达，均不得作为证明其错误、追究其责任的证据。

【条文说明】为了缓和医患矛盾，鼓励和保护医生向患者和家属道歉，打破医患之间的隔阂，发挥诚心道歉在缓解医患矛盾中的重要作用，建立“保护性道歉”制度。

第一百零八条 【薪酬制度】

建立体现岗位差异，兼顾学科平衡，注重长期激励，实现多劳多得、优绩优酬的医务人员薪酬制度。

公立医院医务人员薪酬不得与药品、卫生材料、检查、化验等业务收入挂钩。

【条文说明】医疗行业人才培养周期长、职业风险高、技术难度大、责任担当重，建立符合医疗行业特点、体现以知识价值为导向的公立医院薪酬制度，是深化医药卫生体制改革的重要内容，对确立公立医院激励导向和增强公立医院公益性，调动医务人员的积极性，推动公立医院事业的发展，都具有重要意义。2015年5月17日，国务院办公厅发布的《关于城市公立医院综合改革试点的指导意见》第5部分要求“建立符合医疗行业特点的人事薪酬制度”，强调深化编制人事制度改革、合理确定医务人员薪酬水平、强化医务人员绩效考核。2017年1月24日，人力资源和社会保障部、财政部、原国家卫计委等，又针对公立医院薪酬制度颁布了《关于开展公立医院薪酬制度改革试点工作的指导意见》，提出了公立医院薪酬制度改革试点的以下内容：优化公立医院薪酬结构，合理确定公立医院薪酬水平，推进公立医院主要负责人薪酬改革，落实公立医院分配自主权，健全以公益性为导向的考核评价机制；等等。2017年7月14日，国务院办公厅印发《关于建立现代医院管理制度的指导意见》，该意见也专门提到医生的薪酬改革。我国基本医疗卫生立法应在总结试点经验的基础上，确立完善的医务人员薪酬制度，增强公立医院公益性，调动医务人员积极性，不断提高医疗服务质量和水平。

第一百零九条　【教育培训】

国家加强对基层医疗卫生人才的培养，建立健全基本医疗卫生服务人员的医学教育制度、规范化培训制度以及在职继续教育制度，通过定向培养、转岗培训、在岗培训等方式充实基层医疗卫生人才队伍。

【条文说明】为全面落实《国家中长期教育改革和发展规划纲要(2010—2020年)》，建立适应行业特点的人才培养制度，更好地服务基本医疗卫生服务事业的发展，国家对医疗卫生服务人员实行教育培训制度。医学教育制度涵盖专科、本科和研究生教育三类，以四年制或五年制医学本科为主体，以三年制专科教育为补充。规范化培训制度是医学专业毕业生在完成医学院校教育之后，接受以提高临床能力为主的系统性、规范化培训，这项制度在《关于建立住院医师规范化培训制度的指导意见》《新入职护士培训大纲(试行)》中有所规定。继续医学教育是医学教育毕业之后，以学习新理论、新知识、新技术、新方法为主的一种终身教育。为实现“小病在基层，大病进医院”的分级诊疗目标，需要配备和培养一批数量充足，理论基础扎实，能正确处理常见病、多发病，并对急危重症进行鉴别的基层医疗卫生人才队伍，开展全科医师规范化培训和转岗培训等制度，采取定向培养、在岗培训、转岗培训等多样化的方式以加快满足基层医疗卫生人才的需求。

第一百一十条 【鼓励和引导医务人员到基层服务】

国家鼓励和引导医务人员到基层服务，通过代偿学费、助学贷款等政策，鼓励和引导高等院校医学毕业生到基层医疗卫生机构就业。通过提供补贴、优先晋升职称等政策招聘优秀医疗卫生人才到基层医疗卫生机构工作，对偏远、基层和特殊岗位人才实施优惠政策。

建立健全上级医院与基层医疗卫生机构的对口支援制度和双向交流机制，县级以上医院应通过远程医疗、远程教学等方式加强对基层的技术指导和培训。

【条文说明】我国基层医疗卫生机构的软件建设相对薄弱，人才队伍建设相对滞后，通过实施高等医学院校农村定向免费培养等政策，加强基层医疗卫生队伍培养和就业引导；通过行政财政给予基层医疗卫生机构特殊人才津贴和偏远乡镇特殊工资补贴等引导义务下沉。为促进人才交流，实行对口支援制度和双向交流机制，支援人员在受援卫生院从事基本医疗、基本公共卫生服务，开展巡回医疗、健康教育等活动，组织实施技术培训、查房会诊、手术示范、病例讨论、专题讲座等工作。

第一百一十一条 【执业保险】

国家鼓励和支持医疗机构和医疗卫生服务人员购买执业保险。

【条文说明】为有效提高医疗卫生服务人员抗风险能力，分担医疗风险，为医疗纠纷的调解工作提供充足的资金支持，发展针对医疗机构和医疗卫生服务人员的执业保险。

第一百一十二条 【奖励和表彰】

医疗卫生服务人员有下列情形之一的，县级以上人民政府卫生计生行政部门应当给予表彰或者奖励：

（一）在执业活动中，道德高尚，事迹突出的；

（二）对专业技术有重大突破，作出显著贡献的；

（三）遇有自然灾害、传染病流行、突发重大伤亡事故及其他严重威胁人民生命健康的紧急情况时，救死扶伤、抢救诊疗表现突出的；

（四）长期在边远贫困地区、少数民族地区条件艰苦的基层单位努力工作的；

（五）国务院卫生计生行政部门规定应当予以表彰或者奖励的其他情形的。

【条文说明】由于基本医疗卫生服务的公益性，在实际工作中，有一批开拓创新、务实为民、爱岗敬业、无私奉献的医疗卫生服务人员先进典型，为保障和增进人民群众健康作出了积极贡献。国家对这批人的鼓励和认可将正面激励医疗卫生服务人员队伍的发展。《执业医师法》中有相关规定。

第六章 药物保障

第一百一十三条 【基本药物制度】

国家实行国家基本药物制度。国务院卫生计生行政部门主管国家基本药物工作。

【条文说明】中共中央、国务院《关于深化医药卫生体制改革的意见》要求建立国家基本药物制度。中央政府统一制定和发布国家基本药物目录，按照防治必需、安全有效、价格合理、使用方便、中西药并重的原则，结合我国用药特点，参照国际经验，合理确定品种和数量。

第一百一十四条 【基本药物目录的制定】

国家基本药物目录是各级医疗卫生机构配备使用药品的依据，由国家基本药物工作委员会制定、定期发布国家基本药物目录。

【条文说明】《国家基本药物目录管理办法》（国卫药政发〔2015〕52号）第3条规定：国家基本药物工作委员会负责协调解决制定和实施国家基本药物制度过程中各个环节的相关政策问题，确定国家基本药物制度框架，确定国家基本药物目录遴选和调整的原则、范围、程序和工作方案，审核国家基本药物目录，各有关部门在职责范围内做好国家基本药物遴选调整工作。

第一百一十五条 【遴选原则】

国家基本药物遴选应按照防治必需、安全有效、价格合理、使用方便、中西药并重的原则，结合我国用药特点，参照国际经验，合理确定品种（剂型）和数量。

国家基本药物目录的制定应当与基本医疗保险体系、基本医疗服务体系、基本公共卫生服务体系相衔接。

【条文说明】《国家基本药物目录管理办法》（国卫药政发〔2015〕52号）第4条规定：国家基本药物遴选应当按照防治必需、安全有效、价格合理、使用方便、中西药并重、基本保障、临床首选和基层能够配备的原则，结合我国用药特点，参照国际经验,合理确定品种(剂型)和数量。国家基本药物目录的制定应当与基本公共卫生服务体系、基本医疗服务体系、基本医疗保障体系相衔接。

《"十三五"深化医药卫生体制改革规划》(国发〔2016〕78 号)规定:探索在基本药物遴选调整中纳入循证医学和药物经济学评价方法,在国家基本药物目录中坚持中西药并重。

第一百一十六条 【遴选调整】

国家基本药物目录在保持相对稳定的基础上,实行动态管理。国家基本药物目录遴选调整应当坚持科学、公正、公开、透明,与科技进步、经济发展水平相适应的原则,广泛听取社会各界的意见和建议,接受社会监督。

【条文说明】《国家基本药物目录管理办法》(国卫药政发〔2015〕52 号)第 12 条规定:国家基本药物目录遴选调整应当坚持科学、公正、公开、透明。建立健全循证医学、药物经济学评价标准和工作机制,科学合理地制定目录。广泛听取社会各界的意见和建议,接受社会监督。

第一百一十七条 【国家义务】

国家应当保障基本药物的可获得性和可负担性。对特殊群体用药采取特殊倾斜政策,保障特殊人群常见病和慢性病防治的基本药物,满足群众合理的基本用药需求。

【条文说明】基本药物的可获得性、可负担性被认为是一项基本的人权,因此,对健康权的保护已成为基本药物制度的法理学理论来源。我国推行国家基本药物制度的主要目标在于保证药物的可获得性、可负担性以及药品质量的安全有效性和使用合理性,保障公民健康权在最低限度上得到尊重和实现。

第一百一十八条 【基本药物供应保障】

基本药物实行市场化生产。临床必需、用量小、市场供应短缺的基本药物实施定点生产、国家补偿制度,定点生产药物清单由国家基本药物工作委员会定期调整。

各级政府通过招标采购、价格谈判、委托或定点生产、药品储备、应急生产、协商调剂等措施确保基本药物稳定供应。

【条文说明】中共中央、国务院《关于深化医药卫生体制改革的意见》规定,要建立基本药物的生产供应保障体系,在政府宏观调控下充分发挥市场机制的作用,基本药物实行公开招标采购,统一配送,减少中间环节,保障群众基本用药。

国务院办公厅《关于进一步改革完善药品生产流通使用政策的若干意见》（国办发〔2017〕13号）规定，卫生计生、工业和信息化、商务、食品药品监管等部门要密切协作，健全短缺药品、低价药品监测预警和分级应对机制，建立完善短缺药品信息采集、报送、分析、会商制度，动态掌握重点企业生产情况，统筹采取定点生产、药品储备、应急生产、协商调剂等措施确保药品市场供应。

第一百一十九条 【药物招标采购】

招标采购主管部门依法建立统一、公开的招投标平台和全面的信息披露制度，实行药品分类管理、分类采购，完善药品采购数据共享机制，落实医疗机构的招标主体地位。

【条文说明】《关于建立国家基本药物制度的实施意见》（卫药政发〔2009〕78号）规定，政府举办的医疗卫生机构使用的基本药物，由省级人民政府指定以政府为主导的药品集中采购相关机构按《招标投标法》和《政府采购法》的有关规定，实行省级集中网上公开招标采购。

国务院办公厅《关于进一步改革完善药品生产流通使用政策的若干意见》（国办发〔2017〕13号）规定，落实药品分类采购政策，按照公开透明、公平竞争的原则，科学设置评审因素，进一步提高医疗机构在药品集中采购中的参与度。鼓励跨区域和专科医院联合采购。完善国家药品价格谈判机制，逐步扩大谈判品种范围，做好与医保等政策衔接。加强国家药品供应保障综合管理信息平台和省级药品集中采购平台规范化建设，完善药品采购数据共享机制。

《"十三五"深化医药卫生体制改革规划》（国发〔2016〕78号）规定，完善以省（区、市）为单位的网上药品集中采购机制，落实公立医院药品分类采购，坚持集中带量采购原则，公立医院改革试点城市可采取以市为单位在省级药品集中采购平台上自行采购，鼓励跨区域联合采购和专科医院联合采购。做好基层和公立医院药品采购衔接。

第一百二十条 【药物销售】

药品流通企业、医疗机构购销药品要建立信息完备的购销记录，做到票据、账目、货物、货款相一致。

【条文说明】国务院办公厅《关于进一步改革完善药品生产流通使用政策的若干意见》（国办发〔2017〕13号）规定，药品流通企业、医疗机构购销药品要建立信息完备的购销记录，做到票据、账目、货物、货款相一致，随货同行单与药品同行。企业销售药品应按规定开具发票和销售凭证。积极推行药品购销票据管理规范化、电子化。

第一百二十一条 【药物配送】

基本药物配送原则上由中标生产企业自行委托药品批发企业配送或直接配送。药品配送企业应当保障偏远、交通不便地区的基本药物的供应。

【条文说明】国务院办公厅《关于巩固完善基本药物制度和基层运行新机制的意见》(国办发〔2013〕14号)规定,基本药物配送原则上由中标生产企业自行委托药品批发企业配送或直接配送。要做好偏远、交通不便地区的药品配送服务。充分发挥邮政等物流行业服务网络覆盖面广的优势,支持其在符合规定的条件下参与药品配送。

第一百二十二条 【配备使用范围】

城乡基层医疗卫生机构应当全部配备和优先使用基本药物,其他各类医疗机构也应当将基本药物作为首选药物并确定使用比例。

基本药物应当全部纳入基本医疗保障药物报销目录,报销比例应当明显高于非基本药物。

【条文说明】《国家基本药物目录管理办法》(国卫药政发〔2015〕52号)第1条规定:基本药物是适应基本医疗卫生需求,剂型适宜,价格合理,能够保障供应,公众可公平获得的药品。政府举办的基层医疗卫生机构全部配备和使用基本药物,其他各类医疗机构也都必须按规定使用基本药物。

第一百二十三条 【处方管理】

国家建立基本药物优先使用和合理使用制度。

卫生计生行政部门应当定期制定基本药物临床应用指南和基本药物处方集,规范基本药物使用。

医师应当合理使用基本药物。医疗机构应当按照国家卫生计生行政主管部门的《处方管理规定》等规章规范医师处方和药师调剂行为。

【条文说明】中共中央、国务院《关于深化医药卫生体制改革的意见》规定,要规范基本药物使用,制定基本药物临床应用指南和基本药物处方集。城乡基层医疗卫生机构应全部配备、使用基本药物,其他各类医疗机构也要将基本药物作为首选药物并确定使用比例。

国务院办公厅《关于进一步改革完善药品生产流通使用政策的若干意见》(国办发〔2017〕13号)规定,公立医院要全面配备、优先使用基本药物。国家卫生计生委要组织开展临床用药综合评价工作,探索将评价结果作为药品集中采购、制定临床用药指南的重要参考。落实处方点评、中医药辨证施治等规定，重点监控抗生素、辅助性药品、营养性药品的使用，对不合理用药的处方医生进行公示，并建立约谈制度。

第一百二十四条 【药品价格形成机制】

药品价格主要由市场竞争形成。

国家建立全方位、多层次的价格监督机制，依法规范市场价格秩序。对价格欺诈、价格串通和垄断等扰乱市场秩序行为依法处罚。

麻醉药品和第一类精神药品实行最高出厂价格和最高零售价格管理。

【条文说明】国家发展改革委等《关于印发推进药品价格改革意见的通知》（发改价格〔2015〕904号）规定，除麻醉药品和第一类精神药品外，取消药品政府定价，完善药品采购机制，发挥医保控费作用，药品实际交易价格主要由市场竞争形成。其中：

(1)医保基金支付的药品，由医保部门会同有关部门拟定医保药品支付标准制定的程序、依据、方法等规则，探索建立引导药品价格合理形成的机制。

(2)专利药品、独家生产药品，建立公开透明、多方参与的谈判机制形成价格。

(3)医保目录外的血液制品、国家统一采购的预防免疫药品、国家免费艾滋病抗病毒治疗药品和避孕药具，通过招标采购或谈判形成价格。

(4)麻醉药品和第一类精神药品，仍暂时实行最高出厂价格和最高零售价格管理。

(5)其他药品，由生产经营者依据生产经营成本和市场供求情况，自主制定价格。

第一百二十五条 【药师制度】

国家实行执业药师制度。

执业药师应当为公众提供药学咨询、宣传和用药指导等药事服务。

医疗机构的临床药师应当参与临床用药处方审核与调剂，提供临床用药指导，为医师提供药学服务，促进合理用药。

【条文说明】中共中央、国务院《关于深化医药卫生体制改革的意见》规定，要规范药品临床使用，发挥执业药师指导合理用药与药品质量管理方面的作用。

国务院办公厅《关于进一步改革完善药品生产流通使用政策的若干意见》

(国办发〔2017〕13号)规定:落实药师权利和责任,充分发挥药师在合理用药方面的作用。各地在推进医疗服务价格改革时,对药师开展的处方审核与调剂、临床用药指导、规范用药等工作,要结合实际统筹考虑,探索合理补偿途径,并做好与医保等政策的衔接。加强零售药店药师培训,提升药师服务能力和水平。

第一百二十六条 【不良反应报告制度】

国家实行药品不良反应报告制度。国家完善药品不良反应报告和监测制度,建立药品安全预警和应急处置机制。国家鼓励公民、法人和其他组织报告药品不良反应。

【条文说明】中共中央、国务院《关于深化医药卫生体制改革的意见》规定,国家要加强药品不良反应监测,建立药品安全预警和应急处置机制。

《药品不良反应报告和监测管理办法》第3条规定:国家实行药品不良反应报告制度。药品生产企业(包括进口药品的境外制药厂商)、药品经营企业、医疗机构应当按照规定报告所发现的药品不良反应。第5条规定:国家鼓励公民、法人和其他组织报告药品不良反应。

第一百二十七条 【医疗器械与医疗耗材】

医疗器械与医疗耗材的采购、使用规定与基本药物相同。

第七章 医 疗 救 助

第一百二十八条 【医疗救助制度】

国家建立医疗救助制度,保障贫困人口和弱势群体平等享有基本医疗卫生服务。

【条文说明】新医改的基本目标是实行医疗卫生服务的公平可及性,保障人人享有基本医疗服务。医疗救助是保障贫困人口享有基本医疗卫生服务,对实现基本医疗服务的公平可及性有着举足轻重的地位。

第一百二十九条 【医疗救助对象】

下列人员可以申请相关医疗救助:

(一)最低生活保障家庭成员;

(二)特困供养人员;

(三)低收入家庭成员;

(四)县级以上人民政府规定的其他特殊困难人员。

【条文说明】《社会救助暂行办法》第28条规定，下列人员可以申请相关医疗救助：(1)最低生活保障家庭成员；(2)特困供养人员；(3)县级以上人民政府规定的其他特殊困难人员。

此外，根据社会发展情况，扩大救助范围，增加"低收入家庭成员"作为救助对象。

第一百三十条 【医疗救助方式】

医疗救助采取下列方式：

（一）对救助对象参加城乡基本医疗保险的个人缴费部分给予补贴；

（二）对救助对象经基本医疗保险、大病保险和其他补充医疗保险支付后，个人及其家庭难以承担的符合规定的基本医疗自负费用，给予补助。

医疗救助标准，由县级以上人民政府按照经济社会发展水平和医疗救助资金情况确定、公布。

【条文说明】本法将医疗救助的方式分为两种：对特困救助对象（包括最低生活保障家庭成员和特困供养人员）参加城乡基本医疗保险的个人缴费部分进行补贴；对一般救助对象经保险报销后的自付费用进行补助。这样的救助方式有利于医疗救助资源和资金的合理分配，可以满足不同经济状况的群体的不同需求，使所有群体都能得到适合自身情况的有效救助。

《社会救助暂行办法》第29条规定，医疗救助采取下列方式：(1)对救助对象参加城镇居民基本医疗保险或者新型农村合作医疗的个人缴费部分，给予补贴；(2)对救助对象经基本医疗保险、大病保险和其他补充医疗保险支付后，个人及其家庭难以承担的符合规定的基本医疗自负费用，给予补助。医疗救助标准，由县级以上人民政府按照经济社会发展水平和医疗救助资金情况确定、公布。

第一百三十一条 【医疗救助程序】

实施医疗救助，按以下程序：

（一）申请医疗救助的，应当向乡镇人民政府或街道办事处提出，经审核、公示后，由县级人民政府民政部门审批。重点救助对象的医疗救助，由县级人民政府民政部门直接办理。

（二）除住院救助外，对具有明确诊疗路径、能够通过门诊治疗的特定病种，可开展门诊救助。

（三）门诊救助、住院救助以及重特大疾病的年度最高救助限额由县级以上地方人民政府根据当地救助对象需求和医疗救助资金筹集等情况研究确定。

【条文说明】本条将医疗救助的申请程序简要列明，并增加了门诊救助作为医疗救助的新形式。目前，全国大部分地区仅开展了住院救助，并未对门诊治疗提供医疗救助，本法将门诊救助与住院救助一并列为医疗救助的法定形式，扩大了救助范围。《社会救助暂行办法》第30条规定，申请医疗救助的，应当向乡镇人民政府、街道办事处提出，经审核、公示后，由县级人民政府民政部门审批。最低生活保障家庭成员和特困供养人员的医疗救助，由县级人民政府民政部门直接办理。

第一百三十二条 【衔接制度】

县级以上人民政府应当建立健全医疗救助与基本医疗保险、大病保险相衔接的医疗费用结算机制，为医疗救助对象提供便捷服务。

【条文说明】《社会救助暂行办法》第31条规定，县级以上人民政府应当建立健全医疗救助与基本医疗保险、大病保险相衔接的医疗费用结算机制，为医疗救助对象提供便捷服务。

第一百三十三条 【疾病应急救助制度】

国家建立疾病应急救助制度，对需要急救但身份不明或者无力支付急救费用的急重危伤病患者给予救助。符合规定的急救费用由疾病应急救助基金支付。

【条文说明】《社会救助暂行办法》第32条规定，国家建立疾病应急救助制度，对需要急救但身份不明或者无力支付急救费用的急重危伤病患者给予救助。符合规定的急救费用由疾病应急救助基金支付。

第一百三十四条 【救助资金来源】

通过财政预算拨款、医疗发展基金、专项彩票公益金、社会捐助等渠道建立医疗救助基金。各级财政部门根据测算的资金需求和上级财政补助资金情况，合理安排本级财政医疗救助资金，并纳入年度预算。

民政部门定期向社会公布医疗救助基金的筹集和使用情况，接受有关部门和社会监督。

【条文说明】《社会救助暂行办法》第5条规定，县级以上人民政府应当将社会救助纳入国民经济和社会发展规划，建立健全政府领导、民政部门牵头、有关部门配合、社会力量参与的社会救助工作协调机制，完善社会救助资金、物资保障机制，将政府安排的社会救助资金和社会救助工作经费纳入财政预算。

《社会救助暂行办法》第52条规定，国家鼓励单位和个人等社会力量通过捐赠、设立帮扶项目、创办服务机构、提供志愿服务等方式，参与社会救助。

第一百三十五条 【委托合作协议】

民政部门要与医疗救助定点医疗机构签订委托合作协议，明确服务内容、服务质量、费用结算以及双方的责任义务，制定服务规范，并会同财政、人力资源和社会保障、卫生计生等部门及商业保险机构做好对医疗救助服务质量的监督管理，防控不合理医疗行为和费用。

【条文说明】国务院办公厅《关于进一步完善医疗救助制度全面开展重特大疾病医疗救助工作的意见》（国办发〔2015〕30号）规定，要在基本医疗保险定点医疗机构范围内，按照公开平等、竞争择优的原则确定医疗救助定点医疗机构。民政部门要与医疗救助定点医疗机构签订委托合作协议，明确服务内容、服务质量、费用结算以及双方的责任义务，制定服务规范，并会同财政、人力资源和社会保障、卫生计生等部门及商业保险机构做好对医疗服务行为质量的监督管理，防控不合理医疗行为和费用。对不按规定用药、诊疗以及提供医疗服务所发生的费用，医疗救助基金不予结算。对违反合作协议，不按规定提供医疗救助服务，造成医疗救助资金流失或浪费的，要终止定点合作协议，取消医疗救助定点医疗机构资格，并依法追究责任。

第一百三十六条 【权利救济】

医疗救助对象未享受法定待遇的，可以向原申请救助部门的上一级政府民政部门进行申诉或直接向人民法院起诉。上一级民政部门应当在三十日内进行审核并作出决议，对符合救助条件的，进行事后补贴；对不符合救助条件的，书面说明理由。

【条文说明】本条将行政复议与行政诉讼一并作为医疗救助对象的权利救济手段。为了不断提高医疗救助管理服务水平，最大限度减轻困难群众医疗支出负担，国家立法应当优化救助流程，简化结算程序，加快信息化建设，增强救助时效，发挥医疗救助功能，使困难群众及时得到有效救助。

第八章 监督管理

第一百三十七条 【监管原则】

国家根据管办分开、分级分类、属地管理的原则，建立政府主导、部门联动、行业自律、社会参与的医疗卫生监督管理制度。

县级以上人民政府的卫生计生行政部门，负责本行政区域内医疗卫生全行业的监督管理。

【条文说明】国务院办公厅《全国医疗卫生服务体系规划纲要(2015—2020年)》(国办发〔2015〕14号)中提出：加强全行业监管与属地化管理，统筹城乡、区域资源配置，统筹当前与长远，统筹预防、医疗和康复，中西医并重，注重发挥医疗卫生服务体系的整体功能，促进均衡发展。坚持分级分类管理。充分考虑经济社会发展水平和医疗卫生资源现状，统筹不同区域、类型、层级的医疗卫生资源的数量和布局，分类制订配置标准。促进基层医疗卫生机构发展，着力提升服务能力和质量；合理控制公立医院资源规模，推动发展方式转变；提高专业公共卫生机构的服务能力和水平。

原卫生部《关于卫生监督体系建设的若干规定》第5条规定："卫生监督体系建设应当按照精简、统一、效能的原则和政事分开、综合执法、依法行政的要求，深化卫生监督体制改革，合理设置机构，优化人员结构，解决职能交叉、权责脱节和执法力量薄弱等问题。"第6条规定："各级人民政府应当加强对卫生监督工作的统一领导，统筹规划，在整合现有卫生资源基础上，加大投入，建立职责明确、行为规范、执法有力、保障到位的卫生监督体系。"第8条规定："卫生监督工作实行分级管理。中央、省、设区的市、县级人民政府卫生行政部门内设卫生监督机构并下设卫生监督执行机构(以下统称卫生监督机构)，负责辖区内卫生监督工作。县级卫生监督机构可在乡镇派驻卫生监督人员。"

《"十三五"深化医药卫生体制改革规划》(国发〔2016〕78号)规定：完善政府监管主导、第三方广泛参与、医疗卫生机构自我管理和社会监督为补充的多元化综合监管体系。加强部门联动，加大监管力度，切实防止和减少损害群众健康权益的违法违规行为。

第一百三十八条 【监管职权】

县级以上人民政府的卫生计生行政部门，负责下列医疗卫生服务事项的监督管理：

(1)对医疗卫生服务资源规划、配置、使用、实施情况进行监督管理，并根据国民经济和社会发展情况提出修订建议；

(2)对本区域内医院、基层医疗卫生机构和专业公共卫生机构组成的医疗卫生服务体系运行进行监督管理；

(3)对分级诊疗进行监督管理；

(4)对本行政区域内医疗机构质量管理情况进行监督管理,对医疗机构的医疗质量进行定期评估,评估结果向全社会公开;

(5)对本行政区域内公立医院的绩效考核和评价运行机制进行监督管理;

(6)对本行政区域内医疗卫生从业人员的准入及资格认定进行监督管理,定期予以审查并向社会公开;

(7)会同有关部门制定基本医疗保险金监管管理制度;

(8)对基本药物采购、配送、使用情况进行监督管理;

(9)加强中医医疗服务机构能力建设,提高综合医院和专科医院中西医结合的服务能力,强化中医医疗服务监管;

(10)对本区域内公共卫生服务尤其基本公共卫生服务项目和重大公共卫生服务项目落实情况、公共场所卫生管理、爱国卫生运动、突发公共卫生事件应急处理等健康促进活动情况进行监督管理;

(11)法律法规规定的其他职责。

【条文说明】参见国务院办公厅《国家卫生和计划生育委员会主要职责内设机构和人员编制规定》(国办发〔2013〕50号)。

第一百三十九条 【医疗信息公开】

国家建立医疗信息公开制度。医疗机构的医疗服务安全、医疗质量、医疗费用等信息,除涉及国家秘密、商业秘密、个人隐私外,原则上均应向社会公开。

县级以上人民政府卫生计生行政部门应当建立健全医疗服务质量评估与评价机制,定期向社会予以发布。

【条文说明】《"十二五"期间深化医药卫生体制改革规划暨实施方案》(国发〔2012〕11号)中,明确提出"建立信息公开、社会多方参与的监管制度"。明确2012~2015年医药卫生体制改革的阶段目标、改革重点和主要任务为:加快推进医疗卫生信息化,研究建立全国统一的电子健康档案、电子病历、药品器械、医疗服务、医保信息等数据标准体系,推动医疗卫生信息资源共享,建立信息公开、社会多方参与的监管制度,鼓励行业协会等社会组织和个人对医疗机构进行独立评价和监督。

第一百四十条 【社会监督】

国家鼓励公民、法人、其他组织和媒体对医疗卫生服务进行监督,保障社会参与监督渠道的畅通和有效,建立健全社会共治机制。

完善医疗保险对医疗服务的监控机制,通过医保完善医疗行为激励约束机制和医疗费用控制机制。

【条文说明】《宪法》第41条第1、2款规定：中华人民共和国公民对于任何国家机关和国家工作人员，有提出批评和建议的权利；对于任何国家机关和国家工作人员的违法失职行为，有向有关国家机关提出申诉、控告或者检举的权利，但是不得捏造或者歪曲事实进行诬告陷害。对于公民的申诉、控告或者检举，有关国家机关必须查清事实，负责处理。任何人不得压制和打击报复。

原卫生部《关于卫生监督体系建设的若干规定》第17条规定：各级卫生监督机构应当建立健全规章制度和工作程序，规范卫生监督行为；完善内部制约机制，建立关键岗位轮换制度和执法回避制度；公开办事程序和办事结果，接受社会监督；强化服务意识，保护和尊重管理相对人的合法权益。

《"十三五"深化医药卫生体制改革规划》(国发〔2016〕78号)规定：建立健全社会共治机制，加大信息公开和宣传教育力度，拓宽公众参与监管的渠道，主动接受社会监督。

《"十三五"深化医药卫生体制改革规划》(国发〔2016〕78号)规定：完善基本医保基金监管制度，加大对骗保欺诈等医保违法行为的惩戒力度。完善医疗保险对医疗服务的监控机制，将监管对象由医疗机构延伸至医务人员。国务院办公厅《关于进一步深化基本医疗保险支付方式改革的指导意见》(国办发〔2017〕55号)规定：发挥医保第三方优势，健全医保对医疗行为的激励约束机制以及对医疗费用的控制机制。

第一百四十一条 【专业性中介机构监督】

国家鼓励专业性中介机构参与医疗卫生监督管理。

各地卫生行政主管部门应支持医学会、医院管理学会、医师协会等专业化组织的组建，积极推进医学专业组织参与医疗卫生监管。

【条文说明】国务院办公厅《全国医疗卫生服务体系规划纲要(2015—2020年)》(国办发〔2015〕14号)规定：坚持政府主导与市场机制相结合。切实落实政府在制度、规划、筹资、服务、监管等方面的责任，维护公共医疗卫生的公益性。大力发挥市场机制在配置资源方面的作用，充分调动社会力量的积极性和创造性，满足人民群众多层次、多元化医疗卫生服务需求。

《"十三五"深化医药卫生体制改革规划》(国发〔2016〕78号)规定：充分发挥行业协会学会、高等院校、科研院所等作用，积极培育第三方评价机构。强化行业自律，推动行业组织建立健全行业管理规范和准则，规范成员行为。

第一百四十二条 【第三方评估制度】

国家建立基本医疗服务和医疗质量第三方绩效质量评估制度,委托有资质的第三方机构对医疗机构的医疗质量、医疗技术、药物使用与医疗安全度、基本医疗服务均等化满意度、医疗经费使用情况等进行评估。评估结果可作为卫生计生行政部门评价医疗卫生机构的重要参考依据。

各地卫生计生行政部门负责本行政区域内第三方评估的实施,并及时向社会公布评估结果。

被评估医疗机构对评估结果有异议的,第三方评估机构应当作出详细说明。评估机构不具有合法资质或有证据表明评估过程中存在严重失误,卫生行政主管部门应撤销原评估结论并重新委托有资质的机构进行评估。

第三方评估机构的准入资质和具体管理办法,由国家卫生行政主管部门制定。

【条文说明】《医疗质量管理办法》第 11 条第 1 项规定:按照国家医疗质量管理的有关要求,制订本机构医疗质量管理制度并组织实施是医疗机构质量管理委员会的主要职责之一。

《"十三五"深化医药卫生体制改革规划》(国发〔2016〕78 号)规定:要引导第三方依法依规参与监管工作;完善相关政策制度,鼓励符合条件的第三方积极开展或参与评价标准的咨询、技术支持、考核评价等工作,推动医疗机构考核评价由政府主导逐步向独立第三方评价转变。

第一百四十三条 【医疗质量管理】

卫生计生行政部门应加强医疗质量管理,规范医疗服务行为,保障医疗安全,维护医患双方的合法权益。

县级以上卫生计生行政部门应当加强对本行政区域内医疗机构质量管理情况的监督检查。被检查医疗机构应当予以配合,不得拒绝、阻碍和隐瞒。

【条文说明】《医疗质量管理办法》第 37 条和第 38 条对此进行了规定。

第一百四十四条 【医疗大数据共享与管理】

各级卫生计生行政部门应当推动信息技术在医疗卫生领域的应用和普及,建立健康医疗数据共享机制,利用大数据提高监管能力。

【条文说明】《"健康中国 2030"规划纲要》规定:消除数据壁垒,建立跨部门跨领域密切配合、统一归口的健康医疗数据共享机制,实现公共卫生、计划生育、医疗服务、医疗保障、药品供应、综合管理等应用信息系统数据采集、集成共享和业务协同。建立和完善全国健康医疗数据资源目录体系，全面深化健康医疗大数据在行业治理、临床和科研、公共卫生、教育培训等领域的应用，培育健康医疗大数据应用新业态。

第一百四十五条 【医生依法执业】

加强医务人员的执业准入和退出管理，对医务人员进行医疗质量管理相关法律、法规、规章制度、技术规范的培训和宣传教育。全面推进医师定期考核，规范医疗执业行为。依法打击非法行医。

【条文说明】《执业医师法》对执业医师的考试和注册、执业规则、考核和培训等事项作出了规定。国务院《“十二五”期间深化医药卫生体制改革规划暨实施方案》（国发〔2012〕11号）中规定：“加强卫生全行业监管。完善机构、人员、技术、设备的准入和退出机制……依法严厉打击非法行医……”

第一百四十六条 【信用记录】

卫生计生行政部门要建立医疗卫生行业信用记录制度，建立医疗卫生监督信息公示制度，建立违法违纪“医疗黑名单”制度，对进入“黑名单”的机构和人员依法处理。

【条文说明】《“十三五”深化医药卫生体制改革规划》（国发〔2016〕78号）规定，推行随机抽取检查对象、随机选派执法检查人员的“双随机”抽查，依法查处违法违规行为，抽查情况及查处结果及时向社会公开。建立违法违纪“黑名单”制度，对进入“黑名单”的机构和人员依法依规严肃处理，情节严重的坚决曝光。

第一百四十七条 【医保监管】

医保基金应当纳入财政专户，实行“收支两条线”管理。基金独立核算、专户管理，任何单位和个人不得挤占挪用。

财政部门、审计机关按照各自职责，对医保基金的收支、管理和投资运营情况实施监督。

强化医保基金内部审计和外部监督，坚持医保基金收支运行情况信息公开和参保人员就医结算信息公示制度，加强社会监督、民主监督和舆论监督。

【条文说明】《社会保险法》第10章为“社会保险监督”，第78条规定，财政部门、审计机关按照各自职责，对社会保险基金的收支、管理和投资运营情况实施监督。国务院《关于整合城乡居民基本医疗保险制度的意见》（国发〔2016〕3号）规定，城乡居民医保执行国家统一的基金财务制度、会计制度和基金预决算管理制度。城乡居民医保基金纳入财政专户，实行“收支两条线”管理。基金独立核算、专户管理，任何单位和个人不得挤占挪用。强化基金内部审计和外部监督，坚持基金收支运行情况信息公开和参保人员就医结算信息公示制度，加强社会监督、民主监督和舆论监督。

《“十三五”深化医药卫生体制改革规划》（国发〔2016〕78号）规定：完善基本医保基金监管制度，加大对骗保欺诈等医保违法行为的惩戒力度。完善医疗保险对医疗服务的监控机制，将监管对象由医疗机构延伸至医务人员。国务院办公厅《关于进一步深化基本医疗保险支付方式改革的指导意见》（国办发〔2017〕55号）规定：发挥医保第三方优势，健全医保对医疗行为的激励约束机制以及对医疗费用的控制机制。

第一百四十八条 【医保个人信息保密】

医疗保险相关部门及其工作人员，应当依法为保险人的信息保密，不得以任何形式泄露。

【条文说明】《社会保险法》第81条规定，社会保险行政部门和其他有关行政部门、社会保险经办机构、社会保险费征收机构及其工作人员，应当依法为用人单位和个人的信息保密，不得以任何形式泄露。

第一百四十九条 【药品监管】

食品药品监督管理部门应当强化药品质量监管，加强药品注册申请、审批和生产、销售的全程监管，建立完善药品信息追溯体系，形成全品种、全过程完整追溯与监管链条。

价格主管部门应当强化药品价格行为监管，建立健全药品价格信息监测预警和信息发布制度，加强对市场竞争不充分的药品和高值医用耗材的价格监管。

【条文说明】国务院《“十二五”期间深化医药卫生体制改革规划暨实施方案》（国发〔2012〕11号）规定：“加强药品质量安全监管，全面实施新修订的药品生产质量管理规范，修订并发布实施药品经营质量管理规范，实行药品全品种电子监管，对基本药物和高风险品种实施全品种覆盖抽验，定期发布药品质量公告。”

《“十三五”深化医药卫生体制改革规划》（国发〔2016〕78号）规定：强化药品质量监管，加强药品注册申请、审批和生产、销售的全程监管，建立完善药品信息追溯体系，形成全品种、全过程完整追溯与监管链条。强化药品价格行为监管,建立健全药品价格信息监测预警和信息发布制度,积极引导行业组织和市场主体加强诚信建设,自觉维护市场价格秩序。加强对市场竞争不充分的药品和高值医用耗材的价格监管。

第九章 法律责任

第一百五十条 【医疗卫生规划法律责任】

国务院有关部门和地方各级人民政府违反本法的规定,未制定医疗卫生事业发展规划,或未能合理配置医疗服务资源,促进基本医疗服务均衡发展的,对直接负责的主管人员和其他直接责任人员依法给予行政处分。

【条文说明】针对本法第 5 条设置的法律责任条款。

第一百五十一条 【政府办医的主导责任】

地方各级人民政府违反本法规定,未合理制定区域卫生规划和医疗机构设置规划的,由上级人民政府责令限期改正;情节严重的,对直接负责的主管人员和其他直接责任人员依法给予行政处分。

【条文说明】针对本法第 11 条设置的法律责任条款。

第一百五十二条 【政府经费保障】

国务院有关部门和地方各级人民政府违反本法的规定,未履行对基本医疗卫生经费保障职责的,由国务院或者上级地方人民政府责令限期改正;情节严重的,对直接负责的主管人员和其他直接责任人员依法给予行政处分。

第一百五十三条 【健康权救济】

公民、法人或者其他组织认为民政部门和其他有关部门没有依法支付医疗救助金或者基本医疗保险待遇的,有权申请行政复议或向人民法院提起行政诉讼。

【条文说明】《行政复议法》第 6 条第 10 项规定,申请行政机关依法发放抚恤金、社会保险金或者最低生活保障费,行政机关没有依法发放的,公民、法人或者其他组织可以依照本法申请行政复议。

《行政诉讼法》第 12 条规定:"人民法院受理公民、法人或者其他组织提起的下列诉讼:……(十)认为行政机关没有依法支付抚恤金、最低生活保障待遇或者社会保险待遇的……"

《社会保险法》第 83 条第 1、2 款规定:用人单位或者个人认为社会保险费征收机构的行为侵害自己合法权益的,可以依法申请行政复议或者提起行政诉讼。

用人单位或者个人对社会保险经办机构不依法办理社会保险登记、核定社会保险费、支付社会保险待遇、办理社会保险转移接续手续或者侵害其他社会保险权益的行为，可以依法申请行政复议或者提起行政诉讼。

第一百五十四条 【健康权救济】

卫生计生行政部门和其他有关部门怠于履行保障健康义务，以及违法或不适当实施卫生行政行为，造成健康权益损害的，公民、法人或者其他组织有权依法申请行政复议或向人民法院提起行政诉讼。

公民、法人或者其他组织认为卫生计生行政部门和其他有关部门的具体行政行为所依据的下列医疗卫生规定不合法，在对具体行政行为申请行政复议时，可以一并向行政复议机关提出对该规定的审查申请：

（一）国务院部门的规定；

（二）县级以上地方各级人民政府及其工作部门的规定；

（三）乡、镇人民政府的规定。

前款所列规定不含国务院部、委员会规章和地方人民政府规章。规章的审查依照法律、行政法规办理。

【条文说明】公民有权对有关卫生行政主体作出的具体行政行为申请行政复议和提起行政诉讼，具体行政行为包括不作为和作为两种类型。行政复议对具体行政行为是否合法与适当进行审查；行政诉讼坚持合法性审查原则，即原则上只对具体行政行为是否合法进行审查，对不适当的具体行政行为不予审查。

我国《行政复议法》第7条规定，行政复议可以审查作为具体行政行为依据的规章以下规范性文件。但我国《行政诉讼法》第13条规定，人民法院不受理公民、法人或者其他组织对行政法规、规章或者行政机关制定、发布的具有普遍约束力的决定、命令提起的诉讼。对于有关医疗卫生政策的规范性文件侵害公民健康权益的救济，应符合我国《行政复议法》《行政诉讼法》的规定。

以上两条为保障公民健康权的司法救济途径。

第一百五十五条 【侵犯健康自由权的法律责任】

相关部门及其行政人员违法查封、扣押公民维持健康所必需的生活用品，妨碍第三人向权利人提供健康所需要的物品、服务和信息的，对直接负责的主管人员和其他直接责任人员，依法给予行政处分；造成损失的，应依法予以赔偿。

【条文说明】针对本法第23条设置的法律责任条款。

第一百五十六条 【过度医疗的法律责任】

医疗机构及其医务人员不得违反诊疗规范实施不必要的检查、治疗等医疗行为,违反本条规定给患者造成损害的,应当依法承担赔偿责任;对违反本条规定的医疗机构和医务人员,卫生计生行政部门可以根据情节轻重予以警告、罚款、拘留。

【条文说明】过度医疗已成为全球性的医疗危害的公共安全问题,防止过度医疗,是本法的应有之义。《侵权责任法》第63条规定,医疗机构及其医务人员不得违反诊疗规范实施不必要的检查。由于该条没有规定侵权责任,故建议在此处予以补充。

第一百五十七条 【侵犯健康隐私权的法律责任】

医疗机构及其医务人员泄露患者隐私的,县级以上人民政府卫生计生行政部门应给予警告,并处罚款;情节严重的,对直接负责的主管人员和其他直接责任人员依法给予降低岗位等级或者撤职的处分,对有关医务人员,吊销其执业证书;造成患者损害的,应依法承担消除影响、赔偿损失的法律责任。

【条文说明】《侵权责任法》第62条规定,医疗机构及其医务人员应当对患者的隐私保密。泄露患者隐私或者未经患者同意公开其病历资料,造成患者损害的,应当承担侵权责任。

第一百五十八条 【侵犯病历资料查阅、复印权的法律责任】

严禁任何单位和个人篡改、伪造、隐匿、销毁或者抢夺病历资料。县级以上人民政府卫生计生行政部门对篡改、伪造、隐匿、销毁或者抢夺病历资料单位和个人,应给予警告,并处罚款;情节严重的,对直接负责的主管人员和其他直接责任人员依法给予降低岗位等级或者撤职的处分,对有关医务人员,责令暂停六个月以上一年以下执业活动。

【条文说明】《侵权责任法》第61条规定,医疗机构及其医务人员应当按照规定填写并妥善保管住院志、医嘱单、检验报告、手术及麻醉记录、病理资料、护理记录、医疗费用等病历资料。患者要求查阅、复制前款规定的病历资料的,医疗机构应当提供。[1]

1 此条文已失效,现变更为《民法典》第1225条。

第一百五十九条　【违反基本医疗保险规定的法律责任】

违反本法有关基本医疗保险规定的,依据《社会保险法》有关条文承担法律责任。

【条文说明】关于违反基本医疗保险规定的法律责任,《社会保险法》第84条至第93条已有详细规定。

第一百六十条　【医疗机构违反医疗技术管理规定的责任】

医疗机构违反医疗技术管理规定的,由县级以上人民政府卫生计生行政部门责令改正,并给予警告;情节严重的,对直接负责的主管人员和其他直接责任人员依法给予或者责令给予降低岗位等级或者撤职的处分。

【条文说明】针对本法第75条设置的法律责任条款。

第一百六十一条　【违法干预公立医院法人治理的责任】

地方政府及有关部门违法干预公立医院法人治理的,由上级机关或监察机关责令改正;情节严重的,对直接负责的主管人员和其他直接责任人员依法给予行政处分。

【条文说明】针对本法第78条设置的法律责任条款。

第一百六十二条　【公立医院违法转诊的责任】

公立医院应当向基层医疗卫生服务机构转诊而未转诊的,由有关机关在下一年度依法核减其财政经费。

【条文说明】针对本法第92条设置的法律责任条款。

第一百六十三条　【医疗联合体未制订章程的责任】

医疗联合体未制订章程即开展有关活动的,由县级以上人民政府卫生行政部门责令其依法制订章程,并给予警告。

【条文说明】针对本法第94条设置的法律责任条款。

第一百六十四条　【未参加医疗责任保险的责任】

医疗机构和医务人员未依法参加医疗责任保险的,由县级以上人民政府卫生行政部门责令改正,并给予警告。

【条文说明】针对本法第96条设置的法律责任条款。

第一百六十五条　【医疗卫生服务提供方的法律责任】

医院、基层医疗卫生服务机构和专业公共卫生服务机构及其医疗卫生服务人员违反本法和国家有关法律、法规规定,由县级以上人民政府卫生计生行政部门给予行政处罚;给患者造成损害的,应依法承担赔偿责任;构成犯罪的,依法追究刑事责任。

【条文说明】此条是对医疗卫生服务提供方违法行为法律责任的综合性规定,包括行政责任、民事责任和刑事责任。

第一百六十六条 【医疗卫生服务人员执业安全保障】

扰乱医疗秩序,阻碍医疗卫生服务人员依法开展执业活动,侮辱、诽谤、威胁、殴打医疗卫生服务人员,侵犯医疗卫生服务人员人身自由、干扰医疗卫生服务人员正常工作生活,或者有其他侵犯医疗卫生服务人员合法权益行为的,应当依法承担停止侵害、赔礼道歉、消除影响、恢复名誉、赔偿损失等民事责任;违反治安管理处罚法的,由公安机关给予处罚;构成犯罪的,依法追究刑事责任。

【条文说明】在当前"医闹"多发、医生人身安全遭到侵害的情况下,应当加强对医疗卫生服务人员的安全保障,坚决打击"医闹"。

第一百六十七条 【违反公立医院薪酬制度的法律责任】

公立医院违反本法规定,将医务人员薪酬与药品、卫生材料、检查、化验等业务收入挂钩的,由县级以上人民政府卫生计生行政部门责令改正,情节严重的,对直接负责的主管人员和其他直接责任人员依法给予行政处分。

【条文说明】公立医院薪酬制度改革是当前深化医改的重点内容,要真正实现"取消药品加成",破除"以药养医",建立健全公立医院运行新机制,应当在立法中设置法律责任条款以规制违法行为。

第一百六十八条 【基本药物供应保障的法律责任】

各级政府未能保障基本药物稳定供应,造成严重后果的,对直接负责的主管人员和其他责任人员给予记过、记大过或降级处分。

【条文说明】针对本法第 118 条设置的法律责任条款。

第一百六十九条 【基本药物制度民事合同责任】

生产企业、经营企业和医疗卫生机构不履行或不适当履行基本药物购销合同责任和义务的,依法承担违约责任。

第一百七十条 【基本药物制度民事侵权责任】

在医疗过程中,因过错行为导致药品不良反应发生的,医疗卫生机构应当承担赔偿责任。

第一百七十一条 【基本药物制度行政责任】

对采购过程中提供虚假证明文件,蓄意抬高价格或恶意压低价格,中标后拒不签订合同，供应质量不达标的药品，未按合同规定及时配送供货，向采购机构、基层医疗卫生机构和个人进行贿赂或变相贿赂的，一律记录在案并按以下规定进行行政处罚：

（一）一次违规严厉警告，并限期纠正或整改；

（二）逾期不改或二次违规的，全国所有省（区、市）两年内不得允许该企业及其法人代表参与本省（区、市）任何药品的招标采购。

第一百七十二条 【违反药物招标采购制度的法律责任】

药物招标采购违反本法或者相关法律法规规定的，中标无效。造成损失的，由过错方依法承担赔偿责任；构成犯罪的，依法追究刑事责任。

卫生计生行政部门工作人员在基本药物招标采购过程中滥用职权、玩忽职守的，依法给予处分，构成犯罪的，依法追究刑事责任。

第一百七十三条 【药品配送企业的法律责任】

药品配送企业未能按照合同约定内容配送药品的，卫生计生行政部门有权责令其改正，违约超过三次以上，卫生计生行政部门有权终止部分合同或全部合同，并依法给予罚款。

第一百七十四条 【违反药品不良反应报告制度的法律责任】

发生药品不良反应事件后，未能及时报告或隐瞒不报的，视情节轻重对直接负责的主管人员和其他直接责任人员给予降低岗位等级或者撤职、开除的处分；构成犯罪的，依法追究刑事责任。

第一百七十五条 【违反基本药物优先使用和合理使用制度的法律责任】

对违反本法规定的基本药物优先使用和合理使用制度的医疗机构，由县级以上人民政府卫生计生行政部门责令限期改正，并处以罚款；情节严重的，吊销机构资质；对直接负责的主管人员和其他责任人员，依法给予降级、撤职、开除的处分。对有关医务人员，由县级以上人民政府卫生计生行政部门给予警告或者责令暂停一个月以上六个月以下的执业活动；情节严重的，责令暂停六个月以上一年以下的执业活动或吊销其执业证书。

第一百七十六条 【违反医疗救助基金使用规范的法律责任】

对虚报冒领、挤占挪用、贪污浪费医疗救助经费等违法违纪行为，依法给予行政处分；构成犯罪的，依法追究刑事责任。

第一百七十七条 【医疗救助制度定点医疗机构的责任】

医疗机构不按规定用药、诊疗以及提供医疗服务所发生的费用，医疗救助基金不予结算。违反合作协议，不按规定提供医疗救助服务，造成医疗救助资金流失或浪费的医疗机构，终止定点合作协议，取消医疗救助定点医疗机构资格；情节严重的，应处以暂停或吊销机构资质、罚款；对直接负责的主管人员和其他直接责任人员，依法给予行政处分。

【条文说明】违反第135条之法律责任。

第一百七十八条 【违反公共卫生服务义务的法律责任】

县级以上人民政府及其工作部门未履行本法规定的提供公共卫生服务义务的，由上级人民政府或者上级人民政府有关部门责令改正，通报批评；对直接负责的主管人员和其他直接责任人员，依法给予行政处分。

负有公共卫生服务义务的社区卫生机构、医疗机构、防疫机构、妇幼保健机构、精神卫生机构、采供血机构等，未履行法定义务的，应由县级以上人民政府卫生行政主管部门责令改正，通报批评；情节严重的，应处以暂停或吊销机构资质、罚款；对直接负责的主管人员和其他直接责任人员，依法给予行政处分，吊销其执业资格。

第一百七十九条 【违反突发事件卫生应急制度的法律责任】

县级以上人民政府及其工作部门应对公共卫生突发事件时违反本法规定的，由上级人民政府或者上级人民政府有关部门责令改正，通报批评；对直接负责的主管人员和其他直接责任人员，依法给予行政处分。

第一百八十条 【违反公共场所卫生管理制度的法律责任】

县级以上人民政府及其工作部门未履行监测与评估义务，或未对饮用水供水单位和公共场所进行监督管理的，由上级人民政府或者上级人民政府有关部门责令改正，通报批评；对直接负责的主管人员和其他直接责任人员，依法给予行政处分。

第一百八十一条 【卫生计生行政部门的法律责任】

县级以上人民政府卫生计生行政部门违反本法规定，有下列情形之一的，由本级人民政府、上级人民政府卫生计生行政部门责令改正，通报批评；造成严重后果的，对直接负责的主管人员和其他直接责任人员，依法给予行政处分；构成犯罪的，依法追究刑事责任：

（一）未依法履行监督检查职责，或者发现违法行为不及时查处的；

（二）未依法及时发布相关信息的；

（三）未及时调查、处理单位和个人的举报的；

(四)违反本法规定,擅自委托不具有资质的第三方评估机构的;

(五)违反本法的其他失职、渎职行为。

第一百八十二条 【卫生计生行政部门工作人员的法律责任】

卫生计生行政部门的工作人员违反本法和国家有关法律、法规规定,利用职务上的便利收受他人财物或者其他利益,滥用职权,玩忽职守,或者发现违法行为不予查处,造成不良后果的,给予降级或撤职的行政处分;构成犯罪的,依法追究刑事责任。

附录二 《基本医疗卫生与健康促进法（草案征求意见稿）》修改建议*

全国人大常委会2017年12月29日公布的《基本医疗卫生与健康促进法（草案征求意见稿）》（一审稿）贯彻习近平总书记关于健康中国建设的讲话精神，落实宪法关于国家发展医疗卫生事业的规定，将医改成果巩固落实，全面保障公民健康权，弥补了卫生领域缺乏基础性法律的空白。教育部哲学社会科学研究重大课题攻关项目《基本医疗服务保障法制化研究》课题组就该草案征求意见稿提出以下修改建议：

1. 关于法律名称。"医疗卫生"本身就是维护健康、促进健康的意思，把它和"健康促进"并列放在一起，有同义反复的语法问题，不合适。而且要把这个名称准确翻译成英文很难，"卫生"约定俗成的翻译是"health"，"健康"也是"health"。《基本医疗卫生法》的全部内容都是"健康促进"，不是所有的关键词都一定要体现在法律名称里。

党的十九大报告里面强调的也是"全面建立中国特色基本医疗卫生制度"，现在这个名称和十九大报告的用法不一样。

建议仍然使用原来的名称"基本医疗卫生法"，或者叫"健康保障法"，或者"健康促进法"也可以。

第一章 总 则

2. 第1条规定"为了落实宪法关于国家发展医疗卫生事业、保护人民健康的规定"仅仅体现了《宪法》第21、45条的规定，而《宪法》第25、26、33、36、

---

* 此建议于2018年1月提交全国人大常委会、原国家卫生计生委，有关意见予以采纳。

42、49 条也都涉及公民健康权。另外，健康中国成为国家战略，建议本条加入。

建议改为："为发展医疗卫生事业，建设健康中国，实现人人享有基本医疗卫生服务，提高公民健康水平，根据宪法，制定本法。"

3. 第 3 条出现了"人""人民""公民"三个主体。从统一概念表述需要的角度，建议此条文统一使用"公民"。

4. 第 4 条第 1 款第一句中"公平享有"表述不合适，基本医疗卫生制度还需要保障基本医疗卫生服务的可及性。同时最好与 WHO 及联合国《经济、社会及文化权利国际公约》保持一致。

建议此条第一句话改为："国家建立基本医疗卫生制度，为公民提供与经济社会发展水平相适应、公平可及的并尽可能高的基本医疗卫生服务。"

第 4 条第 1 款第二句"重点完善分级诊疗制度、现代医院管理制度、全民医保制度、药品供应保障制度、综合监管制度"建议删除，法律规定的制度都是重点，而且和医改文件表述不一致。习近平总书记的讲话精神应当充分消化体现在立法内容的整体安排上，而不是简单照搬进条文。

5. 第 5 条第 2 款：国务院其他有关部门的职责不限于"本法"和国务院的规定。"依照本法和国务院规定"可能导致限缩有关部门的职责或与其他卫生法律相冲突。

建议第 2 款第二句改为："国务院其他有关部门依照法律和国务院的规定，负责有关的医疗卫生与健康促进工作。"

6. 第 6 条中"本地区的"不适合用来表述中央政府。

建议删除"本地区的"。

7. 第 8 条"医疗卫生人员是公民健康的守护者，担负着治病救人的使命"不是法律术语，建议删除。

8. 第 9 条没有容纳外国人和无国籍人。(1) 外国人和无国籍人依法参与医疗卫生事业同样要鼓励和支持。(2) 用"公民"替换"人民群众"更能体现医疗卫生服务的特点。

建议改为："国家鼓励和支持自然人、法人和其他组织依法参与医疗卫生事业，满足公民基本医疗卫生服务需求。"

9. 习近平总书记在多个场合强调中国应当积极参与全球卫生治理。《"健康中国 2030"规划纲要》第 26 章强调："实施中国全球卫生战略，全方位积极推进人口健康领域的国际合作。……积极参与全球卫生治理,在相关国际标准、规范、指南等的研究、谈判与制定中发挥影响,提升健康领域国际影响力和制度性话语权。”

建议第 14 条第 1 款“国家鼓励和支持医疗卫生与健康促进对外交流合作”后增加“参与国际卫生治理,承担相应的国际义务”。

第二章 公民的健康权利与义务

10. 第 15 条第 2 款,从国家和社会义务由轻到重的顺序考虑,建议改为:“国家和社会尊重、保护和依法实现公民的健康权。”

11. 第 16 条,“依法享有”表述不当。建议删除“依法”二字,或改为“公民享有依法从国家和社会获得基本医疗卫生服务的权利”,既强调了公民的权利,也强调了公民“依法”的守法义务,并同第 17 条的表述方式相统一。

12. 根据《宪法》第 45 条规定,获得医疗救助也是公民的一项健康权利。

建议在第 17 条中增加一款,为:“生活贫困和疾病负担较重的公民有从国家和社会获得医疗救助的权利。”

13. 当今社会高度开放,社会环境深刻影响个人健康,公民有了解自身健康及公共健康的权利,该知情权的义务主体是国家,区别于以医院和医务人员为义务主体的医疗知情同意权。

建议在第 17 条后增加一条:

“公民有权获得涉及自身健康利益和公共健康的信息。

各级人民政府及其部门应当在各自职责范围内主动公开医疗政策、措施及其实施情况,及公共卫生、食品药品、环境保护、安全生产、产品质量的监督检查情况。

政府、医疗卫生机构和相关单位应当建立健全本单位的健康信息公开制度。”

第三章 促进健康的主要措施

14. 建议将第三章改为“公共卫生服务”,与第四章中的“公共卫生”合并,将国家规定的 12 种公共卫生服务每一种分别作一条规定。

第四章　医疗服务的组织与提供

15. 公共卫生与医疗服务性质完全不同，规定在一章中显得混乱。建议本章专门规定医疗服务。分开规定逻辑清楚，便于理解实施。

16. 第 37 条第 1 款中“基本医疗服务是国家保障公民健康的制度安排”的表述不妥。

建议第 1 款改为：“基本医疗卫生服务是采用适宜药物、适宜技术、适宜设备提供的急慢性疾病预防、诊断、治疗、护理和康复等国家保障公民健康的服务。”

第 37 条第 3 款中“公立医院机构应主要提供基本医疗服务”的规定与现实不符，省一级的大型公立医院主要业务不只是提供基本医疗服务。

建议改为：“基本医疗服务应主要由公立医疗机构提供，鼓励社会办医疗机构提供基本医疗服务。”

17. 第 51 条规定“基层医疗卫生机构实行家庭医生签约服务模式”不准确，家庭医生签约服务不只是基层医疗卫生机构的事情，上级医院的医师也要积极参与家庭医生团队。

建议改为：“国家实行家庭医生签约制度。”

第五章　医疗卫生人员

18. 第 55 条不是法律术语，而且没有实际意义，建议删除。

第六章　药 物 保 障

19. 第 65 条第 1 款后增加对基本药物概念的界定，使得其和非基本药物区别开来。

建议增加：“基本药物是指能够满足基本医疗卫生需求，剂型适宜、保证供应、基层能够配备、患者能够公平获得的药品。”

20. 药品招标采购制度是一项重要的医改措施，第六章应当对药品招标采购及药品配送制度作出规定。

建议在第 65 条后增加一条：“国家建立统一的药品招标采购制度，控制药品价格。药品中标企业应当保障药品的及时供应。”

第七章 筹资与支付

21. 第 75 条第 2 款规定语法不通。

建议改为，“基本医疗服务费用主要由基本医疗保险和个人支付”，增加“费用”二字。

第八章 综合监督和管理

22. 建议在第 87 条后增加一条：“国家建立医疗信息公开制度。医疗机构的医疗服务安全、医疗质量、医疗费用等信息，除涉及国家秘密、商业秘密、个人隐私外，原则上均应向社会公开。”

理由：《“十二五”期间深化医药卫生体制改革规划暨实施方案》中，明确提出“建立信息公开、社会多方参与的监管制度”。

第九章 法律责任

23. 应当赋予公民提起医疗行政给付诉讼的权利。《行政诉讼法》第 12 条第 1 款第 10 项规定，认为行政机关没有依法支付抚恤金、最低生活保障待遇或者社会保险待遇的，可以提起行政诉讼。

建议在第 93 条后增加一条：“有关卫生行政主体怠于履行保障健康义务及不适当实施卫生行政行为，造成公民健康权益损害的，公民有权提出行政复议或行政诉讼。”

附录三 《基本医疗卫生与健康促进法（草案一审稿）》述评*

经过近三年的调研和起草，2017 年 12 月 22 日《基本医疗卫生与健康促进法（草案）》（以下简称《草案》）提请第十二届全国人大常委会第三十一次会议审议，12 月 29 日全国人大常委会公布《草案》，向全国征求意见。首先值得注意的是，法律名称有了一定变化。笔者认为，《草案》法律名称中同时使用“医疗卫生”与“健康促进”有同义反复的语法问题，因为“医疗卫生”包含维护、促进健康的含义。所以建议继续使用“基本医疗卫生法”，因此下文中继续使用该名称。

笔者参与了该法起草、多次座谈和调研，深感法学界与医学界对《基本医疗卫生法》的基础研究比较薄弱，大量基本问题没有展开有效、充分的研究，理论准备不足；各种医改措施还在摸索阶段，没有形成稳定、健全的制度，改革经验不成熟；对于新时代出现的新问题、新矛盾，讨论、认识不够深入。现有研究对医改中的法律问题关注甚少，主要研究都停留在对医患关系的讨论上。因此，尽管《草案》已经出台，仍然有必要对其中的基本问题进行深入讨论。

一、《基本医疗卫生法》的理论基础

任何立法必须以理论作为指导，没有理论指导的立法如无本之木、无源之水，即使制定出来也一定没有生命力，无法得到有效实施。尽管全国人大“十一五”期间就提出制定《基本医疗卫生保健法》，但学界的研究凤毛麟角，至今没有

* 此文原题为《基本医疗卫生立法基本问题研究——兼评我国〈基本医疗卫生与健康促进法（草案）〉》，发表于《政治与法律》2018 年第 5 期。

形成系统的立法理论,理论准备明显不足。[1] 因此,制定《基本医疗卫生法》亟待解决的重大问题是要夯实其理论基础,让每一个条文都有“出生地”(充分的法理来源),都具备可释性,能被解释清楚,这样才能保障将来这部法律具有持久生命力。

制定《基本医疗卫生法》以保护公民健康权为目的,而健康权的研究可以说是汗牛充栋,可以说《基本医疗卫生法》有现成的理论基础,只是缺乏系统的梳理与建构。首先,健康权是《宪法》规定的基本权利,制定《基本医疗卫生法》是落实这一权利的必然选择。其次,《基本医疗卫生法》中健康权的社会权属性明显,应主要通过国家履行相应义务来实现。再次,我国把全民医保作为保障公民健康权的基本路径,借鉴的是德、日社会保险模式,这是《基本医疗卫生法》的主线。最后,医疗服务本质上不是公共产品,需要通过立法把基本医疗服务拟制成公共产品。总体来说,制定《基本医疗卫生法》必须遵循这些基本理论。

(一)健康权是宪法保护的基本权利

1919 年德国《魏玛宪法》确立了健康保险制度,对所有德国公民健康进行保护,使得健康权正式成为一项宪法保护的基本权利。1925 年《智利宪法》第一次将健康权保护确定为国家义务。自此以后,各国宪法纷纷通过各种方式作出保护公民健康权的规定。全世界 2/3 以上的宪法中规定了保障健康权的条款。[2]

我国《宪法》尚未明示“公民健康权”这一概念,因此,有些学者认为实定法意义上的公民健康权还不存在,其不属于基本权利范畴。但《宪法》第 21 条明确规定:“……国家企业事业组织和街道组织举办各种医疗卫生设施,开展群众性的卫生活动,保护人民健康。”《宪法》在“公民的基本权利和义务”一章第 45 条第 1 款明确规定:“中华人民共和国公民在年老、疾病或者丧失劳动能力的情况下,有从国家和社会获得物质帮助的权利。国家发展为公民享受这些权利所需要的社会保险、社会救济和医疗卫生事业。”这表明《宪法》承认公民在患病时有从国家获得医疗服务的权利,国家要通过发展医疗卫生事业为公民健康权提

1 据不完全统计,2016 年以前较为系统的研究主要有陈云良:《基本医疗服务法制化研究》,载《法律科学(西北政法大学学报)》2014 年第 2 期;刘鑫等:《论基本医疗卫生法的立法定位及其主要内容》,载《中国卫生法制》2014 年第 3 期;黄清华:《“基本医疗卫生立法”法理学研究——以中国卫生体系基本立法为目标》,载《法治研究》2014 年第 11 期。

2 Lawrence O. Gostin, *Global Health Law*, Harvard University Press, 2014, p. 263.

供基本保障，明确了国家保护公民健康的积极义务。关于健康权的这一内容既然被规定在《宪法》"公民的基本权利和义务"一章中，足见健康权的基本权利性质。《宪法》第33条第3款"国家尊重和保障人权"和《宪法》第36条第3款"国家保护正常的宗教活动。任何人不得利用宗教进行破坏社会秩序、损害公民身体健康、妨碍国家教育制度的活动"，明确规定了国家保护公民健康权的消极义务，与上述第21、45条的规定相得益彰，从消极义务和积极义务两个方面共同构成健康权的宪法依据。[1] 可见，我国《宪法》的不少条款已经直接显示了"健康权"及其保障问题。[2]

《宪法》第21条及第45条第1款的规定，都是原则性规定，都不能直接适用，不足以保障公民健康权。根据宪法委托理论，宪法委托立法机关制定具体的法律来实施《宪法》中的原则性规定。[3] 国家根据这两条制定了《社会保险法》、《社会救助暂行办法》及一系列公共卫生法律，但是在医疗领域一直缺乏一部基本的法律。《宪法》已经颁布70多年了，但是医疗领域的法律仍尚付阙如，这不得不说是比较严重的立法不作为。

《草案》第1条明确，根据宪法关于"国家发展医疗卫生事业、保护人民健康"的规定制定本法，确认了宪法意义上的健康权。《草案》在第2章专门规定了"公民的健康权利和义务"，在第15条明确提出了"健康权"的概念，规定公民享有健康权，政府和社会实现、保护和尊重健康权，这是宪法原则性规定的升华和发展，具有重大理论价值和实践意义，是中国特色社会主义法治建设的重大进步。

（二）健康权具有社会权属性

社会权和传统的自由权不同，是一种积极权利，需要依靠国家的积极作为才能充分实现。健康权既是消极的自由权，国家不得干涉和限制，也是积极的社会权，需要国家履行积极义务才能充分实现。我国《宪法》对健康权的规定更多是积极肯定性规定，主要规定了国家的积极义务。根据《宪法》第21条和第

1　还有学者认为《宪法》第25、26、42、49条也属于保护公民健康权条款。参见焦洪昌：《论作为基本权利的健康权》，载《中国政法大学学报》2010年第1期；杜承铭、谢敏贤：《论健康权的宪法权利属性及实现》，载《河北法学》2007年第1期。

2　参见韦以明：《"生命权"、"生命安全权"、"生命健康权"谁宜入宪——"非典"现象中的生命观透视》，载《政法论坛》2003年第6期。

3　参见陈新民：《德国公法学基础理论》（上），法律出版社2010年版，第198页。

45 条第 1 款的规定，国家要举办“各种医疗卫生设施，开展群众性的卫生活动”，“发展医疗卫生事业”保障人民健康。国家要在医疗费用、医疗设施、药品保障、医疗人力、公共卫生等方面履行一系列积极义务。所以从我国宪法规定看，健康权更多的是一种社会权，主要靠国家履行积极义务来保障。基于健康权的社会权属性，《基本医疗卫生法》的核心与灵魂就是确立国家在基本医疗卫生服务供给方面的主导义务，以此保障社会权意义的公民健康权得以实现。

从自由权视角看，国家及任何社会组织与个人不得侵犯公民的健康权，而且不得以任何理由和借口而为之。健康权的这种绝对不受侵犯的属性表明健康权优先于公民的其他权利，如财产权——在非常情况下国家是可以征用和征收个人财产的。习近平总书记 2016 年 8 月在全国卫生与健康大会上提出“把人民健康放在优先发展的战略地位”，是有深刻的法理基础的。为了防止概念的混淆和乱用，为了立法条文的准确表达、法律的准确适用，我们可以把自由权意义上的国家履行消极义务之健康权理解为生命权，把健康权完全定位为社会权。因此，我们将《基本医疗卫生法》所指的健康权定性为社会权，认为制定该法是国家落实宪法上规定的积极义务。

（三）通过全民医保来保护公民健康权

到底是采用全民免费医疗还是自费医疗，抑或国家和个人共同负责，无论在中国还是整个世界一直存在较大争议。当前世界各国解决公民看病费用问题有四种模式：以英国为代表的全民免费医疗，政府承担公民的医疗费用；以德国为代表的社会医疗保险，政府、用人机构、个人共同缴纳医疗保险费；以美国为代表的商业医疗保险，公民个人向商业保险公司购买医疗商业保险；以新加坡为代表的全面储蓄医疗。鉴于我国经济社会发展的实际情况，我们国家借鉴了德国的社会医疗保险模式，通过全民医保模式来化解患者“看病难”“看病贵”的问题，而没有采用不少学者提出的全民免费医疗制度。

全民医保已经成为我国保障公民健康权的一项基本国策。国家一方面建立全民医保制度，立法强制要求每个公民都参加社会医疗保险：在职职工参加职工基本医疗保险，城乡居民参加城乡居民基本医疗保险，患病时参保人员可以在医保基金中根据不同情况报销不同比例诊疗费用。另一方面，国家为城乡居民补贴缴纳部分基本医疗保险费。如湖南省规定 2017 年城乡居民医保筹资标准不低于 570 元（其中财政补助不低于 420 元，个人缴费不低于 150 元）。很明显，在城乡居民医保中国家承担了主要责任。对职工基本医疗保险，国家强制规定单位必须为职工缴纳部分基本医疗保险费。2013 年《城镇职工基本医疗保险条例》第 7 条规定："基本医疗保险费由用人单位和从业人员共同缴纳。其中用人单位按本单位从业人员月工资总额的 5%—7% 缴纳，从业人员缴纳基本医疗保险费费率不低于本人月工资总额的 2%。"

国家通过建立社会保险制度并为公民补贴部分保险费的方式解决公民医疗费用问题，履行了宪法的积极义务。原来我国只有职工医疗报销制度，农民和城镇居民看病都是自费。2003 年、2007 年我国分别建立了新型农村合作医疗制度、城镇居民基本医疗保险制度，解决了非就业人员特别是农村人口的看病问题。全民医保制度实际上已经成为我国一项重要的基本国策。至 2015 年底，我国基本医疗保险参保人数达 13.36 亿人，全民基本医保惠及全国 95% 以上人口。

2010 年颁布的《社会保险法》第 3 章对基本医疗保险做了规定，《基本医疗保险法》不需要再重复其内容，但全民医保作为一项基本国策，作为奠基性的医疗卫生制度，需要在总则中做原则性规定。对于《社会保险法》没有规定的有关内容，仍然有必要设专章规定，对此笔者将在本文第三部分论述。

（四）基本医疗服务是拟制公共产品[1]

我国的官方文件及学界理论文章一般不将基本医疗服务和公共卫生加以区分，统一将二者认定为公共产品。公共卫生属于公共产品，这是没有争议的。但是，医疗服务属于典型的私人产品。将两者合并的提法不利于发挥公共资源最大化效益，可能会给政府带来沉重的负担，政府必须对公民的基本医疗服务负全责。"医疗服务的私人产品属性决定了其逻辑上应由市场来提供，由患者自由选择。"[2]人类历史上，医疗一直是私人事务，一直到 19 世纪末 20 世纪初，社会权思想滥觞，才认为国家应对公民生存尽积极义务。当时的著名思想家狄骥提出："17 世纪的主权理论已经破产，公共服务的概念正在逐渐取代主权的概念成为公法的基础。"[3]社会权思想逐步被西方资本主义国家接受，各国法律普遍把医疗服务拟制成公共产品，规定政府应当对其承担责任。世界经济合作与发展组织（OECD）国家如英国、意大利、德国实行了免费医疗或普遍覆盖的社会

1　参见陈云良：《基本医疗服务法制化研究》，载《法律科学（西北政法大学学报）》2014 年第 2 期。

2　Siegfried Karsten, *Healthcare: Private Good vs. Public Good*, The American Journal of Economics and Sociology, Vol. 54(1995).

3　［法］莱昂·狄骥：《公法的变迁》，郑戈译，中国法制出版社 2010 年版，第 33 页。

医疗保险；一些经济不发达国家，如印度、古巴等，也实行了基本疾病的免费医疗。

明确基本医疗服务的拟制公共产品属性，可以避免必须免费的误区，防止中国重蹈西欧国家“高福利陷阱”覆辙。正因为医疗服务不同于公共卫生，不是完全的公共产品，只是法律拟制的公共产品，大多数国家是由个人、社会和国家共同承担，美国则是一直坚持由私人自己负责，只有少数国家如英国、瑞典，由国家免费提供。《草案》基本采用笔者的立场，《草案》第75条规定，基本公共卫生服务由国家免费向全体公民提供，而基本医疗服务由基本医疗保险基金和个人负担。

二、坚持政府主导提供基本医疗卫生服务的原则

我们在前文已经将健康权定位为社会权，并将医疗服务定位为拟制公共产品，政府应当对其尽积极义务，立法应当明确规定政府在保障公民普遍享有基本医疗卫生服务权利的体制机制中承担主体责任。为了维护基本医疗卫生服务的公益性，促进健康公平，政府在基本医疗卫生的制度制定、规划安排、经费筹措、服务提供、综合监管中都承担主要义务。目前我国城乡居民医保，政府补贴比例占近80%，典型地体现了政府主导原则。《草案》在整体上比较完整地体现了政府的主导责任，但是在总则中没有明确提出主导原则，建议将《草案》第2条“医疗卫生事业是社会公益事业，发展医疗卫生事业要以人民为中心。坚持以基层为重点，以改革创新为动力，预防为主，中西医并重，将健康融入所有政策，全民共建共享的卫生与健康工作方针”修改为“坚持以人民为中心，基层为重点，预防为主，中西医并重，政府主导，全民共建共享的卫生工作原则”，明确确立政府主导的原则。

政府主导是指政府在基本医疗卫生服务提供中承担主要责任，保障人人享有基本医疗服务，而并不是承担全部责任。有些学者主张我们应当借鉴一些国家的做法，向全民提供免费医疗，[1]然而，全民免费医疗并不是世界的主流做法，我国现阶段的经济发展水平和实力也无法承担。英国一直坚持免费医疗，但是近年来也出现了医疗服务质量下滑的严重问题，国家不堪重负。美国一直坚持医疗服务是私人产品的观点，其政策一直坚持由市场提供医疗服务，个人诊疗

---

1 参见王晨光：《可以实现的梦想：建立普惠大众的免费基本医疗服务制度》，载《医学与法学》2017年第5期。

费用一直高居世界榜首。西方福利国家政策在新的全球竞争中,面临严重的挑战,也警醒我们应当坚持通过社会保险提供基本医疗服务的原则,而不是走免费医疗的道路,重蹈"高福利陷阱"。基本医疗卫生服务是健康权赖以实现的基本保障。一方面,政府要保障所有公民都能够享有基本医疗卫生服务,能够经济、方便地看病就医;另一方面,政府也只保障公民的基本医疗服务,并不无条件地满足患者的一切医疗服务需求。

基本医疗卫生服务是指采用适宜药物,使用适宜技术,收取低廉的费用,按照规范诊疗程序提供的急慢性疾病的预防、诊断、治疗和康复等医疗服务。《草案》第 37 条也对基本医疗卫生服务作了类似的定义,但对基本医疗卫生服务价格(可负担性)没作规定,这是一个明显缺陷。因为国家保障每一个公民都能够享受到基本医疗卫生服务,首先是要保障其能够用负担得起的价格购买医疗卫生服务。再适宜的药物,再适宜的诊疗技术,如果患者负担不起,公民获得基本医疗卫生服务的权利就会落空,基本医疗卫生服务即不再具备可及性。

现阶段,中国特色的医疗卫生制度的政府主导责任表现在:(1)政府投资举办各级公立医院,成为提供医疗服务的主体力量;(2)政府开展医学教育,为社会提供医疗技术人员;(3)政府建立医疗社会保险制度,为城乡居民缴纳大部分保险费,并用法律规定用人单位必须为职工缴纳部分医疗保险费;(4)政府免费提供基本公共卫生服务;(5)对困难人群提供医疗救助。我们不主张免费医疗,但是政府对保障公民健康权具有主导责任,必须守住这四条底线,承担基本医疗卫生服务的主导责任。

三、公民的健康权利与义务

《宪法》第 21、45 条明确国家有举办医疗设施,发展卫生事业,保障人民健康的义务。习近平总书记在 2016 年全国卫生与健康大会上明确"要把人民健康放在优先发展的战略地位"。《基本医疗卫生法》是保障公民健康权的基本法,应当在《宪法》基础上明确提出健康权概念,作出优先发展公民健康权的规定。《草案》第 15 条明确规定:"中华人民共和国公民,不分民族、种族、性别、职业、财产状况、宗教信仰,依法享有健康权。"并在第 4 条规定:"各级人民政府应当把健康放在优先发展的战略地位,发展医疗卫生事业,为公民提供全方位全周期的基本医疗卫生与健康服务。"

(一)如何准确理解健康权概念

立法的难点在于公民健康权应当如何定义。学界历来对健康权有不同的理解,有的认为健康权是一种民事权利,有的认为健康权是一种宪法权利,更多的认为健康权是一种公私权混合性质的社会权。[1] 民法学者通常认为健康权属于人格权,与生命权、身体权并列,“是公民以其身体的生理机能的完整性和保持持续、稳定、良好的心理状态为内容的权利”[2]。1986 年《民法通则》第 98 条规定:“公民享有生命健康权。”2009 年《侵权责任法》第 2 条将其分为生命权和健康权,《民法总则》则将“生命健康权”进一步区分为生命权、身体权、健康权。《民法总则》第 110 条规定:“自然人享有生命权、身体权、健康权、姓名权、肖像权、名誉权、荣誉权、隐私权、婚姻自主权等权利。”这里的健康权是指自然人享有心理和身体处于正常状态的权利,与生命权、身体权有明显的区别。

民法上的健康权是一种消极自由权,是一种“天赋人权”,不需要他人履行积极义务,只需要他人履行不予侵害的消极义务。但是,宪法上以及本文在《基本医疗卫生法》即社会法视角上讨论的健康权和民法上的健康权不一样,如前所述,它是一种积极权利,需国家履行积极义务才能实现。

笔者认为,公民除了享有民法上的健康自由权,还享有公法上的健康社会权。私法消极保护公民健康权,公法积极保护公民健康权,各司其职。社会权意义上的健康权,是指公民请求政府维护其健康状态的权利,包括健康资源获得权、医疗服务权、公共卫生服务权、健康社会保障权、医疗救助权、紧急医疗救治权等。

(二)立法如何界定健康权

如前所述,《基本医疗卫生法》的基本宗旨是落实宪法规定政府健康积极义务,规定社会权意义上的健康权。自由权意义上的健康权,民法上已经有较为详细的规定,而且根据“法无禁止即自由”的原则,民法意义上的健康权无法简单列举穷尽,该法不需要也不应该规定。《草案》第 16 条规定的基本医疗卫生服务权、第 17 条规定的基本医疗保障权、第 18 条规定的健康教育权、第 19 条规定的疫苗接种权都属于社会权性质。除此之外,还应规定公民享有紧急医疗救治权、医疗救助权。而《草案》第 20 条规定的知情同意权、第 21 条规定的隐私

---

1 参见林志强:《健康权研究》,中国法制出版社 2010 年版,第 109 ~ 110 页。

2 王利民:《人格权法研究》(第 2 版),中国人民大学出版社 2012 年版,第 328 页。

权、第22条规定的人格尊严权则属于自由权。笔者认为,患者的知情同意权已经在《侵权责任法》第55条、《消费者权益保护法》第8条做了规定,隐私权已经在《侵权责任法》第62条做了规定,人格尊严权已经在《消费者权益保护法》第14条做了规定,《草案》没有必要再重复,只需要对健康权的社会权部分作出规定。

《草案》第19条"公民有接受国家免疫规划疫苗接种的权利和义务"的规定,存在挂一漏万的问题。该条规定的疫苗接种权仅是政府向公民提供的12种公共卫生服务的一种。如果要列举,那么其他11种,如职业病防治、母婴保健、健康档案、老年人保健等均应列举,所以第19条应当修改为:"公民有接受国家基本公共卫生服务的权利和义务。"相应地,第16条修改为:"公民依法享有从国家和社会获得基本医疗服务的权利。"由此,将基本医疗服务请求权和基本公共卫生服务请求权分立为两条。

(三)公民的基本医疗救助请求权

我国通过建立基本医疗保险制度解决公民医疗费用问题,绝大部分公民可以通过参加基本医疗保险解决医疗问题,但是仍然有部分特困人群连基本生存都无以为继,更无法缴纳基本医疗保险费,他们的医疗服务请求权利需要国家救助。这也是公民健康权的重要内容。在我国不推行全民免费医疗的制度背景下,医疗救助是实现医疗公平,落实联合国《经济、社会及文化权利国际公约》第12条规定"人人享有医疗照顾"的兜底保障制度,关系到我国健康权保障的整体水平。目前,医疗领域的矛盾焦点及极端事件也集中在贫困人口的就医问题上,如2011年重庆农妇吴某碧无钱治病挥刀切腹放体内积水,2012年河北农民郑某良无钱手术自锯病腿,都是贫困导致。《基本医疗卫生法》应当规定公民在经济困难时有获得医疗救助的权利。

国家已充分认识到医疗救助事关医疗公平,建立了基本医疗救助制度。根据《社会保险法》第25条第3款,享受最低生活保障的人、丧失劳动能力的残疾人、低收入家庭60周岁以上的老年人和未成年人等所需个人缴费部分,由政府给予补贴,资助其参加城乡居民医保。国务院2014年《社会救助暂行办法》进一步规定,对救助对象经基本医疗保险、大病保险和其他补充医疗保险支付后,个人及其家庭难以承担的符合规定的基本医疗自负费用,给予补助。

但是,因病返困、返贫问题并未有效缓解。救助对象往往无法有效行使救助请求权,需要救助主体主动行使救助义务。2015年,李克强总理曾在国务院常务会议上强调要扩大救助覆盖面,提高救助水平,突出救急解难,确保及时救治。现有医疗救助制度需要修改扩大救助范围,简化救助程序,加强救助主体的救助义务。目前的《草案》中仅在第7章"筹资与支付"第76条规定了"国家健全完善医疗救助制度",这远远不够。如前所述,应当在"公民的健康权利和义务"一章增加公民医疗救助请求权的规定,[1] 在"医疗服务的组织和提供"一章增加医疗救助的规定,或者把"医疗救助"单独作为一章,彻底解决救助范围狭窄、救助程序复杂、救助消极的问题。

(四)公民遵守医疗秩序的义务

鉴于目前患者的秩序意识、义务意识淡薄,现实中出现"医闹"现象,立法要明确公民有尊重医学科学规律和医务人员人格尊严的义务,有配合医疗机构进行诊疗的义务,不得干扰医疗秩序,妨害医务人员的工作、生活。医疗机构及其医务人员的合法权益受法律保护。立法应当明确规定公民违反以上义务应当承担的行政责任。[2] 对此,《草案》第23条规定了公民遵守诊疗制度,维护医疗秩序,尊重医务人员的义务。[3] 第99条规定了相应的法律责任。

四、基本药物制度的存废与医保基金的控费功能

(一)基本药物制度的存与废

基本药物概念是WHO 1977年提出,旨在满足所有国民特别是贫困人口基本医疗需求,使低收入家庭也能看得起病。至今已经有156个国家建立了基本药物制度。我国于2009年开始建立基本药物制度。根据《关于建立国家基本药物制度的实施意见》的规定,基本药物是适应基本医疗卫生需求,剂型适宜,价格合理,能够保障供应,公众可公平获得的药品。实施基本药物制度的目的是保障药品的可获得性、可负担性,保障合理用药,是保障公民健康权的重要制度,《基本医疗卫生法》应当规定基本药物制度。我国目前要求基层医疗卫生机构全部配备基本药物,基本不能使用基本药物目录以外的药品,其他各类医疗

---

1 学界一般把请求权纳入基本医疗保障权范畴,因为我国医疗救助方式是为困难人口缴纳医疗保险费。笔者不同意这种划分方法,认为医疗救助请求权应当作为独立的一种健康权。实践中对困难人口补助医保费来进行医疗救助的方式,也使大量的应该救助的对象排除在外。

2 民事责任在《侵权责任法》《合同法》中已有规定,2015年《刑法修正案(九)》也正式规定了"医闹"的刑事责任。

3 公民没有维护医疗秩序的能力和义务,应当修改为"公民有遵守医疗秩序,尊重医务人员的义务"。

机构要将基本药物作为首选药物并达到一定的使用比例。这确实有效降低了广大农村农民的用药负担。

推广基本药物制度以后,我国规定基本药物实行国家定价,基本药物制度起到了控制医疗价格特别是基层医疗价格的作用。2015 年 6 月 1 日,国家全面放开药价,基本药物也取消国家定价。起药价放开后,药品价格主要通过省级药品集中招标采购制度、基本医保药品目录制度来控制。《国家基本药物目录》已无直接控制药品价格功能。《国家基本药物目录》的功能比当初大大缩减,实际上已经被《国家基本医疗保险、工伤保险和生育保险药品目录》取代。除基层医疗卫生机构必须按《基本药物目录》用药外,该目录已没有其他实际功能。

既然基本药物的控费功能因为药价放开而客观丧失,那么就会引起追问:基本药物还有没有存在的必要?实际上,基本药物制度从一开始就备受质疑,在《国家基本医疗保险、工伤保险和生育保险药品目录》上被指叠床架屋,[1] 被指与国际并不接轨。[2] 既然基本药物和其他药品一样完全由市场定价,它存在的主要价值已经丧失,它的功能完全被基本医疗保险药物制度覆盖,可考虑将《国家基本药物目录》和《国家基本医疗保险、工伤保险和生育保险药品目录》相合并。

目前,基本药物唯一发挥作用的地方在基层医疗卫生机构,即基层医疗卫生机构只能使用基本药物。这一规定也备受诟病,被指严重限制了基层医疗卫生机构的服务能力,医生经常无药可开,无法看病,加剧了患者向上级大医院流动。基层叫苦不迭,纷纷要求修改这一制度。这一制度限制了基层医疗卫生机构的自主经营权和患者用药选择权。

《草案》第 65 条规定:"国家实行基本药物制度,公布基本药物目录,确保基本药物公平可及、合理使用。"理性地没有强制规定基层医疗卫生机构只能使用基本药物,但是仍然为保留基本药物制度留下了一个理由:"基本药物全部纳入基本医疗保险药品报销目录,实行最优惠的报销政策。"鉴于短期内取消基本药物制度不太可能,《草案》刻意回避了这一制度。

---

1 参见顾昕:《医保与基本药物制度关系几何》,载《中国社会保障》2009 年第 1 期。

2 我国现行基本药物制度与国际不接轨。

（二）基本医疗保险基金的控费功能

药品价格放开后，基本药物制度无法再承担控制药品价格的职能，基本医疗保险基金承担了控制药品和治疗费用的重任。2015 年，七部委《推进药品价格改革的意见》明确规定“强化医保控费作用”。如前所述，全民医保是我国解决公民基本医疗服务保障的一项基本国策，是我国基本医疗卫生制度中的核心和主体，本应是《基本医疗卫生法》的核心内容，但《社会保险法》第 3 章对基本医疗保险做了专门规定。研究过程中笔者一直困惑：《基本医疗卫生法》到底还有没有必要再去重复《社会保险法》的规定，怎样才能不重复？很明显《社会保险法》只规定了基本医保保险费的交付和保险基金的使用，控制医疗机构医疗费用不是社会保险本身的职能，而是其派生职能，是一种行政管理职能，[1] 超出了《社会保险法》的范畴，因此只能在保障公民健康权的《基本医疗卫生法》中作出规定。

财政部等部门在 2016 年年底发布了《关于加强基本医疗保险基金预算管理发挥医疗保险基金控费作用的意见》，但由于医保的控费功能没有成为刚性的制度，再加上医保部门本身缺乏控费动机，[2] 制约力有限，2017 年年底，全国出现大面积的医保支付困难，各级卫计部门不得不出面协调，直接要求各大医院控制高值药品器材的使用。[3] 实际上这一情形近年来每年年底都会发生，说明了医保的控费功能缺乏刚性约束，没有发挥预期的控费职责，需要将其上升为国家法律规定。《草案》第 77 条第 2 款规定：“发挥基本医疗保险支付标准和方式激励约束作用，引导医疗卫生机构合理施治，促进患者有序流动，提高基本医疗保险基金使用效率。”医保控费成为一种法律规定的义务，但只是一种倡导性义务，强制性不够，没有成为一种可追究法律责任的强制性义务，达不到立法目的。对此建议改为医保基金的强制性义务：“基本医疗保险基金应当控制医疗卫生机构医疗价格，引导医疗卫生机构合理施治，促进患者有序流动。”

《草案》第 7 章名称为“筹资与支付”，没有使用“基本医疗保险”的名称，避免了和《社会保险法》发生重复，表现了高超的立法技巧。《草案》最规范、最成功的也是这一章。

1　参见董文勇：《医疗费用控制法律与政策》，中国方正出版社 2011 年版，第 342 ~ 343 页。

2　参见姚宇：《控费机制与我国公立医院的运行逻辑》，载《中国社会科学》2014 年第 12 期。

3　参见《贵州省卫生计生委约谈七家单位负责人　强控公立医院医疗费用不合理增长》，载搜狐网 2017 年 11 月 27 日，https://www.sohu.com/a/206972076_456083。

五、分级诊疗制度

(一)分级诊疗是保障公民健康权的核心制度

医改推出分级诊疗制度旨在解决大医院人满为患,医生不堪重负,而基层医疗卫生机构门可罗雀的困境。分级诊疗是整个医改的核心制度,分级诊疗制度真正落实了,整个医改的主要目标就能加快实现。2015年,国务院办公厅《关于推进分级诊疗制度建设的指导意见》提出2020年基本建立分级诊疗制度,并对诊疗服务作出了明确分级,对城市三级医院、二级医院、县级医院、基层医疗卫生机构的服务范围做了规定。《草案》第50条规定:“国家对基本医疗服务实行分级诊疗制度。”但是接着作了倡导性规定:“鼓励非急诊患者首先到基层医疗卫生机构就诊,逐步建立起基层首诊、科学转诊的机制,并与基本医疗保险制度相衔接。”既然是解决核心矛盾的核心制度,法律当中应作义务性规定,建议改为:“非急诊患者应当首先到基层医疗卫生机构就诊,建立基层首诊、科学转诊机制……”

目前,实施分级诊疗制度难度很大,基层特别是落后地区乡村医疗卫生机构存在严重的“缺医少药”问题,医务人员短缺,基本药物不能及时配送,基本医疗服务的可及性大打折扣。村一级的医疗服务根本无法实现“小病不出村”的目标,村医没待遇,村医技术没保障,村卫生室形同虚设或者根本没设,没人愿意在村里看病。《基本医疗卫生法》可以借鉴巴西乡村医生的薪酬高城市公立医院医生一倍的做法,提高基层医务人员待遇,给予村医职工待遇,吸引医疗技术人员下沉基层。《草案》第62条规定:“国家建立对乡村卫生人员的多渠道补偿机制。”

(二)家庭医生签约制度

家庭医生签约是落实分级诊疗制度的具体机制。通过签约使每一位公民都有一位家庭医生提供及时医疗保健服务,让患者能在基层及时看好小病。目前国家正在大力推行家庭医生签约制度,根据原国家卫计委的文件规定,计划在2020年推广到所有人群。但是各地做法不一样,有的是基层医疗卫生机构和居民签约,有的是医生个人,更多的是医疗卫生机构、医生和居民签三方协议。必须明确的是,我国的家庭医生制度不同于英国、德国,不是医生个人及其诊所对患者负责,提供医疗卫生服务的主体是医疗卫生机构,法律责任由其承担。在我国,医生个人都是医疗卫生机构的成员,无法承担医疗损害赔偿责任。

《草案》第51条明确规定，基层医疗卫生机构是家庭医生协议的一方主体。国家卫生行政主管部门及各地的文件、各地范本协议均明确，签约的家庭医生是协议的第一责任人，这里的“第一责任人”是指家庭医生是为签约居民提供医疗服务的直接责任人，但是如果产生纠纷，法律责任的第一责任人仍然是家庭医生所属的医疗卫生机构。

（三）公立医院的公益性

国家投资建设的社区（乡镇）医（卫生）院、县（区）医院、市级医院等三级公立医院体系是基本医疗卫生服务的主体，旨在保障公民能够及时、方便、有效地获得基本医疗卫生服务。要吸取上一轮医改的教训，既要坚持公立医院在医疗服务体制中的主体地位，还要保持公立医院的公益性，不能以营利为目的。《草案》第83条规定：政府不举办营利性医疗机构。立法应明确各级政府在医院建设和医疗设施投入的义务。《草案》第49条明确了政府办医院的主导责任，规定：“县级以上各级人民政府承担公立医院的举办、监督、指导职责，落实公立医院的自主运用管理权。”

第84条规定，“禁止政府办公立医疗卫生机构与社会资本合作举办营利性机构”，坚持了公立医院的公益性。这一规定势必会引起民营企业、社会资本的强烈反对。但是，上一轮医改给我们带来的经验和教训都启示我们医疗是社会服务领域不能搞市场化，必须坚持公立医院的公益性，必须把医疗服务拟制为公共产品，由国家为主来提供。营利性的医疗机构只能作为补充，应当严格控制。

当然，公立医院的法律地位如何认定，如何形成有效的治理机制也是立法要解决的法律问题。《草案》第49条第1款规定，“国家建立权责清晰、管理科学、治理完善、运行高效、监督有力的现代医院管理制度”，没有提及医改力推公立医院法人治理制度。客观承认公立医院的复杂性，将公立医院定性为特殊公法人，[1]是公立医院建立现代治理结构的理论基础。

六、公共卫生服务与基本医疗服务分开立法还是合并立法

公共卫生服务作为公共产品应当由政府免费提供，其体现的是普遍服务原则。《草案》第75条坚持了这一原则，明确规定“基本公共卫生服务由国家免费

---

1 参见胡国梁：《公立医院的运行逻辑与法理定位》，载《天府新论》2017年第2期。

向全体公民提供”,成为社会普遍叫好的亮点。

笔者一直主张基本医疗服务和公共卫生服务分开立法。因为公共卫生和基本医疗是性质完全不一样的服务。公共卫生是国家免费提供的,基本医疗是政府、社会和个人共同承担,它们的运行方式、管理模式、责任承担都不一样。两套制度放在一起可能会造成混乱,不利于法律实施。实际上我们的公共卫生法治已经形成比较完整的系统,国家颁布了《食品安全法》《传染病防治法》《职业病防治法》《精神卫生法》《母婴保健法》《国境卫生检疫法》,不需要在《基本医疗卫生法》中做系统规定。《草案》第40条规定的传染病控制、第42条规定的职业病防治、第43条规定的心理健康服务,只是重复了《传染病防治法》《职业病防治法》《精神卫生法》的规定。另外,这两套制度分开立法也是全世界普遍的做法,像日本、德国、美国,都是医事法和公共卫生法分开立法。

《草案》不仅把公共卫生和基本医疗一起写进来了,还把“健康促进”并列,单独作为一章,逻辑更加混乱。如前所述,“健康促进”和“医疗卫生”属于同义反复,公共卫生完全包含了健康促进的内容。根据国家卫健委的有关文件,公共卫生工作包括疾病预防控制、计划免疫、健康教育、卫生监督、妇幼保健、精神卫生、卫生应急、急救、采血服务、食品安全、职业病防治和安全饮水。《草案》第3章“促进健康的主要措施”第25条规定的健康评估、第26条规定的健康危险因素综合防治、第27条规定的爱国卫生运动、第28条及第29条规定的健康教育、第30条规定的发展全面健身事业、第31条规定的营养状况监测制度、第32条规定的保护职工健康和第33条规定的控制吸烟饮酒,都属于公共卫生范畴,都属于卫健委历来公共卫生工作职责范围。很明显,《草案》单独成章的所谓“健康促进”都属于公共卫生范畴,即使超出现有公共卫生概念的内容完全也可以纳入公共卫生范畴。

《草案》第3章条理不清晰,主要内容实际上就是公共卫生,与第4章中的公共卫生重叠、交叉。这就是把“健康促进”和“基本医疗卫生”作为并列的两个概念带来的问题。

卫计系统及医学界专家认为,考虑到我国的国情,尤其是在基层,基本医疗服务和公共卫生是分不开的,像乡镇的卫生院,既要承担公共卫生服务,还要承担基本医疗服务。特别是村卫生室,它的主要职能现在变成了提供公共卫生服务。在基层,公共卫生和基本医疗服务实际上在一个系统内,不好分开。基本医疗和公共卫生如果不分开立法,建议把《草案》第3章“促进健康的主要措施”和第4章的“公共卫生”合并成一章，还是作为第3章，名称就叫“公共卫生”。

七、健康权的救济

为了让《基本医疗卫生法》成为一部管用的法，能够得到普遍实施，克服我国立法实施程度不高的通病，立法应当加强法律责任的规定，尽量让每一个禁止性条款和义务性条款都能对应相应的法律责任。

没有救济就没有权利。公民健康权能否通过司法程序救济，即是否具有可诉性，是健康权有没有最终保障的评价标准。基于健康权的特殊性，其可诉性应从私法和公法关系两个层面探讨。

（一）健康权的私法救济

就私法角度而言，基于医疗服务协议形成医患关系的医疗机构和患者之间就医疗问题产生纠纷，患者可提起民事诉讼。如前所述，健康权分为民法意义上的健康权（自有权）和公法意义上的健康权（社会权）。公民在医疗过程中民法意义上的健康权受到侵害，如果通过司法救济，可以有两种选择：可以依照《合同法》提起违约之诉，追究医疗机构的违约责任；可以依照《侵权责任法》提起侵权损害赔偿之诉，追究医疗机构的侵权责任。司法实务中，当事人往往是依据《侵权责任法》第7章第54条提起侵权责任之诉。对此，无须在《基本医疗卫生法》中再做重复规定，或者原则性规定，仅规定“公民健康权受到侵害造成财产利益损害的，受害人有权依照相关法律提起民事诉讼”即可。

（二）健康权的公法救济

从公法的角度来看，社会权可以通过司法救济，已经成为法治国家的普遍做法。政府不履行给付义务，患者便享受不到基本医疗服务。如前所述，《基本医疗卫生法》规定的健康权是社会权，对应的是政府的积极义务。当公民这一公法上的健康权被侵犯，司法救济只能通过行政给付诉讼来实现。立法应当赋予患者通过诉讼请求政府履行给付义务的权利。

当公民不能从政府、社会、医院实现健康资源获得权、健康社会保障权、医疗服务权、公共卫生服务权、紧急医疗救治权、医疗救助权时，公民可以向政府提起行政给付诉讼。

原来我国基本没有行政给付诉讼，1989年《行政诉讼法》仅在第11条第1款第6项规定，认为行政机关没有依法发给抚恤金的，行政相对人可以提起行政诉讼。也就是说，只有在没有发放抚恤金时才能提起行政给付诉讼。立法者可能担心行政给付诉讼范围过大会造成政府巨大的经济负担。2014 年《行政诉讼法》大大扩大了行政给付诉讼的范围，除抚恤金以外，还增加了最低生活保障待遇、社会保险待遇。例如，政府不为城乡居民提供基本医疗保险补贴或者不为其报销保险范围内医药费的，居民可以提起行政给付诉讼。

遗憾的是公民健康权这一行政诉讼救济机制在《草案》中缺席。《草案》在"法律责任"一章只简单规定了一些行政责任，很多义务性条款和禁止性条款都没有规定法律责任，更没有规定行政给付诉讼。作为主要强调政府主导责任的社会性立法，不规定行政给付诉讼，不得不说这是《草案》的一大败笔。《草案》应当明确规定，政府没有履行《草案》规定的第 16、17、18、19 条相应的义务及第 3、4、5、6、7 章规定的行政给付义务的，公民可以提起行政诉讼，而不能只囿于《行政诉讼法》第 12 条第 1 款第 10 项的规定，即认为行政机关没有依法支付抚恤金、最低生活保障待遇或者社会保险待遇的，才能提起行政给付诉讼。笔者认为，《草案》可以突破《行政诉讼法》对行政给付诉讼范围的规定。

（三）责任主体

医疗损害赔偿责任主体是医疗机构，这在学界没有争议。但社会权意义上的健康权受到侵害，或者说得不到保障，由谁来承担给付责任，这一问题非常复杂。

如前所述，社会权意义上的健康权包括健康资源获得权、医疗服务权、公共卫生服务权、健康社会保障权、医疗救助权、紧急医疗救治权。健康资源获得权是指公民有权获得保障健康的基本资源，如健身场所、干净的水、清洁的空气、就近诊疗；义务主体是各级政府；公民如果得不到这些基本保障，可以请求政府提供。从我国目前经济发展水平来看，政府还无法全面承担这一义务，《草案》还不宜规定公民可以提起行政给付诉讼。医疗服务权和公共卫生服务权是指公民有在其居住地请求提供医疗服务和公共卫生服务的权利，政府有义务合理举办基本医疗设施，提供公共卫生服务。当公民的这一权利得不到保障时，公民可以提起行政给付诉讼，要求政府或者其卫生健康部门提供。当然，公共卫生普遍由政府委托医疗机构提供，如果是医疗机构不履行责任，则公民只能起诉医疗机构。公民不能享受医疗社会保险，健康社会保障权受到侵害时，可以起诉医疗保障部门。贫困人口不能得到医疗救助时，可以起诉民政部门为其补缴基本医疗保险费。紧急医疗救治权是指公民在遇到生命危险的紧急情况下，医疗机构及其医务人员有义务对其进行及时施救。公民紧急情况下在医疗机构得不到救治而遭受损害的,可以起诉医疗机构承担赔偿责任。这种赔偿责任不是民事责任,而是社会责任,仍适应行政给付诉讼的规定。

参考文献

中文文献

第一章　健康权——卫生法治的基石范畴

[1]陈云良、陈煜鹏、陈伟伟、况贞勇:《共享智识克时艰　卫生法学创纪元——2020年度卫生法学研究综述》,载《法治社会》2021年第4期。

[2]岳远雷:《论公民健康权的国家基本责任》,载《中国医学伦理学》2007年第3期。

[3]胡晓翔:《医改指归——医患关系之痛的原因与解决之道的思考》,载《南京医科大学学报(社会科学版)》2009年第2期。

[4]邹艳晖:《行政机关对公民健康权的给付义务》,载《兰州学刊》2016年第10期。

[5]周刚志:《论"消极权利"与"积极权利"——中国宪法权利性质之实证分析》,载《法学评论》2015年第3期。

[6]纪格非:《事实不证自明——突破医疗损害诉讼证明困境的另一视角》,载《证据科学》2016年第3期。

[7]周洪江、胡树新:《证据偏在下的医疗侵权证明责任分配——以司法与立法的冲突为视角》,载《山西高等学校社会科学学报》2015年第3期。

[8]方强、陈林:《医疗侵权过错及其因果关系再研究——以〈侵权责任法〉实施为背景展开》,载《医学与法学》2014年第1期。

[9]马宁:《医疗损害责任的免除》,载《社会科学战线》2016年第5期。

[10]李雪阳:《困境与策略——辨析医疗领域中的"知情同意"》,载《哲学动态》2012年第8期。

[11]吴斌、陈伟斌:《柳斌杰:“基本法”名称或变“健康权”范围有限》,载《南方都市报》2018 年 2 月 22 日。

[12]谢晖:《论规范分析方法》,载《中国法学》2009 年第 2 期。

[13]张翔:《基本权利的规范建构》,高等教育出版社 2008 年版。

[14]张震:《宪法环境条款的规范构造与实施路径》,载《当代法学》2017 年第 3 期。

[15]蒋月、林志强:《健康权观源流考》,载《学术论坛》2007 年第 4 期。

[16]赵宏:《作为客观价值的基本权利及其问题》,载《政法论坛》2011 年第 2 期。

[17]陈云良:《基本医疗服务法制化研究》,载《法律科学》2014 年第 2 期。

[18]张铁薇:《侵权责任法与社会法关系研究》,载《中国法学》2011 年第 2 期。

[19]陈云良:《论转诊行为的法律性质及救济途径》,载《法学》2019 年第 5 期。

[20]林志强:《健康权研究》,中国法制出版社 2010 年版。

[21]陈云良:《基本医疗卫生立法基本问题研究——兼评我国〈基本医疗卫生与健康促进法(草案)〉》,载《政治与法律》2018 年第 5 期。

[22][瑞典]博·罗思坦:《正义的制度:全民福利国家的道德和政治逻辑》,靳继东、丁浩译,中国人民大学出版社 2017 年版。

[23]邓海娟:《健康权的国家义务研究》,法律出版社 2014 年版。

[24]张翔:《基本权利的受益权功能与国家的给付义务——从基本权利分析框架的革新开始》,载《中国法学》2006 年第 1 期。

[25]商继政:《论基本权利的双重属性》,载《四川师范大学学报(社会科学版)》2007 年第 6 期。

[26]秦前红、涂云新:《经济、社会、文化权利的可司法性研究——从比较宪法的视角介入》,载《法学评论》2012 年第 4 期。

[27]朱继萍:《法律的规范构造及其关联和体系化》,载《南京大学法律评论》2009 年第 1 期。

[28]丁南:《从“自由意志”到“社会利益”——民法制度变迁的法哲学解读》,载《法制与社会发展》2004 年第 2 期。

[29]陈云良:《人体移植器官产品化的法律调整》,载《政治与法律》2014 年

第4期。

[30]赵宏:《限制的限制:德国基本权利限制模式的内在机理》,载《法学家》2011年第2期。

[31]王晨光、杨健:《〈基本医疗卫生与健康促进法(草案)〉专家座谈会纪要》,载《中国卫生法制》2018年第3期。

[32]陈云良:《〈基本医疗卫生与健康促进法(草案)〉若干问题的思考》,载《中国卫生法制》2018年第2期。

[33]李运华、赵少凡:《略论医患关系的专门立法调整》,载《求索》2002年第5期。

[34]刘炫麟:《民法典编纂与医疗合同典型化》,载《法治研究》2019年第3期。

[35]陈云良主编:《卫生法学》,高等教育出版社2019年版,第33页。

[36]杜景林、卢谌:《德国民法典——全条文注释》(上册),中国政法大学出版社2014年版。

[37]《埃塞俄比亚民法典》,薛军译,厦门大学出版社2013年版。

[38][德]巴尔、[英]克莱夫主编:《欧洲私法的原则、定义与示范规则:欧洲示范民法典草案(全译本)》(第4卷),于庆生等译,法律出版社2014年版。

[39]胡国梁:《公立医院的运行逻辑与法理定位》,载《天府新论》2017年第2期。

[40]陈云良、陈佳苗:《英国2012年〈卫生和社会护理法案〉研究》,载《法学杂志》2018年第6期。

[41]朱丽:《莆田系与公立医院的博弈之道》,载《中外管理》2015年第5期。

[42]李宛芝:《论美国法上"禁止法人介入医疗原则"及"对台湾医疗法人规范"之启示》,载《月旦医事法报告》2017年第11期。

[43]李广德:《健康权如何救济?——基于司法介入程度的制度类型化》,载《清华法学》2019年第3期。

[44]邓刚宏:《行政诉判关系研究》,法律出版社2013年版。

[45][法]莱昂·狄骥:《公法的变迁·法律与国家》,郑戈、冷静译,辽海出版社、春风文艺出版社1999年版。

[46][法]莱昂·狄骥:《宪法论:法律规则和国家问题》,钱克新译,商务印

书馆 1959 年版。

[47]江必新:《中国行政诉讼制度之发展——行政诉讼司法解释解读》,金城出版社 2001 年版。

第二章　英法德日卫生法研究

[48]陈云良:《基本医疗服务法制化研究》,载《法律科学(西北政法大学学报)》2014 年第 2 期。

[49]黄清华:《英国卫生体系基本法研究》,载《法治研究》2012 年第 8 期。

第三章　公共卫生法治体系构建

[50]付子堂:《非典危机与突发公共卫生事件应急法律制度》,载《西南政法大学学报》2003 年第 4 期。

[51]杨彤丹:《公共卫生法之现代阐释》,载《学习与探索》2012 年第 12 期。

[52]汪劲:《第一讲　公共卫生法概述》,载《中国公共卫生管理》1990 年第 1 期。

[53]李广德:《我国公共卫生法治的理论坐标与制度构建》,载《中国法学》2020 年第 5 期。

[54]田明孝:《19 世纪英国的公共卫生观念》,载《浙江学刊》2017 年第 6 期。

[55]王宁等主编:《中国公共卫生》,中国协和医科大学出版社 2013 年版。

[56]江永红:《中国疫苗百年纪实》(上卷),人民出版社 2019 年版。

[57]杨杰等主编:《部分国家卫生基本法研究》,法律出版社 2017 年版。

[58]汪建荣、沈洁、何昌龄主编:《用法律保护公众健康——美国公共卫生法律解读》,中国科学技术出版社 2008 年版。

[59]权彤、石涛:《近代日本的疫病与防治管理制度探析》,载《史学集刊》2020 年第 4 期。

[60]叶冬青主编:《公共卫生发展简史》,人民卫生出版社 2016 年版。

[61]曾光、黄建始:《公共卫生的定义和宗旨》,载《中华医学杂志》2010 年第 6 期。

[62]王晨光:《疫情防控法律体系优化的逻辑及展开》,载《中外法学》2020 年第 3 期。

[63]陈云良主编:《卫生法学》,高等教育出版社2019年版。

[64]杜仕林:《卫生法学》,武汉大学出版社2014年版。

[65]刘霞、石东风:《关于卫生法学学科建设的探讨》,载《医学与法学》2020年第2期。

[66]陈新民:《"服务行政"及"生存照顾"概念的原始面貌》,载陈新民:《公法学札记》,中国政法大学出版社2001年版。

[67]陈云良、寻健:《构建公共服务法律体系的理论逻辑及现实展开》,载《法学研究》2019年第3期。

[68]陈共编著:《财政学》,中国人民大学出版社2015年版。

[69]张文显:《依法治疫长治久安》,载《法制与社会发展》2020年第2期。

[70]谢晖:《论紧急状态中的国家治理》,载《法律科学》2020年第5期。

[71]习近平:《加快建设社会主义法治国家》,载《求是》2015年第1期。

[72]申卫星:《公共卫生法治的价值取向和机制建设》,载《人民周刊》2020年第8期。

[73]习近平:《构建起强大的公共卫生体系　为维护人民健康提供有力保障》,载《求是》2020年第18期。

[74]宋华琳、杨杰:《"突发原因不明的传染病"的依法治理之道》,载《法治社会》2020年第6期。

[75]陈云良、陈煜鹏:《论传染病防治决策的法治化和科学化》,载《比较法研究》2020年第2期。

[76]李玮:《论我国公共卫生应急法治的完善——基于新冠疫情的思考》,载《苏州大学学报(法学版)》2020年第3期。

[77]陈云良:《〈基本医疗卫生与健康促进法(草案)〉若干问题的思考》,载《中国卫生法制》2018年第2期。

[78]郑雪倩:《政府责任写入卫生大法意义深远》,载《健康报》2020年6月9日,第2版。

[79]姜柏生:《论我国公共卫生法律体系的构建》,载《医学与社会》2005年第2期。

[80]石东风等:《构建我国公共卫生法律体系的探讨》,载《中国公共卫生》2004年第1期。

[81]何峥嵘:《给付行政的发展与行政法理论、制度的回应》,载《学术论

坛》2007 年第 11 期。

[82]赵敏:《新冠肺炎疫情背景下〈传染病防治法〉之再完善》,载《中国社会科学院研究生院学报》2020 年第 3 期。

[83]彭中礼:《没有权利的义务——古代自然法学义务观概览、反思与镜鉴》,载《法治社会》2020 年第 5 期。

[84]James W. Holsinger Jr:《公共卫生与预防医学概念辨析》,赵莉等译,载《现代预防医学》2011 年第 15 期。

[85][英]洛克:《政府论 · 下篇——论政府的真正起源、范围和目的》,叶启芳、瞿菊农译,商务印书馆 1996 年版。

[86][法]卢梭:《社会契约论》,何兆武译,商务印书馆 2009 年版。

[87][法]莱昂 · 狄骥:《公法的变迁》,郑戈译,中国法制出版社 2010 年版。

[88]沈岿:《论突发传染病信息发布的法律设置》,载《当代法学》2020 年第 4 期。

[89]郭为禄:《探寻公共卫生法学教育之道》,载《法学》2020 年第 4 期。

第四章　新发传染病单独归类规制研究

[90]李兰娟、任红主编:《传染病学》(第 9 版),人民卫生出版社 2018 年版。

[91]世界卫生组织编:《1996 年世界卫生报告:"抵御疾病、促进发展"总干事报告》,丁冠群等译,人民卫生出版社 1997 年版。

[92]向浩、雷正龙、聂绍发:《新发传染病应对策略与措施》,载《疾病控制杂志》2006 年第 2 期。

[93]张春荣:《新发传染病的特点与消毒隔离现状》,载《中华护理杂志》2008 年第 2 期。

[94]张斯钰、罗普泉、高立冬:《中国重点新发传染病的流行现状与应对策略》,载《中华疾病控制杂志》2012 年第 10 期。

[95]陈云良、陈煜鹏:《论传染病防治决策的法治化和科学化》,载《比较法研究》2020 年第 2 期。

[96]王岳:《论我国传染病疫情防控法律原则之完善》,载《法律适用》2020

年第 5 期。

[97]王晨光:《疫情防控法律体系优化的逻辑及展开》,载《中外法学》2020 年第 3 期。

[98][英]罗素:《宗教与科学》,徐奕春、林国夫译,商务印书馆 2010 年版。

[99]祝双利等:《单纯疱疹病毒 1 型引起的发热出疹性疾病需要与手足口病进行鉴别》,载《病毒学报》2013 年第 4 期。

[100]侯阳、郭启勇:《从 SARS、MERS 到 COVID－19——以史为鉴——浅谈影像学在冠状病毒肺炎中的应用价值》,载《中国临床医学影像杂志》2020 年第 2 期。

[101]罗飞云:《民事再审新证据的认定与运用》,载《法律科学(西北政法大学学报)》2011 年第 5 期。

[102]黄士元:《刑事再审事由中的“新证据”、“证据虚假”和“证据不足”》,载《证据科学》2008 年第 6 期。

[103]乔艺:《“宜粗不宜细”立法的历史实践与法理反思》,载《东南大学学报(哲学社会科学版)》2019 年第 S1 期。

[104]熊玮仪、冯子健:《中国传染病监测的发展历程、现状与问题》,载《中华流行病学杂志》2011 年第 10 期。

[105][法]埃米尔·涂尔干:《社会分工论》,渠东译,生活·读书·新知三联书店 2000 年版。

[106]郭飚:《现有传染病监测体系在新发传染病发现和识别方面存在的不足和改进对策》,载《中国计划免疫》2007 年第 3 期。

[107]魏虹等:《我国监测系统在应对新发感染病中的不足》,载《现代预防医学》2008 年第 3 期。

[108]詹思延主编:《流行病学》(第 8 版),人民卫生出版社 2017 年版。

[109]任颖:《从回应型到预防型的公共卫生立法》,载《法制与社会发展》2020 年第 4 期。

[110]黄薇主编:《中华人民共和国民法典侵权责任编解读》,中国法制出版社 2020 年版。

[111]漆多俊:《经济法基础理论》(第 5 版),法律出版社 2017 年版。

[112]王轶:《论倡导性规范——以合同法为背景的分析》,载《清华法学》2007 年第 1 期。

[113]张亮:《论普通野生动物利用的法律规制——以全国人大常委会的决定文本为展开》,载《行政法学研究》2020 年第 4 期。

[114]江保国:《疫情下野生动物的法律界定:起点、难点及边线》,载《深圳大学学报(人文社会科学版)》2020 年第 4 期。

[115]孟涛:《中国非常法律的形成、现状与未来》,载《中国社会科学》2011 年第 2 期。

[116]李晗:《回应社会,法律变革的飞跃:从压制迈向回应——评〈转变中的法律与社会:迈向回应型法〉》,载《政法论坛》2018 年第 2 期。

[117]梁其姿:《麻风:一种疾病的医疗社会史》,朱慧颖译,商务印书馆 2013 年版。

[118]赵鹏:《疫情防控中的权力与法律——〈传染病防治法〉适用与检讨的角度》,载《法学》2020 年第 3 期。

[119][德]卡尔 · 拉伦茨:《法学方法论》,陈爱娥译,商务印书馆 2003 年版。

[120][美]诺内特、塞尔兹尼克原著:《转变中的法律与社会》,张志铭译,中国政法大学出版社 1994 年版。

[121]陈云良、陈煜鹏:《论传染病防治决策的法治化和科学化》,载《比较法研究》2020 年第 2 期。

[122]《迈向理性的风险规制——译者的话》,载[美]布雷耶:《打破恶性循环:政府如何有效规制风险》,宋华琳译,法律出版社 2009 年版。

[123][美]戴蒙德:《枪炮、病菌与钢铁:人类社会的命运》,谢延光译,上海译文出版社 2016 年版。

[124]赵磊:《全球突发公共卫生事件与国际合作》,载《中共中央党校(国家行政学院)学报》2020 年第 3 期。

[125]沈伟:《民粹国际法和中美疫情法律之困》,载《中国法律评论》2020 年第 4 期。

[126]巩玥等:《冠状病毒的研究现状》,载《中国生物工程杂志》2020 年第 Z1 期。

[127]史河水等:《新型冠状病毒(2019 - nCoV)感染的肺炎临床特征及影像学表现》,载《临床放射学杂志》2020 年第 1 期。

[128]胡国梁:《政治性疫情谣言的治理》,载《法治社会》2020 年第 6 期。

第五章　基本医疗服务体系的法治构建

[129]杜创、朱恒鹏:《中国城市医疗卫生体制的演变逻辑》,载《中国社会科学》2016 年第 8 期。

[130]仇雨临:《中国医疗保障 70 年:回顾与解析》,载《社会保障评论》2019 年第 1 期。

[131]陈敏章:《在全国卫生工作会议上的报告(摘要)》,载《中国卫生事业管理》1993 年第 2 期。

[132]谭金可:《论基本医疗服务的立法界定》,载《东南学术》2018 年第 2 期。

[133]许中缘、翁雯:《论基本医疗服务权的救济》,载《苏州大学学报(哲学社会科学版)》2016 年第 2 期。

[134]朱炜、马伟杭:《新时期基本医疗的界定与发展策略研究》,载《卫生经济研究》2015 年第 1 期。

[135]陈志勇、韩韵格:《基本医疗卫生服务供给的动态演进及空间差异》,载《中南财经政法大学学报》2021 年第 2 期。

[136]白雪洁、程于思:《医疗资源配置的城乡区域差异与中老年人个体健康》,载《西安交通大学学报(社会科学版)》2019 年第 2 期。

[137]徐明、郑雪芹:《我国基本医疗服务均等化的立法原则与政策展望》,载《中南民族大学学报(人文社会科学版)》2017 年第 2 期。

[138]申曙光:《我们需要什么样的医疗保障体系?》,载《社会保障评论》2021 年第 1 期。

[139]任飞、王俊华:《基于差异的正义:我国基本医疗服务资源合理配置与实现路径》,载《苏州大学学报(哲学社会科学版)》2019 年第 5 期。

[140]严妮:《基本医疗服务的属性探究——基于公共产品理论及其边界》,载《卫生经济研究》2017 年第 9 期。

[141]陈云良:《基本医疗服务法制化研究》,载《法律科学》2014 年第 2 期。

[142]乔勇、李晓敏:《贫困地区农村医疗服务体系及政府投入反思》,载《湖北民族学院学报(哲学社会科学版)》2016 年第 6 期。

[143]王俊、王雪瑶:《中国整合型医疗卫生服务体系研究:政策演变与理论机制》,载《公共管理学报》2021 年第 3 期。

[144]薛珑、朱晓玲、赵军红:《农村三级医疗卫生服务体系的统计评价》,载《统计与决策》2019 年第 21 期。

[145]刘志军、王敏:《医疗卫生体系公益性与商业性的处理难题及其破解》,载《云南社会科学》2019 年第 1 期。

[146]赵大海、谷书丽:《公共服务机构的公益性运行特征与必要条件:15 个发达国家基层医疗卫生系统的经验及对我国的启示》,载《上海交通大学学报(哲学社会科学版)》2018 年第 2 期。

[147]邵德兴:《医疗卫生公益性嬗变析论——以改革开放以来农村基层医疗卫生政策变迁为例》,载《浙江社会科学》2015 年第 8 期。

[148]赵大海:《我国城市社区卫生服务机构的公益性研究:基于财政投入与工作动机的比较》,载《中国行政管理》2018 年第 12 期。

[149]孙继艳、郝晓宁、薄涛:《北京市失能老人社区照顾现状及需求分析》,载《中国卫生政策研究》2016 年第 11 期。

[150]顾昕、陈斯惟:《民营医院在中国医疗供给侧的市场份额》,载《新疆师范大学学报(哲学社会科学版)》2018 年第 4 期。

[151]张雨薇、武晋、李小云:《村医与国家:从深度嵌入到偏差嵌入》,载《湖北社会科学》2020 年第 4 期。

[152]何佳馨:《新中国医疗保障立法 70 年——以分级诊疗的制度设计与进步为中心》,载《法学》2019 年第 10 期。

[153]钱丕锐、杨竹、陈永忠:《论村卫生机构的性质、地位与功能》,载《医学与哲学(人文社会医学版)》2019 年第 12 期。

[154]王昕天、汪雷:《乡村医疗卫生系统一体化管理实践评述及政策转型》,载《贵州财经大学学报》2015 年第 3 期。

[155]顾昕:《"健康中国"战略中基本卫生保健的治理创新》,载《中国社会科学》2019 年第 12 期。

[156]彭熙海:《论连带责任案件的诉讼形式》,载《法学评论》2021 年第 3 期。

[157]姚海放:《网络平台经营者民事责任配置研究——以连带责任法理为基础》,载《中国人民大学学报》2019 年第 6 期。

[158]邹艳晖:《行政机关对公民健康权的给付义务》,载《兰州学刊》2016 年第 10 期。

[159]谭浩、邱本:《健康权的立法构造——以〈中华人民共和国基本医疗卫生与健康促进法(草案)〉为对象》,载《南京社会科学》2019 年第 3 期。

[160]李广德:《健康作为权利的法理展开》,载《法制与社会发展》2019 年第 3 期。

[161]张奎力:《赤脚医生与社区医患关系——以社会资本理论为分析范式》,载《社会主义研究》2014 年第 6 期。

[162][美]罗纳德·德沃金:《至上的美德:平等的理论与实践》,冯克利译,江苏人民出版社 2003 年版。

[163]陈爱雪、纪玉山、何南芙:《医疗体制改革应防止过度市场化》,载《经济纵横》2013 年第 8 期。

[164]李晓颖、代英姿:《我国公立医院"法人化"的治理结构分析——基于互动治理模式的思路》,载《宏观经济研究》2013 年第 8 期。

[165]何玮、刘丽杭:《公立医院自主权改革之路径》,载《学术界》2015 年第 8 期。

[166]顾昕:《从管办分开到大部制:医疗供给侧改革的组织保障》,载《治理研究》2018 年第 2 期。

[167]李文敏、沈晓红:《中国公立医院治理困境的政治生态学解读》,载《湖北大学学报(哲学社会科学版)》2015 年第 5 期。

[168]朱乃庚、夏海龙、周典:《基于利益相关者理论视角分析我国实行公立医院法人治理结构的可行性》,载《中国卫生事业管理》2012 年第 5 期。

[169]朱俊生:《从垄断到竞争:医疗领域的改革方向》,载《学术界》2016 年第 3 期。

[170]胡万进:《我国公立医院"管办分开"的整体性治理分析》,载《江苏社会科学》2012 年第 3 期。

[171]陈云良、何聪聪:《医疗服务市场失范的经济法规制》,载《中南大学学报(社会科学版)》2012 年第 3 期。

[172]马长山:《公共政策合法性供给机制与走向——以医改进程为中心的考察》,载《法学研究》2012 年第 2 期。

[173]邹富良:《看病贵的体制反思:政府缺位与公立医院错位》,载《中国卫生经济》2006 年第 8 期。

[174]周云:《从天价医疗黑洞看对医院骗保的控制》,载《学习月刊》2007

年第 3 期。

[175]王根贤:《基于医疗服务特异性的公立医院治理结构与财政投入研究》,载《当代财经》2013 年第 1 期。

[176]邱仁宗:《从魏则西事件看医改认知和政策误区》,载《昆明理工大学学报(社会科学版)》2016 年第 4 期。

[177]刘美平:《对我国医疗卫生体制市场化改革价值取向的批判》,载《当代经济研究》2011 年第 10 期。

[178]周俊生:《用制度创新破除公立医院逐利机制》,载《光明日报》2015 年 5 月 22 日,第 2 版。

[179]刘大洪、郑文丽:《政府权力市场化的经济法规制》,载《现代法学》2013 年第 2 期。

[180]岳经纶、王春晓:《堵还是疏:公立医院逐利机制之破除——基于广东省县级公立医院实施药品零差率效果分析》,载《武汉大学学报(哲学社会科学版)》2016 年第 2 期。

[181]李华:《公立医院市场导向及其绩效关系的实证研究》,吉林大学 2009 年博士学位论文。

[182]柯雄、陈英耀、赵列宾:《公立医疗机构公益性内涵的多学科理论分析》,载《科技管理研究》2014 年第 9 期。

[183]陈刚:《公益性、可及性的效率基础与医疗体制选择》,载《生产力研究》2015 年第 1 期。

[184]姚宇:《控费机制与我国公立医院的运行逻辑》,载《中国社会科学》2014 年第 12 期。

[185]申曙光、魏珍:《论医疗保险对医疗服务的制衡与监管》,载《湖南师范大学社会科学学报》2014 年第 4 期。

[186]姚宇:《控费机制与我国公立医院的运行逻辑》,载《中国社会科学》2014 年第 12 期。

[187]刘春平:《中国公立医院补偿机制与监管机制研究》,经济日报出版社 2017 年版。

[188]申曙光:《新时期我国社会医疗保险体系的改革与发展》,载《社会保障评论》2017 年第 2 期。

[189][美]菲利普 · 朗曼原著:《最好的医疗模式:公立医院改革的美国版

解决方案》,李玲、徐进等译,北京大学出版社2011年版。

[190]吴小建、王家峰:《政策执行的制度背景:规则嵌入与激励相容》,载《学术界》2011年第12期。

[191]朱恒鹏、彭晓博:《医疗价格形成机制和医疗保险支付方式的历史演变——国际比较及对中国的启示》,载《国际经济评论》2018年第1期。

[192]李乐乐、张知新、王辰:《德国医疗保险制度对我国统筹发展的借鉴与思考》,载《中国医院管理》2016年第11期。

[193]戴晨曦等:《探究医疗服务价格谈判机制的建立》,载《中国卫生事业管理》2017年第5期。

[194]申曙光、张勃:《分级诊疗、基层首诊与基层医疗卫生机构建设》,载《学海》2016年第2期。

[195]韩世远:《医疗服务合同的不完全履行及其救济》,载《法学研究》2005年第6期。

[196]李海明、徐颢毓:《医保政策能否促进分级诊疗的实现:基于医疗需求行为的实证分析》,载《经济社会体制比较》2018年第1期。

[197]姚泽麟:《政府职能与分级诊疗——"制度嵌入性"视角的历史总结》,载《公共管理学报》2016年第3期。

[198]侯英泠:《论消法上医师之安全说明义务——台湾高等法院八七年第一五一号判决评释》,载《台湾本土法学杂志》2002年第37期。

[199]陈怡安:《医疗事故损害赔偿问题的现状与展望研讨会(一)》,载《台湾本土法学杂志》2002年第39期。

[200][德]卡尔·恩吉施:《法律思维导论》(修订版),郑永流译,法律出版社2014年版。

[201]冉克平:《论强制缔约义务》,载《政治与法律》2009年第11期。

[202]曾见:《论"当时的医疗水平"的法律评价》,载《法学评论》2016年第4期。

[203]庄加园:《债权人原因引起的给付不能》,载《法律科学》2018年第5期。

[204]何海波:《行政诉讼法》,法律出版社2016年版。

[205]章剑生:《行政管辖制度探索》,载《法学》2002年第7期。

[206]王乃信、裘维焰、张耀锋:《双向转诊存在的问题及对策》,载《中国医

院》2014 年第 5 期。

[207]李肖肖、杜雪平:《我国双向转诊制度运行中存在的问题和对策》,载《中国全科医学》2008 年第 19 期。

[208]朱庆育:《私法自治与民法规范凯尔森规范理论的修正性运用》,载《中外法学》2012 年第 3 期。

[209][美]彼得·于贝尔:《生命的关键决定:从医生做主到患者赋权》,张琼懿译,生活·读书·新知三联书店 2017 年版。

[210]高和荣:《台湾社区首诊双向转诊制度的运作及其借鉴》,载《厦门大学学报(哲学社会科学版)》2015 年第 5 期。

第六章　基本药物供给的法律规制

[211]蒯丽萍、陈盛新、裘雪友:《运用立法手段完善国家基本药物制度》,载《中国药房》2010 年第 4 期。

[212]胡善联:《基本药物政策的难点分析》,载《中国卫生政策研究》2009 年第 4 期。

[213]陈云良:《基本医疗服务法制化研究》,载《法律科学(西北政法大学学报)》2014 年第 2 期。

[214]张彧、褚淑贞:《论我国基本药物制度立法的必要性和可行性》,载《药品评价》2013 年第 10 期。

[215]粲文芳等:《基于省级监测平台的陕西省药品短缺现状研究》,载《中国药事》2017 年第 12 期。

[216]顾敏娜、叶露:《我国药品质量现状的成因分析》,载《中国卫生资源》2015 年第 4 期。

[217]李晓雅:《SFDA:个别基本药物存在较严重质量问题》,载《中国社区医师》2011 年 11 月 11 日,第 23 版。

[218]樊迪:《基本药物政策法律地位亟待提高》,载《首都医药》2011 年第 8 期。

[219]金有豫:《对实施国家基本药物制度的热点与难点的认识和体会》,载《中国药房》2011 年第 4 期。

[220]谢小东、邵蓉:《保障短缺基本药物生产供应的政策分析——基于生产者行为理论》,载《中国卫生政策研究》2013 年第 3 期。

[221]杨坚、汤少梁:《基于博弈论的基本药物生产质量安全监管分析》,载《辽宁中医药大学学报》2012 年第 12 期。

[222]岳远雷:《基本药物制度治理困境及法治化保障研究》,载《中国卫生政策研究》2017 年第 12 期。

[223]管晓东等:《中国各省基本药物集中招标采购方式比较分析》,载《中国卫生政策研究》2014 年第 11 期。

[224]李明明:《我国药品定价的法律化规制思考》,山东大学 2012 年硕士学位论文。

[225]耿鸿武:《我国医药集中采购进入第五个新阶段》,载《中国招标》2019 年第 48 期。

[226]李红梅:《第五批国家组织药品集采中选结果公布——集中带量采购,减轻看病负担》,载中国政府网,https://www.gov.cn/xinwen/202107/14/content_5624766.htm。

[227]王鑫、王艳翚:《基本药物制度与基本医疗保险制度的衔接研究》,载《卫生经济研究》2017 年第 10 期。

[228]夏雅睿、常峰:《新形势下药品集中采购模式发展趋势研究》,载《招标与投标》2019 年第 3 期。

[229]韩希成:《几种基本药物配送模式利弊分析》,载《中国中医药报》2012 年 4 月 2 日。

[230]李东锋等:《新疆地区基本药物配送企业药品配送现状分析及应对策略研究》,载《中国医院药学杂志》2015 年第 9 期。

[231]柳鹏程、陆丽汀:《我国基本药物招标采购质量分层制度研究——基于安徽省"双信封"制度的实证分析》,载《上海医药》2016 年第 5 期。

[232]曹艳民:《基本药物政策实施现状及成效比较研究》,山东大学 2014 年博士学位论文。

[233]何梦娇、路云等:《基本药物配备使用情况与价格形势研究——基于 2015~2018 年湖北省基层医疗卫生机构的数据分析》,载《卫生软科学》2021 年第 3 期。

[234]许正圆、徐伟、刘朝一:《基本药物在不同医疗机构的配备与使用——以江苏省为例》,载《医药导报》2021 年第 7 期。

[235]杨增泉、张颜萍:《基药未获医院强化使用比重趋降》,载《医药经济

报》2012 年 7 月 2 日。

[236]唐镜波、李晋:《“医改”成功需要合理用药制度的有力支撑》,载《中国药房》2011 年第 37 期。

[237]British Medical Journal:《中国应遏制抗生素的滥用》,载《中国卫生政策研究》2014 年第 3 期。

[238]杨帅、田侃:《对我国国家基本药物制度立法重点及框架的思考》,载《中国药房》2012 年第 8 期。

[239]奚炜等:《湖北省宜昌市二级及其以下医疗机构药学现状调查》,载《医药导报》2016 年第 1 期。

[240]胡芳:《机构篇:翻开药品统一监管新篇章》,载中国食品药品网,http://www.cnpharm.com/c/2018-12-17/496346.shtml。

[241]石磊:《中国药品政府管制法律问题研究》,中国政法大学 2008 年博士学位论文。

[242]张怡、王晨光:《监管科学的兴起及其对各国药品监管的影响》,载《中国食品药品监管》2019 年第 7 期。

[243]李新泰、尹爱田:《浅析我国基本药物供应体系的构建》,载《中国卫生事业管理》2010 年第 12 期。

[244]郑福友、徐正昌、郭剑:《国家基本药物质量监管的实践与思考》,载《中国药房》2012 年第 16 期。

[245]高茜倩、陈玉文:《我国公立医院推行国家基本药物制度存在的问题与对策》,载《中国药业》2014 年第 20 期。

第七章　基本医疗保险法治化研究

[246]郑功成:《加快完善全民医保制度》,载《中国党政干部论坛》2018 年第 10 期。

[247]曲相霏:《国际法事例中的健康权保障——基于〈国际法上作为人权的健康权〉的分析》,载《学习与探索》2008 年第 2 期。

[248]刘军宁:《共和·民主·宪政——自由主义思想研究》,上海三联书店 1998 年版,第 267 页。

[249]贺亚宜:《健全我国医疗保障制度的法律建议——以政府义务为视角》,载《兰州学刊》2014 年第 10 期。

[250]乌日图:《医疗保障制度国际比较》,化学工业出版社2003年版。

[251]王绍光:《学习机制与适应能力:中国农村合作医疗体制变迁的启示》,载《中国社会科学》2008年第6期。

[252]张萍:《关于医疗保险制度改革的若干思考》,载《学习论坛》2019年第12期。

[253]林志强:《健康权研究》,中国法制出版社2010年版。

[254]仇雨临、孙树菡主编:《医疗保险》,中国人民大学出版社2001年版。

[255]俞楠:《行政法视角下的社会医疗保障研究》,中国政法大学2011年博士学位论文。

[256]孙迺翊:《挥别俾斯麦模式社会保险制度:从德国联邦宪法法院几则判决评析德国近二十年健保制度改革方向》,载《欧美研究》2016年第46期。

[257]蒋月:《社会保障法》,厦门大学出版社2006年版。

[258]周向明:《医疗保障权研究》,吉林大学2006年博士学位论文。

[259]朱铭来、陈妍、王梦雯:《美国医疗保障制度改革述评》,载《保险研究》2010年第11期。

[260]赵梅:《疫情下的美国社会危机四伏》,载《人民论坛》2020年第17期。

[261][英]尼古拉斯·巴尔:《福利国家经济学》,郑秉文等译,中国劳动社会保障出版社2003年版。

[262][匈]雅诺什·科尔奈、翁笙和:《转轨中的福利、选择和一致性——东欧国家卫生部门改革》,罗淑锦等译,中信出版社2003年版。

[263]华颖:《典型国家医疗保险立法及其启示》,载《内蒙古社会科学》2020年第3期。

[264]张文显:《法哲学范畴研究》(修订版),中国政法大学出版社2001年版。

[265]蔡维音:《全民健保之法律关系剖析》(上),载《月旦法学杂志》1999年第5期。

[266]李步云主编:《法理学》,经济科学出版社2001年版。

[267]李磊:《社会保障权的宪法保护问题研究》,载《河北法学》2009年第10期。

[268]张千帆:《宪法不应该规定什么》,载《华东政法学院学报》2005年第

3 期。

[269]郑功成:《中国社会保险法制建设:现状评估与发展思路》,载《探索》2020 年第 3 期。

[270]胡川宁:《社会保险经办机构的性质和定位研究——从公法人的组织模式出发》,载《行政法学研究》2016 年第 2 期。

[271]胡川宁:《德国法定疾病保险主体的历史嬗变与反思》,载《德国研究》2020 年第 2 期。

[272]娄宇:《论我国社会保险经办机构的法律地位》,载《北京行政学院学报》2014 年第 4 期。

[273]叶静漪、肖京:《社会保险经办机构的法律定位》,载《法学杂志》2012 年第 5 期。

[274]吴勇、刘琦:《社保费统征背景下社会保险经办机构的法律定位探究》,载《武陵学刊》2020 年第 3 期。

[275]蔡维音:《社会国之法理基础》,正典出版文化有限公司 2001 年版。

[276]扈春海:《社会医疗保险中保险人与被保险人法律关系研究》,载《法制与经济》2020 年第 6 期。

[277]林明锵:《行政契约与私法契约——以全民健保契约关系为例》,台北,元照出版有限公司 2002 年版。

[278]钟秉正:《社会保险法论》,台北,三民书局股份有限公司 2005 年版。

[279]李文静:《医疗保险法律制度研究》,中国言实出版社 2014 年版。

[280]李文静:《医疗保险经办机构之法律定位——论社会行政给付主体之角色与功能》,载《行政法学研究》2013 年第 2 期。

[281]王红茹:《社保费"双重征缴"历史或终结》,载《中国经济周刊》2016 年第 50 期。

[282]白小平、靳彤彤:《中国社会保险费征缴机制的发展历程与展望》,载《中州学刊》2021 年第 1 期。

[283]陈爱娥:《行政上所运用契约之法律归属——实务与理论的挑战》,载《台湾行政法学会学术研讨会论文集——行政契约与行政法》2002 年版。

[284]李建良:《公法契约与私法契约之区别问题》,载《台湾行政法学会学术研讨会论文集——行政契约与行政法》2002 年版。

[285]郑雪倩等:《基本医疗保险服务协议的法律问题研究》,载《中国医

院》2012 年第 1 期。

[286]于立深:《行政协议司法判断的核心标准:公权力的作用》,载《行政法学研究》2017 年第 2 期。

[287]杨锦华:《中国行政合同概念规范问题研究》,载《哈尔滨工业大学学报(社会科学版)》2021 年第 3 期。

[288]杨海坤主编:《中国行政法基础理论》,中国人事出版社 2000 年版。

[289]余军华:《从行政契约角度谈医疗保险社会治理问题——以定点医药机构协议管理为例》,载《中国医疗保险》2018 年第 8 期。

[290]马明:《从一起行政复议案看定点医药机构服务协议的性质和效力》,载《中国医疗保险》2019 年第 9 期。

[291]李国庆:《医疗服务协议违约责任研究》,载《医学与法学》2020 年第 5 期。

[292]姜明安主编:《行政法与行政诉讼法》(第 6 版),北京大学出版社 2015 年版。

[293]韩世远:《医疗服务合同的不完全履行及其救济》,载《法学研究》2005 年第 6 期。

[294]史尚宽:《债法各论》,中国政法大学出版社 2000 年版。

[295]刘继同:《新中国 70 年社会保险基金体系的历史变迁及其政策建议》,载《江苏社会科学》2019 年第 5 期。

[296]习近平:《全面提高依法防控依法治理能力,健全国家公共卫生应急管理体系》,载《红旗文稿》2020 年第 5 期。

[297]习近平:《在统筹推进新冠肺炎疫情防控和经济社会发展工作部署会议上的讲话》,载《共产党员》2020 年第 5 期。

[298]郑功成:《从政策性文件主导走向法治化:中国特色医疗保障制度建设的必由之路》,载《学术研究》2021 年第 6 期。

[299][日]工藤征四郎:《日本的医疗制度》,陈小梅、黄富表译,载《中国康复理论与实践》2013 年第 1 期。

[300]林俏:《日本医疗保险法律制度改革及其借鉴意义》,载《医学与法学》2021 年第 1 期。

[301]宋云鹏:《试点引致政策创新机制研究——以医保和卫生政策为例》,载《社会保障评论》2020 年第 3 期。

[302]李会娟:《我国城镇医疗保险制度改单问题与对策研究》,载《科技经济导刊》2017 年第 12 期。

[303]华颖:《典型国家医疗保险立法及其启示》,载《内蒙古社会科学》2020 年第 3 期。

[304]杨思斌:《我国基本医疗保险法治化的困境与出路》,载《安徽师范大学学报(人文社会科学版)》2019 年第 4 期。

[305]郑功成:《中国社会保障 70 年发展》,载《社会科学文摘》2019 年第 12 期。

[306][挪威]艾德等:《经济、社会和文化的权利》,黄列译,中国社会科学出版社 2003 年版。

[307]郑功成:《中国社会保险法制建设:现状评估与发展思路》,载《探索》2020 年第 3 期。

[308]李建梅等:《控制自费比例加强自费监管——基于上海市的调研分析》,载《中国医疗保险》2014 年第 5 期。

[309]张光耀、朱公建:《医院医保基金监管工作的思考》,载《甘肃医药》2021 年第 8 期。

[310]俞佳:《医院医保管理实施对于提升医疗质量的影响》,载《临床医药文献电子杂志》2020 年第 43 期。

[311]王蕾:《医疗保障的宪法规范论证》,载《学术交流》2014 年第 10 期。

[312]董保华等:《社会保障的法学观》,北京大学出版社 2005 年版。

[313]景洁、王姝:《加大财政投入与提高医疗保障水平对策研究》,载《现代商贸工业》2010 年第 9 期。

[314]高晶:《加强基金监管和防范欺诈骗保的思考》,载《审计与理财》2021 年第 7 期。

[315]刘凯:《倒逼的改革还是资源的优势?——医疗保险控制医疗费用增长的动力及其地区差异》,载《社会保障研究》2018 年第 3 期。

[316]武振国:《论医保控费的障碍及其克服》,载《中国卫生法制》2021 年第 1 期。

[317]李珍:《基本医疗保险 70 年:从无到有实现人群基本全覆盖》,载《中国卫生政策研究》2019 年第 12 期。

[318]宋娟:《阶层视角下基本医疗保险制度的碎片化及整合研究》,载《中

州学刊》2017 年第 10 期。

[319]郑秉文:《中国社保“碎片化制度”危害与“碎片化冲动”探源》,载《甘肃社会科学》2009 年第 3 期。

[320]赵永生:《日本国民健康保险制度的构建——统筹城乡医保体系的启示》,载《中国卫生政策研究》2009 年第 12 期。

[321]阮向前:《台湾社会医疗保障体系的发展及启示》,载《新经济》2016 年第 35 期。

[322]翟方明:《分歧与选择:我国一体化全民医保制度的基本原则》,载《医学与哲学》2021 年第 5 期。

[323]荣霞:《美国全民医疗改革:从克林顿到奥巴马》,南京大学 2014 年博士学位论文。

[324]李烁、徐喜荣:《我国推行强制社会医疗保险的法理基础》,载《中国卫生事业管理》2019 年第 4 期。

[325]王昭茜、仇雨临:《逆向选择还是制度“漏洞”:全民医保下的不连续参保行为研究》,载《兰州学刊》2021 年第 6 期。

[326]宋新权等:《论商业健康保险与基本医疗保险衔接策略》,载《中国保险》2021 年第 5 期。

[327]高和荣:《以医疗为中心的“三医”联动改革:路径与策略》,载《南京社会科学》2018 年第 7 期。

[328]赵云:《西方发达国家“三医”联动改革的探索与实践》,载《中国卫生事业管理》2018 年第 1 期。

[329]姚东宁、邵蓉:《德国药品参考定价制度对我国的启示》,载《价格理论与实践》2014 年第 9 期。

[330]程智涛等:《珠海市基本医疗保险一体化实践探索》,载《中国医疗保险》2020 年第 10 期。

[331]袁涛、仇雨临:《从形式公平到实质公平:居民医保城乡统筹驱动路径反思》,载《社会保障研究》2016 年第 1 期。

[332]孙淑云:《中国基本医疗保险立法困局、症结及其出路》,载《山西大学学报(哲学社会科学版)》2017 年第 3 期。

第八章　医疗救助制度为健康权托底

[333][美]罗尔斯:《正义论》,何怀宏等译,中国社会科学出版社 1988 年版。

[334]张梁:《医疗救助的立法思路和相关内容之我见》,载《医学与哲学》2021 年第 12 期。

[335]顾昕:《走向准全民公费医疗:中国基本医疗保障体系的组织和制度创新》,载《社会科学研究》2017 年第 1 期。

[336]王晨光、饶浩:《国际法中健康权的产生、内涵及实施机制》,载《比较法研究》2019 年第 3 期。

[337]习近平:《全面提高依法防控依法治理能力,健全国家公共卫生应急管理体系》,载《求是》2020 年第 5 期。

第九章　基本医疗卫生监管法治化研究

[338]温辉:《行政诉讼法中“监督管理职责”的理解与适用》,载《法学杂志》2020 年第 4 期。

[339]孟强龙:《行政约谈法治化研究》,载《行政法学研究》2015 年第 6 期。

[340]石佑启、黄学俊:《中国部门行政职权相对集中初论》,载《江苏行政学院学报》2008 年第 1 期。

[341]刘颖、王岳:《沧桑七十年续写新华章——新中国卫生监督发展回顾和展望》,载《中国卫生监督杂志》2019 年第 5 期。

[342]谭备战:《新中国成立初期卫生方针的确立:以第一届全国卫生会议为例》,中国特色社会主义:道路与制度——第十四届国史学术年会论文,2014 年 9 月于北京。

[343]贺诚:《在第一届全国卫生会议上的总结报告》,载《中医杂志》1951 年第 1 期。

[344]中华医学会:《苏联的地方保健机关和卫生监督组织》,载《中华卫生杂志》1953 年第 2 期。

[345]张忠、徐伟等:《卫生监督执法队伍管理研究综述》,载《中国公共卫生管理》2003 年第 1 期。

[346]邢国田:《谈卫生监督与卫生监测相对分开》,载《中国公共卫生管

理》1994 年第 1 期。

[347]浙江省站报道组:《全国卫生监督会议在宁波召开会议强调正确贯彻卫生部 6 号文件》,载《中国公共卫生管理》1996 年第 5 期。

[348]崔新、何翔等:《我国卫生监督体系的历史沿革》,载《中国卫生监督杂志》2007 年第 2 期。

[349]于珊:《孙春兰出席国家疾病预防控制局挂牌仪式和成立大会并讲话》,载中国政府网 2021 年 5 月 31 日,http://www.gov.cn/guowuyuan/2021-05/13/content_5606207.htm。

[350][美]斯蒂芬·罗宾斯、玛丽·库尔特:《管理学》(第 13 版),刘刚等译,中国人民大学出版社 2017 年版。

[351]张成福、党秀云:《公共管理学》(第 3 版),中国人民大学出版社 2020 年版。

[352]吴楠:《以法治方式完善政府购买公共服务绩效评价》,载《江淮论坛》2015 年第 6 期。

[353]苗田等:《我国省级卫生健康监督执法绩效评价指标体系研究》,载《中国卫生监督杂志》2021 年第 1 期。

[354]申卫星主编:《〈中华人民共和国基本医疗卫生与健康促进法〉理解与适用》,中国政法大学出版社 2020 年版。

[355]胡税根、徐靖芮:《运用绩效管理手段全力推进政府督促检查工作的落实》,载《中国行政管理》2015 年第 6 期。

[356]李洪雷:《英国卫生保健服务及其规制体制》,宋华琳、傅蔚冈主编:《规制研究食品与药品安全的政府监管》(第 2 辑),格致出版社、上海人民出版社 2009 年版。

[357]王若磊:《信用、法治与现代经济增长的制度基础》,载《中国法学》2019 年第 2 期。

[358]沈岿:《社会信用体系建设的法治之道》,载《中国法学》2019 年第 5 期。

[359]袁文瀚:《信用监管的行政法解读》,载《行政法学研究》2019 年第 1 期。

[360]刘俊海:《信用责任:正在生长中的第四大法律责任》,载《法学论坛》2019 年第 6 期。

[361]王瑞雪:《政府规制中的信用工具研究》,载《中国法学》2017 年第 4 期。

[362]张居正:《张文忠公全集》(上),商务印书馆 1935 年版。

[363]罗培新:《善治须用良法:社会信用立法论略》,载《法学》2016 年第 12 期。

[364]吴元元:《食品安全信用档案制度之建构——从信息经济学的角度切入》,载《法商研究》2013 年第 4 期。

[365]沈毅龙:《论失信的行政联合惩戒及其法律控制》,载《法学家》2019 年第 4 期。

[366]黄树则、林士笑主编:《当代中国的卫生事业》(上),中国社会科学出版社 1986 年版。

[367]王有义、吴国祥、巴国文:《试论公共卫生法制监督体制改革》,载《卫生软科学》1997 年第 4 期。

[368]顾士圻:《试论现行卫生监督体制》,载《中国卫生法制》1998 年第 3 期。

[369]胡建淼:《行政法学》(第 4 版),法律出版社 2015 年版。

[370]王克稳:《政府业务委托外包的行政法认识》,载《中国法学》2011 年第 4 期。

[371]黄娟:《行政委托内涵之重述》,载《政治与法律》2016 年第 10 期。

第十章　基本医疗卫生服务请求权的救济

[372]陈云良:《基本医疗卫生立法基本问题研究——兼评我国〈基本医疗卫生与健康促进法(草案)〉》,载《政治与法律》2018 年第 5 期。

[373]陈云良主编:《卫生法学》,高等教育出版社 2019 年版。

[374]俞可平:《社群主义》,中国社会科学出版社 1998 年版。

[375]肖新喜:《论社会权请求权》,载《江海学刊》2020 年第 1 期。

[376]王惠玲:《成文宪法的比较研究:以 107 部宪法文本为研究对象》,对外经济贸易大学出版社 2010 年版。

[377]邹艳晖:《论健康权的可诉性》,载《南阳理工学院学报》2017 年第 5 期。

[378]郑贤君:《社会权利的司法救济》,载《法制与社会发展》2003 年第

2 期。

[379]肖新喜:《论社会权请求权》,载《江海学刊》2020 年第 1 期。

[380]夏立安:《经济和社会权利的可裁决性——从健康权展开》,载《法制与社会发展》2008 年第 2 期。

[381]金丽、陈雷:《论我国给付诉讼受案范围的完善》,载《法律适用》2017 年第 19 期。

外文文献

第一章 健康权——卫生法治的基石范畴

[1]Lawrence o. Gostin, *Limiting What We can Eat: A Bridge Too Far*, The Milbank Quarterly, Vol. 92:2, p. 173 - 176 (2014).

[2] TimoStåhl et eds., *Health in All Policies: Prospects and Potentials, Ministry of Social Affairs and Health Health Department of Finland*, http://www.euro.who.int/__data/assets/pdf_file/0003/109146/E89260.pdf? ua = 1.

[3] Commission of the European Communities, *White Paper: Together for Health: A Strategic Approach for the EU* 2008 - 2013, Brussels: Commission of the European Communities, 2007.

[4]Eric J. Cassell, *Talking With Patients*, Vol. 2, MIT Press, 1985.

[5]Paolo Carozza, *From Conquest to Constitutions: Retrieving a Latin American Tradition of the Idea of Human Rights*, Human Rights Quarterly, Vol. 25, p. 281 - 288 (2003).

[6] L. R. Hayward, *Revising Washington's Corporate Practice of Medicine Doctrine*, 2 Washington Law Review 403 (1996).

第二章 英法德日卫生法研究

[7]Superme Court, *Paschim Banga Khct Mazdoor Samity and Othersv, State of West Bengal and Another*, A. I. R. 1996, SCC, p. 2426.

[8]Nicholas Timmins, *Never Again? The Story of the Health and Social Care Act* 2012, The King's Fund and the Institute for Government, 2012, p. 3.

[9] Martin Gorsky, *The British National Health Service* 1948 – 2008: *A Review of the Historiography*, *Social History of Medicine*, Volume 21, Issue 3, 1 December 2008, p. 1.

[10] Charles Webster, *The National Health Service: A Political History* (2nd *edition*), Oxford University Press, 2002, p. 284.

[11] Peter Greengross and Ken Grant, *The History and Development of the UK National Health Service* 1948 – 1999 *Second Edition*, DFID Health Systems Resource Centre, July 1999, p. 7.

[12] Rudolf Klein, *The New Politics of the NHS: From Creation to Reinvention* (*seventh edition*), London and New York: Radcliffe Publishing, 2013, p. 332.

[13] Alain C. Enthoven, *Internal Market Reform of the British National Health Service*, Health Affairs, January 1991.

[14] Nicola Glover Thomas, *The Health and Social Care Act* 2012: *The Emergence of Equal Treatment for Mental Health Care or Another False Dawn?*, Med Law Int, 2013 Dec13(4), p. 279.

[15] Emily Jackson, *Medical Law: Test, Cases, and Materials* (*Fourth edition*), Oxford University Press, 2016, p. 116.

[16] David J. Hunter, *Does Health Services Research Improve Health Services?*, Health Economics, Policy and Law (2015), 10, p. 317 – 325.

[17] McHale Fox and Jean McHale, *Health Care Law: Test, and Materials* (*Second edition*), London: Sweet & Maxwell, 2007, p. 7.

[18] Care Quality Commission, *The State of Health Care and Adult Social Care in England* 2016 – 2017, p. 18.

[19] Health and Social care Information Center, *Community Care Statistics*, *Social Services Activity in England* – 2013 – 2014(2014).

[20] Mikey Smith, *Jeremy Hunt has got a New Job in Theresa May's Cabinet Reshuffle After an Hour Inside Number* 10, Daily Mirror, 8 January 2018.

[21] Emily Jackson, *Medical Law: Test, Cases, and Materials* (*Fourth edition*), Oxford University Press, 2016, p. 88.

[22] Marie Sanderson, *The Regulation of Competition in the National Health*

Service (*NHS*): *What Difference has the Health and Social Care Act* 2012 *made*?, Health Economics, Policy and Law (2017),12, p. 1.

[23] Hansard (House of Lords) 英国上议院备忘录,21 May 2013, Vol. 745, col. 769.

[24] Porter D., Porter R., *The ghost of Edwin Chadwick*. Bmj, 1990, 301 (6746), p. 252.

第三章　公共卫生法治体系构建

[25] Edwin Chadwick, *Report on the Sanitary Condition of the Labouring Population of Great Britain*, Edinburgh University Press, 1965.

[26] Maxime Vernois, *Traité pratique d'hygiène industrielle et administrative, comprenant l'étude des établissements insalubres, dangereux et incommodes*, J. B. Ballière et Fils, Paris, 1860.

[27] 大森弘喜:19 世紀パリの水まわり事情と衛生,成城・经济研究第 196 号(2012),1 - 58 頁。

[28] 大森弘喜:19 世紀パリの水まわり事情と衛生(続・完),成城・经济研究第 197 号(2012),1 - 67 頁。

[29] Martin Rath: 1953 - 1968: *Im Wendekreis der Aufopfe-rung*, URL: https://www. lto. de/recht/feuilleton/f/bgh-rechtsgeschichte-schadensersatz-impfung-arzthaftungsrecht/(abgerufen am 10. juillet 2020).

[30] Bärbel-JuttaHess. *Seuchengesetzgebung in den deutschen Staaten und im Kaiserreich vom ausgehenden* 18. Jahrhundert bis zum Reichsseuchengesetz 1900. Heidelberg, Univ. - Diss. 2009, S. p. 292.

[31] Dieter Hart, *Recent Developments in German Health Law*, European Journal of Health Law, Vol. 13:2, p. 100 - 106(2006).

[32] Fairchild A. L., Oppenheimer G. M., *Public Health Nihilism vs. Pragmatism*: *History*, *Politics*, *and the Control of Tuberculosis*, Am J. Public Health, 1998, p. 1105 - 1117.

[33] 實成文彦わが国の公衆衛生学教育の歴史的概観と課題,医学教育第 43 巻第 3 号(2012),156 - 170 頁。

[34] Winslow, C. – E. A. , *The untilled Fields of Public Health Science*, Vol. 1306:51, p. 23 – 33(1920).

[35] Institute of Medicine, *The Future of Public Health*, Washington: National Academies Press, 1988, p. 1 – 3.

[36] Lawrence O. Gostin, Lindsay F. Wiley, *Public Health Law: Power, Duty, Restraint*, University of California Press, 2016, p. 12 – 14.

[37] Lindsay F. Wiley, *Public health law and science in the community mitigation strategy for Covid – 19*, Journal of Law and the Biosciences, 2020, p. 1 – 19.

[38] Finer S. E. , *The Life and Times of Sir Edwin Chadwick*, London Barnes & Noble Press, 1970, p. 315 – 387.

第四章　新发传染病单独归类规制研究

[39] Morens D. M. , Folkers G. K. , Fauci A. S. , *The Challenge of Emerging and Re-emerging Infectious Diseases*, 430 Nature 242 (2004).

[40] Sassetti C. M. , Rubin E. J. , *The Open Book of Infectious Diseases*, 13 Nature medicine 279 (2007).

[41] World Health Organization, *Division of Emerging and other Communicable Diseases Surveillance and Control* (1997), Emerging infectious diseases : World Health Day 1997 information kit. World Health Organization (15 June 2020), https://apps. who. int/iris/handle/10665/63332.

[42] World Health Organization, *The World Health Report* 2007: *A Safer Future: Global Public Health Security in the 21st century*, World Health Organization, 2007, p. x.

[43] Centers for Disease Control, Prevention (US), and National Center for Infectious Diseases (US), *Addressing Emerging Infectious Disease Threats: A Prevention Strategy for the United States*, Centers for Disease Control and Prevention, 1994, p. 2.

[44] World Health Organization, *A Brief Guide to Emerging Infectious Diseases and Zoonoses*, World Health Organization (15 June 2020), https://apps. who. int/iris/rest/bitstreams/909329/retrieve.

[45] Jaikumar A. K. , *Red Flags in Federal Quarantine*: *The Questionable Constitutionality of Federal Quarantine After NFIB v. Sebelius*, 114 Columbia Law Review 677 (2014).

[46] Clarkson J. T. , *Phase Six Pandemic*: *A Call to Re-Evaluate Federal Quarantine Authority Before the Next Catastrophic Outbreak*, 44 Georgia Law Review, 803 (2009).

[47] Langmuir A. D. , *The Surveillance of Communicable Diseases of National Importance*, 4 New England journal of medicine 182,183 (1963).

[48] Klein S. , Schöneberg I. , & Krause G. , *The Historical Development of Immunization in Germany From Compulsory Smallpox Vaccination to a National Action Plan on Immunization*, *Bundesgesundheitsblatt*, *Gesundheitsforschung*, 55 Gesundheitsschutz, 1512 (2012).

[49] Rappert B. & Gould C. , *Biosecurity*: *Origins*, *Transformations and Practices*, Springer, 2009, p. 219.

[50] Krieger N. ,Birn A. E. , *A Vision of Social Justice as the Foundation of Public Health*: *Commemorating* 150 *Years of the Spirit of* 1848, 11 American Journal of Public Health 1603 (1998).

[51] Shapiro A. L. , *Private Rights*, *Public Interest*, *and Professional Jurisdiction*: *The French Public Health Law of* 1902, 1 Bulletin of the History of Medicine 4 (1980).

[52] Castel R. , From dangerousness to risk. In: Burchell G. , Gordon C. and Miller P. (eds.), *The Foucault Effect*: *Studies in Governmentality*, University of Chicago Press, 1991, p. 288.

[53] Jenni K. & Loewenstein G. , *Explaining the Identifiable Victim Effect*, 3 Journal of Risk and uncertainty 235 (1997).

[54] Daniels N. , *Reasonable Disagreement about Identifed vs. Statistical Victims*, 1 Hastings Center Report 36 (2012).

[55] Aguirre E. , *An International Model for Antibiotics Regulation*, 2 Food and Drug Law Journal 305 (2017).

[56] Speakman J. , Gonzalez-Martin F. & Perez T. , *Quarantine in Severe Acute Respiratory Syndrome* (*SARS*) *and other Emerging Infectious Diseases*, 4

Journal of Law, Medicine & Ethics S 63 (2003).

[57] Gostin L. O. & Wiley L. F., *Public Health Law: Power, Duty, Restraint*, University of California Press, 2016, p. 416 – 429.

[58] Burton D. R., *Advancing an HIV Vaccine: Advancing Vaccinology*, 2 Nature Reviews Immunology 77 (2019).

[59] Fidler D. P., *The Globalization of Public Health: Emerging Infectious Diseases and International Relations*, 5 Indiana Journal of Global Legal Studies 33 (1997).

[60] Gutteridge F., *The World Health Organization: Its Scope and achievements*, 37 Temple Law Review 1, 2 (1963).

[61] Fidler D. P., *International Law and Global Public Health*, 48 University of Kansas Law Review 1, 10 – 12 (1999).

[62] McCarthy M., *A Brief History of the World Health Organization*, 360 The Lancet 1111 (2002).

[63] Moll A. A., *The Pan American Sanitary Bureau: Its Origin, Development and Achievements*, 1 Boletín de la Oficina Sanitaria Panamericana 44 (1941).

[64] Borowy I., *The League of Nations Health Organization: From European to Global Health Concerns*, University of Bergen, 2010, p. 11.

[65] Merianos A. & Peiris M., *International Health Regulations* (2005), 366 The Lancet 1249, 1250 (2005).

[66] Fidler D. P. & Gostin L. O., *The new International Health Regulations: An Historic Development for International Law and Public Health*, 1 The Journal of Law, Medicine & Ethics 86 (2006).

[67] Gostin L. O., Burris S. & Lazzarini Z., *The Law and the Public's Health: A Study of Infectious Disease Law in the United States*, 99 Columbia Law Review 92 – 94 (1999).

[68] Fidler D. P., Heymann D. L., Ostroff S. M. & O'Brien T. P., *Emerging and Reemerging Infectious Diseases: Challenges for International, National, and State Law*, 31 The International Lawyer 778, 779 (1997).

[69] Blouin Genest G., *World Health Organization and Disease Surveillance:*

Jeopardizing Global Public Health?, 6 Health 609 (2015).

[70] *Overview of Testing for SARS - CoV - 2 (COVID - 19)*, CDC (15 September 2020), https://www.cdc.gov/coronavirus/2019 - ncov/hcp/testing-overview.html.

[71] Bhandari L. & Dutta S., *Health Infrastructure in Rural India*, 11 India infrastructure report 272 (2007).

第五章　基本医疗服务体系的法治构建

[72] Wang L. F. & Eaton B. T., *Bats, Civets and the Emergence of SARS*, 315 Springer 325 (2007).

[73] John Harrington and Maria Stuttaford (eds.), *Global Health and Human Rights: Legal and Philosophical Perspectives*, Rutledge, 2010, p. 190.

[74] J. J. Chin, *Doctor-Patient Relationship: A Covenant of Trust*, Singapore Med. J., Vol. 42, 2001.

第六章　基本药物供给的法律规制

[75] Siegfried Karsten, *Healthcare: Privategoodvs, Publicgood*, The American Journal of Economics and Sociology, Vol. 54 (1995).

[76] World Health Organization, *The Selection if Essential Drugs: Report of a WHO Expert Committee* (Tech Rep Ser WHO no 615), Geneva, World Health Organization, 1997.

[77] WHO, *Procedure to updateand disseminate the WHO model list of essential medicines document* EB109/8 (Annex), Geneva: World Health Organization, 2002.

第七章　基本医疗保险法治化研究

[78] C. E. S. C. Limited v. Subbash Chandra Bose, 1992 (1) SCC441. See Bertrand G. Ramcharan. *Judicial Protection of Economic, Social and Cultural Rights: Cases and Materials*. Leiden, Boston: M. Nijhoff Publishers (2005), p. 154 - 156.

[79] Paul Pierson, *Dismantling the Welfare State? Reagan, Thatcher and the*

Politics of Retrenchment, Cambridge University Press, 1997, p. 3.

[80] Harris P. J., Kemp L. A., Sainsbury P., *The Essential Elements of Health Impact Assessment and Healthy Public Policy: A Qualitative Study of Practitioner Perspectives. LID* - 10.1136/bmjopen - 2012 - 001245 [doi] LID - e001245 [pii], BMJ Open, 2012, 2(6).

[81] Karen S. Palmer, *A Brief History: Universal Health Care Efforts in the US*, Physicians for a National Health Program, 1999.

[82] James Morone, *Theodor Litman and Leonard Robins*, *Health Politics and Policy*, Cengage Learning, 2008, 4th edition, p. 105.

[83] Jill Qnadagno, *Physician Sovereignty the Rurchasers Revolt*, Journal of Health Politics, Polity and Law, Vol. 29, No. 4, 2004.

[84] Rubin Minhas and Claus Wendt, *Letter from America: the Political Economics of US Healthcare Reform*, Journal of the Royal Society of Medicine, Vol. 102, No. 4, 2009.

[85] Barry Nicholas, *The French Law of Contract*, 2nd ed., Clarendon Press, Oxford 1992, p. 51 - 52.

[86] Davis, Tallis R, *NHS SOS: How the NHS was Betrayed and How We Can Save It*, London: One world Publications, 2013.

第八章　医疗救助制度为健康权托底

[87] Karel Vasak, *Human Rights: A Thirty-Year Struggle: The Sustained Efforts to Give Force of Law to the Universal Declaration of Human Rights*, UNESCO Courier 30(11), 1977.

第十章　基本医疗卫生服务请求权的救济

[88] Superme Court, *Paschim Banga Khct Mazdoor Samity and Othersv*, *State of West Bengal and Another*, A. I. R. 1996, SCC, p. 2426.

后记——我的卫生法编年史

1987 年大学毕业以后,我就一直在大学从事经济法教学与研究。我所秉承的经济法理论认为市场存在障碍性、唯利性、滞后性等自身无法解决的缺陷,需要国家干预、调节,国家通过禁止、限制等手段解决市场的障碍性缺陷,通过参与经营的方式解决市场的唯利性问题,通过调控、引导的方式化解市场的滞后性矛盾。其中"国家参与"是指国家直接投资经营市场不愿意投资经营的公共产品。公共卫生是典型的公共产品,基本医疗服务在现代国家普遍被视为公共产品(我在本书中将其论证为"拟制公共产品"),所以,经济法学认为基本医疗和公共卫生服务应当国家来承办、投资、经营、管理,向全社会提供,医疗卫生法中这一方面内容属于经济法研究对象。医改一直是改革开放过程中全社会长期关注的焦点,基于国家投资经营法视角,我对其兴趣无限。20 世纪 90 年代开始我阅读了大量医改文献,记得中国人民大学复印报刊资料《体制改革》我每期必读,上面经常有医改的文献。1995 年的时候,我曾经提出农村要建立医疗保障制度,这让我的同事感到好笑,觉得我太离谱了。没想到 2000 年国家就在全国开始试点新型农村合作医疗制度。记得 2006 年我参加西南政法大学岳彩申教授的博士研究生杜仕林的博士学位论文开题报告会,他的选题方向在医疗法。改革开放以来,法学界很少关注卫生法,看到有博士生开始研究卫生法,我喜出望外,和他进行了深入沟通,给予极大鼓励。

2005 年,我在雅虎网站看到国务院发展研究中心社会发展研究部副部长葛延风领衔起草的研究报告《中国医疗卫生体制改革》指出"我国医改基本不成功",当时大吃一惊,尽管当时市场化取向的医改引发医疗费用持续上涨,还出现了全民痛恨的"性病游医"怪象,民怨沸腾,但是官方正式承认某项改革失败却还是第一次。我开始更加关注医疗体制改革方向。

基于国家应当提供公共服务的经济法观,2009 年,我和时任最高人民法院副院长江必新教授联合申报国家社科基金重大项目《服务型政府法制化研究》,取得入围答辩资格。考虑到时任湖南省省长周强十分重视法治建设,率先制定了《湖南省行政程序规定》,我在课题设计中提出以湖南为试点,制定“湖南省公共服务条例”,并向当时的湖南省法制办提出了这一想法和建议。没想到很快得到了周强同志的回应,我在进京答辩前,就接到了原湖南省法制办许显辉主任的通知:周强要求尽快启动课题研究,做好立法论证。在中南大学法学院时任院长蒋建湘教授的领导下,我组织敖双红、杨清望、黄先雄、李沫等教授、副教授起草了“湖南省公共服务条例”(后经周强同志审定改为《湖南省政府服务规定》)提交湖南省法制办。以此为基础,我以《服务型政府法制化研究》为题申报中南大学前沿研究计划重大项目,获得 50 万元经费资助。2010 年 4 月 16 日,周强同志率领湖南各厅局 20 多名领导干部抵达中南大学,听取《湖南省政府服务规定》起草意见。2011 年 5 月 11 日,《湖南省政府服务规定》正式公布,被誉为“法治湖南三部曲”之一。也是中南大学法学院快速发展的一个重要起点。

基于对政府公共服务关注的深入,[1] 我更加关注国家基本医疗卫生服务义务。2011 年,国家社科基金重大项目招标公告中有一项指南为“现代医疗技术中的生命伦理及其法律问题研究”,正好可以利用中南大学的医学、伦理学优势和法学结合起来,带动多个学科发展,我第一时间向学校科研部建议组织申报,因为当时我尚无前期成果,建议由时任中南大学副校长田勇泉教授领衔申报。最后,中南大学如愿获得此项目。中南大学的医学背景为我个人的研究兴趣提供了有力支撑。我一直思考利用中南大学的医学优势,开创新的交叉学科——卫生法学,在全国形成领先优势,以此带动整个法学学科的发展。我的设想得到了蒋建湘教授的大力支持,2012 年 1 月联合中南大学湘雅医院、湘雅二医院、湘雅三医院、湘雅医学院、护理学院、公共卫生学院成立了中南大学医疗卫生法研究中心。形成了一支包括陈云良(法学院)、陶立坚(湘雅医学院)、胡平仁(法学院)、柴湘平(湘雅二医院)、赵衡文(公共卫生学院)、蔡继峰(基础医学

1 我于 2019 年发表在《法学研究》上的文章《构建公共服务法律体系的理论逻辑及现实展开》在那时就已经形成初稿。2010 年 9 月,我参加中国法学会在西南政法大学举办的以“完善中国特色社会主义法律体系”为主题的第五届中国法学家论坛,提交的《中国特色社会主义公共服务法律体系之构建》获征文二等奖。

院)、刘丽杭(公共管理学院)、丁宗峰(湘雅医院)、邵华(法学院)等教授、副教授的卫生法研究团队。从此,我的研究重心从经济法转向卫生法。2012 年,我和中南大学陶立坚教授联合申报国家社科基金重大项目《卫生法修改若干重大理论和实践问题研究》获得入围答辩资格,最后和另一个申报人同时获得重点项目立项。

2011 年 3 月 10 日,全国人大常委会委员长吴邦国在第十一届全国人大第四次会议第二次全体会议上宣布:中国特色社会主义法律体系已经形成。但是,在医疗领域却连一个统领性的基础性法律也没有,更不要说形成完备的卫生法体系了,我深感推动卫生法治建设、卫生法学研究任务艰巨。我国公共卫生领域法律相对完备,先后制定了《传染病防治法》《职业病防治法》《精神卫生法》《母婴保健法》《国境卫生检疫法》《红十字会法》《献血法》《人口与计划生育法》《食品安全法》等 9 部公共卫生法律。主要领域都有了基础性规范,而医疗领域始终没有一个基础性的法律,当务之急是制定一个医疗领域的基本法,解决医疗法制不健全的根本缺陷,因此我倾尽全力着手“基本医疗服务法”立法研究。

要研究医疗领域基本法的制定,必须掌握医疗各领域基本知识,我的知识背景是法学及整个人文社科,许多知识需要从头开始学习,研究难度很大,一开始研究“基本医疗服务”这个概念就费了不少时间和精力,所幸有中南大学的医学背景支撑,有什么问题可以随时请教医学教授、医院管理者。2014 年 3 月,我在《法律科学》发表了《基本医疗服务法制化研究》一文,对制定“基本医疗服务法”作了详细深入的研究。在此基础上,我联合湘雅的教授及国内在此领域有研究基础的专家组成课题组,以《基本医疗服务保障法制化研究》为题申报教育部哲学社会科学重大课题攻关项目,获得立项。据查,这应该是第一个卫生法教育部重大项目。2014 年 11 月 8 日,课题举行了开题报告会,教育部社科评价中心主任李建平、中国卫生法学会会长高春芳、中国卫生法学会副会长吴崇其、湖南省人大法工委主任肖迪明、南方医科大学副书记姜虹、湖南省卫生厅卫生监督处处长钟磊石和中南大学副校长周科朝出席。根据此前评审专家和开题报告会专家的建议,为了集中力量解决重点问题,子课题从原来的 7 个减少到 4 个:基本医疗服务法制化基本理论研究、基本医疗服务体系保障研究、基本药物制度研究,分别由中国人民大学涂永前教授、南京中医药大学田侃教授、南方医科大学杜仕林副教授、南开大学宋华琳教授负责。

在获得教育部重大项目后，为了有效开展课题研究，组建更加紧密的研究团队，并以此带动中南大学整个法学学科发展，我整合法学、医学、伦理学、公共卫生学各学科实力申请在法学一级学科博士点之下设立目录外二级学科——卫生法学，在全国率先开展交叉学科建设，获得中南大学批准，2015 年正式开始招收卫生法学博士研究生。中南大学医学院、公共卫生学院、三大附属医院的医师、教授都有更加强烈的兴趣参与卫生法学研究。据了解，这是全国第一个卫生法学二级学科博士点，此前清华大学法学院在王晨光教授的带领下于 2011 年在法学一级学科博士点下设置了卫生法学方向。2017 年中南大学法学学科第一次参加学科评估，直接进入教育部第四轮学科评估排行榜的 B^+ 等级，与复旦大学、山东大学、西北政法大学等老牌名校并列，实现了跨越式发展，被誉为法学界最大的“黑马”。不得不说，通过交叉新兴学科，卫生法学建设带动整个法学学科发展的战略计划得以成功实现。

《基本医疗服务法制化研究》一文被《新华文摘》2014 年第 15 期作为封面文章全文转载，被《中国社会科学文摘》2014 年第 8 期全文转载。[1] 原国家卫生计生委领导在《新华文摘》看到了我的论文，指名要我去北京做专题立法报告。2014 年 9 月 23 日，我以课题组负责人身份应邀赴京为原卫生计生委法制司、全国人大常委会法工委做了“基本医疗服务立法”专题报告，建议尽快制定“基本医疗服务法”。回来后，我马上组织撰写了“《基本医疗服务法》立法研究报告”，提交原国家卫生计生委法制司。

回顾几年的研究过程，本人主持的教育部重大课题的研究可以分为两个阶段：基本医疗卫生立法研究与新冠疫情依法防控研究。

一、基本医疗卫生立法研究

在各方力量的长期努力和推动下，2014 年 12 月 30 日，全国人大教科文卫委在人民大会堂召开基本医疗卫生法起草工作机构第一次全体会议暨基本医疗卫生法起草工作启动仪式，基本医疗卫生法的立法工作全面启动。理想就要实现，我万分激动，基本医疗卫生法能够进入立法日程与我的积极呼吁和努力奔走也有一定关系，可以说有我的一点点贡献。

1　该论文于 2017 年获湖南省第十三届社会科学优秀成果二等奖、第四届中国法学优秀成果奖二等奖，于 2020 年获教育部第八届高等学校科学研究优秀成果奖（人文社会科学）二等奖。

尽管我一直主张公共卫生与基本医疗分开立法，建议国家制定“基本医疗服务法”，但是国家的立法计划是统合立法，我调整自己的思路，着手研究将公共卫生与基本医疗统合立法的方案。

2015年开始，我组织课题组成员、研究生、博士生在湘雅三家医院、湖南省基层医院、乡镇卫生院、村卫生室进行广泛调研，了解医疗卫生真实情况，发现卫生法治真问题。组织在本科生、研究生中成立乡村医生调研团，利用暑假、寒假在全国调研，撰写调研报告，获得了多次全国性大奖，成为全国知名的学生团体。同时积极参与国家组织的各种“基本医疗卫生法”调研活动，提出自己的建议。2015年4月16日，参加原国家卫生计生委法制司张春生司长在湖南省原卫生计生委举行的《基本医疗卫生法》立法调研座谈会。2015年11月13日，参加原国家卫生计生委在厦门原卫生计生委举行的2016年立法规划专家座谈会。2015年11月16日，参加全国人大教科文卫委在湖南省原卫生计生委召开的《基本医疗卫生法》立法调研座谈会。

2015年12月29日，原国家卫生计生委在北京召开了《基本医疗卫生法》立法框架座谈会，邀请了中国医师协会、中国法学会研究中心、清华大学、中南大学、南开大学、华东政法大学等单位的专家、学者对《基本医疗卫生法》立法框架进行论证。全国人大教科文卫委人口卫生体育室主任丁巍、副巡视员章武出席会议，原国家卫生计生委法制司司长张春生主持会议，副司长赵宁介绍了立法框架主要内容及立法进展。我从立法的定位、基本原则、基本框架、立法重点难点等九个方面提出了建议，成为立法专家组成员。

2016年1月17日，中国法学会《基本医疗卫生法》立法建议专家组成立暨第一次研讨会在北京召开。中国法学会委托中国卫生法学会起草《基本医疗卫生法》专家建议稿，并组建中国法学会《基本医疗卫生法》立法建议专家组，我成为专家组重要成员。

通过充分的调研讨论，在前期研究的基础上，我决定组织课题组成员起草一个“基本医疗卫生法”课题组建议稿，供全国人大教科文卫委、原国家卫生计生委参考。2016年5月15日形成了初稿，组织召开了专家论证会。课题组建议稿分为“总则、公民的健康权利与义务、一体化基本医疗保险、医疗服务体系、医疗人力、基本药物、医疗救助、公共卫生、医疗卫生监管、法律责任”十章，共计165条，将“公共卫生”单独设为一章。为保障医疗卫生服务公平可及，托住健康权的底线，加强对困难人员健康权的保护，课题组建议稿将“医疗救助”单独设为一章。这是我主持的草案与原国家卫生计生委、中国法学会起草的草案区别最大的地方。课题组成员丁宗峰、岳远雷、周宇君、李现红、刘耀辉，中南大学法学院的博士生、硕士生胡国梁、陈佳苗、侯秀慧、崔雪炜、张慧、李依伦、孙婵等参加了起草。

2016 年 8 月，我参加了在美国洛杉矶举行的第 22 届世界医学法学大会（World Congress for Medical Law），来自美国、英国、法国、荷兰、俄罗斯、日本、韩国、中国等 30 余个国家的 400 余名学者参加。我在大会上介绍了我国“基本医疗卫生法”立法情况。为了广泛借鉴国外立法经验，2016 年 11 月我组织课题组与荷兰格罗宁根大学法学院联合举办“中欧卫生法研讨会”，在荷兰格罗宁根大学顺利召开，来自中南大学、荷兰格罗宁根大学、莱顿大学、乌特勒支大学、蒂尔堡大学、德国明斯特大学以及 WHO 等 20 余位专家、学者参加了本次研讨会。我与欧洲知名的卫生法学者广泛交流，探讨卫生法立法问题。

经过近两年的反复论证、修改，最后形成了共有 182 个条文的《基本医疗卫生法（专家建议稿）》。2017 年 9 月，我将课题组建议稿及立法报告提交全国人大常委会万鄂湘副委员长和全国人大教科文卫委、原国家卫生计生委法制司。2017 年 11 月 3 日，全国人大教科文卫委专门回函中南大学及我个人，表示该委立法起草小组认真学习和研究了课题组提交的建议稿，并吸收采纳了其中的部分意见。“立法草案充分体现了‘专家建议稿’的主要内容。”不久，全国人大教科文卫委专门就即将审议的立法草案向我征求意见，我组织讨论，提交了草案修改建议，该建议得到了万鄂湘副委员长的批示：“所提意见和建议在全国人大常委会首次审议过程中得到充分吸收，对该草案的进一步完善和再次审议提供了重要参考。”

2017 年 12 月 26 日，《基本医疗卫生与健康促进法（草案）》经第十二届全国人大常委会第三十一次会议初次审议，向全社会公开征求意见。2018 年 1 月 10 日，中国法学会召开《基本医疗卫生与健康促进法（草案）》专家研讨会暨第 3 期立法专家咨询会，邀请我参加，我提交了书面意见。2018 年 1 月 14 日，我组织课题组主要成员及国内有关专家专门就草案征求意见稿召开立法研讨会。并通过网络再次向全国人大常委会提交了修改建议。我提交的专家意见稿和建议引起全国人大常委会、原国家卫生计生委高度重视，2018 年 2 月 12 日，原国家卫生计生委法制司赵宁司长、陈宁姗副司长、全国人大常委会法工委李辉处长、原国家卫生计生委法制司行政复议处牛宏俐处长、原国家卫生计生委法制司政研一处白雪处长一行专程来长沙听取课题组的汇报。

2017 年 12 月,全国人大常委会公布的立法草案征求意见稿篇章结构和课题组提交的建议稿基本一致,主要不同之处在于:(1)增加了"健康促进的主要措施"(第三章);(2)基本医疗保险制度体现在"筹资与支付"一章(第七章);(3)医疗救助没有单独成章,也规定在第七章,仅有一款(第 76 条第 4 款)。最大的变化发生在法律名称上,原来的"基本医疗卫生法"变为"基本医疗卫生与健康促进法",发生了较大变化。我认为在法律名称中同时使用"医疗""卫生""健康促进"几个概念,存在重复的语法问题,因为在卫生领域中"卫生"包含了"健康促进"的含义。后来在媒体上看到,有好几个全国人大常委会委员也就法律草案的名称提出了不同看法。如李学勇委员提出"促进"一词"在法律名称上就让人感觉弱化了基本医疗卫生的保障性质"。我在《法制日报》、《南方都市报》、澎湃新闻等媒体上发表了我的看法。先后在《政治与法律》《中国法学》《中国卫生法制》发表了文章,就征求意见稿进行了深入讨论。

2018 年 10 月,全国人大常委会对《基本医疗卫生与健康促进法(草案)》进行第二次审议,并向全社会征求意见。草案二审稿对一审稿做了较大修改,形成了现在已经生效的《基本医疗卫生与健康促进法》基本框架,删除了"公民健康的健康权利和义务"一章,其主要规定被分散到各个章节中。审议时,我通过时任中南大学校长田红旗教授(全国人大常委会委员)提交了修改建议。并于 2018 年 11 月 19 日应邀参加中国法学会《基本医疗卫生与健康促进法(草案二次审议稿)》专家研讨会暨第 29 期立法专家咨询会专家研讨会,提出了自己的修改意见,研讨会由中国法学会党组成员、副会长、学术委员会主任张文显主持。2019 年 8 月,全国人大常委会《基本医疗卫生与健康促进法(草案)》进行第三次审议,并向全社会征求意见。草案三审稿将二审稿第二章第一节"基本医疗卫生服务体系建设"独立出来作为第三章"医疗机构",增加了一章;将原来的第二章第二节"基本公共卫生服务"和第三节"基本医疗服务"合成一章,成为第二章"基本医疗卫生服务"。2019 年 12 月,全国人大常委会《基本医疗卫生与健康促进法(草案)》进行第四次审议。第三次、第四次审议,我都通过田红旗教授提交了修改建议。

2019 年 12 月 28 日,《基本医疗卫生与健康促进法》于第十三届全国人民代表大会常务委员会第十五次会议正式通过,2020 年 6 月 1 日正式实施。研究目标终于实现,心中充满了成就感。2019 年 12 月 30 日,借央视采访之际,我立即开展宣传与解读。2020 年 1 月 8 日,我在《法制日报》发表《我国颁布首部公民健康权利保障书的重要意义》,这是国内第一篇解读宣传《基本医疗卫生与健康促进法》的文章,全国人大官网转载。

二、新冠疫情依法防控研究

《基本医疗卫生与健康促进法》正式出台,我全程参与了立法过程,研究目标已经圆满完成。我正准备申请结题之际,2020 年年初,新冠疫情突然暴发,卫生法治建设面临巨大挑战,疫情防控中许多法律问题需要研究,中国法学会、中国卫生法学会向我指派了多项研究任务。

2020 年 1 月 20 日,钟南山院士宣布新冠病毒存在人传人情况。2020 年 1 月 23 日,我即在《潇湘晨报》发表《公开是最好的防疫》,主张政府公开疫情信息,实行全民抗疫。1 月 31 日,我在财新网发表文章《世卫组织评估和应对"国际关注的突发公共卫生事件"的相关要求》。2020 年 2 月 6 日,我在"卫生法治前沿"微信公众号发表文章《强烈谴责某些国家限制旅行和贸易的行为》。2 月 8 日,我在《光明日报》发表《越到最吃劲的时候,越要坚持依法防控》。2 月 25 日,我在《检察日报》发表《依法抗疫:法定职责与义务》。利用"卫生法治前沿""湖南省民营经济法治研究会""广外法学"等微信公众号,组织学生团队撰写、编辑、转发大量防控新冠疫情文章,传播正能量,产生了广泛的社会影响。《治愈率最高的省份是哪家》于 2020 年 2 月 12 日发表于"卫生法治前沿"公众号,点击量达 4 万多,搜狐、网易、腾讯、今日头条、看点快报、凤凰网转载,总阅读量超 300 万。湖南省委宣传部、湖南省委网信办《阅评简报》专门介绍团队依法抗疫宣传活动,报送湖南省委常委、中央宣传部阅评。新冠疫情期间,我向广东省委省政府、湖南省委省政府、中国法学会、中央办公厅、中联部、《人民日报》内参部提交了大量决策咨询报告,有 10 多份获省部级领导批示。《关于依法加强和健全核酸检测工作的若干建议》获国家主要领导人批示;《建议评定防疫一线牺牲的医护人员为烈士》于 2020 年 2 月 7 日被《人民日报》内参报送,获国家领导人批示,退役军人事务部、中央军委政治部采纳,并发文《关于妥善做好新冠肺炎疫情防控牺牲人员烈士褒扬工作的通知》落实。

中央高度重视依法抗疫,习近平总书记多次强调要"强化公共卫生法治保障",《传染病防治法》《突发事件应对法》存在的问题引起了法学界的高度关注,掀起了一个卫生法学的研究热潮。2020 年 4 月 17 日,全国人大常委会通过

《强化公共卫生法治保障立法修法工作计划》。2020 年 4 月 25 日,课题团队组织举办了"强化公共卫生法治保障"线上理论研讨会。2021 年 2 月 27 日,课题团队组织举办"《医师法(草案)》线上研讨会"。

新冠疫情初期,地方政府应对不力,主要原因在于对新发传染病认识不足、了解不够。这不是武汉的问题,而是整个人类的认知问题。所以,即使在 WHO 发出最高级别的警报以后,美国、英国这样医疗卫生制度非常发达的国家也没有引起高度警觉,也被病毒攻陷。根据我国《传染病防治法》第 3 条、第 4 条的规定,对新冠肺炎这种严重的新发传染病采取严厉的防控措施,首先要国家卫健委将其纳入乙类传染病,再由国家卫健委决定采取甲类传染病防控措施报国务院批准。这种复杂的程序规定无法及时应对突发性质严重的新发传染病。我在《比较法研究》2020 年第 2 期发表文章《论传染病防治决策的法治化和科学化》,提出把新发传染病单独作为一类来规制,按特殊紧急程序,采取特殊措施来应对。并向全国人大常委会法工委提交了决策咨询报告,在《人民日报》内部刊物《法治参阅》发表了文章《建议对新发传染病单独归类规制》。这一建议被国家卫健委于 2020 年 10 月 8 日公布的《传染病防治法(修订草案征求意见稿)》完全吸收采纳。该征求意见稿第 50 条规定:"对于新发传染病、具备传染病流行特征的不明原因聚集性疾病,在病原体、传染力、致病力等情况尚不明确时,县级以上人民政府经评估认为确有必要的,可预先采取甲类传染病预防、控制措施,同时立即上报上级人民政府。"据此,县级以上人民政府对新发传染病可以直接采取甲类传染病防控措施,大大提高新发传染病防控的力度和及时性。新发传染病单独规制和传染病风险提示预警制度成为《传染病防治法(修订草案征求意见稿)》两大最主要修订内容。

新冠疫情期间,我组织课题组积极宣传依法抗疫,开展研究,形成了系列成果,产生了强烈的社会影响,多次得到湖南省委省政府、中国法学会、中国卫生法学会等多部门通过新闻媒体、网络媒体、学术年会、函件的肯定和表扬。2020 年,我申报教育部"长江学者奖励计划"重大突发公共卫生事件应急管理岗,获得成功,成为"长江学者"特岗教授。这是广东外语外贸大学历史上第一个"长江学者",是学科建设的重大突破。

总结起来,可以说课题研究形成了丰富的成果,产生了重大的社会效益和理论价值。课题组在《法学研究》《中国法学》等刊物上发表了 80 多篇文章,撰写了 20 多篇决策咨询报告,承担了多个省部级课题,获得省部级奖励 4 项,有力推动了《基本医疗卫生与健康促进法》出台，推进了新冠疫情的依法防控；在中南大学、广东外语外贸大学分别组建形成了强有力的卫生法学学科团队，带动了两个学校的法学学科建设，中南大学法学学科在2017年第四轮学科评估中获评B^+等级，广东外语外贸大学在2021年获得全国唯一的新设法学博士点。依托课题研究，我于2016年承担了中国卫生法学会年会，于2017年与美国乔治城大学奥尼尔全球卫生法研究中心、荷兰格罗宁根大学国际卫生法研究中心联合举办"全球卫生法国际研讨会"，并协助华东政法大学、指导广州医科大学成立了卫生法研究机构，指导成立了湖南省卫生法学研究会，创办了"卫生法治前沿"、中国卫生法学网、《法治社会》"公共卫生法"研究专栏，通过各种渠道和机会呼吁加强卫生法学科建设，带动了整个中国卫生法学科建设。在人才培养方面，我每年招收卫生法学博士研究生1名、硕士研究生3名左右，指导中南大学本科生、研究生成立"乡村医生调研团"，在全国15省市、96个乡镇开展调研，获湖南省志愿服务大赛银奖（2019）、中国大学生在线优秀宣传团队（2019）等多种国家级、省级、校级荣誉，团队成员杨维钧、李博昕保送武汉大学、华东政法大学攻读硕士研究生，指导的研究生彭南勇获共青团中央、中国青年志愿者协会"抗击新冠肺炎疫情青年志愿服务先进个人"。

本课题研究得到了国家卫健委法制司、中南大学、广东外语外贸大学、中国法学会、中国卫生法学会、湖南省法学会、湖南省卫生健康委员会、广东省卫生健康委员会、中南大学湘雅附二医院、中南大学湘雅附三医院的大力支持，中南大学、广东外语外贸大学博士研究生、硕士研究生胡国梁、寻健、陈煜鹏、陈伟伟、金亚丽、莫婷婷、万方、况贞勇、许慧、孙婵、陆露、王频、李慧腾、吴思慧、陈佳苗、侯秀慧、张慧、叶雅儒、高素兵、陈硕、陈琪格、王琳博、崔雪炜、翁雯、段涵、王之宇、谢宇轩、孙丹丹、张苑辉、梁卫敏、杨宗凯、蔡鑫坚等参与了课题研究，做了大量辅助工作，在此一并表示感谢。